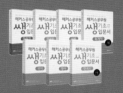

여러분의 합격을 응원하는
해커스공무원의 특별 혜택

FREE 공무원 부동산등기법 **동영상강의**

해커스공무원(gosi.Hackers.com) 접속 후 로그인 ▶ 상단의 [무료강좌] 클릭 ▶
좌측의 [교재 무료특강] 클릭

해커스공무원 온라인 단과강의 **20% 할인쿠폰**

77A7F3AC3AFC62EX

해커스공무원(gosi.Hackers.com) 접속 후 로그인 ▶ 상단의 [나의 강의실] 클릭 ▶
좌측의 [쿠폰등록] 클릭 ▶ 위 쿠폰번호 입력 후 이용

* 쿠폰 이용 기한: 2024년 12월 31일까지(등록 후 7일간 사용 가능)
* ID당 1회에 한해 등록 가능(단과강의에만 적용 가능)

해커스법원직 무제한 수강상품(패스) **5만원 할인쿠폰**

D646FC3F349DB7TZ

해커스공무원(gosi.Hackers.com) 접속 후 로그인 ▶ 상단의 [나의 강의실] 클릭 ▶
좌측의 [쿠폰등록] 클릭 ▶ 위 쿠폰번호 입력 후 이용

* 쿠폰 이용 기한: 2024년 12월 31일까지(등록 후 7일간 사용 가능)
* ID당 1회에 한해 등록 가능

쿠폰 이용 관련 문의 **1588-4055**

해커스법원직

김미영 부동산등기법

기출문제집

해커스공무원

김미영

약력

현 | 해커스공무원 부동산등기법 강의
현 | YBMCC 법률사무원 취업과정 전과정 강의
현 | 합격의 법학원 1차 및 2차 부동산등기법과 등기신청서 작성 실무 강의
전 | 폴라리스법학원 1차 및 2차 부동산등기법과 등기신청서 작성 실무 강의
전 | kg패스원 법검학원 및 법검온라인 학원 부동산등기법 강의
전 | YBMCC 법률사무원 취업과정 부동산등기실무 및 상업등기실무,
　　개인회생파산실무 강의

저서

해커스법원직 김미영 부동산등기법 기출문제집, 해커스패스
해커스법원직 김미영 부동산등기법, 해커스패스
부동산등기법 강의, 법학사
객관식 부동산등기법, 법학사
최종 마무리 부동산등기법, 법학사
논술 부동산등기법 강의, 법학사
논술 부동산등기법 암기장 핸드북, 법학사
부동산 등기신청서류 작성, 법학사
법원사무관승진 시험용 부동산등기법 핵심요약집, 법학사

서문

부동산등기법과 관련된 시험이 어떻게 출제되는지 파악하고 문제해결능력을 키울 수 있도록 하기 위해 『2023 해커스법원직 김미영 부동산등기법 기출문제집』을 출간하게 되었습니다. 관련 시험에 최적화된 교재로, 시험범위가 동일한 법원사무관 승진 시험, 법무사 시험 등에도 대비할 수 있도록 만전을 기하였습니다.

부동산등기법은 개념을 잡기도 어렵지만, 범위가 넓어 시험을 준비하는 데 어려움이 큽니다. 부동산등기법 시험은 부동산등기법과 규칙을 중심으로 등기예규, 등기선례를 중심으로 출제됩니다. 계속적으로 출제되며, 지문 길이만 다를 뿐입니다.

아무리 기본적인 내용을 많이 알고 있더라도 기출문제를 해결하지 못한다면 공부방법이 잘못된 것입니다. 이에 수험생 여러분들의 소중한 하루하루가 낭비되지 않도록 올바른 수험생활의 길을 제시하고자 본 교재를 기획하고 집필하였습니다.

『2023 해커스법원직 김미영 부동산등기법 기출문제집』은 다음과 같은 특징을 가지고 있습니다.

첫째, 부동산등기법과 규칙 및 다른 법령 그리고 2022년 10월까지 제·개정된 예규를 반영하였습니다.
둘째, 도표를 사용하여 문장으로 구성된 내용을 한눈에 볼 수 있게 하여 암기가 쉽도록 하였습니다.
셋째, 출제연도와 관련 시험을 별도로 표시하여 계속적으로 반복되는 지문을 눈으로 확인이 가능하도록 하였습니다.

본서와 더불어, 공무원 시험 전문 사이트 해커스공무원(gosi.Hackers.com)에서 교재 학습 중 궁금한 점을 나누고 다양한 무료 학습 자료를 함께 이용하여 학습 효과를 극대화할 수 있습니다.

부디 『2023 해커스법원직 김미영 부동산등기법 기출문제집』과 함께 법원직 부동산등기법 시험 고득점을 달성하고 합격을 향해 한걸음 더 나아가시기를 바라며, 법원직 공무원 합격을 꿈꾸는 모든 수험생 여러분에게 훌륭한 길잡이가 되기를 바랍니다.

김미영

차례

제2편 각론

제1편

총론

제1절 | 의의

001 우리 부동산등기제도에 관한 다음 설명 중 가장 옳지 않은 것은?   17 사무관

① 신청정보 또는 등기기록의 부동산의 표시가 토지대장·임야대장 또는 건축물대장과 일치하지 아니한 경우는 등기신청의 각하사유로 규정되어 있지 않다.

② 등기부는 토지등기부와 건물등기부로 구분한다.

③ 등기는 법률에 다른 규정이 없는 경우에는 등기권리자와 등기의무자가 공동으로 신청한다.

④ 등기관은 등기신청에 대하여 「부동산등기법」상 그 등기신청에 필요한 서면이 제출되었는지 여부 및 제출된 서면이 형식적으로 진정한 것인지 여부를 심사할 권한을 갖고 있다.

해설

① 신청정보 또는 등기기록의 부동산의 표시가 토지대장·임야대장 또는 건축물대장과 일치하지 아니한 경우 등기신청을 각하하여야 한다고 법 제29조 제11호에 규정되어 있다.

선지분석

② 등기부는 토지등기부와 건물등기부로 구분한다(법 제14조 제1항).

③ 등기는 법률에 다른 규정이 없는 경우에는 등기권리자와 등기의무자가 공동으로 신청한다(법 제23조 제1항).

④ 원칙적으로 등기공무원은 등기신청에 대하여 실체법상의 권리관계와 일치하는지 여부를 심사할 실질적 심사권한은 없고 오직 신청서 및 그 첨부서류와 등기부에 의하여 등기요건에 합당하는지 여부를 심사할 형식적 심사권한밖에는 없다(대결 2007마1154).

답 ①

002 부동산등기제도에 관한 다음 설명 중 가장 옳지 않은 것은? 17 주사보

① 공동신청주의란 등기는 법률에 다른 규정이 없는 한 당사자의 신청 또는 관공서의 촉탁에 따라 하고, 등기권리자와 등기의무자가 공동으로 신청하는 것을 말한다.

② 형식적 심사주의는 등기관은 등기신청에 대하여 그 등기신청이 실체법상의 권리관계와 일치하는지 여부를 심사할 실질적인 심사 권한은 없다는 것이다.

③ 성립요건주의는 부동산에 관한 물권변동은 그 원인이 법률행위이든지 법률의 규정이든지 등기를 하여야 효력이 발생한다는 것이다.

④ 우리 부동산등기제도는 공신의 원칙을 채택하지 않고 있다는 것이 통설·판례이다.

해설

③ 「민법」은 등기의 효력과 관련하여 제186조 "부동산에 관한 법률행위로 인한 물권의 득실변경은 등기하여야 그 효력이 생긴다."라고 규정함으로써 부동산 물권변동에 관하여 성립요건주의를 채택하였다. '상속, 공용징수, 판결, 경매 기타 법률의 규정에 의한 부동산에 관한 물권의 취득은 등기 없이도(「민법」 제187조)' 그 효력이 생기도록 하는 특칙을 두었다.

선지분석

② 형식적 심사주의는 등기관은 등기신청에 대하여 그 등기신청이 실체법상의 권리관계와 일치하는지 여부를 심사할 실질적인 심사 권한은 없다는 것이다(대판 2003다13048).

답 ③

003 우리 부동산등기제도에 관한 다음 설명 중 가장 옳지 않은 것은? 22 서기보

① 법원은 등기에 관한 사무를 관장하거나 감독한다.

② 부동산에 관한 법률행위로 인한 물권의 득실변경은 등기하여야 그 효력이 생긴다.

③ 우리 법제하에서는 부동산등기에 관하여 공신력이 인정된다.

④ 등기부를 편성할 때에는 1필의 토지 또는 1개의 건물에 대하여 1개의 등기기록을 둔다. 다만, 1동의 건물을 구분한 건물에 있어서는 1동의 건물에 속하는 전부에 대하여 1개의 등기기록을 사용한다.

해설

③ 우리 법제하에서는 부동산등기에 관하여 공신력이 인정되지 않는다는 것이 판례의 태도이다.

선지분석

① 법원은 등기에 관한 사무를 관장하거나 감독한다(「법원조직법」 제2조 제3항).

② 부동산에 관한 법률행위로 인한 물권의 득실변경은 등기하여야 그 효력이 생긴다(「민법」 제186조).

④ 등기부를 편성할 때에는 1필의 토지 또는 1개의 건물에 대하여 1개의 등기기록을 둔다. 다만, 1동의 건물을 구분한 건물에 있어서는 1동의 건물에 속하는 전부에 대하여 1개의 등기기록을 사용한다(법 제15조 제1항).

답 ③

제1편

2023 해커스법원직 김미영 부동산등기법 기출문제집

004 다음 <보기> 중 부기로 하는 등기는 모두 몇 개인가?   **12 서기보 변형**

<보기>

ㄱ. 전세권이전등기
ㄴ. 저당권부채권에 대한 질권등기
ㄷ. 권리소멸약정등기
ㄹ. 권리의 이전등기와 함께 신청한 신탁등기
ㅁ. 등기상 이해관계 있는 제3자의 승낙이 없는 경우의 권리의 변경이나 경정등기
ㅂ. 거래가액의 등기
ㅅ. 환매특약등기
ㅇ. 공유물분할금지약정
ㅈ. 소유권이전청구권가등기

① 3개
② 4개
③ 5개
④ 6개

해설

③ 부기로 하는 등기는 ㄱ. ㄴ. ㄷ. ㅅ. ㅇ.으로 모두 5개이다.

「**부동산등기법**」 **제52조【부기로 하는 등기】** 등기관이 다음 각 호의 등기를 할 때에는 부기로 하여야 한다. 다만, 제5호의 등기는 등기상 이해관계 있는 제3자의 승낙이 없는 경우에는 그러하지 아니하다.
1. 등기명의인표시의 변경이나 경정의 등기
2. 소유권 외의 권리의 이전등기
3. 소유권 외의 권리를 목적으로 하는 권리에 관한 등기
4. 소유권 외의 권리에 대한 처분제한 등기
5. 권리의 변경이나 경정의 등기
6. 제53조의 환매특약등기
7. 제54조의 권리소멸약정등기
8. 제67조 제1항 후단의 공유물 분할금지의 약정등기
9. 그 밖에 대법원규칙으로 정하는 등기

선지분석

ㄹ. 등기관이 권리의 이전 또는 보존이나 설정등기와 함께 신탁등기를 할 때에는 하나의 순위번호를 사용하여야 한다(규칙 제139조 제7항). 즉, 신탁등기만을 부기등기로 하지 않는다.

ㅁ. 등기상 이해관계 있는 제3자의 승낙이 없는 경우 권리의 변경이나 경정등기는 주등기에 의하고, 승낙이 있는 경우에는 부기등기에 의한다(법 제52조 단서 및 제5호).

ㅂ. 거래가액의 등기는 소유권이전등기에 관련된 등기로 갑구의 주등기로 실행한다.

「**부동산등기규칙**」 **제125조【거래가액의 등기방법】** 등기관이 거래가액을 등기할 때에는 다음 각 호의 구분에 따른 방법으로 한다.
1. 매매목록의 제공이 필요 없는 경우: 등기기록 중 갑구의 권리자 및 기타사항란에 거래가액을 기록하는 방법
2. 매매목록이 제공된 경우: 거래가액과 부동산의 표시를 기록한 매매목록을 전자적으로 작성하여 번호를 부여하고 등기기록 중 갑구의 권리자 및 기타사항란에 그 매매목록의 번호를 기록하는 방법

답 ③

005 부기등기에 관한 다음 설명 중 가장 옳지 않은 것은?

① 「부동산등기법」에 따른 환매특약등기나 권리소멸약정등기를 할 때에는 부기로 하여야 한다.

② 부기등기는 순위번호에 있어서는 그 기초가 되는 주등기에 따르나, 접수번호에 있어서는 그 주등기에 따르지 않으므로 별도로 순위를 정해야 한다.

③ 등기관이 부기등기를 할 때에는 그 부기등기가 어느 등기에 기초한 것인지 알 수 있도록 주등기 또는 부기등기의 순위번호에 가지번호를 붙여서 하여야 한다.

④ 을구에 근저당권설정등기, 갑구에 체납처분에 의한 압류등기가 순차로 마쳐진 후에 근저당권의 채권최고액을 증액하는 경우 체납처분에 의한 압류등기의 권리자(처분청)의 승낙서가 제공된 경우에는 을구의 근저당권변경등기를 부기등기로 실행할 수 있다.

⑤ 채권최고액을 증액하는 근저당권변경등기를 신청하는 경우 동일인 명의의 후순위 근저당권자는 등기상 이해관계 있는 제3자가 아니므로, 다른 이해관계인이 없다면 위 후순위 근저당권자의 승낙이 있음을 증명하는 정보 또는 이에 대항할 수 있는 재판이 있음을 증명하는 정보를 제공하지 않더라도 근저당권변경등기를 부기등기로 할 수 있다.

(해설)

②, ③ 부기등기는 독립된 번호를 붙여서 하는 등기가 아니고 주등기의 순위번호에 가지번호를 붙여서 하는 등기이며, 부기등기의 순위는 주등기의 순위에 의한다(법 제5조). 따라서 부기등기의 순위는 별도로 순위를 부여하는 것이 아니다.

(선지분석)

① 환매특약등기, 권리소멸약정등기는 법 제52조에 의해 부기로 등기하여야 한다.

④ 을구에 근저당권설정등기, 갑구에 체납처분에 의한 압류등기가 순차로 경료된 후에 근저당권의 채권최고액을 증액하는 경우, 그 변경등기를 부기등기로 실행하게 되면 을구의 근저당권변경등기가 갑구의 체납처분에 의한 압류등기보다 권리의 순위에 있어 우선하게 되므로, 갑구의 체납처분에 의한 압류등기의 권리자(처분청)는 을구의 근저당권변경등기에 대하여 등기상 이해관계 있는 제3자에 해당한다(선례 제201408-2호).

⑤ 채권최고액을 증액하는 근저당권변경등기를 신청하는 경우 동일인 명의의 후순위 근저당권자는 등기상 이해관계 있는 제3자가 아니므로, 다른 이해관계인이 없다면 위 후순위 근저당권자의 승낙이 있음을 증명하는 정보 또는 이에 대항할 수 있는 재판이 있음을 증명하는 정보를 제공하지 않더라도 근저당권변경등기를 부기등기로 할 수 있다(선례 제201508-4호).

답 ②

006 주등기와 부기등기에 관한 다음 설명 중 가장 옳지 않은 것은? 17 서기보

① 등기관이 부기등기를 할 때에는 그 부기등기가 어느 등기에 기초한 것인지 알 수 있도록 주등기 또는 부기등기의 순위번호에 가지번호를 붙여서 하여야 한다.

② "부기등기의 순위는 주등기의 순위에 따른다."라는 규정은 부기등기가 그 순위번호뿐 아니라 접수번호에 있어서도 그 기초가 되는 주등기에 따른다는 뜻으로 새겨야 한다.

③ 소유권 외의 권리의 이전등기, 소유권 외의 권리를 목적으로 하는 권리에 관한 등기, 소유권 외의 권리에 대한 처분제한 등기는 부기로 하여야 한다.

④ 신탁재산이 수탁자의 고유재산으로 되었을 때에는 그 뜻의 등기를 부기로 하여야 한다.

(해설)

④ 신탁재산이 수탁자의 고유재산이 되었을 때에는 그 뜻의 등기를 주등기로 하여야 한다(규칙 제143조).

(선지분석)

① 등기관이 부기등기를 할 때에는 그 부기등기가 어느 등기에 기초한 것인지 알 수 있도록 주등기 또는 부기등기의 순위번호에 가지번호를 붙여서 하여야 한다(규칙 제2조). 부기등기의 부기등기를 할 수 있다.

② 법 제5조 본문의 "부기등기의 순위는 주등기의 순위에 따른다."라는 규정은 <u>부기등기가 그 순위번호뿐만 아니라 접수번호에 있어서도 그 기초가 되는 주등기에 따른다</u>는 뜻으로 새겨야 한다(선례 제201408-2호).

답 ④

---

007 주등기와 부기등기에 관한 다음 설명 중 가장 옳지 않은 것은? 19 법무사

① 부기등기는 주등기에 종속되어 주등기와 일체성을 이루는 등기로서 주등기와 별개의 등기는 아니다.

② 신탁재산이 수탁자의 고유재산으로 된 경우에 그 뜻의 등기는 주등기로 하여야 한다.

③ 「부동산등기법」에 따라 환매특약등기나 권리소멸약정등기는 부기등기로 하여야 한다.

④ 주택건설사업이 완성되어 건설된 주택에 대하여 사업주체가 「주택법」상 입주예정자 앞으로 소유권이전등기를 신청한 경우, 등기관은 그 소유권이전등기를 실행할 때에 당사자 신청으로 주택에 대한 금지사항 부기등기를 말소한다.

⑤ 전세권변경등기는 부기등기에 의하나, 등기상 이해관계 있는 제3자의 승낙서 또는 이에 대항할 수 있는 재판의 등본을 첨부하지 못한 때에는 주등기 방법에 의한다.

(해설)

④ 주택건설사업이 완성되어 건설된 주택에 대하여 사업주체가 「주택법」상 입주예정자 앞으로 소유권이전등기를 신청한 경우, 등기관은 그 소유권이전등기를 실행한 후 직권으로 주택에 대한 금지사항 부기등기를 말소한다(예규 제1616호).

(선지분석)

② 신탁재산이 수탁자의 고유재산으로 된 경우에 그 뜻의 등기를 주등기로 하여야 한다(규칙 제143조).

③ 법 제52조에서는 환매특약등기나 권리소멸약정등기는 부기등기로 하여야 한다고 규정하고 있다.

⑤ 전세권변경등기는 부기등기에 의하나, 등기상 이해관계 있는 제3자의 승낙서 또는 이에 대항할 수 있는 재판의 등본을 첨부하지 못한 때에는 주등기 방법에 의한다(법 제52조 제5호, 규칙 제112조 제1항).

답 ④

008 부기로 하는 등기에 관한 다음 설명 중 가장 옳지 않은 것은? 22 서기보

① 등기관이 부기등기를 할 때에는 그 부기등기가 어느 등기에 기초한 것인지 알 수 있도록 주등기 또는 부기등기의 순위번호에 가지번호를 붙여서 하여야 한다.

② 등기전체가 아닌 등기사항 일부만 말소된 등기를 회복할 때에는 부기에 의하여 말소된 등기사항만 다시 등기한다.

③ 소유권 외의 권리의 이전등기, 소유권 외의 권리를 목적으로 하는 권리에 관한 등기는 부기로 하여야 한다.

④ 신탁을 원인으로 한 소유권이전등기와 함께 신탁등기를 할 때에는 소유권이전등기에 부기로 하여야 한다.

해설

④ 등기관이 신탁을 원인으로 한 소유권이전등기와 함께 신탁등기를 할 때에는 하나의 순위번호로 등기를 하여야지, 신탁등기만을 부기등기로 하지 아니한다(규칙 제139조 제7항).

선지분석

① 등기관이 부기등기를 할 때에는 그 부기등기가 어느 등기에 기초한 것인지 알 수 있도록 주등기 또는 부기등기의 순위번호에 가지번호를 붙여서 하여야 한다(규칙 제2조).

② 법 제59조의 말소된 등기에 대한 회복 신청을 받아 등기관이 등기를 회복할 때에는 회복의 등기를 한 후 다시 말소된 등기와 같은 등기를 하여야 한다. 다만, 등기 전체가 아닌 등기사항 일부만 말소된 등기를 회복할 때에는 부기에 의하여 말소된 등기사항만 다시 등기한다(규칙 제118조).

③ 소유권 외의 권리의 이전등기, 소유권 외의 권리를 목적으로 하는 권리에 관한 등기는 부기로 하여야 한다(법 제52조).

답 ④

009 등기의 유효요건에 관한 다음 설명 중 옳지 않은 것은?　　　　　12 주사보

① 부동산의 표시에 관하여는 해당 부동산의 물리적 현황과 등기기록 사이에 다소의 불일치가 있다 하더라도 그 등기가 해당 부동산을 공시하고 있는 것이라고 할 수 있을 정도의 동일성이 인정되면 그 등기는 유효하다고 할 수 있다.

② 증여에 의하여 부동산을 취득하였음에도 불구하고 등기기록에 등기원인이 매매로 되어 있는 경우 그 등기는 당사자 사이의 실체적 권리관계에 부합하는 한 유효하다고 할 수 있다.

③ 보존등기 후 건물이 멸실되었으나 멸실등기가 아직 이루어지지 않은 상태에서 같은 지번 위에 건물이 신축되었다면, 종전 건물에 대한 보존등기를 신축된 건물의 보존등기로 유용할 수 있다.

④ 물권변동의 요건으로서의 등기는 물권의 효력발생요건이지 물권의 존속요건이 아니므로 등기가 원인 없이 말소된 경우에는 물권의 효력에 영향을 미치지 못한다.

(해설)

③ 기존건물이 멸실된 후 그곳에 새로이 건축한 건물의 물권변동에 관한 등기를 멸실된 건물의 등기부에 하여도 이는 진실에 부합하지 아니하는 것이고 <u>비록 당사자가 멸실건물의 등기로서 신축된 건물의 등기에 갈음할 의사를 가졌다 하여도 그 등기는 무효이니</u> 이미 멸실된 건물에 대한 근저당권설정등기에 신축된 건물에 대한 근저당권이 설정되었다고는 할 수 없으며 그 등기에 기하여 진행된 경매에서 신축된 건물을 경락받았다 하더라도 그로써 소유권 취득을 내세울 수는 없다(대판 75다2211).

(선지분석)

② <u>부동산등기는 현실의 권리 관계에 부합하는 한</u> 그 권리취득의 경위나 방법 등이 사실과 다르다고 하더라도 그 등기의 효력에는 아무런 영향이 없는 것이므로 증여에 의하여 부동산을 취득하였지만 등기원인을 매매로 기재하였다고 하더라도 그 등기의 효력에는 아무런 하자가 없다(대판 80다791).

④ <u>등기는 물권의 효력발생요건이고 효력존속요건이 아니므로</u> 물권에 관한 등기가 원인 없이 말소된 경우에 그 물권의 효력에는 아무런 영향을 미치지 않는다.

답 ③

010 등기의 유효요건에 관한 다음 설명 중 가장 옳지 않은 것은? 16 주사보

① 부동산등기는 현재의 진실한 권리상태를 공시하더라도 그에 이른 과정이나 태양을 그대로 반영하지 아니하였다면 무효이다.

② 건물에 관한 보존등기가 어떤 건물을 공시하는 효력이 있는가의 여부는 일반 사회관념상 그 등기의 표시로서 해당 실제의 건물의 동일성을 인식할 수 있는가의 여부에 따라 결정된다.

③ 「부동산등기 특별조치법」상 등기하지 아니하고 제3자에게 전매하는 행위를 일정 목적범위 내에서 형사처벌하도록 되어 있으나 이로써 순차 매도한 당사자 사이의 중간생략등기합의에 관한 사법상 효력까지 무효로 한다는 취지는 아니다.

④ 관할위반의 등기신청은 등기관이 각하하여야 하고, 등기가 마쳐졌다 하더라도 등기관이 일정한 절차를 거쳐 직권으로 말소하여야 한다.

(해설)

① 부동산등기는 현실의 권리 관계에 부합하는 한 그 권리취득의 경위나 방법 등이 사실과 다르다고 하더라도 그 등기의 효력에는 아무런 영향이 없는 것이므로 증여에 의하여 부동산을 취득하였지만 등기원인을 매매로 기재하였다고 하더라도 그 등기의 효력에는 아무런 하자가 없다(대판 80다791).

(선지분석)

③ 「부동산등기 특별조치법」상 조세포탈과 부동산투기 등을 방지하기 위하여 위 법률 제2조 제2항 및 제8조 제1호에서 등기하지 아니하고 제3자에게 전매하는 행위를 일정 목적 범위 내에서 형사 처벌하도록 되어 있으나 이로써 순차 매도한 당사자 사이의 중간생략등기합의에 관한 사법상 효력까지 무효로 한다는 취지는 아니다(대판 92다39112).

④ 관할위반의 등기는 법 제29조 제1호의 사유에 해당하며, 이를 간과한 채 등기가 경료된 경우, 이는 당연무효이므로 직권말소의 대상이 된다.

답 ①

011 등기의 유효요건에 관한 다음 설명 중 가장 옳지 않은 것은? 18 서기보

① 건물의 경우에는 건물의 소재와 대지 지번의 표시가 다소 다르더라도 건물의 종류·구조·면적 및 인근에 유사한 건물이 있는지 여부 등을 종합적으로 고려하여 등기가 해당 건물을 표시하고 있다고 인정되면 유효한 등기로 보고 있다.

② 등기기록이 실제의 권리변동 과정과 일치하지 않더라도 등기된 결과가 현재의 진실한 권리상태를 공시하면 그 등기는 유효한 것으로 보고 있다.

③ 증여로 부동산을 취득하였음에도 등기원인이 매매로 등기기록에 기록된 경우, 그 등기가 당사자 사이의 실체적 권리관계에 부합하는 한 유효하다고 한다.

④ 멸실건물의 보존등기를 멸실 후에 신축한 건물의 보존등기로 유용할 수 있다.

(해설)

④ 멸실건물의 보존등기를 멸실 후에 신축한 건물의 보존등기로 유용할 수 없다(대판 91다39184).

(선지분석)

① 건물의 경우에는 건물의 소재와 대지 지번의 표시가 다소 다르더라도 건물의 종류·구조·면적 및 인근에 유사한 건물이 있는지 여부 등을 종합적으로 고려하여 등기가 해당 건물을 표시하고 있다고 인정되면 유효한 등기로 보고 있다(대판 80다163).

② 등기기록이 실제의 권리변동 과정과 일치하지 않더라도 등기된 결과가 현재의 진실한 권리상태를 공시하면 그 등기는 유효한 것으로 보고 있다(대판 99다65462).

③ 증여로 부동산을 취득하였음에도 등기원인이 매매로 등기기록에 기록된 경우, 그 등기가 당사자 사이의 실체적 권리관계에 부합하는 한 유효하다고 한다(대판 80다791).

답 ④

012 등기의 효력에 관한 다음 설명 중 틀린 것은?

① 협의분할에 의한 상속을 등기원인으로 하여 소유권이전등기를 한 경우 그 소유권의 등기명의인이 소유권을 취득한 시기는 등기를 한 때가 아니고 상속이 개시된 때이다.

② 동일한 부동산에 관하여 등기한 권리의 순위는 법률에 다른 규정이 없으면 등기의 순서에 따른다.

③ 허무인 명의의 등기에는 등기의 추정력이 인정되지 않지만 사망자 명의의 등기신청에 의한 등기에는 등기의 추정력이 인정된다.

④ 건물 전세권의 등기부상 존속기간이 만료되었다 하더라도 등기의 후등기저지력으로 인하여 그 전세권설정등기가 말소되지 않고서는 동일한 부분에 대하여 후순위로 중복하여 전세권설정등기를 할 수 없다.

⑤ 가등기에 의한 본등기를 한 경우 그 본등기의 순위는 가등기의 순위에 따른다.

해설

③ 등기의 추정력에 대한 명문의 규정은 없으나, 판례에 의해 법률상 추정력으로 본다. 가등기, 허무인·사망자 명의의 등기, 표제부등기 등은 추정력이 부인된다.

선지분석

① 상속재산의 분할은 상속개시된 때에 소급하여 그 효력이 있다(「민법」 제1015조).

② 동일한 부동산에 관하여 등기한 권리의 순위는 법률에 다른 규정이 없으면 등기의 순서에 따른다(법 제4조 제1항).

④ 건물 전세권의 존속기간이 만료된 경우에도 그 전세권설정등기를 말소하지 않고는 중복하여 전세권설정등기를 신청할 수 없다(선례 제7-268호).

⑤ 가등기에 의한 본등기를 한 경우 그 본등기의 순위는 가등기의 순위에 따른다(법 제92조).

답 ③

013 등기의 효력에 관한 다음 설명 중 가장 옳지 않은 것은?

① 부동산에 관하여 소유권이전등기가 마쳐진 경우 그 등기명의자는 제3자에 대하여서뿐만 아니라, 그 전 소유자에 대하여서도 소유권을 취득한 것으로 추정된다.

② 부동산에 관하여 소유권이전등기가 마쳐져 있는 이상 일응 그 절차 및 원인이 정당한 것이라는 추정을 받게 된다.

③ 등기가 원인 없이 말소된 경우 그 회복등기가 마쳐지기 전에는 말소된 등기의 등기명의인은 적법한 권리자로 추정되지 않는다.

④ 허무인으로부터 등기를 이어받은 소유권이전등기의 등기명의인에 대한 소유권 추정력은 인정되지 않는다.

해설

③ 등기가 원인 없이 말소된 경우 그 불법말소된 등기도 등기추정력을 인정한다는 것이 판례의 입장이다(대판 95다 39526).

핵심정리 등기추정력

등기절차의 적법 추정(②)	이해상반행위라 하더라도 친권자에게 이전등기가 경료된 이상, 적법한 등기로 추정됨
등기권리의 적법 추정	저당권설정등기의 경우 담보물권의 존재뿐만 아니라 이에 상응하는 피담보채권의 존재도 추정됨
등기원인의 적법 추정(②)	부동산등기는 그것이 형식적으로 존재하는 것 자체로부터 적법한 등기원인에 의하여 마쳐진 것으로 추정됨
대리권의 존부 추정	매매계약 및 등기신청이 매도인의 대리인에 의한 경우 대리권 및 유효한 대리행위가 존재한 것으로 추정됨
당사자 간에도 추정력 원용(①)	부동산에 관하여 소유권이전등기가 마쳐져 있는 경우 그 등기명의자는 제3자에 대하여서뿐만 아니라, 그 전 소유자에 대하여서도 적법한 등기원인에 의하여 소유권을 취득한 것으로 추정됨

답 ③

014 등기의 효력에 관한 다음 설명 중 가장 옳지 않은 것은?

① 등기관이 등기를 마치면 그 등기는 접수한 때부터 효력을 발생한다.

② 등기의 순서는 등기기록 중 같은 구에서 한 등기 상호간에는 순위번호에 따르고 다른 구에서 한 등기 상호간에는 접수번호에 따른다.

③ 사망자 명의의 등기신청에 의하여 마쳐진 등기라도 그에 대응하는 실체적 권리관계가 존재하는 것으로 추정된다.

④ 등기가 존재하는 이상 그것이 비록 실체법상 무효라고 하더라도 형식상의 효력은 있는 것이므로 그것을 말소하지 않고서는 그것과 양립할 수 없는 등기는 할 수 없다.

해설

③ 사망자 명의의 등기신청에 의하여 마쳐진 등기나 허무인 명의의 등기에는 추정력이 인정되지 않는다(대판 83다카597, 84다카2494).

선지분석

① 등기관이 등기를 마치면 그 등기는 접수한 때부터 효력을 발생한다(법 제6조 제2항).

② 등기의 순서는 등기기록 중 같은 구에서 한 등기 상호간에는 순위번호에 따르고 다른 구에서 한 등기 상호간에는 접수번호에 따른다(법 제4조 제2항).

④ 등기가 존재하는 이상 그것이 비록 실체법상 무효라고 하더라도 형식상의 효력은 있는 것이므로 그것을 말소하지 않고서는 그것과 양립할 수 없는 등기는 할 수 없는데, 이것을 후등기저지력이라고 한다.

답 ③

015 등기의 효력에 관한 다음 설명 중 가장 옳지 않은 것은?

① 법률행위로 인한 부동산의 물권변동은 물권행위가 있고 그에 부합하는 등기가 마쳐져야 효력이 있다.

② 부동산에 관한 신탁은 등기함으로써 제3자에 대하여 대항력이 생긴다.

③ 건물 전세권의 존속기간이 만료된 경우에도 그 전세권설정등기를 말소하지 않고는 중복하여 전세권설정등기를 신청할 수 없다.

④ 증여로 부동산을 취득하였음에도 등기원인이 매매로 기록된 경우에 판례는 권리변동의 과정이 불일치하므로 그 등기가 실체적 권리관계에 부합하더라도 무효라고 한다.

해설

④ 증여로 부동산을 취득하였음에도 등기원인이 매매로 기록된 경우에 판례는 권리변동의 과정이 불일치하더라도 <u>그 등기가 실체적 권리관계에 부합한다면</u> 유효라고 한다(대판 80다791).

선지분석

① 법률행위로 인한 부동산의 물권변동은 물권행위가 있고 그에 부합하는 등기가 마쳐져야 효력이 있다(「민법」 제186조).

② 부동산에 관한 신탁은 등기함으로써 제3자에 대하여 대항력이 생긴다(「신탁법」 제4조 제1항).

③ 건물 전세권의 존속기간이 만료된 경우에도 그 전세권설정등기를 말소하지 않고는 중복하여 전세권설정등기를 신청할 수 없다(선례 제7-268호).

답 ④

016 부동산등기의 순위와 효력에 관한 다음 설명 중 가장 옳지 않은 것은?

① 같은 부동산에 관하여 등기한 권리의 순위는 법률에 다른 규정이 없으면 등기한 순서에 따른다.

② 가등기에 의한 본등기를 한 경우 그 본등기의 순위는 가등기의 순위에 따른다.

③ 부기등기의 순위는 주등기의 순위에 따르고, 같은 주등기에 관한 부기등기 상호간의 순위는 그 등기 순서에 따른다.

④ 등기관이 부기등기를 할 때에는 그 부기등기가 어느 등기에 기초한 것인지 알 수 있도록 주등기 또는 부기등기의 순위번호에 그 다음번호를 붙여서 하여야 한다.

해설

④ 등기관이 부기등기를 할 때에는 그 부기등기가 어느 등기에 기초한 것인지 알 수 있도록 주등기 또는 부기등기의 순위번호에 그 다음번호가 아닌 가지번호를 붙여서 하여야 한다(규칙 제2조).

선지분석

① 동일한 부동산에 관하여 등기한 권리의 순위는 법률에 다른 규정이 없으면 등기의 순서에 따른다(법 제4조 제1항).

② 가등기에 의한 본등기를 한 경우 그 본등기의 순위는 가등기의 순위에 따른다(법 제92조).

③ 부기등기의 순위는 주등기의 순위에 따르고, 같은 주등기에 관한 부기등기 상호간의 순위는 그 등기 순서에 따른다(법 제5조).

답 ④

017 부동산등기의 효력에 관한 다음 설명 중 가장 옳은 것은? 20 서기보

① 협의분할에 의한 상속을 등기원인으로 하여 소유권이전등기를 한 경우 그 소유권의 등기 명의인이 소유권을 취득한 시기는 등기를 한 때이다.

② 등기관이 등기를 마치면 그 등기는 그 등기가 완료된 시점에 효력이 발생한다.

③ 어떠한 등기가 있으면 그에 대응하는 실체적 권리관계가 존재하는 것으로 추정되는 효력 을 법이 명문으로 규정하고 있으므로 등기된 권리에 대하여 권리의 부존재나 무효를 주장 하는 자는 스스로 그것을 입증하여야 한다.

④ 존속기간의 만료로 전세권이 실체법상 소멸되었다 하더라도 그 전세권설정등기를 말소하 지 않는 한 제3자를 위한 전세권설정등기신청은 수리될 수 없는데 이는 후등기저지력 때문 이다.

(해설)

④ 존속기간의 만료로 전세권이 실체법상 소멸되었다 하더라도 양립이 불가한 그 전세권설정등기를 말소하지 않는 한 제3자를 위한 전세권설정등기신청은 수리될 수 없는데, 이는 후등기 저지력 때문이다.

(선지분석)

① 상속재산의 분할은 상속이 개시된 때에 소급하여 효력이 생기므로(「민법」 제1015조), 협의분할에 의한 상속을 등기 원인으로 하여 소유권이전등기를 한 경우 그 소유권의 등기명의인이 소유권을 취득한 시기는 상속이 개시된 때이다.

② 등기관이 등기를 마치면 그 등기는 그 등기는 접수한 때부터 효력을 발생한다(법 제6조 제2항).

③ 어떤 권리가 등기된 때에는 등기된 내용의 권리가 존재하는 것으로 추정되므로 그러한 실체관계가 존재하지 않는다고 주장하거나 또는 실제와 다르다고 주장하는 자가 그에 관한 증명책임을 지게 된다(대판 2002다46256 등).

답 ④

제1절 | 등기대상인 물건

001 등기능력과 관련된 다음 설명 중 가장 옳지 않은 것은? 15 서기보

① 「하천법」상의 하천에 대한 등기는 소유권, 저당권, 권리질권의 설정, 보존, 이전, 변경, 처분의 제한 또는 소멸에 대하여 이를 할 수 있다.

② 「축사의 부동산등기에 관한 특례법」에 따른 개방형 축사는 연면적이 300㎡를 초과해야 등기할 수 있다. 그 연면적 산정에 있어서는 부속건물의 연면적도 포함된다.

③ 해수면 위에 호텔 또는 상가로 사용할 목적으로 선박을 개조하고 해저 지면에 설치한 다수의 'H빔' 형식의 기둥에 고정시켰더라도 이는 토지에 견고하게 정착한 건물로 인정될 수 없으므로 소유권보존등기를 할 수 없다.

④ 환매권, 임차권과 같이 물권은 아니지만 실체법에서 등기능력을 인정하고 있는 경우도 있고, 그 밖에 거래가액과 같이 물권변동과 전혀 무관한 사항이 공익적 필요에 의하여 등기사항이 되는 경우도 있다.

(해설)

② 개방형 축사의 소유권보존등기는 연면적 100㎡를 초과할 것을 요건으로 한다.

(선지분석)

	구분	등기능력 있는 물건	등기능력 없는 물건
①	토지	• 「도로법」상 도로부지 • 「하천법」상의 하천 * 소유권과 저당권, 권리질권의 각 보존, 이전, 설정, 변경, 처분의 제한, 소멸에 관한 등기가 가능하므로, 그 범위 내(가등기, 신탁등기, 부동산표시변경등기, 등기명의인표시변경등기 등)에서는 등기능력이 있음. 그 토지를 사용하는 권리인 지상권·지역권전세권·임차권설정, 이전, 변경등기는 불가능	• 공유수면하의 토지(사권의 목적이 될 수 없음) • 군사분계선 이북 지역의 토지 • 대한민국 영해가 아닌 공해상에 위치한 수중암초나 구조물
	건축물 [정착성 + 외기분단성 (지붕 및 주벽 그에 유사한 설비를 갖출 것) + 용도성 등] (「건축법」 제2조)	• 유류저장탱크 • 건축물대장에 조적조 및 컨테이너구조 스레이트지붕 주택으로 등재된 건축물 • 경량철골조경량패널지붕 건축물 • 비각, 사일로 • 농업식고정식(유리)온실	• 터널, 교량, 토굴 • 농지개량시설의 공작물(배수갑문, 권양기, 양수기 등) • 건물의 부대설비(승강기, 발전시설, 보일러시설, 냉·난방시설, 배전시설 등) • 지하상가 통로 • 컨테이너(건축물대장에 구조가 컨테이너이며 지붕 또한 컨테이너로 등재되어 있는 건축물) • 비닐하우스, 일시 사용을 위한 가설건축물 • 양어장, 옥외 풀장 • 폐유조선 및 플로팅 도크 • 주유소 캐노피
	축사	개방형 축사의 소유권보존등기 신청을 위한 등기요건을 갖출 것이 요구됨	

집합 건물	• 공용부분 중 <u>독립된 건물로서의 여건</u>을 갖춘 경우 　(아파트 지하실, 기계실, 관리사무소, 노인정 등) • 구분건물의 전유부분, 규약상 공용부분, 부속건물 • 공동주택의 지하주차장 ＊ 1동의 건물에 속하는 구분건물 중 일부만에 관하여 　소유권보존등기를 하기 위해서는 그 일부 구분건물뿐 　만 아니라 나머지 구분건물도 등기능력이 있어야 함	• 아파트의 복도, 계단, 지하상가 • 지하상가의 통로, 계단, 화장실 ＊ 구분건물의 구조상 공용부분
기타	**방조제(제방)**: 토지대장에 등록한 후 그 대장정보를 첨부하여 소유권보존등기를 신청할 수 있음	방조제부대시설

③ 해수면 위에 호텔 또는 상가로 사용할 목적으로 선박을 개조하고 해저 지면에 설치한 다수의 'H빔' 형식의 기둥에 고정시켰더라도 이는 부동산인 토지에 견고하게 정착한 건물로 인정될 수 없으므로 소유권보존등기를 할 수 없다(선례 제200901-1호).

④ 법 제52조, 제53조에 환매권등기에 관한 내용이 규정되어 있고, 임차권은 법 제3조, 거래가액등기는 규칙 제125조에 등기방법이 규정되어 있다.

답 ②

---

002 등기능력 있는 물건인지 여부의 판단과 관련된 다음 설명 중 가장 옳지 않은 것은? 15 주사보

① 「건축법」상 건축물에 관하여 건물로서 소유권보존등기를 신청한 경우, 등기관은 그 건축물의 정착성, 외기분단성, 용도성 여부를 당사자가 신청서에 첨부한 건축물대장등본 등에 의하여 종합적으로 심사하여야 한다.

② 건축물대장 등본 등에 의하여 건물로서의 요건을 갖추었는지 여부를 알 수 없는 경우라도 등기관은 그 형식적 심사권한상 신청인으로 하여금 소명자료로서 해당 건축물에 대한 사진이나 도면을 제출하게 할 수는 없다.

③ 집합건물의 공용부분 중 구조적, 물리적 공용부분(복도, 계단 등)은 전유부분으로 등기할 수 없으나, 아파트 관리사무소, 노인정 등과 같이 독립된 건물로서의 요건을 갖춘 경우에는 독립하여 건물로서 등기할 수 있다.

④ 공유수면을 구획지어 소유권보존등기신청을 하거나 굴착한 토굴에 관하여 소유권보존등기신청을 할 경우, 등기관은 그 등기신청을 각하하여야 한다.

해설

② 건축물대장정보 등에 의하여 건물로서의 요건을 갖추었는지 여부를 알 수 없는 경우, 등기관은 신청인으로 하여금 소명자료로서 해당 건축물에 대한 사진이나 도면을 제출하게 할 수 있다(예규 제1086호).

선지분석

① 「건축법」상 건축물에 관하여 건물로서 소유권보존등기를 신청한 경우, 등기관은 그 건축물이 토지에 견고하게 정착되어 있는지(정착성), 지붕 및 주벽 또는 그에 유사한 설비를 갖추고 있는지(외기분단성), 일정한 용도로 계속 사용할 수 있는 것인지(용도성) 여부를 당사자가 신청서에 첨부한 건축물대장등본 등에 의하여 종합적으로 심사하여야 한다 (예규 제1086호).

③ 집합건물의 공용부분이라 하더라도 아파트 관리사무소, 노인정 등과 같이 독립된 건물로서의 요건을 갖춘 경우에는 독립하여 건물로서 등기할 수 있고, 이 경우 등기관은 공용부분인 취지의 등기를 한다(예규 제1086호).

④ 공유수면을 구획지어 소유권보존등기신청을 하거나 굴착한 토굴에 관하여 소유권보존등기신청을 할 경우, 등기관은 그 등기신청을 각하하여야 한다. 방조제(제방)는 토지대장에 등록한 후 그 대장등본을 첨부하여 토지로서 소유권보존등기를 신청할 수 있다(예규 제1086호).

답 ②

003 등기할 수 있는 건물에 관한 다음 설명 중 가장 옳지 않은 것은?

① 집합건물의 공용부분이라 하더라도 아파트 관리사무소와 같이 독립된 건물로서의 요건을 갖춘 경우에는 독립하여 등기할 수 있다.

② 가설건축물대장에 등록된 '농업용 고정식 비닐온실'이 철근콘크리트 기초 위에 설치됨으로써 토지에 견고하게 정착되어 있고, 경량철골구조 및 내구성 10년 이상의 내재해형 장기성 필름(비닐)에 의하여 벽면과 지붕을 구성하고 있다면 이 건축물에 대하여 소유권보존등기를 신청할 수 있다.

③ 건축물대장에 '경량철골구조 기타지붕 1층 숙박시설 38.7㎡로 기재되어 있는 건축물(캐빈하우스)이 공장에서 완제품 또는 부분제품을 제작하여 건축현장으로 운송한 후 조립하는 방법으로 건축된 것으로서 콘크리트 기초 위에 상·하수도 및 전선관 설비와 함께 토지에 견고하게 정착되어 쉽게 해체·이동할 수 없으며, 내구성 있는 재료를 사용한 벽면과 지붕을 갖추고 있는 건축물이라면 독립된 건물로 볼 수 있으므로 이 건축물에 대하여 소유권보존등기를 신청할 수 있다.

④ 해수면 위에 호텔 또는 상가로 사용할 목적으로 선박을 개조하고 해저 지면에 설치한 다수의 'H빔' 형식의 기둥에 고정시켰다면 이는 부동산인 토지에 견고하게 정착한 건물로 인정될 수 있으므로 소유권보존등기를 할 수 있다.

(해설)

④ 해수면 위에 호텔 또는 상가로 사용할 목적으로 선박을 개조하고 해저 지면에 설치한 다수의 'H빔' 형식의 기둥에 고정시켰더라도 이는 부동산인 토지에 견고하게 정착한 건물로 인정될 수 없으므로 소유권보존등기를 할 수 없다(선례 제200901-1호).

(선지분석)

① 집합건물의 공용부분이라 하더라도 아파트 관리사무소와 같이 독립된 건물로서의 요건을 갖춘 경우에는 독립하여 등기할 수 있다(예규 제1086호).

② 가설건축물대장에 등록된 '농업용 고정식 비닐온실'이 철근콘크리트 기초 위에 설치됨으로써 토지에 견고하게 정착되어 있고, 경량철골구조 및 내구성 10년 이상의 내재해형 장기성 필름(비닐)에 의하여 벽면과 지붕을 구성하고 있다면 이 건축물에 대하여 소유권보존등기를 신청할 수 있다(선례 제201903-8호).

③ 건축물대장에 '경량철골구조 기타지붕 1층 숙박시설 38.7㎡로 기재되어 있는 건축물(캐빈하우스)이 공장에서 완제품 또는 부분제품을 제작하여 건축현장으로 운송한 후 조립하는 방법으로 건축된 것으로서 콘크리트 기초 위에 상·하수도 및 전선관 설비와 함께 토지에 견고하게 정착되어 쉽게 해체·이동할 수 없으며, 내구성 있는 재료를 사용한 벽면과 지붕을 갖추고 있는 건축물이라면 독립된 건물로 볼 수 있으므로 이 건축물에 대하여 소유권보존등기를 신청할 수 있다(선례 제201903-5호).

답 ④

004 등기할 수 있는 물건에 관한 다음 설명 중 가장 옳지 않은 것은?

① 대한민국의 행정력이 미치지 않는 군사분계선 이북지역의 토지에 대하여는 소유권보존등기를 신청할 수 없다.

② 「하천법」상의 하천에 대하여는 저당권설정등기를 신청할 수 있으나, 지상권·전세권·임차권설정등기는 신청할 수 없다.

③ 둘레에 벽을 갖추지 아니하고 소를 사육하는 용도로 사용할 수 있는 건축물인 개방형 축사에 대하여 소유권보존등기를 신청하기 위해서는 그 건축물이 건축물대장에 축사로 등록되어 있어야 한다.

④ 해수면 위에서 호텔 또는 상가로 사용할 목적으로 선박을 개조하고 해저 지면에 설치한 다수의 'H빔' 형식의 기둥에 고정시켰다면 이는 부동산인 토지에 견고하게 정착된 건물로 인정할 수 있으므로 소유권보존등기를 신청할 수 있다.

해설

④ 해수면 위에 호텔 또는 상가로 사용할 목적으로 선박을 개조하고 해저 지면에 설치한 다수의 'H빔' 형식의 기둥에 고정시켰더라도 이는 부동산인 토지에 견고하게 정착된 건물로 인정할 수 없으므로 소유권보존등기를 신청할 수 없다 (선례 제200901-1호).

선지분석

① 대한민국의 행정력이 미치지 않는 군사분계선 이북지역의 토지에 대하여는 소유권보존등기를 신청할 수 없다(선례 제8-128호).

② 「하천법」상 하천에 대하여는 소유권보존등기나 소유권이전등기, 저당권설정등기나 신탁등기는 신청할 수 있으나, 지상권·지역권·전세권 또는 임차권에 대한 권리의 설정, 이전 또는 변경의 등기는 할 수 없다(예규 제1387호).

③ 둘레에 벽을 갖추지 아니하고 소를 사육하는 용도로 사용할 수 있는 건축물인 개방형 축사에 대하여 소유권보존등기를 신청하기 위해서는 그 건축물이 건축물대장에 축사로 등록되어 있어야 한다(「축사의 부동산등기에 관한 특례법」 제2조).

답 ④

005 「축사의 부동산등기에 관한 특례법」에 따른 개방형 축사의 소유권보존등기와 관련한 설명이다. 가장 잘못된 것은?

11 주사보

① 특례법의 적용이 되는 건축물은 개방형 축사로서 '소'를 포함한 모든 가축을 사육하는 용도로 사용할 건축물을 말한다.

② 등기신청정보에는 특례법에 따라 건물소유권보존등기신청을 하는 뜻과, 신청 근거규정으로 같은 법 제4조와 「부동산등기법」 제65조 각 호의 어느 하나에 해당하는 규정을 표시하여 등기소에 제공하여야 한다.

③ 등기관이 등기를 하는 경우 등기기록 중 표제부의 등기원인 및 기타사항란에 이 법에 따른 등기임을 기록한다.

④ 특례법에서는 연면적이 200제곱미터를 초과할 것을 요건으로 하고 있는 바, 1개의 건축물대장에 주된 건물과 그 축사의 사용에 제공하기 위하여 부속한 퇴비사, 착유사 등이 등록된 경우 그 면적의 합이 초과되는 경우에도 인정하는 것이 실무이다.

(해설)

① '개방형 축사'란 소의 질병을 예방하고 통기성을 확보할 수 있도록 둘레에 벽을 갖추지 아니하고 소를 사육하는 용도로 사용할 수 있는 건축물을 말한다(「축사의 부동산등기에 관한 특례법」 제2조).

④ 법 개정으로 인하여 200제곱미터 초과에서 100제곱미터 초과할 것으로 변경되었다.

「축사의 부동산등기에 관한 특례법」 제2조 【정의】 이 법에서 '개방형 축사'란 소의 질병을 예방하고 통기성을 확보할 수 있도록 둘레에 벽을 갖추지 아니하고 소를 사육하는 용도로 사용할 수 있는 건축물을 말한다.

제3조 【등기 요건】 다음 각 항의 요건을 모두 갖춘 개방형 축사는 건물로 본다.
① 토지에 견고하게 정착되어 있을 것
② 소를 사육할 용도로 계속 사용할 수 있을 것
③ 지붕과 견고한 구조를 갖출 것(주벽은 없어도 무방함)
④ 건축물대장에 축사로 등록되어 있을 것
⑤ 연면적이 100제곱미터를 초과할 것(2019년 법 개정)

「축사의 부동산등기에 관한 특례규칙」 제2조 【축사의 보존등기】 ① 개방형 축사의 소유권보존등기신청서에는 「축사의 부동산등기에 관한 특례법」(이하 '법'이라 한다) 제4조에 따라 등기를 신청한다는 뜻을 적어야 한다.
② 등기관은 등기기록 중 표제부에 법에 따른 등기임을 기록한다.

제3조 【제출서면】 ① 신청서에 건물의 표시를 증명하는 건축물대장등본을 첨부하여야 한다.
② 법 제3조 제2호의 '소를 사육할 용도로 계속 사용할 수 있을 것'을 소명하기 위하여 다음 각 호의 어느 하나를 제출하여야 한다. 다만, 건축물대장등본에 의하여 등기할 건축물의 용도가 개방형 축사임을 알 수 있는 경우에는 그러하지 아니하다.
1. 건축허가신청서나 건축신고서의 사본
2. 그 밖에 건축물의 용도가 개방형 축사임을 알 수 있는 시·구·읍·면장이 작성한 서면

⚡ **최신선례** 개방형 축사에 대한 소유권보존등기를 신청할 때 제공하여야 하는 첨부정보

「축사의 부동산등기에 관한 특례법」은 둘레에 벽이 없는 건축물로서 소를 사육할 용도로 계속 사용할 수 있는 건축물에 대하여만 적용되는 것이므로(같은 법 제3조 제2호), 이 특례법에 따라 소유권보존등기를 신청할 때에 첨부정보로 제공한 건축물대장정보만으로는 소를 사육할 용도로 계속 사용할 수 있는 건축물임을 확인할 수 없다면 이를 확인할 수 있는 건축허가신청서나 건축신고서 사본 또는 건축물대장소관청이 작성한 서면을 추가로 제공하여야 한다(「축사의 부동산등기에 관한 특례규칙」 제3조 제2항)(선례 제202003-3호).

「개방형 축사의 소유권보존등기에 관한 예규」 제2조 【축사의 보존등기】 ① 「축사의 부동산등기에 관한 특례법」(이하 '특례법'이라 한다) 제4조에 따른 개방형 축사의 소유권보존등기 신청서에는 특례법에 따른 건물소유권보존등기신청을 하는 뜻을 적고, 신청근거규정으로 특례법 제4조와 「부동산등기법」 제65조 각 호의 어느 하나에 해당하는 규정을 같이 적어야 한다.

② 제1항에 따라 등기를 할 경우 등기관은 등기기록 중 표제부의 등기원인 및 기타사항란에 특례법에 따른 등기임을 기록한다.

선례

1. 1개의 건물로서 건축물대장의 건축물 현황에 일부 용도는 축사로, 일부는 퇴비사 또는 착유사 등으로 등록되어 있는 경우에도 그 건물의 연면적이 「축사의 부동산등기에 관한 특례법」상 요건인 100제곱미터를 초과한다면 축사의 소유권보존등기를 신청할 수 있다. 또한, 1개의 건축물대장에 주된 건물인 축사와 그 축사의 사용에 제공하기 위해 부속하게 한 퇴비사, 착유사 등이 등록되어 있는 경우에도 축사와 부속건물의 연면적이 100제곱미터를 초과한다면 축사의 소유권보존등기를 신청할 수 있다. 다만, 하나의 대지위에 2개 이상의 축사가 건축되어 총괄표제부가 작성되고 건축물대장도 각각 별개로 작성된 경우에는 각각의 건축물대장별로 축사의 소유권보존등기를 신청하여야 하며, 위 특례상 연면적 기준도 각각의 건축물대장별로 개별적으로 판단하여야 하므로, 개별 건축물대장에 등록된 축사의 연면적이 100제곱미터를 초과하지 못한다면 위 특례법에 의한 축사의 소유권보존등기는 신청할 수 없다(선례 제201011-1호).

2. 개방형 축사가 건축물대장 생성 당시에는 연면적이 100제곱미터를 초과하지 않아 「축사의 부동산등기에 관한 특례법」에 따른 등기능력이 인정되지 아니하였으나, 이후 대장상 소유권이전등록을 받은 자가 이를 증축하여 연면적이 100제곱미터를 초과하게 되었다면 이 특례법에 따른 등기능력이 인정되는 바, 이 경우에는 그 개방형 축사를 증축하여 등기능력을 갖춘 자를 건물로서의 개방형 축사에 대한 최초의 소유자로 볼 수 있으므로, 그는 건축물대장정보를 소유자임을 증명하는 정보로서 제공하여 그 개방형 축사에 대하여 직접 자신의 명의로 소유권보존등기를 신청할 수 있다(선례 제201906-2호).

답 ①, ④

006 「축사의 부동산등기에 관한 특례법」에 따른 개방형 축사 보존등기에 관한 다음 설명 중 가장 옳은 것은?

18 주사보

① 개방형 축사에 대한 보존등기를 신청할 때에는 이 법에 따라 등기를 신청한다는 뜻과 신청 근거규정으로 같은 법 제4조 및 법 제65조 각 호의 어느 하나에 해당하는 규정을 신청정보의 내용으로 등기소에 제공하여야 하며, 등기관은 갑구의 등기원인에 이 법에 따른 등기임을 기록한다.

② 이 특례법에 따른 소유권보존등기 시에는 규칙 제121조 제2항의 건물의 표시를 증명하는 건축물대장정보나 그 밖의 정보를 제공하여야 한다.

③ 1개의 건축물대장에 주된 건물인 축사와 그 축사의 사용에 제공하기 위해 부속하게 한 퇴비사, 착유사 등이 등록되어 있는 경우 축사와 부속건물의 연면적 합이 100제곱미터를 초과한다면 보존등기를 할 수 있는 것으로 보고 있다.

④ 건축물대장정보에 의하여 등기할 건축물의 용도가 개방형 축사임을 알 수 없는 경우에는 시·구·읍·면의 장이 작성한 서면을 제공하지 않아도 된다.

해설

③ 1개의 건축물대장에 주된 건물인 축사와 그 축사의 사용에 제공하기 위해 부속하게 한 퇴비사, 착유사 등이 등록되어 있는 경우 축사와 부속건물의 연면적 합이 100제곱미터를 초과한다면 보존등기를 할 수 있는 것으로 보고 있다(선례 제201011-1호).

선지분석

① 개방형 축사에 대한 보존등기를 신청할 때에는 이 법에 따라 등기를 신청한다는 뜻과 신청의 근거규정으로 같은 법 제4조 및 법 제65조 각 호의 어느 하나에 해당하는 규정을 신청정보의 내용으로 등기소에 제공하여야 하며, 등기관은 등기기록 중 표제부의 등기원인 및 기타사항란에 특례법에 따른 등기임을 기록한다(예규 제1587호).

② 이 특례법에 따른 소유권보존등기 시에는 규칙 제121조 제2항(건물의 표시를 증명하는 건축물대장정보나 그 밖의 정보를 제공하여야 함)에도 불구하고, 건물의 표시를 증명하는 정보로 건축물 대장정보를 제공하여야 한다(「축사의 부동산등기에 관한 특례규칙」 제3조).

④ 건축물대장정보에 의하여 등기할 건축물의 용도가 개방형 축사임을 알 수 없는 경우에는 시·구·읍·면의 장이 작성한 서면 등을 제공하여야 한다(「축사의 부동산등기에 관한 특례규칙」 제3조).

답 ③

007 등기할 수 있는 권리에 관한 다음 설명 중 가장 옳지 않은 것은?   18 서기보

① 부동산물권은 모두 등기할 수 있는 권리이므로 부동산유치권도 등기할 수 있다.

② 저당권에 의하여 담보된 채권을 질권의 목적으로 하는 경우 질권의 효력을 저당권에도 미치게 하기 위한 때에는 부동산물권은 아니지만 권리질권에도 등기능력이 인정된다.

③ 부동산임차권도 물권은 아니지만 법률규정에 의하여 등기능력이 인정되고 있다.

④ 물권변동을 목적으로 하는 청구권에 관하여는 가등기능력이 인정된다.

해설

① 부동산물권은 모두 등기할 수 있는 권리가 아니며, 부동산유치권은 등기할 수 없다(법 제3조).

선지분석

② 저당권에 의하여 담보된 채권을 질권의 목적으로 하는 경우 질권의 효력을 저당권에도 미치게 하기 위한 때에는 부동산물권은 아니지만 권리질권에도 등기능력이 인정된다(법 제3조).

③ 부동산임차권도 물권은 아니지만 법률규정에 의하여 등기능력이 인정되고 있다(법 제3조 등).

④ 물권변동을 목적으로 하는 청구권에 관하여는 가등기능력이 인정된다(법 제3조, 제88조).

핵심정리 등기능력 인정 여부

구분	등기능력이 인정되는 경우	등기능력이 인정되지 않는 경우
물권	소유권, 지상권, 지역권, 전세권, 저당권, 권리질권(근저당권부 권리질권), 채권담보권, 관습법상 법정지상권	점유권, 유치권, 질권, 관습법상 분묘기지권
채권	부동산임차권, 부동산환매권, 부동산신탁	사용대차권
기타	등기이전청구권에 대한 가압류등기촉탁	• 송전선 통과를 위한 농지의 공중·공간에 대한 구분임차권 설정등기 • 주위토지통행권 • 상속재산관리인의 선임등기 • 가처분소유권이전등기청구권가압류등기 • 임차권부채권가압류등기 • 가등기에 기한 본등기를 금지하는 가처분등기

답 ①

008 다음 중 등기할 수 있는 권리만 열거한 것은?

① 저당권부질권, 공동전세권, 주위토지통행권
② 채권담보권, 부동산임차권, 부동산환매권
③ 근저당권부질권, 부동산점유권, 분묘기지권
④ 법정지상권, 구분지상권, 부동산유치권

(해설)

② 채권담보권, 부동산임차권, 부동산환매권은 모두 등기할 수 있는 권리이다.

(선지분석)

① 저당권부질권과 공동전세권은 등기할 수 있는 권리이나, 주위토지통행권은 등기할 수 없는 권리이다.

③ 근저당권부질권은 등기할 수 있는 권리이나, 부동산점유권과 분묘기지권은 등기할 수 없는 권리이다.

④ 법정지상권과 구분지상권은 등기할 수 있는 권리이나, 부동산유치권은 등기할 수 없는 권리이다.

답 ②

제3절 | 등기할 수 있는 특약 또는 제한 사항

009 등기할 수 있는 특약 또는 제한사항이 아닌 것은?

① 권리소멸의 약정
② 저당권자의 승낙 없이는 해당 부동산을 처분할 수 없다는 특약
③ 전세권의 양도 또는 담보제공의 금지
④ 저당권의 효력이 부합물 및 종물에 미치지 않는다는 약정

(해설)

② '근저당권설정자가 당해 부동산을 처분할 경우에는 근저당권자의 승낙을 받아야 한다'는 약정을 하였다 하더라도, 법률에 그러한 사항을 등기할 수 있다는 특별한 규정이 없는 한, 그러한 약정은 이를 등기할 수 없다(선례 제2-381호).

핵심정리 등기 가능 여부

등기할 수 있는 경우	등기할 수 없는 경우
• 환매특약등기 • 권리소멸의 약정 • 공유물분할금지의 약정 • 저당권의 효력이 부합물 및 종물에 미치지 않는다는 약정 • 전세권양도 또는 담보제공의 금지특약 • 지상권설정계약 시 토지 소유자의 사용을 제한하는 특약 • 구분지상권 등기에서 토지사용제한(「민법」 제289조의2 제1항 후단)	• 저당권자의 승낙 없이는 당해 부동산을 처분할 수 없다는 특약 • 건물 일부가 남의 토지를 침범 시 그 취지 • 포괄유증에 의한 소유권이전등기에 있어서 제사부담 조건 • 근저당권자와 일부 대위변제자의 매각대금의 배당에 관한 특약

답 ②

제1절 | 등기소

001 등기소와 등기관에 대한 다음 설명 중 가장 옳지 않은 것은? 19 서기보

① 등기사무는 부동산의 소재지를 관할하는 지방법원, 그 지원 또는 등기소에서 담당한다.

② 부동산이 여러 등기소의 관할구역에 걸쳐 있는 경우 그 부동산에 대한 최초의 등기신청을 하고자 하는 자는 각 등기소를 관할하는 각 지방법원의 장에게 관할등기소의 지정을 신청하여야 한다.

③ 관할등기소의 지정 신청은 해당 부동산의 소재지를 관할하는 등기소 중 어느 한 등기소에 신청서를 제출하는 방법으로 한다.

④ 관할등기소의 지정을 신청한 자가 관할등기소에 등기신청을 할 때에는 관할등기소의 지정이 있었음을 증명하는 정보를 첨부정보로서 등기소에 제공하여야 한다.

해설

② 부동산이 여러 등기소의 관할구역에 걸쳐 있는 경우, 그 부동산에 대한 최초의 등기신청을 하고자 하는 자는 각 등기소를 관할하는 상급법원의 장에게 관할등기소의 지정을 신청하여야 한다(규칙 제5조 제1항).

선지분석

① 등기사무는 부동산의 소재지를 관할하는 지방법원, 그 지원 또는 등기소에서 담당한다(법 제7조).

③ 관할등기소의 지정 신청은 해당 부동산의 소재지를 관할하는 등기소 중 어느 한 등기소에 신청서를 제출하는 방법으로 한다(규칙 제5조 제2항).

④ 관할등기소의 지정을 신청한 자가 관할등기소에 등기신청을 할 때에는 관할등기소의 지정이 있었음을 증명하는 정보를 첨부정보로서 등기소에 제공하여야 한다(규칙 제5조 제4항).

답 ②

002 부동산등기소 관할구역에 대한 설명 중 가장 옳지 않은 것은?

① 부동산이 여러 등기소의 관할구역에 걸쳐 있는 경우 그 부동산에 대한 최초의 등기신청을 하고자 하는 자는 각 등기소를 관할하는 상급법원의 장에게 관할등기소의 지정을 신청하여야 한다.

② 관할등기소 지정신청서는 해당 부동산의 소재지를 관하는 등기소 중 어느 한 곳에 제출하며, 그 등기소에서는 신청서 및 첨부서면의 적정 여부를 심사한 후 즉시 상급법원의 장에게 송부하여야 한다.

③ 등기사무는 부동산의 소재지를 관할하는 등기소에서 처리함이 원칙이며, 관할위반의 등기는 관할의 변경 등의 방법으로 처리한다.

④ 이미 등기된 건물이 행정구역 등의 변경으로 인하여 나중에 여러 등기소의 관할구역에 걸치게 된 때에는 관할의 지정을 받을 필요 없이 종전의 관할등기소가 관할한다.

해설

③ 등기사무는 부동산의 소재지를 관할하는 등기소에서 처리함이 원칙이며, 관할위반의 등기는 등기신청의 각하사유에 해당한다. 행정구역의 변경 또는 등기소의 신설 등으로 인하여 어느 부동산의 소재지가 갑 등기소의 관할로부터 을 등기소의 관할로 변경되는 경우가 관할의 변경이다.

선지분석

① 부동산이 여러 등기소의 관할구역에 걸쳐 있는 경우, 그 부동산에 대한 최초의 등기신청을 하고자 하는 자는 각 등기소를 관할하는 상급법원의 장에게 관할등기소의 지정을 신청하여야 한다(법 제7조 제2항).

④ 이미 등기된 건물이 행정구역 등의 변경으로 인하여 나중에 여러 등기소의 관할구역에 걸치게 된 때에는 관할의 지정을 받을 필요 없이 종전의 관할등기소가 관할한다(예규 제1433호).

답 ③

003 등기관의 권한과 책임에 관한 다음 설명 중 가장 옳지 않은 것은? 22 서기보

① 등기관은 등기신청에 대하여 실체법상의 권리관계와 일치하는지 여부를 심사할 실질적 심사권한은 없다.

② 등기관으로서는 오직 제출된 서면 자체를 검토하거나 이를 등기부와 대조하는 등의 방법으로 등기신청의 적법 여부를 심사하여야 한다.

③ 등기관은 각기 자기 책임하에 사건을 처리하며 위법부당한 사건 처리에 대하여는 처리자가 책임을 진다.

④ 등기관은 독립하여 등기사건을 처리하므로 등기과장 또는 등기소장의 행정적 지시를 받지 아니한다.

해설

④ 등기소장 아닌 등기관은 등기소장의 행정적 지시를 받아야 한다(예규 제1364호).

선지분석

①, ② 등기관은 등기신청에 대하여 「부동산등기법」상 그 등기신청에 필요한 서면이 제출되었는지 여부 및 제출된 서면이 형식적으로 진정한 것인지 여부를 심사할 권한을 갖고 있으나 그 등기신청이 실체법상의 권리관계와 일치하는지 여부를 심사할 실질적인 심사권한은 없으므로, 등기관으로서는 오직 제출된 서면 자체를 검토하거나 이를 등기부와 대조하는 등의 방법으로 등기신청의 적법 여부를 심사하여야 할 것이다(대판 2007다4295).

③ 등기관은 각기 자기 책임하에 사건을 처리하며 위법부당한 사건 처리에 대하여는 처리자가 책임을 진다(예규 제1364호).

답 ④

004 등기에 관한 장부의 설명 중 가장 옳지 않은 것은?　　　　　15 서기보

① 1개의 부동산에 대하여는 1등기기록만을 사용한다.

② 동일한 부동산에 관하여 동시에 여러 개의 신청이 있는 경우에는 같은 접수번호를 부여하여야 한다.

③ 누구든지 수수료를 내고 제한 없이 등기사항의 전부 또는 일부, 등기기록의 부속서류에 대하여 열람을 청구할 수 있다.

④ 부동산등기신청서 접수장은 5년간 보존하여야 한다.

（해설）

③ 누구든지 수수료를 내고 대법원규칙으로 정하는 바에 따라 등기기록에 기록되어 있는 사항의 전부 또는 일부의 열람과 이를 증명하는 등기사항증명서의 발급을 청구할 수 있다. 다만, 등기기록의 부속서류에 대하여는 이해관계 있는 부분만 열람을 청구할 수 있다(법 제19조 제1항).

（선지분석）

① 등기부를 편성할 때에는 1필의 토지 또는 1개의 건물에 대하여 1개의 등기기록을 둔다(법 제15조 제1항).

② 같은 부동산에 관하여 동시에 여러 개의 등기신청이 있는 경우에는 같은 접수번호를 부여하여야 한다(규칙 제65조 제2항).

④ 부동산등기신청서 접수장은 5년간 보존하여야 한다(규칙 제25조 제1항 제1호).

답 ③

005 다음 중 보존기간이 동일한 것끼리 묶이지 않은 것은?

16 법무사

① 신탁원부, 매매목록
② 기타 문서 접수장, 신청서 기타 부속서류 편철장
③ 결정원본 편철장, 이의신청서류 편철장
④ 열람신청서류 편철장, 제증명신청서류 편철장
⑤ 도면, 공동담보목록

(해설)

② 기타 문서 접수장의 보존기간은 10년, 신청서 기타 부속서류 편철장의 보존기간은 5년이다.

(선지분석)

①, ⑤ 신탁원부, 매매목록, 도면, 공동담보목록은 영구보존한다.

③ 결정원본 편철장, 이의신청서류 편철장의 보존기간은 10년이다.

④ 열람신청서류 편철장, 제증명신청서류 편철장의 보존기간은 1년이다.

핵심정리 보존기간

보존기간	종류
영구	• 등기부(법 제14조) • 폐쇄등기부(법 제20조) • 등기기록의 일부로 보는 장부(신탁원부, 도면, 공동담보목록, 공동인명부, 공장저당목록, 매매목록 등)(규칙 제20조)
20년	확정일자부
10년	이의신청서류 편철장, 사용자등록신청서류 등 편철장, 결정원본 편철장, 기타 문서 접수장(규칙 제25조)
5년	신청서 기타 부속서류 편철장, 신청서 기타 부속서류 송부부, 부동산등기신청서 접수장, 등기필정보 실효신청서 기타 부속서류 편철장(규칙 제25조)
1년	각종 통지부, 열람신청서류 편철장, 제증명신청서류 편철장(규칙 제25조)

답 ②

006 장부에 관한 다음 설명 중 가장 옳지 않은 것은?

① 「부동산등기규칙」 제111조 제1항에 따라 등기관이 작성한 확인조서는 신청서 기타 부속서류 편철장에 편철한다.

② 각종 통지부에는 통지사항, 통지를 받을 자 및 통지서를 발송하는 연월일을 적어야 한다.

③ 이의신청서류 편철장은 5년간 보존하여야 한다.

④ 보존기간이 만료된 장부는 지방법원장의 인가를 받아 보존기간이 만료되는 해의 다음해 3월 말까지 폐기한다.

⑤ 부동산등기신청서 접수장에는 등기의 목적을 기록하여야 하나, 등기원인과 그 연월일은 기록하지 않는다.

(해설)

③ 이의신청서류 편철장은 10년간 보존하여야 한다(규칙 제25조 제1항).

(선지분석)

① 신청서, 촉탁서, 통지서, 허가서, 참여조서, 확인조서, 취하서, 그 밖의 부속서류는 접수번호의 순서에 따라 신청서 기타 부속서류 편철장에 편철하여야 한다(규칙 제23조).

② 각종 통지부에는 통지사항, 통지를 받을 자 및 통지서를 발송하는 연월일을 적어야 한다(규칙 제24조).

④ 보존기간이 만료된 장부는 지방법원장의 인가를 받아 보존기간이 만료되는 해의 다음해 3월 말까지 폐기한다(규칙 제20조 제3항).

⑤ 부동산등기신청서 접수장에는 등기의 목적을 기록하여야 하나, 등기원인과 그 연월일은 기록하지 않는다(규칙 제22조).

답 ③

007 등기기록의 양식에 관련된 설명이다. 옳은 것 전부를 맞게 묶은 것은?

> ㄱ. 토지등기기록의 표제부에는 표시번호란, 접수란, 소재지번란, 지목란, 면적란, 등기원인 및 기타사항란을 둔다.
> ㄴ. 갑구와 을구에는 순위번호란, 등기목적란, 접수란, 등기원인란, 권리자 및 기타사항란을 둔다.
> ㄷ. 구분건물등기기록에는 1동의 건물에 대한 표제부를 두고 전유부분마다 표제부, 갑구, 을구를 둔다.
> ㄹ. 구분한 각 건물 중 대지권이 있는 건물이 있는 경우 1동의 건물의 표제부에는 표시번호란, 대지권종류란, 대지권비율란, 등기원인 및 기타사항란을 둔다.

① ㄱ

② ㄱ, ㄴ

③ ㄱ, ㄴ, ㄷ

④ ㄱ, ㄴ, ㄷ, ㄹ

(해설)

ㄱ. 토지등기기록의 표제부에는 표시번호란, 접수란, 소재지번란, 지목란, 면적란, 등기원인 및 기타사항란을 둔다(규칙 제13조 제1항).

ㄴ. 갑구와 을구에는 순위번호란, 등기목적란, 접수란, 등기원인란, 권리자 및 기타사 항란을 둔다(규칙 제13조 제2항).

ㄷ. 구분건물등기기록에는 1동의 건물에 대한 표제부를 두고 전유부분마다 표제부, 갑구, 을구를 둔다(규칙 제14조 제1항).

(선지분석)

ㄹ. 구분한 각 건물 중 대지권이 있는 건물이 있는 경우에는 <u>1동의 건물의 표제부에는 대지권의 목적인 토지의 표시를 위한 표시번호란, 소재지번란, 지목란, 면적란, 등기원인 및 기타사항란을 두고, <u>전유부분의 표제부에는 대지권의 표시</u>를 위한 표시번호, 대지권의 종류란, 대지권비율란, 등기원인 및 기타사항란을 둔다(규칙 제14조 제2항).

답 ③

008 등기기록의 폐쇄에 관한 다음 설명 중 가장 옳지 않은 것은?

① 등기기록에 기록된 사항이 많아 취급하기에 불편하게 되는 등 합리적 사유로 등기기록을 옮겨 기록한 경우 등기관은 종전 등기기록을 폐쇄하여야 한다.

② 등기기록을 폐쇄할 때에는 등기원인 및 기타사항란에 폐쇄의 뜻과 그 연월일을 기록하여야 한다.

③ 갑 토지를 을 토지에 합병한 경우 등기관이 합필등기를 할 때에는 갑 토지의 등기기록을 폐쇄하여야 한다.

④ 구분건물이 아닌 갑 건물을 구분하여 갑 건물과 을 건물로 한 경우 등기관이 구분등기를 할 때에는 갑 건물의 등기기록을 폐쇄하지 않는다.

해설

④ 구분건물이 아닌 갑 건물을 구분하여 갑 건물과 을 건물로 한 경우에 등기관이 구분등기를 할 때에는 구분 후의 갑 건물과 을 건물에 대하여 등기기록을 개설하고 각 등기기록 중 표제부에 건물의 표시와 구분으로 인하여 종전의 갑 건물의 등기기록에서 옮겨 기록한 뜻을 기록하여야 한다(규칙 제97조 제1항). 이와 같은 절차를 마치면 종전의 갑 건물의 등기기록 중 표제부에 구분으로 인하여 개설한 갑 건물과 을 건물의 등기기록에 옮겨 기록한 뜻을 기록하고, 표제부의 등기를 말소하는 표시를 한 후 그 등기기록을 폐쇄하여야 한다(규칙 제97조 제2항). 즉, 종전의 갑 건물의 등기기록을 폐쇄한다.

선지분석

① 등기관이 법 제33조에 따라 등기를 새로운 등기기록에 옮겨 기록한 경우에는 옮겨 기록한 등기의 끝부분에 같은 규정에 따라 등기를 옮겨 기록한 뜻과 그 연월일을 기록하고, 종전 등기기록을 폐쇄하여야 한다(규칙 제55조 제1항).

② 등기기록을 폐쇄할 때에는 표제부의 등기를 말소하는 표시를 하고, 등기원인 및 기타사항란에 폐쇄의 뜻과 그 연월일을 기록하여야 한다(규칙 제55조 제2항).

③ 갑 토지를 을 토지에 합병한 경우에 등기관이 합필등기를 할 때에는 을 토지의 등기기록 중 표제부에 합병 후의 토지의 표시와 합병으로 인하여 갑 토지의 등기기록에서 옮겨 기록한 뜻을 기록하고 종전의 표시에 관한 등기를 말소하는 표시를 하여야 한다(규칙 제79조).

핵심정리 등기기록의 개설·폐쇄 여부	
건물의 분할	을 건물 등기기록을 개설함(갑 건물에서 을 건물이 분할된 경우)
건물의 합병	갑 건물 등기기록을 폐쇄함(갑 건물이 을 건물에 합병된 경우)
건물의 분할합병	등기기록의 개설과 폐쇄가 없음
건물의 구분	• 구분건물이 아닌 갑 건물을 갑 건물과 을 건물로 구분한 경우, 갑 건물과 을 건물의 등기기록을 개설하되, 종전의 갑 건물 등기기록을 폐쇄함 • 구분건물인 갑 건물을 구분하여 갑 건물과 을 건물로 한 경우, 갑 건물의 등기기록을 폐쇄하지 않고 을 건물의 등기기록을 개설함

답 ④

009 등기부의 기재문자에 관한 설명 중 가장 옳지 않은 것은?

18 서기보

① 부동산의 소재지나 등기명의인의 주소를 표시할 때에는 '서울특별시', '부산광역시', '경기도', '충청남도' 등을 '서울', '부산', '경기', '충남' 등과 같이 약기하지 않고 행정구역 명칭 그대로 전부 기재한다.

② 부동산의 소재지나 등기명의인의 주소를 표시할 때에 지번은 '번지'라는 문자를 사용함이 없이 108 또는 108-1과 같이 기재하고, 도시개발사업 등으로 지번이 확정되지 않은 경우에는 '○○블록○○로트'와 같이 기재한다.

③ 부동산의 소재지나 등기명의인의 주소를 표시할 때 사용할 수 있는 문장부호는 마침표[.], 쉼표[,], 소괄호[( )], 붙임표[-]이다.

④ 연월일의 표시는 서기연대로 기재하며, '서기 2018년 3월 2일'과 같이 서기라는 연호를 함께 기재한다.

해설

④ 연월일의 표시는 서기연대로 기재하며, '서기 2018년 3월 2일'과 같이 서기라는 연호를 함께 기재한다. 연월일의 표시는 서기연대로 기재하며 서기라는 연호를 생략하고 '2007년 5월 1일'과 같이 기재한다(예규 제1628호).

선지분석

① 부동산의 소재지나 등기명의인의 주소를 표시할 때에는 '서울특별시', '부산광역시', '경기도', '충청남도' 등을 '서울', '부산', '경기', '충남' 등과 같이 약기하지 않고 행정구역 명칭 그대로 전부 기재한다(예규 제1628호).

② 부동산의 소재지나 등기명의인의 주소를 표시할 때에 지번은 '번지'라는 문자를 사용함이 없이 108 또는 108-1과 같이 기재하고, 도시개발사업 등으로 지번이 확정되지 않은 경우에는 '○○블록○○로트'와 같이 기재한다(예규 제1628호).

③ 부동산의 소재지나 등기명의인의 주소를 표시할 때 사용할 수 있는 문장부호는 마침표[.], 쉼표[,], 소괄호[( )], 붙임표[-]이다(예규 제1628호).

답 ④

010 등기부의 기록문자에 관한 다음 설명 중 가장 옳지 않은 것은? 19 주사보

① 외국인의 성명을 기록할 때에는 국적을 함께 기록한다.

② 부동산표시의 소재지를 기록할 때에는 행정구역 명칭 그대로 전부 기록하여야 하는바, 등기명의인의 주소를 기록할 때에도 마찬가지로 '서울특별시', '충청남도' 등을 '서울', '충남' 등으로 약기하여서는 안 된다.

③ 「계량법」에 의한 면적의 표시는 제곱미터의 약호인 ㎡를 사용한다.

④ 연월일의 표시는 서기연대로 기록하며 '서기'라는 연호를 기록한다.

해설

④ 연월일의 표시는 서기연대로 기록하며 '서기'라는 연호는 생략하고 '2007년 5월 1일'과 같이 기록한다(예규 제1628호).

선지분석

① 외국인의 성명을 기록할 때에는 국적을 함께 기록한다(예규 제1628호).

③ 「계량법」에 의한 면적의 표시는 제곱미터의 약호인 ㎡를 사용한다(예규 제1628호).

답 ④

---

011 등기기록의 폐쇄에 관한 다음 설명 중 가장 옳지 않은 것은? 21 서기보

① 등기기록에 기록된 사항이 많아 취급하기에 불편하게 되는 등 합리적 사유로 등기기록을 옮겨 기록할 필요가 있는 경우에 등기관은 현재 효력이 있는 등기만을 새로운 등기기록에 옮겨 기록할 수 있다.

② 소유권보존등기를 말소한 경우에는 그 등기기록을 폐쇄한다.

③ 폐쇄한 등기기록은 30년간 보존하여야 한다.

④ 등기기록을 폐쇄할 때에는 표제부의 등기를 말소하는 표시를 하고, 등기원인 및 기타사항란에 폐쇄의 뜻과 그 연월일을 기록하여야 한다.

해설

③ 폐쇄한 등기기록은 영구히 보존한다(법 제20조 제2항).

선지분석

④ 등기기록을 폐쇄할 때에는 표제부의 등기를 말소하는 표시를 하고, 등기원인 및 기타사항란에 폐쇄의 뜻과 그 연월일을 기록하여야 한다(법 제55조 제2항).

답 ③

제1관 등기사항증명서의 발급

012 등기사항 등의 공시에 관한 설명이다. 틀린 것은?　　　　　　　　　　　　12 서기보

① 등기사항증명서를 발급할 때에는 등기사항증명서의 종류를 명시하고, 등기기록의 내용과 다름이 없음을 증명하는 내용의 증명문을 기록하며, 발급연월일과 관할등기소 등기관의 직명을 적은 후 전자이미지관인을 기록하여야 한다.

② 등기신청이 접수된 부동산에 관하여는 등기관이 그 등기를 마칠 때까지 등기사항증명서를 발급하지 못한다. 다만, 그 부동산에 등기신청사건이 접수되어 처리 중에 있다는 뜻을 등기사항증명서에 표시하여 발급할 수 있다.

③ 구분건물에 대한 등기사항증명서의 발급에 관하여는 1동의 건물의 표제부와 해당 전유부분에 관한 등기기록을 1개의 등기기록으로 본다.

④ 법원행정처장은 등기기록의 분량과 내용에 비추어 무인발급기나 인터넷에 의한 열람 또는 발급이 적합하지 않다고 인정되는 때에는 이를 제한할 수 있다.

(해설)

① 등기사항증명서를 발급할 때에는 등기사항증명서의 종류를 명시하고, 등기기록의 내용과 다름이 없음을 증명하는 내용의 증명문을 기록하며, 발급연월일과 중앙관리소 전산운영책임관의 직명을 적은 후 전자이미지관인을 기록하여야 한다(규칙 제30조 제1항).

(선지분석)

② 등기신청이 접수된 부동산에 관하여는 등기관이 그 등기를 마칠 때까지 등기사항증명서를 발급하지 못한다. 다만, 그 부동산에 등기신청사건이 접수되어 처리 중에 있다는 뜻을 등기사항증명서에 표시하여 발급할 수 있다(규칙 제30조 제4항).

③ 구분건물에 대한 등기사항증명서의 발급에 관하여는 1동의 건물의 표제부와 해당 전유부분에 관한 등기기록을 1개의 등기기록으로 본다(규칙 제30조 제3항).

④ 법원행정처장은 등기기록의 분량과 내용에 비추어 무인발급기나 인터넷에 의한 열람 또는 발급이 적합하지 않다고 인정되는 때에는 이를 제한할 수 있다(규칙 제32조 제2항).

답 ①

013 등기사항증명서의 발급에 관한 다음 설명 중 가장 옳지 않은 것은? 14 주사보

① 등기사항증명서를 발급할 때에는 등기명의인의 표시에 관한 사항 중 주민등록번호 또는 부동산등기용등록번호의 일부를 공시하지 아니할 수 있다.

② 신탁원부, 공동담보목록, 도면 또는 매매목록은 그 사항의 증명도 함께 신청하는 뜻의 표시가 있는 경우에만 등기사항증명서에 이를 포함하여 발급한다.

③ 등기신청이 접수된 부동산에 관하여 등기관이 그 등기를 마치기 전이라도 민원인의 신청이 있으면 부동산에 등기신청사건이 접수되어 처리 중에 있다는 뜻을 등기사항증명서에 표시하여 발급할 수 있다.

④ 폐쇄등기기록에 대하여는 모사전송 방법에 의한 등기사항증명서의 발급이 가능하다.

(해설)

④ 모든 등기부의 전산화가 완료되었으므로 어느 등기소에서나 폐쇄등기기록의 등기사항증명서의 발급이 가능하다.

(선지분석)

② 신탁원부, 공동담보(전세)목록, 도면 또는 매매목록은 그 사항의 증명도 함께 신청하는 뜻의 표시가 있는 경우에만 등기사항증명서에 이를 포함하여 발급한다(규칙 제30조 제2항, 예규 제1645호).

③ 등기신청이 접수된 부동산에 관하여는 등기관이 그 등기를 마칠 때까지 등기사항증명서를 발급하지 못한다. 다만, 그 부동산에 등기신청사건이 접수되어 처리 중에 있다는 뜻을 등기사항증명서에 표시하여 발급할 수 있다(규칙 제30조 제4항).

답 ④

014 등기기록 중 등기명의인의 주민등록번호 또는 부동산등기용등록번호의 공시제한에 관한 다음 설명 중 가장 옳지 않은 것은?

16 서기보

① 법인 아닌 사단이나 재단의 부동산등기용등록번호는 공시를 제한하지 아니한다.

② 등기명의인의 주민등록번호 등의 공시제한은 뒷부분 7자리 숫자만을 대상으로 한다.

③ 등기사항증명서를 발급할 때에 대상 등기명의인의 주민등록번호 등을 입력하고, 등기기록에 그와 일치하는 주민등록번호 등이 존재하는 경우에는 해당 등기명의인에 한하여 그 공시를 제한하지 않는다.

④ 수작업폐쇄등기부 및 이미지폐쇄등기부는 원칙적으로 공시제한 대상이 아니지만, 최종 소유권의 등기명의인 주민등록번호 등은 공시를 제한할 수 있다.

해설

④ 수작업폐쇄등기부 및 이미지폐쇄등기부의 경우 공시제한과 그 예외에 따라 처리하되, 신청사건 수·발급면수·등기명의인 수 등이 과다하거나 등기부의 상태상 등기명의인의 주민등록번호 등의 식별이 용이하지 않아 주민등록번호 등의 공시를 제한하기 어려운 사정이 있는 경우에는 주민등록번호 등의 전부 또는 일부의 공시를 제한하지 아니할 수 있다(예규 제1672호). 따라서, 수작업폐쇄등기부 및 이미지폐쇄등기부는 원칙적으로 공시제한 대상에 해당하나, 일정한 경우에는 공시를 제한하지 아니할 수 있다.

선지분석

① 등기기록 중 등기명의인의 주민등록번호 또는 부동산등기용등록번호를 공시제한할 수 있다(예규 제1672호).

> **등기예규** 부동산등기기록의 주민등록번호 등 공시제한에 따른 업무처리지침
>
> **2. 공시제한 대상 및 범위 등**
> **가. 공시제한 대상**
> (1) 등기명의인의 주민등록번호 등이 기록되는 모든 등기(소유권보존·이전등기, 저당권설정등기, 가등기 등) 중 그 등기명의인이 개인(내국인, 재외국민, 외국인)인 경우 및 등기명의인이 법인 아닌 사단·재단인 경우에 한해서 그 개인 및 대표자의 주민등록번호 등의 일부
> (2) 위의 경우에 해당되지 않는 법인, 법인 아닌 사단이나 재단, 국가, 지방자치단체 등 단체의 등록번호는 공시를 제한하지 아니한다.

③ 다음 각 호에 해당하는 경우에는 대상 등기명의인의 주민등록번호 등은 공시를 제한하지 아니한다(예규 제1672호).

> **등기예규** 부동산등기기록의 주민등록번호 등 공시제한에 따른 업무처리지침
>
> **다. 등기사항증명서 발급 및 등기기록 열람 방법**
> (2) 예외
> (가) 대상 등기명의인(말소사항 포함)의 주민등록번호 등을 입력하고, 등기기록에 그와 일치하는 주민등록번호 등이 존재하는 경우
> (나) 공용목적(수용, 토지대장정리 등)으로 국가, 지방자치단체, 「공익사업을 위한 토지 등 취득 및 보상에 관한 법률」 제8조에 의한 사업시행자 등이 그 신청과 이해관계가 있음을 소명한 경우
> (다) 재판상 목적으로 신청인이 그 신청목적과 이해관계가 있음을 소명한 경우
> (라) 수사기관이 범죄의 수사에 필요함을 소명한 경우

답 ④

015 등기사항증명서의 발급이나 등기기록의 열람에 관한 다음 설명 중 가장 옳지 않은 것은? 17 주사보

① 신탁원부, 공동담보(전세)목록, 도면 또는 매매목록은 등기사항증명서의 발급신청 시 그에 관하여 신청이 있는 경우에 한하여 발급한다.

② 등기사항증명서 교부신청을 할 때 해당 등기기록의 등기명의인의 주민등록번호 등을 입력하고 등기기록에 그와 일치하는 주민등록번호 등이 존재하는 경우 그 대상 명의인의 주민등록번호 등만 공시된다.

③ 등기명의인이 개인인 경우 그 주민등록번호 등의 일부는 개인정보보호를 위하여 공시제한의 대상이지만, 법인 아닌 사단이나 재단의 대표자의 주민등록번호 등은 공시제한의 대상이 아니다.

④ 폐쇄등기기록에 대한 등기사항증명서를 발급하는 경우에도 원칙적으로 주민등록번호 등의 뒷부분 7자리 숫자를 가리고 발급하여야 한다.

해설

③ 등기명의인의 주민등록번호 등이 기록되는 모든 등기(소유권보존·이전등기, 저당권설정등기, 가등기 등)중 그 등기명의인이 개인(내국인, 재외국민, 외국인)인 경우 및 등기명의인이 법인 아닌 사단·재단인 경우에 한해서 그 개인 및 대표자의 주민등록번호 등의 일부가 주민등록번호 등의 공시제한 대상이다(예규 제1672호).

선지분석

② 등기사항증명서 교부신청을 할 때 해당 등기기록의 등기명의인의 주민등록번호 등을 입력하고 등기기록에 그와 일치하는 주민등록번호 등이 존재하는 경우 그 대상 명의인의 주민등록번호 등만 공시된다(예규 제1672호).

④ 폐쇄등기기록에 대한 등기사항증명서를 발급하는 경우에도 원칙적으로 주민등록번호 등의 뒷부분 7자리 숫자를 가리고 발급하여야 한다(예규 제1672호).

답 ③

016 부동산등기사항증명서 등의 공시제한에 관한 다음 설명 중 가장 옳지 않은 것은? 19 주사보

① 재판상 목적으로 신청인이 그 신청목적과 이해관계가 있음을 소명한 경우 그 대상 등기명의인의 주민등록번호를 공시제한하지 않는다.

② 대상 등기명의인(말소사항 포함)의 주민등록번호 등을 입력하고 등기기록에 그와 일치하는 주민등록번호 등이 존재하는 경우 공시제한하지 않는다.

③ 문자입력방식(애로스-텍스트형태)으로 기록하고 있는 등기부는 공시제한하지 않는다.

④ 공용목적으로 국가, 지방자치단체, 「공익사업을 위한 토지 등의 취득 및 보상에 관한 법률」 제8조에 의한 사업시행자 등이 그 신청과 이해관계가 있음을 소명한 경우 공시제한하지 않는다.

해설

③ 문자입력방식(애로스-텍스트 형태)으로 기록하고 있는 등기부도 원칙적으로 공시가 제한된다.

선지분석

① 공용목적(수용, 토지대장정리 등)으로 국가, 지방자치단체, 「공익사업을 위한 토지 등의 취득 및 보상에 관한 법률」 제8조에 의한 사업시행자 등이 그 신청과 이해관계가 있음을 소명한 경우에는 등록번호의 공시를 제한하지 않는다(예규 제1672호).

답 ③

017 등기사항증명서를 발급할 때에 주민등록번호 또는 부동산등기용등록번호(이하 '주민등록번호 등'이라 한다)의 공시 제한에 관한 다음 설명 중 가장 옳지 않은 것은? 20 서기보

① 등기사항증명서를 발급할 때에 주민등록번호 등의 공시 제한은 주민등록번호 등의 뒷부분 7자리 숫자를 가리는 방식으로 한다.

② 법인, 법인 아닌 사단이나 재단, 국가, 지방자치단체 등 단체의 등록번호는 공시를 제한하지 아니한다.

③ 수사기관이 범죄의 수사에 필요함을 소명한 경우에는 주민등록번호 등의 공시를 제한하지 않는다.

④ 수작업폐쇄등기부 및 이미지폐쇄등기부의 경우에는 주민등록번호 등의 공시 제한이 적용되지 않는다.

해설

④ 수작업폐쇄등기부 및 이미지폐쇄등기부의 경우에는 주민등록번호 등의 공시 제한의 원칙과 예외에 따라 처리되나, 신청사건 수·발급면수·등기명의인 수 등이 과다하거나 등기부의 상태상 등기명의인의 주민등록번호 등의 식별이 용이하지 않아 주민등록번호 등의 공시를 제한하기 어려운 사정이 있는 경우에는 주민등록번호 등의 전부 또는 일부의 공시를 제한하지 아니할 수 있다(예규 제1672호).

선지분석

① 등기사항증명서를 발급할 때에 주민등록번호 등의 공시 제한은 주민등록번호 등의 뒷부분 7자리 숫자를 가리는 방식으로 한다(예규 제1672호).

② 법인, 법인 아닌 사단이나 재단, 국가, 지방자치단체 등 단체의 등록번호는 공시를 제한하지 아니한다(예규 제1672호).

③ 수사기관이 범죄의 수사에 필요함을 소명한 경우에는 주민등록번호 등의 공시를 제한하지 아니한다(예규 제1672호).

답 ④

018 등기사항증명서나 등기기록의 열람에 관한 다음 설명 중 옳지 않은 것은?   **12 주사보**

① 대리인이 등기소를 방문하여 신청서나 그 밖의 부속서류의 열람을 신청할 때에는 신청서에 그 권한을 증명하는 서면을 첨부하여야 한다.

② 전자문서로 작성된 신청서나 그 밖의 부속서류의 열람신청은 관할등기소가 아닌 등기소에서도 할 수 있다.

③ 등기신청이 접수된 부동산에 관하여는 원칙적으로 등기사항증명서를 발급하지 못하지만, 그 부동산에 등기신청사건이 접수되어 처리 중에 있다는 뜻을 등기사항증명서에 표시한 경우에는 발급할 수 있다.

④ 신탁원부나 매매목록은 그 사항의 증명을 함께 신청하지 않았다 하더라도 관련 부동산에 관한 등기사항증명서를 발급할 때 함께 발급하여야 한다.

해설

④ 신탁원부, 공동담보(전세)목록, 도면 또는 매매목록은 <u>그 사항의 증명도 함께 신청하는 뜻의 표시가 있는 경우에만</u> 등기사항증명서에 이를 포함하여 발급한다(규칙 제30조 제2항)

> 「부동산등기규칙」 제26조 【등기사항증명 등의 신청】 ① 등기소를 방문하여 등기사항의 전부 또는 일부에 대한 증명서를 발급받거나 등기기록 또는 신청서나 그 밖의 부속서류를 열람하고자 하는 사람은 신청서를 제출하여야 한다.
> ② 대리인이 신청서나 그 밖의 부속서류의 열람을 신청할 때에는 신청서에 그 권한을 증명하는 서면을 첨부하여야 한다.(①)
> ③ 전자문서로 작성된 신청서나 그 밖의 부속서류의 열람 신청은 관할 등기소가 아닌 다른 등기소에서도 할 수 있다. (②)

답 ④

019 등기기록의 부속서류 열람에 관한 다음 설명 중 가장 옳지 않은 것은? 14 주사보

① 등기기록의 부속서류에 관해서는 이해관계 있는 부분만 열람을 청구할 수 있다.

② 이해관계 있는 자의 청구가 있으면 열람에 대신하여 등기신청서에 대한 사진촬영을 허용할 수 있다.

③ 우편으로 등기신청서 그 밖의 부속서류에 대한 사본의 교부청구를 할 수 없다.

④ 종중이 신청인인 경우, 그 등기신청서 및 부속서류에 대하여는 종중 대표자만 열람이 가능하고 종원은 이해관계가 있더라도 열람할 수 없다.

해설

④ 종중이 당사자인 등기사건에서 그 종중의 종원은 이해관계가 있다는 사실을 소명하여 등기기록의 부속서류를 열람할 수 있는데, 이 경우 종원명부, 결의서, 회의록, 판결문, 족보 등이 이해관계를 소명하는 자료에 해당할 수 있고 이 자료에는 종원의 성명과 주소 등이 기재되어 있어서 열람신청인이 해당 종중의 종원임을 특정할 수 있어야 한다(선례 제201207-3호).

선지분석

①	열람	등기기록	• 누구나 열람 가능 • 대리인 • 대리권한증명서면 불요
		등기기록의 부속서류	• 이해관계 있는 부분만 열람 가능 • 대리인이 신청하는 경우 이해관계 있는 부분만 열람가능 • 대리권한증명서면과 이해관계 있음을 증명하는 서면 필요

③ 우편으로는 등기신청서 그 밖의 부속서류에 대한 사본의 교부청구를 할 수 없다(선례 제3-50호).

답 ④

---

020 등기기록, 등기신청서나 그 밖의 부속서류의 열람과 관련된 다음 설명 중 가장 옳지 않은 것은? 15 주사보

① 등기기록의 부속서류에 대하여는 이해관계 있는 부분만 열람을 청구할 수 있다.

② 등기신청서나 그 밖의 부속서류에 관하여는 그 등(초)본이나 인증된 사본을 교부할 수 없고 사진촬영도 허용되지 않으나, 등기관의 인증이 없는 한 단순한 사본을 교부할 수는 있다.

③ 등기신청서나 그 밖의 부속서류를 열람하고자 하는 사람은 신청서를 제출하여야 한다.

④ 대리인이 등기신청서나 그 밖의 부속서류의 열람을 신청할 때에는 신청서에 그 권한을 증명하는 서면을 첨부하여야 한다.

해설

② 등기신청서 기타 부속서류에 관하여는 법령의 근거가 없으므로 그 등(초)본이나 인증된 사본을 교부할 수는 없으나, 이해관계 있는 자의 청구가 있으면 그 열람 또는 사진촬영은 허용하여도 무방하며 열람의 연장으로서 등기관의 인증이 없는 단순한 사본을 교부할 수도 있다(예규 제1680호).

답 ②

021 등기기록의 열람 및 발급에 관한 다음 설명 중 가장 옳지 않은 것은? 18 주사보

① 등기기록은 누구나 열람할 수 있지만 등기기록의 부속서류에 대한 열람은 이해관계 있는 부분으로 한정된다.

② 종중이 당사자인 등기사건에서 그 종중의 종원은 종원명부, 결의서, 회의록, 판결문, 족보 등을 이해관계를 소명하는 자료로 제출할 수 있는데, 이 자료에는 종원의 성명과 주소 등이 기재되어 있어서 열람신청인이 해당 종중의 종원임을 특정할 수 있어야 한다.

③ 중복등기가 된 토지의 등기기록에는 중복등기라는 뜻을 부전하고, 등기사항증명서의 발급신청이 있는 때에는 중복등기기록 전부를 출력하여 보존등기 순서대로 합철한 후 그 말미에 인증문을 부기해 발급한다.

④ 등기신청이 접수된 부동산에 관하여는 등기관이 그 등기를 마칠 때까지는 절대 등기사항증명서를 발급하여서는 안 된다.

해설

④ 등기신청이 접수된 부동산에 관하여는 등기관이 그 등기를 마칠 때까지 등기사항증명서를 발급하지 못한다. 다만, 그 부동산에 등기신청사건이 접수되어 처리 중에 있다는 뜻을 등기사항증명서에 표시하여 발급할 수 있다(규칙 제30조 제4항).

선지분석

① 등기기록은 누구나 열람할 수 있지만 등기기록의 부속서류에 대한 열람은 이해관계 있는 부분으로 한정된다(법 제19조 제1항).

② 종중이 당사자인 등기사건에서 그 종중의 종원은 종원명부, 결의서, 회의록, 판결문, 족보 등을 이해관계를 소명하는 자료로 제출할 수 있는데, 이 자료에는 종원의 성명과 주소 등이 기재되어 있어서 열람신청인이 해당 종중의 종원임을 특정할 수 있어야 한다(선례 제201207-3호).

③ 중복등기가 된 토지의 등기기록에는 중복등기라는 뜻을 부전하고, 등기사항증명서의 발급신청이 있는 때에는 중복등기기록 전부를 출력하여 보존등기 순서대로 합철한 후 그 말미에 인증문을 부기해 발급한다(예규 제1431호).

답 ④

022 등기사항의 열람과 증명에 관한 다음 설명 중 가장 옳지 않은 것은? 22 서기보

① 등기신청이 접수된 부동산에 관하여는 그 부동산에 등기신청사건이 접수되어 처리 중에 있다는 뜻을 등기사항증명서에 표시하여 발급할 수 있다.

② 신탁원부, 공동담보목록, 도면 또는 매매목록은 그 사항의 증명도 함께 신청하는 뜻의 표시가 있는 경우에는 등기사항증명서에 이를 포함하여 발급한다.

③ 전산폐쇄등기부에 대해서는 '등기사항전부증명서(말소사항 포함)'와 '등기사항일부증명서(일부사항)'의 발급을 신청할 수 있다.

④ 중복등기가 된 토지의 등기기록에는 중복등기라고 취지를 부전하고 그 토지에 관한 등기사항증명서의 교부신청이 있는 때에는 중복등기기록 전부를 출력하여 보존등기 순서대로 합철한 후 그 말미에 인증문을 부기하여 이를 교부한다.

해설

③ 전산폐쇄등기부에 대해서는 '등기사항전부증명서(말소사항 포함)'만 발급이 가능하므로, 그 외에 다른 것은 신청할 수 없다(예규 제1680호).

선지분석

① 등기신청이 접수된 부동산에 관하여는 그 부동산에 등기신청사건이 접수되어 처리 중에 있다는 뜻을 등기사항증명서에 표시하여 발급할 수 있다(규칙 제30조 제4항, 예규 제1680호).

② 신탁원부, 공동담보목록, 도면 또는 매매목록은 그 사항의 증명도 함께 신청하는 뜻의 표시가 있는 경우에는 등기사항증명서에 이를 포함하여 발급한다(규칙 제30조 제2항, 예규 제1680호).

④ 중복등기가 된 토지의 등기기록에는 중복등기라고 취지를 부전하고 그 토지에 관한 등기사항증명서의 교부신청이 있는 때에는 중복등기기록 전부를 출력하여 보존등기 순서대로 합철한 후 그 말미에 인증문을 부기하여 이를 교부한다(예규 제1431호).

답 ③

023 부동산등기 신청정보 및 첨부정보의 열람에 관한 다음 설명 중 가장 옳지 않은 것은? 19 서기보

① 매도인의 상속인은 매매를 원인으로 하는 소유권이전등기의 신청정보 및 첨부정보를 열람할 수 있다.

② 자격자대리인은 자신이 당사자로부터 위임을 받아 대리하여 마친 등기신청사건의 신청정보 및 첨부정보에 대하여는 열람에 대한 당사자의 별도 위임이 없더라도 이를 전부 열람할 수 있다.

③ 등기신청이 접수된 후 등기가 완료되기 전의 신청정보 및 첨부정보에 대하여는 열람을 신청할 수 없다.

④ 열람업무담당자는 신청정보 및 첨부정보가 서면으로 작성된 경우에는 등기관의 인증이 없는 단순한 사본을 교부하는 방법 또는 열람업무담당자가 보는 앞에서 그 내용을 보게 하거나 사진촬영을 하게 하는 방법으로 열람신청인이 열람하게 한다.

해설

② 자격자대리인이 등기신청사건을 위임받아 등기를 마친 후에 그 등기의 신청정보 및 첨부정보에 대하여 열람을 신청한 경우, 열람에 대한 별도의 위임이 없다면 신청정보와 위임장 및 확인정보를 제외한 다른 첨부정보는 열람할 수 없다(예규 제1653호).

선지분석

① 매도인의 상속인은 매매를 원인으로 하는 소유권이전등기의 신청정보 및 첨부정보를 열람할 수 있다(예규 제1653호).

③ 등기신청이 접수된 후, 등기가 완료되기 전의 신청정보 및 첨부정보에 대하여는 열람을 신청할 수 없다(예규 제1653호).

④ 열람업무담당자는 신청정보 및 첨부정보가 서면으로 작성된 경우에는 등기관의 인증이 없는 단순한 사본을 교부하는 방법 또는 열람업무담당자가 보는 앞에서 그 내용을 보게 하거나 사진촬영을 하게 하는 방법으로 열람신청인이 열람하게 한다(예규 제1653호).

답 ②

024 부동산등기 신청정보 및 첨부정보의 열람에 관한 다음 설명 중 가장 옳지 않은 것은? 19 주사보

① 수사기관이 수사의 목적을 달성하기 위하여 필요한 경우라도 법관이 발부한 영장을 제시하지 않는 한 신청정보 및 첨부정보를 열람할 수 없다.

② 자격자대리인이 등기신청사건을 위임받아 등기를 마친 후에 그 등기의 신청정보 및 첨부정보 전부에 대하여는 열람에 대한 별도의 위임이 없더라도 그 열람을 신청할 수 있다.

③ 교도소 등 교정시설 수용자의 대리인이 등기신청서의 열람을 신청할 때에 대리권한을 증명하는 서면으로서 본인의 의사에 따라 작성되었음을 수용기관이 확인한 위임장 및 수용증명서를 제출할 수 있다.

④ 보존기간이 만료된 신청정보 및 첨부정보에 대하여도 「부동산등기규칙」 제20조 제3항의 삭제인가 또는 제25조 제3항의 폐기인가를 받기 전까지는 열람을 신청할 수 있다.

(해설)

② 자격자대리인이 등기신청사건을 위임받아 등기를 마친 후에 그 등기의 신청정보 및 첨부정보에 대하여는 열람을 신청한 경우, 열람에 대한 별도의 위임이 없다면 신청정보와 위임장 및 확인정보를 제외한 다른 첨부정보는 열람할 수 없다(예규 제1653호).

(선지분석)

① 수사기관이 수사의 목적을 달성하기 위하여 필요한 경우라도 법관이 발부한 영장을 제시하지 않는 한 신청정보 및 첨부정보를 열람할 수 없다(예규 제1653호).

③ 교도소 등 교정시설 수용자의 대리인이 등기신청서의 열람을 신청할 때에 대리권한을 증명하는 서면으로서 본인의 의사에 따라 작성되었음을 수용기관이 확인한 위임장 및 수용증명서를 제출할 수 있다(선례 제201903-1호).

④ 보존기간이 만료된 신청정보 및 첨부정보에 대하여도 규칙 제20조 제3항의 삭제인가 또는 제25조 제3항의 폐기인가를 받기 전까지는 열람을 신청할 수 있다(예규 제1653호).

답 ②

025 「부동산등기규칙」에 의한 등기관의 중복등기 정리에 관한 설명이다. 옳은 것은?　　　10 서기보

① 중복등기기록의 최종 소유권의 등기명의인이 같은 경우 나중에 개설된 등기기록에는 소유권 이외의 권리 등에 관한 등기가 있고, 먼저 개설된 등기기록에는 그와 같은 등기가 없는 경우에는 지방법원장의 허가를 얻어 먼저 개설된 등기기록을 폐쇄한다.

② 중복등기기록 중 1등기기록의 최종 소유권의 등기명의인이 다른 등기기록의 최종 소유권의 등기명의인으로부터 직접 또는 전전하여 소유권을 이전받은 경우로서, 다른 등기기록이 후등기기록이거나 소유권 이외의 권리 등에 관한 등기가 없는 선등기기록인 때에는 지방법원장의 허가를 얻어 그 다른 등기기록을 폐쇄한다.

③ 중복등기기록의 최종 소유권의 등기명의인이 다른 경우로서 1등기기록에만 원시취득 또는 분배농지의 상환완료를 등기원인으로 한 소유권이전등기가 있는 때에는 지방법원장의 허가를 얻어 그 등기기록을 제외한 나머지 등기기록을 폐쇄한다.

④ 중복등기기록의 최종 소유권의 등기명의인이 다른 경우에는 최종 소유권의 등기명의인의 신청에 의하여 중복등기를 정리할 수는 없다.

해설

핵심정리 토지중복등기 정리 방법

토지의 중복등기		정리 방법	기타
소유권의 최종 등기명의인이 동일한 경우(규칙 제34조) * 국과 1945. 8. 9. 이전에 등기된 일본인, 피상속인과 상속인은 동일인으로 취급함		• 원칙은 후 등기기록 폐쇄 • 예외적으로 후 등기기록에만 소유권이외의 권리가 있는 경우 선 등기기록 폐쇄	사전통지× 사전허가× (①, ②)
소유권의 최종 등기명의인이 다른 경우	최종 소유권등기명의인이 다른 등기용지의 최종 소유권의 등기명의인으로부터 직접 또는 전전하여 소유권을 이전받은 경우(규칙 제35조)	다른 등기기록이 후등기이거나 또는 소유권 이외의 권리에 관한 등기가 없는 선등기기록인 때에는 그 다른 등기기록을 폐쇄	
	1등기용지에만 원시취득 또는 분배농지의 상환완료를 등기원인으로 한 소유권이전등기가 있는 때(규칙 제36조)	그 등기기록을 제외한 나머지 등기기록을 폐쇄	사전통지○ 사전허가○ (③)
	위 규칙 제35조와 제36조에 해당하지 않는 때(규칙 제37조 제1항·제2항)	이의진술 없는 기록을 말소	사전통지○ 사전허가○ 사후통지○
	규칙 제37조 제1항과 제2항에 따라 정리할 수 없는 경우(규칙 제37조 제3항)	대장과 일치하지 않는 등기기록을 폐쇄	
당사자의 신청에 의한 정리가 우선적으로 적용됨(규칙 제39조 제2항)(④)			–

답 ③

2023 해커스법원직 김미영 부동산등기법 기출문제집

026 다음 사례에 관한 설명으로 옳지 않은 것은?

> 등기관 甲은 ○○번지의 토지에 관하여 중복된 등기기록을 발견하였다. 먼저 개설된 등기기록 (선등기기록)에는 乙명의로 소유권보존등기가 되어 있고 다른 등기는 없었으며, 나중에 개설된 등기기록(후등기기록)에는 丙이 乙로부터 소유권을 이전받은 것으로 되어 있고 그 밖에 다른 등기는 없었다.

① 등기관 甲은 선등기기록을 직권으로 폐쇄하여야 한다.

② 본 사례와 같은 경우 등기관이 중복된 등기기록 중 어느 한 등기기록을 폐쇄할 때에는 지방 법원장의 허가를 받을 필요가 없다.

③ 본 사례에서 등기관 甲이 중복등기를 해소하기 전에 乙을 등기의무자로 하는 등기신청이 있을 경우 등기관은 그 등기신청을 수리한 후 중복등기를 정리하여야 한다.

④ 본 사례에서 선등기기록이 존재하지 않는 토지에 관한 것으로 밝혀진 경우 丙은 선등기기록에 관하여 乙을 대위해서 멸실등기에 준하는 등기신청을 함으로써 외관상 중복등기를 해소할 수 있다.

해설

본 사안은 토지에 대해 최종 소유권등기명의인을 달리하며, 최종 소유권등기명의인이 다른 등기용지의 최종 소유권의 등기명의인으로부터 직접 또는 전전하여 소유권을 이전받은 경우(규칙 제35조)에 해당한다.

③ 중복등기 중 어느 일방의 등기를 기초로 새로운 등기신청이 있는 경우 다음과 같다.

규칙 제34조, 제35조	규칙에 따른 정리 후 수리 여부 결정
규칙 제36조, 제37조	수리하여 기록한 후 정리

답 ③

027 동일한 토지에 대하여 선등기기록에는 甲 명의의 소유권보존등기가 되어 있고 후등기기록에는 甲 명의의 소유권보존등기 및 乙 명의의 소유권이전등기가 되어 있는 경우, 이러한 중복등기기록에 대한 다음 설명 중 옳지 않은 것은? 13 주사보

① 사례와 같은 중복등기기록을 등기관이 직권으로 정리하고자 할 경우에는 선등기기록을 폐쇄하여야 한다.

② 사례와 같은 중복등기기록을 등기관이 정리하고자 할 때에는 지방법원장의 허가를 얻어야 한다.

③ 등기관의 직권에 의한 중복등기기록의 정리는 실체관계에 영향을 미치지 아니한다.

④ 사례에서 중복등기기록의 최종 소유권의 등기명의인으로 되어 있는 甲 또는 乙이 자기 명의의 등기기록의 폐쇄를 신청한 경우 등기관은 그 신청에 따라 등기기록을 폐쇄하여야 한다.

(해설)

본 사안은 토지에 대해 최종 소유권등기명의인을 달리하며, 최종 소유권등기명의인이 다른 등기용지의 최종 소유권의 등기명의인으로부터 직접 또는 전전하여 소유권을 이전받은 경우(규칙 제35조)에 해당한다.

② 사전에 폐쇄될 등기기록의 최종 소유권의 등기명의인과 등기상의 이해관계인에게 통지를 할 필요가 없다.

답 ②

028 건물의 중복등기에 관한 다음 설명 중 틀린 것은?

① 건물의 종류와 구조, 면적 등 일부가 일치하지 않더라도 건축물대장의 변동사항 등에 의하여 동일 건물로 봄이 상당하다고 인정되는 경우에는 동일 건물로 보아야 한다.

② 일반건물과 집합건물로 보존등기가 마쳐진 두 건물은 소재 지번 및 종류, 구조, 면적 등이 동일하다고 하더라도 동일 건물로 볼 수 없다.

③ 건물의 보존등기명의인이 서로 다른 경우에는 등기관이 직권으로 정리할 수 없고 판결에 의하여 정리하여야 한다.

④ 건물의 보존등기명의인이 서로 다른 중복등기가 존속하고 있는 동안에 새로운 등기신청이 있는 경우에는 그 등기의 선후에 관계없이 중복등기기록이라는 이유로 각하할 수 없다.

(해설)

② 일반건물과 집합건물로 보존등기가 마쳐져 있는 경우라도 지번 및 종류, 구조, 면적과 도면에 나타난 건물의 길이, 위치 등이 동일하다면 동일 건물로 볼 수 있다(예규 제1374호).

(선지분석)

① 건물의 종류와 구조, 면적 등 일부가 일치하지 않더라도 건축물대장의 변동사항 등에 의하여 동일한 건물로 봄이 상당하다고 인정되면 동일한 건물로 보아야 한다(예규 제1374호).

③ 건물의 보존등기명의인이 서로 다른 경우 실질적 심사권이 없는 등기관으로서는 이를 직권으로 정리할 수 없다(예규 제1374호).

④ 중복등기 중 어느 일방의 등기를 기초로 새로운 등기신청이 있는 경우 다음과 같다.

| 규칙 제34조, 제35조 | 규칙에 따른 정리 후 수리 여부 결정 |
| 규칙 제36조, 제37조 | 수리하여 기록한 후 정리 |

답 ②

029 「부동산등기규칙」에 따른 중복등기의 정리에 관한 다음 설명 중 가장 옳지 않은 것은?　14 주사보

① 「부동산등기규칙」의 중복등기 정리방법은 토지에 관하여만 적용되고 건물의 중복등기를 정리하는 경우에는 적용되지 않는다.

② 등기기재의 착오, 환지등기과정에서의 착오, 존재하지 않는 토지에 대한 소유권보존등기나 멸실회복등기 등으로 인하여 외관상 지번이 동일한 등기용지가 존재하게 된 경우에도 규칙의 중복정리 방법에 따라 정리한다.

③ 규칙에 따른 중복등기의 정리는 실체의 권리관계에 영향을 미치지 않으므로 폐쇄된 등기기록의 명의인이 소를 제기하는 데에는 지장이 없다.

④ 토지의 동일성은 지번, 지목, 지적을 종합하여 판단하여야 하므로 지번이 일치되더라도 지목과 지적이 전혀 상이한 경우에는 동일한 토지로 볼 수 없다.

（해설）

② 등기기재의 착오, 환지등기과정에서의 착오, 존재하지 않는 토지에 대한 소유권보존등기나 멸실회복등기 등으로 외관상 지번이 동일한 등기기록이 존재하는 경우 등은 외관상 중복등기에 해당하는 것이므로 중복등기 정리방법으로 정리할 수 없다.

（선지분석）

① 규칙이 적용되는 중복등기란 이미 등기가 존재하는 동일 토지의 전부나 대장상 분할된 일부에 대하여 다시 소유권보존등기나 멸실회복등기가 경료됨으로써 생긴 등기를 의미한다. 따라서 건물에 관한 중복등기나 같은 등기기록에 중복하여 경료된 등기에는 규칙이 적용되지 않는다.

답 ②

030 건물 중복등기기록의 정리절차에 관한 다음 설명 중 가장 옳지 않은 것은? 15 서기보

① 각각 일반건물과 구분건물로 보존등기가 경료되어 있는 경우라도 그 지번 및 도로명주소, 종류, 구조, 면적이 동일하고 도면에 나타난 건물의 길이, 위치 등이 동일하다면 동일 건물로 볼 수 있다.

② 건물의 소유권보존등기명의인이 서로 다른 경우에 후행 보존등기를 기초로 한 새로운 등기가 없다면 등기관은 후행 보존등기를 직권으로 말소하여야 한다.

③ 건물의 보존등기명의인이 동일한 경우라도 선행 보존등기 및 후행 보존등기를 기초로 한 새로운 등기가 모두 있는 경우에 등기관은 이를 직권으로 정리할 수 없다.

④ 보존등기명의인이 동일한 중복등기기록의 존속 중에 새로운 등기신청이 있는 경우에는 선행 등기기록상의 등기를 기초로 한 새로운 등기신청은 이를 수리하고, 후행 등기기록상의 등기를 기초로 한 새로운 등기신청은 이를 각하한다.

해설

② 건물의 소유권보존등기명의인이 서로 다른 경우 중복등기의 존속 중에 어느 일방의 등기기록상의 등기를 기초로 하는 새로운 등기신청은 중복등기기록이라는 이유로 각하할 수 없다(예규 제1374호).

선지분석

① 일반건물과 집합건물로 보존등기가 마쳐져 있는 경우라도 지번 및 종류, 구조, 면적과 도면에 나타난 건물의 길이, 위치 등이 동일하다면 동일 건물로 볼 수 있다(예규 제1374호).

③ 건물의 보존등기명의인이 동일한 경우로서 선행 보존등기 및 후행 보존등기를 기초로 한 새로운 등기가 모두 있는 경우에는 등기관은 직권으로 정리할 수 없다(예규 제1374호).

④ 중복등기 중 어느 일방의 등기를 기초로 새로운 등기신청이 있는 경우 다음과 같다.

| 규칙 제34조, 제35조 | 규칙에 따른 정리 후 수리 여부 결정 |
| 규칙 제36조, 제37조 | 수리하여 기록한 후 정리 |

답 ②

031 건물 중복등기기록의 정리에 관한 다음 설명 중 가장 옳지 않은 것은? 18 주사보

① 각각 일반건물과 구분건물로 보존등기가 마쳐져 있는 경우라도 그 지번 및 도로명 주소, 종류, 구조, 면적이 동일하고 도면에 나타난 건물의 길이, 위치 등이 동일하다면 동일 건물로 볼 수 있다.

② 건물의 보존등기명의인이 동일한 경우로서 선행 보존등기 및 후행 보존등기를 기초로 한 새로운 등기가 모두 있는 경우에는 등기관은 후행 보존등기를 직권으로 말소한다.

③ 건물의 보존등기명의인이 서로 다른 경우에 어느 한쪽의 등기명의인이 스스로 그 소유권 보존등기의 말소등기를 신청할 수 있다.

④ 보존등기명의인이 동일한 경우로서 중복등기의 존속 중에 새로운 등기신청이 있는 경우에는 선행 등기기록상의 등기를 기초로 한 새로운 등기신청은 이를 수리하고, 후행 등기기록상의 등기를 기초로 한 새로운 등기신청은 이를 각하한다.

해설

② 건물의 보존등기명의인이 동일한 경우로서 선행 보존등기 및 후행 보존등기를 기초로 한 새로운 등기가 모두 있는 경우에는 등기관은 직권으로 정리할 수 없다(예규 제1374호).

선지분석

③ 건물의 보존등기명의인이 서로 다른 경우에 어느 한쪽의 등기명의인이 스스로 그 소유권보존등기의 말소등기를 신청할 수 있다(예규 제1374호).

④ 보존등기명의인이 동일한 경우로서 중복등기의 존속 중에 새로운 등기신청이 있는 경우에는 선행 등기기록상의 등기를 기초로 한 새로운 등기신청은 이를 수리하고, 후행 등기기록상의 등기를 기초로 한 새로운 등기신청은 이를 각하한다(예규 제1374호).

답 ②

032 토지의 중복등기에 관한 다음 설명 중 가장 옳지 않은 것은?

① 중복등기기록의 최종 소유권의 등기명의인이 같은 경우에는 나중에 개설된 등기기록을 폐쇄하는 것이 원칙이나, 뒤에 개설된 등기기록에 소유권 외의 권리 등에 관한 등기가 있고, 먼저 개설된 등기기록에 그와 같은 등기가 없는 때에는 먼저 개설된 등기기록을 폐쇄한다.

② 중복등기기록 중 어느 한 등기기록의 최종 소유권의 등기명의인이 다른 등기기록의 최종 소유권의 등기명의인으로부터 직접 또는 전전하여 소유권을 이전받은 경우로서, 다른 등기기록이 후에 개설된 등기기록이거나 소유권 외의 권리 등에 관한 등기가 없는 먼저 개설된 등기기록일 때에는 그 다른 등기기록을 폐쇄한다.

③ 중복등기기록의 최종 소유권의 등기명의인이 다른 경우로서 어느 한 등기기록에만 원시취득사유 또는 분배농지의 상환완료를 등기원인으로 한 소유권이전등기가 있을 때에는 그 등기기록을 제외한 나머지 등기기록을 폐쇄한다.

④ 중복등기기록 중 어느 한 등기기록의 최종 소유권의 등기명의인은 비록 등기상 이해관계인이 있더라도 그의 승낙을 제공하지 않고도 자기 명의의 등기기록을 폐쇄하여 중복등기기록을 정리하도록 신청할 수 있다.

해설

④ 중복등기기록 중 어느 한 등기기록의 최종 소유권의 등기명의인은 자기 명의의 등기기록을 폐쇄하여 중복등기기록을 정리하도록 신청할 수 있다. 다만, 등기상 이해관계인이 있을 때에는 그 승낙이 있음을 증명하는 정보를 첨부정보로서 등기소에 제공하여야 한다(규칙 제39조).

선지분석

핵심정리 토지중복등기 정리 방법

토지의 중복등기		정리 방법	기타
소유권의 최종 등기명의인이 동일한 경우(규칙 제34조) ＊국과 1945. 8. 9. 이전에 등기된 일본인, 피상속인과 상속인은 동일인으로 취급함		• 원칙은 후 등기기록 폐쇄 • 예외적으로 후 등기기록에만 소유권이외의 권리가 있는 경우 선 등기기록 폐쇄(①)	사전통지× 사전허가×
소유권의 최종 등기명의인이 다른 경우	최종 소유권등기명의인이 다른 등기용지의 최종 소유권의 등기명의인으로부터 직접 또는 전전하여 소유권을 이전받은 경우(규칙 제35조)	다른 등기기록이 후등기이거나 또는 소유권 이외의 권리에 관한 등기가 없는 선등기록인 때에는 그 다른 등기기록을 폐쇄(②)	
	1등기용지에만 원시취득 또는 분배농지의 상환완료를 등기원인으로 한 소유권이전등기가 있는 때(규칙 제36조)	그 등기기록을 제외한 나머지 등기기록을 폐쇄(③)	사전통지○ 사전허가○
	위 규칙 제35조와 제36조에 해당하지 않는 때(규칙 제37조 제1항·제2항)	이의진술 없는 기록을 말소	사전통지○ 사전허가○ 사후통지○
	규칙 제37조 제1항과 제2항에 따라 정리할 수 없는 경우(규칙 제37조 제3항)	대장과 일치하지 않는 등기기록을 폐쇄	
당사자의 신청에 의한 정리가 우선적으로 적용됨(규칙 제39조 제2항)(④)			–

답 ④

033 건물 중복등기기록의 정리 절차에 관한 다음 설명 중 가장 옳지 않은 것은? 21 서기보

① 건물의 동일성은 지번 및 도로명주소, 종류, 구조, 면적과 도면에 나타난 건물의 길이, 위치 등을 종합하여 판단하여야 한다.

② 각각 일반건물과 구분건물로 보존등기가 마쳐져 있는 경우라도 그 지번 및 도로명주소, 종류, 구조, 면적이 동일하고 도면에 나타난 건물의 길이, 위치 등이 동일하다면 동일 건물로 볼 수 있다.

③ 동일 건물에 대하여 2중으로 소유권보존등기가 경료되었는데 그 보존등기명의인이 서로 다른 경우 등기관은 후행 보존등기를 직권으로 말소한다.

④ 건물의 보존등기명의인이 서로 다른 경우 중복등기기록의 존속 중에 어느 일방의 등기기록상의 등기를 기초로 하는 새로운 등기신청은 이를 수리한다.

(해설)

③ 동일 건물에 대하여 2중으로 소유권보존등기가 경료되었는데 그 보존등기명의인이 서로 다른 경우 등기관은 이를 직권으로 정리할 수 없다(예규 제1374호).

(선지분석)

① 건물의 동일성은 지번 및 도로명주소, 종류, 구조, 면적과 도면에 나타난 건물의 길이, 위치 등을 종합하여 판단하여야 한다(예규 제1374호).

② 각각 일반건물과 구분건물로 보존등기가 마쳐져 있는 경우라도 그 지번 및 도로명주소, 종류, 구조, 면적이 동일하고 도면에 나타난 건물의 길이, 위치 등이 동일하다면 동일 건물로 볼 수 있다(예규 제1374호).

④ 건물의 보존등기명의인이 서로 다른 경우 중복등기기록의 존속 중에 어느 일방의 등기기록상의 등기를 기초로 하는 새로운 등기신청은 이를 수리한다(예규 제1374호).

답 ③

2023 해커스법원직 김미영 부동산등기법 기출문제집

제1절 | 등기신청의 방법

001 전산정보처리조직을 이용하여 신청정보 및 첨부정보를 보내는 방법에 의한 등기신청(전자신청)에 관한 다음 설명 중 가장 옳지 않은 것은?

17 서기보

① 법인이 전자신청을 하기 위해서는 등기소로부터 발급받은 전자증명서의 이용등록과 함께 사용자등록을 하여야 한다.

② 전자신청을 하는 경우에는 신청정보의 내용으로 등기소에 제공하여야 하는 정보를 전자문서로 등기소에 송신하여야 한다.

③ 인터넷등기소에 접속한 당사자 또는 자격자대리인[변호사나 법무사(법무법인·법무법인(유한)·법무사법인·법무사법인(유한)을 포함)를 말한다]이 전자신청을 하기 위해서는 사용자 인증을 받아야 한다.

④ 전자신청의 경우 접수번호는 전산정보처리조직에 의하여 자동으로 생성된 것을 부여한다.

(해설)

① 법인이 「상업등기규칙」 제46조에 따라 전자증명서의 이용등록을 한 경우에는 사용자등록을 한 것으로 보므로 별도로 사용자등록을 할 필요가 없다(규칙 제68조 제5항).

(선지분석)

③ 전자신청을 하기 위해서는 그 등기신청을 하는 당사자 또는 등기신청을 대리할 수 있는 자격자대리인이 최초의 등기신청 전에 사용자등록을 하여야 한다(예규 제1725호).

④ 전자신청의 경우 접수번호는 전산정보처리조직에 의하여 자동으로 생성된 것을 부여한다(예규 제1725호).

답 ①

002 등기의 전자신청에 관한 다음 설명 중 가장 옳지 않은 것은?

① 전자신청은 당사자가 직접 하거나 자격자대리인이 당사자를 대리하여 한다.

② 법인 아닌 사단이나 재단의 대표자나 관리인은 대리인에게 위임하지 않고 그 사단이나 재단의 명의로 직접 전자신청을 할 수 있다.

③ 법인이 인터넷등기소에서 전자증명서의 이용등록을 한 경우에는 사용자등록을 한 것으로 본다.

④ 외국인이 대리인에게 위임하지 않고 직접 전자신청을 하기 위하여는 「출입국관리법」에 따른 외국인등록 또는 「재외동포의 출입국과 법적 지위에 관한 법률」에 따른 국내거소신고의 요건을 갖추어야 한다.

⑤ 자격자대리인이 전자신청을 대리하는 경우 일정한 서면은 전자적 이미지 정보로 변환(스캐닝)하여 원본과 상위 없다는 취지의 부가정보와 자격자대리인의 개인인증서정보를 덧붙여 등기소에 송신할 수 있다.

해설

② 법인 아닌 사단이나 재단은 전자신청을 직접 할 수 없다(규칙 제67조 제1항, 예규 제1725호).

선지분석

④ 외국인이 대리인에게 위임하지 않고 직접 전자신청을 하기 위하여는 「출입국관리법」에 따른 외국인등록 또는 「재외동포의 출입국과 법적 지위에 관한 법률」에 따른 국내거소신고의 요건을 갖추어야 한다(규칙 제67조 제1항, 예규 제1725호).

⑤ 자격자대리인이 전자신청을 대리하는 경우 일정한 서면은 전자적 이미지 정보로 변환(스캐닝)하여 원본과 상위 없다는 취지의 부가정보와 자격자대리인의 개인인증서정보를 덧붙여 등기소에 송신할 수 있다(예규 제1725호).

답 ②

2023 해커스법원직 김미영 부동산등기법 기출문제집

003 전산정보처리조직을 이용하여 등기신청을 하는 경우에 관한 다음 설명 중 가장 옳지 않은 것은?

18 주사보

① 법인뿐만 아니라 법인 아닌 사단이나 재단도 직접 전자신청을 할 수 있다.

② 외국인도 외국인등록을 하거나 국내거소신고를 한 경우에는 전자신청을 할 수 있다.

③ 전자신청의 대리는 자격자대리인만이 할 수 있으므로, 자격자대리인이 아닌 경우에는 자기 사건이라 하더라도 상대방을 대리하여 전자신청을 할 수 없다.

④ 전자신청을 하기 위해서는 그 등기신청을 하는 당사자 또는 등기신청을 대리할 수 있는 자격자대리인이 최초의 등기신청 전에 등기소에 출석하여 사용자등록을 하여야 하는바, 출석하여야 하는 등기소에는 제한이 없으므로 인근 어느 등기소에나 출석하면 된다.

해설

① 법인은 직접 전자신청을 할 수 있으나, 법인 아닌 사단이나 재단은 직접 전자신청을 할 수 없다(예규 제1725호, 규칙 제68조 제1항).

선지분석

② 외국인의 경우에는 다음 각 호의 어느 하나에 해당하는 요건을 갖추어야 한다(예규 제1725호).

> **🔍 등기예규** 전산정보처리조직에 의한 부동산등기신청에 관한 업무처리지침
>
> **가. 당사자 본인에 의한 신청의 경우**
> (가)「출입국관리법」제31조에 따른 외국인등록
> (나)「재외동포의 출입국과 법적 지위에 관한 법률」제6조, 제7조에 따른 국내거소신고

③ 자격자대리인이 아닌 사람은 다른 사람을 대리하여 전자신청을 할 수 없다(예규 제1725호).

④ 법 제24조 제1항 제2호에 의한 전자신청을 하고자 하는 당사자 또는 변호사나 법무사는 인증서를 발급받아 최초의 전자신청 전에 등기소(주소지나 사무소 소재지 관할 이외의 등기소에서도 할 수 있음)에 직접 출석하여 미리 사용자등록을 하여야 한다(예규 제1715호).

답 ①

004 전자신청을 하고자 하는 당사자 또는 자격자대리인의 사용자등록에 관한 다음 설명 중 가장 옳은 것은?

20 서기보

① 사용자등록의 유효기간이 경과하여 사용자등록을 다시 하는 경우에는 최초로 사용자등록을 하는 절차와 동일한 절차에 의하여야 한다.

② 법인이 「상업등기규칙」 제46조에 따라 전자증명서의 이용등록을 한 경우에 법인등기와 달리 부동산등기의 전자신청을 하기 위해서는 별도의 사용자등록을 하여야 한다.

③ 사용자등록의 유효기간 만료일 1개월 전부터 만료일까지는 그 유효기간의 연장을 신청할 수 있으며, 그 연장기간은 3년으로 한다.

④ 외국인은 외국인등록을 한 경우에 한하여 사용자등록을 신청을 할 수 있다.

(해설)

① 사용자등록의 유효기간은 3년으로 한다. 유효기간을 경과하여 사용자등록을 다시 하는 경우에는 최초로 사용자등록을 하는 절차와 같은 절차에 의하여야 한다(예규 제1715호).

(선지분석)

② 법인이 「상업등기규칙」 제46조에 따라 전자증명서의 이용등록을 한 경우에는 사용자등록을 한 것으로 보므로 별도로 사용자등록을 할 필요가 없다(규칙 제68조 제5항).

③ 사용자등록을 한 사람은 유효기간 만료일 3월전부터 만료일까지 사이에 유효기간의 연장을 신청할 수 있다. 그 연장기간은 3년으로 한다(예규 제1715호).

④ 외국인은 외국인등록을 한 경우에 한하여 사용자등록을 신청을 할 수 있는 것은 아니다. 외국인등록하거나 국내거소신고 한 외국국적 재외동포에 한하여 전자신청이 가능하다.

답 ①

005 전자신청에 관한 다음 설명 중 가장 옳지 않은 것은?

① 「상업등기법」 제17조에 따른 전자증명서를 발급받은 법인은 전자신청을 할 수 있으나, 법인 아닌 사단이나 재단은 전자신청을 할 수 없다.

② 전자신청에 대한 보정 통지는 전자우편의 방법으로만 하여야 하는 것은 아니며, 구두·전화 등의 방법으로도 할 수 있다.

③ 전자신청을 하기 위해서는 최초의 등기신청 전에 사용자등록을 하여야 하는바, 사용자등록의 유효기간은 3년이며, 유효기간 만료일 3개월 전부터 만료일까지는 그 유효기간의 연장을 신청할 수 있다.

④ 자격자대리인이 아닌 사람은 다른 사람을 대리하여 전자신청을 할 수 없다.

⑤ 전자신청에 대한 각하 결정의 고지는 전산정보처리조직을 이용하여 전자우편의 방법으로 하여야 한다.

해설

⑤ 전자신청에 대한 각하 결정의 방식 및 고지방법은 서면신청과 동일한 방법으로 처리한다(예규 제1725호). 즉, 등기관은 등기전산시스템을 이용하여 각하 결정 원본(각하 결정에 대한 경정 결정 포함)을 작성·저장한다. 이 경우 각하결정 등본(각하 결정에 대한 경정 결정 포함)을 신청인 또는 대리인에게 교부하거나 특별우편송달 방법으로 송달하되, 교부를 하는 때에는 교부받은 자로부터 영수증을 수령하여야 한다(예규 제1703호).

선지분석

① 규칙 제68조 제1항에 따른 사용자등록을 한 자연인(외국인 포함)과 「상업등기법」 제17조에 따른 전자증명서를 발급받은 법인은 전자신청을 할 수 있다. 법인 아닌 사단이나 재단은 전자신청을 할 수 없다(예규 제1725호).

② 전자신청시 보정사항이 있는 경우 등기관은 보정사유를 등록한 후 전자우편, 구두, 전화 기타 모사전송의 방법에 의하여 그 사유를 신청인에게 통지하여야 한다(예규 제1725호).

③ 전자신청을 하기 위해서는 최초의 등기신청 전에 사용자등록을 하여야 하는바(법 제68조 제1항), 사용자등록의 유효기간은 3년이며(법 제69조 제1항), 유효기간 만료일 3개월 전부터 만료일까지는 그 유효기간의 연장을 신청할 수 있다(법 제69조 제3항).

④ 변호사나 법무사[법무법인·법무법인(유한)·법무사법인·법무사법인(유한)을 포함한다. 이하 "자격자대리인"이라 한다]는 다른 사람을 대리하여 전자신청을 할 수 있다. 자격자대리인이 아닌 사람은 다른 사람을 대리하여 전자신청을 할 수 없다(예규 제1725호).

답 ⑤

006 방문신청에 관한 다음 설명 중 가장 옳은 것은?

① 신청서가 여러 장일 때에는 신청인 또는 그 대리인이 간인을 하여야 하는바, 등기권리자 또는 등기의무자가 여러 명일 때에는 반드시 전원이 간인하여야 한다.

② 신청서가 여러 장일 때에는 반드시 간인을 하여야 하므로, 신청서에 서명을 할 수 없고 반드시 날인을 하여야 한다.

③ 자연인 또는 법인 아닌 사단이나 재단이 직접 등기신청을 하는 경우에는 구술에 의한 신청이 인정된다.

④ 대리인이 자격자대리인인 경우에는 그 대리인의 사무소 소재지를 관할하는 지방법원이 허가하는 사무원이 등기소에 출석하여 등기를 신청할 수 있는바, 이 경우 지원장은 그 허가권이 없다.

해설

③, ④

「부동산등기법」 제24조【등기신청의 방법】① 등기는 다음 각 호의 어느 하나에 해당하는 방법으로 신청한다.

1. 신청인 또는 그 대리인이 등기소에 출석하여 신청정보 및 첨부정보를 적은 서면을 제출하는 방법.(③) 다만, 대리인이 변호사[법무법인, 법무법인(유한) 및 법무조합을 포함한다. 이하 같다]나 법무사[법무사법인 및 법무사법인(유한)을 포함한다. 이하 같다]인 경우에는 대법원규칙으로 정하는 사무원을 등기소에 출석하게 하여 그 서면을 제출할 수 있다.

2. 대법원규칙으로 정하는 바에 따라 전산정보처리조직을 이용하여 신청정보 및 첨부정보를 보내는 방법(법원행정처장이 지정하는 등기유형으로 한정한다)

「부동산등기규칙」 제58조【등기소에 출석하여 등기신청서를 제출할 수 있는 자격자대리인의 사무원】① 법 제24조 제1항 제1호 단서에 따라 등기소에 출석하여 등기신청서를 제출할 수 있는 변호사나 법무[법무법인·법무법인(유한)·법무조합 또는 법무사법인·법무사법인(유한)을 포함한다. 이하 '자격자대리인'이라 한다]의 사무원은 자격자대리인의 사무소 소재지를 관할하는 지방법원장이 허가하는 1명으로 한다.(④) 다만, 법무법인·법무법인(유한)·법무조합 또는 법무사법인·법무사법인(유한)의 경우에는 그 구성원 및 구성원이 아닌 변호사나 법무사 수만큼의 사무원을 허가할 수 있다.

② 자격자대리인이 제1항의 허가를 받으려면 지방법원장에게 허가신청서를 제출하여야 한다.

선지분석

①, ② 인감증명서를 제출해야 하는 등기신청에 있어서는 해당 신청서에 그 인감을 날인하여야 하므로 서명할 수 없다(규칙 제60조). 따라서 인감증명서를 제출하는 경우가 아닌 경우에는 서명으로 할 수 있다.

핵심정리 정정과 간인

구분		정정	간인
신청서	신청인이 본인인 경우	신청인 전원	등기의무자 또는 등기권리자가 수인인 경우 그중 1인
	변호사나 법무사에게 위임	변호사나 법무사	
	부속서류 등	신청인 전원	신청인 전원

답 ④

007 등기의 방문신청과 관련된 다음 설명 중 가장 옳지 않은 것은? 16 주사보

① 방문신청의 경우 신청서가 여러 장일 때에는 신청인 또는 그 대리인이 간인을 하여야 하고, 등기권리자 또는 등기의무자가 여러 명일 때에는 그 전원이 간인을 하는 방법으로 한다.

② 자연인 또는 법인 아닌 사단이나 재단이 직접 방문신청을 하는 경우에는 그 도면을 서면으로 작성하여 등기소에 제출할 수 있다.

③ 방문신청을 하고자 하는 신청인은 신청서를 등기소에 제출하기 전에 전산정보처리조직에 신청정보를 입력하고, 그 입력한 신청정보를 서면으로 출력하여 등기소에 제출하는 방법으로 등기신청을 할 수 있다.

④ 등기신청위임장, 인감증명, 주민등록표 등본·초본, 가족관계등록사항별증명서는 환부를 청구할 수 없는 서류에 해당한다.

해설

① 방문신청의 경우 신청서가 여러 장일 때에는 신청인 또는 그 대리인이 간인을 하여야 하고, 등기권리자 또는 등기의무자가 여러 명일 때에는 그중 1인이 간인을 하는 방법으로 한다(규칙 제56조 제2항).

선지분석

② 「부동산등기규칙」 제163조 【도면의 제출방법】 방문신청을 하는 경우라도 등기소에 제공하여야 하는 도면은 전자문서로 작성하여야 하며, 그 제공은 전산정보처리조직을 이용하여 등기소에 송신하는 방법으로 하여야 한다. 다만, 다음 각 호의 어느 하나에 해당하는 경우에는 그 도면을 서면으로 작성하여 등기소에 제출할 수 있다.
1. 자연인 또는 법인 아닌 사단이나 재단이 직접 등기신청을 하는 경우
2. 자연인 법인 아닌 사단이나 재단이 자격대리인이 아닌 사람에게 위임하여 등기신청을 하는 경우

③ 방문신청을 하고자 하는 신청인은 신청서를 등기소에 제출하기 전에 전산정보처리조직에 신청정보를 입력하고, 그 입력한 신청정보를 서면으로 출력하여 등기소에 제출하는 방법으로 할 수 있다(규칙 제64조).

④ 「부동산등기규칙」 제59조 【첨부서면의 원본 환수의 청구】 신청서에 첨부한 서류의 원본의 환부를 청구하는 경우에 신청인은 그 원본과 같다는 뜻을 적은 사본을 첨부하여야 하고, 등기관이 서류의 원본을 환부할 때에는 그 사본에 원본 환부의 뜻을 적고 기명날인하여야 한다. 다만, 다음 각 호의 서류에 대하여는 환부를 청구할 수 없다.
1. 등기신청위임장, 제46조 제1항 제8호, 제111조 제2항의 확인정보를 담고 있는 서면 등 해당 등기신청만을 위하여 작성한 서류
2. 인감증명, 법인등기사항증명서, 주민등록표등본·초본, 가족관계등록사항별증명서 및 건축물대장·토지대장·임야대장 등본 등 별도의 방법으로 다시 취득할 수 있는 서류

답 ①

008 등기신청절차에 관한 다음 설명 중 가장 옳지 않은 것은?

① 상속재산분할협의서가 여러 장인 경우 작성자 전원이 간인할 필요가 없고 그중 1인이 간인 하면 된다.

② 서면신청의 경우 신청서가 여러 장일 때에는 신청인 또는 그 대리인이 간인을 하여야 하고, 등기권리자 또는 등기의무자가 여러 명일 때에는 그중 1명이 간인하는 방법으로 한다.

③ 신청서에 첨부한 인감증명서에 대하여는 환부를 청구할 수 없다.

④ 교도소에 재감중인 자가 위임장에 인감인의 날인에 갈음하여 무인을 찍고 교도관이 확인하는 방법으로 작성된 대리권한증서는 적법한 대리권한을 증명하는 정보로 인정되지 않는다.

해설

①, ② 방문신청의 경우 신청서가 여러 장일 때에는 신청인 또는 그 대리인이 간인을 하여야 하고, 등기권리자 또는 등기의무자가 여러 명일 때에는 그중 1인이 간인을 하는 방법으로 한다(규칙 제56조 제2항). 따라서 상속재산분할협의서와 같은 부속서류인 경우에는 작성자 전원이 간인을 하여야지 그중 1인이 간인 할 것은 아니다.

선지분석

③ 「부동산등기규칙」 제59조【첨부서면의 원본 환부의 청구】 신청서에 첨부한 서류의 원본의 환부를 청구하는 경우에 신청인은 그 원본과 같다는 뜻을 적은 사본을 첨부하여야 하고, 등기관이 서류의 원본을 환부할 때에는 그 사본에 원본 환부의 뜻을 적고 기명날인하여야 한다. 다만, 다음 각 호의 서류에 대하여는 환부를 청구할 수 없다.

1. 등기신청위임장, 제46조 제1항 제8호, 제111조 제2항의 확인정보를 담고 있는 서면 등 해당 등기신청만을 위하여 작성한 서류

2. 인감증명, 법인등기사항증명서, 주민등록표등본·초본, 가족관계등록사항별증명서 및 건축물대장·토지대장·임야대장 등본 등 별도의 방법으로 다시 취득할 수 있는 서류

④ 교도소에 재감중인 자라 하여 그의 인감증명서를 발급받을 수 없는 것은 아니므로, 그가 인감 제출을 요하는 등기신청을 함에 있어서는 인감증명서를 제출하여야 하고 재감자가 무인한 등기신청의 위임장이 틀림없다는 취지를 교도관이 확인함으로써 인감증명서의 제출을 생략할 수는 없을 것이다(예규 제423호).

답 ①

009 등기신청적격에 관한 다음 설명 중 가장 옳지 않은 것은? 17 주사보

① 태아는 등기신청적격이 없으나 살아서 출생하면 상속등기경정의 방법으로 자기의 권리를 찾을 수 있다.

② 청산법인의 청산인은 청산사무로서 부동산에 관한 등기신청을 할 수 있다.

③ 사립학교는 등기신청적격이 없다.

④ 북한주민의 재산을 재산관리인이 처분하고 등기를 신청하는 경우에는 통일부장관이 발급한 재산처분 허가서를 첨부하여야 한다.

해설

④ 북한주민의 재산을 재산관리인이 처분하고 등기를 신청하는 경우에는 법무부장관이 발급한 재산처분 허가서를 첨부 정보로 제공하고, 인감증명이 필요한 때에는 재산관리인의 인감증명을 첨부정보로 제공하여야 한다(예규 제1457호).

선지분석

①, ②, ③ 등기신청적격에 대한 내용은 아래와 같다.

태아		×	판례는 태아인 상태로는 등기신청을 할 수 없으므로, 상속등기의 경우 살아서 출생한 태아는 상속등기 경정의 방법으로 자기의 권리를 찾을 수 있음
외국인		○	법령 또는 조약에 의한 제한이 없는 한 우리나라 국민과 동일한 등기신청당사자능력이 인정됨
법인 아닌 사단·재단		○	종중, 문중, 그 밖의 대표자나 관리인이 있는 법인 아닌 사단이나 재단에 속하는 부동산의 등기에 관하여서는 그 사단 또는 재단을 등기권리자 또는 등기의무자로 하며, 대표자나 관리인이 그 등기를 신청함(법 제26조 제1항) 예 아파트입주자대표회의, 사찰 등
법인		○	법인 명의로 등기 됨
청산법인		○	청산종결등기가 된 경우라 하더라도 청산사무가 아직 종결되지 아니한 경우에는 청산법인에 해당하며, 청산인은 청산사무로서 부동산에 관한 등기를 신청할 수 있음
지방자치단체		○	• 특별시, 광역시, 특별자치시, 특별자치도, 시, 도, 군, 구 • 자연부락(동, 리)을 비법인사단으로 볼 수 있는 경우
		×	읍, 면, 동, 리
조합	「민법」상 조합	×	그 자체로는 등기신청적격이 없고, 조합원 전원의 합유로 등기하여야 함
	법인 아닌 사단·재단	○	권리능력 없는 사단·재단으로서의 실질을 갖추고 있다면 법인 아닌 사단·재단의 예에 의하여 등기를 신청할 수 있음
	법인	○	농업협동조합, 수산업협동조합, 「도시 및 주거환경정비법」에 의한 정비사업조합 등은 조합이라는 명칭을 사용하나 그 실체는 법인이므로 그 명의로 등기할 수 있음
북한 주민		○	「남북 주민 사이의 가족관계와 상속 등에 관한 특례법」에 따르면 북한 지역에 거주하는 주민도 남한 내의 부동산에 관한 권리를 취득할 수 있고, 그에 따른 등기는 법원에서 선임한 재산관리인이 신청함
학교		학교명의 ×	• 사립학교: 설립자 명의로 등기함 • 국립학교: 소유자 국 관리청 교육부(충남대학교) • 공립학교: 소유자 서울특별시로 등기함

답 ④

010 다음 내용 중 자기 명의로 등기할 수 있는 자를 모두 고르시오.

> ㄱ. 북한 지역에 거주하는 주민
> ㄴ. 「민법」상 조합
> ㄷ. 시설물로서의 학교
> ㄹ. 상속인지위에 있다가 상속등기를 하기 전에 사망한자
> ㅁ. 아직 출생하지 아니한 태아
> ㅂ. 「도시 및 주거환경정비법」에 의한 인가가 취소된 주택조합

① ㄱ, ㄴ, ㄷ
② ㄱ, ㅂ
③ ㄹ, ㅁ, ㅂ
④ ㅁ, ㅂ

해설

자기 명의로 등기할 수 있는 자로 옳은 것은 ㄱ. ㅂ.이다.

ㄱ. 북한 지역에 거주하는 주민은 남한 내의 부동산에 관한 권리를 자신의 명의로 취득할 수 있으며, 그 등기는 법원에서 선임한 재산관리인이 신청한다(예규 제1457호).

ㅂ. 「도시 및 주거환경정비법」에 의한 인가가 취소된 주택조합은 법인 아닌 사단의 명의로 등기를 신청할 수 있다(선례 제3-39호 등).

선지분석

ㄴ. 「민법」상 조합은 조합명의로 등기를 신청할 수 없고, 조합원 전원의 합유로 하는 등기를 하게 된다.

ㄷ. 학교는 등기능력이 없으므로, 학교 명의로 등기를 신청할 수 없다.

ㄹ. 상속인지위에 있다가 상속등기를 하기 전에 사망한 자는 자신의 명의로 등기를 신청할 수 없고, 그 자의 상속인 명의로 등기를 신청하여야 한다.

ㅁ. 아직 출생하지 아니한 태아는 등기실무에서 등기신청적격을 인정하지 않는다.

답 ②

011 「남북 주민 사이의 가족관계의 상속 등에 관한 특례법」에 따른 부동산등기절차에 관한 다음 설명 중 가장 옳지 않은 것은?

19 주사보

① 북한주민이 남한 내의 부동산에 관한 권리를 상속이나 유증 등으로 취득한 경우 그에 따른 등기는 법무부장관이 선임한 재산관리인이 북한주민을 대리하여 신청하여야 한다.

② 등기를 신청할 때에 인감증명을 제출하여야 하는 경우에는 재산관리인의 인감증명을 제출하여야 한다.

③ 북한주민의 상속, 유증재산 등에 관한 등기를 신청하는 경우에 주소 및 부동산등기용등록번호를 증명하는 정보로서 법무부장관이 발급한 '북한주민 등록번호 및 주소 확인서'를 제공하여야 한다.

④ 재산관리인이 「민법」 제118조를 초과하는 처분행위를 원인으로 등기를 신청하는 경우에는 법무부장관이 발급한 북한주민의 재산처분 허가서를 첨부정보로서 제공하여야 한다.

해설

① 북한주민이 남한 내의 부동산에 관한 권리를 상속이나 유증 등으로 취득한 경우 그에 따른 등기는 법원에서 선임한 재산관리인이 북한주민을 대리하여 신청하여야 한다(예규 제1457호).

핵심정리 예규 제1457호

적용범위	특례법 시행 전에 북한지역에 거주하는 주민(이하 '북한주민'이라 함)이 상속·유증 또는 상속재산반환청구권의 행사로 남한 내 부동산에 관한 권리를 취득한 경우에도 이 예규의 규정을 적용함
신청인	법원에서 선임한 재산관리인이 북한주민을 대리하여 등기를 신청함
신청정보	법무부장관이 발급한 '북한주민 등록번호 및 주소 확인서'에 기재된 사항을 규칙 제43조 제1항 제2호의 신청정보로 제공하여야 함
첨부정보	• 법원의 재산관리인 선임(변경)을 증명하는 정보 • 법무부장관이 발급한 북한주민의 부동산등기용등록번호 및 주소를 확인하는 정보 • 인감을 제출하여야 하는 경우에는 재산관리인의 인감증명 • 재산관리인이 「민법」 제118조를 초과하는 처분행위를 원인으로 등기를 신청하는 경우에는 법무부장관이 발급한 북한주민의 재산처분 등을 허가(변경)한 정보 제공

답 ①

제1관 공동신청주의 원칙

012 등기신청인에 관한 다음 설명 중 가장 옳지 않은 것은?   18 주사보

① 법인의 합병을 원인으로 한 권리이전등기는 등기권리자가 단독으로 신청한다.

② 소유권보존등기의 말소등기는 소유권의 등기명의인과 진정한 소유자가 공동으로 신청한다.

③ 건물증축을 원인으로 한 건물표시변경등기는 소유권의 등기명의인이 단독으로 신청한다.

④ 북한주민이 남한 내의 부동산에 관한 권리를 상속이나 유증 등으로 취득한 경우 그에 따른 등기는 법원이 선임한 재산관리인이 북한주민을 대리하여 신청한다.

해설

② 소유권보존등기 또는 소유권보존등기의 말소등기는 등기명의인으로 될 자 또는 등기명의인이 단독으로 신청한다(법 제23조 제2항).

선지분석

① 법인의 합병을 원인으로 한 권리이전등기는 등기권리자가 단독으로 신청한다(법 제23조 제3항).

③ 건물증축을 원인으로 한 건물표시변경등기는 소유권의 등기명의인이 단독으로 신청한다(법 제23조 제5항).

④ 북한주민이 남한 내의 부동산에 관한 권리를 상속이나 유증 등으로 취득한 경우 그에 따른 등기는 법원이 선임한 재산관리인이 북한주민을 대리하여 신청한다(예규 제1457호).

답 ②

013 다음 중 단독으로 등기를 신청할 수 있는 경우가 아닌 것은?　　　　　　　　

① 법인분할로 포괄승계에 따른 등기를 하는데 분할 전 법인이 존속하는 경우
② 수용으로 인한 소유권이전등기
③ 신탁등기의 말소등기
④ 소유권보존등기의 말소등기
⑤ 가등기에 관하여 등기상 이해관계 있는 자가 가등기명의인의 승낙을 받은 경우

(해설)

① 분할 전 회사가 소멸한 경우에는 단독신청이나, 분할 전 법인이 존속하는 경우에는 존속하는 법인과 공동으로 신청할 수 있다(규칙 제42조).

(선지분석)

② 수용으로 인한 소유권이전등기는 사업시행자가 단독으로 신청할 수 있다(법 제99조).

③ 신탁등기의 말소는 수탁자가 단독으로 신청할 수 있다(법 제87조 제3항).

④ 소유권보존등기의 말소등기는 그 보존등기명의인이 단독으로 신청한다(법 제23조 제2항).

⑤ 가등기의무자 또는 가등기에 관하여 등기상 이해관계 있는 자는 제23조 제1항에도 불구하고 가등기명의인의 승낙을 받아 단독으로 가등기의 말소를 신청할 수 있다(법 제93조 제2항).

핵심정리 단독신청 정리

소유권보존등기 또는 그 말소등기 (법 제23조 제2항)	소유권보존등기 또는 소유권보존등기의 말소등기는 등기명의인으로 될 자 또는 등기명의인이 단독으로 신청 * 직권보존등기의 말소도 등기명의인이 자발적으로 말소 또는 판결에 의해 말소하여야 함
등기의무자의 소재불명 (법 제56조)	등기권리자가 등기의무자의 소재불명으로 인하여 공동으로 등기의 말소를 신청할 수 없는 때에는 「민사소송법」에 의한 공시최고의 신청을 하여 제권판결을 받은 후 그 판결정본을 첨부하여 단독으로 등기말소를 신청할 수 있음
상속, 합병, 그 밖의 포괄승계에 따른 등기 (법 제23조 제3항)	상속, 법인의 합병, 그 밖에 대법원 규칙으로 정하는 포괄승계에 따른 등기는 등기권리자가 단독으로 신청 법인의 분할의 경우 • 분할 전 법인이 소멸하는 경우: 등기권리자가 단독신청 • 분할 전 법인이 존속하는 경우: 존속하는 법인과 공동신청
표시변경(경정)등기 (법 제23조 제5,6항)	• 부동산표시의 변경이나 경정등기는 소유권의 등기명의인이 단독으로 신청 • 등기명의인표시의 변경이나 경정의 등기는 해당 권리의 등기명의인이 단독으로 신청
신탁등기와 그 말소등기 (법 제23조 제7항, 제87조)	신탁재산에 속하는 부동산의 신탁등기는 수탁자가 단독으로 신청함. 그 말소등기도 수탁자가 단독으로 신청할 수 있음
판결에 의한 등기 (법 제23조 제4항)	판결에 의한 등기는 승소한 등기권리자 또는 승소한 의무자가 단독으로 신청할 수 있음 * 공유물분할판결: 등기권리자가 단독신청
가등기 및 가등기 말소 (법 제89조, 제93조)	• 가등기의무자의 승낙서 또는 가등기가처분명령정본을 첨부한 경우 가등기명의인은 가등기를 단독으로 신청할 수 있음 • 가등기명의인이 자기 명의의 가등기의 말소를 단독으로 신청할 수 있음 • 가등기의무자 또는 가등기의 등기상 이해관계인은 가등기명의인의 승낙을 받아 단독으로 가등기의 말소를 신청할 수 있음

수용으로 인한 소유권이전등기 (법 제99조)	토지수용을 원인으로 한 소유권이전등기신청은 사업시행자인 등기권리자가 단독으로 이를 신청할 수 있음 ＊재결실효를 원인으로 소유권이전등기의 말소등기신청: 공동신청
권리소멸의 약정등기의 말소 (법 제55조)	등기명의인의 사망 또는 법인의 해산으로 권리가 소멸한다는 약정이 등기되어 있는 경우 사망 또는 법인의 해산으로 인한 권리의 소멸에 따른 말소등기는 단독으로 신청할 수 있음
기타	• 혼동으로 인한 말소등기 • 가처분권자가 승소판결에 기하여 소유권이전등기 또는 소유권말소등기를 신청하는 경우(법 제94조)

답 ①

014 등기신청에 관한 다음 설명 중 가장 옳지 않은 것은? 19 서기보

① 소유권보존등기 또는 소유권보존등기의 말소등기는 등기명의인으로 될 자 또는 등기명의인이 단독으로 신청한다.

② 판결에 의한 등기는 승소한 등기권리자 또는 등기의무자가 단독으로 신청한다.

③ 부동산표시의 변경이나 경정의 등기는 소유권의 등기명의인이 단독으로 신청한다.

④ 신탁재산에 속하는 부동산의 신탁등기는 해당 부동산의 등기명의인이 단독으로 신청한다.

해설

④ 신탁재산에 속하는 부동산의 신탁등기는 수탁자가 단독으로 신청한다(법 제23조 제7항).

선지분석

② 판결에 의한 등기는 승소한 등기권리자 또는 등기의무자가 단독으로 신청한다(법 제23조 제4항).

③ 부동산표시의 변경이나 경정의 등기는 소유권의 등기명의인이 단독으로 신청한다(법 제23조 제5항).

답 ④

015 다음 중 등기관이 직권으로 하여야 하는 등기가 아닌 것은?

① 소유권말소등기청구권보전 가처분권리자가 본안사건에서 승소하여 그 확정판결의 정본을 첨부하여 소유권말소등기를 신청하는 경우, 가처분등기 이후에 경료된 제3자 명의의 소유권이전등기의 말소

② 등기관이 등기의 착오나 빠진 부분이 등기관의 잘못으로 인한 것임을 발견한 경우에 하는 등기의 경정

③ 소유권이전등기를 실행함에 있어서 등기명의인표시의 변경

④ 근저당권부 채권에 대하여 가압류등기가 경료된 후에 가압류채권자의 승낙서를 첨부한 근저당권말소등기의 신청이 있는 경우, 가압류등기의 말소

(해설)

① 소유권이전등기말소등기(소유권보존등기말소등기를 포함)청구권을 보전하기 위한 가처분등기가 마쳐진 후 그 가처분 채권자가 가처분채무자를 등기의무자로 하여 소유권말소등기를 신청하는 경우에는, 법 제94조 제1항에 따라 <u>가처분등기 이후에 마쳐진 제3자 명의의 등기의 말소를 단독으로 신청할 수 있다</u>(규칙 제152조 제1항).

(선지분석)

②, ③ 직권에 의한 등기는 다음과 같다.

직권에 의한 등기	• 미등기부동산에 대한 소유권의 처분제한의 등기 시 직권에 의한 소유권보존등기(법 제66조 제1항) • 수용으로 인한 소유권이전등기를 하는 경우(법 제99조 제4항) • 법 제29조 제1호 및 제2호의 말소등기(법 제58조) • 가등기에 의한 본등기 시 가등기 후에 된 등기로서 가등기에 의하여 보전되는 권리를 침 해하는 등기의 말소등기 (법 제92조 제1항) • 대지권이라는 뜻의 등기(법 제40조 제4항) • 등기관이 등기의 착오나 빠진 부분이 등기관의 잘못으로 인한 것임을 발견한 경우(법 제32조 제2항) • 소유권이전등기시 등기의무자의 주소변경으로 인한 등기명의인표시변경등기(규칙 제122조) • 행정구역 또는 그 명칭 변경에 따른 부동산 및 등기명의인 표시변경등기(규칙 제54조) • 환매에 따른 권리취득의 등기를 한 때에의 환매특약 등기의 말소(규칙 제114조 제1항) • 권리소멸에 관한 약정 등기를 한 후 그 말소등기(규칙 제114조)

④ 등기의 말소를 신청하는 경우에 그 말소에 대하여 등기상 이해관계 있는 제3자가 있을 때에는 제3자의 승낙이 있어야 한다. 등기를 말소할 때에는 등기상 이해관계 있는 제3자 명의의 등기는 등기관이 직권으로 말소한다(법 제58조).

답 ①

016 다음 중 등기관이 직권으로 할 수 있는 등기가 아닌 것은? 19 서기보

① 대지권등기를 마쳤을 경우에 대지권의 목적인 토지의 등기기록에 하는 대지권이라는 뜻의 기록

② 등기상 이해관계 있는 제3자의 승낙서를 첨부하여 어떤 등기의 말소등기를 신청하는 경우에 그 등기상 이해관계 있는 제3자 명의의 등기

③ 소유권이전청구권가등기에 의한 본등기를 하는 경우에 그 가등기 후에 마쳐진 제3자 명의의 소유권이전등기

④ 소유권이전등기청구권의 보전을 위한 가처분등기의 가처분채권자가 가처분채무자를 등기의무자로 하여 소유권이전등기를 신청하는 경우에 그 가처분 후에 마쳐진 제3자 명의의 소유권이전등기

해설

④ 소유권이전등기청구권의 보전을 위한 가처분등기의 가처분채권자가 가처분채무자를 등기의무자로 하여 소유권이전 등기를 신청하는 경우에 그 가처분 후에 마쳐진 제3자 명의의 소유권이전등기는 가처분채권자의 단독신청으로 말소 할 수 있다(법 제94조 제1항).

선지분석

① 등기관이 대지권등기를 하였을 때에는 직권으로 대지권의 목적인 토지의 등기기록에 소유권, 지상권, 전세권 또는 임차권이 대지권이라는 뜻을 기록하여야 한다(법 제40조 제4항).

② 등기상 이해관계 있는 제3자의 승낙서를 첨부하여 어떤 등기의 말소등기를 신청하는 경우에 그 등기상 이해관계 있는 제3자 명의의 등기는 직권으로 말소한다(법 제57조 제2항).

③ 소유권이전청구권가등기에 의한 본등기를 하는 경우에 그 가등기 후에 마쳐진 제3자 명의의 소유권이전등기는 등기 관이 직권으로 말소한다(규칙 제147조 제1항).

답 ④

017 다음 설명 중 등기관이 직권으로 말소할 수 있는 등기는?

① 가처분채권자의 신청에 따라 가처분채권자의 권리를 침해하는 가처분등기 이후의 등기를 말소하는 경우 당해 가처분등기

② 지상권설정청구권보전의 가등기에 의하여 지상권설정의 본등기를 한 경우 체납처분으로 인한 압류등기

③ 수용으로 인한 소유권이전등기를 하는 경우 그 부동산의 등기기록 중 그 부동산을 위하여 존재하는 지역권의 등기

④ 첨부서류를 위조하여 근저당권설정등기를 신청하였으나 등기관이 이를 간과하여 마쳐진 근저당권설정등기

해설

① 가처분채권자의 신청에 따라 가처분채권자의 권리를 침해하는 가처분등기 이후의 등기를 말소하는 경우 당해 가처분등기(법 제94조 제2항)

> 「부동산등기법」제94조【가처분등기 이후의 등기 등의 말소】② 등기관이 제1항의 신청에 따라 가처분등기 이후의 등기를 말소할 때에는 직권으로 그 가처분등기도 말소하여야 한다. 가처분등기 이후의 등기가 없는 경우로서 가처분채무자를 등기의무자로 하는 권리의 이전, 말소 또는 설정의 등기만을 할 때에도 또한 같다.

선지분석

② 지상권설정청구권보전의 가등기에 의하여 지상권설정의 본등기를 한 경우 체납처분으로 인한 압류등기[규칙 제148조 제2항(직권말소할 수 없는 등기사항)]

③ 수용으로 인한 소유권이전등기를 하는 경우 그 부동산의 등기기록 중 그 부동산을 위하여 존재하는 지역권의 등기[법 제99조 제4항 단서(직권말소할 수 없는 등기사항)]

④ 첨부서류를 위조하여 근저당권설정등기를 신청하였으나 등기관이 이를 간과하여 마쳐진 근저당권설정등기는 법 제29조 제9호에 해당하는 등기이므로 직권말소할 수 없다.

> 「부동산등기규칙」제148조【본등기와 직권말소】② 지상권, 전세권 또는 임차권의 설정등기청구권보전 가등기에 의하여 지상권, 전세권 또는 임차권의 설정의 본등기를 한 경우 가등기 후 본등기 전에 마쳐진 다음 각 호의 등기는 직권말소의 대상이 되지 아니한다.
> 1. 소유권이전등기 및 소유권이전등기청구권보전 가등기
> 2. 가압류 및 가처분 등 처분제한의 등기
> 3. 체납처분으로 인한 압류등기
> 4. 저당권설정등기
> 5. 가등기가 되어 있지 않은 부분에 대한 지상권, 지역권, 전세권 또는 임차권의 설정등기와 주택임차권등기 등
>
> 「부동산등기법」제29조【신청의 각하】등기관은 다음 각 호의 어느 하나에 해당하는 경우에만 이유를 적은 결정으로 신청을 각하(却下)하여야 한다. 다만, 신청의 잘못된 부분이 보정(補正)될 수 있는 경우로서 신청인이 등기관이 보정을 명한 날의 다음 날까지 그 잘못된 부분을 보정하였을 때에는 그러하지 아니하다.
> 9. 등기에 필요한 첨부정보를 제공하지 아니한 경우
>
> 제99조【수용으로 인한 등기】④ 등기관이 제1항과 제3항에 따라 수용으로 인한 소유권이전등기를 하는 경우 그 부동산의 등기기록 중 소유권, 소유권 외의 권리, 그 밖의 처분제한에 관한 등기가 있으면 그 등기를 직권으로 말소하여야 한다. 다만, 그 부동산을 위하여 존재하는 지역권의 등기 또는 토지수용위원회의 재결(裁決)로써 존속(存續)이 인정된 권리의 등기는 그러하지 아니하다.

답 ①

018 등기신청 대리인과 관련한 설명이다. 가장 잘못된 것은?   **12 주사보**

① 서면신청의 경우 대리인이 될 수 있는 자격에 제한이 없지만 전자신청의 경우 법무사, 변호사와 같은 자격자대리인이 아니면 자기 사건이라도 상대방을 대리할 수 없다.

② 등기신청 대리인은 행위능력자임을 요하지 아니하며, 자기계약·쌍방대리도 허용된다.

③ 등기신청을 법무사에게 위임한 대표이사가 등기신청 전에 변경된 경우에도 법무사는 그가 위임 당시 해당 회사의 대표이사임을 증명하는 법인등기사항증명서와 그의 인감증명을 첨부정보로 등기소에 제공하여 등기신청 할 수 있다.

④ 등기신청의 대리권은 등기신청서를 접수할 때뿐만 아니라 등기완료시까지 존속하여야 한다.

(해설)

④ 등기신청의 대리권은 그 신청행위의 종료시(등기관이 신청정보를 접수할 때)까지 있으면 족하고, 등기가 완료될(등기기록에 등기사항이 실제로 기록되고 등기관의 날인이 있을) 때까지 있을 필요는 없다.

(선지분석)

① 전자신청의 경우 법무사, 변호사와 같은 자격자대리인이 아니면 자기 사건이라도 상대방을 대리할 수 없다(규칙 제67조 제1항).

② 「민법」제124조는 "대리인은 본인의 허락이 없으면 본인을 위하여 자기와 법률행위를 하거나 동일한 법률행위에 관하여 당사자 쌍방을 대리할지 못한다. 그러나 채무의 이행을 할 수 있다."라고 규정함으로써 사법상의 법률행위에 관해서는 자기계약이나 쌍방대리를 원칙적으로 제한하고 있다. 그러나 등기신청행위는 「민법」제124조에서 말하는 '채무의 이행'에 준하는 것으로 볼 수 있다. 따라서 등기권리자가 등기의무자를 대리하여 자기의 등기를 신청할 수 있고(자기계약), 동일한 법무사가 등기권리자와 등기의무자 쌍방을 대리하는 등기신청(쌍방대리)도 가능하다.

③ 소유권이전등기의 등기의무자인 회사의 대표이사 갑이 그 소유권이전등기신청을 법무사에게 위임한 후 그 등기신청 전에 대표이사가 을로 변경된 경우에도 법무사의 등기신청에 관한 대리권한은 소멸하지 않는다고 보아야 할 것이므로, 그 등기신청서에 등기신청을 위임한 대표이사 갑이 위임당시에 당해 회사의 대표이사임을 증명하는 법인등기사항증명서(발행일로부터 3월 이내의 것)와 그의 인감증명(발행일로부터 3월 이내의 것)을 첨부하였다면, 위임장을 당해 회사의 새로운 대표이사 을 명의로 다시 작성하거나 그 을 명의로 된 법인등기사항증명서와 인감증명을 새로 발급받아 등기신청서에 첨부할 필요는 없다(선례 제5-125호).

답 ④

019 등기신청의 대리에 관한 다음 설명 중 가장 옳지 않은 것은?

① 등기는 신청인 또는 그 대리인이 등기소에 출석하여 신청정보 및 첨부정보를 적은 서면을 제출하는 방법으로 신청할 수 있다.

② 자기가 등기당사자 중 일방인 경우에도 타방을 대리하여 등기신청을 할 수 없다.

③ 대리인에 의하여 등기를 신청하는 경우에는 그 성명과 주소를 신청정보의 내용으로 등기소에 제공하여야 한다.

④ 대리인에 의하여 등기를 신청하는 경우에는 그 권한을 증명하는 정보를 첨부정보로서 등기소에 제공하여야 한다.

해설

② 「민법」 제124조는 "대리인은 본인의 허락이 없으면 본인을 위하여 자기와 법률행위를 하거나 동일한 법률행위에 관하여 당사자 쌍방을 대리할지 못한다. 그러나 채무의 이행을 할 수 있다."라고 규정함으로써 사법상의 법률행위에 관해서는 자기계약이나 쌍방대리를 원칙적으로 제한하고 있다. 그러나 등기신청행위는 「민법」 제124조에서 말하는 '채무의 이행'에 준하는 것으로 볼 수 있다. 따라서 등기권리자가 등기의무자를 대리하여 자기의 등기를 신청할 수 있고(자기계약), 동일한 법무사가 등기권리자와 등기의무자 쌍방을 대리하는 등기신청(쌍방대리)도 가능하다.

선지분석

③ 대리인에 의하여 등기를 신청하는 경우에는 그 성명과 주소를 신청정보의 내용으로 등기소에 제공하여야 한다(규칙 제43조 제1항 제4호).

④ 대리인에 의하여 등기를 신청하는 경우에는 그 권한을 증명하는 정보를 첨부정보로서 등기소에 제공하여야 한다(규칙 제46조 제1항 제5호).

답 ②

020 등기신청의 대리에 관한 다음 설명 중 가장 옳지 않은 것은? 20 서기보

① 등기신청의 대리인이 될 수 있는 자격에는 제한이 없으므로, 변호사나 법무사가 아니어도 무방하다.

② 미성년자인 자의 부모가 공동친권자인 경우로서 친권자가 미성년자를 대리하여 등기신청을 할 때에는 원칙적으로 부모가 공동으로 하여야 한다.

③ 등기신청에 있어서도 쌍방대리는 원칙적으로 허용되지 않는다.

④ 성년후견인이 피성년후견인을 대리하여 등기신청을 하는 경우에 성년후견인에게 대리권이 있는지 여부는 후견등기사항증명서를 제출하게 하여 판단한다.

해설

③ 「민법」 제124조는 "대리인은 본인의 허락이 없으면 본인을 위하여 자기와 법률행위를 하거나 동일한 법률행위에 관하여 당사자 쌍방을 대리할지 못한다. 그러나 채무의 이행을 할 수 있다."라고 규정함으로써 사법상의 법률행위에 관해서는 자기계약이나 쌍방대리를 원칙적으로 제한하고 있다. 그러나 등기신청행위는 「민법」 제124조에서 말하는 '채무의 이행'에 준하는 것으로 볼 수 있다. 따라서 <u>등기권리자가 등기의무자를 대리하여 자기의 등기를 신청할 수 있고(자기계약), 동일한 법무사가 등기권리자와 등기의무자 쌍방을 대리하는 등기신청(쌍방대리)도 가능하다.</u>

선지분석

② 미성년자인 자의 부모가 공동친권자인 경우로서 친권자가 미성년자를 대리하여 등기신청을 할 때에는 원칙적으로 부모가 공동으로 하여야 한다(예규 제1088호).

④ 성년후견인이 피성년후견인을 대리하여 등기신청을 하는 경우에 성년후견인에게 대리권이 있는지 여부는 후견등기사항증명서를 제출하게 하여 판단한다(법원실무제요).

답 ③

제1편 · 2023 해커스법원직 김미영 부동산등기법 기출문제집

021 부동산등기신청에 있어서 미성년인 자의 법정대리에 관한 설명 중 가장 옳지 않은 것은? **14 서기보**

① 미성년인 자의 부모 중 한 사람이 미성년인 자와 이해가 상반되는 경우에는 그렇지 않은 친권자가 단독으로 대리한다.

② 친권자가 미성년인 자 소유의 부동산을 제3자에게 매도하는 경우에는 특별대리인을 선임할 필요가 없다.

③ 미성년인 자 소유의 부동산을 친권자의 채무를 위한 담보로 제공하는 경우 특별대리인을 선임하여야 한다.

④ 공동상속인인 친권자가 상속을 포기하고 미성년인 자를 위하여 분할협의를 하는 경우에는 특별대리인을 선임할 필요가 없다.

해설

① 공동친권자 중 한 사람만이 미성년자인 자와 이해가 상반되는 경우 이해가 상반되는 그 친권자는 미성년자인 자를 대리할 수 없고, 이 경우 특별대리인이 이해가 상반되지 않는 다른 일방의 친권자와 공동하여 그 미성년자를 대리하여야 한다(예규 제1088호).

핵심정리 특별대리인의 선임 여부(예규 제1088호)

구분	선임 ○	선임 ×
소유권이전 (A → B)	• 미성년인 자가 그 소유 부동산을 친권자에게 매매 또는 증여하는 경우 • 미성년자 甲, 乙의 공유토지를 분필하여 甲과 乙을 각 토지의 단독소유로 하는 공유물분할등기의 경우	• 친권자가 자기부동산을 미성년인 자에게 명의신탁/증여하는 경우 • 친권자가 미성년인 자 소유의 부동산을 제3자(다른 미성년자 이외)에게 처분하는 경우 예 증여 등
상속 재산 분할 협의	친권자(상속재산을 전혀 받지 않더라도)와 미성년인 자가 공동상속인으로서 협의분할을 하는 경우 예 친권자와 미성년자인 수인의 자 사이에 상속재산분할협의를 하는 경우에는 미성년자 각자마다 특별대리인을 선임하여 그 각 특별대리인이 각 미성년자를 대리하여 상속재산분할협의를 하여야 한다. (즉, 미성년자 수만큼의 특별대리인을 선임해야 함)	• 공동상속인인 친권자가 상속을 포기하고 그 미성년인 자를 위하여 분할협의를 하는 경우(상속포기신고를 하면 더 이상 상속인이 아님) • 공동상속인 중 성년인 자와 미성년인 자가 있는 경우 피상속인과 이혼한 전처가 공동상속인의 친권자로서 미성년인 자를 위한 법정대리인으로서 상속재산분할협의를 할 때
○○의 채무 담보를 위한 경우	• 모와 미성년인 자의 공유부동산을 모와 제3자를 공동 채무자로 하여 담보로제공하는 경우 • 미성년인 자 소유 부동산을 친권자의 채무를 담보로 제공하는 경우	• 친권자가 미성년자의 재산을 채무자인 미성년자를 위하여 담보로 제공하는 계약을 체결하는 것 • 친권자인 모가 제3자에 대한 채무의 담보로 미성년자 소유의부동산에 근저당권을 설정하는 경우 • 친권자와 미성년인 자의 공유부동산에 관하여 친권자와 미성년자를 공동채무자로 하거나 그 미성년인 자만을 위하여 저당권설정등기를 하는 경우
기타	-	미성년자와 친권자가 준공유하는 저당권의 말소신청

답 ①

022 미성년자의 대리인에 의한 등기신청 등에 관한 다음 설명 중 가장 옳지 않은 것은?

① 미성년자인 자의 부모가 공동친권자인 경우로서 친권자가 그 미성년자를 대리하여 등기신청을 할 때에는 부모가 공동으로 하여야 함이 원칙이다.

② 공동친권자 중 한 사람만이 미성년자인 자와 이해가 상반되는 경우에는 특별대리인이 이해가 상반되지 않는 다른 일방의 친권자와 공동하여 그 미성년자를 대리하여야 한다.

③ 미성년자인 자가 그 소유 부동산을 친권자에게 증여하고 그 소유권이전등기를 신청하는 경우 특별대리인의 선임이 필요하다.

④ 이혼하여 상속권이 없는 피상속인의 전처가 자기가 낳은 미성년자 1인을 대리하여 상속재산분할협의를 하는 경우 특별대리인의 선임이 필요하다.

(해설)

④ 이혼하여 상속권이 없는 피상속인의 전처가 자기가 낳은 미성년자 1인을 대리하여 상속재산분할협의를 하는 경우 특별대리인의 선임이 필요하지 않다(예규 제1088호).

(선지분석)

① 미성년자인 자의 부모가 공동친권자인 경우로서 친권자가 그 미성년자를 대리하여 등기신청을 할 때에는 부모가 공동으로 하여야 함이 원칙이다(예규 제1088호).

② 공동친권자 중 한 사람만이 미성년자인 자와 이해가 상반되는 경우에는 특별대리인이 이해가 상반되지 않는 다른 일방의 친권자와 공동하여 그 미성년자를 대리하여야 한다(예규 제1088호).

③ 미성년자인 자가 그 소유 부동산을 친권자에게 증여하고 그 소유권이전등기를 신청하는 경우 특별대리인의 선임이 필요하다(예규 제1088호).

답 ④

023 등기신청인 및 그 대리인에 관한 다음 설명 중 가장 옳지 않은 것은? 21 서기보

① 미성년자인 자 소유의 부동산을 채무자인 그 미성년자를 위하여 담보로 제공하거나 제3자에게 처분하는 경우에 친권자는 미성년자인 자를 대리할 수 없으므로 특별대리인이 미성년자를 대리하여 등기를 신청하여야 한다.

② 회사의 지배인은 영업주를 갈음하여 그 영업에 관한 재판상 또는 재판 외의 모든 행위를 할 수 있으므로 회사의 영업에 관한 등기신청을 대리할 수 있다.

③ 법인의 대표이사가 등기신청을 자격자대리인에게 위임한 후 그 등기신청 전에 대표이사가 변경된 경우에도 자격자대리인의 등기신청에 관한 대리권한은 소멸되지 않는다.

④ 합병으로 인하여 소멸한 乙회사가 합병 전에 매수한 부동산에 관하여는 합병 후 존속하는 甲회사가 등기권리자로서 매도인과 공동신청으로 직접 甲회사 명의로의 소유권이전등기를 신청할 수 있다.

해설

① 미성년자인 자 소유의 부동산을 채무자인 그 미성년자를 위하여 담보로 제공하거나 제3자에게 처분하는 경우 이는 이해상반행위에 해당하지 않아 친권자가 미성년자인 자를 대리하여 등기를 신청하여야 한다(예규 제1088호).

선지분석

② 회사의 지배인은 영업주를 갈음하여 그 영업에 관한 재판상 또는 재판 외의 모든 행위를 할 수 있으므로 회사의 영업에 관한 등기신청을 대리할 수 있다(선례 제6-17호 등).

③ 법인의 대표이사가 등기신청을 자격자대리인에게 위임한 후 그 등기신청 전에 대표이사가 변경된 경우에도 자격자대리인의 등기신청에 관한 대리권한은 소멸되지 않는다(선례 제201112-3호).

④ 합병으로 인하여 소멸한 乙회사가 합병 전에 매수한 부동산에 관하여는 합병 후 존속하는 甲회사가 등기권리자로서 매도인과 공동신청으로 직접 甲회사 명의로의 소유권이전등기를 신청할 수 있다(선례 제4-374호).

답 ①

024 등기신청인에 관한 다음 설명 중 가장 옳지 않은 것은?

① 친권자가 미성년자인 자 소유의 부동산을 제3자에게 증여하는 경우는 친권자와 미성년자의 이해가 상반되는 행위에 해당하므로 미성년자의 대리는 법원에서 선임한 특별대리인이 하여야 한다.

② 소유권이전등기의 등기의무자인 회사의 대표이사 甲이 그 소유권이전등기신청을 법무사에게 위임한 후 그 등기신청 전에 대표이사가 乙로 변경된 경우에도 법무사의 등기신청에 관한 대리권한은 소멸하지 않는다고 보아야 할 것이므로, 그 등기신청서에 등기신청을 위임한 대표이사 甲이 위임 당시에 당해 회사의 대표이사임을 증명하는 회사등기부등본과 그의 인감증명을 첨부하였다면, 위임장을 당해 회사의 새로운 대표이사 乙명의로 다시 작성하거나 그 乙명의로 된 회사등기부등본과 인감증명을 새로 발급받아 등기신청서에 첨부할 필요는 없다.

③ 가등기명의인은 단독으로 가등기의 말소를 신청할 수 있으며 가등기의무자 또는 가등기에 관한하여 등기상 이해관계 있는 자는 가등기명의인의 승낙을 받아 단독으로 가등기의 말소를 신청할 수 있다.

④ 수익자를 상대로 사해행위취소판결을 받은 채권자는 채무자를 대위하여 단독으로 판결에 의한 등기를 신청할 수 있다.

해설

① 친권자가 미성년자인 자 소유의 부동산을 제3자에게 증여하는 경우는 친권자와 미성년자의 이해가 상반되는 행위에 해당하지 아니하므로 미성년자의 대리는 법원에서 선임한 특별대리인이 아니라 친권자가 한다(예규 제1088호).

선지분석

② 소유권이전등기의 등기의무자인 회사의 대표이사 甲이 그 소유권이전등기신청을 법무사에게 위임한 후 그 등기신청 전에 대표이사가 乙로 변경된 경우에도 법무사의 등기신청에 관한 대리권한은 소멸하지 않는다고 보아야 할 것이므로, 그 등기신청서에 등기신청을 위임한 대표이사 甲이 위임 당시에 당해 회사의 대표이사임을 증명하는 회사등기부등본과 그의 인감증명을 첨부하였다면, 위임장을 당해 회사의 새로운 대표이사 乙명의로 다시 작성하거나 그 乙명의로 된 회사등기부등본과 인감증명을 새로 발급받아 등기신청서에 첨부할 필요는 없다(선례 제8-16호).

③ 가등기명의인은 단독으로 가등기의 말소를 신청할 수 있으며 가등기의무자 또는 가등기에 관한하여 등기상 이해관계 있는 자는 가등기명의인의 승낙을 받아 단독으로 가등기의 말소를 신청할 수 있다(법 제93조).

④ 수익자(갑)를 상대로 사해행위취소판결을 받은 채권자(을)는 채무자(병)를 대위하여 단독으로 등기를 신청할 수 있다. 이 경우 등기신청서의 등기권리자란에는 "병 대위신청인 을"과 같이 기재하고, 등기의무자란에는 "갑"을 기재한다(예규 제1692호).

답 ①

025 자격자대리인에 관한 다음 설명 중 가장 옳지 않은 것은?

① 법무사법인이 대리인인 경우에 등기신청서에 기재된 담당 법무사가 누구인지 관계없이 그 법무사법인 소속으로 허가 받은 사무원은 누구나 등기신청서의 제출·등기신청의 보정 및 등기필정보의 수령을 할 수 있다.

② 자기 소유의 부동산을 매도한 법무사가 매수인으로부터 그 소유권이전등기신청을 위임받았으나 등기필정보가 없는 경우에 등기의무자인 자기에 대한 확인서면을 스스로 작성할 수 없다.

③ 자격자대리인으로부터 등기신청서를 제출받은 접수담당자는 변호사신분증이나 법무사신분증 외에 자격확인증으로도 자격자대리인의 출석여부를 확인할 수 있다.

④ 법무사법인이 당사자로부터 등기신청을 위임받아 甲법무사가 그 업무에 관하여 지정을 받은 경우 A등기신청서에 담당 법무사로 기재되지 않은 乙법무사는 위 법무사법인 소속 법무사임을 소명하여 A등기신청서를 제출할 수 있다.

⑤ 등기신청절차에 관한 위임계약의 성질상 등기권리자와 등기의무자 쌍방으로부터 등기신청절차의 위임을 받은 법무사는 그 절차가 끝나기 전에 등기의무자 일방으로부터 등기신청을 중지해 달라는 요청을 받았다고 할지라도 그 요청을 거부해야 할 위임계약상의 의무가 있다.

(해설)

④ 법무사법인이 등기신청을 대리할 때에는 그 업무를 담당할 법무사를 지정하여야 하며, 이렇게 <u>지정받은 법무사만이 그 업무에 관하여 법인을 대표하게 되므로</u>(「법무사법」 제41조), 그 법인 소속 법무사라 하더라도 지정받은 법무사가 아닌 <u>다른 법무사는 해당 등기신청에 관한 행위(신청서 제출, 신청의 보정 및 등기필정보의 수령 등)를 할 수 없다.</u> 다만, 해당 등기신청 업무에 관하여 지정받은 법무사가 등기신청서를 제출한 후에 <u>등기신청서를 제출하지 아니한 그 법인 소속 다른 법무사가 등기필정보의 수령 업무만에 관하여 별도로 지정을 받았다면 그 법무사는 이를 소명하는 자료(지정서)를 제시하고 등기필정보를 수령할 수 있다</u>(선례 제202001-6호).

(선지분석)

① <u>법무사법인이 대리인인 경우에 등기신청서에 기재된 담당 법무사가 누구인지 관계없이 규칙 제58조 제1항에 따라 그 법무사법인 소속으로 허가 받은 사무원은 누구나 등기신청서의 제출·등기신청의 보정 및 등기필정보의 수령을 할 수 있다</u>(선례 제202001-6호).

② 법 제51조에 따라 변호사나 법무사가 확인서면을 작성하는 것은 준공증적 성격의 업무이므로 공증인의 제척에 관한 사항을 규정하고 있는 「공증인법」 제21조의 취지에 비추어 볼 때, 자기 소유의 부동산을 매도한 법무사가 매수인으로부터 그 소유권이전등기신청을 위임받았으나 등기필정보가 없는 경우에 등기의무자인 자기에 대한 확인서면을 스스로 작성할 수 없다(선례 제201112-4호).

③ 접수담당자는 주민등록증, 운전면허증, 여권이나 그 밖에 이에 준하는 신분증으로 당사자 본인이나 그 대리인이 출석하였는지를 확인한다. 다만, 등기과·소에 출석한 자가 변호사 또는 법무사인 경우에는 변호사신분증이나 법무사신분증 또는 자격확인증으로, 출입사무원인 경우에는 전자출입증으로 이를 확인한다(예규 제1718호).

⑤ 등기권리자, 등기의무자 쌍방으로부터 위임을 받은 등기신청절차에 관한 위임계약은 그 성질상 등기권리자의 동의 등 특별한 사정이 없는 한 「민법」 제689조 제1항의 규정에 관계없이 등기의무자 일방에 의한 해제는 할 수 없다고 보아야 할 것이므로(대판 85다카2239 참조), 등기권리자와 등기의무자 쌍방으로부터 등기신청절차의 위임을 받은 법무사는 그 절차가 끝나기 전에 등기의무자 일방으로부터 등기신청을 중지해 달라는 요청을 받았다고 할지라도 그 요청을 거부해야 할 위임계약상의 의무가 있다(선례 제201211-1호).

답 ④

026 법인의 등기신청에 관한 다음 설명 중 가장 옳지 않은 것은?   **17 주사보**

① 회사의 대표이사가 공동으로 대표권을 행사하도록 하는 공동대표에 관한 규정이 있는 경우에는 등기신청도 공동으로 하여야 한다.

② 등기의무자인 회사의 대표이사 甲이 등기신청을 법무사에게 위임한 후 등기신청 전에 대표이사 乙로 변경된 경우에는 법무사의 대리권한은 소멸한다.

③ 상사회사의 등기된 지배인은 그 영업에 관한 등기신청을 대리할 수 있다.

④ 법인이 등기신청을 하는 경우에는 대표자 등의 권한 증명 등을 위해 그 주민등록번호가 공시된 법인등기사항증명서를 첨부하여야 한다.

해설

② 소유권이전등기의 등기의무자인 회사의 대표이사 甲이 그 소유권이전등기신청을 법무사에게 위임한 후 그 등기신청 전에 대표이사가 乙로 변경된 경우에도 법무사의 등기신청에 관한 대리권한은 소멸하지 않는다고 보아야 할 것이므로, 그 등기신청서에 등기신청을 위임한 대표이사 甲이 위임당시에 당해 회사의 대표이사임을 증명하는 회사등기사항증명서와 그의 인감증명을 첨부하였다면, 위임장을 당해 회사의 새로운 대표이사 乙 명의로 다시 작성하거나 그 乙 명의로 된 회사등기사항증명서와 인감증명을 새로 발급받아 등기신청서에 첨부할 필요는 없다(선례 제5-125호).

선지분석

③ 상인은 지배인을 선임하여 본점 또는 지점에서 그 영업을 하게 할 수 있는데(「상법」 제10조), 지배인은 포괄적인 대리권이 있는 상인의 대리인으로서 그 영업에 관한 등기신청에 관하여도 당연히 대리할 수 있다.

④ 법인의 대표자 등의 권한의 증명, 등기필정보 부존재의 경우 및 인감증명의 제출 시 그 대표자 등의 확인 등을 위하여 법인의 임원 및 지배인의 주민등록번호가 공시된 법인등기사항증명서를 첨부하여야 한다(선례 제7-18호).

답 ②

027 법인의 등기신청에 관한 다음 설명 중 가장 옳지 않은 것은?

① 회사의 대표이사가 공동으로 대표권을 행사하도록 하는 공동대표에 관한 규정이 있는 경우에는 등기신청도 공동으로 하여야 한다.

② 법인이 등기를 신청하는 경우에는 대표자 등의 권한 증명을 위하여 그 주민등록번호가 공시된 법인등기사항증명서를 첨부하여야 한다.

③ 청산법인이 등기권리자인 경우로서 그 등기기록이 폐쇄된 경우에는 반드시 폐쇄된 청산법인의 등기기록을 부활하여 청산인임을 증명하는 정보로서 청산인 등기가 마쳐진 법인등기사항증명서를 제공하여야 한다.

④ 해산간주등기가 되어 있지만 아직 등기기록이 폐쇄되지 아니한 회사가 근저당권이전등기의 등기의무자가 되어 등기를 신청하는 경우, 그 회사의 해산 당시의 이사가 당연히 청산인이 되어 대표권을 행사할 수 있으므로 청산인선임등기를 별도로 할 필요는 없다.

해설

④ 「상법」 제520조의2 규정에 의하여 해산간주등기는 경료되었지만, 아직 등기기록이 폐쇄되지 아니한 회사가 근저당권이전등기의 등기의무자가 되어 등기를 신청하는 경우, 그 회사의 해산 당시의 이사가 당연히 청산인이 되어 대표권을 행사할 수는 없으므로 청산인 선임등기를 반드시 먼저 하여야 한다. 위 근저당권이전등기신청 시에는 청산인임을 증명하는 서면으로서 청산인 등기가 되어 있는 법인등기사항증명서를 등기신청서에 첨부하여야 하고, 인감증명이 필요한 경우에는 법인인감인 청산인의 인감을 첨부하여야 한다(선례 제201208-5호).

선지분석

① 회사의 대표이사가 공동으로 대표권을 행사하도록 하는 공동대표에 관한 규정이 있는 경우에는 등기신청도 공동으로 하여야 한다(「상법」 제317조 제2항, 제389조 제2항).

② 법인이 등기를 신청하는 경우에는 대표자 등의 권한 증명을 위하여 그 주민등록번호가 공시된 법인등기사항증명서를 첨부하여야 한다(선례 제7-18호).

③ 청산법인이 등기권리자인 경우로서 그 등기기록이 폐쇄된 경우에는 반드시 폐쇄된 청산법인의 등기기록을 부활하여 청산인임을 증명하는 정보로서 청산인 등기가 마쳐진 법인등기사항증명서를 제공하여야 한다(예규 제1087호).

핵심정리 청산법인의 등기신청과 관련된 첨부정보의 정리(예규 제1087호)

첨부 서면 / 폐쇄 여부		청산인임을 증명하는 서면(대표자 자격증명서면)	청산인 인감
×		법인등기사항증명서	법인인감
○	등기권리자인 경우	부활하여 청산인등기가 경료된 법인등기사항증명서	×
	등기의무자인 경우	청산인등기가 경료된 경우: 폐쇄된 법인등기사항증명서	개인인감
		청산인등기가 경료되지 않은 경우: 부활하여 청산인등기가 경료된 법인등기사항증명서	법인인감

답 ④

028 청산법인의 등기신청에 관한 다음 설명 중 가장 옳지 않은 것은? 19 주사보

① 해산간주등기는 되어 있지만 등기기록이 폐쇄되지 않은 회사가 근저당권이전등기의 등기의무자인 경우에는 청산인선임등기를 반드시 먼저 하여야 하고, 인감증명이 필요한 경우에는 법인인감인 청산인의 인감을 제출하여야 한다.

② 청산법인이 등기권리자로서 등기를 신청하는 경우에 이미 등기기록이 폐쇄되었다면 폐쇄된 청산법인의 등기기록을 부활하여 청산인 등기가 마쳐진 법인등기사항증명서를 제공하여야 한다.

③ 청산법인이 등기의무자로서 등기를 신청하는 경우에 폐쇄된 법인등기기록에 청산인 등기가 되어 있으면 등기신청시에 제출할 인감증명은 법인인감인 청산인의 인감을 제출하여야 한다.

④ 청산법인이 등기의무자로서 등기를 신청하는 경우에는 폐쇄된 법인등기기록에 청산인 등기가 되어 있지 아니한 경우에는 폐쇄된 법인등기기록을 부활하여 청산인 등기를 마친 등기사항증명서를 청산인임을 증명하는 정보로 제공하여야 한다.

해설

③ 청산법인의 등기기록이 폐쇄된 경우 청산법인이 등기의무자인 때에 폐쇄된 법인등기기록에 청산인 등기가 되어 있으면 등기신청 시에 제출할 인감증명은 「인감증명법」에 의한 청산인의 개인인감을 첨부하면 된다(예규 제1087호).

답 ③

029 법인의 등기신청에 관한 다음 설명 중 가장 옳지 않은 것은? 19 사무관

① 법인의 대표에 관하여는 대리에 관한 규정이 준용되므로 법인 대표자의 행위의 효과는 법인에게 귀속되며, 법인이 등기를 신청하는 경우에는 대표자 권한의 증명 등을 위해 그 주민등록번호가 공시된 법인등기사항증명서를 첨부하여야 한다.

② 법인등기사항증명서에 공동대표이사가 아닌 각자 대표이사로 등기되어 있는 경우에는 대표이사 甲이 금융기관과 작성한 근저당권설정계약서로 대표이사 乙이 법인명의의 근저당권설정등기를 신청할 수 있다.

③ 「상법」제520조의2 규정에 의하여 해산간주등기가 경료되었지만 아직 등기기록이 폐쇄되지 아니한 회사가 근저당권이전등기의 등기의무자가 되어 등기를 신청하는 경우, 그 회사의 해산 당시의 이사가 당연히 청산인이 되어 대표권을 행사할 수 있다.

④ 상인은 지배인을 선임하여 본점 또는 지점에서 영업을 하게 할 수 있는데, 지배인은 포괄적인 대리권이 있는 상인의 대리인으로서 그 영업에 관한 등기신청을 대리할 수 있다.

（해설）

③ 「상법」제520조의2 규정에 의하여 해산간주등기는 경료되었지만, 아직 등기기록이 폐쇄되지 아니한 회사가 근저당권이전등기의 등기의무자가 되어 등기를 신청하는 경우, 그 회사의 해산 당시의 이사가 당연히 청산인이 되어 대표권을 행사할 수는 없으므로 청산인 선임등기를 반드시 먼저 하여야 한다. 위 근저당권이전등기신청 시에는 청산인임을 증명하는 서면으로서 청산인 등기가 되어 있는 법인등기사항증명서를 등기신청서에 첨부하여야 하고, 인감증명이 필요한 경우에는 법인인감인 청산인의 인감을 첨부하여야 한다(선례 제201208-5호).

（선지분석）

② 법인등기사항증명서에 공동대표이사가 아닌 각자 대표이사로 등기되어 있는 경우에는 대표이사 甲이 금융기관과 작성한 근저당권설정계약서로 대표이사 乙이 법인명의의 근저당권설정등기를 신청할 수 있다(선례 제201112-3호).

④ 상인은 지배인을 선임하여 본점 또는 지점에서 영업을 하게 할 수 있는데, 지배인은 포괄적인 대리권이 있는 상인의 대리인으로서 그 영업에 관한 등기신청을 대리할 수 있다.

답 ③

030 법인 아닌 사단의 등기신청에 관한 다음 설명 중 가장 옳은 것은?   14 주사보

① 등기기록에 대표자로 등기되어 있는 자가 등기신청을 하는 경우에도 대표자임을 증명하는 정보를 첨부정보로서 제공하여야 한다.

② 특정종단에 소속되어 있는 전통사찰이 등기를 신청하는 경우에는 해당 전통사찰의 정관이나 규약뿐만 아니라 소속종단의 정관이나 규약도 첨부정보로서 제공하여야 한다.

③ 법인 아닌 사단이 등기의무자로서 매매를 원인으로 소유권이전등기를 신청하는 경우에는 정관이나 그 밖의 규약의 규정 내용과 관계없이 사원총회결의서를 반드시 첨부정보로서 제공하여야 한다.

④ 첨부정보로서 제공하는 정관이나 그 밖의 규약에는 2인 이상의 성년자가 사실과 상위 없다는 취지와 성명을 기재하고 인감을 날인하여야 하며, 날인한 인감에 관한 인감증명을 제출하여야 한다.

해설

② 전통사찰 등의 등기신청에 관한 등기사무처리지침(예규 제1484호)

정관이나 규약	소속종단이 있는 경우	해당 전통사찰의 정관이나 규약 + 소속종단의 정관이나 규약
	소속종단이 없는 경우	해당 전통사찰의 정관이나 규약
대표자자격 증명	소속종단이 있는 경우 / 정관이나 규약에 종단 대표자가 주지임면권한이 있다는 내용	• 있는 경우: 종단 대표자 명의의 주지재직증명정보 및 그 대표자 직인 인영정보 • 없는 경우: 소속종단의 정관이나 규약에 정한 방법에 의해 선임된 주지 재직증명정보
	소속종단이 없는 경우	해당 전통사찰의 정관이나 규약에서 정한 방법에 의해 선임된 주지 재직증명정보

선지분석

① 법인 아닌 사단이 등기를 신청하는 경우 대표자나 관리인임을 증명하는 정보를 제공하여야 한다. 다만 등기되어 있는 대표자나 관리인이 신청하는 경우에는 그것을 제공할 필요가 없다(규칙 제48조 제2호).

③ 법인 아닌 사단이 등기의무자로서 등기신청을 할 경우에는 「민법」 제276조 제1항의 규정에 의한 결의서를 등기신청서에 첨부하여야 한다(규칙 제48조 제3호, 예규 제1621호). 다만, 정관 기타의 규약으로 그 소유 부동산을 처분하는 데 있어서 위 결의를 필요로 하지 않는다고 정하고 있을 경우에는 그러하지 아니하다.

④ 대표자·관리인 자격증명서면과 사원총회결의서(등기의무자인 경우에 한해) 제출 시에는 그 사실을 확인하는데 상당하다고 인정되는 2인 이상의 성년자가 사실과 상위 없다는 취지와 성명을 기재하고 인감을 날인하여야 하며, 날인한 인감에 관한 인감증명을 제출하여야 한다(예규 제1621호).

답 ②

031 법인 아닌 사단이나 재단의 등기신청에 관한 다음 설명 중 가장 옳지 않은 것은? 16 서기보

① 법인 아닌 사단을 채무자로 등기하는 경우에는 등기기록에 대표자에 관한 사항을 기록할 필요가 없다.

② 등기기록에 대표자로 등기되어 있는 자가 등기신청을 하는 경우에는 대표자 또는 관리인임을 증명하는 서면을 제출할 필요가 없다.

③ 부동산등기용등록번호대장이나 그 밖의 단체등록증명서는 법인 아닌 사단이나 재단의 대표자임을 증명하는 서면에 해당하지 않는다.

④ 법인 아닌 사단이 총유물인 그 소유 부동산을 처분하기 위하여 등기의무자로 등기신청을 하는 경우에는 언제나 사원총회결의서를 첨부정보로 제공하여야 한다.

(해설)

④ 법인 아닌 사단이 등기의무자로서 「민법」 제276조 제1항의 결의가 있음을 증명하는 정보를 제공하여야 한다(규칙 제48조 제3호). 다만 「민법」 제276조 제1항(총유물의 관리 및 처분은 사원총회의 결의에 의함)은 임의규정이므로 정관 기타 규약이 다르게 정하고 있는 경우에는 사원총회결의서를 첨부하지 않아도 된다(예규 제1621호).

(선지분석)

① 법인 아닌 사단이나 재단이 근저당권설정등기신청서에 채무자로 기재되어 있는 경우 등기기록에 그 사단 또는 재단의 부동산등기용등록번호나 대표자에 관한 사항은 기록할 필요가 없다(예규 제1621호).

② 법인 아닌 사단이 등기를 신청하는 경우 대표자나 관리인임을 증명하는 정보를 제공하여야 한다. 다만, 등기되어 있는 대표자나 관리인이 신청하는 경우에는 그것을 제공할 필요가 없다(규칙 제48조 제2호 단서).

③ 대표자 또는 관리인을 증명하는 서면은 정관 기타의 규약에서 정한 방법에 의하여 대표자 또는 관리인으로 선임되었음을 증명하는 서면을 제출하나, 부동산등기용등록번호대장이나 기타단체등록증명서는 위 대표자 또는 관리인을 증명하는 서면으로 제출할 수 없다(예규 제1621호).

답 ④

032 법인 아닌 사단이나 재단의 등기신청에 관한 다음 설명 중 가장 옳지 않은 것은? **20 서기보**

① 대표자에 관한 사항이 등기사항으로 추가된 「부동산등기법(1991. 12. 14.)」이 시행되기 전인 1992. 2. 1. 전에 甲 종중이 부동산의 소유권을 취득하여 현재까지 甲 종중의 소유명의로 등기되어 있는 경우에는 그 대표자를 추가하기 위한 등기명의인 표시변경등기는 허용되지 않는다.

② 대표자로 등기되어 있는 자가 등기신청을 할 때에는 대표자임을 증명하는 정보를 등기소에 제공할 필요가 없다.

③ 법인 아닌 사단이나 재단은 전자신청을 할 수 없다.

④ 법인 아닌 사단이 등기의무자로서 등기신청을 할 경우에는 정관 기타 규약에서 달리 규정하지 않은 경우에는 사원총회결의서를 첨부정보로 제공하여야 한다.

해설

① 대표자에 관한 사항이 등기사항으로 추가된 「부동산등기법(1991. 12. 14.)」이 시행되기 전인 1992. 2. 1. 전에 甲 종중이 부동산의 소유권을 취득하여 현재까지 甲 종중의 소유명의로 등기되어 있는 경우에는 그 대표자를 추가하기 위한 등기명의인 표시변경등기는 예규 제1621호에 의해 신청할 수 있다.

선지분석

② 대표자로 등기되어 있는 자가 등기신청을 할 때에는 대표자임을 증명하는 정보를 등기소에 제공할 필요가 없다(규칙 제48조 제2호).

③ 법인 아닌 사단이나 재단은 전자신청을 할 수 없다(규칙 제67조 제1항).

④ 법인 아닌 사단이 등기의무자로서 등기신청을 할 경우에는 정관 기타 규약에서 달리 규정하지 않은 경우에는 사원총회결의서를 첨부정보로 제공하여야 한다(규칙 제48조 제3호).

답 ①

033 법인 아닌 사단·재단의 등기신청에 관한 다음 설명 중 가장 옳지 않은 것은?

① 「부동산등기법」은 법인 아닌 사단이나 재단을 등기권리자 또는 등기의무자로 함으로써 법인 아닌 사단이나 재단에 대하여 등기당사자능력을 인정하고 있다.

② 법인 아닌 사단의 대표자 또는 관리인을 증명하는 서면으로는, 정관 기타의 규약에서 정한 방법에 의하여 대표자 또는 관리인으로 선임되었음을 증명하는 서면을 제출하여야 하는데, 부동산등기용등록번호대장이나 기타단체등록증명서도 위 대표자 또는 관리인을 증명하는 서면으로 제출할 수 있다.

③ 대표자 증명서면 또는 사원총회결의서에는 그 사실을 확인하는 데 상당하다고 인정되는 2인 이상의 성년자가 사실과 상위 없다는 취지와 성명을 기재하고 인감을 날인하여야 하며, 날인한 인감에 관한 인감증명을 제출하여야 한다

④ 법인 아닌 사단이 등기권리자인 경우에는 부동산등기용등록번호를 증명하는 서면을 첨부하여야 한다.

(해설)

② 법인 아닌 사단의 대표자 또는 관리인을 증명하는 서면으로는, 정관 기타의 규약에서 정한 방법에 의하여 대표자 또는 관리인으로 선임되었음을 증명하는 서면을 제출하여야 하는데, 부동산등기용등록번호대장이나 기타단체등록증명서도 위 대표자 또는 관리인을 증명하는 서면에 해당하지 않는다(예규 제1621호).

(선지분석)

① 법인 아닌 사단이나 재단을 등기권리자 또는 등기의무자로 함으로써 법인 아닌 사단이나 재단에 대하여 등기당사자능력을 인정하고 있다(법 제26조).

③ 대표자 증명서면 또는 사원총회결의서에는 그 사실을 확인하는 데 상당하다고 인정되는 2인 이상의 성년자가 사실과 상위 없다는 취지와 성명을 기재하고 인감을 날인하여야 하며, 날인한 인감에 관한 인감증명을 제출하여야 한다(예규 제1621호).

④ 법인 아닌 사단이 등기권리자인 경우에는 부동산등기용등록번호를 증명하는 서면을 첨부하여야 한다(예규 제1621호).

답 ②

034 법인 아닌 사단·재단의 등기에 관한 다음 설명 중 가장 옳지 않은 것은? 22 서기보

① 법인 아닌 사단이 소유권보존등기를 신청하는 경우에는 총유물의 관리 처분에 해당하지 아니하므로 사원총회결의서를 첨부정보로 제공할 필요가 없다.

② 법인 아닌 사단이나 재단이 근저당권설정등기신청서에 채무자로 기재되어 있는 경우, 등기부에 그 사단 또는 재단의 부동산등기용등록번호나 대표자에 관한 사항은 기록할 필요가 없다.

③ 법인 아닌 사단이 등기신청을 하기 위해서는 정관이나 그 밖의 규약을 첨부정보로 제공하여야 하며, 정관 기타의 규약에는 단체의 목적, 명칭, 사무소의 소재지, 자산에 관한 규정, 대표자 또는 관리인의 임면에 관한 규정, 사원자격의 득실에 관한 규정이 기재되어야 한다.

④ 변호사나 법무사가 등기신청을 대리하는 경우에는 대표자 또는 관리인을 증명하는 서면과 사원총회결의서에 2인 이상의 성년자에 갈음하여 변호사 또는 법무사가 사실과 상위 없다는 취지를 기재하고 기명날인할 수 있고 이때에는 변호사나 법무사의 인감증명을 첨부정보로 제공하여야 한다.

(해설)

④ 대표자 또는 관리인을 증명하는 서면과 사원총회결의서에 그 사실을 확인하는 데 상당하다고 인정되는 2인 이상의 성년자가 사실과 상위 없다는 취지와 성명을 기재하고 인감을 날인하여야 하며, 날인한 인감에 관한 인감증명을 제출하여야 한다. 다만, 변호사 또는 법무사가 등기신청을 대리하는 경우에는 변호사 또는 법무사가 위 각 서면에 사실과 상위 없다는 취지를 기재하고 기명날인함으로써 이에 갈음할 수 있다(예규 제1621호). 따라서 변호사나 법무사가 등기신청을 대리하는 경우에는 변호사나 법무사의 인감증명을 첨부정보로 제공할 필요가 없다.

(선지분석)

① 법인 아닌 사단이 등기의무자로서 등기신청을 할 경우에는 「민법」제276조 제1항의 규정에 의한 결의서를 등기신청서에 첨부하여야 한다(규칙 제48조 제3호). 다만, 정관 기타의 규약으로 그 소유 부동산을 처분하는 데 있어서 위 결의를 필요로 하지 않는다고 정하고 있을 경우에는 그러하지 아니하다(예규 제1621호). 법인 아닌 사단이 소유권보존등기를 신청하는 경우에는 총유물의 관리 처분에 해당하지 아니하므로 사원총회결의서를 첨부정보로 제공할 필요가 없다.

② 법인 아닌 사단이나 재단이 근저당권설정등기신청서에 채무자로 기재되어 있는 경우, 등기부에 그 사단 또는 재단의 부동산등기용등록번호나 대표자에 관한 사항은 기록할 필요가 없다(예규 제1621호).

③ 법인 아닌 사단이 등기신청을 하기 위해서는 정관이나 그 밖의 규약을 첨부정보로 제공하여야 하며, 정관 기타의 규약에는 단체의 목적, 명칭, 사무소의 소재지, 자산에 관한 규정, 대표자 또는 관리인의 임면에 관한 규정, 사원자격의 득실에 관한 규정이 기재되어야 한다(예규 제1621호).

답 ④

035 재외국민의 등기신청과 관련된 다음 설명 중 가장 옳지 않은 것은? 　　15 주사보 변형

① 재외국민은 대한민국의 국민으로서 외국의 영주권을 취득한 자 또는 영주할 목적으로 외국에 거주하고 있는 자를 뜻한다.

② 재외국민이 귀국하지 않고 국내 부동산을 처분할 경우 처분위임장에 찍힌 인영이 본인의 것임을 증명하기 위하여 인감증명(우리나라 또는 체류국 관공서가 발행한 인감증명)을 제출하여야 한다.

③ 재외국민이 귀국하지 않고 국내 부동산을 처분할 경우에는 주소를 증명하는 서면으로서 외국주재 한국 대사관 또는 영사관에서 발행하는 재외국민등록부등본을 첨부해야 한다. 다만 주재국에 본국 대사관 등이 없어 그와 같은 증명을 발급 받을 수 없을 때에는 주소를 공증한 서면으로 갈음할 수 있다.

④ 재외국민의 상속재산의 협의분할 시 인감증명은 상속재산협의분할서상의 서명 또는 날인이 본인의 것임을 증명하는 재외공관의 확인서 또는 이에 관한 공정증서로 대신할 수 있다.

(해설)

② 재외국민은 처분위임장 등에 인감을 날인한 경우에는 우리나라의 인감증명을 제출하여야 하나, 서명을 한 경우에는 재외공관의 인증을 받아서 제출하면 된다(예규 제1686호, 규칙 제60조 제2항). 재외공관의 인증을 받을 경우에는 인감증명서를 제출할 필요가 없다.

(선지분석)

① 대한민국의 국민으로서 외국의 영주권을 취득한 자 또는 영주할 목적으로 외국에 거주하고 있는 자를 뜻한다(예규 제1686호).

④ 재외국민의 상속재산의 협의분할 시 인감증명은 상속재산 협의분할서상의 서명 또는 날인의 본인의 것임을 증명하는 재외공관의 확인서 또는 이에 관한 공정증서로 대신할 수 있다(선례 제7-87호).

답 ②

036 외국인 및 재외국민의 등기신청에 관한 다음 설명 중 가장 옳지 않은 것은? **16 서기보**

① 외국인이 제출하는 주소를 공증한 서면은 본국 공증인의 공증을 받아야 하며, 국내 공증인의 공증으로 이를 대신할 수 없다.

② 외국인이 부동산을 취득하고 이를 원인으로 소유권이전등기를 신청할 때에는 부동산등기용등록번호를 부여받아야 하는바, 국내거소신고를 한 외국국적동포의 경우에는 국내거소신고번호로 이를 갈음할 수 있다.

③ 재외국민이 종전에 주민등록번호를 부여받은 적이 있더라도 해외이주 등으로 주민등록이 말소된 경우에는 그 주민등록번호를 사용할 수 없으므로, 등기권리자로서 등기를 신청할 때에는 새로 부동산등기용등록번호를 부여받아야 한다.

④ 재외국민이 국내에 입국하여 「주민등록법」에 따라 주민등록신고를 한 경우에는 주소를 증명하는 서면으로 주민등록표등·초본을 제출할 수 있다.

(해설)

③ 재외국민이 등기권리자(취득, 상속 등)로서 신청하는 때에 주민등록번호가 없는 경우에는 대법원 소재지 관할 등기소(현재 서울중앙지방법원 등기국)에서 부동산등기용등록번호를 부여받아야 한다. 그러나 주민등록번호를 부여받은 적이 있는 경우(「주민등록법」 제10조의2 제1항에 따른 재외국민신고를 하여 주민등록번호를 부여받은 경우 포함)에는 주민등록번호를 제공하면 된다(예규 제1686호).

(선지분석)

① 등기를 신청할 때 주소를 증명하는 서면을 제출하여야 하는 외국인이 본국에 주소증명서 또는 거주사실증명서를 발급하는 기관이 없는 경우 제출하는 주소를 공증한 서면에는 본국 공증인의 공증을 받아야 하고, 재외국민이 주재국에 우리나라 대사관 또는 영사관이 없어 재외국민 거주사실증명 또는 재외국민등록부등본을 발급받을 수 없는 경우 제출하는 주소를 공증한 서면에는 주재국 공증인의 공증을 받아야 하며, 국내 공증인의 공증으로 이를 대신할 수 없다(선례 제201012-2호).

② 국내거소신고를 한 외국국적동포라도 국내거소신고번호로 이를 갈음할 수 있다(예규 제1686호).

④ 주소를 증명하는 서면은 주민등록등·초본(「주민등록법」에 따라 주민등록 신고를 한 경우)으로도 가능하다(예규 제1686호).

답 ③

037 외국인(외국정부) 및 재외국민의 등기신청에 관한 다음 설명 중 가장 옳지 않은 것은? 16 주사보

① 재일동포인 재외국민이 부동산등기를 신청할 경우 일본국 관공서가 발행한 인감증명을 제출하여야 한다.

② 재외국민이 등기권리자로서 등기를 신청하는 경우 우리나라에서 주민등록번호를 부여받은 적이 있으면 종전의 주민등록번호를 사용하여 등기를 하여야 한다.

③ 외국국적동포가 국내의 부동산을 취득하려는 경우 국내거소신고를 하여 국내거소신고번호가 있다면 이를 부동산등기용등록번호로 갈음할 수 있다.

④ 재외국민이 상속인으로서 상속재산의 협의분할에 참여할 경우에는 인감증명 대신 상속재산협의분할서상의 서명 또는 날인이 본인의 것임을 증명하는 재외공관의 확인서 또는 이에 관한 공정증서를 제출할 수도 있다.

(해설)

① 재외국민이 부동산등기신청 시 인감증명을 제출할 경우에는 「인감증명법」에 의한 우리나라의 인감증명을 제출하여야 하며, 재일동포인 재외국민이 부동산등기를 신청할 경우라도 일본국 관공서가 발행한 인감증명을 제출할 수 없다(선례 제7-87호).

답 ①

038 외국인의 등기신청에 관한 다음 설명 중 옳은 것은?

① 외국인은 주소를 증명하는 서면으로 운전면허증의 사본에 원본과 동일하다는 뜻을 기재하고 그에 대하여 본국 관공서의 증명이나 공증인의 공증을 받아 제출할 수 있는바, 이 경우 외국주재 한국대사관이나 영사관의 확인을 받아 제출할 수 없다.

② 국내에 입국한 외국인이 주소를 증명하는 서면으로서 제출하는 주소를 공증하는 서면에는 국내 공증인의 공증을 받을 수 있다.

③ 처분위임장은 외국인의 본국 공증인의 공증뿐만 아니라 국내 공증인의 공증도 받을 수 있다.

④ 외국인이 부동산을 취득하고 등기권리자로서 소유권이전등기를 신청할 때에는 부동산등기용등록번호를 부여받아야 하는바, 국내거소신고를 한 외국국적동포라도 국내거소신고번호로 이를 갈음할 수 없다.

선지분석

① 외국인은 주소증명서면을 대신할 수 있는 신분증을 본국 관공서에서 발급하고 있는 경우, 다음 각 목의 어느 하나에 해당하는 방법으로 제출할 수 있다(예규 제1686호). 본 지문에서는 외국 주재 한국대사관이나 영사관의 확인이라고 하였는데, 확인이 아닌 공증이나 인증을 받아야 한다.

> **등기예규** 재외국민 및 외국인의 부동산등기신청절차에 관한 예규(예규 제1686호)
>
> 제13조【외국인의 주소증명정보】4. 본국에 주소증명제도가 없는 외국인(예 미국, 영국)은 본국 공증인이 주소를 공증한 서면. 다만, 다음 각 목의 어느 하나에 해당하는 방법으로써 이를 갈음할 수 있다.
> 가. 주소가 기재되어 있는 신분증의 원본과 원본과 동일하다는 뜻을 기재한 사본을 함께 등기소에 제출하여 사본이 원본과 동일함을 확인받고 원본을 환부 받는 방법. 이 경우 등기관은 사본에 원본 환부의 뜻을 적고 기명날인하여야 한다.
> 나. 주소가 기재되어 있는 신분증의 사본에 원본과 동일함을 확인하였다는 본국 또는 대한민국 공증이나 본국 관공서의 증명을 받고 이를 제출하는 방법
> 다. 본국의 공공기관 등에서 발행한 증명서 기타 신뢰할 만한 자료를 제출하는 방법(예 주한미군에서 발행한 거주사실 증명서, 러시아의 주택협동조합에서 발행한 주소증명서)

② 등기를 신청할 때 제출하는 외국인의 주소를 증명하는 서면은 그 발급기관이 없는 경우에는 주소공증서면을 제출하는데, 본국 공증인의 공증을 받아야지 국내 공증인의 공증으로 이를 대신할 수 없다(선례 제201012-2호, 예규 제1686호).

④ 국내거소신고를 한 외국국적동포라도 국내거소신고번호로 이를 갈음할 수 있다(예규 제1686호).

답 ③

039 국내 부동산의 처분에 따른 외국인의 등기신청에 제공하여야 할 첨부정보에 관한 다음 설명 중 가장 옳지 않은 것은?

17 주사보

① 입국하지 않은 경우에 인감증명의 날인제도가 없는 외국인은 위임장에 한 서명에 관하여 본인이 직접 작성하였다는 본국 관공서의 증명이나 이에 관한 공증을 제출하여야 한다.

② 입국하지 않은 경우 본국에 주소증명서 또는 거주사실증명서를 발급하는 기관이 없는 경우에는 주소를 공증한 서면을 첨부하여야 한다.

③ 「출입국관리법」에 의한 외국인 등록을 한 자는 신청서 또는 위임장에 한 서명이 본인의 것임을 증명하는 주한 본국 대사관이나 영사관의 확인서면을 제출할 수는 있으나, 「인감증명법」에 의한 인감증명으로 대신할 수는 없다.

④ 국내거소신고를 한 외국국적동포의 경우에는 주소증명으로 국내거소신고사실증명을 제출할 수 있다.

해설

③ 외국인의 인감증명은 아래와 같다(예규 제1686호).

> **⒢ 등기예규** 재외국민 및 외국인의 부동산등기신청절차에 관한 예규(예규 제1686호)
>
> 제12조【외국인의 인감증명 제출】① 인감증명을 제출하여야 하는 자가 외국인인 경우에는 「출입국관리법」에 따라 외국인등록을 하거나 「재외동포의 출입국과 법적 지위에 관한 법률」에 따라 국내거소신고를 하여 「인감증명법」에 따라 신고한 인감증명을 제출하거나 본국의 관공서가 발행한 인감증명(예 일본, 대만)을 제출하여야 한다.
> ② 외국인등록이나 국내거소신고를 하지 않아 「인감증명법」에 따른 인감증명을 발급받을 수 없고 또한 본국에 인감증명제도가 없는 외국인은 인감을 날인해야 하는 서면이 본인의 의사에 따라 작성되었음을 확인하는 뜻의 본국 관공서의 증명이나 본국 또는 대한민국 공증인의 인증(대한민국 재외공관의 인증을 포함한다)을 받음으로써 인감증명의 제출을 갈음할 수 있다. 이 경우 제9조 제3항을 준용한다.

답 ③

040 재외국민의 등기신청에 관한 다음 설명 중 가장 옳지 않은 것은?

① 처분위임장에 찍힌 위임인의 인영을 증명하기 위한 인감증명은 반드시 「인감증명법」에 의한 우리나라 인감증명을 제출하여야 한다.

② 재외국민이 「주민등록법」에 따른 재외국민신고(현행법상 주민등록신고)를 한 경우에는 주민등록표등·초본을 주소를 증명하는 서면으로 제출할 수 있다.

③ 재외국민이 종전에 주민등록번호를 부여받은 경우에는 종전 주민등록번호를 사용할 수 있으나, 해외이주 등으로 주민등록이 말소된 경우에는 새로이 부동산등기용등록번호를 부여받아야 한다.

④ 재외국민이 상속인으로서 상속재산협의분할에 참여할 경우에는 인감증명 대신 상속재산 분할협의서상의 서명 또는 날인이 본인의 것임을 증명하는 재외공관의 확인서 또는 이에 관한 공정증서를 제출할 수도 있다.

（해설）

③ 재외국민이 종전에 주민등록번호를 부여받은 경우에는 새로이 부동산등기용등록번호를 부여받지 않고 종전의 주민등록번호를 사용하여 등기를 하여야 한다. 해외이주 등으로 주민등록이 말소된 경우에도 그 주민등록번호 자체는 유효하므로 말소된 주민등록표등본을 첨부하면 될 것이다.

（선지분석）

① 처분위임장에 찍힌 위임인의 인영을 증명하기 위한 인감증명은 반드시 「인감증명법」에 의한 우리나라 인감증명을 제출하여야 한다(예규 제1665호).

② 재외국민이 「주민등록법」에 따른 주민등록 신고를 한 경우에는 주민등록표등·초본을 주소를 증명하는 서면으로 제출할 수 있다(예규 제1665호).

④ 재외국민의 상속재산의 협의분할시 인감증명은 상속재산 협의분할서상의 서명 또는 날인의 본인의 것임을 증명하는 재외공관의 확인서 또는 이에 관한 공정증서로 대신할 수 있다(선례 제7-87호).

답 ③

041 외국인의 등기신청과 관련된 다음 설명 중 가장 옳지 않은 것은?

① 외국인이 입국하지 않고 국내 부동산을 처분하는 경우의 처분위임장의 양식은 특별히 규정된 바 없으나 처분 대상의 부동산과 수임인이 구체적으로 특정되도록 기재하여야 한다.

② 인감증명을 제출하여야 하는 자가 외국인인 경우 그 본국에 인감증명제도가 없고 또한 「인감증명법」에 따른 인감증명을 받을 수 없는 자는 신청서나 위임장 또는 첨부서면에 한 서명에 관하여 본인이 직접 작성하였다는 뜻의 본국 관공서의 증명이나 이에 관한 공정증서를 제출하여야 한다.

③ 외국인의 부동산등기용등록번호는 체류지(국내에 체류지가 없는 경우에는 대법원 소재지에 체류지가 있는 것으로 본다)를 관할하는 지방자치단체의 장이 부여한다.

④ 신청서에 첨부된 서류가 외국어로 되어 있으면 모두 번역문을 첨부하여야 한다.

해설

③ 외국인의 부동산등기용등록번호는 체류지(국내에 체류지가 없는 경우에는 대법원 소재지에 체류지가 있는 것으로 봄)를 관할하는 지방출입국·외국인관서의 장이 부여한다(법 제49조).

> **cf** 주민등록번호가 없는 재외국민의 등록번호는 대법원 소재지 관할 등기소의 등기관이 부여한다(법 제49조).

선지분석

① 외국인이 입국하지 않고 국내 부동산을 처분하는 경우의 처분위임장의 양식은 특별히 규정된 바 없으나 처분 대상의 부동산과 수임인이 구체적으로 특정되도록 기재하여야 한다(예규 제1686호).

② 규칙 제60조에 따라 인감증명을 제출하여야 하는 자가 외국인인 경우에는 「인감증명법」에 따른 인감증명 또는 본국의 관공서가 발행한 인감증명을 제출하여야 한다. 다만, 본국에 인감증명제도가 없고 또한 「인감증명법」에 따른 인감증명을 받을 수 없는 자는 신청서나 위임장 또는 첨부서면에 본인이 서명 또는 날인하였다는 뜻의 본국 관공서의 증명이나 본국 또는 대한민국 공증인의 인증(「재외공관 공증법」에 따른 인증을 포함함)을 받음으로써 인감증명의 제출을 갈음할 수 있다(규칙 제61조 제4항 단서).

④ 신청서에 첨부된 서류가 외국어로 되어 있으면 모두 번역문을 첨부하여야 한다(규칙 제46조 제8항).

답 ③

042 재외국민의 등기신청에 관한 다음 설명 중 가장 옳지 않은 것은?

① 재외국민이 등기의무자로서 방문신청의 방법으로 소유권이전등기를 신청하는 경우, 위임장에 본인이 서명 또는 날인하였다는 뜻의 「재외공관공증법」에 따른 인증을 받음으로써 인감증명의 제출을 갈음할 수 있다.

② 재외국민이 주민등록번호를 부여받은 적이 있는 경우에는 비록 주민등록사항이 말소된 경우라도 그 주민등록번호를 사용할 수 있다.

③ 재외국민이 「주민등록법」에 따라 주민등록 신고를 한 경우에는 주민등록표등본·초본을 주소를 증명하는 정보로 제공할 수 있다.

④ 재외국민이 상속재산분할협의서에 인감을 날인하고 인감증명을 제공하는 대신 대한민국 재외공관의 공증을 받았다면 재외국민임을 증명하는 정보로서 재외국민등록부등본을 등기소에 제공하여야 한다.

해설

④ 재외국민이 상속재산분할협의서에 인감을 날인하고 인감증명을 제공하는 대신 대한민국 재외공관의 공증을 받았더라도 재외국민임을 증명하는 정보로서 재외국민등록부등본을 등기소에 제공할 필요가 없다. 왜냐하면 재외국민이 서면에 인감을 날인하고 인감증명을 제공하는 대신 대한민국 재외공관의 공증을 받았다면 규칙 제60조 제1항 제1호부터 제3호까지에 해당하는 등기신청을 하는 경우에는 등기의무자가 재외국민임을 증명하는 정보로서 재외국민등록부등본을 등기소에 제공하여야 한다(예규 제1686호). 상속재산분할협의서는 규칙 제60조 제1항 제6호에 해당한다.

선지분석

① 재외국민이 등기의무자로서 방문신청의 방법으로 소유권이전등기를 신청하는 경우, 위임장에 본인이 서명 또는 날인하였다는 뜻의 「재외공관공증법」에 따른 인증을 받음으로써 인감증명의 제출을 갈음할 수 있다(예규 제1686호).

② 재외국민이 주민등록번호를 부여받은 적이 있는 경우에는 비록 주민등록사항이 말소된 경우라도 그 주민등록번호를 사용할 수 있다(예규 제1686호).

③ 재외국민이 「주민등록법」에 따라 주민등록 신고를 한 경우에는 주민등록표등본·초본을 주소를 증명하는 정보로 제공할 수 있다(예규 제1686호).

답 ④

043 재외국민 또는 외국인의 등기신청에 관한 다음 설명 중 가장 옳지 않은 것은?　

① 첨부정보가 외국 공문서이거나 외국 공증인이 공증한 문서인 경우에는 공증담당영사로부터 문서의 확인을 받거나 외국공문서에 대한 인증의 요구를 폐지하는 협약에서 정하는 바에 따른 아포스티유(Apostille)를 붙여야 한다.

② 재외국민이 부동산의 처분권한을 대리인에게 위임하는 처분위임장에 인감을 날인하는 경우 「인감증명법」에 의한 인감증명을 제출하거나, 그 위임장에 본인이 서명 또는 날인하였다는 뜻의 「재외공관공증법」에 따른 인증을 받음으로써 인감증명의 제출을 갈음할 수 있다.

③ 재외국민의 주소증명정보로 재외국민등록부등본, 주민등록표등·초본 및 체류국 관공서의 주소증명정보 등에 의한 주소증명이 불가능한 경우에는 체류국 공증인의 주소공증서면을 제공할 수 있다.

④ 처분권한을 수여받은 대리인이 재외국민을 대리하여 등기를 신청할 때에는 등기신청서 또는 등기신청위임장에 대리인의 인감을 날인하고 그 인감증명을 제출하여야 하며, 이때 등기원인이 매매일 경우 대리인의 인감증명은 매도용으로 발급받아 제출하여야 한다.

해설

④ 처분권한을 수여받은 대리인이 재외국민을 대리하여 등기를 신청할 때에는 등기신청서 또는 등기신청위임장에 대리인의 인감을 날인하고 그 인감증명을 제출하여야 하다. 다만, 매매를 원인으로 하는 소유권이전등기를 신청하는 경우에 대리인의 인감증명은 매도용으로 발급받아 제출할 필요가 없다(예규 제1686호).

선지분석

① 첨부정보가 외국 공문서이거나 외국 공증인이 공증한 문서인 경우에는 공증담당영사로부터 문서의 확인을 받거나 외국공문서에 대한 인증의 요구를 폐지하는 협약에서 정하는 바에 따른 아포스티유(Apostille)를 붙여야 한다(규칙 제46조 제9항).

② 재외국민이 부동산의 처분권한을 대리인에게 위임하는 처분위임장에 인감을 날인하는 경우 「인감증명법」에 의한 인감증명을 제출하거나, 그 위임장에 본인이 서명 또는 날인하였다는 뜻의 「재외공관공증법」에 따른 인증을 받음으로써 인감증명의 제출을 갈음할 수 있다(예규 제1686호, 규칙 제61조 제3항).

③ 재외국민의 주소증명정보로 재외국민등록부등본, 주민등록표등·초본 및 체류국 관공서의 주소증명정보 등에 의한 주소증명이 불가능한 경우에는 체류국 공증인의 주소공증서면을 제공할 수 있다(예규 제1686호).

답 ④

044 외국인의 등기신청에 관한 다음 설명 중 가장 옳지 않은 것은?

① 부동산의 소유자인 외국인으로부터 처분권한을 수여받은 대리인이 매매를 원인으로 하는 소유권이전등기신청을 자격자대리인에게 위임할 때에는 등기신청위임장에 대리인의 인감을 날인하고 대리인의 매도용 인감증명을 제출하여야 한다.

② 인감증명을 제출하여야 하는 일본 국적의 甲이 「출입국관리법」에 따라 외국인등록을 한 경우에는 「인감증명법」에 따라 신고한 인감증명을 제출하거나 일본국의 관공서가 발행한 인감증명을 제출하여야 한다.

③ 「출입국관리법」에 따른 외국인등록 또는 「재외동포의 출입국과 법적 지위에 관한 법률」에 따른 국내거소신고를 한 외국인은 직접 전자신청을 할 수 있다.

④ 외국인이 등기의무자로서 매매를 원인으로 소유권이전등기를 신청할 때에는 세무서장으로부터 발급받은 '부동산양도신고확인서'를 첨부정보로서 제공하여야 한다.

해설

① 부동산의 소유자인 외국인으로부터 처분권한을 수여받은 대리인이 매매를 원인으로 하는 소유권이전등기신청을 자격자대리인에게 위임할 때에는 등기신청위임장에 대리인의 인감을 날인하되, 대리인의 인감증명은 매도용일 필요는 없다.

선지분석

② 인감증명을 제출하여야 하는 일본 국적의 甲이 「출입국관리법」에 따라 외국인등록을 한 경우에는 「인감증명법」에 따라 신고한 인감증명을 제출하거나 일본국의 관공서가 발행한 인감증명을 제출하여야 한다(규칙 제61조 제4항).

③ 「출입국관리법」에 따른 외국인등록 또는 「재외동포의 출입국과 법적 지위에 관한 법률」에 따른 국내거소신고를 한 외국인은 직접 전자신청을 할 수 있다(규칙 제67조 제1항).

④ 외국인이 등기의무자로서 매매를 원인으로 소유권이전등기를 신청할 때에는 세무서장으로부터 발급받은 '부동산양도신고확인서'를 첨부정보로서 제공하여야 한다(예규 제1686호).

답 ①

045 재외국민 및 외국인의 등기신청에 관한 다음 설명 중 가장 옳지 않은 것은?

① 재외국민이 등기권리자로서 신청하는 때에 종전에 주민등록번호를 부여받은 경우에는 새로이 부동산등기용등록번호를 부여받지 않고 종전 주민등록번호를 사용하여 등기한다.

② 본국에 주소증명제도가 없는 외국인은 주소가 기재되어 있는 신분증 사본에 원본과 동일함을 확인하였다는 본국 또는 대한민국 공증인의 공증이나 본국 관공서의 증명을 받고 이를 주소증명정보에 갈음하여 제출할 수 있다.

③ 외국인등록이나 국내거소신고를 하지 않아 「인감증명법」에 따른 인감증명을 발급받을 수 없고 또한 본국에 인감증명제도가 없는 외국인은 인감을 날인해야 하는 서면이 본인의 의사에 따라 작성되었음을 확인하는 뜻의 본국 관공서의 증명이나 본국 공증인의 인증을 받음으로써 인감증명의 제출을 갈음할 수 있으나 대한민국 공증인의 인증으로 갈음할 수는 없다.

④ 내국인으로서 등기명의인이 되었던 자가 외국국적을 취득한 후 등기의무자로서 등기를 신청하는 경우에 국내거소신고나 외국인등록을 하지 않아 국내거소신고번호나 외국인등록번호를 부여받은 바가 없다면 등록번호를 변경하는 등기명의인표시변경등기를 선행하여 신청할 필요가 없다.

해설

③ 외국인등록이나 국내거소신고를 하지 않아 「인감증명법」에 따른 인감증명을 발급받을 수 없고 또한 본국에 인감증명제도가 없는 외국인은 인감을 날인해야 하는 서면이 본인의 의사에 따라 작성되었음을 확인하는 뜻의 본국 관공서의 증명이나 본국 또는 대한민국 공증인의 인증(대한민국 재외공관의 인증을 포함한다, 이하 같다)을 받음으로써 인감증명의 제출을 갈음할 수 있다(예규 제1686호).

선지분석

① 재외국민이 등기권리자로서 신청하는 때에 종전에 주민등록번호를 부여받은 경우에는 새로이 부동산등기용등록번호를 부여받지 않고 종전 주민등록번호를 사용하여 등기한다(예규 제1686호).

② 본국에 주소증명제도가 없는 외국인은 주소가 기재되어 있는 신분증 사본에 원본과 동일함을 확인하였다는 본국 또는 대한민국 공증인의 공증이나 본국 관공서의 증명을 받고 이를 주소증명정보에 갈음하여 제출할 수 있다(예규 제1686호).

④ 내국인으로서 등기명의인이 되었던 자가 외국국적을 취득한 후 등기의무자로서 등기를 신청하는 경우에 국내거소신고나 외국인등록을 하지 않아 국내거소신고번호나 외국인등록번호를 부여받은 바가 없다면 등록번호를 변경하는 등기명의인표시변경등기를 선행하여 신청할 필요가 없다(예규 제1686호).

답 ③

046 포괄승계인에 의한 등기신청과 관련된 다음 설명 중 가장 옳지 않은 것은? 15 서기보

① 신청정보의 등기의무자의 표시가 등기기록과 일치하지 아니한 경우는 등기신청의 각하사유인데, 「부동산등기법」 제27조에 따라 포괄승계인이 등기신청을 하는 경우는 그에 대한 예외에 해당한다.

② 이미 자기 앞으로 소유권을 표상하는 등기가 되어 있었거나 법률의 규정에 의하여 소유권을 취득한 자의 상속인이 현재의 등기명의인을 상대로 진정명의회복을 등기원인으로 한 소유권이전등기절차의 이행을 명하는 판결을 받아 소유권이전등기신청을 한 경우 그 등기신청은 수리하여야 한다.

③ 합병으로 존속한 회사는 합병으로 인하여 소멸된 회사의 권리의무를 포괄승계하므로, 합병으로 인하여 소멸한 乙회사가 합병 전에 매수한 부동산에 관하여는 합병 후 존속하는 甲회사와 매도인의 공동신청으로 직접 甲회사 명의로 소유권이전등기를 신청할 수 있다.

④ 토지 매매계약 후 매도인 명의의 토지거래계약허가신청서를 제출하였으나 매도인이 사망한 후에 토지거래계약허가증을 교부받은 경우, 상속인은 상속인 명의로 새롭게 토지거래계약허가증을 발급받아야만 피상속인으로부터 매수인 앞으로 소유권이전등기를 할 수 있다.

(해설)

④ 토지 매매계약 후 매도인 명의의 토지거래계약허가신청서를 제출하였으나 <u>매도인이 사망</u>한 후에 토지거래계약허가증을 교부한 경우, 상속인은 상속등기를 거칠 필요 없이 매수인과 공동으로 <u>매도인 명의의 매매계약서 및 토지거래계약허가증을 첨부</u>하여 피상속인으로부터 매수인 앞으로 소유권이전등기를 신청할 수 있으며, 이 경우 상속을 증명하는 서면과 함께 <u>상속인의 위임장 및 인감증명을 첨부하여야</u> 한다(선례 제8-58호).

(선지분석)

① 법 제29조 제7호에서 신청정보의 등기의무자의 표시가 등기기록과 일치하지 아니한 경우 이를 각하사유로 규정하면서 법 제27조에 따라 포괄승계인이 등기신청을 하는 경우는 제외로 한다.

② 이미 자기 앞으로 소유권을 표상하는 등기가 되어 있었거나 법률의 규정에 의하여 소유권을 취득한 자가 현재의 등기명의인을 상대로 '진정명의회복'을 등기원인으로 한 소유권이전등기절차의 이행을 명하는 판결을 받아 소유권이전등기신청을 한 경우 그 등기신청은 수리하여야 한다(예규 제1631호, 대판 전합 89다카12398).

③ 회사가 부동산을 <u>매도하고</u> 그로 인한 소유권이전등기절차를 이행하지 않고 있던 중 다른 회사에 <u>흡수합병되어 소멸한 경우에는</u> 합병 후 존속하는 회사 명의로 소유권이전등기를 경유하지 아니하고 <u>소멸한 회사의 명의로부터 직접 매수인 명의로 위 매매로 인한 소유권이전등기를</u> 신청할 수 있으며, 이 경우 그 등기신청은 합병 후 존속하는 회사와 매수인이 공동으로 신청하여야 한다(선례 제1-334호).

답 ④

047 포괄승계에 관련된 부동산등기에 대한 다음 설명 중 가장 옳지 않은 것은?   _{16 주사보}

① 상속, 법인의 합병에 따른 등기는 등기권리자가 단독으로 신청한다.

② 피상속인 사망 후 그의 소유로 등기되어 있는 부동산을 그의 상속인으로부터 매수하였다면 먼저 상속인 앞으로 상속으로 인한 소유권이전등기를 마친 후 매수인 앞으로 소유권이전등기를 할 수 있다.

③ 등기원인이 발생한 후 등기권리자 또는 등기의무자에 대하여 상속이나 그 밖의 포괄승계가 있는 경우에는 상속인이나 그 밖의 포괄승계인이 그 등기를 단독으로 신청하여야 한다.

④ 포괄승계인에 의한 등기신청(「부동산등기법」 제27조)의 경우에는 가족관계등록에 관한 정보 또는 법인등기사항에 관한 정보 등 상속, 그 밖의 포괄승계가 있었다는 사실을 증명하는 정보를 등기소에 제공하여야 한다.

해설

③ 등기원인이 발생한 후 등기권리자 또는 등기의무자에 대하여 상속이나 그 밖의 포괄승계가 있는 경우에는 상속인이나 그 밖의 포괄승계인이 그 등기를 신청할 수 있으며, 그 상대방과 공동으로 신청하면 된다(법 제27조).

선지분석

① 상속, 법인의 합병, 그 밖에 대법원규칙으로 정하는 포괄승계에 따른 등기는 등기권리자가 단독으로 신청한다(법 제23조 제3항).

② 피상속인 사망 후 그의 소유로 등기되어 있는 부동산을 그의 <u>상속인으로부터 매수</u>하였다면 먼저 상속인 앞으로 상속에 인한 소유권이전등기를 마친 후 매수인 앞으로 소유권이전등기를 할 수 있다(선례 제1-303호).

④ 상속인 그 밖의 포괄승계인이 등기를 신청하는 경우에는 가족관계등록에 관한 정보 또는 법인등기사항에 관한 정보 등 상속 그 밖의 포괄승계가 있었다는 사실을 증명하는 정보를 첨부정보로서 등기소에 제공하여야 한다(규칙 제49조).

답 ③

048 포괄승계인에 의한 등기신청과 관련된 다음 설명 중 가장 옳지 않은 것은? 17 사무관

① 등기원인이 발생한 후에 등기권리자에 대하여 포괄승계가 있는 경우 포괄승계인이 그 등기를 신청할 수 있으나, 등기의무자에 대하여 포괄승계가 있는 경우에는 포괄승계인이 그 등기를 신청할 수 없다.

② 피상속인 사망 후 그 소유로 등기되어 있는 부동산을 그 상속인으로부터 매수하였다면 먼저 상속인 앞으로 상속으로 인한 소유권이전등기를 마친 후 매수인 앞으로 소유권이전등기를 할 수 있다.

③ 포괄승계인이 등기를 신청하는 경우에는 가족관계등록에 관한 정보 또는 법인등기사항에 관한 정보 등 상속 그 밖의 포괄승계가 있었다는 사실을 증명하는 정보를 첨부정보로서 등기소에 제공하여야 한다.

④ 부동산에 대하여 소유권이전등기절차의 이행을 명하는 승소 확정판결을 받은 자가 등기 전에 사망하여 상속이 개시된 때에는 그 상속인들은 상속인들 명의로 소유권이전등기를 신청할 수 있다.

(해설)

① 등기원인이 발생한 후에 <u>등기권리자 또는 등기의무자</u>에 대하여 상속이나 그 밖의 포괄승계가 있는 경우에는 상속인이나 그 밖의 포괄승계인이 그 등기를 신청할 수 있다(법 제27조).

(선지분석)

② 피상속인 사망 후 그의 소유로 등기되어 있는 부동산을 그의 <u>상속인으로부터 매수하였다면</u> 먼저 상속인 앞으로 상속으로 인한 소유권이전등기를 마친 후 매수인 앞으로 소유권이전등기를 할 수 있다(선례 제1-303호).

③ 법 제27조에 따라 상속인 그 밖의 포괄승계인이 등기를 신청하는 경우에는 가족관계등록에 관한 정보 또는 법인등기사항에 관한 정보 등 상속 그 밖의 포괄승계가 있었다는 사실을 증명하는 정보를 첨부정보로서 등기소에 제공하여야 한다(규칙 제49조).

④ 승소한 등기권리자가 승소판결의 <u>변론종결 후 사망</u>하였다면, 상속인이 상속을 증명하는 서면을 첨부하여 직접 자기 명의로 등기를 신청할 수 있다(예규 제1607호).

답 ①

2023 해커스법원직 김미영 부동산등기법 기출문제집

049 포괄승계인에 의한 등기신청에 관한 다음 설명 중 가장 옳지 않은 것은? 19 서기보

① 등기원인이 발생한 후에 등기권리자 또는 등기의무자에 대하여 포괄승계가 있는 경우에는 포괄승계인이 그 등기를 신청할 수 있다.

② 소유권이전등기 청구사건에서 승소한 원고가 판결 확정 후 사망한 경우에는 원고의 지위를 승계한 상속인은 그 상속을 증명하는 정보를 첨부하여 직접 상속인 명의로의 소유권이전등기를 신청할 수 있다.

③ 「상법」상 합병으로 인하여 소멸한 회사가 합병 전에 매수한 부동산에 관하여는 합병 후 존속하는 회사와 매도인이 직접 존속하는 회사 명의로의 소유권이전등기를 신청할 수 있다.

④ 피상속인 사망 후 그의 소유로 등기되어 있는 부동산을 그의 상속인으로부터 매수하였다면 상속인과 매수인은 피상속인 명의에서 매수인 명의로의 소유권이전등기를 신청할 수 있다.

해설

④ 피상속인 사망 후 그의 소유로 등기되어 있는 부동산을 그의 상속인으로부터 매수하였다면 먼저 상속인 앞으로 상속으로 인한 소유권이전등기를 마친 후 매수인 앞으로 소유권이전등기를 할 수 있다(선례 제1-303호).

선지분석

① 등기원인이 발생한 후에 등기권리자 또는 등기의무자에 대하여 상속이나 그 밖의 포괄승계가 있는 경우에는 상속인이나 그 밖의 포괄승계인이 그 등기를 신청할 수 있다(법 제27조).

② 승소한 등기권리자가 승소판결의 변론종결 후 사망하였다면, 상속인이 상속을 증명하는 서면을 첨부하여 직접 자기 명의로 등기를 신청할 수 있다(예규 제1607호).

③ 합병으로 존속한 회사는 합병으로 인하여 소멸된 회사의 권리의무를 포괄승계하는 점에 있어서 상속인이 피상속인의 권리의무를 포괄승계하는 것과 다를 바 없다 할 것이므로, 합병으로 인하여 소멸한 을 회사가 합병 전에 매수한 부동산에 관하여는 합병 후 존속하는 갑회사와 매도인의 공동신청으로 직접 갑회사 명의로의 소유권이전등기를 신청할 수 있다(선례 제4-374호).

답 ④

050 포괄승계와 관련한 부동산등기에 관한 다음 설명 중 가장 옳지 않은 것은? **22 법무사**

① 피상속인이 생전에 자기 소유 부동산을 매도하고 매매대금을 모두 지급받기 전에 사망한 경우, 상속인은 당해 부동산에 관하여 상속등기를 거칠 필요 없이 상속을 증명하는 서면을 첨부하여 피상속인으로부터 바로 매수인 앞으로 소유권이전등기를 신청할 수 있다.

② 토지 매매계약 후 매도인 명의의 토지거래계약허가신청서를 제출하였으나 매도인이 사망한 후에 토지거래계약허가증을 교부받은 경우, 상속인은 상속인을 거래당사자로 한 토지거래계약허가증을 발급받아야만 피상속인으로부터 매수인 앞으로 소유권이전등기를 신청할 수 있다.

③ 甲 법인과 乙 법인을 합병하여 丙 법인을 신설한 경우 丙이 소멸한 법인 명의로 경료되어 있는 근저당권등기의 말소신청을 함에 있어, 그 등기원인이 합병등기 전에 이미 발생한 것인 때에는 합병으로 인한 근저당권이전등기를 거칠 필요 없이 곧바로 합병을 증명하는 정보를 제공하여 말소등기를 신청하면 된다.

④ 법률에 의하여 법인의 포괄승계가 있고 해당 법률의 본문 또는 부칙에 등기기록상 종전 법인의 명의를 승계법인의 명의로 본다는 취지의 간주 규정이 있는 경우에는 승계법인이 등기명의인 표시변경등기를 하지 않고서도 다른 등기를 신청할 수 있다.

⑤ 신청정보의 등기의무자의 표시가 등기기록과 일치하지 아니한 경우 각하사유에 해당하나, 「부동산등기법」 제27조에 따라 포괄승계인이 등기신청을 하는 경우는 각하 예외사유에 해당한다.

해설

② 토지 매매계약 후 매도인 명의의 토지거래계약허가신청서를 제출하였으나 매도인이 사망한 후에 토지거래계약허가증을 교부받은 경우, 상속인은 상속등기를 거칠 필요 없이 매수인과 공동으로 <u>매도인 명의의 매매계약서 및 토지거래계약허가증을 첨부하여</u> 피상속인으로부터 매수인 앞으로 소유권이전등기를 신청할 수 있으며, 이 경우 상속을 증명하는 서면과 함께 상속인의 위임장 및 인감증명을 첨부하여야 한다(선례 제8-58호).

선지분석

① 피상속인이 생전에 자기 소유 부동산을 매도하고 매매대금을 모두 지급받기 전에 사망한 경우, 상속인은 당해 부동산에 관하여 상속등기를 거칠 필요 없이 상속을 증명하는 서면을 첨부하여 피상속인으로부터 바로 매수인 앞으로 소유권이전등기를 신청할 수 있다(법 제27조). 상속인으로부터 매수한 경우라면 「민법」 제187조에 의해 상속등기를 한 후 상속인으로부터 바로 매수인 앞으로 소유권이전등기를 신청하여야 한다.

③ 합병 후 존속하는 회사(신설하는 회사)가 합병으로 인하여 소멸한 회사 명의로 있는 근저당권등기의 말소신청을 하는 경우에 있어서는 <u>그 등기원인이 합병등기 전에 발생한 것인 때에는 합병으로 인한 근저당권이전등기를 생략하고 합병을 증명하는 서면을 제출하면 될 것이나</u>, 그 등기원인이 합병등기 후에 발생한 것인 때에는 그 전제로서 회사합병으로 인한 근저당권이전등기를 하여야 할 것이다(예규 제458호 참조).

④ 「한국토지주택공사법」 부칙 제8조 제1항에 의하면 한국토지주택공사(이하 "공사"라 함)는 대한주택공사 및 한국토지공사(이하 "종전 법인"이라 함)의 권리·의무를 포괄적으로 승계한다고 규정하고, 제2항에서는 등기부 등에 표시된 종전 법인의 명의는 공사의 명의로 본다고 규정하고 있으므로, 공사가 종전 법인이 소유자 또는 권리자로 등기되어 있는 부동산에 대하여 권리의 이전, 변경, 말소 등 다른 등기를 신청하고자 하는 경우에는 이러한 사실을 소명하여 등기명의인표시변경등기 절차를 밟지 아니하고도 직접 공사명의로 등기신청 할 수 있다(선례 제200912-2호).

⑤ 신청정보의 등기의무자의 표시가 등기기록과 일치하지 아니한 경우 각하사유에 해당하나, 법 제27조에 따라 포괄승계인이 등기신청을 하는 경우는 각하 예외사유에 해당한다(법 제29조 제7호).

답 ②

051 대위등기신청(촉탁)에 관한 설명이다. 가장 옳지 않은 것은? 14 사무관

① 체납처분으로 인한 압류등기를 촉탁하는 경우와 가압류, 가처분 등의 처분제한등기를 촉탁하는 경우에는 등기명의인의 상속인을 갈음하여 상속으로 인한 권리이전의 등기를 함께 촉탁할 수 있다.

② 수용대상토지에 대하여 토지소유자와 그 소유권이전에 대한 협의가 이루어지거나 또는 수용의 효력이 발생하기 전까지는 사업시행자라도 토지소유자를 대위하여 토지표시변경등기를 신청할 수 없다.

③ 특정의 등기청구권을 갖고 있는 경우에는 물론이고 일반 금전채권에 의한 대위등기의 신청도 채무자의 무자력에 관계없이 가능하다.

④ 채권자가 채무자를 대위하여 등기를 신청하는 경우 채무자로부터 채권자 자신으로의 등기를 동시에 신청하지 않더라도 이를 수리한다.

(해설)

① 「부동산등기법」제96조【관공서가 등기명의인 등을 갈음하여 촉탁할 수 있는 등기】관공서가 체납처분으로 인한 압류등기를 촉탁하는 경우에는 등기명의인 또는 상속인, 그 밖의 포괄승계인을 갈음하여 부동산의 표시, 등기명의인의 표시의 변경, 경정 또는 상속, 그 밖의 포괄승계로 인한 권리이전의 등기를 함께 촉탁할 수 있다.

처분제한 등기를 촉탁하면서 상속등기를 대위로 촉탁하는 것은 근거가 없으므로 허용되지 않는다. 상속등기를 하지 아니한 부동산에 대하여 가압류결정이 있을 때 가압류채권자는 그 기입등기촉탁 이전에 먼저 대위에 의하여 상속등기를 함으로써 등기의무자의 표시가 등기기록과 부합하도록 하여야 한다(예규 제1432호).
가처분권리자가 피상속인과의 원인행위에 의한 권리의 이전·설정의 등기청구권을 보전하기 위하여 상속인들을 상대로 처분금지가처분신청을 하여 집행법원이 이를 인용하고, 피상속인 소유 명의의 부동산에 관하여 상속관계를 표시하여(등기의무자를 '망 ○○○의 상속인 ○○○' 등으로 표시함) 가처분기입등기를 촉탁한 경우에는 상속등기를 거침이 없이 가처분기입등기를 할 수 있다(대판 94다23999, 예규 제881호).

(선지분석)

② 일반적으로 채무자를 대위하여 등기신청을 하기 위하여는 그 대위원인이 존재하여야 하는바, 주택건설촉진법, 「택지개발촉진법」, 도시계획법상의 사업시행자라도 대상 토지에 대하여 토지소유자와 그 소유권이전에 대한 협의가 이루어지거나 또는 수용의 효력이 발생하기 전까지는 위 대위원인이 있다고 볼 수 없을 것이며 따라서 토지소유자를 대위하여 토지표시변경등기를 신청할 권한이 없다(선례 제4-264호).

④ 채권자가 채무자를 대위하여 등기를 신청하는 경우 채무자로부터 채권자 자신으로의 등기를 동시에 신청하지 않더라도 이를 수리한다(예규 제1432호).

답 ①

052 대위등기에 관한 다음 설명 중 가장 옳지 않은 것은?

① 채권자가 채무자를 대위하여 등기를 신청하는 경우 채무자로부터 채권자 자신으로의 등기를 동시에 신청하지 않더라도 이를 수리한다.

② 채권자대위에 의한 등기신청이 있는 경우에 등기를 함에는 채권자의 성명 또는 명칭, 주소 또는 사무소 소재지, 주민등록번호 또는 부동산등기용등록번호와 대위원인을 기록하여야 한다.

③ 피보전채권이 금전채권인 경우에도 등기관은 무자력 여부를 심사하지 않고 등기신청을 수리한다.

④ 채권자 대위에 의하여 등기를 신청할 때에 제공하여야 하는 대위원인을 증명하는 정보는 공문서뿐만 아니라 사서증서라도 무방하다.

⑤ 대위로 신청할 수 있는 등기에는 채무자의 권리에 이익을 가져오는 등기뿐만 아니라 부동산표시변경등기와 같이 채무자에게 불리하지 아니한 등기도 포함된다.

해설

② 피대위자(채무자)의 성명(명칭), 주소(사무소소재지) 및 주민등록번호(부동산등기용등록번호), 대위자(채권자)의 성명(명칭), 주소(사무소소재지), 대위원인을 기재하면 된다(예규 제1432호, 법 제28조 제2항).

선지분석

① 채권자가 채무자를 대위하여 등기를 신청하는 경우 채무자로부터 채권자 자신으로의 등기를 동시에 신청하지 않더라도 이를 수리한다(예규 제1432호).

③ 피보전권리가 금전채권인 경우에는 채권자대위의 일반원칙과 달리 피보전채권이 금전채권인 경우 당해 금전채권증서 등 대위원인을 증명하는 서면을 첨부하면, 등기관은 무자력 여부를 심사하지 않고 등기신청을 수리하도록 하였다(예규 제1432호).

④ 채권자가 채무자를 대위하여 등기신청을 할 때에는 대위원인을 증명하는 정보를 첨부정보로서 제공하여야 하는바, 이러한 정보는 반드시 공문서이어야 하는 것은 아니며, 매매계약서나 차용증서와 같이 사문서라도 무방하다(예규 제1432호).

⑤ 대위신청할 수 있는 등기는 채무자에게 유리한 것과 최소한 불리하지 않은 것에 한정되므로, 일반적으로 보면, 채권자는 채무자가 등기권리자의 지위에 있는 경우에만 그 등기신청권을 대위 행사할 수 있다. 또한 부동산표시의 변경(경정)등기 또는 등기명의인표시의 변경(경정)등기와 같이 채무자에게 불리하지 않은 등기는 채무자의 채권자가 대위신청할 수 있다.

답 ②

053 「부동산등기법」이 절차상 필요에 의하여 인정하고 있는 대위등기에 관한 다음 설명 중 가장 옳지 않은 것은?

18 주사보

① 1동의 건물에 속하는 구분건물 중 일부만에 관하여 소유권보존등기를 신청하는 경우에는 구분건물의 소유자는 다른 구분건물의 소유자를 대위하여 그 구분건물 전부에 대하여 소유권보존등기를 신청할 수 있다.

② 건물이 멸실된 경우에 그 건물 소유명의인이 1개월 이내에 멸실등기를 신청하지 않은 때에는 그 건물대지의 소유자가 건물 소유명의인을 대위하여 멸실등기를 신청할 수 있다.

③ 구분건물로서 그 대지권의 변경이나 소멸이 있는 경우는 구분건물의 소유명의인은 1동의 건물에 속하는 다른 구분건물의 소유명의인을 대위하여 그 등기를 신청할 수 있다.

④ 신탁등기의 말소등기는 수익자나 위탁자가 수탁자를 대위하여 그 등기를 신청할 수 있다.

(해설)

① 1동의 건물에 속하는 구분건물 중 일부만에 관하여 소유권보존등기를 신청하는 경우에는 구분건물의 소유자는 다른 구분건물의 소유자를 대위하여 그 건물의 표시에 관한 등기를 신청할 수 있다(법 제46조 제1항·제2항).

(선지분석)

② 건물이 멸실된 경우에 그 건물 소유명의인이 1개월 이내에 멸실등기를 신청하지 않은 때에는 그 건물대지의 소유자가 건물 소유명의인을 대위하여 멸실등기를 신청할 수 있다(법 제43조).

③ 구분건물로서 그 대지권의 변경이나 소멸이 있는 경우는 구분건물의 소유명의인은 1동의 건물에 속하는 다른 구분건물의 소유명의인을 대위하여 그 등기를 신청할 수 있다(법 제41조 제2항).

④ 신탁등기의 말소등기는 수익자나 위탁자가 수탁자를 대위하여 그 등기를 신청할 수 있다(법 제87조 제4항).

답 ①

054 대위등기신청에 관한 다음 설명 중 가장 옳지 않은 것은?

① 채권자가 채무자를 대위하여 등기신청을 할 때에 피보전채권이 금전채권이라면 채무자의 무자력을 증명하는 정보를 첨부정보로서 제공하여야 한다.

② 채권자대위제도는 채무자의 책임재산 보전이 목적이므로 채무자에게 불이익이 되는 것은 대위신청을 하지 못하는 것이 원칙이다.

③ 등기상대방을 대위하여 등기신청을 하는 것은 공동신청주의상 허용되지 않으나 등기상대방에 대한 채권을 가지고 있는 경우에는 상대방을 대위해서 등기신청을 할 수 있다.

④ 채권자가 채무자를 대위하여 등기신청을 할 때에는 대위원인을 증명하는 정보를 첨부정보로서 제공하여야 하는바, 이러한 정보는 반드시 공문서이어야 하는 것은 아니며, 매매계약서나 차용증서와 같이 사문서라도 무방하다.

해설

① 채권자가 채무자를 대위하여 등기신청을 할 때에 피보전채권이 금전채권이라 하더라도 대위원인증명서면을 제출하도록 할 뿐 채무자의 무자력을 증명하는 서면을 제출하도록 하지 않는다(예규 제1432호).

선지분석

② 채권자대위제도는 채무자의 책임재산 보전이 목적이므로 채무자에게 불이익이 되는 것은 대위신청을 하지 못하는 것이 원칙이다.

③ 등기상대방을 대위하여 등기신청을 하는 것은 공동신청주의상 허용되지 않으나 등기상대방에 대한 채권을 가지고 있는 경우에는 상대방을 대위해서 등기신청을 할 수 있다.

④ 채권자가 채무자를 대위하여 등기신청을 할 때에는 대위원인을 증명하는 정보를 첨부정보로서 제공하여야 하는바, 이러한 정보는 반드시 공문서이어야 하는 것은 아니며, 매매계약서나 차용증서와 같이 사문서라도 무방하다(예규 제1432호).

답 ①

055 부동산등기의 대위신청에 관한 다음 설명 중 가장 옳지 않은 것은?

① 채권자인 甲이 채무자 乙의 제3채무자 丙에 대한 소유권이전등기청구권에 관하여 채권자 대위권에 의한 소송을 제기한 사실을 채무자 乙이 알았다면 乙은 채권자 甲이 얻은 승소판결에 의하여 직접 소유권이전등기신청을 할 수 있다.

② 수용대상토지에 대하여 토지소유자와 그 소유권이전에 대한 협의가 이루어지거나 또는 수용의 효력이 발생하기 전까지는 사업시행자라도 토지소유자를 대위하여 토지표시변경등기를 신청할 수 없다.

③ 특정의 등기청구권에 의하여 채권자가 채무자를 대위하여 등기신청을 하는 경우에는 채무자로부터 채권자 자신으로의 등기신청도 반드시 동시에 하여야 한다.

④ 등기신청의 대위에 있어서는 특정의 등기청구권에 의한 대위이거나 일반금전채권에 의한 대위이거나를 막론하고 채무자의 무자력을 요건으로 하지 아니한다.

해설

③ 채권자가 채무자를 대위하여 등기를 신청하는 경우 채무자로부터 채권자 자신으로의 등기를 동시에 신청하지 않더라도 이를 수리한다(예규 제1692호).

선지분석

① 채권자인 甲이 채무자 乙의 제3채무자 丙에 대한 소유권이전등기청구권에 관하여 채권자대위권에 의한 소송을 제기한 사실을 채무자 乙이 알았다면 乙은 채권자 甲이 얻은 승소판결에 의하여 직접 소유권이전등기신청을 할 수 있다(예규 제1692호).

② 일반적으로 채무자를 대위하여 등기신청을 하기 위하여는 그 대위원인이 존재하여야 하는바, 사업시행자라도 대상 토지에 대하여 토지소유자와 그 소유권이전에 대한 협의가 이루어지거나 또는 수용의 효력이 발생하기 전까지는 위 대위원인이 있다고 볼 수 없을 것이며 따라서 토지소유자를 대위하여 토지표시변경등기를 신청할 권한이 없다(선례 제4-264호).

④ 등기신청의 대위에 있어서는 특정의 등기청구권에 의한 대위이거나 일반금전채권에 의한 대위이거나를 막론하고 채무자의 무자력을 요건으로 하지 아니한다(법원실무제요).

답 ③

056 대위에 의한 등기신청과 관련한 다음 설명 중 가장 옳지 않은 것은? 21 사무관

① "원고는 피고에게 명의신탁해지를 원인으로 소유권이전등기절차를 이행한다."는 취지의 화해권고결정이 있는 경우 원고는 그 결정을 가지고 직접 등기신청을 할 수 없을 뿐만 아니라 피고를 대위해서도 할 수 없으나 만일 원고가 피고에게 금전채권 등 다른 채권을 가지고 있다면 피고를 대위하여 위 결정의 취지에 따른 등기를 신청할 수 있다.

② 등기관이 등기를 완료한 때에는 대위신청인 및 피대위자에게 등기완료통지를 하여야 한다.

③ 채권자가 채무자를 대위하여 등기를 신청하는 경우 채무자로부터 채권자 자신으로의 등기를 동시에 신청하지 않더라도 이를 수리한다.

④ 피보전채권이 금전채권인 경우 등기원인을 증명하는 서면과 함께 채무자의 무자력을 증명하는 서면을 제출하여야 한다.

해설

④ 피보전채권이 금전채권인 경우 등기원인을 증명하는 서면과 대위원인증명서면을 제공하여야 하나, 채무자의 무자력을 증명하는 서면은 제출할 필요가 없다(예규 제1432호 등).

선지분석

① 원고가 피고들을 상대로 제기한 소송에서 '원고는 피고들에게 명의신탁해지를 원인으로 한 소유권이전등기절차를 이행하라'는 화해권고결정을 받은 경우, 이 판결에 의한 등기는 승소한 등기권리자인 피고들만이 신청할 수 있으므로 (패소한) 등기의무자인 원고는 피고들이 등기신청을 하지 않고 있더라도 이 판결에 기하여 직접 피고들 명의의 등기신청을 하거나 피고들을 대위하여 등기신청을 할 수는 없고 피고들을 상대로 등기를 인수받아 갈 것을 구하는 별도의 소송을 제기하여 그 승소판결에 기해 등기를 신청할 수 있다. 다만, <u>원고가 피고들에 대하여 채권(금전채권 또는 등기청구권과 같은 특정채권)</u>을 가지고 있다면 원고는 자기채권의 실현을 위하여 피고들이 가지고 있는 등기신청권을 자기의 이름으로 행사하여 피고들 명의의 등기를 신청할 수 있고, 이와 같이 대위등기를 신청하는 경우에는 원고가 피고들을 대신하여 취득세를 납부하여야 한다(선례 제201105-2호).

② 등기관이 등기를 완료한 때에는 대위신청인 및 피대위자에게 등기완료통지를 하여야 한다(예규 제1432호).

③ 채권자가 채무자를 대위하여 등기를 신청하는 경우 채무자로부터 채권자 자신으로의 등기를 동시에 신청하지 않더라도 이를 수리한다(예규 제1432호).

답 ④

057 대위등기에 관한 다음 설명 중 가장 옳지 않은 것은?

① 채권자는 채무자가 상속을 포기한 경우에도 채무자를 대위하여 상속을 원인으로 하는 소유권이전등기를 신청할 수 있다.

② 부동산에 대하여 소유권이전등기절차를 명하는 승소의 확정판결을 받은 甲이 그 판결에 따른 소유권이전등기절차를 취하지 않는 경우, 그 甲에 대한 금전채권이 있는 자는 대위원인을 증명하는 서면인 소비대차계약서 등을 첨부하여 위 판결에 의한 甲 명의의 소유권이전등기를 甲을 대위하여 신청을 할 수 있다.

③ 관공서가 체납처분으로 인한 압류등기를 촉탁하는 경우에는 등기명의인 또는 상속인을 갈음하여 부동산의 표시, 등기명의인의 표시의 변경, 경정 또는 상속등기를 함께 촉탁할 수 있다.

④ 수용을 위한 사업시행자라도 대상 토지에 대하여 토지소유자와 그 소유권이전에 대한 협의가 이루어지거나 또는 수용의 효력이 발생하기 전까지는 대위원인이 있다고 볼 수 없으므로 토지소유자를 대위하여 토지표시변경등기를 신청할 권한이 없다.

⑤ 근저당권설정자가 사망한 후 근저당권자가 근저당권을 실행하기 위해서는 근저당권설정자의 상속인을 채무자 겸 소유자로 표시하고 상속을 증명하는 서면을 첨부하여 경매신청을 하거나, 근저당권설정자의 상속인을 대위하여 상속등기를 먼저 한 후 상속인을 소유자로 표시하여 경매신청을 하여야 하는데 어느 경우든 근저당권자는 대위 상속등기를 하여야 한다.

해설

① 채권자가 채무자를 대위하여 등기를 신청하기 위해서는 채무자에게 등기신청권이 있어야 한다. 채무자가 상속을 포기한 경우 채무자에게는 등기신청권이 없으므로, 그의 채권자는 상속을 원인으로 한 소유권이전등기는 신청할 수 없다.

선지분석

② 부동산에 대하여 소유권이전등기절차를 명하는 승소의 확정판결을 받은 甲이 그 판결에 따른 소유권이전등기절차를 취하지 않는 경우, 그 甲에 대한 금전채권이 있는 자는 대위원인을 증명하는 서면인 소비대차계약서 등을 첨부하여 위 판결에 의한 甲명의의 소유권이전등기를 甲을 대위하여 신청을 할 수 있다(선례 제6-160호).

③ 관공서가 체납처분으로 인한 압류등기를 촉탁하는 경우에는 등기명의인 또는 상속인을 갈음하여 부동산의 표시, 등기명의인의 표시의 변경, 경정 또는 상속등기를 함께 촉탁할 수 있다(법 제96조).

④ 일반적으로 채무자를 대위하여 등기신청을 하기 위하여는 그 대위원인이 존재하여야 하는바, 주택건설촉진법, 「택지개발촉진법」, 도시계획법상의 사업시행자라도 대상 토지에 대하여 토지소유자와 그 소유권이전에 대한 협의가 이루어지거나 또는 수용의 효력이 발생하기전까지는 위 대위원인이 있다고 볼 수 없을 것이며 따라서 토지소유자를 대위하여 토지표시변경등기를 신청할 권한이 없다(선례 제4-264호).

⑤ 甲 소유의 부동산에 대하여 을을 근저당권자, 甲을 채무자로 하는 근저당권설정등기를 한 후 경매신청을 하기 전에 甲이 사망하였으나 그 상속인 앞으로의 상속등기가 경료되지 아니한 상태에서, 乙이 그 부동산에 대한 임의경매신청을 하여 경매개시결정기입등기를 하기 위하여는, 乙은 경매신청서에 갑의 상속인을 채무자겸 소유자로 표시하고 상속을 증명하는 서류를 첨부하여 경매신청을 먼저 하거나, 甲의 상속인을 대위하여 상속등기를 먼저 한 후에 그 상속인을 소유자로 표시하여 경매신청을 할 수 있을 것이다(선례 제5-671호).

답 ①

058 다음 중 판결에 의한 등기신청절차에 관한 설명으로 옳은 것은?　　　11 서기보

① 조정조서에 의한 등기신청을 할 경우 신청서에 송달증명서를 첨부하여야 한다.

② 공유물분할소송의 피고는 공유물분할판결에 따른 등기신청을 할 수 없다.

③ 판결에서 승소한 등기권리자가 사망한 경우 상속인이 등기신청을 하기 위해서는 승계집행문을 제출하여야 한다.

④ 판결이 아직 확정되지 않았다면 그 판결에 가집행선고가 붙었다 하더라도 그 판결에 따른 등기는 할 수 없다.

〔해설〕

④ 확정되지 아니한 가집행선고가 붙은 판결에 의하여 등기를 신청한 경우 등기관은 그 신청을 각하하여야 한다(예규 제1692호).

〔선지분석〕

① 판결정본, 화해조서·조정조서, 조서에 갈음하는 결정 등에 의해 등기를 신청하는 경우 송달증명서는 첨부하지 아니한다(예규 제1692호).

② 공유물분할판결이 확정되면 그 소송 당사자는 원고·피고인지 여부에 관계없이 그 확정판결을 첨부하여 등기권리자 또는 등기의무자가 단독으로 공유물분할을 원인으로 한 지분이전등기를 신청할 수 있다.

③ 승소한 등기권리자가 승소판결의 변론종결 후 사망하였다면, 상속인이 상속을 증명하는 서면을 첨부하여 직접 자기 명의로 등기를 신청할 수 있다(예규 제1692호, 법 제27조의 규정에 따라 포괄승계인에 의한 등기신청이 가능하기 때문).

핵심정리 판결에 의한 등기신청인 정리

승소한 등기권리자 또는 승소한 등기의무자	• 승소한 등기권리자는 적극적 당사자인 원고인 경우가 보통이지만 피고나 참가인(독립당사자참가인, 조정참가인 등, 다만 보조참가인은 제외)일 수도 있음 • 패소한 등기의무자는 그 판결에 기하여 직접 등기권리자 명의의 등기신청을 하거나 승소한 등기권리자를 대위하여 등기신청을 할 수 없음 • 승소한 등기권리자는 소송당사자만을 의미하므로 소송당사자가 아닌 자는 그 판결이나 조정 등에서 등기권리자나 등기의무자로 기록되었다 하더라도 단독으로 등기신청을 할 수 없음 • 선정당사자가 받은 판결주문에 "피고는 선정자○○○에게 소유권이전등기절차를 이행하라."라는 내용의 기재가 있는 경우, 선정자○○○는 이 판결문을 첨부정보로서 제공하여 자신을 등기권리자로 하는 소유권이전등기를 단독으로 신청할 수 있으며, 이때에 승계집행문은 첨부정보로서 제공할 필요가 없음(선례 제201709-2호)
승소한 등기권리자의 상속인	• 승소한 등기권리자가 승소판결의 변론종결 후 사망하였다면, 상속인이 상속을 증명하는 서면(승계집행문×)을 첨부하여 직접 자기 명의로 등기를 신청할 수 있음(법 제27조의 규정에 따라 포괄승계인에 의한 등기신청이 가능하기 때문) • 상속인이 등기권리자로서 승소판결을 받아 그 판결에 의하여 소유권이전등기를 신청하는 경우에는 따로 상속을 증명하는 정보를 제공할 필요가 없음(선례 제7-179호)
공유물분할 판결에 의한 경우	공유물분할판결이 확정되면 그 소송 당사자는 원·피고인지 여부에 관계없이 그 확정판결을 첨부하여 등기권리자 또는 등기의무자가 단독으로 공유물분할을 원인으로 한 지분이전등기를 신청할 수 있음
채권자 대위소송	• 채권자가 제3채무자를 상대로 채무자를 대위하여 등기절차의 이행을 명하는 판결을 얻은 경우 채권자는 법 제28조에 의하여 채무자의 대위신청인으로서 그 판결에 의하여 단독으로 등기를 신청할 수 있음 • 채권자 대위소송에서 채무자가 채권자대위소송이 제기된 사실을 알았을 경우에는 채무자 또는 제3의 채권자(채무자의 또 다른 채권자)도 채권자가 얻은 승소판결에 의하여 단독으로 등기를 신청할 수 있음
채권자 취소소송	수익자(갑)를 상대로 사해행위취소판결을 받은 채권자(을)는 채무자(병)를 대위하여 단독으로 등기를 신청할 수 있음. 이 경우 등기신청서의 등기권리자란에는 '병 대위신청인 을'과 같이 기재하고, 등기의무자란에는 "갑"을 기재함

답 ④

059 다음 확정판결의 주문 중 원고가 승소한 등기권리자로서 단독으로 판결에 의한 등기신청을 할 수 있는
것은?

① "피고는 원고로부터 별지 기재 부동산에 관하여 2013. 2. 9. 매매를 원인으로 한 소유권이전
등기신청절차를 인수하라."

② "피고는 원고에게 별지 기재 부동산에 관하여 2013. 2. 9. 매매를 원인으로 한 소유권이전등
기절차를 이행하라."

③ "피고는 원고로부터 별지 기재 부동산에 관하여 2013. 2. 9. 매매를 원인으로 한 소유권이전
등기절차를 이행받음과 동시에 원고에게 금 5,000만 원을 지급하라."

④ "원고는 피고로부터 금 5,000만 원을 지급받음과 동시에 피고에게 별지 기재 부동산에 관
하여 2013. 2. 9. 매매를 원인으로 한 소유권이전등기절차를 이행하라."

선지분석

① 원고는 승소한 등기의무자에 해당한다.

③ 등기절차의 이행을 명하는 판결이 아니다.

④ 원고가 패소한 등기의무자에 해당하여 판결에 의한 등기신청을 할 수가 없다.

핵심정리 법 제23조 제4항의 판결의 의미에 해당하지 않는 경우

등기신청절차의 이행을 명하는 판결이 아닌 경우	• "○○재건축조합의 조합원 지위를 양도하라."와 같은 판결 • "소유권지분 10분의 3을 양도한다."라고 한 화해조서 • "소유권이전등기절차에 필요한 서류를 교부한다."라고 한 화해조서
이행판결이 아닌 경우	• 매매계약이 무효라는 확인판결에 의한 소유권이전등기의 말소등기신청 • 소유권 확인판결에 의한 소유권이전등기의 신청 • 통행권 확인판결에 의한 지역권설정등기의 신청 • 재심의 소에 의하여 재심대상 판결이 취소된 경우 그 재심판결로 취소된 판결에 의하여 경료 된 소유권이전 등기의 말소등기 신청 • 피고의 주소를 허위로 기재하여 소송서류 및 판결정본을 그곳으로 송달하게 한 사위판결에 의하여 소유권이 전등기가 경료 된 후 상소심절차에서 그 사위판결이 취소·기각된 경우 그 취소·기각판결에 의한 소유권이전 등기의 말소등기신청
필수기재사항이 판결주문에 명시되지 않을 것	• 근저당권설정등기를 명하는 판결주문에 필수적 기재사항인 채권최고액이나 채무자가 명시되지 아니한 경우 • 전세권설정등기를 명하는 판결주문에 필수적 기재사항인 전세금이나 전세권의 목적인 범위가 명시되지 아니 한 경우

답 ②

060 판결에 의한 등기는 승소한 등기권리자 또는 등기의무자가 단독으로 신청한다. 이러한 경우의 등기원인과 그 연월일에 관한 다음 설명 중 가장 옳지 않은 것은? <u>18 서기보</u>

① 등기절차의 이행을 명하는 판결주문에 등기원인과 그 연월일이 명시되어 있는 경우 그 판결주문에 명시된 등기원인과 그 연월일을 신청정보의 내용으로 제공한다.

② 등기절차의 이행을 명하는 판결주문에 등기원인과 그 연월일이 명시되어 있지 아니한 경우 등기원인은 '확정판결'로, 그 연월일은 '판결선고일'을 신청정보의 내용으로 제공한다.

③ 공유물분할판결의 경우 등기원인은 '공유물분할'로, 그 연월일은 '판결확정일'을 신청정보의 내용으로 제공한다.

④ 사해행위취소판결의 경우 등기원인은 '확정판결'로, 그 연월일은 '판결선고일'을 신청정보의 내용으로 제공한다.

해설

④ 사해행위취소판결의 경우 등기원인은 '사해행위취소'로, 그 연월인은 '판결확정일'을 신청정보의 내용으로 제공한다(예규 제1692호).

선지분석

① 등기절차의 이행을 명하는 <u>판결주문에 등기원인과 그 연월일이 명시되어 있는 경우</u> 그 판결주문에 명시된 등기원인과 그 연월일을 신청정보의 내용으로 제공한다(예규 제1692호).

② 등기절차의 이행을 명하는 판결주문에 등기원인과 그 연월일이 <u>명시되어 있지 아니한 경우</u> 등기원인은 '확정판결'로, 그 연월일은 '판결선고일'을 신청정보의 내용으로 제공한다(예규 제1692호).

답 ④

061 판결에 의한 등기신청과 집행문에 대한 다음 설명 중 가장 옳지 않은 것은? 18 서기보

① 판결에 의한 등기를 신청하는 경우 원칙적으로 집행문의 첨부를 요하지 않는다.

② 반대급부의무와 상환으로 등기절차의 이행을 명하는 판결(상환이행판결)에 의하여 등기를 신청하는 경우에는 집행문을 첨부하여야 한다.

③ 반대급부의 이행과 등기절차의 이행이 각각 독립적으로 기재된 판결에 의하여 등기를 신청하는 경우에도 집행문을 첨부하여야 한다.

④ 원인무효인 소유권이전등기의 말소판결의 변론종결 후에 마쳐진 제3자 명의의 소유권이전등기가 있는 경우에 그 말소판결에 의한 등기를 신청하기 위해서는 그 제3자에 대한 승계집행문을 첨부하여야 한다.

해설

③ 반대급부의 이행과 등기절차의 이행이 <u>각각 독립적으로 기재</u>된 판결에 의하여 등기를 신청하는 경우에는 집행문을 첨부하지 않는다(예규 제1692호).

선지분석

① 판결에 의한 등기를 신청하는 경우 원칙적으로 집행문의 첨부를 요하지 않는다(예규 제1692호).

② 반대급부의무와 상환으로 등기절차의 이행을 명하는 판결(상환이행판결)에 의하여 등기를 신청하는 경우에는 집행문을 첨부하여야 한다(예규 제16092).

④ 원인무효인 소유권이전등기의 말소판결의 변론종결 후에 마쳐진 <u>제3자 명의의 소유권이전등기가 있는 경우</u>에 그 말소판결에 의한 등기를 신청하기 위해서는 <u>그 제3자에 대한 승계집행문을 첨부하여 그 제3자 명의의 소유권이전등기말소신청과 판결에 의한 소유권이전등기말소를 신청하여야 한다(예규 제1692호).

핵심정리 집행문 첨부 여부

원칙(×)	첨부를 요하지 않음
예외(○)	등기절차의 이행을 명하는 판결(조정조서 포함)이 선이행판결, 상환이행판결, 조건부이행판결인 경우에는 집행문을 첨부하여야 함
첨부(×)	등기절차의 이행과 반대급부의 이행이 각각 독립적으로 기재되어 있다면 그러하지 아니함
첨부(○)	별도 조항으로 반대급부 이행과 등기절차 이행이 선이행(상환이나 조건부이행)관계임을 명확히 하였다면 집행문을 부여받아야 함

답 ③

062 판결에 의한 등기를 신청할 때의 (승계)집행문의 제공에 관한 다음 설명 중 가장 옳지 않은 것은?

18 주사보

① 선정당사자가 받은 판결주문에 '피고는 선정자 ○○○에게 소유권이전등기절차를 이행하라.'는 내용의 기재가 있는 경우, 선정자 ○○○은 이 판결문을 첨부정보로서 제공하여 자신을 등기권리자로 하는 소유권이전등기를 단독으로 신청할 수 있으며, 이때에 승계집행문을 첨부정보로 제공하여야 한다.

② 조건부 이행판결에 의하여 등기권리자가 단독으로 등기를 신청할 때에는 집행문을 첨부정보로서 제공하여야 한다.

③ 공유물분할판결의 변론종결 후 그 판결의 확정 전에 일부 공유자의 지분이 제3자에게 이전된 경우로서 위 제3자가 종전 공유자가 취득한 분할부분에 관하여 자신을 위한 승계집행문을 부여받은 경우에는, 그 제3자는 다른 공유자 명의의 지분에 대하여 곧바로 자신 앞으로 판결에 따른 이전등기를 단독으로 신청할 수 있다.

④ 진정명의회복을 원인으로 한 소유권이전등기절차를 명하는 판결의 변론종결 후에 피고로부터 제3자 앞으로 소유권이전등기가 마쳐진 경우, 등기권리자는 승계집행문을 부여받아 판결에 따른 소유권이전등기를 신청할 수 있는 바, 이때에 제3자 명의의 소유권이전등기는 말소할 필요가 없다.

해설

① 선정당사자가 받은 판결주문에 '피고는 선정자 ○○○에게 소유권이전등기절차를 이행하라'는 내용의 기재가 있는 경우, 선정자 ○○○은 이 판결문을 첨부정보로서 제공하여 자신을 등기권리자로 하는 소유권이전등기를 단독으로 신청할 수 있으며, 이때에 승계집행문을 첨부정보로서 제공할 필요가 없다(선례 제201709-2호).

선지분석

③ 공유물분할판결의 변론종결 후 그 판결의 확정 전에 일부 공유자의 지분이 제3자에게 이전된 경우로서 위 제3자가 종전 공유자가 취득한 분할부분에 관하여 자신을 위한 승계집행문을 부여받은 경우에는, 그 제3자는 다른 공유자 명의의 지분에 대하여 곧바로 자신 앞으로 판결에 따른 이전등기를 단독으로 신청할 수 있다(예규 제1692호).

④ 진정명의회복을 원인으로 한 소유권이전등기절차를 명하는 판결의 변론종결 후에 피고로부터 제3자 앞으로 소유권이전등기가 마쳐진 경우, 등기권리자는 승계집행문을 부여받아 그 등기명의인을 등기의무자로 하여 판결에 따른 소유권이전등기를 신청할 수 있는 바, 이때에 그 이전등기는 말소할 필요가 없다(선례 제7-228호).

답 ①

063 판결에 의한 등기를 신청할 때의 등기원인과 그 연월일에 관한 다음 설명 중 가장 옳지 않은 것은?

19 주사보

① 화해권고결정에 의하여 등기를 신청하는 경우 그 내용에 등기원인과 그 연월일의 기재가 없다면 신청정보의 내용 중 등기원인은 '화해권고결정'으로, 그 연월일은 '결정확정일'로 한다.

② 화해조서에 의하여 등기를 신청하는 경우 그 내용에 등기원인과 그 연월일의 기재가 없다면 신청정보의 내용 중 등기원인은 '화해'로, 그 연월일은 '조서기재일'로 한다.

③ 공유물분할판결에 의하여 등기를 신청하는 경우에는 신청정보의 내용 중 등기원인은 '공유물분할'로, 그 연월일을 '판결선고일'로 한다.

④ 기존등기의 등기원인이 취소에 의하여 소멸하였음을 이유로 말소등기를 명하는 판결의 주문에 등기원인과 그 연월일의 기재가 없으면 신청정보의 내용 중 등기원인은 '확정판결'로, 그 연월일은 '판결선고일'로 한다.

(해설)

본 문제는 예규 제1692호에 관한 것이다.

③ 공유물분할판결에 의하여 등기를 신청하는 경우에는 신청정보의 내용 중 등기원인은 '공유물분할'로, 그 연월일을 '판결확정일'로 한다.

(선지분석)

① 화해권고결정에 의하여 등기를 신청하는 경우 그 내용에 등기원인과 그 연월일의 기재가 없다면 신청정보의 내용 중 등기원인은 '화해권고결정'으로, 그 연월일은 '결정확정일'로 한다.

② 화해조서에 의하여 등기를 신청하는 경우 그 내용에 등기원인과 그 연월일의 기재가 없다면 신청정보의 내용 중 등기원인은 '화해'로, 그 연월일은 '조서기재일'로 한다.

④ 기존등기의 등기원인이 취소에 의하여 소멸하였음을 이유로 말소등기를 명하는 판결의 주문에 등기원인과 그 연월일의 기재가 없으면 신청정보의 내용 중 등기원인은 '확정판결'로, 그 연월일은 '판결선고일'로 한다.

답 ③

064 다음의 판결 중 단독으로 등기를 신청할 수 없는 것은?

19 주사보

① 피고는 원고로부터 별지 기재 부동산에 관하여 소유권이전등기절차를 인수하라.
② 피고는 원고로부터 별지 기재 부동산에 관한 소유권이전등기절차를 이행받음과 동시에 원고에게 1천만 원을 지급하라.
③ 피고는 원고로부터 1천만 원을 지급받은 후에 원고에게 별지 기재 부동산에 관하여 소유권이전등기절차를 이행하라.
④ 별지 기재 부동산 중 ㉮부분은 원고의 소유로, ㉯부분은 피고의 소유로 각 분할한다.

해설

법 제23조 제4항의 판결은 신청 대상인 등기의 종류, 등기원인과 그 연월일 등 신청서에 기재하여야 할 사항이 명시되어 있어야 한다. 그 주문의 형태는 "○○등기절차를 이행하라."와 같이 등기신청의사를 진술하는 것이어야 한다(공유물분할판결 제외)(예규 제1692호).

② "피고는 원고로부터 △△부동산에 관한 소유권이전등기 절차를 이행받음과 동시에 원고에게 ○○○원을 지급하라."라는 취지의 판결이 확정된 경우 피고는 위 판결문에 집행문을 부여받아 단독으로 △△부동산에 관한 소유권이전등기를 신청할 수 없다(선례 제8-95호).

선지분석

① 승소한 등기의무자가 등기를 신청할 수 있는 판결의 주문례는 "피고는 원고로부터 별지 목록 기재 부동산에 관하여 2014. 5. 23. 매매를 원인으로 한 소유권이전등기신청절차를 인수하라."가 된다.
③ "피고는 원고로부터 1천만 원을 지급받은 후에 원고에게 별지 기재 부동산에 관하여 소유권이전등기절차를 이행하라."의 경우는 집행문을 부여 받아 승소한 원고가 등기를 신청할 수 있다.
④ "별지 기재 부동산 중 ㉮부분은 원고의 소유로, ㉯부분은 피고의 소유로 각 분할한다."의 주문은 공유물분할판결의 주문례로 등기권리자 또는 등기의무자가 단독으로 등기를 신청할 수 있다.

답 ②

065 판결에 의한 등기신청에 관한 다음 설명 중 가장 옳지 않은 것은? 20 서기보

① "소유권지분 10분의 3을 양도한다."라고 한 화해조서에 의하여 등기권리자는 단독으로 소유권이전등기를 신청할 수 있다.

② "소유권이전등기절차에 필요한 서류를 교부한다."라고 한 화해조서에 의하여 등기권리자는 단독으로 소유권이전등기를 신청할 수 없다.

③ 전세권설정등기를 명하는 판결 주문에 존속기간은 명시되어 있지 않지만 전세금과 전세권의 목적인 범위가 명시되어 있다면 이 판결에 의하여 등기권리자는 단독으로 전세권설정등기를 신청할 수 있다.

④ 매매계약이 무효라는 확인판결에 의하여 등기권리자는 단독으로 소유권이전등기의 말소등기를 신청할 수 없다.

해설

① "소유권지분 10분의 3을 양도한다."라고 한 화해조서에 의하여 등기권리자는 단독으로 소유권이전등기를 신청할 수 없다(예규 제1692호).

선지분석

② "소유권이전등기절차에 필요한 서류를 교부한다."라고 한 화해조서에 의하여 등기권리자는 단독으로 소유권이전등기를 신청할 수 없다(예규 제1692호).

③ 전세권설정등기를 명하는 판결 주문에 존속기간은 명시되어 있지 않지만 전세금과 전세권의 목적인 범위가 명시되어 있다면 이 판결에 의하여 등기권리자는 단독으로 전세권설정등기를 신청할 수 있다(예규 제1692호).

④ 매매계약이 무효라는 확인판결에 의하여 등기권리자는 단독으로 소유권이전등기의 말소등기를 신청할 수 없다(예규 제1692호).

답 ①

066 판결에 의한 등기신청에 관한 다음 설명 중 가장 옳지 않은 것은?

① "1. 피고는 원고에게 별지 기재 부동산에 관하여 소유권이전등기절차를 이행한다. 2. 원고는 피고에게 금 100,000,000원을 지급한다."라고 기재된 조정조서에 따른 소유권이전등기신청의 경우 집행문을 부여받을 필요가 없다.

② 판결에 의한 소유권이전등기를 신청할 때에는 해당 허가서 등의 현존사실이 판결서 등에 기재되어 있는 경우 행정관청의 허가 등을 증명하는 서면을 제출할 필요가 없다.

③ 명의신탁해지를 원인으로 소유권이전등기절차를 명한 판결의 경우 그 명의신탁이 「부동산 실권리자명의 등기에 관한 법률」에 따른 유효한 명의신탁인지 여부를 가리기 위해 등기관은 판결 이유를 고려하여 등기신청에 대한 심사를 하여야 한다.

④ 소유권이전등기청구권을 보전하기 위한 가처분등기가 마쳐진 후 그 가처분채권자가 본안소송에서 승소하여 가처분채무자를 등기의무자로 하여 소유권이전등기를 신청하는 경우에는 그 가처분등기 이후에 된 등기로서 가처분채권자의 권리를 침해하는 등기의 말소를 단독으로 신청할 수 있다.

(해설)

② 판결에 의한 소유권이전등기를 신청할 때에는 해당 허가서 등의 현존사실이 판결서 등에 기재되어 있는 경우 행정관청의 허가 등을 증명하는 서면을 제출하여야 한다(예규 제1692호).

(선지분석)

① "1. 피고는 원고에게 별지 기재 부동산에 관하여 소유권이전등기절차를 이행한다. 2. 원고는 피고에게 금 100,000,000원을 지급한다."라고 기재된 조정조서에 따른 소유권이전등기 신청의 경우 집행문을 부여받을 필요가 없다(예규 제1692호).

③ 명의신탁해지를 원인으로 소유권이전등기절차를 명한 판결의 경우 그 명의신탁이 「부동산 실권리자명의 등기에 관한 법률」에 따른 유효한 명의신탁인지 여부를 가리기 위해 등기관은 판결 이유를 고려하여 등기신청에 대한 심사를 하여야 한다(예규 제1692호).

④ 소유권이전등기청구권을 보전하기 위한 가처분등기가 마쳐진 후 그 가처분채권자가 본안소송에서 승소하여 가처분채무자를 등기의무자로 하여 소유권이전등기를 신청하는 경우에는 그 가처분등기 이후에 된 등기로서 가처분채권자의 권리를 침해하는 등기의 말소를 단독으로 신청할 수 있다(법 제94조 제1항).

답 ②

067 판결에 의한 등기신청에 관한 다음 설명 중 가장 옳지 않은 것은?　

① 등기절차의 이행 또는 인수를 명하는 판결에 의한 등기는 승소한 등기권리자 또는 등기의 무자가 단독으로 신청하고, 공유물을 분할하는 판결에 의한 등기는 등기권리자 또는 등기 의무자가 단독으로 신청한다.

② 공증인 작성의 공정증서는 부동산에 관한 등기신청의무를 이행하기로 하는 조항이 기재되 어 있더라도 등기권리자는 이 공정증서에 의하여 단독으로 등기를 신청할 수 없다.

③ 판결에 의한 등기신청시 등기원인에 대하여 행정관청의 허가 등을 받을 것이 요구되는 때 에는 해당 허가서 등의 현존사실이 그 판결서에 기재되어 있는 경우에 한하여 허가서 등의 제출의무가 면제된다. 따라서 소유권이전등기를 신청하는 경우에 해당 허가서 등의 현존사 실이 판결서 등에 기재되어 있다면 별도의 행정관청의 허가 등을 증명하는 서면을 제출할 필요가 없다.

④ 판결에 의한 등기를 신청함에 있어 등기원인증서로서 판결정본과 그 판결이 확정되었음을 증명하는 확정증명서를 첨부하여야 한다. 따라서 확정되지 아니한 가집행선고가 붙은 판결 에 의하여 등기를 신청한 경우 등기관은 그 신청을 각하하여야 한다.

(해설)

③ 판결에 의한 등기신청시 등기원인에 대하여 행정관청의 허가 등을 받을 것이 요구되는 때에는 해당 허가서 등의 현존 사실이 그 판결서에 기재되어 있는 경우에 한하여 허가서 등의 제출의무가 면제된다(규칙 제46조 제3항). 그러나 소유권이전등기를 신청하는 경우에 해당 허가서 등의 현존사실이 판결서 등에 기재되어 있다 하더라도 행정관청의 허가 등을 증명하는 서면을 반드시 제출하여야 한다(「부동산등기 특별조치법」 제5조 제1항 참조, 예규 제1692호).

(선지분석)

① 등기절차의 이행 또는 인수를 명하는 판결에 의한 등기는 승소한 등기권리자 또는 등기의무자가 단독으로 신청하고, 공유물을 분할하는 판결에 의한 등기는 등기권리자 또는 등기의무자가 단독으로 신청한다(법 제23조 제4항).

② 공증인 작성의 공정증서는 부동산에 관한 등기신청의무를 이행하기로 하는 조항이 기재되어 있더라도 등기권리자는 이 공정증서에 의하여 단독으로 등기를 신청할 수 없다(예규 제1692호).

④ 판결에 의한 등기를 신청함에 있어 등기원인증서로서 판결정본과 그 판결이 확정되었음을 증명하는 확정증명서를 첨부하여야 한다. 따라서 확정되지 아니한 가집행선고가 붙은 판결에 의하여 등기를 신청한 경우 등기관은 그 신청을 각하하여야 한다(예규 제1692호).

답 ③

068 판결에 의한 등기신청에 관한 다음 설명 중 가장 옳지 않은 것은?

① 공유물을 분할하는 판결에 의한 등기는 등기권리자 또는 등기의무자가 단독으로 신청한다.

② 등기절차의 이행을 명하는 판결주문에 등기원인과 그 연월일이 명시되어 있지 않은 경우에는 등기원인은 '확정판결'로, 그 연월일은 '판결선고일'을 신청정보의 내용으로 제공한다.

③ "피고는 원고로부터 △△부동산에 관한 소유권이전등기 절차를 이행 받음과 동시에 원고에게 ○○○원을 지급하라."는 취지의 판결이 확정된 경우, 피고가 단독으로 △△부동산에 관한 소유권이전등기를 신청하기 위해서는 위 판결문에 집행문을 부여 받아야 한다.

④ 판결의 주문에서 피고에게 매매로 인한 소유권이전등기절차의 이행을 명한 경우라도 그 판결의 이유에서 피고의 소유권이전등기절차의 이행이 가등기에 기한 본등기절차의 이행임이 명백한 경우에는 그 판결을 원인증서로 하여 가등기에 기한 본등기를 신청할 수 있다.

(해설)

③ 집행권원에 반대급부와 상환으로 일정한 급부를 할 것을 표시한 경우 반대급부는 급부의무의 태양에 불과하여 집행력이 생기지 아니하므로, "피고는 원고로부터 △△부동산에 관한 소유권이전등기 절차를 이행받음과 동시에 원고에게 ○○○원을 지급하라."라는 취지의 판결이 확정된 경우, 피고는 위 판결문에 집행문을 부여받아 단독으로 △△부동산에 관한 소유권이전등기를 신청할 수 없다(선례 제200607-4호).

(선지분석)

① 공유물을 분할하는 판결에 의한 등기는 등기권리자 또는 등기의무자가 단독으로 신청한다(법 제23조 제4항).

② 등기절차의 이행을 명하는 판결주문에 등기원인과 그 연월일이 명시되어 있지 않은 경우에는 등기원인은 '확정판결'로, 그 연월일은 '판결선고일'을 신청정보의 내용으로 제공한다(예규 제1692호).

④ 판결의 주문에서 피고에게 매매로 인한 소유권이전등기절차의 이행을 명한 경우라도 그 판결의 이유에서 피고의 소유권이전등기절차의 이행이 가등기에 기한 본등기절차의 이행임이 명백한 경우에는 그 판결을 원인증서로 하여 가등기에 기한 본등기를 신청할 수 있다(예규 제1692호).

답 ③

069 판결에 의한 등기신청에 관한 다음 설명 중 가장 옳지 않은 것은?　　　　22 서기보

① 등기절차의 이행을 명하는 확정판결을 받았다면 그 확정시기에 관계없이, 즉 확정 후 10년이 경과하였다 하더라도 그 판결에 의한 등기신청을 할 수 있다.

② 형성판결인 경우 등기신청서에는 등기원인은 "판결에서 행한 형성처분"을 기재하고, 그 연월일은 "판결선고일"을 기재한다.

③ 채권자대위소송에서 채무자가 채권자대위소송이 제기된 사실을 알았을 경우에는 채무자 또는 제3채권자도 채권자가 얻은 승소판결에 의하여 단독으로 등기를 신청할 수 있다.

④ 등기절차의 이행을 명하는 판결이 상환이행판결인 경우에는 집행문을 첨부하여야 한다.

해설

② 권리변경의 원인이 판결 자체, 즉 형성판결인 경우 등기신청서에는 등기원인은 "판결에서 행한 형성처분"을 기재하고, 그 연월일은 "판결확정일"을 기재한다(예규 제1692호).

선지분석

① 등기절차의 이행을 명하는 확정판결을 받았다면 그 확정시기에 관계없이, 즉 확정 후 10년이 경과하였다 하더라도 그 판결에 의한 등기신청을 할 수 있다(예규 제1692호).

③ 채권자대위소송에서 채무자가 채권자대위소송이 제기된 사실을 알았을 경우에는 채무자 또는 제3채권자도 채권자가 얻은 승소판결에 의하여 단독으로 등기를 신청할 수 있다(예규 제1692호).

④ 등기절차의 이행을 명하는 판결이 선이행판결, 상환이행판결, 조건부이행판결인 경우에는 집행문을 첨부하여야 한다. 다만, 등기절차의 이행과 반대급부의 이행이 각각 독립적으로 기재되어 있다면 그러하지 아니하다(예규 제1692호).

답 ②

070 등기신청에 필요한 정보에 관한 다음 설명 중 가장 옳지 않은 것은? 15 서기보

① 등기의 신청은 원칙적으로 1건당 1개의 부동산에 관한 신청정보를 제공하는 방법으로 하여야 한다.

② 등기의 목적과 원인이 동일하다면 수인의 공유자가 수인에게 지분의 전부 또는 일부를 이전하는 경우에는 일괄하여 신청할 수 있다.

③ 등기신청의 접수순위는 신청정보가 전산정보처리조직에 저장되었을 때를 기준으로 한다.

④ 표시에 관한 등기를 신청하거나 상속으로 인한 등기, 판결에 의한 등기 등 당사자 일방에 의한 등기신청을 하는 경우에는 등기필정보를 제공할 필요가 없다.

(해설)

② 수인의 공유자가 수인에게 지분의 전부 또는 일부를 이전하는 경우 그 등기신청은 등기의무자별로 혹은 등기권리자별로 작성하여 신청하여야 하지 한 장의 신청서에 함께 기재한 경우 그 등기신청은 수리할 수 없다(예규 제1363호).

(선지분석)

① 등기의 신청은 1건당 1개의 부동산에 관한 신청정보를 제공하는 방법으로 하여야 한다(법 제25조 본문).

③ 등기신청은 대법원규칙으로 정하는 등기신청정보가 전산정보처리조직에 저장된 때 접수된 것으로 본다(법 제6조 제1항).

④ 승소한 등기의무자의 단독신청에 관한 등기를 신청하는 경우에는 그 등기의무자의 등기필정보를 제공하여야 한다(법 제50조 제2항, 규칙 제43조 제1항 제7호).

답 ②

제1편 2023 해커스법원직 김미영 부동산등기법 기출문제집

071 부동산등기의 일괄신청 또는 동시신청에 관한 다음 설명 중 가장 옳지 않은 것은? 17 주사보

① 등기목적과 등기원인이 동일한 경우에는 같은 등기소의 관할 내에 있는 여러 개의 부동산에 관한 신청정보를 일괄하여 제공하는 방법으로 등기신청을 할 수 있다.

② 같은 채권의 담보를 위하여 소유자가 다른 여러 개의 부동산에 대한 저당권설정등기를 하는 것은 1건의 신청정보로 일괄하여 신청할 수 없다.

③ 같은 등기소에 여러 건의 등기신청을 하는 경우에 첨부정보의 내용이 같은 것이 있을 때에는 먼저 접수되는 신청에만 그 첨부정보를 제공하고, 다른 신청에는 먼저 접수된 신청에 그 첨부정보를 제공하였다는 뜻을 신청정보의 내용으로 등기소에 제공하는 것으로 그 첨부정보의 제공을 갈음할 수 있다.

④ 같은 토지 위에 있는 여러 개의 구분건물에 대한 등기를 동시에 신청하는 경우에는 그 건물의 소재 및 지번에 관한 정보가 전산정보처리조직에 저장된 때 등기신청이 접수된 것으로 본다.

해설

② 같은 채권의 담보를 위하여 소유자가 다른 여러 개의 부동산에 대한 저당권설정등기를 하는 것은 1건의 신청정보로 일괄하여 신청할 수 있다(규칙 제47조 제1항 제1호).

선지분석

③ 같은 등기소에 여러 건의 등기신청을 하는 경우에 첨부정보의 내용이 같은 것이 있을 때에는 먼저 접수되는 신청에만 그 첨부정보를 제공하고, 다른 신청에는 먼저 접수된 신청에 그 첨부정보를 제공하였다는 뜻을 신청정보의 내용으로 등기소에 제공하는 것으로 그 첨부정보의 제공을 갈음할 수 있다(규칙 제47조 제2항).

④ 같은 토지 위에 있는 여러 개의 구분건물에 대한 등기를 동시에 신청하는 경우에는 그 건물의 소재 및 지번에 관한 정보가 전산정보처리조직에 저장된 때 등기신청이 접수된 것으로 본다(규칙 제3조 제2항).

답 ②

072 등기소에 출석하여 서면으로 등기신청을 하는 경우에 관한 다음 설명 중 가장 옳지 않은 것은?

18 서기보

① 신청서가 여러 장일 때에는 신청인 또는 그 대리인이 간인하거나 연결되는 서명을 하여야 하는바, 등기권리자 또는 등기의무자가 여러 명일 때에는 전원이 간인하거나 연결되는 서명을 하여야 한다.

② 신청서에 첨부한 서류 중 주민등록표등본·초본과 같이 별도의 방법으로 다시 취득할 수 있는 서류에 대하여는 환부를 청구할 수 없다.

③ 자격자대리인이 등기소에 출석하여 서면으로 등기신청을 하는 경우라도 등기소에 제공하여야 하는 도면은 전자문서로 작성하여야 하며, 그 제공은 전산정보처리조직을 이용하여 등기소에 송신하는 방법으로 하여야 한다.

④ 신청서에 첨부된 서면이 매매계약서일 때에는 등기관이 등기를 마친 후에 이를 신청인에게 돌려주어야 한다.

해설

① 신청서가 여러 장일 때에는 신청인 또는 그 대리인이 간인하거나 연결되는 서명을 하여야 하는바, 등기권리자 또는 등기의무자가 여러 명일 때에는 <u>그중 1인</u>이 간인하거나 연결되는 서명을 하여야 한다(규칙 제56조 제2항).

선지분석

② 신청서에 첨부한 서류 중 주민등록표등본·초본과 같이 별도의 방법으로 다시 취득할 수 있는 서류에 대하여는 환부를 청구할 수 없다(규칙 제59조).

③ 자격자대리인이 등기소에 출석하여 서면으로 등기신청을 하는 경우라도 등기소에 제공하여야 하는 도면은 전자문서로 작성하여야 하며, 그 제공은 전산정보처리조직을 이용하여 등기소에 송신하는 방법으로 하여야 한다(규칙 제63조).

④ 신청서에 첨부된 서면이 매매계약서일 때에는 등기관이 등기를 마친 후에 이를 신청인에게 돌려주어야 한다(규칙 제66조).

답 ①

073 다음의 등기신청 중 일괄하여 신청할 수 없는 것은?

① 같은 채권의 담보를 위하여 소유자가 다른 여러 부동산에 대한 저당권설정등기를 신청하는 경우
② 공매처분으로 인한 권리이전등기 및 해당 압류등기의 말소등기를 촉탁하는 경우
③ 매각으로 인한 소유권이전등기 및 해당 경매개시결정등기의 말소등기를 촉탁하는 경우
④ 같은 목적과 원인으로 수인의 공유자가 수인에게 지분의 전부를 이전하는 등기를 신청하는 경우

해설

④ 같은 목적과 원인으로 수인의 공유자가 수인에게 지분의 전부를 이전하는 등기를 신청하는 경우에는 일괄신청할 수 없다(예규 제1363호). 수인의 공유자가 수인에게 지분의 전부 또는 일부를 이전하려고 하는 경우 등기신청인은 등기신청서에 등기의무자들의 각 지분 중 각 ○분의 ○ 지분이 등기권리자 중 1인에게 이전되었는지를 기재하고 신청서는 등기권리자별로 작성하여 제출하거나 또는 등기의무자 1인의 지분이 등기권리자들에게 각 ○분의 ○ 지분씩 이전되었는지를 기재하고 등기의무자별로 신청서를 작성하여 제출하여야 한다. 한 장의 신청서에 함께 기재한 경우 등기관은 이를 수리해서는 아니 된다.

핵심정리 일괄신청이 허용되는 경우

규칙상 허용되는 경우 (규칙 제47조 제1항)	• 같은 채권의 담보를 위하여 소유자가 다른 여러 개의 부동산에 대한 저당권설정등기를 신청 • 공매처분으로 인한 등기를 촉탁하는 경우 • 매각으로 인한 소유권이전등기를 촉탁하는 경우
법령상 허용되는 경우	• 신탁행위에 의한 신탁등기와 소유권이전등기 • 「도시 및 주거환경정비법」상의 소유권보존등기

답 ④

074 등기신청 또는 촉탁정보의 제공방법에 관한 다음 설명 중 가장 옳지 않은 것은? 20 서기보

① 등기의 신청은 1건당 1개의 부동산에 관한 신청정보를 제공하는 방법으로 하는 것이 원칙이다.

② 처분금지가처분의 목적물인 부동산이 여러 개이고 그 부동산별로 피보전권리의 채권자가 다른 경우라도 1개의 부동산처분금지가처분 결정이 있은 경우에는 1개의 촉탁서로 일괄하여 촉탁할 수 있다.

③ 같은 채권의 담보를 위하여 소유자가 다른 여러 개의 부동산에 대한 저당권설정등기를 1건의 신청정보로 일괄하여 제공하는 방법으로 할 수 있다.

④ 등기목적과 등기원인이 동일한 경우에는 여러 개의 부동산에 관한 신청정보 또는 촉탁정보를 일괄하여 제공할 수 있다.

해설

② 1개의 부동산처분금지가처분 결정이 있더라도 그 목적물인 부동산이 여러 개이고 <u>부동산별로 피보전권리의 채권자가 다르다면</u> 가처분등기의 등기목적은 같으나 <u>등기원인이 동일한 경우</u>에 해당하지 아니하므로 일괄촉탁을 할 수 없고 부동산마다 각각 별건으로 촉탁을 하여야 한다(선례 제201906-4호).

선지분석

① 등기의 신청은 1건당 1개의 부동산에 관한 신청정보를 제공하는 방법으로 하는 것이 원칙이다(법 제25조).

③ 같은 채권의 담보를 위하여 소유자가 다른 여러 개의 부동산에 대한 저당권설정등기를 1건의 신청정보로 일괄하여 제공하는 방법으로 할 수 있다(규칙 제47조 제1항).

④ 등기목적과 등기원인이 동일한 경우에는 여러 개의 부동산에 관한 신청정보 또는 촉탁정보를 일괄하여 제공할 수 있다(법 제25조 제1항 단서).

답 ②

075 소유권에 관한 등기에 대한 다음 설명 중 가장 옳지 않은 것은? 20 사무관

① 가설건축물대장에 등록된 농업용 고정식 비닐온실이 철근콘크리트 기초 위에 설치되어 있고, 경량철골구조 및 내구성 10년 이상의 내재해형 장기성 필름(비닐)에 의하여 벽면과 지붕을 구성하고 있다면 소유권보존등기를 신청할 수 있는 독립한 건물로 볼 수 있다.

② 거래부동산이 1개라 하더라도 여러 명의 매도인과 여러 명의 매수인 사이의 매매계약인 경우에는 매매목록을 첨부정보로서 등기소에 제공하여야 한다.

③ 개방형 축사가 건축물대장 생성 당시에는 연면적이 「축사의 부동산등기에 관한 특례법」이 요구하는 면적을 초과하지 않았으나 이후 대장상 소유권이전등록을 받은 자가 이를 증축하여 연면적이 위 법이 요구하는 면적을 초과하게 되었다면 그 개방형 축사에 대하여 대장상 소유권이전등록을 받은 자의 명의로 소유권보존등기를 신청할 수 있다.

④ A부동산을 공유하고 있는 甲과 乙이 매수인 丙과 丁에게 이를 매도한 경우 1개의 신청정보에 甲과 乙을 등기의무자로 표시하고 丙과 丁을 등기권리자로 표시하여 매매를 원인으로 한 소유권이전등기를 신청할 수 있다.

(해설)

④ 수인의 공유자가 수인에게 지분의 전부 또는 일부를 이전하려고 하는 경우 등기신청인은 등기신청서에 등기의무자들의 각 지분 중 각 ○분의 ○ 지분이 등기권리자 중 1인에게 이전되었는지를 기재하고 신청서는 등기권리자별로 작성하여 제출하거나 또는 등기의무자 1인의 지분이 등기권리자들에게 각 ○분의 ○ 지분씩 이전되었는지를 기재하고 등기의무자별로 신청서를 작성하여 제출하여야 한다. 한 장의 신청서에 함께 기재한 경우 등기관은 이를 수리해서는 아니 된다(예규 제1363호).

(선지분석)

① 가설건축물대장에 등록된 농업용 고정식 비닐온실이 철근콘크리트 기초 위에 설치되어 있고, 경량철골구조 및 내구성 10년 이상의 내재해형 장기성 필름(비닐)에 의하여 벽면과 지붕을 구성하고 있다면 소유권보존등기를 신청할 수 있는 독립한 건물로 볼 수 있다(선례 제201903-8호).

② 거래부동산이 1개라 하더라도 여러 명의 매도인과 여러 명의 매수인 사이의 매매계약인 경우에는 매매목록을 첨부정보로서 등기소에 제공하여야 한다(규칙 제124조 제2항).

③ 개방형 축사가 건축물대장 생성 당시에는 연면적이 「축사의 부동산등기에 관한 특례법」이 요구하는 면적을 초과하지 않았으나 이후 대장상 소유권이전등록을 받은 자가 이를 증축하여 연면적이 위 법이 요구하는 면적을 초과하게 되었다면 그 개방형 축사에 대하여 대장상 소유권이전등록을 받은 자의 명의로 소유권보존등기를 신청할 수 있다(선례 제201906-2호).

답 ④

076 등기신청방법에 관한 다음 설명 중 가장 옳지 않은 것은? 22 법무사

① 같은 채권의 담보를 위하여 소유자가 다른 여러 개의 부동산(같은 등기소의 관할 내)에 대한 저당권설정등기를 신청하는 경우 1건의 신청정보로 일괄하여 신청할 수 있다.

② 같은 채권의 담보를 위하여 소유자가 동일한 여러 개의 부동산(같은 등기소의 관할 내)에 대한 저당권설정등기를 신청하는 경우 1건의 신청정보로 일괄하여 신청할 수 있는 이유는 등기목적과 등기원인이 동일하기 때문이다.

③ 동일한 부동산에 대하여 순위번호가 다른 수개의 근저당권이 설정되어 있으나 채무자 변경계약의 당사자가 동일하다면 하나의 신청서에 변경할 근저당권의 표시를 모두 기재하여 동시에 그 변경등기를 신청할 수 있다.

④ 신탁계약을 원인으로 한 소유권이전등기의 신청과 신탁등기의 신청은 1건의 신청정보로 일괄하여 신청할 수 있다.

⑤ 동일 부동산에 관하여 동일인 명의로 수개의 근저당권설정등기가 되어 있는 경우 근저당권자의 주소변경을 원인으로 한 위 수개의 등기명의인 표시의 변경등기는 1개의 신청서에 일괄하여 신청할 수 있다.

(해설)

④ 신탁등기의 신청은 해당 신탁으로 인한 권리의 이전 또는 보존이나 설정등기의 신청과 함께 1건의 신청정보로 일괄하여 하여야 한다(규칙 제139조 제1항).

(선지분석)

① 등기목적과 등기원인이 동일하거나 그 밖에 대법원규칙으로 정하는 경우에는 같은 등기소의 관할 내에 있는 여러 개의 부동산에 관한 신청정보를 일괄하여 제공하는 방법으로 할 수 있다(법 제25조 제1항 단서). 같은 채권의 담보를 위하여 소유자가 다른 여러 개의 부동산에 대한 저당권설정등기를 신청하는 경우 규칙 제47조 제1항 제1호에 의하여 일괄하여 신청할 수 있다.

② 등기목적과 등기원인이 동일하거나 그 밖에 대법원규칙으로 정하는 경우에는 같은 등기소의 관할 내에 있는 여러 개의 부동산에 관한 신청정보를 일괄하여 제공하는 방법으로 할 수 있다(법 제25조 제1항 단서). 따라서 같은 채권의 담보를 위하여 소유자가 동일한 여러 개의 부동산(같은 등기소 관할 내)에 대한 저당권설정등기는 등기원인과 등기목적이 같고, 같은 관할 내에 있는 부동산이라면 일괄신청할 수 있다.

③ 근저당권의 기본계약상의 채무자 지위를 채권자 및 신.구채무자 사이의 3면계약에 의하여 교환적으로 승계하거나 추가적으로 가입하는 경우에는 "채무자 변경계약"을 등기원인으로 하여 근저당권의 채무자변경등기를 신청할 수 있으며, 그 경우 동일한 부동산에 대하여 순위번호가 다른 수개의 근저당권이 설정되어 있으나 채무자 변경계약의 당사자가 동일하다면 하나의 신청서에 변경할 근저당권의 표시를 모두 기재하여 동시에 그 변경등기를 신청할 수 있다(선례 제3-591호).

⑤ 동일 부동산에 관하여 동일인 명의로 수개의 근저당권설정등기가 되어 있는 경우 근저당권자의 주소변경을 원인으로 한 위 수개의 등기명의인의 표시 변경등기는 1개의 신청서에 일괄하여 신청할 수 있으며, 위 등기신청을 하지 않더라도 다음 순위의 새로운 근저당권설정등기를 신청할 수 있다(선례 제2-40호).

답 ④

제1관　등기원인을 증명하는 정보

> **077** 등기원인을 증명하는 정보와 관련된 다음 설명 중 가장 옳지 않은 것은?　　　15 법무사
>
> ① 근저당권설정등기신청서에 등기원인을 증명하는 정보로서 첨부하는 근저당권설정계약서에는 채무자의 인영이 날인되어 있어야 한다.
> ② 규약상 공용부분이라는 뜻의 등기의 신청서에 첨부된 규약 또는 공정증서는 등기관이 등기를 마친 후에 이를 신청인에게 돌려주어야 한다.
> ③ 신탁계약에 의하여 소유권을 이전하는 경우에는 등기원인을 증명하는 정보에 검인을 받아 제공하여야 한다.
> ④ 개명으로 인한 등기명의인표시변경등기신청의 등기원인을 증명하는 정보는 기본증명서(「가족관계의 등록 등에 관한 법률」 제15조 제1항 제2호)이다.
> ⑤ 제적부 등·초본, 가족관계 등록사항별 증명서는 상속등기의 등기원인을 증명하는 정보가 될 수 있다.

해설

① 근저당권설정등기신청서에 등기원인을 증명하는 정보로서 첨부하는 근저당권설정계약서에는 채무자의 인영이 날인되어 있을 필요가 없다(선례 제6-32호).

선지분석

② 신청서에 첨부된 등기원인을 증명하고 있는 정보를 담고 있는 서면이 법률행위의 성립을 증명하는 서면이거나 그 밖에 대법원 예규로 정하는 서면일 때에는 등기관이 등기를 마친 후에는 이를 신청인에게 <u>돌려주어야 한다</u>(규칙 제66조 참조).

③ <u>신탁행위에 의한 신탁등기</u>를 신청하는 경우에는 당해 부동산에 대하여 신탁행위가 있었음을 증명하는 정보(신탁계약서 등)를 등기원인을 증명하는 정보로서 제공하여야 하고, 특히 신탁계약에 의하여 소유권을 이전하는 경우에는 등기원인을 증명하는 정보에 <u>검인을 받아</u> 제공하여야 한다(예규 제1673호).

④ 개명으로 인한 등기명의인표시변경등기 신청 시 등기소에 제출하여야 하는 등기원인을 증명하는 서면은 '기본증명서'이다(선례 제201203-5호).

답 ①

078 「부동산등기 특별조치법」에 따른 검인과 관련한 다음 설명 중 가장 옳지 않은 것은?

① 등기원인을 증명하는 서면이 판결서이더라도 계약을 원인으로 소유권이전등기를 신청하는 경우에는 그 판결서에 검인을 받아 제출하여야 한다.

② 토지거래허가구역 안의 토지 및 건물에 대한 소유권이전등기신청을 할 때에 토지에 대하여 허가증을 받은 경우에는 건물에 대하여만 검인을 받으면 된다.

③ 예약을 원인으로 가등기를 신청할 때에는 검인을 받지 않아도 된다.

④ 부동산에 관한 매매계약을 체결하고 실제 매매가격 등 일정한 사항을 관할 시장·군수 또는 구청장에게 신고하여 신고필증을 발급받은 때에는 검인을 받은 것으로 본다.

(해설)

② 토지거래허가구역 안의 토지 및 건물에 대한 소유권이전등기 신청 시, 토지에 대하여 토지거래 허가증 또는 신고필증을 교부받은 경우 건물에 대하여 별도로 「부동산등기 특별조치법」상의 검인을 받지 않아도 등기신청을 할 수 있을 것이다(선례 제5-49호).

(선지분석)

① 등기원인을 증명하는 서면이 판결서이더라도 계약을 원인으로 소유권이전등기를 신청하는 경우에는 그 판결서에 검인을 받아 제출하여야 한다(예규 제1419호).

③ 소유권이전을 내용으로 한 예약(계약)을 원인으로 하여 소유권이전등기청구권 보전의 가등기를 신청할 때 제출하는 등기원인증서에는 검인이 되어 있지 않아도 무방하나, 그 가등기에 터 잡은 본등기를 신청할 때 제출하는 등기원인증서에는 검인이 되어 있어야 한다(예규 제1419호).

④ 부동산에 관한 매매계약을 체결하고 실제 매매가격 등 일정한 사항을 관할 시장·군수 또는 구청장에게 신고하여 신고필증을 발급받은 때에는 검인을 받은 것으로 본다(「부동산 거래신고 등에 관한 법률」 제3조 제5항).

핵심정리 검인을 요하지 않는 경우

요건	부동산에 대한 계약을 원인으로 소유권이전등기를 신청하는 경우
부동산	선박, 입목, 재단등기
계약 (「민법」 제186조)	수용(cf 공공용지 협의취득 – 검인을 받아야 함), 상속, 매각 또는 공매, 취득시효완성을 원인으로 하는 소유권이전등기, 진정명의회복을 원인으로 하는 소유권이전등기, 공유자 중 일부가 그 지분을 포기함으로써 남은 공유자에게 권리귀속으로 인한 소유권이전등기를 신청
소유권 이전	• 소유권이전청구권보전의 가등기(cf 가등기에 기한 본등기 – 검인받아야 함) • 소유권이전등기말소신청의 등기원인증서가 매매계약해제증서인 경우
간주	• 토지거래허가구역안의 토지에 대하여 토지거래계약허가증을 교부받은 경우 • 토지거래허가구역 안의 토지 및 건물에 대한 소유권이전등기 신청 시 토지에 대하여 허가증을 받은 경우 건물에 대한 검인(건물에 대해 검인 필요 없음) • 부동산거래신고를 한 경우
기타	계약의 일방당사자가 국가 또는 지방자치단체인 경우

답 ②

079 종중의 농지취득에 관한 다음 설명 중 가장 옳지 않은 것은?   13 주사보

① 종중이 위토를 목적으로 새로이 농지를 취득하는 것은 허용되지 않는다.
② 농지개혁 당시 위토대장에 등재된 기존 위토인 농지는 당해 농지가 위토대장에 등재되어 있음을 확인하는 내용의 위토대장 소관청 발급의 증명서를 첨부하여 종중 명의로 소유권 이전등기를 신청할 수 있다.
③ 종중이 명의신탁해지를 원인으로 하는 소유권이전등기 청구소송에서 승소한 경우에는 농지에 대한 소유권이전등기를 신청할 수 있다.
④ 도시지역(녹지지역 제외) 내의 농지에 대하여는 종중이 농지취득자격증명을 발급 받지 아니하고 소유권이전등기를 신청할 수 있다.

해설

③ 종중은 원칙적으로 농지를 취득할 수 없으므로 <u>종중이 농지에 대하여 명의신탁해지를 원인으로 한 소유권이전등기 청구소송에서 승소판결을 받았더라도</u>, 농지개혁 당시 위토대장에 등재된 기존 위토인 농지에 한하여 당해 농지가 위토대장에 종중 명의로 등재되어 있음을 확인하는 내용의 위토대장 소관청 발급의 증명서를 첨부정보로 제공하거나 토지의 실제 현황이 「농지법」 제2조에 따른 농지가 아니라는 사실이 관할 시장, 구청장, 읍장 또는 면장이 발행한 서면에 의하여 증명되는 경우 외에는, <u>종중 명의로의 소유권이전등기를 신청할 수 없다</u>(선례 제7-475호).

> **📋 선례** 종중과 농지에 대한 선례 정리
>
> **1. 위토대장에 등재된 기존 위토인 농지**
> <u>농지개혁 당시 위토대장에 등재된 기존 위토인 농지에 한하여 당해 농지가 위토대장에 등재되어 있음을 확인하는 내용의 위토대장 소관청 발급의 증명서를 첨부하여 종중 명의의 소유권이전을 신청할 수 있다.</u>
> 종중이 신탁해지를 원인으로 하는 소유권이전등기소송에서 승소한 경우에도 위토대장을 첨부하지 아니하여 농지에 대한 소유권이전등기를 신청할 수 없다(선례 제7-475호).
>
> **2. 농지전용허가를 받거나 농지전용신고를 한 경우**
> 농지전용허가를 받거나 농지전용신고를 한 해당 농지를 취득한 경우에는 농지취득자격증명을 받아 그 소유권이전등기신청서를 첨부하여야 한다(선례 제201304-4호 등).
>
> **3. 도시지역 중 주거지역내 농지로 지정된 경우**
> 도시지역 안의 농지가 「국토의 계획 및 이용에 관한 법률」 제36조 제1항의 도시지역 중 주거지역으로 지정된 경우에 종중명의로 소유권이전등기가 가능하며, 소유권이전등기신청서에 농지취득자격증명도 첨부할 필요가 없다(선례 제201202-6호).
>
> **4. 공유물분할 등의 경우**
> <u>종중이 자연인과 공유하고 있는 수필지의 농지를 공유물분할하는 경우 그에 따른 등기는 농지취득자격증명을 제출함이 없이</u> 신청할 수 있다(선례 제6-573호).
>
> **5. 농지의 교환·분할·합병 후 등기신청**
> 종중이 농지의 집단화를 위하여 다른 토지 소유자와 상호 협의에 의하여 「농어촌정비법」 제43조 제4항의 규정에 의한 농지의 교환·분할·합병을 시행한 후 그에 따른 등기를 신청하는 경우에도 <u>농지취득자격증명을 첨부할 필요 없이</u> 소유권이전등기를 할 수 있다.

답 ③

080 농지취득자격증명에 관한 설명 중 가장 옳지 않은 것은?

① 농지에 관하여 매매 등을 원인으로 하여 소유권이전등기절차이행을 명하는 판결에 의한 소유권이전등기신청 시에도 반드시 농지취득자격증명을 첨부하여야 한다.

② 등기관은 지목에 상관없이 실제로 농작물 경작지로 이용되는 토지인지 여부를 실질적으로 판단하여 농지취득자격증명을 요구할 수 있다.

③ 농지의 매매예약에 기한 소유권이전청구권 보전 가등기신청의 경우에는 농지취득자격증명을 첨부할 필요가 없다.

④ 농지에 대한 저당권이나 지상권을 설정하는 경우에는 농지취득자격증명이 필요하지 않다.

(해설)

② 형식적 심사권한 밖에 없는 등기관은 농지 여부를 판단함에 있어서는 토지대장상 그 지목이 농지라면 현황이 농지가 아니라는 소관청의 확인이 없는 이상 농지취득자격증명을 요구할 수밖에 없다.

(선지분석)

① 농지에 관하여 매매 또는 약정을 원인으로 하여 소유권이전등기 절차이행을 명한 판결에 의하여 소유권이전등기를 신청함에 있어서는 반드시 농지취득자격증명을 첨부하여야 한다(선례 제7-463호).

③ 농지에 대한 소유권이전청구권가등기의 신청서에는 농지취득자격증명을 첨부할 필요가 없으나, 토지거래허가구역 내의 토지에 대한 소유권이전청구권가등기의 신청서에는 토지거래허가서를 첨부하여야 한다(예규 제1632호).

📝 핵심정리 농지취득자격증명정보 제공 여부

농지취득자격증명 첨부 ○	농지취득자격증명 첨부 ×
자연인 또는 농업조합법인, 농업회사법인이 농지에 대하여 매매, 증여, 교환, 양도, 담보, 명의신탁해지, 「신탁법」상의 신탁(신탁목적과 관계없이) 또는 신탁해지, 사인증여, 계약해제, 공매, 상속인 이외의 자에 대한 특정적 유증 등을 등기원인으로 하여 소유권이전등기를 신청하는 경우	상속 및 포괄유증, 상속인에 대한 특정적 유증, 취득시효완성, 공유물분할, 재산분할, 매각, 진정명의회복, 유류분반환, 농업법인의 합병을 원인으로 하여 소유권이전등기를 신청하는 경우

농지취득자격증명 첨부 ○	농지취득자격증명 첨부 ×		
「초·중등교육법」 및 「고등교육법」에 의한 학교, 「농지법 시행규칙」 제4조 별표2에 해당하는 공공단체 등이 그 목적사업을 수행하기 위하여 농지를 취득하여 소유권이전등기를 신청하는 경우	• 도시지역 내의 농지(주거지역, 상업지역, 공업지역)에 대한 소유권이전등기를 신청하는 경우 • 다만 도시지역 중 녹지지역 안의 농지에 대하여는 도시계획시설사업에 필요한 농지에 한함		

농지		첨부 여부
주거지역		×
상업지역		×
공업지역		×
녹지지역	원칙	○
	예외	× (도시계획시설사업에 필요한 농지)

농지취득자격증명 첨부 ○	농지취득자격증명 첨부 ×
국가나 지방자치단체로부터 농지를 매수하여 소유권이전등기를 신청하는 경우(즉, 매도인이 국가나 지방자치단체인 경우)	국가나 지방자치단체가 농지를 취득하여 소유권이전등기를 신청하는 경우(즉, 매수인이 국가나 지방자치단체인 경우)
농지전용허가를 받거나 농지전용신고를 한 농지에 대하여 소유권이전등기를 신청하는 경우	「농지법」 제36조 제2항에 의한 농지전용협의를 완료한 농지를 취득하여 소유권이전등기를 신청하는 경우
동일 가구(세대)내 친족 간의 매매 등을 원인으로 하여 소유권이전등기를 신청하는 경우	• 「공익사업을 위한 토지 등의 취득 및 보상에 관한 법률」에 의한 수용 및 협의취득을 원인으로 하여 소유권이전등기를 신청하는 경우 • 「징발재산 정리에 관한 특별조치법」 제20조, 「공익사업을 위한 토지 등의 취득 및 보상에 관한 법률」 제91조의 규정에 의한 환매권자가 환매권에 기하여 농지를 취득하여 소유권이전등기를 신청하는 경우

- 피상속인이 매수한 농지에 관하여 공동상속인들은 매도인인 현재의 등기기록상 소유자와 공동으로 상속지분에 따른 소유권이전등기를 신청하는 경우(선례 제5-714호)
- 농지에 대하여 소유권이전등기절차 이행을 구하는 소송을 제기하여 승소판결을 받은 자가 등기 전에 사망하여 상속이 개시된 때 및 피상속인이 신탁한 부동산에 대하여 상속인들이 신탁해지를 원인으로 소유권이전등기 소송을 제기하여 승소판결을 받은 경우, 이 판결에 의한 소유권이전등기 시에는 상속인들 명의의 농지취득자격증명을 첨부하여야 한다(선례 제5-718호).

- 토지거래계약허가를 받은 농지에 대하여 소유권이전등기를 신청하는 경우
- 농지에 대하여 소유권이전등기청구권 보전의 가등기를 신청하는 경우(종중의 경우에도)
- 농지에 대한 (근)저당권·전세권설정등기를 신청하는 경우
- 상속등기 후 상속재산의 협의분할을 원인으로 경정등기를 신청하는 경우

답 ②

081 농지의 소유권이전등기와 관련된 다음 설명 중 가장 옳지 않은 것은?　　15 사무관

① 종중이 농지취득을 위하여 「농지법」 제6조 제2항 제7호에 따른 농지전용허가를 받고 그 소유권이전등기신청서에 농지취득자격증명을 첨부하였더라도 등기관은 그 소유권이전등기신청을 각하하여야 한다.

② 국가나 지방자치단체로부터 농지를 매수하여 소유권이전등기를 신청하는 경우 및 농지전용허가를 받거나 농지전용신고를 한 농지에 대하여 소유권이전등기를 신청하는 경우 농지취득자격증명을 첨부하여야 한다.

③ 상속 및 포괄유증, 상속인에 대한 특정적 유증, 취득시효완성, 공유물 분할, 진정한 등기명의 회복, 농업법인의 합병 등을 원인으로 하여 소유권이전등기를 신청하는 경우 농지취득자격증명을 첨부할 필요가 없다.

④ 공매절차에 의한 매각의 경우 공매 부동산이 「농지법」이 정한 농지인 때에는 매각결정과 대금납부가 이루어졌다고 하더라도 농지취득자격증명을 발급받지 못한 이상 소유권을 취득할 수 없다.

해설

① 종중이 농지취득을 위하여 「농지법」 제6조 제2항 제7호에 따른 농지전용허가를 받고 그 소유권이전등기신청서에 농지취득자격증명을 첨부하여 종중 명의로 소유권이전등기를 할 수 있다(선례 제201304-4호).

선지분석

② 국가나 지방자치단체로부터 농지를 매수하여 소유권이전등기를 신청하는 경우 및 농지전용허가를 받거나 농지전용신고를 한 농지에 대하여 소유권이전등기를 신청하는 경우, 농지취득자격증명을 첨부하여야 한다(예규 제1635호). 이와 달리 국가나 지방자치단체가 농지를 취득하거나 농지전용협의를 완료한 농지를 취득하는 경우에는 농지취득자격증명을 첨부할 필요는 없다.

③ 상속 및 포괄유증, 상속인에 대한 특정적 유증, 취득시효완성, 유류분 반환, 공유물 분할, 진정한 등기명의 회복, 농업법인의 합병 등을 원인으로 하여 소유권이전등기를 신청하는 경우 농지취득자격증명을 첨부할 필요가 없다(예규 제1635호).

④ 매각과 달리 농지에 대한 성업공사의 공매처분에 의하여 세무서가 소유권이전등기촉탁을 하는 경우에도 농지취득자격증명을 첨부하여야 한다(선례 제3-859호).

답 ①

082 농지의 취득에 대한 농지취득자격증명에 관한 다음 설명 중 가장 옳지 않은 것은? 18 서기보

① 자연인이 매매를 원인으로 소유권이전등기를 신청하는 경우에는 원칙적으로 농지취득자격 증명을 첨부하여야 한다.

② 법인이 도시지역의 주거지역 내의 농지에 대한 소유권이전등기를 신청하는 경우에는 농지 취득자격증명을 첨부하여야 한다.

③ 상속 및 포괄유증, 시효취득, 공유물분할을 원인으로 소유권이전등기를 신청하는 경우에는 농지취득자격증명을 첨부할 필요가 없다.

④ 국가나 지방자치단체로부터 농지를 매수하여 소유권이전등기를 신청하는 경우에는 농지취 득자격증명을 첨부하여야 한다.

해설

② 법인이 <u>도시지역의 주거지역 내의 농지</u>에 대한 소유권이전등기를 신청하는 경우에는 농지취득자격증명을 첨부할 필요가 없다(예규 제1635호).

선지분석

④ 국가나 지방자치단체로부터 농지를 매수하여 소유권이전등기를 신청하는 경우에는 농지취득자격증명을 첨부하여야 한다(즉, 매수인이 일반 사인인 경우는 농지취득자격증명을 첨부하여야 함)(예규 제1635호).

답 ②

083 농지에 대한 등기신청에 관한 다음 설명 중 가장 옳지 않은 것은? 18 주사보

① 농지에 대한 소유권이전등기를 신청할 때에 「부동산 거래신고 등에 관한 법률」 제11조에 따른 토지거래계약허가증을 첨부정보로서 제공한 경우에는 별도로 농지취득자격증명을 제공할 필요가 없다.

② 종중도 농지전용허가를 받으면 해당 농지에 대하여 농지취득자격증명을 첨부정보로서 제공하여 종중 명의로 소유권이전등기를 신청할 수 있다.

③ 법원이 농지에 대하여 매각을 원인으로 소유권이전등기를 촉탁할 때에는 농지취득자격증명을 첨부정보로서 제공할 필요가 없다.

④ 농지에 대하여 소유권보존등기를 신청할 때에도 원칙적으로 농지취득자격증명을 첨부정보로서 제공하여야 한다.

(해설)

④ 농지에 대하여 소유권이전등기를 신청할 때에도 원칙적으로 농지취득자격증명을 첨부정보로서 제공하여야 하지, 소유권보존등기를 신청할 때는 제공할 필요가 없다(「농지법」 제8조 제4항).

(선지분석)

① 농지에 대한 소유권이전등기를 신청할 때에 「부동산 거래신고 등에 관한 법률」 제11조에 따른 토지거래계약허가증을 첨부정보로서 제공한 경우에는 별도로 농지취득자격증명을 제공할 필요가 없다(같은 법 제20조 제1항).

② 종중도 농지전용허가를 받으면 해당 농지에 대하여 농지취득자격증명을 첨부정보로서 제공하여 종중 명의로 소유권이전등기를 신청할 수 있다(선례 제201304-4호).

③ 법원이 농지에 대하여 매각을 원인으로 소유권이전등기를 촉탁할 때에는 농지취득자격증명을 첨부정보로서 제공할 필요가 없다(예규 제1635호).

답 ④

084 다음은 토지거래계약에 관한 허가증의 제출과 관련한 설명이다. 가장 옳은 것은? 12 서기보

① 소유권이전등기를 신청할 당시 또는 등기원인인 계약을 체결할 당시에 허가대상 토지가 아닌 경우에는 토지거래계약허가증을 제출할 필요가 없다.

② 소유권이전청구권가등기를 신청하는 경우에도 토지거래계약허가증을 제출하여야 하지만 지상권이나 전세권설정등기를 신청하는 경우에는 제출할 필요가 없다.

③ 토지거래계약허가를 받아 소유권이전등기를 한 후 그 매매계약의 일부해제를 원인으로 소유권일부말소의미의 경정등기를 신청하는 경우에는 토지거래계약허가증을 제출할 필요가 없다.

④ 가등기를 신청하면서 토지거래계약허가증을 제출하였더라도 그 가등기에 의한 본등기를 신청하려면 토지거래계약허가증을 다시 제출하여야 한다.

해설

① 허가대상이 되는 거래계약은 허가구역의 지정 후에 체결된 거래계약(매매예약완결 의사표시가 있는 것으로 간주되는 경우) 또는 예약만을 의미하므로, 비록 등기신청을 허가구역의 지정 이후에 하더라도 그 계약의 체결일자가 허가구역 지정 이전인 경우에는 등기신청서에 토지거래계약허가증의 첨부를 요하지 않는다.

선지분석

③ 토지거래허가구역내의 토지에 대하여 토지거래계약허가를 받아 매매를 원인으로 한 소유권이전등기를 경료한 후 그 매매계약의 일부를 해제하는 것은 당초에 허가받은 토지거래계약을 변경하고자 하는 경우에 해당한다 할 것이므로, 그 해제를 원인으로 한 소유권 일부말소의미의 소유권경정등기를 신청하기 위해서는 관할청의 허가서를 첨부하여야 한다(선례 제7-47호).

핵심정리 토지거래계약 허가 여부

구분	토지거래계약 허가 ○	토지거래계약 허가 ×
유상계약 (대가는 금전에 한하지 않음)	교환, 대물변제, 현물출자, 부담부 증여	증여계약, 지료의 지급이 없는 지상권계약, 공유지분의 포기, 신탁 및 신탁해지, 명의신탁 해지, 진정명의회복, 시효취득, 회사분할, 재산분할, 유증, 상속, 「공익사업을 위한 토지 등의 취득 및 보상에 의한 법률」에 의한 토지수용·「민사집행법」에 의한 경매 등
소유권과 지상권에 관한 계약	소유권이전, 지상권설정·이전계약	임차권이나 전세권의 계약과 저당권설정계약
예약	• 소유권이전이나 지상권설정을 목적으로 하는 가등기 신청의 경우(그 가등기가 소유권이전등기청구권보전을 위한 가등기이든 채권담보를 목적으로 한 담보가등기이든 불문) • 가등기가처분명령에 따른 가등기 • 매매예약에 의하여 가등기를 한 후 그 토지가 토지거래계약허가구역으로 지정되고 나서 본등기를 신청하는 경우 **예약완결권 의사표시 간주시기** • 지정 전: 본등기 시 허가증(×) • 지정 후: 본등기 시 허가증(○)	가등기 신청 당시 토지거래허가증을 제출한 경우 본등기 신청 시
계약내용을 변경하는 경우	• 토지거래허가신청서를 제출하고 그 허가를 받기 전에 매도인이 사망한 경우에 실질적인 계약내용의 변경이 없다면 상속인은 매도인 명의의 토지거래허가증에 상속사실을 증명하는 서면을 첨부하여 등기신청을 할 수 있음 • 토지거래허가를 받아 매매를 원인으로 한 소유권이전등기를 마친 후에 그 매매계약의 일부 해제를 원인으로 한 소유권경정등기를 신청하는 경우	토지거래계약허가증의 매매예정금액과 매매계약서의 매매금이 서로 다른 경우(선례 제5-75호)

답 ①

085 농지 취득과 관련된 등기절차에 대한 설명 중 가장 옳지 않은 것은?

① 「농지법」에 따라 농지전용허가를 받거나 농지전용신고를 한 자가 그 농지를 취득하는 경우에는 농지취득자격증명을 첨부할 필요가 없다.

② 농지는 전·답, 과수원, 그 밖에 법적 지목을 불문하고 실제 토지현상이 농작물의 경작지로 이용되고 있는지 여부로 판단하는 현황주의가 일반적이다.

③ 도시지역 내의 농지의 경우 농지취득자격증명이 필요 없다. 다만, 도시지역 중 녹지지역의 농지는 도시·군계획시설에 필요한 경우에 한하여 농지취득자격증명이 필요 없다.

④ 종중은 원칙적으로 농지를 취득할 수 없으나 해당 농지가 영농여건불리농지(「농지법」 제6조 제2항 제9호의2)라면 예외적으로 이를 취득할 수 있으므로, 종중이 그 농지에 대하여 농지취득자격증명을 발급받았다면 이를 첨부정보로서 제공하여 종중 앞으로 소유권이전등기를 신청할 수 있다.

해설

① 「농지법」에 따라 농지전용허가를 받거나 농지전용신고를 한 자가 그 농지를 취득하는 경우에는 농지취득자격증명을 첨부하여야 한다(예규 제1635호).

선지분석

③ 도시지역 내의 농지의 경우 농지취득자격증명이 필요 없다. 다만, 도시지역 중 녹지지역의 농지는 도시·군계획시설에 필요한 경우에 한하여 농지취득자격증명이 필요 없다(예규 제1635호).

④ 종중은 원칙적으로 농지를 취득할 수 없으나 해당 농지가 영농여건불리농지(「농지법」 제6조 제2항 제9호의2)라면 예외적으로 이를 취득할 수 있으므로, 종중이 그 농지에 대하여 농지취득자격증명을 발급받았다면 이를 첨부정보로서 제공하여 종중 앞으로 소유권이전등기를 신청할 수 있다(선례 제201905-3호).

답 ①

086 등기신청에 필요한 첨부정보에 관한 다음 설명 중 가장 옳지 않은 것은?

① 계약을 원인으로 소유권이전등기를 신청할 때에 등기원인증서가 집행력 있는 판결서인 때에는 판결서에 검인을 받아 제출하여야 한다.

② 소유권이전등기를 신청할 때에는 해당 허가서의 현존사실이 판결서에 기재되어 있다 하더라도 행정관청의 허가를 증명하는 서면을 반드시 제출하여야 한다.

③ 상속 및 포괄유증, 공유물분할, 매각, 진정한 등기명의 회복을 원인으로 하여 소유권이전등기를 신청하는 경우에는 농지취득자격증명이 필요 없다.

④ 신탁재산 귀속을 원인으로 위탁자 외의 수익자에게 소유권이전등기 및 신탁등기 말소등기를 신청하는 경우에는 신탁재산의 귀속이 대가에 의한 것이라도 토지거래허가구역에서 토지거래계약허가증을 첨부할 필요가 없다.

해설

④ 토지거래허가구역으로 지정된 토지에 대하여 신탁등기를 경료한 이후 신탁이 종료함에 따라 '신탁재산귀속'을 원인으로 <u>위탁자 이외의 수익자나 제3자 명의로의 소유권이전 및 신탁등기말소를 신청하는 경우</u> 신탁재산의 귀속이 대가에 의한 것인 때에는 토지거래계약허가증을 첨부하여야 한다(선례 제201101-1호).

선지분석

① 계약을 등기원인으로 하여 1990. 9. 2. 이후 소유권이전등기를 신청할 때에는 계약의 일자 및 종류를 불문하고 검인을 받은 계약서 원본 또는 검인을 받은 판결서(화해·인낙·조정조서를 포함함)정본을 등기원인증서로 제출하여야 한다(예규 제1419호).

② 소유권이전등기를 신청할 때에는 해당 허가서 등의 현존사실이 판결서 등에 기재되어 있다 하더라도 행정관청의 허가 등을 증명하는 서면을 반드시 제출하여야 한다(예규 제1607호).

③ 상속 및 포괄유증, 상속인에 대한 특정적 유증, 취득시효완성, 공유물분할, 매각, 진정한 등기명의 회복, 농업법인의 합병을 원인으로 하여 소유권이전등기를 신청하는 경우 농지취득자격증명정보를 제공할 필요가 없다(예규 제1634호).

답 ④

087 토지거래계약허가에 관한 다음 설명 중 가장 옳지 않은 것은? 17 주사보

① 일단의 토지이용을 위하여 토지거래계약을 체결한 후 3년 안에 다시 같은 사람과 나머지 토지의 전부 또는 일부에 대하여 거래계약을 체결한 경우에는 그 일단의 토지 전체에 대한 거래로 보아 허가대상 유무를 판단한다.

② 진정명의의 회복을 원인으로 한 소유권이전등기의 경우에는 허가의 대상이 아니다.

③ 소유권이전이나 지상권설정을 목적으로 하는 가등기신청의 경우 토지거래계약허가증을 첨부하여야 한다.

④ 신탁종료로 인하여 소유권이전 및 신탁등기말소를 신청하는 경우 그 등기권리자가 위탁자 이외의 수탁자나 제3자이고 신탁재산의 귀속이 대가에 의한 것인 때에는 신청서에 토지거래계약허가증을 첨부하여야 한다.

해설

① 면적을 산정할 때 일단의 토지이용을 위하여 토지거래계약을 체결한 날부터 1년 이내에 일단(一團)의 토지 일부에 대하여 토지거래계약을 체결한 경우에는 그 일단의 토지 전체에 대한 거래로 본다(「부동산 거래신고 등에 관한 법률 시행령」 제9조 제2항).

선지분석

② 진정명의의 회복을 원인으로 한 소유권이전등기는 대가를 받고 이전하는 경우에 해당하지 않으므로 허가의 대상이 아니다(예규 제1631호).

④ 신탁종료로 인하여 소유권이전 및 신탁등기말소를 신청하는 경우 그 등기권리자가 <u>위탁자 이외의 수탁자나 제3자이고 신탁재산의 귀속이 대가에 의한 것인 때에는</u> 신청서에 토지거래계약허가증을 첨부하여야 한다(선례 제201101-1호).

답 ①

088 토지거래계약허가증의 제출에 관한 다음 설명 중 가장 옳지 않은 것은?   18 주사보

① 허가구역을 지정할 당시 허가대상면적을 초과하는 토지는 허가구역지정 후 허가기준 미만으로 분할하여 거래하는 경우에도 최초의 거래에 한하여 분할된 토지를 허가대상 면적을 초과하는 토지로 보아 허가를 받아야 한다.
② 허가대상이 되는 토지거래계약은 허가구역 내에 있는 토지에 대하여 대가를 받고 소유권, 지상권을 이전 또는 설정하는 계약 또는 예약이다.
③ 매매계약은 체결 일자가 허가구역 지정 전이라고 하더라도 등기신청을 허가구역 지정 후에 하는 경우에는 토지거래계약허가증을 첨부하여야 한다.
④ 농지에 대하여 토지거래계약허가를 받은 경우에는 등기원인증서에 「부동산등기 특별조치법」 제3조에 따른 검인을 받을 필요는 없다.

(해설)

③ 허가대상이 되는 거래계약은 허가구역 지정 후에 체결된 거래계약 또는 예약만을 의미한다. 따라서 매매계약은 체결 일자가 허가구역 지정 전이고 등기신청을 허가구역 지정 후에 하는 경우에는 토지거래계약허가증을 첨부할 필요가 없다(예규 제1634호).

(선지분석)

① 허가구역을 지정할 당시 허가대상면적을 초과하는 토지는 허가구역지정 후 허가기준 미만으로 분할하여 거래하는 경우에도 최초의 거래에 한하여 분할된 토지를 허가대상 면적을 초과하는 토지로 보아 허가를 받아야 한다(선례 제3-559호).
④ 농지에 대하여 토지거래계약허가를 받은 경우에는 등기원인증서에 「부동산등기 특별조치법」 제3조에 따른 검인을 받을 필요는 없다(예규 제1634호).

답 ③

089 등기신청에 첨부하여야 하는 토지거래계약허가증에 관한 다음 설명 중 가장 옳지 않은 것은?

19 서기보

① 토지거래계약 허가구역 내에 있는 토지에 대하여 증여계약을 체결하고 이에 따른 소유권이전등기를 신청하는 경우에는 토지거래계약허가증을 제공하여야 한다.

② 토지거래계약 허가구역 내에 있는 토지에 대하여 지료가 있는 지상권설정계약을 체결하고 그에 따른 등기를 신청하는 경우에는 토지거래계약허가증을 제공하여야 한다.

③ 허가대상 면적을 초과하는 토지를 허가구역지정 후에 허가대상 면적 미만으로 분할하여 거래하였다면 그 분할된 토지에 대한 최초의 거래에 따른 소유권이전등기를 신청하는 경우에는 토지거래계약허가증을 제공하여야 한다.

④ 토지에 대한 매매계약의 체결 일자가 허가구역 지정 전이라면 허가구역으로 지정된 후에 등기를 신청하더라도 토지거래계약허가증을 제공할 필요가 없다.

해설

① 토지거래계약 허가의 대상이 되는 계약은 '대가'를 받는 유상계약을 의미한다. 따라서 토지거래계약 허가구역 내에 있는 토지에 대하여 증여계약을 체결하고 이에 따른 소유권이전등기를 신청하는 경우에는 토지거래계약허가증을 제공할 필요가 없다.

선지분석

② 토지거래계약 허가의 대상이 되는 계약은 '대가'를 받는 유상계약을 의미한다. 따라서 토지거래계약 허가구역 내에 있는 토지에 대하여 지료가 있는 지상권설정계약을 체결하고 그에 따른 등기를 신청하는 경우에는 토지거래계약허가증을 제공하여야 한다.

③ 허가구역을 <u>지정할 당시 허가대상면적을 초과하는</u> 토지는 허가구역지정 후 허가기준 미만으로 분할하여 거래하는 경우에도 최초의 거래에 한하여 분할된 토지를 허가대상 면적을 초과하는 토지로 보아 허가를 받아야 한다(선례 제3-559호).

④ 토지에 대한 매매계약의 체결 일자가 허가구역 지정 전이라면 허가구역으로 지정된 후에 등기를 신청하더라도 토지거래계약허가증을 제공할 필요가 없다(선례 제3-171호, 제5-81호).

답 ①

090 토지거래허가구역 안에 있는 토지에 대한 등기절차에 관한 다음 설명 중 가장 옳지 않은 것은?

19 주사보

① 토지거래계약허가증을 등기신청서에 첨부한 때에는 등기원인증서에 검인을 받을 필요가 없으며, 농지라도 농지취득자격증명을 제출할 필요가 없다.

② 가등기를 신청할 당시 그 등기원인이 된 토지거래계약 또는 예약에 대한 토지거래계약허가증을 제출한 경우 그 가등기에 의한 본등기를 신청할 때에는 별도로 토지거래계약허가증을 제출할 필요가 없다.

③ 공유지분을 취득하는 경우에는 지분율로 산정한 토지면적을 계산하고, 공유자 2인 이상이 그 토지를 동일인과 동시에 계약하는 경우 거래 토지 전체면적을 합산하여 산정한다.

④ 등기신청을 허가구역의 지정 이후에 하더라도 그 계약의 체결일자가 허가구역 지정 이전인 경우에는 등기신청서에 토지거래계약허가증을 첨부하여야 한다.

(해설)

④ 등기신청을 허가구역의 지정 이후에 하더라도 그 <u>계약의 체결일자가 허가구역 지정 이전</u>인 경우에는 등기신청서에 토지거래계약허가증을 첨부할 필요가 없다.

(선지분석)

① 토지거래계약허가증을 등기신청서에 첨부한 때에는 등기원인증서에 검인을 받을 필요가 없으며(「부동산 거래신고 등에 관한 법률」 제20조 제2항), 농지라도 농지취득자격증명을 제출할 필요가 없다(같은 법 제20조 제1항).

② 가등기를 신청할 당시 그 등기원인이 된 토지거래계약 또는 예약에 대한 토지거래계약허가증을 제출한 경우 그 가등기에 의한 본등기를 신청할 때에는 별도로 토지거래계약허가증을 제출할 필요가 없다(예규 제1634호).
매매예약에 의하여 가등기를 한 후 그 토지가 토지거래계약허가구역으로 지정되고 나서 본등기를 신청하는 경우 <u>예약서상 예약완결권 행사의 의사표시 간주 시기가 허가구역 지정 전의 일자라면</u> 본등기 신청 시에 토지거래계약허가증을 첨부할 필요가 없다(선례 제3-727호, 제4-45호, 제7-52호).

③ 공유지분을 취득하는 경우에는 지분율로 산정한 토지 면적을 계산하고, 공유자 2인 이상이 그 토지를 동일인과 동시에 계약하는 경우 거래 토지 전체면적을 합산하여 산정한다(「국토교통부훈령」 제417호).

답 ④

091 등기원인에 대한 제3자의 허가 등을 증명하는 정보에 관한 다음 설명 중 가장 옳은 것은? 20 사무관

① 토지거래허가구역 내의 토지에 대하여 매매계약을 체결하였으나, 당해 토지에 대한 허가구역의 지정이 해제된 후 소유권이전등기를 신청하는 경우, 그 등기신청서에는 토지거래허가서를 첨부할 필요가 없다.

② 토지거래계약허가증을 발급받은 경우에는 「부동산등기 특별조치법」 제3조에 따른 검인을 받은 것으로 인정되나, 농지에 대하여는 토지거래계약 허가를 받은 경우에도 농지취득자격증명을 제출하여야 한다.

③ 공익법인이 기본재산을 매도, 증여 등 처분행위를 하는 경우에는 주무관청의 허가를 받아야 하며, 다만 담보를 제공하는 경우에는 주무관청의 허가가 필요 없다.

④ 사립학교의 기본재산에 편입되어 학교교육에 직접 사용되는 부동산이라도 그것이 학교법인이 아닌 사립학교경영자 개인 소유라면 이를 담보에 제공할 수 있다.

해설

① 토지거래허가구역 내의 토지에 대하여 매매계약을 체결하였으나, 당해 토지에 대한 허가구역의 <u>지정이 해제된 후 소유권이전등기를 신청하는</u> 경우, 그 등기신청서에는 토지거래허가서를 첨부할 필요가 없다(선례 제6-45호).

선지분석

② 토지거래계약허가증을 발급받은 경우에는 「부동산등기 특별조치법」 제3조에 따른 검인을 받은 것으로 인정되며, 농지에 대하여는 토지거래계약 허가를 받은 경우에도 농지취득자격증명을 받은 것으로 본다(「부동산거래신고 등에 관한 법률」 제20조).

③ 공익법인은 기본재산에 관하여 매도·증여·임대·교환 또는 용도변경하거나 담보로 제공하려는 경우에는 주무관청의 허가를 받아야 한다(「공익법인의 설립·운영에 관한 법률」 제11조 제3항).

④ 사립학교의 기본재산에 편입되어 <u>학교교육에 직접 사용되는 부동산이라면</u> 그것이 학교법인이 아닌 <u>사립학교경영자 개인 소유라 하더라도 이를 담보에 제공할 수 없다</u>(「사립학교법」 제51조, 제28조 제2항, 대판 99다70860).

답 ①

092 토지거래계약허가에 관한 다음 설명 중 가장 옳지 않은 것은?　　　

① 매매계약의 체결일자는 허가구역으로 지정된 후이나 토지거래계약허가를 받지 못하여 등기신청을 못하고 있던 중 일시 허가구역 지정이 해제되었다가 다시 허가구역으로 지정된 후 소유권이전등기를 신청하는 경우 토지거래계약허가증을 첨부정보로 제공할 필요가 없다.

② 가등기를 신청할 당시 그 등기원인이 된 토지거래계약 또는 예약에 대한 토지거래계약허가증을 제출한 경우, 그 가등기에 의한 본등기를 신청할 때에 별도로 토지거래계약허가증을 첨부정보로 제공할 필요가 없다.

③ 허가대상 토지를 수인에게 공유지분으로 나누어 처분하는 경우에는 그 지분율에 따라 산정한 면적이 허가대상 면적의 미만이더라도 그에 따른 최초의 지분이전등기를 신청하는 때에는 토지의 분할에 준하여 토지거래계약허가증을 첨부정보로 제공하여야 한다.

④ 토지거래허가구역 내의 토지에 대하여 토지거래계약허가를 받아 매매를 원인으로 한 소유권이전등기를 경료한 후 그 매매계약의 일부를 해제하는 것은 당초에 허가받은 토지거래계약을 변경하고자 하는 경우에 해당한다 할 것이므로, 그 해제를 원인으로 한 소유권일부말소의미의 소유권경정등기를 신청하기 위해서는 토지거래계약허가증을 첨부정보로 제공하여야 한다.

⑤ 가등기가처분명령에 의하여 가등기를 신청하는 경우 가등기의 원인이 토지거래계약허가의 대상이더라도 토지거래계약허가증을 첨부정보로 제공할 필요가 없다.

해설

⑤ 가처분결정에 의한 가등기신청의 경우에도 일반 가등기와 마찬가지로 등기원인이 존재하여야 하는 것이며, 단지 가등기의무자의 협력을 얻을 수가 없을때 관할법원의 가등기가처분명령에 의하여 가등기권리자가 단독으로 가등기를 신청할 수 있는 특례를 인정한 것에 불과하므로, 가등기가처분의 명령에 의한 가등기신청시 그 가등기의 원인이 토지거래허가의 대상일 때에는 토지거래허가서를 첨부하여야 한다(선례 제4-111호).

선지분석

① 매매계약 체결 당시에는 토지에 대한 허가구역 지정이 일시 해제되었으나 매매를 원인으로 한 소유권이전등기절차의 이행을 명하는 판결 당시에는 허가구역으로 재지정된 경우, 허가구역 지정이 해제된 때에는 그 토지거래계약이 허가구역 지정의 해제 전에 확정적으로 무효(처음부터 토지거래허가를 배제 또는 잠탈하는 내용의 계약이거나 불허가 된 때)로 된 경우를 제외하고는 계약은 확정적으로 유효가 되므로 위 판결에 따른 소유권이전등기를 신청할 때 토지거래허가서를 첨부정보로 제공할 필요가 없다(선례 제201303-1호).

② 가등기를 신청할 당시 그 등기원인이 된 토지거래계약 또는 예약에 대한 토지거래계약허가증을 제출한 경우, 그 가등기에 의한 본등기를 신청할 때에 별도로 토지거래계약허가증을 제출할 필요가 없다(예규 제1634호).

③ 허가대상 토지를 수인에게 공유지분으로 나누어 처분하는 경우에는 그 지분율에 따라 산정한 면적이 허가대상 면적의 미만이더라도 그에 따른 최초의 지분이전등기를 신청하는 때에는 토지의 분할에 준하여 토지거래계약허가증을 신청서에 첨부하여야 한다(예규 제1634호).

④ 토지거래허가구역 내의 토지에 대하여 토지거래계약허가를 받아 매매를 원인으로 한 소유권이전등기를 경료한 후 그 매매계약의 일부를 해제하는 것은 당초에 허가받은 토지거래계약을 변경하고자 하는 경우에 해당한다 할 것이므로, 그 해제를 원인으로 한 소유권일부말소의미의 소유권경정등기를 신청하기 위해서는 관할청의 허가서를 첨부하여야 한다(선례 제7-47호).

답 ⑤

093 학교법인의 기본재산의 처분에 관한 다음 설명 중 가장 옳지 않은 것은?

① 교지, 교사 등 교육에 직접 사용되는 재산은 매도하거나 담보로 제공할 수 없다.

② 학교법인이 부동산을 취득하는 경우에는 관할청의 허가를 받을 필요가 없다.

③ 건축물대장 및 등기기록에 건물의 용도가 '유치원'으로 등록된 경우에도 소유명의인이 사립학교 경영자가 아니라면 관할청의 허가 없이 소유권이전등기를 할 수 있다.

④ 학교법인에게 신탁한 부동산에 대하여 신탁자의 신탁해지로 인한 소유권이전등기신청을 하는 경우에는 관할청의 허가를 요하지 않는다.

(해설)

④ 학교법인에게 신탁한 부동산에 대하여 신탁자의 신탁해지로 인한 소유권이전등기신청을 하는 경우에는 관할청의 허가를 요한다(예규 제1255호).

(선지분석)

① 학교교육에 직접 사용되는 학교법인의 재산 중 대통령령으로 정하는 것(교지, 교사, 체육장 등)은 이를 매도하거나 담보에 제공할 수 없다(「사립학교법」 제28조 제2항, 같은 법 시행령 제12조).

②, ④ 학교의 교육용 기본재산의 처분 가부는 다음과 같다.

허가	○	×
수익용 기본재산의 경우	• 학교법인이 그 소유 명의의 부동산에 관하여 매도·증여·교환, 그 밖의 처분행위를 원인으로 한 소유권이전등기를 신청하거나 근저당권 등의 제한물권 또는 임차권의 설정등기를 신청하는 경우에는 그 등기신청서에 관할청의 허가를 증명하는 서면을 첨부하여야 함 • 학교법인에게 신탁한 부동산이라 하더라도 그 신탁해지로 인한 소유권이전등기를 신청하는 경우에는 관할청의 허가를 증명하는 서면을 첨부하여야 함(④) • 학교법인이 공유자 중 1인인 부동산에 관하여 공유물분할등기를 신청하는 경우에도 관할청의 허가를 증명하는 서면을 첨부하여야 함. 이는 학교법인이 종전의 공유지분보다 더 많은 공유지분을 취득하게 되는 경우에도 동일함	• 취득의 경우(②) • 기본재산이 아닌 경우 • 진정명의회복을 원인으로 한 소유권이전등기 • 취득시효를 원인으로 한 소유권이전등기 • 매각을 원인으로 한 소유권이전등기(기본재산에 대하여 담보로 제공할 당시에 관할청의 허가를 받았다면 저당권의 실행으로 매각이 될 때에는 다시 관할청의 허가를 받을 필요는 없음) • 토지수용으로 인한 소유권이전등기 • 원인무효·계약의 취소·해제(단, 합의해제는 제외)를 원인으로 한 소유권이전말소등기 • 소유권이전청구권가등기

답 ④

094 학교법인·사단(재단)법인 등의 등기신청에 관한 다음 설명 중 가장 옳은 것은? 17 주사보

① 건축물대장 및 등기기록에 용도가 '유치원'이라고 등록 및 등기된 건물이라면 그 소유자가 「사립학교법」의 사립학교경영자가 아니더라도 그 소유명의인은 그 건물을 매도하거나 담보에 제공할 수 없다.

② 사립학교경영자가 사립학교의 교지, 교사로 사용하기 위하여 출연시킨 부동산이 등기기록상 학교경영자 개인 명의로 있는 경우에는 강제집행의 대상이 된다.

③ 학교교육에 직접 사용되는 교지, 교사, 체육장 등의 재산은 관할청의 허가여부와 관계없이 매도나 담보의 대상이 되지 않는다.

④ 사단법인의 경우 기본재산의 처분 시에 사원총회의 결의가 필요하다고 정관에 기재되어 있다면 등기신청서에 그 결의서를 반드시 첨부하여야 한다.

(선지분석)

① 건축물대장 및 등기기록에 용도가 '유치원'이라고 등록 및 등기된 건물이라면 <u>그 소유자가 「사립학교법」의 사립학교경영자가 아니라면</u> 그 소유명의인은 그 건물을 매도하거나 담보에 제공할 수 있다(선례 제4-104호, 제7-45호).

② 사립학교경영자가 <u>사립학교의 교지, 교사로 사용하기 위하여</u> 출연시킨 부동산이 등기기록상 학교경영자 개인 명의로 있는 경우에는 강제집행의 대상이 될 수 없다(대판 2004다22643).

④ 사단법인의 경우에는 주무관청의 허가가 필요 없으며, 나아가 설사 기본재산의 처분 시에 사원총회의 결의가 필요하다고 정관에 기재되어 있다 하더라도 이는 내부관계에 불과하므로 등기신청서에 결의서 등도 첨부할 필요가 없다(선례 제3-35호).

답 ③

제1편 / 2023 해커스법원직 김미영 부동산등기법 기출문제집

095 유치원 건물 또는 그 토지에 대한 등기를 신청하는 경우에 관한 다음 설명 중 가장 옳지 않은 것은?

18 주사보

① 등기기록에 건물의 용도가 유치원으로 기록되어 있으나, 건물의 소유자가 아직 유치원 설립 인가를 받지 않은 상태에서 건물에 대한 근저당권설정등기가 이루어지고, 그 후에 건물의 소유자가 유치원 설립인가를 받은 경우, 위 근저당권의 실행으로 해당 건물이 매각되었다면 그 매각에 따른 소유권이전등기는 관할청의 허가 여부와 상관없이 할 수 있다.

② 유치원 건물 및 토지의 소유자인 甲이 본인 명의로 유치원 설립인가를 받아 경영하다가 관할관청으로부터 乙 명의로 유치원 설립자 변경인가를 받아 자신은 폐업한 뒤, 乙이 위 건물을 甲으로부터 임차하여 유치원을 경영해 온 경우, 甲은 유치원 건물 및 토지에 대하여 근저당권설정등기를 신청할 수 있다.

③ 사인 소유인 건물의 등기기록상 용도가 유치원으로 기록되어 있더라도 그 소유자가 아직 유치원설립 인가신청을 하지 않은 상태라면 그 소유명의인은 해당 건물에 대하여 매매를 원인으로 한 소유권이전등기를 신청할 수 있다.

④ 사립학교인 유치원의 건물 및 토지를 매도하여 그에 대한 소유권이전등기를 신청하는 경우에는 그 소유자는 사립학교경영자가 아니라는 사실을 소명하는 정보를 제공하여야 하는바, 관할 세무서장 발행의 '폐업사실증명서'는 그러한 정보에 해당한다.

(해설)

④ 사립학교인 유치원의 건물 및 토지를 매도하여 그에 대한 소유권이전등기를 신청하는 경우에는 그 소유자는 사립학교경영자가 아니라는 사실을 소명하는 서면을 제출하여야 하는바, 관할 교육장이 발행한 유치원의 '폐쇄 인가서'뿐만 아니라 소유권이전등기를 인가조건으로 한 '설립자 변경 인가서'도 그러한 서면에 해당할 수 있으나, 관할 세무서장 발행의 '폐업사실증명서'는 그에 해당되지 않는다(선례 제8-74호).

(선지분석)

① 등기기록에 건물의 용도가 유치원으로 기록되어 있으나, 건물의 소유자가 아직 유치원 설립인가를 받지 않은 상태에서 건물에 대한 근저당권설정등기가 이루어지고, 그 후에 건물의 소유자가 유치원 설립인가를 받은 경우, 위 근저당권의 실행으로 해당 건물이 매각되었다면 그 매각에 따른 소유권이전등기는 관할청의 허가 여부와 상관없이 할 수 있다(선례 제7-46호).

② 유치원 건물 및 토지의 소유자인 甲이 본인 명의로 유치원 설립인가를 받아 경영하다가 관할관청으로부터 乙 명의로 유치원 설립자 변경인가를 받아 자신은 폐업한 뒤, 乙이 위 건물을 甲으로부터 임차하여 유치원을 경영해 온 경우, 甲은 유치원 건물 및 토지에 대하여 근저당권설정등기를 신청할 수 있다(선례 제7-45호).

③ 사인 소유인 건물의 등기기록상 용도가 유치원으로 기록되어 있더라도 그 소유자가 아직 유치원설립인가신청을 하지 않은 상태라면 그 소유명의인은 해당 건물에 대하여 매매를 원인으로 한 소유권이전등기를 신청할 수 있다(선례 제5-82호).

답 ④

096 학교법인이 그 소유 명의의 부동산에 관하여 등기를 신청하는 경우에 관한 다음 설명 중 가장 옳지 않은 것은?

19 주사보

① 학교법인에게 신탁한 부동산이라 하더라도 그 신탁해지로 인한 소유권이전등기를 신청하는 경우에는 관할청의 허가를 증명하는 정보를 첨부정보로서 제공하여야 한다.

② 학교법인의 소유 명의의 부동산에 관하여 소유권이전청구권보전의 가등기를 신청하는 경우에는 관할청의 허가를 증명하는 정보를 첨부정보로서 제공하여야 한다.

③ 학교법인이 공유자 중 1인인 부동산에 관하여 공유물분할등기를 신청하는 경우에도 관할청의 허가를 증명하는 정보를 첨부정보로서 제공하여야 한다.

④ 학교법인 소유 명의의 부동산에 관하여 계약의 취소를 원인으로 한 소유권이전등기의 말소등기를 신청하는 경우에는 관할청의 허가를 증명하는 정보를 첨부정보로서 제공할 필요는 없다.

(해설)

② 학교법인 소유 명의의 부동산에 관하여 시효취득을 원인으로 한 소유권이전등기신청 또는 경락을 원인으로 한 소유권이전등기촉탁 및 소유권이전청구권 보전의 가등기신청을 하는 경우에는 관할청의 허가를 증명하는 서면을 첨부할 필요가 없다(예규 제1255호).

(선지분석)

① 학교법인에게 신탁한 부동산이라 하더라도 그 신탁해지로 인한 소유권이전등기를 신청하는 경우에는 관할청의 허가를 증명하는 정보를 첨부정보로서 제공하여야 한다(예규 제1255호).

③ 학교법인이 공유자 중 1인인 부동산에 관하여 공유물분할등기를 신청하는 경우에도 관할청의 허가를 증명하는 정보를 첨부정보로서 제공하여야 한다(예규 제1255호).

④ 학교법인 소유 명의의 부동산에 관하여 계약의 취소 또는 해제(단, 합의 해제의 경우는 제외)를 원인으로 한 소유권이전등기의 말소등기를 신청하는 경우에는 관할청의 허가를 증명하는 정보를 첨부정보로서 제공할 필요는 없다(예규 제1255호).

답 ②

097 학교법인의 등기신청에 관한 다음 설명 중 가장 옳지 않은 것은? 21 서기보

① 학교법인이 그 소유 명의의 부동산에 관하여 매매 등 처분행위를 원인으로 한 소유권이전 등기를 신청하는 경우에는 그 등기신청서에 관할청의 허가를 증명하는 서면을 첨부하여야 한다.

② 개별 법령에서 등기원인에 대하여 제3자의 허가 등을 받도록 규정하고 있는 경우에는 허가 등을 증명하는 정보를 제공하여야 하며, 그러한 정보의 제공이 없는 것은 「부동산등기법」 제29조 제9호의 각하사유에 해당한다.

③ 사립학교의 기본재산에 편입되어 학교교육에 직접 사용되는 부동산은 그것이 학교법인이 아닌 사립학교경영자 개인 소유라면 이를 매도하거나 담보에 제공할 수 있다.

④ 학교법인이 부동산을 취득하고 학교법인 명의로의 소유권이전등기를 신청하는 경우에는 그 등기신청서에 관할청의 허가를 증명하는 서면을 첨부할 필요가 없다.

(해설)

③ 사립학교(특수학교, 유치원 등 포함)의 기본재산에 편입되어 학교교육에 직접 사용되는 부동산은 그것이 학교법인이 아닌 사립학교경영자 개인 소유라 하더라도 이를 매도하거나 담보에 제공할 수 없다(예규 제1255호).

(선지분석)

① 학교법인이 그 소유 명의의 부동산에 관하여 매매 등 처분행위를 원인으로 한 소유권이전등기를 신청하는 경우에는 그 등기신청서에 관할청의 허가를 증명하는 서면을 첨부하여야 한다(예규 제1255호).

② 개별 법령에서 등기원인에 대하여 제3자의 허가 등을 받도록 규정하고 있는 경우에는 허가 등을 증명하는 정보를 제공하여야 하며, 그러한 정보의 제공이 없는 것은 법 제29조 제9호의 각하사유에 해당한다(법 제29조 제9호).

④ 학교법인이 부동산을 취득하고 학교법인 명의로의 소유권이전등기를 신청하는 경우에는 그 등기신청서에 관할청의 허가를 증명하는 서면을 첨부할 필요가 없다(예규 제1255호).

답 ③

신청정보 및 첨부정보에 관한 다음 설명 중 가장 옳지 않은 것은?

① 같은 등기소에 동시에 여러 건의 등기신청을 하는 경우에 첨부정보의 내용이 같은 것이 있을 때에는 먼저 접수되는 신청에만 그 첨부정보를 제공하고, 다른 신청에는 먼저 접수된 신청에 그 첨부정보를 제공하였다는 뜻을 신청정보의 내용으로 등기소에 제공하는 것으로 그 첨부정보의 제공을 갈음할 수 있다.

② 학교교육에 직접 사용되는 교지, 교사, 체육장, 실습 또는 연구시설 등은 관할청의 허가를 받아 담보로 제공할 수 있다.

③ 이사 또는 주요 주주나 그 배우자 등이 자기 또는 제3자의 계산으로 회사와 거래를 하기 위해서는 이사회의 승인을 받아야 하지만, 등기신청시 "이사회 승인을 증명하는 정보"는 첨부정보로 제공할 필요는 없다.

④ 등기절차의 이행을 명하는 판결주문에 등기원인과 그 연월일이 명시되어 있지 아니한 경우 등기신청서에는 등기원인은 "확정판결"로, 그 연월일은 "판결선고일"을 기재한다.

해설

② 학교교육에 직접 사용되는 학교법인의 재산 중 대통령령으로 정하는 것은 매도하거나 담보로 제공할 수 없다(「사립학교법」 제28조 제2항). 학교교육에 직접 사용되는 학교법인의 재산은 관할청의 허가 유무에 관계없이 처분할 수 없다.

선지분석

① 같은 등기소에 동시에 여러 건의 등기신청을 하는 경우에 첨부정보의 내용이 같은 것이 있을 때에는 먼저 접수되는 신청에만 그 첨부정보를 제공하고, 다른 신청에는 먼저 접수된 신청에 그 첨부정보를 제공하였다는 뜻을 신청정보의 내용으로 등기소에 제공하는 것으로 그 첨부정보의 제공을 갈음할 수 있다(규칙 제47조 제2항).

③ 이사 또는 주요 주주나 그 배우자 등이 자기 또는 제3자의 계산으로 회사와 거래를 하기 위해서는 이사회의 승인을 받아야 하지만(「상법」 제398조), 부동산등기를 신청함에 있어 「상법」 제398조가 적용되는 이사 등과 회사 간의 거래라고 하더라도 "이사회의 승인을 증명하는 정보"를 첨부정보로서 등기소에 제공할 필요가 없다(선례 제201204-3호)

④ 등기절차의 이행을 명하는 판결에 의하여 등기를 신청하는 경우에는 그 판결주문에 명시된 등기원인과 그 연월일을 등기신청서에 기재한다. 등기절차의 이행을 명하는 판결주문에 등기원인과 그 연월일이 명시되어 있지 아니한 경우 등기신청서에는 등기원인은 "확정판결"로, 그 연월일은 "판결선고일"을 기재한다(예규 제1692호).

답 ②

099 등기신청시 제공하여야 할 첨부정보에 관한 다음 설명 중 가장 옳지 않은 것은? 22 법무사

① 상속 및 포괄유증, 공유물분할, 진정한 등기명의 회복을 원인으로 하여 소유권이전등기를 신청하는 경우에는 농지취득자격증명을 제공할 필요가 없다.

② 같은 등기소에 동시에 여러 건의 등기신청을 하는 경우에 첨부정보의 내용이 같은 것이 있을 때에는 먼저 접수되는 신청에만 그 첨부정보를 제공하고, 다른 신청에는 먼저 접수된 신청에 그 첨부정보를 제공하였다는 뜻을 신청정보의 내용으로 등기소에 제공하는 것으로 그 첨부정보의 제공을 갈음할 수 있으나 여러 신청 사이에는 목적 부동산이 동일하여야 한다.

③ 판결에 의한 소유권이전등기를 신청할 때에 등기원인에 대하여 행정관청의 허가서의 현존 사실이 그 판결서에 기재되어 있다 하더라도 행정관청의 허가를 증명하는 서면을 반드시 제공하여야 한다.

④ 학교법인이 그 기본재산을 매도하여 소유권이전등기를 신청하는 경우에는 관할청의 허가를 증명하는 서면을 첨부하여야 한다.

⑤ 미등기건물에 대한 집행법원의 처분제한등기촉탁에 따른 소유권보존등기를 하는 경우에 제공되어야 할 첨부정보 중 건물의 표시를 증명하는 정보는 명칭에 관계없이 집행법원에서 인정한 건물의 소재와 지번·구조·면적이 구체적으로 기재된 서면이 될 것이나, 건축사 또는 측량기술자가 작성한 서면은 이에 해당하지 않는다.

해설

② 동일 등기소에 동시에 수개의 등기신청을 할 경우에 각 신청서에 첨부하여야 할 서류의 내용이 동일한 것이 있을 때에는 1개의 신청서에 1통을 첨부하고 다른 각 신청서에 그 취지를 기재하면 되므로, 동일 등기소에 동시에 수개의 근저당권설정등기를 신청할 경우 근저당설정자가 동일하여 등기신청서에 첨부하는 인감증명서가 동일할 때에는 그중 1개의 신청서에 인감증명서를 첨부하고 다른 각 신청서에는 동 인감증명서를 첨부하였다는 취지를 기재하면 될 것이며, 이 경우 위 수개의 근저당권설정등 기간에 목적 부동산이 동일한지 또는 근저당권자가 동일한지 여부는 관계가 없다(선례 제4-160호).

선지분석

③ 신청대상인 등기에 제3자의 허가서 등이 필요한 경우에도 그러한 서면의 제출은 요하지 않는다(규칙 제46조 제3항 참조). 다만, 등기원인에 대하여 행정관청의 허가, 동의 또는 승낙 등을 받을 것이 요구되는 때에는 해당 허가서 등의 현존사실이 그 판결서에 기재되어 있는 경우에 한하여 허가서 등의 제출의무가 면제된다. 그러나 소유권이전등기를 신청할 때에는 해당 허가서 등의 현존사실이 판결서 등에 기재되어 있다 하더라도 행정관청의 허가 등을 증명하는 서면을 반드시 제출하여야 한다(예규 제1692호).

④ 학교법인이 그 소유 명의의 부동산에 관하여 매매, 증여, 교환, 그 밖의 처분행위를 원인으로 한 소유권이전등기를 신청하거나 근저당권 등의 제한물권 또는 임차권의 설정등기를 신청하는 경우에는 그 등기신청서에 관할청의 허가를 증명하는 서면을 첨부하여야 한다(예규 제1255호).

⑤ 미등기건물에 대한 집행법원의 처분제한등기촉탁에 따른 소유권보존등기를 하는 경우에 제공되어야 할 첨부정보 중 건물의 표시를 증명하는 정보는 「부동산등기법」 제65조의 건축물대장이나 특별자치도지사, 시장, 군수 또는 구청장(자치구의 구청장을 말한다)의 확인서로 국한되지 아니하고, 명칭에 관계없이 집행법원에서 인정한 건물의 소재와 지번·구조·면적이 구체적으로 기재된 서면이 될 것이나, 「건축사법」 제23조에 의한 건축사업무신고를 한 건축사 또는 「측량·수로조사 및 지적에 관한 법률」 제39조에 의한 측량기술자가 작성한 서면은 위 건물의 표시를 증명하는 정보에 해당되지 아니한다(선례 제201207-1호).

답 ②

100 자격자대리인의 등기의무자 확인 및 자필서명정보 제공에 관한 다음 설명 중 가장 옳지 않은 것은?

22 법무사

① 전자신청의 경우에는 자격자대리인의 자필서명정보의 제공이 면제된다.

② 관공서가 등기의무자 또는 등기권리자인 경우에도 자격자대리인의 자필서명 정보의 제공이 면제되지 않는다.

③ 등기권리자가 등기의무자인 자격자대리인에게 등기신청을 위임하는 경우 자격자대리인은 별도로 자기에 대한 자필서명 정보를 제공할 필요가 없다.

④ 같은 등기소에 등기의무자와 등기의 목적이 동일한 여러 건의 등기신청을 동시에 하는 경우에는 먼저 접수되는 신청에만 자필서명 정보(이 경우 자필서명 정보 양식의 등기할 부동산의 표시란에는 신청하는 부동산 전부를 기재하여야 한다)를 첨부정보로 제공하고, 다른 신청에서는 먼저 접수된 신청에 자필서명 정보를 제공하였다는 뜻을 신청정보의 내용으로 등기소에 제공함으로써 자필서명 정보의 제공을 갈음할 수 있다.

⑤ 승소한 등기의무자가 단독으로 신청하는 권리에 관한 등기의 경우에도 자격자대리인은 등기의무자인지 여부를 확인하고 자필서명한 정보를 제공하여야 한다.

해설

① 전자신청의 경우 자필서명정보의 양식의 서면을 전자적 이미지 정보로 변환(스캐닝)하여 원본과 상위 없다는 취지의 부가정보와 규칙 제67조 제4항 제1호에 따른 자격자대리인의 개인인증서 정보를 덧붙여 등기소에 송신하여야 한다(예규 제1745호). 즉, 전자신청의 경우에도 자격자대리인의 자필서명 정보의 제공은 면제되지 않는다.

선지분석

② 관공서가 등기의무자 또는 등기권리자인 경우에도 자격자대리인이 규칙 제46조 제1항 제8호 각 목의 등기를 신청하는 때에는 자필서명 정보를 제공하여야 한다(예규 제1745호).

③ 등기권리자가 등기의무자인 자격자대리인에게 등기신청을 위임하는 경우 자격자대리인은 별도로 자기에 대한 자필서명 정보를 제공할 필요가 없다(예규 제1745호).

④ 같은 등기소에 등기의무자와 등기의 목적이 동일한 여러 건의 등기신청을 동시에 하는 경우에는 먼저 접수되는 신청에만 자필서명 정보(이 경우 등기할 부동산의 표시란에는 신청하는 부동산 전부를 기재하여야 한다)를 첨부정보로 제공하고, 다른 신청에서는 먼저 접수된 신청에 자필서명 정보를 제공하였다는 뜻을 신청정보의 내용으로 등기소에 제공함으로써 자필서명 정보의 제공을 갈음할 수 있다(예규 제1745호).

⑤ 승소한 등기의무자가 단독으로 신청하는 권리에 관한 등기의 경우에도 자격자대리인은 등기의무자인지 여부를 확인하고 자필서명한 정보를 제공하여야 한다.

「부동산등기규칙」 제46조【첨부정보】① 등기를 신청하는 경우에는 다음 각 호의 정보를 그 신청정보와 함께 첨부정보로서 등기소에 제공하여야 한다.

… 중략 …

8. 변호사나 법무사[법무법인·법무법인(유한)·법무조합 또는 법무사법인·법무사법인(유한)을 포함한다. 이하 "자격자대리인"이라 한다]가 다음 각 목의 등기를 신청하는 경우, 자격자대리인(법인의 경우에는 담당 변호사·법무사를 의미한다)이 주민등록증·인감증명서·본인서명사실확인서 등 법령에 따라 작성된 증명서의 제출이나 제시, 그 밖에 이에 준하는 확실한 방법으로 위임인이 등기의무자인지 여부를 확인하고 자필서명한 정보
가. 공동으로 신청하는 권리에 관한 등기
나. 승소한 등기의무자가 단독으로 신청하는 권리에 관한 등기

답 ①

101 「민법」상 재단법인이 등기의무자로서 등기신청을 할 때에 주무관청의 허가를 증명하는 서면의 첨부에 관한 다음 설명 중 가장 옳지 않은 것은?

15 주사보

① 재단법인 소유 명의의 기본재산인 부동산에 대하여 공유물분할을 원인으로 소유권이전등 기를 신청하는 경우 주무관청의 허가를 증명하는 서면을 첨부하여야 한다.

② 재단법인 소유 명의의 기본재산인 부동산에 대하여 합의해제를 원인으로 소유권이전등기 의 말소등기를 신청하는 경우 주무관청의 허가를 증명하는 서면을 첨부하여야 한다.

③ 재단법인 소유 명의의 기본재산인 부동산에 대하여 취득시효를 원인으로 소유권이전등기 를 신청하는 경우 주무관청의 허가를 증명하는 서면을 첨부하여야 한다.

④ 재단법인 소유 명의의 기본재산인 부동산에 대하여 신탁해지를 원인으로 소유권이전등기 를 신청하는 경우 주무관청의 허가를 증명하는 서면을 첨부하여야 한다.

해설

핵심정리 「민법」상 재단법인의 주무관청의 허가 여부

허가 ○	허가 ×	
기본재산의 처분행위(「민법」 제186조)	• 취득의 경우, 기본재산이 아닌 경우 • 진정명의회복을 원인으로 한 소유권이전등기 • 취득시효를 원인으로 한 소유권이전등기(③) • 매각을 원인으로 한 소유권이전등기 • 토지수용으로 인한 소유권이전등기	
소유권이전등기(①, ④)	• 원인무효·계약의 취소·해제(합의해제 제외)를 원인으로 한 소유권말소등기(②) • 소유권이전청구권가등기 • 저당권설정등기, 지상권설정등기 등(담보권 설정, 대여하는 행위)	

답 ③

102 전통사찰의 등기신청절차에 관한 다음 설명 중 가장 옳지 않은 것은?

① 특정종단에 소속되어 그 종단의 구성원인 전통사찰이 등기를 신청하는 경우에는 그 전통사찰의 정관이나 규약뿐만 아니라 소속종단의 정관이나 규약도 함께 첨부정보로서 등기소에 제공하여야 한다.

② 전통사찰 소유의 전통사찰보존지에 대하여 「민사집행법」에 따른 매각을 원인으로 한 소유권이전등기를 촉탁하는 경우에는 문화체육관광부장관의 허가를 증명하는 정보를 첨부정보로서 등기소에 제공할 필요가 없다.

③ 전통사찰 소유의 전통사찰보존지에 대하여 근저당권설정등기를 신청하는 경우에는 시·도지사의 허가를 증명하는 정보를 첨부정보로서 등기소에 제공하여야 한다.

④ 전통사찰 소유의 전통사찰보존지에 대하여 시효취득을 원인으로 소유권이전등기를 신청하는 경우에는 문화체육관광부장관의 허가를 증명하는 정보를 첨부정보로서 등기소에 제공하여야 한다.

해설

②, ③, ④ 전통사찰 소유의 전통사찰보존지 등을 매매, 증여, 그 밖의 원인으로 양도하여 소유권이전등기를 신청하는 경우에는 문화체육관광부장관의 허가를 증명하는 정보를, 전통사찰 소유의 전통사찰보존지등에 근저당권 등의 제한물권 또는 임차권의 설정등기를 신청하는 경우에는 시·도지사의 허가를 증명하는 정보를 첨부하여야 한다. 다만, 시효취득을 원인으로 한 소유권이전등기를 신청하거나 「민사집행법」에 따른 매각을 원인으로 한 소유권이전등기를 촉탁하는 경우에는 이를 제공할 필요가 없다(예규 제1484호).

선지분석

① 특정종단에 소속되어 있는 전통사찰이 등기를 신청할 때에 첨부정보로서 등기소에 제공하여야 하는 대표자임을 증명하는 정보는 그 소속종단의 정관이나 규약에 소속종단의 대표자가 주지를 임면할 권한이 있는 것으로 정한 경우에는 그 종단 대표자 명의의 주지재직증명정보 및 종단 대표자의 직인 인영정보이어야 한다(예규 제1484호).

답 ④

103 전통사찰 소유의 전통사찰보존지에 대한 등기신청에 관한 다음 설명 중 가장 옳지 않은 것은?

19 주사보

① 「민사집행법」에 따른 매각을 원인으로 한 소유권이전등기를 촉탁하는 경우에는 문화체육 관광부장관의 허가를 증명하는 정보를 첨부정보로 등기소에 제공할 필요가 없다.

② 증여를 원인으로 소유권이전등기를 신청하는 경우에는 문화체육관광부장관의 허가를 증명 하는 정보를 첨부정보로서 등기소에 제공하여야 한다.

③ 저당권설정등기를 신청하는 경우에는 문화체육관광부장관의 허가를 증명하는 정보를 첨부 정보로서 등기소에 제공하여야 한다.

④ 시효취득을 원인으로 한 소유권이전등기를 신청하는 경우에는 문화체육관광부장관의 허가 를 증명하는 정보를 첨부정보로서 등기소에 제공할 필요가 없다.

해설

③ 전통사찰 소유의 전통사찰보존지 등에 근저당권 등의 제한물권 또는 임차권의 설정등기를 신청하는 경우에는 시·도 지사의 허가를 증명하는 정보를 첨부정보로서 등기소에 제공하여야 한다(예규 제1484호).

선지분석

① 「민사집행법」에 따른 매각을 원인으로 한 소유권이전등기를 촉탁하는 경우에는 문화체육관광부장관의 허가를 증명하 는 정보를 첨부정보로 등기소에 제공할 필요가 없다(예규 제1484호).

② 전통사찰 소유의 전통사찰보존지 등을 매매, 증여 그 밖의 원인으로 양도하여 소유권이전등기를 신청하는 경우에는 문화체육관광부장관의 허가를 증명하는 정보를 첨부정보로서 등기소에 제공하여야 한다(예규 제1484호).

④ 시효취득을 원인으로 한 소유권이전등기를 신청하는 경우에는 문화체육관광부장관의 허가를 증명하는 정보를 첨부정 보로서 등기소에 제공할 필요가 없다(예규 제1484호).

핵심정리 주무관청의 허가서 정리

주식회사와 이사 간의 거래		이사회승인서를 첨부하는 제도는 폐지
향교재단		처분(또는 담보제공)에 대한 시·도지사의 허가
「북한이탈주민의 보호 및 정착지원에 관한 법률」에 의한 주거지원을 받는 보호대상자가 그 주민등록 전입신고일부터 2년 이내에 그 주거지원에 따라 취득한 부동산		소유권·전세권 또는 임차권을 양도하거나 저당권을 설정하는 경우의 통일부장관의 허가 cf 북한주민 명의의 부동산을 재산관리인이 처분하는 경우 법무부장관의 허가
사회복지법인의 기본재산		매도, 증여, 교환, 임대 또는 담보제공에 대한 보건복지부장관의 허가
의료법인의 기본재산		매도, 증여, 임대, 교환 또는 담보제공에 대한 시·도지사의 허가
법원이 선임한 부재자 재산관리인이 처분		법원의 허가
파산관재인이 파산재단에 속하는 부동산 처분		법원의 허가 또는 감사위원의 동의
회생절차상의 관리인이 임의매각에 의해 부동산 처분		• 회생계획에 의한 처분인 경우: 회생계획인가서결정등본 또는 초본 • 회생계획에 의한 처분이 아닌 경우: 법원의 허가서 또는 법원의 허가를 요하지 않는다 는 뜻의 증명
전통사찰	소유권이전등기	문화체육관광부장관의 허가(시효취득이나 매각을 원인으로 하는 경우 제외)
	근저당권 등의 제한물권(담보) 또는 임차권설정등기(대여)	시·도지사의 허가

답 ③

104 등기원인에 대한 제3자의 허가, 동의 또는 승낙을 증명하는 정보에 관한 다음 설명 중 가장 옳지 않은 것은?

18 사무관

① 농지의 소유명의를 신탁한 종중이 농지에 대하여 명의수탁자와 공동으로 명의신탁해지를 원인으로 조건부 소유권이전청구권 가등기를 신청하는 경우에 농지취득자격증명은 필요가 없다.

② 토지거래계약허가를 받아 매매를 원인으로 한 소유권이전등기를 마친 후 매매계약의 일부를 해제하면서 그 해제를 원인으로 한 소유권 일부말소 의미의 경정등기를 신청하기 위해서는 토지거래계약허가증을 첨부하여야 한다.

③ 학교법인이 공유자 중 1인인 부동산에 관하여 공유물분할을 원인으로 하는 공유지분 이전 등기를 신청하는 경우에 관할청의 허가를 증명하는 서면을 첨부하여야 하지만, 학교법인이 공유물분할에 의하여 종전의 공유지분보다 더 많이 취득하는 경우에는 관할청의 허가가 필요가 없다.

④ 재단법인의 기본재산인 부동산에 관하여 매매를 원인으로 하는 소유권이전등기를 신청하는 경우에는 주무관청의 허가를 증명하는 정보를 첨부하여야 하지만, 정관과 이사회의사록은 첨부할 필요가 없다.

(해설)

③ 학교법인이 공유자 중 1인인 부동산에 관하여 공유물분할을 원인으로 하는 공유지분 이전등기를 신청하는 경우에 관할청의 허가를 증명하는 서면을 첨부하여야 하는바, 이는 학교법인이 공유물분할에 의하여 종전의 공유지분보다 더 많이 취득하는 경우에도 마찬가지이다(선례 제6-48호).

(선지분석)

① 농지에 대하여 소유권이전청구권 보전의 가등기를 신청할 때에는 농지취득자격증명을 첨부할 필요가 없다(선례 제2-548호). 따라서 농지의 소유명의를 신탁한 종중이 농지에 대하여 명의수탁자와 공동으로 명의신탁해지를 원인으로 조건부 소유권이전청구권 가등기를 신청하는 경우에 농지취득자격증명은 필요가 없다(선례 제201010-1호).

② 토지거래계약허가를 받아 매매를 원인으로 한 소유권이전등기를 마친 후 매매계약의 일부를 해제하면서 그 해제를 원인으로 한 소유권 일부말소 의미의 경정등기를 신청하기 위해서는 토지거래계약허가증을 첨부하여야 한다(선례 제7-47호).

④ 재단법인의 기본재산인 부동산에 관하여 매매를 원인으로 하는 소유권이전등기를 신청하는 경우에는 주무관청의 허가를 증명하는 정보를 첨부하여야 하지만, 정관과 이사회의사록은 첨부할 필요가 없다(선례 제3-34호, 제7-66호).

답 ③

105 다음은 등기를 신청할 때의 주소를 증명하는 정보의 제공에 관한 설명이다. 가장 옳지 않은 것은?

14 서기보

① 소유권이전등기를 등기의무자와 등기권리자가 공동으로 신청할 때에는 등기권리자뿐만 아니라 등기의무자의 주소를 증명하는 정보도 제공하여야 한다.

② 주소를 증명하는 서면이 법인등기사항증명서나 주민등록표 등본·초본인 경우에는 발행일로부터 3개월 이내의 것이어야 한다.

③ 공동상속인 중 일부가 행방불명되어 주민등록이 말소된 경우에는 주민등록표등본을 첨부하여 그 최후 주소를 주소지로 하여 상속등기를 신청할 수 있다.

④ 법인 아닌 사단이나 재단이 등기권리자로서 저당권설정등기를 신청할 때에는 법인 아닌 사단이나 재단의 사무소 소재지를 증명하는 정보만을 제공하면 되고, 그 대표자나 관리인의 주소를 증명하는 정보까지 제공할 필요는 없다.

해설

④ 법인 아닌 사단이나 재단이 등기신청을 하는 경우에는 대표자나 관리인의 주소 및 주민등록번호증명정보를 제공하여야 한다(규칙 제48조).

선지분석

① 등기를 신청하는 경우 등기권리자(새로 등기명의인이 되는 경우로 한정함)의 주소(또는 사무소 소재지) 및 주민등록번호(또는 부동산등기용등록번호)를 증명하는 정보를 제공하여야 한다. 다만, 소유권이전등기를 신청하는 경우에는 등기의무자의 주소(또는 사무소 소재지)를 증명하는 정보도 제공하여야 한다(규칙 제46조 제1항 제6호).

② 등기신청서에 첨부하는 인감증명, 법인등기사항증명서, 주민등록표등본·초본, 가족관계등록사항별증명서 및 건축물대장·토지대장·임야대장 등본은 발행일부터 3개월 이내의 것이어야 한다(규칙 제62조).

③ 공동상속인 중 일부가 행방불명되어 주민등록이 말소된 경우에는 주민등록표 등본을 첨부하여 그 최후 주소를 주소지로 하고, 위 주민등록표 등본을 제출할 수 없을 때는 이를 소명하여 호적등본상 본적지를 주소지로 하여 재산상속등기의 신청을 할 수 있다(선례 제2-105호).

답 ④

106 주소를 증명하는 첨부정보 제공에 관한 다음 설명 중 가장 옳지 않은 것은? 14 법무사

① 등기기록에 등기권리자를 새로 등기하는 경우에는 등기권리자의 주소(또는 사무소 소재지)를 증명하는 정보를 제공하여야 한다.

② 소유권이전등기를 공동으로 신청하는 경우에는 등기권리자 및 등기의무자의 주소(또는 사무소 소재지)를 증명하는 정보를 제공하여야 한다.

③ 매각이나 공매처분을 원인으로 하는 소유권이전등기 촉탁의 경우에는 등기권리자의 주소(또는 사무소 소재지)를 증명하는 정보만 제공하면 된다.

④ 협의분할에 의한 상속등기를 신청하는 경우에는 상속을 받지 않는 상속인들의 주소를 증명하는 정보는 제공할 필요가 없다.

⑤ 소유권이전등기신청서에 첨부된 인감증명서에 주민등록초본의 내용과 동일한 인적사항(성명·주소·주민등록번호)이 기재되어 있는 경우, 주소를 증명하는 정보의 제공을 생략할 수 있다.

해설

⑤ 인감증명서에는 등기부상의 주소인 종전 주소가 기재되지 않는 경우가 많으며, 원칙적으로 인감증명은 등기의무자의 인감을 증명하기 위한 것이지 본인의 주소를 증명하는 서면이라고 볼 수는 없으므로, 소유권이전등기를 신청하는 경우에는 신청인의 주소를 증명하는 서면과 등기의무자의 인감증명을 각각 첨부하여야 한다(선례 제6-76호).

선지분석

① 등기권리자를 새로 등기하는 경우에는 그 주소(또는 사무소 소재지) 및 주민등록번호(또는 부동산등기용등록번호)를 증명하는 정보를 제공하여야 한다(규칙 제46조 제1항 제6호).

② 소유권이전등기를 공동으로 신청하는 경우에는 등기의무자의 주소(또는 사무소 소재지)를 증명하는 정보도 제공하여야 한다(규칙 제46조 제1항 제6호).

③ 매각 또는 공매처분 등을 원인으로 관공서가 소유권이전등기를 촉탁하는 경우에는 등기의무자의 주소를 증명하는 정보를 제공할 필요가 없다(예규 제1625호). 따라서 등기권리자의 주소증명정보만을 제공하면 된다.

④ 협의분할에 의한 상속등기를 신청하는 때에는 상속재산분할협의서에 날인한 상속인 전원의 인감증명을 제출하여야 하지만, 재산상속을 받지 않는 나머지 상속인들의 주소를 증명하는 서면은 제출할 필요가 없다(선례 제7-76호).

답 ⑤

107 주소(또는 사무소 소재지)를 증명하는 정보에 관한 다음 설명 중 가장 옳지 않은 것은? 18 서기보

① 등기를 신청하는 경우에는 등기권리자(새로 등기명의인이 되는 경우로 한정한다)의 주소(또는 사무소 소재지)를 증명하는 정보를 제공하여야 한다.

② 소유권이전등기의 말소등기를 신청하는 경우 등기권리자와 등기의무자의 주소(또는 사무소 소재지)를 증명하는 정보를 제공하여야 한다.

③ 등기신청서에 첨부하는 법인등기사항증명서, 주민등록표등본·초본은 발행일부터 3개월 이내의 것이어야 한다.

④ 법인 아닌 사단이나 재단이 등기를 신청하는 경우에는 대표자나 관리인의 주소를 증명하는 정보를 제공하여야 한다.

(해설)

② <u>소유권이전등기를 신청하는 경우에는</u> 등기의무자의 주소증명정보를 제공하여야 한다(규칙 제46조 제1항 제6호). 따라서 소유권이전등기신청이 아닌 소유권이전등기의 말소등기를 신청하는 경우 등기권리자와 등기의무자의 주소(또는 사무소 소재지)를 증명하는 정보를 제공할 필요가 없다(선례 제1-106호, 제1-125호).

(선지분석)

① 등기를 신청하는 경우에는 등기권리자(새로 등기명의인이 되는 경우로 한정함)의 주소(또는 사무소 소재지)를 증명하는 정보를 제공하여야 한다(규칙 제46조 제1항 제6호).

③ 등기신청서에 첨부하는 법인등기사항증명서, 주민등록표등본·초본은 발행일부터 3개월 이내의 것이어야 한다(규칙 제62조).

④ 법인 아닌 사단이나 재단이 등기를 신청하는 경우에는 대표자나 관리인의 주소를 증명하는 정보를 제공하여야 한다(규칙 제48조 제4호).

답 ②

108 주소(또는 사무소 소재지를 포함한다)를 증명하는 정보에 관한 다음 설명 중 가장 옳지 않은 것은?

22 서기보

① 소유권이전등기의 말소등기를 신청하는 경우 신청인의 주소를 증명하는 정보를 제공하여야 한다.

② 소유권이전등기를 신청하는 경우 등기의무자의 주소를 증명하는 정보를 제공하여야 한다.

③ 등기관이 미등기부동산에 대하여 법원의 촉탁에 따라 소유권의 처분제한의 등기를 할 때에는 직권으로 소유권보존등기를 하는바, 이 경우 소유자의 주소를 증명하는 정보를 첨부정보로서 제공되어야 한다.

④ 상속인 중 1인이 미수복지구에 호적을 가진 자와 혼인한 사유로 제적된 사실만 나타날 뿐 혼가의 본적지 이외의 주소지나 최후 주소지를 알 수 없을 때에는 제적사유에 기재된 혼가의 본적지를 주소지로 하고, 그 제적 또는 호적등본을 상속을 증명하는 서면과 주소를 증명하는 서면으로 하여 상속등기를 신청할 수 있다.

(해설)

① 소유권이전등기의 말소등기신청을 하는 경우에는 신청인(등기의무자와 등기권리자)의 주소를 증명하는 서면의 제출을 요하지 아니한다(선례 제1-125호).

(선지분석)

② 소유권이전등기를 신청하는 경우 등기의무자의 주소를 증명하는 정보를 제공하여야 한다(규칙 제46조 제1항 제6호).

③ 등기관이 미등기부동산에 대하여 법원의 촉탁에 따라 소유권의 처분제한의 등기를 할 때에는 직권으로 소유권보존등기를 하는바, 새롭게 소유권등기명의인이 기록된다. 따라서 그 소유자의 주소를 증명하는 정보와 등록번호를 증명하는 정보를 첨부정보가 제공되어야 한다.

④ 상속인 중 1인이 미수복지구에 호적을 가진 자와 혼인한 사유로 제적된 사실만 나타날 뿐 혼가의 본적지 이외의 주소지나 최후 주소지를 알 수 없을 때에는 제적사유에 기재된 혼가의 본적지를 주소지로 하고, 그 제적 또는 호적 등본을 상속을 증명하는 서면과 주소를 증명하는 서면으로 하여 상속등기를 신청할 수 있다(선례 제1-122호).

답 ①

109 부동산등기용등록번호에 관한 기술이다. 가장 옳지 않은 것은?   13 서기보

① 주민등록번호가 없는 재외국민에 대한 등록번호는 대법원 소재지 관할 등기소의 등기관이 부여하므로, 그 부여신청도 관할 등기소에 하여야 한다.

② 국내에 영업소나 사무소의 설치 등기를 하지 아니한 외국법인에 대한 등록번호는 시장, 군수 또는 구청장이 부여한다.

③ 법인이 부동산의 등기권리자인 경우에 그 법인등기가 되어 있는 등기소와 부동산 소재지 관할 등기소가 동일하면 등기신청서에 부동산등기용등록번호를 증명하는 서면을 첨부하지 않아도 된다.

④ 외국인의 등록번호는 체류지를 관할하는 출입국관리사무소장(출장소장 포함)이 부여한다.

해설

① 재외국민의 등록번호의 부여, 등록번호증명사항의 변경 및 등록번호증명서의 발급 신청은 관할등기소 외의 등기소에도 신청할 수 있다(예규 제1389호).

선지분석

②, ④ 부동산등기용등록번호 부여절차(법 제49조 등)

등기권리자	등록번호 부여기관
국가, 지방자치단체, 국제기관, 외국정부	국토교통부장관
주민등록번호가 없는 재외국민	대법원 소재지 관할등기소(서울중앙지방법원등기국)의 등기관
법 인(설치등기한 외국법인포함)	주된 사무소 소재지 관할등기소의 등기관
법인 아닌 사단·재단	시장·군수·구청장
국내에 영업소나 사무소의 설치등기를 하지 않은 외국법인	시장·군수·구청장
외국인	체류지를 관할하는 출입국관리소장
북한에 거주하는 주민	법무부장관(예규 제1547호)

답 ①

110 부동산등기용등록번호의 부여에 관한 다음 설명 중 가장 옳은 것은?　　　　15 서기보

① 국내에 영업소나 사무소의 설치 등기를 하지 아니한 외국법인의 부동산등기용등록번호는 시장, 군수 또는 구청장이 부여한다.

② 주민등록번호가 없는 재외국민의 부동산등기용등록번호는 지방출입국·외국인관서의 장이 부여한다.

③ 지방자치단체의 부동산등기용등록번호는 행정자치부장관이 지정·고시한다.

④ 외국정부의 부동산등기용등록번호는 외교부장관이 지정·고시한다.

선지분석

② 주민등록번호가 없는 재외국민의 부동산등기용등록번호는 대법원 소재지 관할등기소(서울중앙지방법원 등기국)의 등기관이 부여한다(법 제49조).

③, ④ 지방자치단체와 외국정부의 부동산등기용등록번호는 국토교통부장관이 부여한다(법 제49조).

답 ①

111 부동산등기용등록번호의 부여절차에 관한 다음 설명 중 가장 옳은 것은?　　　　16 법무사

① 지방자치단체에 대한 부동산등기용등록번호는 안전행정부장관이 지정·고시한다.

② 외국정부의 부동산등기용등록번호는 외교부장관이 지정·고시한다.

③ 북한지역에 거주하는 주민에 대한 부동산등기용등록번호는 법무부장관이 부여한다.

④ 법인 아닌 사단이나 재단의 부동산등기용등록번호는 주된 사무소의 소재지 관할 등기소의 등기관이 부여한다.

⑤ 주민등록번호가 없는 재외국민에 대한 부동산등기용등록번호는 시장·군수 또는 구청장이 부여한다.

해설

③ 「남북 주민 사이의 가족관계와 상속 등에 관한 특례법 시행에 따른 업무처리지침」(예규 제1457호)

적용범위	특례법 시행 전에 북한지역에 거주하는 주민(이하 '북한주민'이라 함)이 상속·유증 또는 상속재산반환청구권의 행사로 남한 내 부동산에 관한 권리를 취득한 경우에도 이 예규의 규정을 적용함
신청인	법원에서 선임한 재산관리인이 북한주민을 대리하여 등기를 신청함
신청정보	법무부장관이 발급한 북한주민 등록번호 및 주소 확인서에 기재된 사항을 규칙 제43조 제1항 제2호의 신청정보로 제공하여야 함
첨부정보	• 법원의 재산관리인 선임(변경)을 증명하는 정보 • 법무부장관이 발급한 북한주민의 부동산등기용등록번호 및 주소를 확인하는 정보 • 인감을 제출하여야 하는 경우에는 재산관리인의 인감증명 • 재산관리인이 「민법」 제118조를 초과하는 처분행위를 원인으로 등기를 신청하는 경우에는 법무부장관이 발급한 북한주민의 재산처분 등을 허가(변경)한 정보 제공

답 ③

112 부동산등기용등록번호 부여에 관한 다음 설명 중 가장 옳지 않은 것은? 19 주사보

① 국가 · 지방자치단체 · 국제기관 · 외국정부의 등록번호는 국토교통부장관이 지정 · 고시한다.

② 국내법인 및 국내에 영업소나 사무소의 설치 등기를 한 외국법인의 등록번호는 주된 사무소 소재지 관할등기소의 등기관이 부여한다.

③ 국내에 영업소나 사무소의 설치 등기를 하지 않은 외국법인의 등록번호는 대법원 소재지 관할등기소의 등기관이 부여한다.

④ 주민등록번호가 없는 재외국민의 등록번호는 대법원 소재지 관할등기소의 등기관이 부여한다.

해설

③ 국내에 영업소나 사무소의 설치 등기를 하지 않은 외국법인의 등록번호는 법인 아닌 사단이나 재단과 마찬가지로 시장 · 군수 · 구청장이 부여한다(법 제49조 제1항 제3호).

선지분석

① 국가 · 지방자치단체 · 국제기관 · 외국정부의 등록번호는 국토교통부장관이 지정 · 고시한다(법 제49조 제1항 제1호).

② 국내법인 및 국내에 영업소나 사무소의 설치 등기를 한 외국법인의 등록번호는 주된 사무소 소재지 관할등기소의 등기관이 부여한다(법 제49조 제1항 제2호).

④ 주민등록번호가 없는 재외국민의 등록번호는 대법원 소재지 관할등기소(서울중앙지방법원등기국)의 등기관이 부여한다(법 제49조 제1항 제2호).

답 ③

113 등기의무자의 등기필정보를 제공하여야 하는 등기신청에서 그 등기필정보가 부존재하는 경우에 관한 설명이다. 다음 중 가장 옳지 않은 것은?　　　　　　　　　　　　　　**14** 서기보

① 법무사가 확인서면을 작성할 때에 등기의무자의 신분증 사본을 첨부하여야 하는바, 그 신분증에는 주민등록증 발급신청 확인서도 포함된다.

② 법무사 본인이 해당 등기신청의 등기의무자인 경우에는 자기에 대한 확인서면을 스스로 작성할 수 없다.

③ 등기신청서 중 등기의무자의 작성부분에 대한 공증을 받는 경우에는 등기의무자의 위임을 받은 대리인이 공증사무소에 출석하여 공증을 받을 수 있다.

④ 등기필정보가 부존재하는 법인이 등기의무자인 경우 법무사가 확인서면을 작성할 때에 그 법인의 지배인을 확인하는 것도 가능하다.

(해설)

③ 등기의무자가 공증인 앞에 출석하여 등기신청서(또는 위임장) 중 등기의무자의 작성부분에 대한 공증을 받는 경우 등기의무자 본인이 아닌 그로부터 <u>위임을 받은 대리인이 출석하여 공증을 받을 수 없다</u>(대판 2012다47098, 예규 제1664호). 등기관은 위 서면에 첨부된 인증문을 확인하여 등기의무자 등의 위임을 받은 대리인이 출석을 하여 공증을 받은 경우에는 해당 등기신청을 수리하여서는 아니 된다(예규 제1747호).

(선지분석)

② 법무사 본인이 해당 등기신청의 등기의무자인 경우에는 자기에 대한 확인서면을 스스로 작성할 수 없다(예규 제1747호).

답 ③

114 등기의무자의 등기필정보가 없는 경우에 관한 다음 설명 중 가장 옳지 않은 것은?

① 변호사나 법무사 등 자격자대리인은 등기의무자가 주민등록증을 분실한 경우 '주민등록증 발급신청 확인서'에 의하여 본인 여부를 확인하고 그 사본을 확인서면에 첨부할 수 있다.

② 등기신청서 또는 등기신청위임장 중 등기의무자의 작성부분에 대한 공증을 받는 경우에 등기의무자의 위임을 받은 대리인이 출석하여 공증을 받을 수 없다.

③ 자기 소유의 부동산을 매도한 법무사가 매수인으로부터 그 소유권이전등기신청을 위임받았으나 등기필정보가 없는 경우에 등기의무자인 자기에 대한 확인서면을 스스로 작성할 수 있다.

④ 등기의무자가 법인인 경우에는 그 지배인을 확인하거나 지배인의 작성부분에 관한 공증으로 대표권을 가진 임원 또는 사원의 본인확인 또는 그 작성부분에 관한 공증에 갈음할 수 있다.

해설

③ 자기 소유의 부동산을 매도한 법무사가 매수인으로부터 그 소유권이전등기신청을 위임받았으나 등기필정보가 없는 경우에 등기의무자인 자기에 대한 확인서면을 스스로 작성할 수 없다(선례 제201112-4호).

선지분석

② 등기의무자가 공증인 앞에 출석하여 등기신청서(또는 위임장) 중 등기의무자의 작성부분에 대한 공증을 받는 경우 등기의무자 본인이 아닌 그로부터 위임을 받은 대리인이 출석하여 공증을 받을 수 없다(대판 2012다47098, 예규 제1747호). 등기관은 위 서면에 첨부된 인증문을 확인하여 등기의무자 등의 위임을 받은 대리인이 출석을 하여 공증을 받은 경우에는 해당 등기신청을 수리하여서는 아니 된다(예규 제1747호).

④ 법 제51조의 규정에 의하여 확인조서나 확인서면 또는 공정증서를 작성함에 있어서 등기의무자가 법인인 경우에는 그 지배인을 확인하거나 지배인의 작성부분에 관한 공증으로 대표권을 가진 임원 또는 사원의 본인확인 또는 그 작성부분에 관한 공증에 갈음할 수 있다(예규 제1355호).

답 ③

① 등기의무자의 등기필정보가 없어 등기신청서 또는 위임장 중 등기의무자의 작성부분에 대한 공증을 받는 경우에 등기의무자의 위임을 받은 대리인이 출석하여 공증을 받을 수 없고 반드시 등기의무자 본인이 출석하여 공증을 받아야 한다.

② 자기 소유의 부동산을 매도한 법무사가 매수인으로부터 그 소유권이전등기신청을 위임받았으나 등기필정보가 없는 경우에 등기의무자인 자기에 대한 확인서면을 스스로 작성할 수 있다.

③ 판결에 의하여 승소한 등기권리자 또는 승소한 등기의무자가 단독으로 등기를 신청할 때에는 공동신청이 아니므로 등기의무자의 등기필정보를 제공할 필요가 없다.

④ 등기의무자의 등기필정보가 없어 등기의무자가 등기소에 출석하여 등기관으로부터 등기의무자임을 확인받는 경우에는 등기의무자의 인감증명을 제출할 필요가 없다.

해설

① 등기의무자가 공증인 앞에 출석하여 등기신청서(또는 위임장) 중 등기의무자의 작성부분에 대한 공증을 받는 경우 등기의무자 본인이 아닌 그로부터 <u>위임을 받은 대리인이 출석하여 공증을 받을 수 없다</u>(대판 2012다47098, 예규 제1747호). 등기관은 위 서면에 첨부된 인증문을 확인하여 등기의무자 등의 위임을 받은 대리인이 출석을 하여 공증을 받은 경우에는 해당 등기신청을 수리하여서는 아니 된다(예규 제1747호).

선지분석

② 법무사가 자기의 확인서면을 스스로 작성할 수는 없다(선례 제201112-4호).

④ 소유권 외의 권리의 등기명의인이 등기의무자로서 등기필증 혹은 등기필정보가 없어서 신청서에 확인조서나 대리인의 확인서면 또는 공증서면(법 제51조)을 제출하는 방식으로 등기를 신청하는 경우 등기의무자의 인감증명을 제출하여야 한다(규칙 제60조 제1항 제3호).

핵심정리 등기필정보를 제공할 수 없는 경우

구분	작성권자	제출 서류	본인여부확인	등기의무자의 인감증명
확인조서	등기관	신분증 사본	○	○ (규칙 제60조 제1항 제3호)
확인서면	(당해 신청을 위임받은) 자격자대리인	확인서면 + 신분증 사본	○	○ (규칙 제60조 제1항 제3호)
공증서면	공증인	공증서면	× (본인이 직접 출석해야함)	○ (규칙 제60조 제1항 제3호)

답 ①

116 등기의무자의 등기필정보를 등기소에 제공하여야 하는 경우 등기필정보가 없을 때에 관한 다음 설명 중 가장 옳지 않은 것은? 16 주사보

① 등기의무자가 등기소에 출석하여 등기관으로부터 등기의무자임을 확인받는 경우 등기관은 확인조서를 작성하고 이에 기명날인하여야 한다.

② 자격자대리인(변호사나 법무사 등을 말한다)이 확인서면을 작성함에 있어서 등기의무자가 법인인 경우에는 그 지배인을 확인함으로써 대표권을 가진 임원 또는 사원의 본인 확인에 갈음할 수 있다.

③ 신청서나 위임장 중 등기의무자의 작성 부분에 관하여 공증을 받는 경우에는 등기의무자의 위임을 받은 대리인이 출석하여 공증 받은 것이어도 무방하다.

④ 등기의무자 본인 확인을 위한 신분증에는 주민등록증, 외국인등록증, 국내거소신고증, 여권 또는 운전면허증 등이 포함된다.

(해설)

③ 등기의무자가 공증인 앞에 출석하여 등기신청서(또는 위임장) 중 등기의무자의 작성부분에 대한 공증을 받는 경우 등기의무자 본인이 아닌 그로부터 위임을 받은 대리인이 출석하여 공증을 받을 수 없다(대판 2012다47098, 예규 제1664호). 등기관은 위 서면에 첨부된 인증문을 확인하여 등기의무자 등의 위임을 받은 대리인이 출석을 하여 공증을 받은 경우에는 해당 등기신청을 수리하여서는 아니 된다(예규 제1747호).

답 ③

117 등기의무자의 등기필정보를 제공하여야 하는데 그 등기필정보가 없어 등기의무자임을 확인받는 경우 등에 관한 다음 설명 중 가장 옳지 않은 것은?

17 주사보

① 등기의무자가 등기소에 출석하여 등기관으로부터 등기의무자임을 확인받는 경우 등기관은 신분증만으로 본인 확인이 충분하지 아니한 때에는 가능한 여러 방법을 통하여 본인 여부를 확인할 수 있다.

② 자격자대리인이 확인서면을 작성하는 경우 '특기사항'란에는 등기의무자를 면담한 일시, 장소, 당시의 상황, 그 밖의 특수한 사정을 기재한다.

③ 자격자대리인은 직접 위임인을 면담하여 위임인이 등기의무자 본인임을 확인하고 확인서면을 작성하되, 확인서면에 무인을 찍도록 하여서는 아니 된다.

④ 등기관은 등기필정보가 없어 신청서 또는 위임장의 공증서가 제출된 경우 등기의무자 본인이 출석하여 공증을 받은 것인지를 확인하여 등기업무를 처리하여야 할 직무상 의무가 있다.

해설

본 문제는 예규 제1747호에 대한 것이다.

③ 자격자대리인은 직접 위임인을 면담하여 위임인이 등기의무자 본인임을 확인하고 확인서면을 작성하여야 하며, 확인 서면에 우무인을 찍도록 하되 불가능한 경우 좌무인을 찍도록 한다.

선지분석

② 자격자대리인이 확인서면을 작성하는 경우 '특기사항'란에는 등기의무자를 면담한 일시, 장소, 당시의 상황 그 밖의 특수한 사정을 기재한다.

예 〇〇〇〇. 〇〇. 〇〇. 오후 세 시경 강남구 일원동 소재 〇〇병원 〇〇호실로 찾아가 입원 중인 등기의무자를 면담하고 본인임을 확인함. 환자복을 입고 있었고 부인과 군복을 입은 아들이 함께 있었음

답 ③

118 등기필정보(또는 등기필증)를 등기소에 제공하여야 하는 등기신청에 있어서 등기필정보가 없는 경우 (또는 등기필증이 멸실된 경우)에 관한 다음 설명 중 가장 옳지 않은 것은? 18 서기보

① 등기필증이 멸실되어 등기의무자 또는 그 법정대리인이 공증을 받는 경우 등기의무자의 위임을 받은 대리인이 출석하여 공증을 받을 수 있다.

② 등기필증의 제출에 갈음할 수 있도록 하는 제도는 등기필증이 현재 다른 사람의 수중에 있기 때문에 사실상 돌려받기 어려운 경우에는 적용되지 않는다.

③ 등기관이 확인조서를 작성하는 경우 등기관은 확인조서의 [본인확인정보]란에 확인한 신분 증의 종류를 기재하고, 그 신분증의 사본을 첨부하여야 한다.

④ 자격자대리인이 확인서면을 작성하는 경우 자격자대리인은 직접 위임인을 면담하여 위임인이 등기기록상 등기의무자 또는 그 법정대리인 본인임을 확인해야 한다.

(해설)

① 등기의무자가 공증인 앞에 출석하여 등기신청서(또는 위임장) 중 등기의무자의 작성부분에 대한 공증을 받는 경우 등기의무자 본인이 아닌 그로부터 위임을 받은 대리인이 출석하여 공증을 받을 수 없다(대판 2012다47098, 예규 제1747호). 등기관은 위 서면에 첨부된 인증문을 확인하여 등기의무자 등의 위임을 받은 대리인이 출석을 하여 공증을 받은 경우에는 해당 등기신청을 수리하여서는 아니 된다(예규 제1747호).

(선지분석)

③ 등기관이 확인조서를 작성하는 경우 등기관은 확인조서의 [본인확인정보]란에 확인한 신분증의 종류를 기재하고, 그 신분증의 사본을 첨부하여야 한다(예규 제1747호). 다만, 신분증이 이동통신단말장치에 암호화된 형태로 설치되는 등 사본화가 적합하지 않은 경우에는 신분확인서를 조서에 첨부하여야 한다.

④ 자격자대리인이 확인서면을 작성하는 경우 자격자대리인은 직접 위임인을 면담하여 위임인이 등기기록상 등기의무자 또는 그 법정대리인 본인임을 확인해야 한다(예규 제1664호).

답 ①

119 권리에 관한 등기를 신청할 때의 등기의무자의 등기필정보 제공에 관한 다음 설명 중 가장 옳지 않은 것은?

19 서기보

① 甲 토지를 乙 토지에 합병한 경우, 합병 후의 乙 토지에 대하여 등기신청을 할 때에는 乙 토지에 대한 등기필정보뿐만 아니라 甲 토지의 등기필정보도 함께 제공하여야 한다.

② 공유물분할을 원인으로 소유권을 취득한 자가 등기의무자가 되어 분할된 부동산에 대해 등기신청을 할 때에는 위 공유물분할을 원인으로 한 지분이전등기를 마친 후 수령한 등기필정보뿐만 아니라 공유물분할 이전에 공유자로서 지분을 취득할 당시 수령한 등기필정보도 함께 제공하여야 한다.

③ 같은 부동산에 대하여 소유권이전등기신청과 근저당권설정등기신청을 동시에 하는 경우, 근저당권설정등기신청에 대하여는 등기필정보를 제공하지 않아도 된다.

④ 구분건물을 신축하여 분양한 자가 대지권등기를 하지 아니한 상태에서 수분양자에게 구분건물에 대하여만 소유권이전등기를 마친 다음, 현재의 구분건물 소유명의인과 공동으로 대지사용권에 관한 이전등기를 신청할 때에는 등기필정보를 제공하지 않아도 된다.

해설

① 甲 토지를 乙 토지에 합병한 경우, 합병 후의 乙 토지에 대하여 등기신청을 할 때에는 乙 토지에 대한 등기필정보만 제공하여야 한다.

선지분석

② 공유물분할을 원인으로 소유권을 취득한 자가 등기의무자가 되어 분할된 부동산에 대해 등기신청을 할 때에는 위 공유물분할을 원인으로 한 지분이전등기를 마친 후 수령한 등기필정보뿐만 아니라 공유물분할 이전에 공유자로서 지분을 취득할 당시 수령한 등기필정보도 함께 제공하여야 한다(선례 제6-39호).

③ 같은 부동산에 대하여 소유권이전등기신청과 근저당권설정등기신청을 동시에 하는 경우, 근저당권설정등기신청에 대하여는 등기필정보를 제공하지 않아도 된다(예규 제1647호).

④ 구분건물을 신축하여 분양한 자가 대지권등기를 하지 아니한 상태에서 수분양자에게 구분건물에 대하여만 소유권이전등기를 마친 다음, 현재의 구분건물 소유명의인과 공동으로 대지사용권에 관한 이전등기를 신청할 때에는 등기필정보를 제공하지 않아도 된다(예규 제1647호).

답 ①

120 부동산 등기신청 시 등기필정보가 없어(법 제51조 단서) 공증을 받는 경우에 공증을 받아야 하는 서면이 아닌 것은?

19 주사보

① 등기의무자 등이 등기소에 출석하여 직접 등기를 신청하는 경우에는 등기신청서

② 등기의무자 등이 직접 처분행위를 하고 등기신청을 대리인에게 위임한 경우에는 등기신청위임장

③ 등기의무자 등이 인감을 날인한 소유권이전등기 매매계약서

④ 등기의무자 등이 다른 사람에게 권리의 처분권한을 수여한 경우에는 '등기필정보가 없다'는 뜻과 그 처분권한 일체를 수여하는 내용의 처분위임장

해설

⌕ 등기예규 등기필정보가 없는 경우 확인조서 등에 관한 예규(예규 제1747호)

4. 신청서나 위임장 중 등기의무자등의 작성부분에 관하여 공증을 받은 경우

가. 법 제51조 단서의 '공증'의 의미

법 제51조 단서의 '공증'은 아래 나.의 서면에 기재된 내용 중 등기의무자 등의 작성부분(기명날인 등)에 대해 공증인이 등기의무자 등의 의사에 의해 작성된 것임을 확인하고 그 증명을 하여 주는 사서증서의 인증을 의미한다.

나. 공증을 받아야 하는 서면

(1) 등기의무자 등이 등기소에 출석하여 직접 등기를 신청하는 경우에는 등기신청서(①)

(2) 등기의무자 등이 직접 처분행위를 하고 등기신청을 대리인에게 위임한 경우에는 등기신청위임장(②)

(3) 등기의무자 등이 다른 사람에게 권리의 처분권한을 수여한 경우에는 그 처분권한 일체를 수여하는 내용의 처분위임장. 이 경우 처분위임장에는 "등기필정보가 없다."는 뜻을 기재하여야 한다.(④)

답 ③

121 등기필정보에 관한 다음 설명 중 가장 옳지 않은 것은? 21 서기보

① 등기절차의 인수를 명하는 판결에서 승소한 등기의무자가 단독으로 권리에 관한 등기를 신청하는 경우에는 등기의무자의 등기필정보를 신청정보의 내용으로 제공할 필요가 없다.

② 종전에 등기필증을 발급 받은 자는 등기필정보의 제공에 갈음하여 그 등기필증을 신청서에 첨부 할 수 있다.

③ 등기필정보는 아라비아 숫자와 그 밖의 부호의 조합으로 이루어진 일련번호와 비밀번호로 구성한다.

④ 권리의 변경이나 경정의 등기를 신청하는 경우에는 해당 변경이나 경정등기로 인하여 불이익을 받는 자의 등기필정보를 제공한다.

해설

① 등기절차의 인수를 명하는 판결에서 승소한 등기의무자가 단독으로 권리에 관한 등기를 신청하는 경우에는 등기의무자의 등기필정보를 신청정보의 내용으로 제공하여야 한다(규칙 제43조 제1항 제7호, 예규 제1647호).

선지분석

③ 등기필정보는 아라비아 숫자와 그 밖의 부호의 조합으로 이루어진 일련번호와 비밀번호로 구성한다(예규 제1716호).

④ 권리의 변경이나 경정의 등기를 신청하는 경우에는 해당 변경이나 경정등기로 인하여 불이익을 받는 자의 등기필정보를 제공한다(예규 제1647호).

답 ①

122 등기필정보에 관한 다음 설명 중 가장 옳지 않은 것은?

① 개정 「부동산등기법」 시행 전에 권리취득의 등기를 한 후 등기필증을 교부받은 경우, 현재 등기의무자가 되어 등기신청을 할 때 등기필정보의 제공에 갈음하여 당시에 교부받은 등기필증을 첨부할 수 있다.

② 근저당권이 이전된 후 그 근저당권의 말소등기를 신청하는 경우에는 근저당권 양수인의 등기필정보를 제공하여야 한다.

③ 등기필정보가 없는 경우에는 「부동산등기법」 제51조의 규정에 따라 등기관의 확인조서, 자격자대리인의 확인서면 또는 신청서나 위임장 중 등기의무자 등의 작성부분에 공증을 받아 제출 할 수 있다.

④ 관공서가 등기의무자로서 등기권리자의 청구에 의하여 등기를 촉탁하는 경우에는 등기필정보를 제공할 필요가 없으나, 부동산에 관한 권리를 취득하여 등기권리자로서 그 등기를 촉탁하는 경우에는 등기의무자의 권리에 관한 등기필정보를 제공하여야 한다.

해설

④ 관공서가 등기의무자로서 등기권리자의 청구에 의하여 등기를 촉탁하거나 부동산에 관한 권리를 취득하여 등기권리자로서 그 등기를 촉탁하는 경우에는 등기의무자의 권리에 관한 등기필정보를 제공할 필요가 없다(예규 제1625호).

선지분석

② 권리의 이전등기를 신청하는 경우에는 이전하려는 권리의 보존이나 이전, 설정 등기 등을 하였을 때에 수령한 등기필정보를 제공한다(예규 제1647호). 따라서 근저당권이 이전된 후 그 근저당권의 말소등기를 신청하는 경우에는 근저당권 양수인의 등기필정보를 제공하여야 한다.

③ 등기필정보가 없는 경우에는 법 제51조의 규정에 따라 등기관의 확인조서, 자격자대리인의 확인서면 또는 신청서나 위임장 중 등기의무자 등의 작성부분에 공증을 받아 제출할 수 있다(예규 제1747호, 법 제51조).

답 ④

123 등기신청서에 첨부하여야 할 인감증명에 관한 설명이다. 가장 옳지 않은 것은? <u>14 서기보</u>

① 관공서가 등기권리자 또는 등기의무자로서 소유권이전등기를 촉탁하는 경우에는 인감증명서를 첨부할 필요가 없다.

② 전세권자가 등기의무자로서 전세권말소등기를 신청하면서 등기필정보가 멸실되어 법무사의 확인서면을 제출한 경우 인감증명서를 첨부하여야 한다.

③ 제3자의 동의 또는 승낙을 증명하는 서면이 공정증서인 경우에는 인감증명을 제출할 필요가 없다.

④ 소유권에 관한 가등기명의인이 가등기의 말소등기를 단독으로 신청하는 경우에는 인감증명을 첨부하여야 한다.

해설

① 인감증명에 대한 「부동산등기규칙」의 개정 (개정 2018.8.31., 시행 2019.1.1.)

「부동산등기규칙」 제60조【인감증명의 제출】① 방문신청을 하는 경우에는 다음 각 호의 인감증명을 제출하여야 한다. 이 경우 해당 신청서(위임에 의한 대리인이 신청하는 경우에는 위임장을 말한다)나 첨부서면에는 그 인감을 날인하여야 한다.
1. 소유권의 등기명의인이 등기의무자로서 등기를 신청하는 경우 등기의무자의 인감증명
2. <u>소유권에 관한 가등기명의인이 가등기의 말소등기를 신청하는 경우 가등기명의인의 인감증명(④)</u>
3. <u>소유권 외의 권리의 등기명의인이 등기의무자로서 법 제51조에 따라 등기를 신청하는 경우 등기의무자의 인감증명(②)</u>
4. 제81조 제1항에 따라 토지소유자들의 확인서를 첨부하여 토지합필등기를 신청하는 경우 그 토지소유자들의 인감증명
5. 제74조에 따라 권리자의 확인서를 첨부하여 토지분필등기를 신청하는 경우 그 권리자의 인감증명
6. 협의분할에 의한 상속등기를 신청하는 경우 상속인 전원의 인감증명
7. 등기신청서에 제3자의 동의 또는 승낙을 증명하는 서면을 첨부하는 경우 그 제3자의 인감증명
8. 법인 아닌 사단이나 재단의 등기신청에서 대법원예규로 정한 경우
② 제1항 제1호부터 제3호까지 및 제6호에 따라 <u>인감증명을 제출하여야 하는 자가 다른 사람에게 권리의 처분권한을 수여한 경우에는 그 대리인의 인감증명을 함께 제출하여야 한다.</u>
③ 제1항에 따라 인감증명을 제출하여야 하는 자가 국가 또는 지방자치단체인 경우에는 인감증명을 제출할 필요가 없다. (①, 관공서가 등기권리자인 경우에는 <u>등기의무자의 인감증명이 필요함)</u>
④ 제1항 <u>제4호부터 제7호까지의 규정에 해당하는 서면이 공정증서이거나 당사자가 서명 또는 날인하였다는 뜻의 공증인의 인증을 받은 서면인 경우에는 인감증명을 제출할 필요가 없다.(③)</u>

제61조【법인 등의 인감증명의 제출】① 제60조에 따라 인감증명을 제출하여야 하는 자가 법인 또는 국내에 영업소나 사무소의 설치등기를 한 외국법인인 경우에는 등기소의 증명을 얻은 그 대표자의 인감증명을, 법인 아닌 사단이나 재단인 경우에는 그 대표자나 관리인의 인감증명을 제출하여야 한다.
② 법정대리인이 제60조 제1항 제1호부터 제3호까지의 규정에 해당하는 등기신청을 하거나, 제4호부터 제7호까지의 서류를 작성하는 경우에는 법정대리인의 인감증명을 제출하여야 한다.
③ 제60조에 따라 <u>인감증명을 제출하여야 하는 자가 재외국민인 경우에는 위임장이나 첨부서면에 본인이 서명 또는 날인하였다는 뜻의 「재외공관 공증법」에 따른 인증을 받음으로써 인감증명의 제출을 갈음할 수 있다.</u>
④ 제60조에 따라 인감증명을 제출하여야 하는 자가 외국인인 경우에는 「인감증명법」에 따른 인감증명 또는 본국의 관공서가 발행한 인감증명을 제출하여야 한다. 다만, 본국에 인감증명제도가 없고 또한 「인감증명법」에 따른 인감증명을 받을 수 없는 자는 신청서나 위임장 또는 첨부서면에 본인이 서명 또는 날인하였다는 뜻의 본국 관공서의 증명이나 본국 또는 대한민국 공증인의 인증(「재외공관 공증법」에 따른 인증을 포함한다)을 받음으로써 인감증명의 제출을 갈음할 수 있다.

답 ①

124 방문신청을 하는 경우의 인감증명 제출에 관한 다음 설명 중 가장 옳지 않은 것은? 15 주사보

① 소유권의 등기명의인이 등기의무자로서 등기를 신청하는 경우 등기의무자의 인감증명을 제출하여야 한다.

② 근저당권설정등기 말소등기를 신청하는 경우 근저당권자의 등기필정보와 함께 그 인감증명을 첨부정보로서 제공하여야 한다.

③ 인감증명을 제출하여야 하는 경우 해당 신청서(위임에 의한 대리인이 신청하는 경우에는 위임장을 말한다)나 첨부서면에는 그 인감을 날인하여야 한다.

④ 인감증명을 제출하여야 하는 자가 법인 아닌 사단이나 재단인 경우에는 그 대표자나 관리인의 인감증명을 제출하여야 한다.

해설

② 근저당권말소등기를 신청하는 경우 등기의무자인 근저당권자가 등기필정보를 제공한다면 등기의무자가 소유권자에 해당하지 아니하므로 인감증명을 제출할 필요는 없다.

선지분석

③ 인감증명을 제출하여야 하는 경우 해당 신청서(위임에 의한 대리인이 신청하는 경우에는 위임장을 말함)나 첨부서면에는 그 인감을 날인하여야 한다(규칙 제60조 제1항).

④ 인감증명을 제출하여야 하는 자가 법인 아닌 사단이나 재단인 경우에는 그 대표자나 관리인의 인감증명을 제출하여야 한다(규칙 제61조 제1항).

답 ②

125 등기의 방문신청 시 인감증명 제출(첨부)과 관련된 다음 설명 중 가장 옳지 않은 것은? 15 사무관

① 증여나 교환을 등기원인으로 하는 소유권이전등기신청의 경우에는 부동산매도용 인감증명 서를 첨부할 필요가 없다.

② 등기의무자의 등기필정보가 없어 등기신청서(또는 등기신청 위임장)중 등기의무자의 작성 부분에 관하여 공증을 받은 경우에는 인감증명을 제출할 필요가 없다.

③ 채무자 표시의 변경을 원인으로 근저당권 변경등기를 신청하는 경우 그 실질은 등기명의 인이 단독으로 등기명의인 표시변경등기를 신청하는 경우와 다를 바 없기 때문에 등기의 무자의 인감증명을 첨부할 필요가 없다.

④ 소유권에 관한 경정등기를 신청하기 위해서는 그 경정등기로 인하여 소유권이 감축되는 자의 인감증명을 등기신청서에 첨부하여야 한다.

해설

② 소유권 외의 권리의 등기명의인이 등기의무자로서 등기필증 혹은 등기필정보가 없어서 신청서에 확인조서, 확인서면 또는 공증서면(법 제51조)을 제출하는 방식으로 등기를 신청하는 경우 등기의무자의 인감증명을 제출하여야 한다(규칙 제60조 제1항 제3호).

선지분석

③ 채무자 표시의 변경을 원인으로 근저당권 변경등기를 신청하는 경우, 그 실질은 등기명의인이 단독으로 등기명의인표 시변경등기를 신청하는 경우와 다를 바가 없기 때문에 등기의무자의 인감증명을 첨부할 필요가 없고, 또한 권리에 관한 등기가 아닌 표시변경등기에 불과하므로 등기필정보도 첨부할 필요가 없다(선례 제201111-1호).

④ 권리경정등기의 경우 공동신청에 의하므로 등기의무자의 인감증명(소유자 즉, 그 경정등기로 인하여 소유권이 감축되 는 자가 등기의무자인 경우)을 제출하여야 한다.

답 ②

126 인감증명에 관한 다음 설명 중 가장 옳지 않은 것은?

① 원칙적으로 근저당권이전등기를 신청할 때에는 등기의무자인 근저당권자의 인감증명을 첨부할 필요가 없다.

② 부동산의 매수인이 다수인 경우에는 인감증명서상의 매수자란 중 성명란에 '○○○ 외 ○명'으로만 기재되어 있는 인감증명서를 첨부하였다면 그 등기신청은 수리할 수 없다.

③ 등기신청서에 제3자의 동의 또는 승낙을 증명하는 서면을 첨부하여야 하는 경우 그 서면이 공정증서인 때에는 인감증명을 제출할 필요가 없다.

④ 인감증명의 사용용도란에 가등기용으로 기재된 인감증명서를 근저당권설정등기신청서에 첨부하였다면 등기관은 그 등기신청을 각하하여야 한다.

(해설)

④ 사용용도란에 가등기용으로 기재된 인감증명서를 근저당권설정등기신청서에 첨부하거나 부동산매도용인감증명서를 지상권설정등기신청서에 첨부하여도 각하할 수는 없다(선례 제2-116호).

(선지분석)

① 소유권의 등기명의인이 등기의무자로서 등기를 신청하는 경우 인감증명을 첨부하여야 하므로, 근저당권이전등기를 신청할 때에는 원칙적으로 등기의무자인 근저당권자의 인감증명을 첨부할 필요가 없다(규칙 제60조 제1항 제1호).

② 부동산의 매수인이 다수인 경우에는 인감증명서상의 매수자란 중 성명란에 '○○○ 외 ○명'으로만 기재되어 있는 인감증명서를 첨부하였다면 그 등기신청은 수리할 수 없다(예규 제1308호).

③ 등기신청서에 제3자의 동의 또는 승낙을 증명하는 서면을 첨부하여야 하는 경우 그 서면이 공정증서인 때에는 인감증명을 제출할 필요가 없다(규칙 제60조 제4항).

답 ④

127 인감증명서의 제출에 관한 다음 설명 중 가장 옳지 않은 것은?

① 소유권에 관한 가등기명의인이 가등기의 말소등기를 신청하는 경우에는 가등기명의인의 인감증명을 제출하여야 한다.

② 근저당권자가 등기의무자로서 근저당권이전등기를 신청하는 경우에는 원칙적으로 근저당권자의 인감증명을 제공하여야 한다.

③ 외국인이 「출입국관리법」에 따라 외국인등록을 한 경우에는 「인감증명법」에 의한 인감증명을 발급받아 제출할 수 있다.

④ 등기필정보가 없는 법인의 지배인이 법인 명의의 근저당권 말소등기를 신청할 경우 지배인 자격을 증명하는 서류와 함께 「상업등기법」 제16조에 따라 발급된 지배인의 인감증명을 제출하여야 한다.

해설

② 근저당권자가 등기의무자로서 근저당권이전등기를 신청하는 경우에는 등기필정보가 없이 등기를 신청하는 경우를 제외하고는 근저당권이전등기 신청 시에 등기의무자(근저당권자)의 인감증명은 제공할 필요는 없다(선례 제5-449호).

선지분석

① 소유권에 관한 가등기명의인이 가등기의 말소등기를 신청하는 경우에는 가등기명의인의 인감증명을 제출하여야 한다(규칙 제60조 제1항 제2호).

③ 외국인이 「출입국관리법」에 따라 외국인등록을 한 경우에는 「인감증명법」에 의한 인감증명을 발급받아 제출할 수 있다(규칙 제61조 제4항).

④ 등기필정보가 없는 법인의 지배인이 법인 명의의 근저당권 말소등기를 신청할 경우 지배인 자격을 증명하는 서류와 함께 「상업등기법」 제16조에 따라 발급된 지배인의 인감증명을 제출하여야 한다(선례 제7-84호).

답 ②

128 다음 중 방문신청을 할 때에 일반적으로 인감증명의 제출을 필요로 하지 않는 등기신청은?

19 서기보

① 소유권이전등기의 말소등기
② 계약양도를 원인으로 하는 근저당권이전등기
③ 소유권에 대한 근저당권설정등기의 채무자를 변경하는 근저당권변경등기
④ 소유권에 관한 가등기명의인이 신청하는 가등기의 말소등기

해설

② 계약양도를 원인으로 하는 근저당권이전등기를 신청하는 경우 근저당권자가 등기의무자이므로 인감증명을 원칙적으로 제공할 필요 없다.

선지분석

① 소유권이전등기의 말소등기를 신청하는 경우 소유권자가 등기의무자에 해당하므로 인감증명을 제공하여야 한다(규칙 제60조 제1항 제1호).

③ 근저당권의 확정 전후를 불문하고 채무자변경을 원인으로 한 근저당권변경등기는 근저당권자(등기권리자)와 근저당권설정자 또는 제3취득자(등기의무자)가 공동으로 신청하여야 한다. 따라서 소유권자가 근저당권설정자인 경우에는 인감증명을 제공하여야 한다.

④ 소유권에 관한 가등기명의인이 신청하는 가등기의 말소등기를 신청하는 경우 가등기명의인의 인감증명을 제공하여야 한다(규칙 제60조 제1항 제2호).

답 ②

129 등기신청을 방문신청의 방법으로 할 때의 인감증명의 제출에 관한 다음 설명 중 가장 옳지 않은 것은?

19 주사보

① 저당권설정등기의 말소등기를 신청할 때에 등기의무자의 등기필정보가 없어 등기의무자가 등기소에 출석하여 등기관으로부터 확인을 받은 경우에는 등기의무자인 저당권자의 인감증명을 제출할 필요가 없다.

② 소유권에 관한 가등기명의인이 등기의무자가 되어 등기권리자와 공동으로 가등기의 이전등기를 신청할 때에 등기의무자의 등기필정보를 제공하였다면 등기의무자의 인감증명을 제출할 필요가 없다.

③ 소유권이전청구권가등기의 말소등기를 가등기명의인이 단독으로 신청할 때에는 가등기명의인의 인감증명을 제출하여야 한다.

④ 전세권에 대한 근저당권설정등기를 등기의무자와 등기권리자가 공동으로 신청할 때에 등기의무자의 등기필정보를 제공하였다면 등기의무자의 인감증명을 제출할 필요가 없다.

（해설）

① 저당권설정등기의 말소등기를 신청할 때에 등기의무자의 등기필정보가 없어 등기의무자가 등기소에 출석하여 등기관으로부터 확인을 받은 경우에는 등기의무자인 저당권자의 인감증명을 제출하여야 한다. 규칙 제60조 제1항 제3호의 개정으로 인하여 소유권이외의 권리에 관한 등기신청시 등기의무자의 등기필정보를 제공할 수 없어 등기관의 확인조서를 제공하는 경우라 하더라도 인감증명을 제출하여야 한다.

（선지분석）

② 소유권에 관한 가등기명의인이 등기의무자가 되어 등기권리자와 공동으로 가등기의 이전등기를 신청할 때에 등기의무자의 등기필정보를 제공하였다면 등기의무자의 인감증명을 제출할 필요가 없다. 이는 등기의무자가 소유권등기명의인이 아니기 때문이다(규칙 제60조 제1항 제1호).

③ 소유권이전청구권가등기의 말소등기를 가등기명의인이 단독으로 신청할 때에는 가등기명의인의 인감증명을 제출하여야 한다(규칙 제60조 제1항 제2호).

④ 전세권에 대한 근저당권설정등기를 등기의무자와 등기권리자가 공동으로 신청할 때에 등기의무자의 등기필정보를 제공하였다면 등기의무자의 인감증명을 제출할 필요가 없다. 이는 등기의무자가 전세권자 즉, 소유권등기명의인에 해당하지 않기 때문이다(규칙 제60조 제1항 제1호).

답 ①

130 방문신청을 하는 경우 제출하는 인감증명에 관한 다음 설명 중 가장 옳지 않은 것은? 21 서기보

① 소유권의 등기명의인이 등기의무자로서 등기를 신청하는 경우 등기의무자의 인감증명을 제출한다.

② 매매를 원인으로 한 소유권이전등기신청의 경우 반드시 부동산매도용 인감증명서를 첨부하여야 하지만 매매 이외의 경우에는 등기신청서에 첨부된 인감증명서상의 사용용도와 그 등기의 목적이 다르더라도 그 등기신청은 이를 수리하여야 한다.

③ 등기신청서에 제3자의 동의 또는 승낙을 증명하는 서면을 첨부하는 경우 그 제3자의 인감증명을 제출한다.

④ 등기신청서에 첨부하는 인감증명은 발행일부터 6개월 이내의 것이어야 한다.

(해설)

④ 등기신청서에 첨부하는 인감증명은 발행일부터 3개월 이내의 것이어야 한다(규칙 제62조).

(선지분석)

① 소유권의 등기명의인이 등기의무자로서 등기를 신청하는 경우 등기의무자의 인감증명을 제출한다(규칙 제60조 제1항 제1호).

② 매매를 원인으로 한 소유권이전등기신청의 경우 반드시 부동산매도용 인감증명서를 첨부하여야 하지만 매매 이외의 경우에는 등기신청서에 첨부된 인감증명서상의 사용용도와 그 등기의 목적이 다르더라도 그 등기신청은 이를 수리하여야 한다(예규 제1308호).

③ 등기신청서에 제3자의 동의 또는 승낙을 증명하는 서면을 첨부하는 경우 그 제3자의 인감증명을 제출한다(규칙 제60조 제1항 제7호).

답 ④

131 등기신청시 제공하여야 하는 첨부정보에 관한 다음 설명 중 가장 옳지 않은 것은? 22 사무관

① 법인등기기록이 폐쇄된 청산법인이 소유권보존등기를 하는 등 등기권리자로서 등기신청을 하는 경우에는 폐쇄된 법인등기기록을 부활한 후 법인등기사항증명서를 제공하여야 한다.

② 인감증명의 제출이 필요한 경우에는 교도소에 재감 중인 자라도 위임장에 신고된 인감을 날인하여야 하고, 무인과 교도관의 확인으로 갈음할 수 없다.

③ 근저당권이전등기를 등기권리자와 등기의무자가 공동으로 신청하면서 등기필정보가 없어 등기관이 등기의무자를 확인하는 확인조서를 작성하는 경우 등기의무자의 인감증명은 제출할 필요가 없다.

④ 법인 대표자의 직무대행자가 등기를 신청하는 경우 법인의 근거 법률에 직무대행자를 등기할 수 있다는 규정이 없어 직무대행자가 등기되어 있지 않고, 정관에 대표자 유고 시 다른 이사 등이 직무를 대행할 수 있다고 규정되어 있다면 법인등기사항증명정보, 정관, 이사회의사록 등을 제공한다.

해설

③ 근저당권자가 등기의무자로서 근저당권이전등기를 신청하는 경우에는 등기필정보가 없이 등기를 신청하는 경우를 제외하고는 근저당권이전등기 신청 시에 등기의무자(근저당권자)의 인감증명은 제공할 필요는 없다(선례 제5-449호). 즉, 근저당권이전등기를 등기권리자와 등기의무자가 공동으로 신청하면서 등기필정보가 없어 등기관이 등기의무자를 확인하는 확인조서를 작성하는 경우 등기의무자의 인감증명을 제공하여야 한다(규칙 제60조 제1항 제3호).

선지분석

① 미등기 부동산에 관하여 청산법인이 소유권보존등기를 하는 등 청산법인이 등기권리자로서 부동산등기신청을 하는 경우에는 폐쇄된 청산법인의 등기부를 부활하여야 하고, 청산인임을 증명하는 서면으로는 청산인 등기가 마쳐진 청산법인의 등기부를 제출하여야 한다(예규 제1087호).

② 교도소에 재감 중인 자 하여 그의 인감증명서를 발급받을 수 없는 것은 아니므로, 그가 인감 제출을 요하는 등기신청을 함에 있어서는 인감증명서를 제출하여야 하고 재감자가 무인한 등기신청의 위임장이 틀림없다는 취지를 교도관이 확인함으로써 인감증명서의 제출을 생략할 수는 없을 것이다(예규 제423호).

④ 법인 대표자의 직무대행자가 등기를 신청하는 경우 법인의 근거 법률에 직무대행자를 등기할 수 있다는 규정이 없어 직무대행자가 등기되어 있지 않고, 재단법인의 정관에 대표자인 이사장의 유고시에 상무이사가 그 직무를 대행하여 법인을 대표할 수 있다고 규정되어 있다면 상무이사가 이를 증명하는 서면(법인의 등기부등본, 정관 및 이사회의사록)과 상무이사의 인감증명을 첨부하여 부동산등기를 신청할 수 있다(선례 제1-52호).

답 ③

132 등기신청시 첨부정보로 제공하는 인감증명에 관한 다음 설명 중 가장 옳지 않은 것은? 22 법무사

① 인감증명정보를 제공하여야 하는 자가 법인 아닌 사단이나 재단인 경우에는 그 대표자나 관리인의 인감증명을 첨부정보로 제공하여야 한다.

② 인감증명을 제출하여야 하는 등기신청 유형을 열거한 「부동산등기규칙」 제60조 각 호의 경우에 해당되지 않는 사항에 대하여 등기의무자를 대리하여 등기를 신청하는 경우, 대리권 수여의 소명자료로 위임장 외에 등기의무자의 인감증명을 첨부할 필요는 없다.

③ 1필의 토지의 일부에 지상권등기가 있는 경우에 그 토지의 분필등기를 신청할 때에는 그 권리가 존속할 토지의 표시에 관한 정보를 신청정보의 내용으로 제공하여야 하고 이에 관한 권리자의 확인이 있음을 증명하는 정보를 첨부정보로 제공하여야 하는데, 이를 증명하는 지상권자의 확인서와 그 지상권자의 인감증명을 제출하여야 한다.

④ 근저당권이전청구권가등기의 말소등기를 등기의무자와 등기권리자가 공동으로 신청하는 경우에는 등기의무자의 인감증명을 첨부정보로 제공하여야 한다.

⑤ 관공서는 인감증명이 없으므로 관공서가 등기의무자인 경우에는 인감증명에 관한 규정이 적용되지 않으며, 관공서가 동의 또는 승낙 권한을 갖는 경우 등에 있어서도 관공서의 인감증명은 제출하지 않는다.

해설

④ 소유권에 관한 가등기명의인이 가등기의 말소등기를 신청하는 경우 가등기명의인의 인감증명은 제공하여야 한다(규칙 제60조 제1항 제2호). 따라서 근저당권이전청구권가등기의 말소등기를 등기의무자와 등기권리자가 공동으로 신청하는 경우에는 가등기명의인의 인감증명은 제공할 필요가 없다.

선지분석

① 규칙 제60조에 따라 인감증명을 제출하여야 하는 자가 법인 아닌 사단이나 재단인 경우에는 그 대표자나 관리인의 인감증명을 제출하여야 한다(규칙 제61조 제1항).

② 등기권리자가 규칙 제60조 각 호의 경우에 해당되지 않는 사항에 대하여 등기의무자를 대리하여 등기를 신청하는 경우, 대리권 수여의 소명자료로 위임장 외에 등기의무자의 인감증명을 첨부할 필요는 없다(선례 제5-120호.)

③ 1필의 토지의 일부에 지상권등기가 있는 경우에 그 토지의 분필등기를 신청할 때에는 그 권리가 존속할 토지의 표시에 관한 정보를 신청정보의 내용으로 제공하여야 하고 이에 관한 권리자의 확인이 있음을 증명하는 정보를 첨부정보로 제공하여야 하는데, 이를 증명하는 지상권자의 확인서와 그 지상권자의 인감증명을 제출하여야 한다(규칙 제60조 제1항 제5호).

⑤ 규칙 제60조 제1항에 따라 인감증명을 제출하여야 하는 자가 국가 또는 지방자치단체인 경우에는 인감증명을 제출할 필요가 없다(규칙 제61조 제3항). 따라서 관공서는 관공서가 등기의무자인 경우나 관공서가 동의 또는 승낙 권한을 갖는 경우 등에 있어서도 관공서의 인감증명은 제출하지 않는다.

답 ④

192 해커스공무원 학원·인강 gosi.Hackers.com

133 인감증명서를 갈음하여 제출할 수 있는 본인서명사실확인서에 관한 다음 설명 중 가장 옳지 않은 것은?

① 자격자대리인이 본인서명사실확인서를 첨부하여 등기신청을 대리하는 경우에는 수임인란에 자격자대리인의 자격명과 성명을 기재하는 것으로 충분하며, 그 주소까지 기재할 필요는 없다.

② 본인서명사실확인서의 서명이 한글이 아닌 문자로 기재되어 있다면 등기신청서의 성명도 한글이 아닌 그 문자로 기재하여야 한다.

③ 본인서명사실확인서의 부동산 관련 용도란에는 신청할 등기유형과 거래상대방 등의 성명·주소 및 주민등록번호(법인인 경우에는 명칭과 주사무소의 소재지 및 법인등록번호)가 모두 기재되어 있어야 하며, 위 기재사항이 누락된 본인서명사실확인서가 첨부된 때에는 그 등기신청을 수리하여서는 아니 된다.

④ 본인서명사실확인서에 기재된 거래 상대방과 등기신청서에 기재된 등기권리자의 인적사항이 일치되지 않는 등기신청은 수리하여서는 아니 된다.

> **해설**
>
> ② 본인서명사실확인서의 서명이 한글이 아닌 문자로 기재되어 있다 하더라도 <u>등기신청서의 성명은 반드시 한글로</u> 기재하여야 한다(예규 제1609호).
>
> 답 ②

134 본인서명사실확인서에 관한 다음 설명 중 가장 옳지 않은 것은?

① 등기신청과 관련하여 법령이나 예규에서 인감증명서를 첨부하여야 한다고 정한 경우 이를 갈음하여 신청서 등에 서명을 하고 본인서명사실확인서를 첨부할 수 있다.

② 본인서명사실확인서와 신청서 등의 서명은 본인 고유의 필체로 자신의 성명을 기재하거나 서명자의 동일성을 확인할 수 있는 기호를 표시하는 방법으로 하여야 한다.

③ 본인서명사실확인서의 부동산 관련 용도란에는 신청할 등기유형과 거래상대방의 성명·주소 및 주민등록번호가 모두 기재되어 있어야 한다.

④ 본인서명사실확인서에 기재된 거래상대방과 신청서 등에 기재된 등기권리자의 인적사항이 일치되지 않는 등기신청은 수리하여서는 안 된다.

> **해설**
>
> 본 문제는 예규 제1609호에 대한 것이다.
>
> ② 본인서명사실확인서와 신청서 등의 <u>서명은 본인 고유의 필체로 자신의 성명을 기재하는</u> 방법으로 하여야 하며, 등기관이 알아볼 수 있도록 명확히 기재하여야 한다. 본인서명사실확인서의 서명이 한글이 아닌 문자로 기재되어 있다 하더라도 <u>등기신청서의 성명은 반드시 한글로</u> 기재하여야 한다.
>
> 답 ②

135 본인서명사실확인서를 첨부한 등기신청에 관한 다음 설명 중 가장 옳지 않은 것은? 13 주사보

① 등기소에 제출하는 신청서등에 「인감증명법」에 따라 신고한 인감을 날인하고 인감증명서를 첨부해야 하는 경우, 이를 갈음하여 신청서 등에 서명을 하고 본인서명사실확인서를 첨부할 수 있다.

② 본인서명사실확인서와 신청서 등의 서명은 본인 고유의 필체로 자신의 성명을 명확히 기재하는 방법으로 하여야 한다.

③ 본인서명사실확인서의 서명이 한글이 아닌 문자로 기재되어 있으면 등기신청서의 성명도 그와 똑같은 문자로 기재하여야 한다.

④ 신청서 등의 서명은 본인서명사실확인서의 서명이 한글로 기재되어 있으면 한글로, 한자로 기재되어 있으면 한자로 각각 기재하여야 한다.

해설

③ 본인서명사실확인서의 서명이 한글이 아닌 문자로 기재되어 있다 하더라도 등기신청서의 성명은 반드시 한글로 기재하여야 한다(예규 제1609호).

> **등기예규** 「본인서명사실 확인 등에 관한 법률」에 따른 등기사무 처리지침(예규 제1609호)
>
> **제2조【인감증명서와의 관계】**「부동산등기법」 및 「부동산등기규칙」, 「상업등기법」 및 「상업등기규칙」 그 밖의 법령, 대법원예규에서 등기소에 제출하는 신청서 등에 「인감증명법」에 따라 신고한 인감을 날인하고 인감증명서를 첨부하여야 한다고 정한 경우, 이를 갈음하여 신청서 등에 서명을 하고 본인서명사실확인서를 첨부하거나 발급증을 첨부할 수 있다.
>
> **제3조【본인서명사실확인서가 첨부된 경우 서명방법 등】** ① 본인서명사실확인서와 신청서 등의 서명은 본인 고유의 필체로 자신의 성명을 기재하는 방법으로 하여야 하며, 등기관이 알아볼 수 있도록 명확하여야 한다.(②)
> ② 신청서 등의 서명은 본인서명사실확인서의 서명이 한글로 기재되어 있으면 한글로, 한자로 기재되어 있으면 한자로, 영문으로 기재되어 있으면 영문으로 각각 기재하여야 한다.(④)
> ③ 본인서명사실확인서의 서명이 한글이 아닌 문자로 기재되어 있다 하더라도 등기신청서의 성명은 반드시 한글로 기재하여야 한다.(③)
>
> … 중략 …
>
> **제4조【전자본인서명확인서의 확인 등】** ① 등기관이 발급증을 제출받았을 때에는 전자본인서명확인서 발급시스템에서 전자본인서명확인서를 확인하여야 한다.
> ② 전자본인서명확인서 발급시스템 또는 등기시스템의 장애 등으로 등기관이 전자본인서명확인서를 확인할 수 없는 경우에는 신청인에게 인감증명서 또는 본인서명사실확인서를 등기소에 제공할 것을 요구할 수 있다. 이 경우 신청인이 인감증명서 또는 본인서명사실확인서를 제출할 때 이미 제출된 신청서 등을 그에 맞게 보정하여야 한다.
> ③ 등기관은 전자본인서명확인서 발급시스템에서 등기신청을 받은 등기소 외의 기관·법인 또는 단체가 전자본인서명확인서를 열람한 사실이 확인된 경우 해당 등기신청을 수리하여서는 아니 된다.
>
> **제5조【주소의 확인 등】** 등기관은 본인서명사실확인서 또는 전자본인서명확인서상의 등기의무자의 주소가 주민등록표초본 또는 등본의 주소이동 내역에서 확인되거나 성명과 주민등록번호 등에 의하여 같은 사람임이 인정되는 경우에는 해당 등기신청을 각하하여서는 아니 된다.
>
> **제6조【부동산 관련 용도란의 기재】** ① 본인서명사실확인서 또는 전자본인서명확인서의 부동산 관련 용도란에는 신청할 등기유형과 거래상대방의 성명·주소 및 주민등록번호(법인인 경우에는 그 명칭과 주사무소의 소재지 및 법인등록번호)가 모두 기재되어 있어야 하며, 위 기재사항이 누락된 경우 해당 등기신청을 수리하여서는 아니 된다.
> 다만, 거래상대방이 다음 각 호의 기관인 경우, 거래상대방란에 법인의 명칭만 기재하고 법인등록번호와 주사무소의 소재지는 기재하지 아니할 수 있다.
> 1. 국가나 지방자치단체, 국제기구와 외국정부
> 2. 「공공기관의 운영에 관한 법률」 제4조에 따른 법인·단체 또는 기관(공공기관)
> 3. 「지방공기업법」에 따른 지방공사 및 지방공단

   4. 「은행법」에 따른 인가를 받아 설립된 은행

   5. 「자본시장과 금융투자업에 관한 법률」에 따른 금융투자업자·증권금융회사·종합금융회사 및 명의개서대행회사

   6. 「보험업법」에 따른 보험회사

   7. 「상호저축은행법」에 따른 상호저축은행과 그 중앙회

   8. 「신용협동조합법」에 따른 신용협동조합 및 그 중앙회

   9. 「여신전문금융업법」에 따른 여신전문금융회사 및 겸영여신업자

   10. 「농업협동조합법」에 따른 농협은행

   11. 「수산업협동조합법」에 따른 수협은행

② 본인서명사실확인서 또는 전자본인서명확인서에 기재된 거래상대방과 신청서 등에 기재된 등기권리자의 인적사항이 일치하지 않는 등기신청은 수리하여서는 아니 된다.

제7조【그 외의 용도란의 기재】 부동산등기신청 외의 등기신청을 할 경우에는 본인서명사실확인서 또는 전자본인서명확인서의 그 외의 용도란에 신청할 등기유형이 <u>기재되어 있지 아니한 경우 그 등기신청을 수리하여서는 아니 된다</u>(예 ○○ 주식회사 이사 취임등기용).

제8조【위임받은 사람란 등의 기재】 ① 대리인이 본인서명사실확인서 또는 발급증을 첨부하여 등기신청을 대리하는 경우에는 본인서명사실확인서 또는 전자본인서명확인서의 <u>위임받은 사람란에 대리인의 성명과 주소가 기재되어 있어야</u> 한다.

다만, 대리인이 변호사 [법무법인·법무법인(유한) 및 법무조합을 포함한다]나 법무사[법무사법인·법무사법인(유한)을 포함한다]인 자격자대리인인 경우에는 성명란에 '변호사○○○' 또는 '법무사○○○'와 같이 <u>자격자대리인의 자격명과 성명이 기재되어</u> 있으면 자격자대리인의 주소는 기재되어 있지 않아도 된다.

② 본인서명사실확인서 또는 전자본인서명확인서의 위임받은 사람란에 기재된 사람과 위임장의 수임인은 같은 사람이어야 하며, 용도란의 기재와 위임장의 위임취지는 서로 부합하여야 한다.

제9조【유효기간】 본인서명사실확인서 또는 전자본인서명확인서는 발행일부터 3개월 이내의 것이어야 한다.

답 ③

136 다음은 거래가액을 함께 등기하여야 하는 소유권이전등기에 관한 설명이다. 가장 옳지 않은 것은?

11 서기보

① 등기원인이 매매라면 등기원인증서가 판결, 조정조서 등 매매계약서가 아닌 때라도 거래가액을 등기한다.

② 등기원인증서가 2006. 1. 1. 이후 작성된 경우에 한하여 거래가액을 등기한다.

③ 최초의 피분양자가 등기권리자가 되어 소유권이전등기를 신청하는 경우에 등기신청서에 분양계약서와 함께 거래신고필증이 첨부되어 있을 때에는 거래가액을 등기하고, 거래계약신고대상이 아니어서 검인 받은 분양계약서만 첨부되어 있을 때에는 거래가액을 등기하지 아니한다.

④ 피분양자의 지위가 여러 번 매매로 이전된 경우로서 각 지위이전 계약이 모두 거래신고필증이 첨부된 경우에는 등기권리자가 매수인으로 거래계약신고를 하여 교부 받은 거래신고필증에 기재된 거래가액을 등기한다.

(해설)

①, ②

🔍 등기예규 거래가액 등기에 관한 업무처리지침(예규 제1633호)

1. 거래가액 등기의 대상
가. 원칙
  거래가액은 2006. 1. 1. 이후 작성된 <u>매매계약서를 등기원인증서로 하여 소유권이전등기</u>를 신청하는 경우에 등기한다. 그러므로 아래 각 호의 경우에는 거래가액을 등기하지 않는다.
  (1) 2006. 1. 1.이전에 작성된 매매계약서에 의한 등기신청을 하는 때(②)
  (2) 등기원인이 매매라 하더라도 등기원인증서가 판결, 조정조서 등 매매계약서가 아닌 때(①)
  (3) 매매계약서를 등기원인증서로 제출하면서 소유권이전등기가 아닌 소유권이전청구권가등기를 신청하는 때

(선지분석)

③ 최초의 피분양자가 등기권리자가 되어 소유권이전등기를 신청하는 경우에 등기신청서에 분양계약서와 함께 <u>거래신고필증이 첨부되어 있을 때에는 거래가액을 등기하고</u>, 거래계약신고 대상이 아니어서 검인받은 분양계약서만 첨부되어 있을 때에는 거래가액을 등기하지 아니한다(예규 제1633호).

④ 최초의 피분양자로부터 그 지위 전부가 갑에게 매매로 이전된 후 다시 을에게 피분양자의 지위 전부가 매매로 이전되어 을이 등기권리자가 된 경우로서 각 지위이전계약이 모두 거래계약신고 대상이 되어 등기신청서에 여러 개의 거래신고필증이 첨부된 경우에는 을을 매수인으로 하는 거래신고필증에 기재된 거래가액을 등기한다(예규 제1633호).

답 ①

137 소유권이전등기에 따른 거래가액등기에 대한 설명이다. 가장 잘못된 것은? **11 주사보**

① 2006. 1. 1. 이전에 작성된 매매계약서에 의한 등기신청을 하는 때에는 거래가액을 등기하지 않는다.

② 매매계약서를 제출하더라도 소유권이전청구권 가등기를 신청하는 때에는 거래가액을 등기하지 않는다.

③ 부동산이 1개인 경우에도 수인과 수인 사이의 매매인 경우에는 매매목록을 제출한다.

④ 판결, 조정조서 등을 첨부한 경우라도 등기원인이 매매인 경우에는 거래가액의 등기를 한다.

(해설)

④ 거래가액은 2006. 1. 1. 이후 작성된 <u>매매계약서를 등기원인증서로</u> 하여 소유권이전등기를 신청하는 경우에 등기하므로, 등기원인이 매매라 하더라도 등기원인증서가 판결, 조정조서 등 매매계약서가 아닌 때에는 등기하지 않는다.

(선지분석)

③ **등기예규** 거래가액 등기에 관한 업무처리지침(예규 제1633호)

2. 신청서 기재사항 및 첨부서면 등

나. 매매목록

(1) 매매목록의 제출이 필요한 경우

아래 각 호의 어느 하나에 해당하는 경우에는 매매목록을 제출하여야 한다.

① 1개의 신고필증에 2개 이상의 부동산이 기재되어 있는 경우(1개의 계약서에 의해 2개 이상의 부동산을 거래한 경우라 하더라도, 관할 관청이 달라 개개의 부동산에 관하여 각각 신고한 경우에는 매매목록을 작성할 필요가 없다)

② 신고필증에 기재되어 있는 부동산이 1개라 하더라도 수인과 수인 사이의 매매인 경우

답 ④

138 소유권이전등기를 하는 경우에 하는 거래가액등기와 관련한 설명이다. 가장 잘못된 것은? 12 주사보

① 거래부동산이 1개라 하더라도 여러 명의 매도인과 여러 명의 매수인 사이의 매매계약인 경우에는 매매목록을 첨부정보로서 등기소에 제공하여야 한다.

② 매매예약을 원인으로 소유권이전청구권가등기에 의한 본등기를 하는 때에는 거래가액 등기를 하지 않는다.

③ 등기원인이 '매매'인 경우에도 조정·화해조서 등을 원인증서로 제출하는 때에는 거래가액등기는 하지 않는다.

④ 거래가액등기는 등기기록 중 갑구의 권리자 및 기타사항란에 거래가액을 기록하는 방법으로 등기한다.

해설

② 매매예약을 원인으로 한 소유권이전청구권 가등기에 의한 본등기를 신청하는 때에는, <u>매매계약서를 등기원인증서로 제출하지 않는다 하더라도</u> 거래가액을 등기한다(예규 제1633호).

선지분석

④ 「부동산등기규칙」 제125조 【거래가액의 등기방법】 등기관이 거래가액을 등기할 때에는 다음 각 호의 구분에 따른 방법으로 한다.
  1. 매매목록의 제공이 필요 없는 경우: 등기기록 중 갑구의 권리자 및 기타사항란에 거래가액을 기록하는 방법
  2. 매매목록이 제공된 경우: 거래가액과 부동산의 표시를 기록한 매매목록을 전자적으로 작성하여 번호를 부여하고 등기기록 중 갑구의 권리자 및 기타사항란에 그 매매목록의 번호를 기록하는 방법

답 ②

139 거래가액 등기에 관한 다음 설명 중 가장 옳지 않은 것은? 15 주사보

① 매매계약서를 등기원인증서로 제출하면서 소유권이전등기가 아닌 소유권이전청구권가등기를 신청하는 때에는 거래가액을 등기하지 않는다.

② 「주택법」에 따른 사업계획승인을 얻어 건설 공급하는 주택에 대한 분양계약의 경우에 최초의 피분양자로부터 그 지위 전부가 甲에게 매매로 이전된 후 다시 乙에게 피분양자의 지위 일부 지분만이 증여로 이전되어 甲과 乙이 공동으로 등기권리자가 되었을 때에는 거래가액을 등기하지 아니한다.

③ 거래가액을 등기하는 소유권이전등기가 완료된 후, 종전의 거래신고 내용 중 거래가액에 착오가 있음을 이유로 다시 거래신고를 하여 부동산거래계약신고필증을 재교부 받은 경우에 신청착오를 원인으로 거래가액을 경정하는 등기를 신청할 수 있는바, 이 등기는 종전 소유명의인과 현재의 소유명의인이 공동으로 신청하여야 한다.

④ 「부동산등기특별조치법」의 검인 대상인 부동산에 대하여 착오로 거래신고를 하여 소유권이전등기를 마친 후에 다시 검인을 신청하여 매매계약서에 검인을 받았다면, 해당 매매계약서를 첨부하여 거래가액의 등기를 말소하는 경정등기를 신청할 수 있다.

해설

③ 매매에 관한 거래계약서를 등기원인을 증명하는 서면으로 하여 거래가액을 기재하는 소유권이전등기를 신청하여 등기가 완료된 후, 종전의 거래신고 내용 중 거래가액에 관하여 허위 신고를 이유로 다시 거래신고를 하여 부동산거래계약신고필증을 재교부 받은 경우, 당해 부동산의 소유권의 등기명의인은 재교부 받은 부동산거래계약신고필증을 첨부하여 신청착오를 원인으로 거래가액을 경정하는 등기를 신청할 수 있다(선례 제200706-1호).

선지분석

② 최초의 피분양자로부터 그 지위 전부가 갑에게 매매로 이전된 후 다시 을에게 피분양자의 지위 일부지분만이 증여로 이전되어 갑과 을이 공동으로 등기권리자가 된 경우에는 거래가액을 등기하지 아니한다(예규 제1633호).

④ 「부동산등기특별조치법」 제3조 제1항의 검인 대상인 부동산에 대하여 착오로 거래신고를 하여 소유권이전등기를 마친 후에 다시 검인을 신청하여 매매계약서(등기원인증서)에 검인을 받았다면, (당해 부동산의 소유권의 등기명의인은) 해당 매매계약서를 첨부하여 거래가액의 등기를 말소하는 경정등기를 신청할 수 있으며, 이때 등기원인은 '신청착오'로 기재하여야 한다(선례 제201205-3호).

답 ③

140 거래가액 등기에 관한 다음 설명 중 가장 옳지 않은 것은? 16 서기보

① 등기관이 매매, 교환 등의 유상계약을 등기원인으로 한 소유권이전등기를 하는 경우에는 거래가액을 기록한다.

② 부동산거래계약 신고필증에 기재되어 있는 부동산이 1개라 하더라도 여러 명의 매도인과 여러 명의 매수인 사이의 매매인 경우에는 그 소유권이전등기신청서에 매매목록을 첨부하여야 한다.

③ 매매목록의 제공이 필요 없는 경우에는 부동산거래계약신고필증에 기재된 금액을 등기기록 중 갑구의 권리자 및 기타사항란에 기록한다.

④ 등기원인이 매매라 하더라도 등기원인증서가 판결, 조정조서 등 매매계약서가 아닌 때에는 거래가액을 등기하지 않는다.

해설

① 등기관이 「부동산 거래신고 등에 관한 법률」 제3조 제1항에서 정하는 계약을 등기원인으로 한 소유권이전등기를 하는 경우에는 대법원규칙으로 정하는 바에 따라 거래가액을 기록한다(법 제68조). 거래가액은 2006. 1. 1. 이후 작성된 매매계약서를 등기원인증서로 하여 소유권이전등기를 신청하는 경우이므로, 등기원인은 매매의 경우에 해당한다고 할 것이다.

답 ①

141 거래가액의 등기에 관한 다음 설명 중 가장 옳지 않은 것은? 17 주사보

① 2006. 1. 1. 전에 작성된 매매계약서를 등기원인증서로 하여 소유권이전등기를 신청하는 때에는 거래가액을 등기하지 않는다.

② 등기원인이 매매라면 등기원인증서가 판결서 등인 경우에도 거래가액을 등기하여야 한다.

③ 매매계약서를 등기원인증서로 제출하면서 소유권이전청구권가등기를 신청하는 때에는 거래가액을 등기하지 않는다.

④ 등기원인증서에 기재된 사항과 신고필증에 기재된 사항이 서로 달라 동일한 거래라고 인정할 수 없는 경우 등기관은 이를 수리해서는 안 된다.

해설

①, ②, ③ 거래가액은 2006. 1. 1. 이후 작성된 매매계약서를 등기원인증서로 하여 소유권이전등기를 신청하는 경우에 등기를 한다(예규 제1633호).

선지분석

④ 등기원인증서에 기재된 사항과 신고필증에 기재된 사항이 서로 달라 <u>동일한 거래라고 인정할 수 없는 경우</u> 등기관은 해당 등기신청을 법 제29조 제9호에 의하여 각하하여야 한다(예규 제1633호).

답 ②

142 거래가액 등기에 관한 다음 설명 중 가장 옳지 않은 것은?

① 「부동산등기 특별조치법」의 검인 대상인 부동산에 대하여 착오로 거래신고를 하여 소유권이전등기를 마친 후에 다시 검인을 신청하여 매매계약서에 검인을 받았다면, 해당 매매계약서를 첨부하여 거래가액의 등기를 말소하는 경정등기를 신청할 수 있다.

② 「주택법」에 따른 사업계획승인을 얻어 건설공급하는 주택에 대한 분양계약의 경우에 최초의 피분양자로부터 그 지위 전부가 갑에게 매매로 이전된 후 다시 을에게 피분양자의 지위 일부지분만이 증여로 이전되어 갑과 을이 공동으로 등기권리자가 되었을 때에는 거래가액을 등기하지 아니한다.

③ 매매를 원인으로 소유권이전등기를 하는 경우라도 등기원인증서로서 매매계약서가 아닌 판결정본이 제출되었다면 거래가액을 등기하지 아니한다.

④ 매매계약서를 등기원인증서로 제출하였다면 소유권이전등기뿐만 아니라 소유권이전청구권가등기를 신청한 경우에도 거래가액을 등기한다.

해설

④ 매매계약서를 등기원인증서로 제출하였더라도 소유권이전청구권가등기를 신청한 경우에는 거래가액을 등기하지 아니한다(예규 제1633호).

선지분석

① 「부동산등기 특별조치법」 제3조 제1항의 검인 대상인 부동산에 대하여 <u>착오로 거래신고를 하여 소유권이전등기를 마친 후에 다시 검인을 신청하여 매매계약서(등기원인증서)에 검인을 받았다면</u>, 해당 매매계약서를 첨부하여 거래가액의 등기를 말소하는 경정등기를 신청할 수 있으며, 이때 등기원인은 '신청착오'로 기재하여야 한다(선례 제201205-3호).

② 「주택법」에 따른 사업계획승인을 얻어 건설공급하는 주택에 대한 분양계약의 경우에 최초의 피분양자로부터 그 지위 전부가 갑에게 매매로 이전된 후 다시 을에게 피분양자의 지위 일부지분만이 <u>증여</u>로 이전되어 갑과 을이 공동으로 등기권리자가 되었을 때에는 거래가액을 등기하지 아니한다(예규 제1633호).

③ 매매를 원인으로 소유권이전등기를 하는 경우라도 <u>등기원인증서로서 매매계약서가 아닌</u> 판결정본이 제출되었다면 거래가액을 등기하지 아니한다(예규 제1633호).

답 ④

143 소유권이전에 관한 등기와 관련한 다음 설명 중 가장 옳지 않은 것은?

① "○년 ○월 ○일 취득시효 완성을 원인으로 한 소유권이전등기절차를 이행하라."는 주문이 기재된 판결정본을 등기원인을 증명하는 정보로서 제공하여 소유권이전등기를 신청하는 경우에는 그 연월일은 주문에 기재된 '취득시효완성일'로 하여 제공하면 된다.

② 거래부동산이 1개라 하더라도 여러 명의 매도인과 여러 명의 매수인 사이의 매매계약인 경우에는 매매목록을 첨부정보로서 등기소에 제공하여야 한다.

③ 수인의 공유자가 수인에게 지분의 전부 또는 일부를 이전하려고 하는 경우의 등기신청은 등기권리자별로 하거나 등기의무자별로 하여야 한다.

④ 등기원인이 '매매'인 경우에는 등기원인증서가 판결, 조정조서 등 매매계약서가 아닌 경우에도 거래가액을 등기하여야 한다.

해설

④ 등기원인이 '매매'인 경우에는 등기원인증서가 판결, 조정조서 등 매매계약서가 아닌 경우에는 거래가액을 등기할 것은 아니다. 이 경우에는 부동산거래신고를 하지 않고, 판결서 등에 검인을 받아야 한다(예규 제1633호).

선지분석

① "○년 ○월 ○일 취득시효 완성을 원인으로 한 소유권이전등기절차를 이행하라."는 주문이 기재된 판결정본을 등기원인을 증명하는 정보로서 제공하여 소유권이전등기를 신청하는 경우에는 그 연월일은 주문에 기재된 '취득시효완성일'로 하여 제공하면 된다(선례 제20187-6호).

② 거래부동산이 1개라 하더라도 여러 명의 매도인과 여러 명의 매수인 사이의 매매계약인 경우에는 매매목록을 첨부정보로서 등기소에 제공하여야 한다(예규 제1633호).

③ 수인의 공유자가 수인에게 지분의 전부 또는 일부를 이전하려고 하는 경우의 등기신청은 등기권리자별로 하거나 등기의무자별로 하여야 한다(예규 제1363호).

답 ④

144 다음 중 등기신청(촉탁) 수수료를 납부하지 않고서도 할 수 있는 등기신청에 해당하는 것은?

13 주사보

① 건물의 멸실등기
② 말소회복등기
③ 토지의 분필등기
④ 지방세 체납에 따른 압류등기

해설

🔍 등기예규 등기신청수수료 징수에 관한 예규(예규 제1733호)

2. 부동산등기신청수수료(「등기사항증명서 등 수수료규칙」 제5조의2에 의한 등기신청의 경우)

가. 등기신청수수료의 납부의무자

등기신청수수료는 등기신청인이 이를 납부하여야 하되, 등기권리자와 등기의무자의 공동신청에 의하는 경우에는 등기권리자가 이를 납부하여야 한다.

나. 수개의 부동산에 관한 등기신청을 일괄하여 하나의 신청서(촉탁서를 포함한다. 이하 같다)로써 하는 경우

이 경우에는 등기의 목적에 따른 소정의 수수료액에 신청 대상이 되는 부동산 개수를 곱한 금액을 등기신청수수료로 납부하여야 한다.

㉄ ① 하나의 신청서로써 1필지의 토지 및 그 지상의 1개의 건물에 관한 소유권이전등기를 신청하는 경우: 1만 5천원(소유권이전등기신청수수료) × 2(부동산 개수) = 3만 원
  ② 하나의 촉탁서로써 3개의 부동산에 관한 가압류촉탁을 하는 경우: 3천 원(가압류촉탁수수료) × 3(부동산 개수) = 9천 원

다. 변경 및 경정등기 신청의 경우

변경 및 경정등기 중 아래의 경우에는 등기신청수수료를 받지 아니한다.
(1) 등기관의 과오로 인한 등기의 착오 또는 유루를 원인으로 하는 경정등기 신청의 경우
(2) 부동산표시변경 및 경정등기 신청의 경우
(3) 부동산에 관한 분할·구분·합병 및 멸실등기 신청의 경우(대지권에 관한 등기 제외)
(4) 행정구역·지번의 변경, 주민등록번호(또는 부동산등기용등록번호)의 정정을 원인으로 한 등기명의인표시변경 또는 경정등기 신청의 경우

라. 집합건물에 대한 등기신청의 경우

(1) 각 구분건물별로 등기신청수수료를 납부하되, 대지권등기가 되어 있는 구분건물도 등기신청수수료 산정에 있어서는 1개의 부동산으로 본다.
(2) 대지권의 표시등기 또는 변경·경정등기신청의 경우에도 각 구분건물별로 등기신청수수료를 납부하여야 한다.

마. 매각으로 인한 등기촉탁의 경우

매각으로 인한 등기 촉탁에 있어 촉탁의 대상이 되는 등기의 목적이 수개인 경우에는 각 등기의 목적에 따른 신청수수료를 합산한 금액을 등기신청수수료로 납부하여야 한다.

㉄ 매각으로 인한 등기 촉탁서에 의하여 소유권이전등기의 촉탁과 아울러 1번 및 2번 근저당권설정등기 및 가압류등기의 각 말소등기를 촉탁하는 경우: 1만 5천 원(소유권이전등기) + 3천 원 × 3(말소등기의 개수) = 2만 4천 원

바. 소유권이전등기와 동시에 신탁등기 또는 환매특약의 등기를 하는 경우

소유권이전등기의 신청수수료 이외에 환매특약의 등기의 신청수수료를 별도로 납부하여야 한다. 다만, 신탁등기의 신청수수료는 별도로 납부하지 아니한다.

사. 등기의 목적별 부동산등기신청수수료액은 [별표 1]과 같다.

··· 중략 ···

5. **국가에 대한 수수료 면제**

「등기사항증명서 등 수수료규칙」 제7조 제3항의 규정에 의하여 등기신청수수료가 면제되는 국가가 자기를 위하여 하는 등기라 함은 다음 각 호의 1에 해당하는 경우를 말한다.
1. 국가가 등기권리자로서 신청하는 등기
2. 위 1.의 등기 중 국가가 공권력의 주체로서 촉탁한 등기의 말소등기(예 국세압류등기의 말소, 공매공고등기의 말소)
3. 국유재산을 관리, 보존하기 위한 등기

5의2. **지방자치단체에 대한 수수료 면제**

「지방세징수법」 제65조에 따라 등기신청수수료가 면제되는 경우는 다음 각 호의 1.과 같다.
1. 지방자치단체가 지방세를 징수하기 위하여 등기권리자로서 신청하는 등기
2. 위 1.의 등기 중 지방자치단체가 공권력의 주체로서 촉탁한 등기의 말소등기(예 지방세압류등기의 말소, 공매공고등기의 말소)

핵심정리 등기신청수수료를 내지 않는 경우

등기의 목적		비고	
변경 및 경정등기 (다만, 직권경정등기의 경우 등기신청수수료 없음)	부동산표시	등기명의인표시, 권리변경등기는 납부함	
분할·구분·합병등기		대지권에 관한 등기는 제외(각 구분건물별 3,000원을 납부함)	
멸실등기, 멸실회복등기, 파산·화의·회사정리등기		–	
압류등기 및 압류말소등기 (체납처분 등 등기)	국세, 지방세	의료보험 등의 공과금에 관한 것은 납부함	
신탁등기	신탁등기	신탁등기와 동시에 하는 권리에 관한 등기(소유권이전등기)는 납부함	
	신탁등기의 변경, 말소등기 등		

답 ①, ③, ④

145 국민주택채권과 관련된 다음 설명 중 가장 옳지 않은 것은?

15 서기보

① 채권최고액의 증액에 따른 근저당권변경등기를 신청하는 경우 증액된 금액에 대해서는 국민주택채권(증액된 금액이 2,000만 원 이상인 경우)을 매입하여야 한다.

② 취득시효 완성을 원인으로 한 소유권이전등기, 진정명의회복을 원인으로 한 소유권이전등기, 공유자가 다른 공유자를 상대로 하여 명의신탁해지를 원인으로 한 소유권이전등기절차를 명하는 판결에 의하여 등기를 신청하는 경우에는 국민주택채권을 매입하여야 한다.

③ 소유권이전등기, 저당권설정등기, 저당권이전등기를 신청하는 자는 국민주택채권을 매입하여야 하나, 소유권보존등기를 신청하는 자는 이미 지적공부나 건축물대장 등록 시 국민주택채권을 매입하였으므로 소유권보존등기를 신청할 때에는 매입할 필요가 없다.

④ 취득세 및 등록면허세가 면제되는 경우라 하더라도 국민주택채권은 「주택법」 및 같은 법 시행령 등의 규정에 의하여 그 매입의무가 면제되지 않는 한 매입하여야 한다.

(해설)

③ 소유권보존등기를 하는 경우에는 시가표준액이 500만 원 이상인 토지에 한하여 매입을 하며, 건물의 경우에는 건축허가 시 매입하므로 보존등기 시에는 매입할 필요가 없다(예규 제1744호).

(선지분석)

① 채권최고액의 증액에 따른 근저당변경등기를 신청하는 경우 증액된 금액에 대해서는 「지방세법」 제131조 제1항 제6호(2)의 규정에 의한 등록세를 납부하여야 하고 국민주택채권(증액된 금액이 2,000만 원 이상인 경우)을 매입하여야 한다(선례 제7-554호).

④ 취득세 및 등록면허세가 면제되는 경우라 하더라도 국민주택채권은 「주택도시기금법」 및 같은 법 시행령 등의 규정에 의하여 그 매입의무가 면제되지 않는 한 매입하여야 한다(예규 제1744호).

답 ③

146 국민주택채권과 관련된 다음 설명 중 가장 옳지 않은 것은?

① 소유권이전등기의 말소회복등기는 부동산의 취득에 따른 소유권이전등기에 해당되지 않으므로, 그 등기신청 시 국민주택채권을 매입할 필요가 없다.

② 등기관이 미등기 부동산에 대하여 법원의 촉탁에 따라 소유권의 처분제한의 등기를 할 때에는 직권으로 소유권보존등기를 하여야 하는데, 이때 국민주택채권을 매입하지 않았다 하여 그 등기촉탁을 각하할 수 없다.

③ 국가가 국세 체납자를 대위하여 그 체납자 명의로 소유권이전등기를 신청하는 경우에는 국민주택채권을 매입하여야 한다.

④ 담보가등기는 「가등기담보 등에 관한 법률」상 저당권으로 보므로 그 등기시 국민채권을 매입하여야 한다.

해설

④ 국민주택채권의 매입은 부동산소유권의 보존 또는 이전, 상속, 저당권의 설정 및 이전에 한한다. 현행법상 담보가등기는 국민주택채권 매입대상이 아니다(선례 제4-950호).

선지분석

① 소유권이전등기의 말소회복등기는 부동산의 취득에 따른 소유권이전등기에 해당되지 않으므로, 그 등기신청 시 국민주택채권매입필증을 첨부할 필요가 없다(선례 제5-892호).

② 미등기부동산에 대한 처분제한 등기의 촉탁에 의하여 등기관이 <u>직권으로 소유권보존등기를 완료한 때에는 납세지를 관할하는 지방자치단체 장에게</u> 「지방세법」 제33조의 규정에 의한 등록면허세 <u>미납 통지를 하여야 하고</u>, 이 경우 소유자가 보존등기를 신청하는 것이 아니므로(「주택도시기금법」 제8조 참조) <u>국민주택채권도 매입할 필요가 없다</u>(예규 제1744호).

③ 채권자가 채무자를 <u>대위하여 소유권보존등기를 신청하는 경우에는</u> 본래의 신청인인 채무자가 신청하는 경우와 다르지 않으므로 <u>채권자가 등록면허세를 납부하여야 하고</u>, 등기하고자 하는 부동산이 토지인 경우에는 <u>국민주택채권도 매입하여야 한다</u>(예규 제1744호).

체납처분으로 인한 압류등기를 촉탁하기 위하여 관공서는 체납자를 대위하여 체납자 앞으로의 소유권이전등기촉탁을 할 수 있고, 이 경우 그 등기의 원인증서의 첨부, 등록세의 납부 및 주택채권의 매입은 일반의 등기절차와 다르지 않다(선례 제1-207호).

답 ④

147 인지세에 관한 다음 설명 중 가장 옳지 않은 것은? 16 주사보

① 신탁을 원인으로 하는 소유권이전등기 신청서에 첨부하는 신탁계약서와 관련하여서는 인지세를 납부할 필요가 없다.

② 등기신청과 관련하여 다른 법률에 따라 부과된 의무를 이행하지 아니한 경우는 각하사유에 해당한다.

③ 부동산의 소유권이전에 관한 증서로서 기재금액이 10억 원을 초과하는 경우 인지세액은 35만 원이다.

④ 주택의 소유권이전에 관한 증서로서 기재금액이 2억 원 이하인 문서에 대하여는 인지세를 납부하지 아니한다.

해설

④ 주택의 소유권이전에 관한 증서로서 기재금액이 1억 원 이하인 문서에 대하여는 인지세를 납부하지 않는다(「인지세법」 제6조 제5호). 부동산의 소유권 이전에 관한 증서 및 세액(「인지세법」 제3조 제1항)은 다음과 같다.

기재금액	세액
1천만 원 초과 ~ 3천만 원 이하인 경우	2만 원
3천만 원 초과 ~ 5천만 원 이하인 경우	4만 원
5천만 원 초과 ~ 1억 원 이하인 경우	7만 원
1억 원 초과 ~ 10억 원 이하인 경우	15만 원
10억 원을 초과하는 경우	35만 원

선지분석

① 신탁을 원인으로 하는 소유권이전등기신청서에 첨부하는 신탁계약서는 대가성 있는 소유권이전에 관한 증서로 볼 수 없으므로 「인지세법」에서 정하는 인지를 첨부할 필요가 없다(선례 제7-553호).

② 취득세, 등록면허세 또는 수수료를 내지 아니하거나 등기신청과 관련하여 다른 법률에 따라 부과된 의무를 이행하지 아니한 경우 이유를 적은 결정으로 신청을 각하하여야 한다(법 제29조 제10호).

답 ④

148 다음은 등기신청과 관련된 의무의 설명이다. 가장 옳지 않은 것은? 17 서기보

① 신탁을 원인으로 소유권이전등기와 신탁등기를 동시에 신청하는 경우 신탁등기에 대하여 등록면허세를 납부하여야 한다.

② 등기관이 등기신청서를 조사할 때에는 해당 등기신청에 대한 신청수수료액과 그에 해당하는 금액의 영수필확인서가 첨부되어 있는지 여부 등을 반드시 조사·확인하여야 한다.

③ 공유물을 공유지분율에 따라 분할하여 이전등기를 하는 경우에는 국민주택채권을 매입할 필요가 없다.

④ 국가가 개인의 토지를 매수하고 소유권이전등기를 신청하는 경우 첨부정보로 제공하는 매매계약서에는 「인지세법」에 따른 인지를 첨부할 필요가 없다.

(해설)

④ 국내에서 재산에 관한 권리 등의 창설·이전 또는 변경에 관한 계약서나 이를 증명하는 그 밖의 문서를 작성하는 자는 해당 문서를 작성할 때에 이 법에 따라 그 문서에 대한 인지세를 납부할 의무가 있다(「인지세법」 제1조). <u>국가 등과 개인이 공동으로 협의계약서를 작성한 경우 국가 등이 가지는 위 계약서는 개인이 작성한 것으로 보게 되므로</u>(「인지세법」 제7조 참조) 국가 등의 명의로의 소유권이전등기신청 시 그 원인서면으로 제출하는 계약서 등에는 「인지세법」 제3조 제1항 소정의 수입인지를 납부하여야 한다(선례 제4-972호).

(선지분석)

① 신탁을 원인으로 한 소유권이전등기와 신탁의 등기는 동시에 신청하여야 하나 이들은 각 별개의 등기이므로, 신탁을 원인으로 한 소유권이전등기에 대하여는 취득세를 납부할 필요가 없지만, 신탁등기에 대하여는 등록면허세를 납부하여야 한다(예규 제1744호).

답 ④

149 신청서에 첨부한 서류의 원본환부대상이 되는 것은?   12 서기보

① 등기신청위임장

② 인감증명서

③ 외국인이나 재외국민이 작성한 처분위임장

④ 변호사나 법무사가 등기의무자 또는 그 법정대리인으로부터 위임받았음을 확인한 사실을 증명하는 정보를 담고 있는 서면

해설

핵심정리 첨부서면 원본 반환 청구(규칙 제59조)

원본환부의 대상	원본환부의 대상이 아닌 것(규칙 제59조 등)
• 농지취득자격증명 • 상속재산분할협의서 • 유언증서 • 외국인/재외국민의 처분위임장 등	• 등기신청위임장, 자필서명정보, 확인서면 등 해당 등기신청만을 위하여 작성한 서류 • 인감증명, 법인등기사항증명서, 주민등록표등(초)본, 가족관계등록사항증명서, 각종 대장등본 등 별도의 방법으로 다시 취득할 수 있는 서류 • 신청서 자체 • 등기부의 일부인 도면, 신탁원부, 공동담보목록 등

답 ③

150 등기원인증서의 반환 및 첨부서면의 원본 환부와 관련된 다음 설명 중 가장 옳은 것은? 15 서기보

① 등기신청인이 소유권이전등기 신청서에 첨부된 매매계약서 원본의 환부를 청구하는 경우 등기관은 그 사본을 작성하여 등기신청서에 첨부하고 매매계약서 원본에는 환부의 뜻을 적은 후 기명날인하여야 한다.

② 인감증명, 법인등기사항증명서, 주민등록표 등본·초본, 가족관계등록사항별증명서, 상속재산분할협의서, 유언증서 및 건축물대장·토지대장·임야대장 등본 등에 대하여는 원본의 환부를 청구할 수 없다.

③ 근저당권변경등기 신청서에 첨부된 근저당권변경계약서, 근저당권말소등기 신청서에 첨부된 해지(해제)증서는 등기관이 해당 등기를 마친 후 신청인에게 돌려주어야 하는 등기원인증서에 해당하지 않는다.

④ 규약상 공용부분이라는 뜻의 등기의 경우 규약 또는 공정증서, 이혼 당사자 사이의 재산분할협의서는 등기관이 해당 등기를 마친 후 신청인에게 돌려주어야 하는 등기원인증서에 해당한다.

선지분석

① 신청서에 첨부한 서류의 원본의 환부를 청구하는 경우에 신청인은 그 원본과 같다는 뜻을 적은 사본을 첨부하여야 하고, 등기관이 서류의 원본을 환부할 때에는 그 사본에 원본 환부의 뜻을 적고 기명날인하여야 한다(규칙 제59조).

② 등기신청서에 첨부한 상속재산협의분할서와 유언증서의 원본의 환부를 청구할 수 있으며, 이때에 신청인은 그 원본과 같다는 취지를 기재한 등본을 첨부하여야 한다.

③ 신청서에 첨부된 등기원인을 증명하고 있는 정보를 담고 있는 서면이 법률행위의 성립을 증명하는 서면이거나 그밖에 대법원 예규로 정하는 서면일 때에는 등기관이 등기를 마친 후에 이를 신청인에게 돌려주어야 한다. 법률행위의 성립을 증명하는 서면으로는 매매계약서, 증여계약서, 공유물분할계약서, 대물반환계약서, 매매예약서, 권리변경계약서, 해지증서 등이며, 법률사실을 증명하는 서면으로는 협의성립확인서 또는 재결서, 집행력 있는 판결정본 등이 있다.

답 ④

151 첨부서면의 원본 환부 또는 등기원인증서의 반환에 관한 다음 설명 중 가장 옳지 않은 것은?

21 서기보

① 신청서에 첨부한 서류의 원본의 환부를 청구하는 경우에 신청인은 그 원본과 같다는 뜻을 적은 사본을 첨부하여야 하고, 등기관이 서류의 원본을 환부할 때에는 그 사본에 원본 환부의 뜻을 적고 기명날인하여야 한다.

② 등기신청위임장에 대하여는 원본 환부를 청구할 수 없다.

③ 소유권이전등기의 경우 매매계약서, 증여계약서, 공유물분할계약서, 대물반환계약서, 명의신탁해지증서 등은 등기관이 등기를 마친 후 신청인에게 돌려주어야 한다.

④ 수용에 의한 소유권이전등기신청의 경우의 협의성립확인서 또는 재결서, 판결에 의한 등기신청의 경우의 집행력 있는 판결정본 등은 등기관이 등기를 마친 후 신청인에게 돌려주지 않는다.

해설

④ 수용에 의한 소유권이전등기신청의 경우의 협의성립확인서 또는 재결서, 판결에 의한 등기신청의 경우의 집행력 있는 판결정본 등은 등기관이 등기를 마친 후 신청인에게 돌려주어야 한다(규칙 제66조 제1항, 예규 제1514호).

선지분석

① 신청서에 첨부한 서류의 원본의 환부를 청구하는 경우에 신청인은 그 원본과 같다는 뜻을 적은 사본을 첨부하여야 하고, 등기관이 서류의 원본을 환부할 때에는 그 사본에 원본 환부의 뜻을 적고 기명날인하여야 한다(규칙 제59조).

② 등기신청위임장에 대하여는 원본 환부를 청구할 수 없다(규칙 제59조 제1호).

③ 소유권이전등기의 경우 매매계약서, 증여계약서, 공유물분할계약서, 대물반환계약서, 명의신탁해지증서 등은 등기관이 등기를 마친 후 신청인에게 돌려주어야 한다(규칙 제66조 제1항, 예규 제1514호).

답 ④

001 등기신청이 동시에 있는 경우에 관한 다음 설명 중 옳지 않은 것은?　　　　12 서기보

　① 같은 부동산에 관하여 동시에 여러 개의 신청이 있는 경우에는 원칙적으로 동일한 접수번호를 부여하여야 한다.

　② 양립할 수 없는 등기의 신청이 동시에 접수된 경우 등기관은 그 신청을 모두 각하하여야 한다.

　③ 같은 부동산에 관하여 2개 이상의 촉탁서가 동시에 등기소에 도착한 경우에는 촉탁일자의 선후에 따라 접수번호를 부여하여야 한다.

　④ 동일한 부동산에 관하여 동일 순위로 등기된 가압류와 처분금지가처분의 효력은 그 채권자 상호간에 한해서는 처분금지적 효력을 서로 주장할 수 없다.

해설

③ 동일한 부동산에 관하여 2개 이상의 촉탁서가 등기소에 동시에 도착한 경우에는 <u>가장 먼저 접수된</u> 사건의 접수번호를 각각의 촉탁서에 부여한다(예규 제1154호).

선지분석

① 같은 부동산에 관하여 동시에 여러 개의 등기신청이 있는 경우에는 같은 접수번호를 부여하여야 한다(규칙 제65조 제2항).

② 우연히 동시 접수된 등기신청사건이 서로 양립할 수 없는 경우에는 접수 자체를 거부할 수 없고 당해 등기신청을 일단 모두 접수하되 이는 법 제29조 제2호에 해당하므로 모두 각하하여야 한다.

④ 동일한 부동산에 관하여 동일 순위로 등기된 가압류와 처분금지가처분의 효력은 그 당해 채권자 상호간에 한해서는 처분금지적 효력을 서로 주장할 수 없다(대결 98마475).

답 ③

002 반드시 동시신청 하여야 하는 등기에 해당하지 않는 등기는?

12 주사보

① 환매특약부매매로 인한 권리이전의 등기와 환매특약의 등기

② 채권자대위등기와 채무자로부터 채권자 자신으로의 등기

③ 1동의 건물에 속하는 구분건물 중의 일부 만에 관한 소유권보존의 등기와 나머지 구분건물의 표시에 관한 등기

④ 건물의 신축으로 인하여 비구분건물이 구분건물로 된 경우의 신축 건물의 소유권보존등기와 종전 건물의 표시변경등기

(해설)

② 채권자가 채무자를 대위하여 등기를 신청하는 경우 채무자로부터 채권자 자신으로의 등기를 동시에 신청하지 않더라도 이를 수리한다(예규 제1432호).

(선지분석)

① 매매의 목적물이 부동산인 경우에 매매등기와 동시에 환매권의 보류를 등기한 때에는 제삼자에 대하여 그 효력이 있다(「민법」 제592조).

③ 1동의 건물에 속하는 구분건물 중 일부만에 관하여 소유권보존등기를 신청하는 경우에는 나머지 구분건물의 표시에 관한 등기를 동시에 신청하여야 한다(법 제46조 제1항).

④ 구분건물이 아닌 건물로 등기된 건물에 접속하여 구분건물을 신축한 경우에 그 신축건물의 소유권보존등기를 신청할 때에는 구분건물이 아닌 건물을 구분건물로 변경하는 건물의 표시변경등기를 동시에 신청하여야 한다. 이 경우 제2항을 준용한다(법 제46조 제3항).

답 ②

제1편   2023 해커스법원직 김미영 부동산등기법 기출문제집

003 등기신청의 접수시기 및 등기의 효력발생시기에 관한 다음 설명 중 가장 옳지 않은 것은? 14 주사보

① 전자신청의 경우 등기신청은 해당 부동산이 다른 부동산과 구별될 수 있게 하는 정보가 전산처리조직에 저장된 때 접수된 것으로 본다.

② 방문신청의 경우 등기신청은 등기관이 신청인으로부터 등기신청서를 인계받았을 때 접수된 것으로 본다.

③ 등기관이 등기를 마친 경우 그 등기는 접수한 때로부터 효력을 발생한다.

④ 같은 토지 위에 있는 여러 개의 구분건물에 대한 등기를 동시에 신청하는 경우에는 그 건물의 소재 및 지번에 관한 정보가 전산정보처리조직에 저장된 때 등기신청이 접수된 것으로 본다.

해설

② 등기신청인이 신청서를 접수담당자에게 제출하였다 하더라도 해당 부동산이 다른 부동산과 구별될 수 있게 하는 정보가 전산정보처리조직에 저장되기 전에는 그 신청이 접수된 것이 아니다.

선지분석

① 등기신청은 대법원규칙으로 정하는 등기신청정보가 전산정보처리조직에 저장된 때에 접수된 것으로 본다(법 제6조 제1항). 법 제6조제1항에서 '대법원규칙으로 정하는 등기신청정보'란 해당 부동산이 다른 부동산과 구별될 수 있게 하는 정보를 말한다(규칙 제3조 제1항).

③ 등기관이 등기를 마친 경우 그 등기는 접수한 때부터 효력을 발생한다(법 제6조 제2항).

④ 같은 토지 위에 있는 여러 개의 구분건물에 대한 등기를 동시에 신청하는 경우에는 그 건물의 소재 및 지번에 관한 정보가 전산정보처리조직에 저장된 때 등기신청이 접수된 것으로 본다(규칙 제3조 제2항).

답 ②

004 등기신청의 접수 등에 관한 다음 설명 중 가장 옳지 않은 것은? 16 주사보

① 전자신청의 경우에는 접수절차가 전산정보처리조직에 의하여 자동으로 처리되므로 접수담당자가 별도로 접수절차를 진행하지 않는다.

② 신탁으로 인한 소유권이전등기를 신청하고 이후에 신탁등기를 별도로 신청하여도 상관없다.

③ 접수장의 접수번호는 1년마다 새로 부여하여야 한다.

④ 동일한 부동산에 관하여 동시에 양립할 수 없는 등기의 신청이 있는 경우에는 접수한 후 모두 각하하여야 한다.

해설

② 신탁으로 인한 소유권이전등기를 신청할 경우 그 소유권이전등기와 신탁등기는 동일한 신청정보로 신청하여야 한다. 만약 신탁임에도 불구하고 소유권이전등기만을 신청한 경우 법 제29조 제5호에 의하여 각하하여야 한다(예규 제1726호).

선지분석

③ 접수장의 접수번호는 1년마다 새로 부여하여야 한다(규칙 제22조 제2항).

답 ②

005 등기신청의 접수에 관한 다음 설명 중 가장 옳지 않은 것은?

① 같은 토지 위에 있는 여러 개의 구분건물에 대한 등기를 동시에 신청하는 경우에는 그 건물의 소재 및 지번에 관한 정보가 전산정보처리조직에 저장된 때 등기신청이 접수된 것으로 본다.

② 처분금지가처분신청이 가압류신청보다 신청법원에 먼저 접수된 경우에는 법원으로부터 동 처분금지가처분등기촉탁서와 가압류등기촉탁서를 등기관이 동시에 받았더라도 이를 동시 접수 처리할 수 없다.

③ 등기관이 등기를 마친 경우 그 등기는 접수한 때부터 효력을 발생한다.

④ 전자신청의 경우 접수절차가 전산정보처리조직에 의하여 자동으로 처리되므로 접수담당자가 별도로 접수절차를 진행하지 않으며, 접수번호는 전산정보처리조직에 의하여 자동적으로 생성된 것을 부여한다.

해설

② 처분금지가처분등기의 촉탁서와 가압류등기촉탁서가 등기소에 동시에 도달하였다면 양 촉탁서는 동시 접수 처리하여야 하고 그 등기의 순위는 동일 순위가 된다. 이때 가처분 또는 가압류 신청의 선후나 결정의 선후는 따지지 않는다. 이와 같이 같은 부동산에 관하여 동일 순위로 등기된 가압류와 처분금지가처분의 효력은 그 해당 채권자 간에는 처분금지적 효력을 서로 주장할 수 없다(대결 98마475).

선지분석

① 같은 토지 위에 있는 여러 개의 구분건물에 대한 등기를 동시에 신청하는 경우에는 그 건물의 소재 및 지번에 관한 정보가 전산정보처리조직에 저장된 때 등기신청이 접수된 것으로 본다(규칙 제3조 제2항).

③ 등기관이 등기를 마친 경우 그 등기는 접수한 때부터 효력을 발생한다(법 제6조 제2항).

④ 전자신청의 경우 접수절차가 전산정보처리조직에 의하여 자동으로 처리되므로 접수담당자가 별도로 접수절차를 진행하지 않으며, 접수번호는 전산정보처리조직에 의하여 자동적으로 생성된 것을 부여한다(법원실무제요).

답 ②

006 등기신청에 대한 등기관의 심사권한과 관련된 다음 설명 중 가장 옳지 않은 것은? 15 주사보

① 등기관은 등기신청에 대하여 「부동산등기법」상 그 등기신청에 필요한 서면이 제출되었는지 여부 및 제출된 서면이 형식적으로 진정한 것인지 여부를 심사할 권한을 갖고 있다.

② 등기관으로서의 통상의 주의를 기울이면 제출된 등기필증 등이 진정하게 작성된 것이 아님을 식별할 수 있음에도 불구하고 이를 간과하였다면 이는 그 형식적 심사권한을 행사함에 있어서 지켜야 할 주의의무를 위반한 것이다.

③ 등기관은 1동의 건물을 구분한 건물의 등기신청에서 그 구분소유권의 목적인 건물의 표시에 관한 사항이 「집합건물의 소유 및 관리에 관한 법률」 제1조 또는 제1조의2와 맞는지 여부를 조사하여야 한다.

④ 등기관은 「부동산등기법」 제29조 각 호의 어느 하나에 해당하는 경우에만 이유를 적은 결정으로 신청을 각하하여야 한다. 다만, 신청의 잘못된 부분이 보정될 수 있는 경우로서 신청인이 등기관이 보정을 명한 날의 다음 날까지 그 잘못된 부분을 보정하였을 때에는 그러하지 아니하다.

(해설)

③ 구법하에서는 구분건물의 표시에 관하여 등기관에게 실질적 심사권한이 인정되었으나, 현재는 그러한 규정이 삭제됨으로써 실질적 심사 제도는 폐지되었다.

(선지분석)

④ 등기관은 법 제29조 각 호의 어느 하나에 해당하는 경우에만 이유를 적은 결정으로 신청을 각하하여야 한다. 다만, 신청의 잘못된 부분이 보정될 수 있는 경우로서 신청인이 등기관이 보정을 명한 날의 다음 날까지 그 잘못된 부분을 보정하였을 때에는 그러하지 아니하다(법 제29조)

답 ③

007 등기관의 심사권한에 관한 다음 설명 중 가장 옳지 않은 것은?

① 원칙적으로 등기관은 등기신청에 대하여 「부동산등기법」상 그 등기신청에 필요한 서면이 제출되었는지 여부 및 제출된 서면이 형식적으로 진정한 것인지 여부 등 그 등기신청이 신청서 및 그 첨부서류와 등기부에 의하여 등기요건에 합당한지 여부를 심사할 형식적 심사권한을 갖는다.

② 등기관은 등기신청에 대하여 실체법상의 권리관계와 일치하는지 여부를 심사할 실질적 심사권한은 없다.

③ 판결에 의한 등기를 하는 경우 등기관은 원칙적으로 판결 주문에 나타난 등기권리자와 등기의무자 및 이행의 대상인 등기의 내용이 등기신청서와 부합하는지를 심사하는 것으로 족하다.

④ 「부동산등기법」 제29조의 각하 사유는 예시적인 것이므로 등기관은 그 밖의 사유에 의하여도 등기신청을 각하할 수 있다.

(해설)

④ 「부동산등기법」 제29조의 각하 사유는 한정적인 것이므로 등기관은 그 밖의 사유로는 등기신청을 각하할 수 없다.

(선지분석)

① 원칙적으로 등기관은 등기신청에 대하여 「부동산등기법」상 그 등기신청에 필요한 서면이 제출되었는지 여부 및 제출된 서면이 형식적으로 진정한 것인지 여부 등 그 등기신청이 신청서 및 그 첨부서류와 등기부에 의하여 등기요건에 합당한지 여부를 심사할 형식적 심사권한을 갖는다(대결 2007마327 등).

② 등기관은 등기신청에 대하여 실체법상의 권리관계와 일치하는지 여부를 심사할 실질적 심사권한은 없다(대결 206마920 등).

③ 판결에 의한 등기를 하는 경우 등기관은 원칙적으로 판결 주문에 나타난 등기권리자와 등기의무자 및 이행의 대상인 등기의 내용이 등기신청서와 부합하는지를 심사하는 것으로 족하다(예규 제1692호).

답 ④

008 등기신청의 보정에 관한 다음 설명 중 가장 옳지 않은 것은? 18 주사보

① 등기관이 등기신청에 대하여 보정을 명하는 경우에는 보정할 사항을 구체적으로 적시하고 그 근거법령이나 예규, 보정기간 등을 제시하여 매건 조사 완료 후 즉시 서면으로 등기신청인에게 통지하여야 한다.

② 등기관이 흠결사항에 대한 보정이 없으면 그 등기신청을 각하할 수밖에 없는 경우에만 그 사유를 등록한 후 보정명령을 할 수 있다.

③ 등기신청서를 제출할 수 있도록 허가받은 변호사나 법무사의 사무원은 등기신청서의 제출뿐만 아니라 보정도 할 수 있다.

④ 등기소에 출석하여 서면으로 등기신청을 한 경우에 그 보정은 반드시 등기관의 면전에서 하여야 하며 보정을 위하여 신청서 또는 그 부속서류를 신청인에게 반환할 수 없다.

해설

① 등기관이 등기신청에 대하여 보정을 명하는 경우에는 보정할 사항을 구체적으로 적시하고 그 근거법령이나 예규, 보정기간 등을 제시하여 매건 조사 완료 후 즉시 구두 또는 전화나 모사전송의 방법에 의하여 등기신청인에게 통지하여야 한다(예규 제1515호). 반드시 서면일 필요는 없다.

선지분석

② 등기관이 흠결사항에 대한 보정이 없으면 그 등기신청을 각하할 수밖에 없는 경우에만 그 사유를 등록한 후 보정명령을 할 수 있다(예규 제1515호).

③ 등기신청서를 제출할 수 있도록 허가받은 변호사나 법무사의 사무원은 등기신청서의 제출뿐만 아니라 보정도 할 수 있다(예규 제1692호).

④ 등기소에 출석하여 서면으로 등기신청을 한 경우에 그 보정은 반드시 등기관의 면전에서 하여야 하며 보정을 위하여 신청서 또는 그 부속서류를 신청인에게 반환할 수 없다(예규 제1515호).

답 ①

009 방문신청의 경우 등기신청의 보정에 관한 다음 설명 중 가장 옳지 않은 것은? 21 서기보

① 등기관은 등기신청서류를 심사하여 흠결을 발견하였을 경우 이를 보정하도록 명령하거나 석명할 의무가 있다.

② 등기관이 등기신청에 대하여 보정을 명하는 경우에는 보정할 사항을 구체적으로 적시하고 그 근거법령이나 예규, 보정기간 등을 제시하여야 한다.

③ 보정은 반드시 등기관의 면전에서 하여야 하며 보정을 위하여 신청서 또는 그 부속서류를 신청인에게 반환할 수 없다.

④ 동일 부동산에 대하여 여러 개의 등기신청이 접수된 경우 그 상호간에는 보정명령을 한 경우에도 반드시 접수 순서에 따라 처리하여야 한다.

(해설)

① 등기관은 흠결사항에 대한 보정이 없으면 그 등기신청을 각하할 수밖에 없는 경우에만 그 사유를 등록한 후 보정명령을 할 수 있으며, 등기소장은 보정명령의 적정 여부에 관하여 철저히 감독을 하여야 한다. 그러나 석명할 의무는 없다 (예규 제1515호).

(선지분석)

② 등기관이 등기신청에 대하여 보정을 명하는 경우에는 보정할 사항을 구체적으로 적시하고 그 근거법령이나 예규, 보정 기간 등을 제시하여야 한다(예규 제1718호).

③ 보정은 반드시 등기관의 면전에서 하여야 하며 보정을 위하여 신청서 또는 그 부속서류를 신청인에게 반환할 수 없다 (예규 제1515호).

④ 동일 부동산에 대하여 여러 개의 등기신청이 접수된 경우 그 상호간에는 보정명령을 한 경우에도 반드시 접수 순서에 따라 처리하여야 한다(예규 제1515호).

답 ①

010 자격자대리인 및 그 사무원에 관한 다음 설명 중 가장 옳지 않은 것은?

① 등기신청서를 제출할 수 있는 자격자대리인의 사무원은 자격자대리인의 사무소 소재지를 관할하는 지방법원장이 허가하는 1명으로 한다.

② 자격자대리인의 출입사무원은 등기소에 출석하여 등기신청서를 직접 제출할 수 있으나 등기관의 보정명령에 대해서는 보정을 할 수 없다.

③ 관공서가 등기권리자로서 촉탁하는 수용을 원인으로 한 소유권이전등기에 대하여도 자격자대리인이 이를 대리하여 신청할 수 있다.

④ 지방법원장이 등기소에 출석하여 등기신청서를 제출할 수 있는 자격자대리인의 사무원의 출입허가를 하였을 때에는 자격자대리인에게 등기소 출입증을 발급하여야 한다.

(해설)

② 자격자대리인의 출입사무원은 등기소에 출석하여 등기신청서를 직접 제출할 수 있으며, 등기관의 보정명령에 대해서는 보정을 할 수 있다.

(선지분석)

① 등기신청서를 제출할 수 있는 자격자대리인의 사무원은 자격자대리인의 사무소 소재지를 관할하는 지방법원장이 허가하는 1명으로 한다(예규 제1718호).

③ 관공서가 권리관계의 당사자로서 등기를 촉탁하는 경우에는 사인이 등기를 신청하는 경우와 실질적으로 아무런 차이가 없으므로, 관공서가 등기권리자로서 촉탁하는 수용을 원인으로 한 소유권이전등기에 대하여는 변호사나 법무사가 이를 대리하여 신청할 수 있다(선례 제201908-5호).

④ 지방법원장이 등기소에 출석하여 등기신청서를 제출할 수 있는 자격자대리인의 사무원의 출입허가를 하였을 때에는 자격자대리인에게 등기소 출입증을 발급하여야 한다(예규 제1718호).

답 ②

011 등기신청의 취하에 관한 다음 설명 중 가장 옳지 않은 것은?　　　14 주사보

① 등기신청의 취하는 등기관이 등기를 마치기 전까지 할 수 있다.

② 방문신청의 취하는 반드시 등기소에 출석하여 서면으로 하여야 한다.

③ 등기신청이 등기권리자와 등기의무자의 공동신청에 의하여 이루어진 경우에도 등기권리자 또는 등기의무자 어느 일방이 그 등기신청을 취하할 수 있다.

④ 방문신청이 취하된 경우에 그 등기신청서와 부속서류를 신청인 또는 그 대리인에게 환부하며, 취하서는 신청서 그 밖의 부속서류 편철장의 취하된 등기신청서를 편철하여야 할 곳에 편철한다.

해설

③ 등기신청이 등기권리자와 등기의무자의 공동신청에 의하거나 등기권리자 및 등기의무자 쌍방으로부터 위임받은 대리인에 의한 경우에는, 그 등기신청의 취하도 등기권리자와 등기의무자가 공동으로 하거나 등기권리자 및 등기의무자 쌍방으로부터 취하에 대한 특별수권을 받은 대리인이 이를 할 수 있고, 등기권리자 또는 등기의무자 어느 일방만에 의하여 그 등기신청을 취하할 수는 없다(예규 제1643호).

선지분석

① 등기신청의 취하는 등기관이 등기를 마치기 전 또는 등기신청을 각하기 전에만 할 수 있다(예규 제1643호).

② 방문신청의 취하는 신청인 또는 그 대리인이 등기소에 출석하여 취하서를 제출하는 방법으로 하여야 한다(규칙 제51조).

답 ③

012 등기신청의 취하 또는 보정과 관련된 다음 설명 중 가장 옳지 않은 것은?

① 등기신청인 또는 그 대리인은 등기신청을 취하할 수 있다. 다만, 등기신청대리인이 등기신청을 취하하는 경우에는 취하에 대한 특별수권이 있어야 한다.

② 등기신청이 등기권리자와 등기의무자의 공동신청에 의하거나 등기권리자 및 등기의무자 쌍방으로부터 위임받은 대리인에 의한 경우에는, 등기권리자 또는 등기의무자 어느 일방만에 의하여 그 등기신청을 취하할 수는 없다.

③ 등기관은 흠결사항에 대한 보정이 없으면 그 등기신청을 각하할 수밖에 없는 경우에만 그 사유를 등록한 후 보정명령을 할 수 있다.

④ 방문신청(서면신청)의 흠결에 대한 보정은 당사자나 그 대리인 본인만이 등기소에 출석하여 할 수 있고, 「부동산등기규칙」 제58조에 의하여 허가받은 사무원은 등기신청서의 제출과 달리 보정은 할 수 없다.

해설

④ 등기신청의 흠결에 대한 보정은 당사자나 그 대리인 본인 또는 규칙 제48조에 의하여 허가받은 사무원이 등기소에 출석하여 하여야 한다(예규 제1643호).

선지분석

① 등기권리자와 등기의무자로부터 위임을 받은 대리인이 쌍방대리에 의한 등기신청을 한 경우에는, 등기신청을 취하하는 경우에도 등기권리자와 등기의무자의 쌍방으로부터 취하에 관한 특별수권을 받은 경우에만 그 대리인이 취하를 할 수가 있다. 그러므로 취하에 관한 특별수권이 없거나 어느 일방으로부터만 특별수권을 받은 경우에는 취하를 할 수가 없다(예규 제1643호).

② 하나의 신청서로써 수개의 부동산에 관한 일괄신청을 한 경우에는 수개의 부동산 중 일부에 대해서만 취하를 할 수 있다(예규 제1643호).

답 ④

013 등기신청의 취하에 관한 다음 설명 중 가장 옳지 않은 것은? 22 서기보

① 등기신청의 취하는 등기관이 등기를 마치기 전까지 할 수 있다.

② 수개의 부동산에 관한 등기신청을 일괄하여 동일한 신청서에 의하여 한 경우 그중 일부 부동산에 대하여만 등기신청을 취하하는 것도 가능하다.

③ 등기신청이 등기권리자와 등기의무자의 공동신청에 의하거나 등기권리자 및 등기의무자 쌍방으로부터 위임받은 대리인에 의한 경우에는, 그 등기신청의 취하도 등기권리자와 등기 의무자가 공동으로 하거나 등기권리자 및 등기의무자 쌍방으로부터 취하에 대한 특별수권을 받은 대리인이 이를 할 수 있고, 등기권리자 또는 등기의무자 어느 일방만에 의하여 그 등기신청을 취하할 수는 없다.

④ 등기관은 등기신청의 취하서가 제출된 때에는, 그 취하서의 좌측 하단 여백에 접수인을 찍고 접수번호를 기재한 다음 기타문서접수장에 편철한다.

해설

④ 등기관은 등기신청의 취하서가 제출된 때에는, 그 취하서의 좌측 하단 여백에 접수인을 찍고 접수번호를 기재한 다음 기타문서접수장에 등재한다(예규 제1643호). 즉, 편철이 아니라 등재한다가 옳은 표현이다.

선지분석

① 등기신청의 취하는 등기관이 등기를 마치기 전까지 할 수 있다(예규 제1643호).

② 법 제25조의 규정에 의하여 수개의 부동산에 관한 등기신청을 일괄하여 동일한 신청서에 의하여 한 경우 그중 일부 부동산에 대하여만 등기신청을 취하하는 것도 가능하다(예규 제1643호).

③ 등기신청이 등기권리자와 등기의무자의 공동신청에 의하거나 등기권리자 및 등기의무자 쌍방으로부터 위임받은 대리인에 의한 경우에는, 그 등기신청의 취하도 등기권리자와 등기의무자가 공동으로 하거나 등기권리자 및 등기의무자 쌍방으로부터 취하에 대한 특별수권을 받은 대리인이 이를 할 수 있고, 등기권리자 또는 등기의무자 어느 일방만에 의하여 그 등기신청을 취하할 수는 없다(예규 제1643호).

답 ④

제1관 각하사유

---

014 「부동산등기법」 제29조 제2호에서 정한 '사건이 등기할 것이 아닌 경우'에 해당하지 않는 것은?

14 서기보

① 구분건물의 전유부분과 대지사용권의 분리처분 금지에 위반한 등기를 신청한 경우
② 등기명의인과 동일성이 없는 자의 신청에 따라 허위 또는 무효인 서류를 근거로 등기명의인표시 변경등기가 이루어진 경우
③ 농지를 전세권설정의 목적으로 하는 등기를 신청한 경우
④ 부동산에 대한 가압류가 본 압류로 이행된 후 이루어진 집행법원의 가압류등기 말소 촉탁

(해설)

② 첨부할 정보가 누락된 경우는 물론이고 그 정보가 위조·변조된 것으로 인정되거나 효력이 상실된 경우에도 등기관은 법 제29조 제9호에 따라 등기신청을 각하하여야 한다.

(선지분석)

①, ③

「부동산등기규칙」 제52조 【사건이 등기할 것이 아닌 경우】 법 제29조 제2호에서 '사건이 등기할 것이 아닌 경우'란 다음 각 호의 어느 하나에 해당하는 경우를 말한다.
1. 등기능력 없는 물건 또는 권리에 대한 등기를 신청한 경우
2. 법령에 근거가 없는 특약사항의 등기를 신청한 경우
3. 구분건물의 전유부분과 대지사용권의 분리처분 금지에 위반한 등기를 신청한 경우(①)
4. 농지를 전세권설정의 목적으로 하는 등기를 신청한 경우(③)
5. 저당권을 피담보채권과 분리하여 양도하거나, 피담보채권과 분리하여 다른 채권의 담보로 하는 등기를 신청한 경우
6. 일부지분에 대한 소유권보존등기를 신청한 경우
7. 공동상속인 중 일부가 자신의 상속지분만에 대한 상속등기를 신청한 경우
8. 관공서 또는 법원의 촉탁으로 실행되어야 할 등기를 신청한 경우
9. 이미 보존등기된 부동산에 대하여 다시 보존등기를 신청한 경우
10. 그 밖에 신청취지 자체에 의하여 법률상 허용될 수 없음이 명백한 등기를 신청한 경우

---

④ 부동산에 대한 가압류가 본압류로 이행되어 본집행의 효력이 유효하게 존속하는 한 집행법원의 가압류등기 말소촉탁은 그 취지 자체로 보아 법률상 허용될 수 없음이 명백한 경우에 해당된다(대결 2012마180).

답 ②

015 다음 중 「부동산등기규칙」에 의한 '사건이 등기할 것이 아닌 경우'에 해당하지 않는 것은? 15 서기보

① 공동상속인 중 일부가 자신의 상속지분만에 대한 상속등기를 신청한 경우
② 농지를 전세권설정의 목적으로 하는 등기를 신청한 경우
③ 경매절차에서 매수인이 된 자가 소유권이전등기를 신청한 경우
④ 일부 지분에 대한 근저당권설정등기를 신청한 경우

해설

④ 부동산의 공유지분에 대한 소유권이전등기 및 저당권설정등기는 모두 가능하므로 등기의 목적인 지분부분이 특정되는 이상 그에 대한 소유권이전등기나 저당권설정등기는 적법하다(선례 제1-409호).

선지분석

③ 경매로 인한 소유권이전등기는 촉탁으로 하여야 하는 등기에 해당하는데, 이를 신청한 경우는 법 제29조 제2호에 해당한다.

답 ④

016 다음 네모 안의 등기신청(촉탁) 중 사건이 등기할 것이 아닌 경우(「부동산등기법」 제29조 제2호)의 각하사유에 해당하는 것은 모두 몇 개인가?

15 사무관

> ㄱ. 공동상속인 중 일부가 자신의 상속지분만에 대한 상속등기를 신청한 경우
> ㄴ. 농지를 전세권설정의 목적으로 하는 등기를 신청한 경우
> ㄷ. 가압류 기입등기 후 가압류가 본 압류로 이행하는 강제경매개시결정이 내려져 그 기입등기가 마쳐진 상태에서 집행법원이 가압류등기만의 말소촉탁을 한 경우
> ㄹ. 법원의 촉탁으로 실행하여야 할 등기를 신청한 경우
> ㅁ. 수인의 합유자 명의인 부동산에 관하여 합유자 중 1인의 지분에 대하여 가압류기입등기촉탁을 한 경우

① 2개   ② 3개
③ 4개   ④ 5개

해설

「부동산등기규칙」 제52조 【사건이 등기할 것이 아닌 경우】 법 제29조 제2호에서 '사건이 등기할 것이 아닌 경우'란 다음 각 호의 어느 하나에 해당하는 경우를 말한다.
1. 등기능력 없는 물건 또는 권리에 대한 등기를 신청한 경우(ㅁ)
2. 법령에 근거가 없는 특약사항의 등기를 신청한 경우
3. 구분건물의 전유부분과 대지사용권의 분리처분 금지에 위반한 등기를 신청한 경우
4. 농지를 전세권설정의 목적으로 하는 등기를 신청한 경우(ㄴ)
5. 저당권을 피담보채권과 분리하여 양도하거나, 피담보채권과 분리하여 다른 채권의 담보로 하는 등기를 신청한 경우
6. 일부지분에 대한 소유권보존등기를 신청한 경우
7. 공동상속인 중 일부가 자신의 상속지분만에 대한 상속등기를 신청한 경우(ㄱ)
8. 관공서 또는 법원의 촉탁으로 실행되어야 할 등기를 신청한 경우(ㄹ)
9. 이미 보존등기된 부동산에 대하여 다시 보존등기를 신청한 경우
10. 그 밖에 신청취지 자체에 의하여 법률상 허용될 수 없음이 명백한 등기를 신청한 경우(ㄷ)

ㄷ. 부동산에 대한 가압류가 본압류로 이행되어 본집행의 효력이 유효하게 존속하는 한 집행법원의 가압류등기 말소촉탁은 그 취지 자체로 보아 법률상 허용될 수 없음이 명백한 경우에 해당된다(대결 2012마180).

ㅁ. 합유등기가 경료된 부동산에 대하여 합유자 중 1인의 지분에 대한 가압류등기촉탁은 할 수 없다(선례 제7-243호).

답 ④

017 등기신청 각하에 관한 다음 설명 중 가장 옳지 않은 것은?

① 대지권이 등기된 구분건물에 대하여 건물만에 관한 소유권이전등기신청 또는 저당권설정 등기신청은 분리처분 금지에 위반되어 각하대상이다.

② 등기원인이 발생한 후에 등기의무자에게 상속이 개시된 경우 상속인이 자기를 등기의무자 로 하여 등기신청을 수 있는데, 이 경우 등기기록과 신청서의 등기의무자 표시가 불일치하 더라도 각하 대상이 아니다.

③ 신탁행위에 의하여 소유권을 이전하는 경우에 신탁등기와 신탁을 원인으로 하는 소유권이전 등기는 별개의 등기이므로 1건의 신청정보로 일괄하여 신청하지 않더라도 각하할 수 없다.

④ 미등기 부동산에 대한 처분제한 등기의 촉탁에 의하여 등기관이 직권으로 소유권보존등기 를 하는 경우에는 국민주택채권을 매입하지 않았다고 하여 그 촉탁을 각하할 수 없다.

(해설)

③ 신탁행위에 의하여 소유권을 이전하는 경우에 신탁등기와 신탁을 원인으로 하는 소유권이전등기는 1건의 신청정보로 일괄하여 신청하지 않으면 법 제29조 제5호로 각하한다(예규 제1726호).

(선지분석)

① 대지권이 등기된 구분건물에 대하여 건물만에 관한 소유권이전등기신청 또는 저당권설정등기신청은 분리처분 금지에 위반되어 각하대상이다(규칙 제52조).

② 등기원인이 발생한 후에 등기의무자에게 상속이 개시된 경우 상속인이 자기를 등기의무자로 하여 등기신청을 수 있는 데, 이는 법 제27조에 해당하는 경우이다. 이 경우, 등기기록과 신청서의 등기의무자 표시가 불일치하더라도 각하 대상이 아니다(법 제29조 제7호의 예외).

④ 미등기 부동산에 대한 강제경매신청등기의 촉탁이 있으면 그 전제가 되는 소유권보존등기는 법 제66조의 규정에 의하여 등기공무원이 직권으로 하게 되는데, 이 경우 소유권보존등기에 관한 취득세의 납부와 국민주택채권의 매입 없이 강제경매신청등기의 촉탁이 되었다 하더라도 이를 수리하여야 할 것이다(선례 제1-715호).

답 ③

018 「부동산등기법」 제29조 제2호의 '사건이 등기할 것이 아닌 경우'에 해당하지 않는 것은? 20 서기보

① 공동상속인 중 일부가 자신의 상속지분만에 대한 상속등기를 신청한 경우

② 「부동산 실권리자명의 등기에 관한 법률」 제11조에서 정한 유예기간 경과 후 명의신탁해지를 원인으로 한 소유권이전등기를 신청한 경우

③ 저당권을 피담보채권과 분리하여 양도하거나, 피담보채권과 분리하여 다른 채권의 담보로 하는 등기를 신청한 경우

④ 공동저당이 설정되어 있는 경우 채권자가 그중 일부 부동산에 관해서만 저당권을 실행하여 채권전부를 변제받은 경우, 차순위저당권자가 공동담보로 제공되어 있는 다른 부동산에 대하여 선순위자를 대위하여 저당권의 대위등기를 신청한 경우

해설

④ 공동저당이 설정되어 있는 경우 채권자가 그중 일부 부동산에 관해서만 저당권을 실행하여 채권전부를 변제받은 경우, 차순위저당권자가 공동담보로 제공되어 있는 다른 부동산에 대하여 선순위자를 대위하여 저당권의 대위등기를 할 때에는 법 제80조에 의하여 선순위저당권자와 차순위저당권자가 공동으로 신청하여야 한다.

「**부동산등기법」 제80조【공동저당의 대위등기】** ① 등기관이 「민법」 제368조 제2항 후단의 대위등기를 할 때에는 제48조에서 규정한 사항 외에 다음 각 호의 사항을 기록하여야 한다.
1. 매각 부동산(소유권 외의 권리가 저당권의 목적일 때에는 그 권리를 말한다)
2. 매각대금
3. 선순위 저당권자가 변제받은 금액
② 제1항의 등기에는 제75조를 준용한다.

선지분석

① 공동상속인 중 일부가 자신의 상속지분만에 대한 상속등기를 신청한 경우(규칙 제52조 제7호)

② 「부동산 실권리자명의 등기에 관한 법률」 제11조에서 정한 유예기간 경과 후 명의신탁해지를 원인으로 한 소유권이전등기를 신청한 경우(규칙 제52조 제10호)

③ 저당권을 피담보채권과 분리하여 양도하거나, 피담보채권과 분리하여 다른 채권의 담보로 하는 등기를 신청한 경우(규칙 제52조 제5호)

「**부동산등기규칙」 제52조【사건이 등기할 것이 아닌 경우】** 법 제29조 제2호에서 '사건이 등기할 것이 아닌 경우'란 다음 각 호의 어느 하나에 해당하는 경우를 말한다.
5. 저당권을 피담보채권과 분리하여 양도하거나, 피담보채권과 분리하여 다른 채권의 담보로 하는 등기를 신청한 경우
7. 공동상속인 중 일부가 자신의 상속지분만에 대한 상속등기를 신청한 경우
10. 그 밖에 신청취지 자체에 의하여 법률상 허용될 수 없음이 명백한 등기를 신청한 경우

답 ④

019 「부동산등기법」 제29조의 각하사유에 관한 다음 설명 중 가장 옳지 않은 것은? 21 사무관

① 등기원인이 신탁임에도 신탁등기만을 신청하거나 소유권이전등기만을 신청하는 경우에는 「부동산등기법」 제29조 제5호의 '신청정보의 제공이 대법원규칙으로 정한 방식에 맞지 아니한 경우'에 해당한다.

② 구분건물의 전유부분과 대지사용권의 분리처분 금지에 위반한 등기를 신청한 경우 「부동산등기법」 제29조 제2호의 '사건이 등기할 것이 아닌 경우'에 해당한다.

③ 법령에 근거가 없는 특약사항의 등기를 신청한 경우 「부동산등기법」 제29조 제2호의 '사건이 등기할 것이 아닌 경우'에 해당한다.

④ 가등기에 의한 본등기를 하고 압류등기에 대하여 직권말소대상통지를 마친 상태에서 이의신청 기간이 지나기 전에 본등기에 기초한 등기의 신청이 있는 경우에는 「부동산등기법」 제29조 제2호의 '사건이 등기할 것이 아닌 경우'에 해당한다.

(해설)

④ 본등기가 된 후 직권말소대상통지 중의 등기처리가등기에 의한 본등기를 하고 가등기와 본등기 사이에 이루어진 체납처분에 의한 압류등기에 관하여 등기관이 직권말소대상통지를 한 경우에는 비록 이의신청기간이 지나지 않았다 하더라도 본등기에 기초한 등기의 신청이나 촉탁은 수리하며, 체납처분에 의한 압류등기에 기초한 등기의 촉탁은 각하한다(예규 제1632호).

(선지분석)

① 등기원인이 신탁임에도 신탁등기만을 신청하거나 소유권이전등기만을 신청하는 경우에는 법 제29조 제5호의 '신청정보의 제공이 대법원규칙으로 정한 방식에 맞지 아니한 경우'에 해당한다(예규 제1726호).

② 구분건물의 전유부분과 대지사용권의 분리처분 금지에 위반한 등기를 신청한 경우 법 제29조 제2호의 '사건이 등기할 것이 아닌 경우'에 해당한다(규칙 제52조).

③ 법령에 근거가 없는 특약사항의 등기를 신청한 경우 법 제29조 제2호의 '사건이 등기할 것이 아닌 경우'에 해당한다.

답 ④

020 다음 <보기>와 같은 등기신청 또는 촉탁이 있는 경우 「부동산등기법」 제29조의 각하사유 중 "사건이 등기할 것이 아닌 때"에 해당하는 경우를 모두 고른 것은?

22 서기보

<보기>

가. 부동산에 대한 가압류가 본압류로 이행되어 강제경매개시결정등기가 마쳐진 상태에서 가압류등기만에 대한 말소촉탁이 있는 경우
나. 가등기에 의한 본등기금지 가처분등기 촉탁이 있는 경우
다. 가압류등기에 대하여 등기명의인인 채권자가 말소등기를 신청하는 경우
라. 환매특약부 매매로 인한 소유권이전등기가 마쳐진 이후 환매특약등기를 신청한 경우
마. 「부동산 실권리자명의 등기에 관한 법률」에 따른 실명등기 유예기간이 지난 후 명의신탁해지를 원인으로 하는 소유권이전등기를 신청한 경우

① 가, 라, 마
② 나, 다, 마
③ 가, 나, 다, 라
④ 가, 나, 다, 라, 마

해설

가. 부동산에 대한 가압류가 본압류로 이행되어 강제경매개시결정등기가 마쳐지고 강제집행절차가 진행 중이라면 그 본집행의 효력이 유효하게 존속하는 한 가압류등기만을 말소할 수 없는 것이므로, 그 가압류등기에 대한 집행법원의 말소촉탁은 그 취지 자체로 보아 법률상 허용될 수 없음이 명백한 경우에 해당하여 등기관은 법 제29조 제2호에 의하여 촉탁을 각하하여야 한다(선례 제201210-5호).

나. 가등기상의 권리 자체의 처분을 금지하는 가처분은 등기사항이라고 할 것이나, 가등기에 기한 본등기를 금지하는 내용의 가처분은 가등기상의 권리 자체의 처분의 제한에 해당하지 아니하므로 그러한 본등기를 금지하는 내용의 가처분등기는 수리하여서는 아니 된다(예규 제881호). 이는 사건이 등기할 것이 아닌 것에 해당하므로, 법 제29조 제2호에 의하여 각하하여야 한다.

다. 가압류등기의 말소는 촉탁에 의한 것이므로, 촉탁말소가 아닌 말소등기신청은 사건이 등기할 것이 아닌 것에 해당하므로(규칙 제52조 제8호), 법 제29조 제2호에 의하여 각하하여야 한다.

라. 환매특약부 매매로 인한 소유권이전등기신청과 환매특약등기신청은 법령상 동시신청이 요구되는바, 이를 위반한 등기신청은 신청취지 자체에 의하여 법률상 허용될 수 없음이 명백한 등기를 신청한 경우이므로 법 제29조 제2호로 각하하여야 한다.

마. 「부동산 실권리자명의 등기에 관한 법률」 제11조 제1항 본문, 제12조 제1항, 제4조의 각 규정에 따르면, 「부동산 실권리자명의 등기에 관한 법률」 시행 전에 명의신탁 약정에 의하여 부동산에 관한 물권을 명의수탁자 명의로 등기한 명의신탁자는 유예기간 이내에 실명등기 등을 하여야 하고, 유예기간 이내에 실명등기 등을 하지 아니한 경우에는 유예기간이 경과한 날 이후부터 명의신탁 약정은 무효가 되고, 명의신탁 약정에 따라 행하여진 등기에 의한 부동산에 관한 물권변동도 무효가 되므로, 유예기간이 경과한 후 명의신탁 약정의 해지를 원인으로 한 명의신탁자의 소유권이전등기 신청은 그 신청취지 자체에 의하여 법률상 허용될 수 없음이 명백한 경우로서 법 제29조 제2호의 '사건이 등기할 것이 아닌 때'에 해당하여 등기관은 이를 각하하여야 한다(대결 97마384).

답 ④

021 「부동산등기법」 제29조의 각하사유에 관한 다음 설명 중 가장 옳지 않은 것은? **22 법무사**

① 근저당권의 말소등기가 신청된 경우에 근저당권자의 표시에 변경의 사유가 있는 때라도 신청서에 그 변경을 증명하는 서면이 첨부된 경우에는 「부동산등기법」 제29조 제7호의 "신청정보의 등기의무자의 표시가 등기기록과 일치하지 아니한 경우"에 해당됨을 이유로 각하해서는 안 된다.

② 가등기에 의한 본등기를 하고 가등기와 본등기 사이에 이루어진 체납처분으로 인한 압류등기에 대하여 직권말소대상통지를 한 후 이의신청 기간이 지나지 않은 상태에서 본등기에 기초한 등기의 신청이나 촉탁이 있는 경우에는 "사건이 등기할 것이 아닌 때"에 해당한다.

③ 소유권에 대한 가압류등기가 마쳐진 상태에서 채무자인 소유자가 해방공탁서를 첨부하여 가압류등기의 말소를 신청한 경우에는 "사건이 등기할 것이 아닌 때"에 해당한다.

④ 부동산에 대한 가압류가 본압류로 이행되어 강제경매개시결정등기가 마쳐진 경우 가압류등기만에 대한 집행법원의 말소촉탁은 "사건이 등기할 것이 아닌 때"에 해당한다.

⑤ 전세권설정등기 후 그 전세권을 목적으로 하는 근저당권설정등기가 있는 상태에서 전세금을 감액하는 변경등기의 신청이 있는 경우 그 근저당권자의 승낙서가 첨부되지 않은 경우에는 "등기에 필요한 첨부정보를 제공하지 아니한 경우"에 해당한다.

해설

② 가등기에 의한 본등기를 하고 가등기와 본등기 사이에 이루어진 체납처분에 의한 압류등기에 관하여 등기관이 직권말소대상통지를 한 경우에는 비록 이의신청기간이 지나지 않았다 하더라도 본등기에 기초한 등기의 신청이나 촉탁은 수리하며, 체납처분에 의한 압류등기에 기초한 등기의 촉탁은 각하한다(예규 제1632호).

선지분석

① 저당권(근저당권) 등 소유권 이외의 권리에 관한 등기의 말소를 신청하는 경우에 있어서는 그 등기명의인의 표시에 변경 또는 경정의 사유가 있는 때라도 신청서에 그 변경 또는 경정을 증명하는 서면을 첨부함으로써 등기명의인의 표시변경 또는 경정의 등기를 생략할 수 있을 것이다(예규 제451호). 근저당권의 말소등기가 신청된 경우에 근저당권자의 표시에 변경의 사유가 있는 때라도 신청서에 그 변경을 증명하는 서면이 첨부된 경우에는 법 제29조 제7호의 "신청정보의 등기의무자의 표시가 등기기록과 일치하지 아니한 경우"에 해당됨을 이유로 각하해서는 안 된다.

③ 가압류채무자(부동산의 전 소유자)의 해방공탁 및 가압류 집행취소로 위 부동산에 대한 가압류등기를 말소등기를 촉탁하여야지 등기소에 신청할 것은 아니다. 따라서 촉탁으로 하여야 할 등기를 신청한 경우이므로, "사건이 등기할 것이 아닌 때"에 해당한다(규칙 제52조, 법 제29조 제2호).

④ 가압류는 본집행의 일부집행의 효력을 가져서 일단 본집행으로 이행된 이상 가압류는 그 독립된 존재를 상실하게 되는 것이므로 해방공탁을 하여도 그 가압류등기는 말소할 수 없고 더구나 강제경매신청기입등기도 직권으로 말소할 수 없다. 즉, 강제경매신청등기가 말소되지 않고는 가압류 말소등기를 할 수 없다(예규 제592호). 가압류등기만 말소촉탁한 것은 "그 밖에 신청취지 자체에 의하여 법률상 허용될 수 없음이 명백한 등기를 신청한 경우(규칙 제52조 제10호)"에 해당되므로 "사건이 등기할 것이 아닌 때"에 해당하므로 각하하여야 한다.

⑤ 전세권설정등기 후 그 전세권을 목적으로 하는 근저당권설정등기 또는 그 전세권에 대한 가압류등기 등이 있는 상태에서 전세금을 감액하는 변경등기를 하는 때에 그 근저당권자 또는 가압류권자 등은 등기상 이해관계 있는 제3자에 해당하므로 그의 승낙이 있으면 그 변경등기를 전세권설정등기에 부기로 하고, 그의 승낙이 없으면 그 변경등기를 할 수 없다(예규 제1671호). 근저당권자 또는 가압류권자의 승낙서는 전세금 감액을 원인으로 한 전세권변경등기신청의 수리요건이므로, 이를 제공하지 않은 경우 "등기에 필요한 첨부정보를 제공하지 아니한 경우(법 제29조 제9호)"에 해당한다.

답 ②

022 다음은 등기신청의 각하절차에 관한 설명이다. 가장 틀린 것은?   12 주사보

① 전자신청에 대한 각하결정의 방식 및 고지방법은 서면신청과 동일한 방법으로 처리한다.

② 등기신청을 각하한 경우에는 접수장의 비고란에 '각하'라고 붉은 글씨로 기재하고, 그 등기신청서는 신청서 그 밖의 서류편철장에 편철한다.

③ 등기신청을 각하한 경우에는 각하결정등본을 작성하여 신청인 또는 대리인에게 교부하거나 특별우편송달방법으로 송달하여야 한다.

④ 등기신청을 각하한 경우에는 신청서 이외의 첨부서류 등은 신청인에게 교부 또는 송달해 주어야 한다. 따라서 등기수입증지도 반환해 주어야 한다.

해설

④ 등기신청의 취하와 달리 각하의 경우 이미 납부된 수수료는 반환하지 않는다(예규 제1733호).

선지분석

① 전자신청에 대한 각하 결정의 방식 및 고지방법은 서면신청과 동일한 방법으로 처리한다(예규 제1725호).

② 등기신청을 각하한 경우에는 접수장의 비고란 및 등기신청서 표지에 각하라고 주서하고, 그 등기신청서는 신청서 기타 부속서류 편철장에 편철한다(예규 제1703호).

③ 등기신청을 각하한 경우에는 각하결정등본을 작성하여 신청인 또는 대리인에게 교부하거나 특별우편송달 방법으로 송달하되, 교부의 경우에는 교부받은 자로부터 영수증을 수령하여야 한다(예규 제1703호).

답 ④

023 등기신청의 각하절차에 관한 다음 설명 중 가장 옳지 않은 것은? 14 주사보

① 등기신청을 각하한 경우에는 각하결정등본을 작성하여 신청인 또는 대리인에게 교부하거나 특별우편송달 방법으로 송달하되, 교부의 경우에는 교부받은 자로부터 영수증을 수령하여야 한다.

② 송달한 각하결정등본 및 신청서 이외의 첨부서류가 소재불명 등의 사유로 송달불능되어 반송된 경우에는 별도의 조치를 취하지 아니하고 결정등본 등 반송서류 일체를 그 송달불능보고서와 함께 결정원본편철장에 편철한다.

③ 각하결정등본을 교부 또는 송달한 경우에는 지체 없이 결정고지에 관한 고무인을 결정원본의 등기소 표시 우측 여백에 찍고 해당 사항을 기재한 후 등기관이 날인한 후 각하결정원본을 결정원본편철장에 편철한다.

④ 각하결정등본을 교부하거나 송달할 때에는 등기신청서 이외의 첨부서류도 함께 교부하거나 송달하여야 한다.

해설

② 송달한 각하결정정본 및 신청서 이외의 첨부서류가 소재불명 등의 사유로 송달불능되어 반송된 경우에는 별도의 조치를 취하지 아니하고 결정등본 등 반송서류 일체를 그 송달불능보고서와 함께 당해 등기신청서에 편철한다(예규 제1703호).

답 ②

---

024 등기신청의 각하와 관련된 다음 설명 중 가장 옳지 않은 것은? 16 주사보

① 각하결정등본을 교부하거나 송달할 때에는 등기신청서와 그 첨부서류도 함께 교부하거나 송달하여야 한다.

② 등기신청을 각하한 경우에는 접수장의 비고란 및 등기신청서 표지에 각하라고 주서하고, 그 등기신청서는 신청서 기타 부속서류 편철장에 편철한다.

③ 각하결정을 고지할 때까지 보정되었다고 하여 이미 내려진 각하결정을 내려지지 않은 것으로 돌릴 수는 없다.

④ 각하결정원본은 결정원본 편철장에 편철한다.

해설

① 각하결정등본을 교부하거나 송달할 때에는 등기신청서 이외의 첨부서류도 함께 교부하거나 송달하여야 한다(예규 제1703호).

선지분석

② 등기신청을 각하한 경우에는 접수장의 비고란 및 등기신청서 표지에 각하라고 주서하고, 그 등기신청서는 신청서 기타 부속서류 편철장에 편철한다(예규 제1703호).

③ 등기신청이 즉일 보정되지 않는 한 각하하여야 하고 이를 고지할 때까지 보정되었다고 하여 이미 내려진 각하 결정을 내려지지 않은 것으로 돌릴 수는 없다(예규 제124호).

④ 각하결정등본을 교부 또는 송달한 경우에는 지체없이 고무인을 결정원본의 등기소표시 우측 여백에 찍고 해당사항을 기재한 후 등기관이 날인한 후 각하결정원본을 결정원본 편철장에 편철한다(예규 제1703호).

답 ①

025 등기신청의 보정·취하·각하에 관한 다음 설명 중 가장 옳지 않은 것은?

① 등기소에 출석하여 서면으로 등기신청을 한 경우에 보정은 반드시 등기관의 면전에서 하여야 하는데, 등기신청서를 제출할 수 있도록 허가받은 법무사의 사무원도 보정할 수 있다.

② 등기신청이 등기권리자와 등기의무자의 공동신청에 의한 경우에는 그 등기신청의 취하도 등기권리자와 등기의무자가 공동으로 하거나 쌍방 당사자로부터 특별수권을 받은 대리인이 할 수 있다.

③ 가압류등기가 된 후 가압류가 본압류로 이행하는 강제경매개시결정등기가 마쳐진 상태에서 집행법원이 가압류등기만의 말소촉탁을 하는 경우에는 「부동산등기법」 제29조 제2호의 '사건이 등기할 것이 아닌 경우'에 해당하여 각하하여야 한다.

④ 각하결정을 하였더라도 그 결정이 아직 고지되기 전에 보정이 되었다면 각하결정을 취소하고 신청한 등기를 하여야 한다.

해설

④ 각하결정 후 고지할 때까지 보정을 하였다 하여 이미 내려진 각하결정을 내려지지 않은 것으로 돌릴 수는 없다(대결 67마300, 예규 제124호).

선지분석

① 등기소에 출석하여 서면으로 등기신청을 한 경우에 보정은 반드시 등기관의 면전에서 하여야 하는데, 등기신청서를 제출할 수 있도록 허가받은 법무사의 사무원도 보정할 수 있다(예규 제1643호).

② 등기신청이 등기권리자와 등기의무자의 공동신청에 의한 경우에는 그 등기신청의 취하도 등기권리자와 등기의무자가 공동으로 하거나 쌍방 당사자로부터 특별수권을 받은 대리인이 할 수 있다(예규 제1643호).

③ 가압류등기가 된 후 가압류가 본압류로 이행하는 강제경매개시결정등기가 마쳐진 상태에서 집행법원이 가압류등기만의 말소촉탁은 그 취지 자체로 보아 법률상 허용될 수 없음이 명한 경우에 해당하며, 이는 법 제29조 제2호의 '사건이 등기할 것이 아닌 경우'에 해당하여 각하하여야 한다(대결 2012마180).

답 ④

026 등기필정보와 관련한 다음 설명 중 가장 잘못된 것은?

12 사무관

① 등기관은 등기를 마친 후에는 반드시 등기필정보를 작성하여 등기신청인에게 교부하거나 송달하여야 한다.

② 등기필정보는 부동산 및 등기명의인이 된 신청인별로 작성하되, 등기신청서의 접수년월일 및 접수번호가 동일한 경우에는 부동산이 다르더라도 등기명의인별로 작성할 수 있다.

③ 등기필정보를 교부받은 자가 비밀번호·일련번호의 추가 부여신청을 하려면 교부받은 등기필정보 및 등기완료통지서를 신청정보에 첨부정보로서 등기소에 제공하여야 한다.

④ 등기필정보의 실효신청은 전산정보처리조직을 이용하거나 등기소를 방문하여 할 수 있다.

해설

① 채권자대위에 의한 등기, 등기관의 직권에 의한 보존등기, 승소한 등기의무자의 신청에 의한 등기의 경우에는 등기필정보를 작성하지 아니한다(예규 제1749호).

선지분석

② 등기필정보는 부동산 및 등기명의인이 된 신청인별로 작성하되, 등기신청서의 접수년월일 및 접수번호가 동일한 경우에는 부동산이 다르더라도 등기명의인별로 작성할 수 있다(예규 제1749호).

③ 하나의 등기필정보로 동시에 또는 순차적으로 등기신청을 하여야 할 예정 사건의 수가 50건을 초과하는 경우 등기명의인은 등기신청 예정 사건의 수를 소명하는 서면을 일련번호 등을 추가 부여하여 줄 것을 등기신청과 동시에 또는 사후에 신청할 수 있다. 단, 사후에 신청하는 경우에는 교부받은 등기필정보 및 등기완료통지서를 신청서와 함께 제출하여야 한다(예규 제1749호).

④ 등기필정보의 실효신청은 전산정보처리조직을 이용하거나 등기소를 방문하여 할 수 있다(예규 제1749호).

답 ①

027 등기관이 새로운 권리에 관한 등기를 마쳤을 때 등기필정보를 작성 또는 통지할 필요가 없는 경우에 관한 다음 내용 중 가장 옳지 않은 것은?

13 주사보

① 등기권리자가 등기필정보의 통지를 원하지 아니하는 경우

② 관공서가 등기권리자를 위해 등기를 촉탁하는 경우

③ 등기필정보를 전산정보처리조직으로 통지받아야 할 자가 수신이 가능한 때부터 3개월 이내에 전산정보처리조직을 이용하여 수신하지 않은 경우

④ 등기필정보통지서를 수령할 자가 등기를 마친 때부터 3개월 이내에 그 서면을 수령하지 않은 경우

해설

② 관공서가 등기를 촉탁한 경우에는 등기필정보를 작성하지 아니한다. 다만, 관공서가 등기권리자를 위해 등기를 촉탁하는 경우에는 그러하지 아니하다(예규 제1749호).

선지분석

③, ④

「부동산등기규칙」 제109조 【등기필정보를 작성 또는 통지할 필요가 없는 경우】 ① 법 제50조 제1항 제1호의 경우에는 등기신청할 때에 그 뜻을 신청정보의 내용으로 하여야 한다.

② 법 제50조 제1항 제3호에서 '대법원규칙으로 정하는 경우'란 다음 각 호의 어느 하나에 해당하는 경우를 말한다.
1. 등기필정보를 전산정보처리조직으로 통지받아야 할 자가 수신이 가능한 때부터 3개월 이내에 전산정보처리조직을 이용하여 수신하지 않은 경우
2. 등기필정보통지서를 수령할 자가 등기를 마친 때부터 3개월 이내에 그 서면을 수령하지 않은 경우
3. 법 제23조 제4항에 따라 승소한 등기의무자가 등기신청을 한 경우
4. 법 제28조에 따라 등기권리자를 대위하여 등기신청을 한 경우
5. 법 제66조 제1항에 따라 등기관이 직권으로 소유권보존등기를 한 경우

답 ②

028 등기필정보에 관한 다음 설명 중 가장 옳지 않은 것은? 15 서기보

① 국가 또는 지방자치단체가 등기권리자인 경우라도 등기필정보를 작성하여 통지하여야 한다.

② 등기필정보에는 권리자, (주민)등록번호, 부동산고유번호, 부동산 소재, 접수일자, 접수번호, 등기목적, 일련번호 및 비밀번호를 기재한다.

③ 등기필정보의 통지는 등기필정보를 기록한 서면(등기필정보통지서)를 1회에 한하여 교부하는 방법으로 한다.

④ 등기필정보통지서를 수령할 사람이 3개월 이내에 그 서면을 수령하지 않은 경우 등기필정보를 통지할 필요가 없다.

해설

① 「부동산등기규칙」 제51조【등기필정보가 없는 경우】① 등기관이 새로운 권리에 관한 등기를 마쳤을 때에는 등기필정보를 작성하여 등기권리자에게 통지하여야 한다. 다만, 다음 각 호의 어느 하나에 해당하는 경우에는 그러하지 아니한다.
  1. 등기권리자가 등기필정보의 통지를 원하지 아니하는 경우
  2. 국가 또는 지방자치단체가 등기권리자인 경우
  3. 제1호 및 제2호 외에 대법원규칙으로 정하는 경우

선지분석

② 등기필정보의 기재사항등기필정보에는 권리자, (주민)등록번호, 부동산고유번호, 부동산소재, 접수일자, 접수번호, 등기목적, 일련번호 및 비밀번호를 기재한다(예규 제1749호).

답 ①

029 다음은 부동산등기와 관련된 각종 통지의 설명이다. 가장 옳지 않은 것은? 18 서기보

① 등기필정보의 통지를 제외하고는 등기관이 등기를 마친 후 등기신청인에게 등기 완료의 사실을 통지하는 제도는 없다.

② 등기관이 토지의 소유권이전등기를 하였을 때에는 그 사실을 지적소관청에 알려야 한다.

③ 등기관이 건물의 소유권보존등기를 하였을 때에는 그 사실을 건축물대장 소관청에 알려야 한다.

④ 등기관이 소유권이전등기를 하였을 때에는 그 사실을 부동산 소재지 관할 세무서장에게 통지하여야 한다.

해설

① 등기관이 등기를 마친 후 등기신청인에게 등기 완료의 사실을 통지하는 제도는 법 제30조에 규정되어 있다.

선지분석

② 등기관이 토지의 소유권이전등기를 하였을 때에는 그 사실을 지적소관청에 알려야 한다(법 제62조).

③ 등기관이 건물의 소유권보존등기를 하였을 때에는 그 사실을 건축물대장 소관청에 알려야 한다(법 제62조).

④ 등기관이 소유권의 보존 또는 이전의 등기(가등기를 포함함)를 하였을 때에는 대법원규칙으로 정하는 바에 따라 지체 없이 그 사실을 부동산 소재지 관할 세무서장에게 통지하여야 한다(법 제63조).

답 ①

---

030 등기를 마친 후 등기필정보와 등기완료의 사실을 함께 통지하여야 하는 것은? 18 주사보

① 판결에서 승소한 등기의무자가 등기신청하는 경우에 등기권리자

② 채권자대위권에 의한 대위자의 등기신청에서 피대위자

③ 등기필정보를 분실하여 확인서면에 의해 등기신청하는 경우에 등기권리자

④ 미등기 부동산에 관하여 직권으로 소유권보존등기를 한 경우에 등기명의인

선지분석

등기를 마친 후 일정한 경우를 제외하고 등기필정보와 등기완료의 사실을 함께 통지하여야 한다. 따라서 등기필정보를 작성할 필요가 없는 경우 등기완료의 사실만을 통지하여야 한다(예규 제1623호).
① 판결에서 승소한 등기의무자가 등기신청하는 경우에 등기권리자, ② 채권자대위권에 의한 대위자의 등기신청에서 피대위자, ④ 미등기 부동산에 관하여 직권으로 소유권보존등기를 한 경우에 등기명의인에게는 등기필정보를 작성·교부하지 않고, 등기완료의 사실만을 통지한다.

답 ③

031 등기필정보의 작성에 관한 다음 설명 중 가장 옳지 않은 것은?

① 등기관이 등기권리자의 신청에 의하여 '갑' 단독소유를 '갑, 을' 공유로 하는 경정등기를 마쳤을 때에는 등기필정보를 작성하여야 한다.

② 관공서가 등기권리자를 위해 등기를 촉탁하는 경우에 그 등기를 마쳤을 때에는 등기필정보를 작성하여야 한다.

③ 미등기부동산에 대한 처분제한 등기의 촉탁으로 등기관이 직권으로 소유권보존등기를 하는 경우에는 등기필정보를 작성하지 않는다.

④ 등기관이 채권자대위에 의한 등기신청을 마쳤을 때에는 그 등기명의인을 위하여 등기필정보를 작성하여야 한다.

해설

④ 등기관이 채권자대위에 의한 등기신청을 마쳤을 때에는 그 등기명의인을 위하여 등기필정보를 작성하지 않는다(규칙 제109조 제2항, 예규 제1749호).

선지분석

① 등기관이 등기권리자의 신청에 의하여 '갑' 단독소유를 '갑, 을' 공유로 하는 경정등기를 마쳤을 때에는 등기필정보를 작성하여야 한다(예규 제1749호).

② 관공서가 등기권리자를 위해 등기를 촉탁하는 경우에 그 등기를 마쳤을 때에는 등기필정보를 작성하여야 한다(예규 제1749호).

③ 미등기부동산에 대한 처분제한 등기의 촉탁으로 등기관이 직권으로 소유권보존등기를 하는 경우에는 등기필정보를 작성하지 않는다(규칙 제109조 제2항, 예규 제1749호).

답 ④

032 등기완료 후의 절차에 관한 다음 설명 중 가장 옳지 않은 것은? 20 서기보

① 등기관이 등기권리자의 신청에 의하여 '甲' 단독 소유를 '甲, 乙' 공유로 하는 경정등기를 완료한 경우에는 등기필정보를 작성하여야 한다.

② 관공서가 등기권리자를 위해 등기를 촉탁하는 경우에 그 등기를 마쳤을 때에는 등기필정보를 작성하여야 한다.

③ 등기관이 대위채권자의 등기신청을 완료한 때에는 등기필정보를 작성하여 등기권리자에게 통지하여야 한다.

④ 가압류등기, 가처분등기 및 경매개시결정등기가 가등기에 의한 본등기 또는 매각으로 말소된 경우에는 등기관은 지체없이 그 뜻을 집행법원에 통지하여야 한다.

(해설)

③ 등기관이 대위채권자의 등기신청을 완료한 때에는 등기필정보를 작성할 필요가 없다(예규 제1749호).

(선지분석)

① 등기관이 등기권리자의 신청에 의하여 '甲' 단독소유를 '甲, 乙' 공유로 하는 경정등기를 마쳤을 때에는 등기필정보를 작성하여야 한다(예규 제1749호).

② 관공서가 등기권리자를 위해 등기를 촉탁하는 경우에 그 등기를 마쳤을 때에는 등기필정보를 작성하여야 한다(예규 제1749호).

④ 가압류등기, 가처분등기, 경매개시결정등기, 주택임차권등기 및 상가건물임차권등기가 집행법원의 말소촉탁 이외의 사유로 말소된 경우 등기관은 지체 없이 그 뜻을 집행법원에 통지하여야 한다(예규 제368호).

답 ③

033 등기를 완료한 후의 절차에 관한 다음 설명 중 가장 옳지 않은 것은?

22 서기보

① 등기관이 등기를 마친 후 그 등기에 착오나 빠진 부분이 있는 것을 발견하였을 때에는 지체 없이 그 사실을 등기권리자와 등기의무자에게 알려야 하고, 등기권리자와 등기의무자가 없는 경우에는 등기명의인에게 알려야 한다.

② 공동신청에 있어 등기의무자에 대한 등기완료사실의 통지는 신청서에 통지를 원한다는 등기의무자의 의사표시가 기재되어 있는 경우에만 등기완료사실을 통지한다.

③ 승소한 등기의무자의 신청에 의하여 등기를 마친 경우에는 등기필정보를 작성하여 등기권리자에게 우편으로 통지하여야 한다.

④ 등기관이 소유권의 말소 또는 말소회복의 등기를 하였을 때에는 지체 없이 그 사실을 지적소관청 또는 건축물대장 소관청에 각각 알려야 한다.

해설

③ 등기필정보는 부동산 및 등기명의인이 된 신청인별로 작성하되, 등기신청서의 접수년월일 및 접수번호가 동일한 경우에는 부동산이 다르더라도 등기명의인별로 작성할 수 있다. 그러므로 <u>등기명의인이 신청하지 않은 다음 각호의 등기 중 어느 하나의 등기를 하는 경우에는 등기명의인을 위한 등기필정보를 작성하지 아니한다</u>(예규 제1749호).

> 1. 채권자대위에 의한 등기
> 2. 등기관의 직권에 의한 보존등기
> 3. 승소한 등기의무자의 신청에 의한 등기

따라서 승소한 등기의무자의 신청에 의하여 등기를 마친 경우에는 등기필정보를 작성하지 않으므로, 통지절차는 있을 수 없다.

선지분석

① 등기관이 등기를 마친 후 그 등기에 착오나 빠진 부분이 있는 것을 발견하였을 때에는 지체 없이 그 사실을 등기권리자와 등기의무자에게 알려야 하고, 등기권리자와 등기의무자가 없는 경우에는 등기명의인에게 알려야 한다(법 제32조 제1항).

② 신청서에 등기완료사실의 통지를 원한다는 등기의무자의 의사표시가 기재되어 있는 경우에만 등기완료사실의 통지를 하며, 그 방식은 전자신청의 경우에는 전산정보처리조직을 이용하여 송신하는 방법에 의하고, 서면신청의 경우에는 등기완료사실을 인터넷등기소에 게시하는 방법에 의한다. 다만 서면신청의 경우 그 통지를 받을 자가 등기소에 출석하여 직접 서면의 교부를 요청하는 때에는 등기완료통지서를 출력하여 직접 교부한다(예규 제1623호).

④ 등기관이 다음 각 호의 등기를 하였을 때에는 지체 없이 그 사실을 토지의 경우에는 지적소관청에, 건물의 경우에는 건축물대장 소관청에 각각 알려야 한다(법 제62조).

> 1. 소유권의 보존 또는 이전
> 2. 소유권의 등기명의인표시의 변경 또는 경정
> 3. 소유권의 변경 또는 경정
> 4. 소유권의 말소 또는 말소회복

답 ③

034 다음 중 등기필정보를 작성하여 등기권리자에게 통지하여야 하는 등기신청에 해당하는 것은?

22 법무사

① 말소된 전세권설정등기에 대한 회복등기를 등기권리자가 판결을 받아 단독으로 신청한 경우
② 甲, 乙 공유를 甲, 乙 합유로 변경하는 등기를 甲과 乙이 공동으로 신청한 경우
③ 합유자 甲, 乙, 丙 중 丙의 사망을 원인으로 잔존 합유자 甲, 乙이 합유명의인 변경등기신청을 한 경우
④ 소유권이전등기절차의 인수를 명하는 판결에 의하여 승소한 등기의무자가 단독으로 소유권이전등기를 신청한 경우
⑤ 소유권이전청구권 가등기를 등기권리자가 법원의 가등기가처분명령을 받아 단독으로 신청한 경우

해설

⑤ 소유권이전청구권 가등기를 등기권리자가 법원의 가등기가처분명령을 받아 단독으로 신청한 경우 등기권리자의 신청에 의한 것이므로 등기필정보를 작성하여 통지하여야 한다.

선지분석

① 말소된 전세권설정등기에 대한 회복등기를 등기권리자가 판결을 받아 단독으로 신청한 경우 권리의 보존, 설정, 이전등기신청이 아니고, 권리자를 추가하는 권리경정이나 변경등기신청이 아니므로 등기필정보를 작성하지 아니한다.

② 甲, 乙 공유를 甲, 乙 합유로 변경하는 등기를 甲과 乙이 공동으로 신청한 경우 권리자를 추가하는 변경등기가 아니므로 등기필정보를 작성하지 않는다.

③ 합유자 甲, 乙, 丙 중 丙의 사망을 원인으로 잔존 합유자 甲, 乙이 합유명의인 변경등기신청을 한 경우 합유자를 추가하는 권리변경등기가 아니므로 등기필정보를 작성하지 않는다.

> **📖 등기예규** 등기필정보의 작성 및 통지 등에 관한 업무처리지침 개정(예규 제1749호)
>
> 등기관이 등기권리자의 신청에 의하여 다음 각 호 중 어느 하나의 등기를 하는 때에는 등기필정보를 작성하여야 한다. 그 이외의 등기를 하는 때에는 등기필정보를 작성하지 아니한다.
> (1) 「부동산등기법」 제3조 기타 법령에서 등기할 수 있는 권리로 규정하고 있는 권리를 보존, 설정, 이전하는 등기를 하는 경우
> (2) 위 (1)의 권리의 설정 또는 이전청구권 보전을 위한 가등기를 하는 경우
> (3) 권리자를 추가하는 경정 또는 변경등기(甲 단독소유를 甲, 乙 공유로 경정하는 경우나 합유자가 추가되는 합유명의인표시변경 등기 등)를 하는 경우

④ 소유권이전등기절차의 인수를 명하는 판결에 의하여 승소한 등기의무자가 단독으로 소유권이전등기를 신청한 경우 등기필정보를 작성하지 아니한다.

> **「부동산등기규칙」 제109조 【등기필정보를 작성 또는 통지할 필요가 없는 경우】** ① 법 제50조 제1항 제1호의 경우에는 등기신청할 때에 그 뜻을 신청정보의 내용으로 하여야 한다.
> ② 법 제50조 제1항 제3호에서 "대법원규칙으로 정하는 경우"란 다음 각 호의 어느 하나에 해당하는 경우를 말한다.
> 1. 등기필정보를 전산정보처리조직으로 통지받아야 할 자가 수신이 가능한 때부터 3개월 이내에 전산정보처리조직을 이용하여 수신하지 않은 경우
> 2. 등기필정보통지서를 수령할 자가 등기를 마친 때부터 3개월 이내에 그 서면을 수령하지 않은 경우
> 3. 법 제23조 제4항에 따라 승소한 등기의무자가 등기신청을 한 경우
> 4. 법 제28조에 따라 등기권리자를 대위하여 등기신청을 한 경우
> 5. 법 제66조 제1항에 따라 등기관이 직권으로 소유권보존등기를 한 경우

답 ⑤

제6장 등기관의 처분에 대한 이의

---

001 등기관의 결정 또는 처분에 대한 이의와 관련된 다음 설명 중 가장 옳지 않은 것은? 　　15 주사보

① 이의의 신청은 등기소에 이의신청서를 제출하는 방법으로 한다.

② 이의사유에 특별한 제한은 없으므로 새로운 사실이나 새로운 증거방법을 근거로 이의신청을 할 수 있다.

③ 관할 지방법원은 이의신청에 대하여 결정하기 전에 등기관에게 가등기 또는 이의가 있다는 뜻의 부기등기를 명령할 수 있다.

④ 이미 마쳐진 등기에 대하여 「부동산등기법」 제29조 제1호 및 제2호 외의 사유로 이의한 경우 등기관은 이의신청서를 관할 지방법원에 보내야 한다.

(해설)

② 새로운 사실이나 새로운 증거방법을 근거로 이의신청을 할 수 없다(법 제102조).

(선지분석)

① 이의의 신청은 대법원규칙으로 정하는 바에 따라 <u>등기소에 이의신청서를 제출하는</u> 방법으로 한다(법 제101조).

③ 등기관의 처분에 대한 이의신청에 대하여 관할 지방법원(항고법원 포함, 이하 관할 지방법원이라 함)이 <u>결정 전에</u> 가등기 또는 이의가 있다는 취지의 부기등기를 명하거나 이의신청을 인용하여 일정한 등기를 명한 경우 등기관은 그 명령에 따른 등기를 하여야 한다(예규 제1689호).

④ <u>등기신청을 수리하여 완료된 등기</u>에 대한 법 제29조 제3호 이하의 사유에 기한 이의신청은 그 사유가 인정된다 하더라도 그 등기를 등기관이 직권 말소할 수는 없고 <u>사건을 관할법원에 송부하여야 한다</u>(규칙 제159조 제2항, 예규 제1689호).

답 ②

002 등기관의 결정 및 처분에 대한 이의에 관한 다음 설명 중 가장 옳지 않은 것은?

① 저당권설정자는 저당권의 양수인과 양도인 사이의 저당권이전의 부기등기에 대하여 이의 신청을 할 수 없다.

② 등기관의 결정 또는 처분 시에 주장되거나 제출되지 아니한 새로운 사실이나 증거방법으 로써 이의사유를 삼을 수는 없다.

③ 상속인이 아닌 자는 상속등기가 위법하다 하여 이의신청을 할 수는 없다.

④ 각하결정에 대한 이의신청은 결정을 송달받은 때로부터 7일 이내에 하여야 한다.

(해설)

④ 이의신청기간에는 제한이 없으므로 이의의 이익이 있는 한 언제라도 이의신청을 할 수 있다(예규 제1689호).

(선지분석)

①, ③

> **등기예규** 등기관의 처분에 대한 이의신청절차 등에 관한 업무처리지침(예규 제1689호)
>
> **제2조【이의신청인】** ① 등기신청의 각하결정에 대하여는 등기신청인인 등기권리자 및 등기의무자에 한하여 이의신청을 할 수 있고, 제3자는 이의신청을 할 수 없다.
> ② 등기를 실행한 처분에 대하여는 등기상 이해관계 있는 제3자가 그 처분에 대한 이의신청을 할 수 있다. 그 이의신청을 할 수 있는지의 여부에 대한 구체적 예시는 아래와 같다.
> 1. 채권자가 채무자를 대위하여 경료한 등기가 채무자의 신청에 의하여 말소된 경우에는 그 말소처분에 대하여 채권자는 등기상 이해관계인으로서 이의신청을 할 수 있다.
> 2. 상속인이 아닌 자는 상속등기가 위법하다 하여 이의신청을 할 수 없다.(③)
> 3. 저당권설정자는 저당권의 양수인과 양도인 사이의 저당권이전의 부기등기에 대하여 이의신청을 할 수 없다.(①)
> 4. 등기의 말소신청에 있어 「부동산등기법」 제57조 소정의 이해관계 있는 제3자의 승낙서 등 서면이 첨부되어 있지 아니하였다는 사유는 제3자의 이해에 관련된 것이므로, 말소등기의무자는 말소처분에 대하여 이의신청을 할 수 있는 등기상 이해관계인에 해당되지 아니하여 이의신청을 할 수 없다.

답 ④

003 등기관의 결정 또는 처분에 대한 이의가 있는 자는 관할 지방법원에 이의신청을 할 수 있다(법 제100조). 이와 관련된 다음 설명 중 가장 옳지 않은 것은?

16 사무관

① 이의의 신청은 등기소에 이의신청서를 제출하는 방법으로 하는데, 새로운 사실이나 새로운 증거방법을 근거로 이의신청을 할 수는 없다.

② 이미 마쳐진 등기에 대하여 사건이 그 등기소의 관할이 아닌 경우나 사건이 등기할 것이 아닌 경우 외의 사유로 이의한 경우 등기관은 이의신청서를 관할 지방법원에 보내야 한다.

③ 이의신청 기간에는 제한이 없으므로 이의의 이익이 있는 한 언제라도 이의신청을 할 수 있다.

④ 소유권이전등기신청의 각하결정에 대한 이의신청에 기하여 관할 지방법원의 소유권이전등기 기록명령이 있기 전에 제3자 명의의 근저당권설정등기가 경료된 경우에는 기록명령에 따른 등기를 할 수 없다.

해설

④ 소유권이전등기신청의 각하결정에 대한 이의신청에 기하여 관할 지방법원의 소유권이전등기 기록명령이 있기 전에 제3자 명의의 근저당권설정등기가 경료된 경우에는 기록명령에 따른 등기를 하는데 장애가 되지 아니하므로, 기록명령에 따른 등기를 하여야 한다(예규 제1689호).

선지분석

① 이의신청은 구술로는 할 수 없고 이의신청서를 당해 등기소에 제출하여야 한다. 새로운 사실이나 새로운 증거방법을 근거로 이의신청을 할 수 없다(법 제102조). 그 결정 또는 처분 시 주장되거나 제출되지 아니한 사실이나 증거방법으로써 이의사유를 삼을 수 없다(예규 제1689호).

② 등기신청을 수리하여 완료된 등기에 대한 법 제29조 제3호 이하의 사유에 기한 이의신청은 그 사유가 인정된다 하더라도 그 등기를 등기관이 직권 말소할 수는 없고 사건을 관할법원에 송부하여야 한다(규칙 제159조 제2항, 예규 제1689호).

답 ④

004 등기관의 결정 또는 처분에 대한 이의신청에 관한 다음 설명 중 가장 옳지 않은 것은? 17 주사보

① 이의신청은 관할 지방법원에 직접 이의신청서를 제출하는 방법으로 하며, 등기소를 경유하지 않는다.

② 새로운 사실이나 새로운 증거방법을 근거로 이의신청을 할 수는 없다.

③ 등기신청의 각하결정에 대하여는 등기신청인인 등기권리자 및 등기의무자에 한하여 이의신청을 할 수 있고, 제3자는 이의신청을 할 수 없다.

④ 등기신청의 각하결정에 대한 이의신청의 경우 등기관의 각하결정이 부당하다는 사유면 족하고 그 이의사유에 특별한 제한은 없다.

해설

① 이의신청은 해당 등기관을 감독하는 관할 지방법원에 서면으로써 이의신청을 하여야 하나, 이의신청서는 해당 등기소에 제출한다(법 제101조).

선지분석

② 새로운 사실이나 새로운 증거방법을 근거로 이의신청을 할 수는 없다(법 제102조).

③ 등기신청의 각하결정에 대하여는 등기신청인인 등기권리자 및 등기의무자에 한하여 이의신청을 할 수 있고, 제3자는 이의신청을 할 수 없다. 등기를 실행한 처분에 대하여 등기상 이해관계 있는 제3자가 이의신청을 할 수 없다.

④ 등기신청의 각하결정에 대한 이의신청의 경우 등기관의 각하결정이 부당하다는 사유면 족하고 그 이의사유에 특별한 제한은 없으나, 실행하여서는 안 될 등기를 실행한 것에 대한 이의는 법 제29조 제1호 또는 제2호의 사유가 있는 경우에만 할 수 있다.

답 ①

005 등기관의 처분에 대한 이의에 관한 다음 설명 중 가장 옳지 않은 것은? 18 주사보

① 법 제29조 제1호(사건이 그 등기소의 관할이 아닌 경우) 또는 제2호(사건이 등기할 것이 아닌 경우)의 각하사유가 있다고 주장하는 경우에만 이의신청을 할 수 있고, 법 제29조 제3호 이하의 사유로는 이의신청의 방법으로 그 등기의 말소를 구할 수 없다.

② 채권자가 채무자를 대위하여 마친 등기가 채무자의 신청에 의하여 말소된 경우 그 말소처분에 대하여 채권자는 등기상 이해관계인으로서 이의신청을 할 수 없다.

③ 상속인 아닌 자는 상속등기가 위법하다 하여 이의신청을 할 수 없다.

④ 저당권설정자는 저당권의 양수인과 양도인 사이의 저당권이전의 부기등기에 대하여 이의신청을 할 수 없다.

(해설)

② 채권자가 채무자를 대위하여 마친 등기가 채무자의 신청에 의하여 말소된 경우 그 말소처분에 대하여 채권자는 등기상 이해관계인으로서 이의신청을 할 수 있다(예규 제1689호).

(선지분석)

① 법 제29조 제1호(사건이 그 등기소의 관할이 아닌 경우) 또는 제2호(사건이 등기할 것이 아닌 경우)의 각하사유가 있다고 주장하는 경우에만 이의신청을 할 수 있고, 법 제29조 제3호 이하의 사유로는 이의신청의 방법으로 그 등기의 말소를 구할 수 없다(예규 제1689호).

③ 상속인 아닌 자는 상속등기가 위법하다 하여 이의신청을 할 수 없다(예규 제1689호).

④ 저당권설정자는 저당권의 양수인과 양도인 사이의 저당권이전의 부기등기에 대하여 이의신청을 할 수 없다(예규 제1689호).

답 ②

006 등기신청의 각하결정에 대한 이의신청에 따라 관할 지방법원이 기록명령을 한 경우 그 기록명령에 따른 등기에 관한 다음 설명 중 가장 옳지 않은 것은? 20 서기보

① 등기관이 기록명령에 따른 등기를 하기 위하여 신청인에게 첨부정보를 다시 등기소에 제공할 것을 명하였으나 신청인이 이에 응하지 않은 경우 등기관의 각하결정에 대한 관할 지방법원의 기록명령이 있는 이상 기록명령에 따른 등기를 하여야 한다.

② 전세권설정등기의 기록명령이 있었으나, 그 기록명령에 따른 등기 전에 동일부분에 지상권, 전세권 또는 임차권설정등기가 되어 있는 경우에는 기록명령에 따른 등기를 할 수 없다.

③ 소유권이전등기의 기록명령이 있었으나, 그 기록명령에 따른 등기 전에 제3자 명의의 가등기가 마쳐진 경우 그 기록명령에 따른 등기를 할 수 있다.

④ 근저당권말소등기의 기록명령이 있었으나 그 기록명령에 따른 등기 전에 등기상 이해관계인이 발생한 경우에는 그 기록명령에 따른 등기를 할 수 없다.

해설

① 등기관이 기록명령에 따른 등기를 하기 위하여 신청인에게 첨부정보를 다시 등기소에 제공할 것을 명하였으나 신청인이 이에 응하지 않은 경우 등기관의 각하결정에 대한 관할 지방법원의 기록명령에 따른 등기를 할 수 없다(규칙 제161조 제1항 제4호).

선지분석

② 전세권설정등기의 기록명령이 있었으나, 그 기록명령에 따른 등기 전에 동일부분에 지상권, 전세권 또는 임차권설정등기가 되어 있는 경우에는 기록명령에 따른 등기를 할 수 없다(규칙 제161조 제1항 제2호).

③ 소유권이전등기의 기록명령이 있었으나, 그 기록명령에 따른 등기 전에 제3자 명의의 가등기가 마쳐진 경우 그 기록명령에 따른 등기를 할 수 있다. 명령에 따른 등기와 제3자 명의의 가등기는 양립이 가능하므로 등기할 수 있다.

④ 근저당권말소등기의 기록명령이 있었으나 그 기록명령에 따른 등기 전에 등기상 이해관계인이 발생한 경우에는 그 기록명령에 따른 등기를 할 수 없다(규칙 제161조 제1항 제3호).

「부동산등기규칙」 제161조 【기록명령에 따른 등기를 할 수 없는 경우】 ① 등기신청의 각하결정에 대한 이의신청에 따라 관할 지방법원이 그 등기의 기록명령을 하였더라도 다음 각 호의 어느 하나에 해당하는 경우에는 그 기록명령에 따른 등기를 할 수 없다.
1. 권리이전등기의 기록명령이 있었으나, 그 기록명령에 따른 등기 전에 제3자의 명의로 권리이전등기가 되어 있는 경우
   cf 소유권이전등기신청의 각하결정에 대한 이의신청에 기하여 관할지방법원의 소유권이전등기 기록명령이 있기 전에 제3자 명의의 근저당권설정등기가 경료된 때와 같은 경우에는 기록명령에 따른 등기를 함에 장애가 되지 아니하므로, 기록명령에 따른 등기를 하여야 한다(예규 제1411호).
2. 지상권, 지역권, 전세권 또는 임차권의 설정등기의 기록명령이 있었으나, 그 기록명령에 따른 등기 전에 <u>동일한 부분</u>에 지상권, 전세권 또는 임차권의 설정등기가 되어 있는 경우(양립 불가능하므로)
3. 말소등기의 기록명령이 있었으나 그 기록명령에 따른 등기 전에 등기상 이해관계인이 발생한 경우
4. 등기관이 기록명령에 따른 등기를 하기 위하여 신청인에게 첨부정보를 다시 등기소에 제공할 것을 명령하였으나 신청인이 이에 응하지 아니한 경우

답 ①

007 등기절차에 관한 다음 설명 중 가장 옳지 않은 것은?

① 등기신청은 해당부동산이 다른 부동산과 구별될 수 있는 정보가 전산정보 처리조직에 저장된 때 접수된 것으로 보며, 등기관이 등기를 마친 경우 그 등기의 효력은 교합시가 아닌 접수한 때부터 발생한다.

② 등기신청이 「부동산등기법」 제29조 각 호에 해당하여 이를 각하하여야 함에도 등기관이 각하하지 아니하고 등기를 수리하여 실행한 경우에는 등기관이 직권말소 할 수 있는 동법 제29조 제1호·제2호뿐만 아니라 동법 제29조 제3호 이하의 사유로도 이의신청의 방법으로 그 등기의 말소를 구할 수 있다.

③ 등기관은 형식적 심사권만을 갖는 것이 일반적이나, 첨부서면이 위조문서로 의심이 가는 경우에는 신청인 또는 대리인에게 알려 그 진위 여부를 확인하여 처리한다.

④ 이의신청에는 집행정지의 효력이 없다. 따라서 등기신청의 각하결정에 대한 이의신청에 따라 법원이 권리이전등기의 기록명령을 하였더라도 그 전에 제3자 명의로 권리이전등기가 되어 있는 경우에는 그 기록명령에 따른 등기를 할 수 없다.

해설

② 등기신청이 법 제29조 각호에 해당되어 이를 각하하여야 함에도 등기관이 각하하지 아니하고 등기를 실행한 경우에는 그 등기가 법 제29조 제1호·제2호에 해당하는 경우에 한하여 이의신청을 할 수 있고, 동법 제29조 제3호 이하의 사유로는 이의신청의 방법으로 그 등기의 말소를 구할 수 없다(예규 제1689호).

선지분석

① 등기신청은 해당부동산이 다른 부동산과 구별될 수 있는 정보가 전산정보 처리조직에 저장된 때 접수된 것으로 보며, 등기관이 등기를 마친 경우 그 등기의 효력은 교합시가 아닌 접수한 때부터 발생한다(법 제6조).

③ 등기관은 형식적 심사권만을 갖는 것이 일반적이나, 등기신청서의 조사시 첨부서면이 위조 문서로 의심이 가는 경우에는 신청인 또는 대리인에 알려 그 진위 여부를 확인하여 처리하고 위조문서임이 확실한 경우에는 수사기관에 고발 조치하고 보고한다(예규 제1377호).

④ 이의신청에는 집행정지의 효력이 없다. 따라서 등기신청의 각하결정에 대한 이의신청에 따라 법원이 권리이전등기의 기록명령을 하였더라도 그 전에 제3자 명의로 권리이전등기가 되어 있는 경우에는 그 기록명령에 따른 등기를 할 수 없다(규칙 제161조 제1항 제1호, 예규 제1689호).

답 ②

008 등기관의 처분에 대한 이의에 관한 다음 설명 중 가장 옳지 않은 것은?

① 등기신청을 수리하여 이미 마쳐진 등기에 대하여는 그 등기가 「부동산등기법」 제29조 제1호 및 제2호에 해당하는 경우에 한하여 이의신청을 할 수 있고, 같은 법 제29조 제3호 이하의 사유로는 이의신청의 방법으로 그 등기의 말소를 구할 수 없다.

② 등기관의 처분에 대한 이의에는 집행정지의 효력이 없고, 기간의 제한도 없으므로 이의의 이익이 있는 한 언제라도 이의신청을 할 수 있다.

③ 등기신청의 각하결정에 대한 이의신청으로 관할 지방법원이 권리이전등기의 기록명령을 하였더라도 그 기록명령에 따른 등기 전에 제3자 명의로 권리이전등기가 되어 있는 경우에는 그 기록명령에 따른 등기를 할 수 없다.

④ 이의신청인이 이의신청에 대한 관할 지방법원의 결정 전에 회복할 수 없는 손해가 발생할 수 있음을 소명하는 사실을 이의신청서에 기재하거나 이에 대한 자료를 제출할 경우에 한하여 관할 지방법원은 이를 심사하여 등기관에게 가등기명령을 할 수 있다.

해설

④ 관할 지방법원은 이의신청에 대하여 결정하기 전에 등기관에게 가등기 또는 이의가 있다는 뜻의 부기등기를 명령할 수 있다(법 제106조). 즉, 이의신청인이 이의신청에 대한 관할 지방법원의 결정 전에 회복할 수 없는 손해가 발생할 수 있음을 소명하는 사실을 이의신청서에 기재하거나 이에 대한 자료를 제출할 경우에 한하지는 않는다.

선지분석

① 등기신청을 수리하여 이미 마쳐진 등기에 대하여는 그 등기가 법 제29조 제1호 및 제2호에 해당하는 경우에 한하여 이의신청을 할 수 있고, 법 제29조 제3호 이하의 사유로는 이의신청의 방법으로 그 등기의 말소를 구할 수 없다(법 제159조 제1항, 예규 제1689호).

② 등기관의 처분에 대한 이의에는 집행정지의 효력이 없고, 기간의 제한도 없으므로 이의의 이익이 있는 한 언제라도 이의신청을 할 수 있다(예규 제1689호).

③ 등기신청의 각하결정에 대한 이의신청으로 관할 지방법원이 권리이전등기의 기록명령을 하였더라도 그 기록명령에 따른 등기 전에 제3자 명의로 권리이전등기가 되어 있는 경우에는 그 기록명령에 따른 등기를 할 수 없다(규칙 제161조 제1항 제1호, 예규 제1689호).

답 ④

009 등기신청의 각하결정에 대한 이의신청에 기하여 관할 지방법원의 기록명령이 있을 때에 다음의 사유 중 그 기록명령에 따른 등기를 할 수 있는 경우는?

22 법무사

① 전세권이전등기의 기록명령이 있었으나, 그 기록명령에 따른 등기 전에 그 전세권에 대한 제3자 명의의 이전등기가 되어 있는 경우

② 임차권설정등기의 기록명령이 있었으나, 그 기록명령에 따른 등기 전에 동일한 부분에 임차권설정등기가 되어 있는 경우

③ 지상권설정등기말소등기의 기록명령이 있었으나 그 기록명령에 따른 등기 전에 그 지상권을 목적으로 하는 근저당권설정등기가 되어 있는 경우

④ 소유권이전등기의 기록명령이 있었으나, 그 기록명령에 따른 등기 전에 제3자 명의의 근저당권설정등기가 되어 있는 경우

⑤ 등기관이 기록명령에 따른 등기를 하기 위하여 신청인에게 환부된 첨부정보를 다시 등기소에 제공할 것을 명령하였으나 신청인이 이에 응하지 아니한 경우

해설

④ 소유권이전등기신청의 각하결정에 대한 이의신청에 기하여 관할지방법원의 소유권이전등기 기록명령이 있기 전에 제3자 명의의 근저당권설정등기가 경료된 때와 같은 경우에는 기록명령에 따른 등기를 함에 장애가 되지 아니하므로, 기록명령에 따른 등기를 하여야 한다(예규 제1689호).

선지분석

「부동산등기규칙」 제161조 【기록명령에 따른 등기를 할 수 없는 경우】 ① 등기신청의 각하결정에 대한 이의신청에 따라 관할 지방법원이 그 등기의 기록명령을 하였더라도 다음 각호의 어느 하나에 해당하는 경우에는 그 기록명령에 따른 등기를 할 수 없다.

1. 권리이전등기의 기록명령이 있었으나, 그 기록명령에 따른 등기 전에 제3자 명의로 권리이전등기가 되어 있는 경우 (①)
2. 지상권, 지역권, 전세권 또는 임차권의 설정등기의 기록명령이 있었으나, 그 기록명령에 따른 등기 전에 동일한 부분에 지상권, 전세권 또는 임차권의 설정등기가 되어 있는 경우(②)
3. 말소등기의 기록명령이 있었으나 그 기록명령에 따른 등기 전에 등기상 이해관계인이 발생한 경우(③)
4. 등기관이 기록명령에 따른 등기를 하기 위하여 신청인에게 첨부정보를 다시 등기소에 제공할 것을 명령하였으나 신청인이 이에 응하지 아니한 경우(⑤)

답 ④

2023 해커스법원직
김미영 부동산등기법
기출문제집

제2편

각론

001 다음 중 합필등기를 할 수 있는 경우는?　　　　　　　　　　　　　15 주사보

① 합필되는 모든 토지의 등기기록에 등기원인 및 그 연월일과 접수번호가 동일한 가압류등기가 있는 경우

② 합필되는 토지를 모두 甲과 乙이 공유하는 경우로서 공유자의 지분이 토지마다 상이한 경우

③ 합필되는 모든 토지의 등기기록에 동일한 채권을 담보하는 저당권의 등기가 있는 경우로서 접수번호가 상이한 경우

④ 합필되는 모든 토지의 등기기록에 「주택법」 제40조 제3항(현행 「주택법」 제61조 제3항)에 따른 금지사항의 부기등기가 있는 경우

해설

④ 합병하고자 하는 모든 토지에 관하여 「주택법」 제40조 제3항(현행 「주택법」 제61조 제3항)규정에 따른 금지사항의 부기등기가 경료되어 있는 경우, 위 토지에 대하여 합필등기가 제한되는 다른 사유가 없다면 위 토지 상호 간에는 합필등기를 신청할 수 있다(선례 제8-146호).

핵심정리　합병등기 가부 정리

관련법상	• 합병 대상 토지의 지번부여지역, <u>지목이 다른 경우</u> • 합병 대상 토지의 소유자가 다른 경우(예외 합필특례) 　「부동산등기법」 제38조 【합필의 특례】 ① 「공간정보의 구축 및 관리 등에 관한 법률」에 따른 토지합병절차를 마친 후 합필등기를 하기 전에 합병된 토지 중 어느 토지에 관하여 소유권이전등기가 된 경우라 하더라도 이해관계인의 승낙이 있으면 해당 토지의 소유권의 등기명의인들은 합필 후의 토지를 공유로 하는 합필등기를 신청할 수 있다. • 합병 대상 토지의 <u>소유자별 공유지분이 다르거나</u> 소유자의 주소가 서로 다른 경우(②) • 합병하려는 토지의 지적도 및 임야도의 축척이 서로 다른 경우 • 합병하려는 각 필지의 지반이 연속되지 아니한 경우 • 합병하려는 토지가 등기된 토지와 등기되지 아니한 토지인 경우
법 제37조 제1항	• 원칙: 소유권·지상권·전세권·임차권 및 승역지에 하는 지역권의 등기 외의 권리에 관한 등기가 있는 토지에 대하여는 합필의 등기를 할 수 없음 • 예외: 법 제37조 제1항과 합필특례(법 제38조 제2항) 　「부동산등기법」 제37조 【합필 제한】 ① 합필하려는 토지에 다음 각 호의 등기 외의 권리에 관한 등기가 있는 경우에는 합필의 등기를 할 수 없다. 　　1. 소유권·지상권·전세권·임차권 및 승역지에 하는 지역권의 등기 　　2. 합필하려는 <u>모든 토지에 있는 등기원인 및 그 연월일과 접수번호가 동일한 저당권에 관한 등기</u>(①, ③) 　　3. 합필하려는 모든 토지에 있는 제81조 제1항 각 호의 등기사항이 동일한 신탁등기 　제38조 【합필의 특례】 ② 「공간정보의 구축 및 관리 등에 관한 법률」에 따른 토지합병절차를 마친 후 합필등기를 하기 전에 합병된 토지 중 어느 토지에 관하여 제37조 제1항에서 정한 합필등기의 제한 사유에 해당하는 권리에 관한 등기가 된 경우라 하더라도 이해관계인의 승낙이 있으면 해당 토지의 소유권의 등기명의인은 그 권리의 목적물을 합필 후의 토지에 관한 지분으로 하는 합필등기를 신청할 수 있다. 다만, 요역지에 하는 지역권의 등기가 있는 경우에는 합필 후의 토지 전체를 위한 지역권으로 하는 합필등기를 신청하여야 한다. 　**cf** 등기원인 및 그 연월일과 접수번호가 동일해야 하므로 동일한 채권을 담보하기 위한 본래의 저당권설정이 된 토지와 추가 저당권설정(접수번호가 상이한 저당권을 의미)이 된 토지는 합필등기를 할 수 없음(선례 제3-654호)(①)

예규 제1726호 (신탁등기가 경료된 경우)	• 원칙: 신탁등기가 마쳐진 토지에 대하여는 「부동산등기법」 제37조 제1항 제3호의 경우 외에는 합필등기를 할 수 없음. 다만, 다음 각 호에 해당하는 경우로서 신탁목적이 동일한 경우에는 신탁토지 상호 간의 합필등기를 할 수 있음. 합필등기가 허용되는 경우로서 위탁자가 상이한 경우 동 예규에 따른 절차에 따름 • 예외 (가) 「주택법」 제15조에 따라 주택건설사업계획의 승인을 얻어 공동주택을 건설하는 경우(2003년 7월 1일 이전에 구 '주택건설촉진법'에 따라 승인을 받은 주택재건축사업을 포함함) (나) 「건축법」 제11조에 따른 건축허가를 받아 주택 외의 시설과 주택을 동일 건축물로 하여 「주택법」 제15조 제1항에서 정한 호수(공동주택 30세대, 같은 법 시행령 제27조 제1항 제2호 각 목의 어느 하나에 해당하는 경우에는 50세대) 이상을 건설·공급하는 경우로서 같은 법 제54조 제1항 제1호에 따른 입주자 모집공고의 승인을 받은 경우

답 ④

---

002 토지의 합필등기에 관한 다음 설명 중 가장 옳지 않은 것은? 18 주사보

① 합필등기는 등기기록을 새로 개설하여 할 수 없으므로 새로 개설하여 합필등기를 하였다면 그 등기는 무효이다.

② 동일한 채권을 담보하기 위한 본래의 저당권설정이 된 토지와 추가 저당권설정이 된 토지는 합필등기를 할 수 있다.

③ 수필의 토지에 대하여 가압류등기가 있고 그 등기원인 및 그 연월일과 접수번호가 동일하더라도 합필등기는 할 수 없다.

④ 관련 법령에 따른 토지합병절차를 마친 후 합필등기를 하기 전에 합병된 토지 중 어느 토지에 관하여 소유권이전등기가 된 경우라 하더라도 이해관계인의 승낙이 있으면 해당 토지의 소유권의 등기명의인들은 합필 후의 토지를 공유로 하는 합필등기를 신청할 수 있다.

해설

② 동일한 채권을 담보하기 위한 본래의 저당권설정이 토지와 추가 저당권설정이 된 토지는 합필의 등기를 할 수 없다(선례 제3-654호).

선지분석

① 수필의 토지가 합하여 일필의 토지로 된 등기부상의 합필등기에 있어서는 합필 전의 필수의 토지 중 일필에 대하여는 그 동일성을 유지존속케 하고 그 지적을 증가하는 변경등기를 함과 동시에 합필될 다른 토지의 등기부에는 그 표시와 번호를 주말하여 폐쇄하던가 또는 분필등기를 하여야 하고 <u>합필등기를 위하여 등기용지를 신설하고 그 신설용지에 합필등기를 할 수 없다</u>(대판 67다2309·67다2310).

③ 수필의 토지에 대하여 등기원인 및 그 연월일과 접수번호가 동일한 가등기, 예고등기, 가압류등기, 가처분등기, 경매등기, 체납처분에 의한 압류등기 등의 등기가 있는 경우, 그 토지들은 저당권에 관한 등기에 대해서만 예외를 두고자 한 법 제37조 단서 규정의 취지에 비추어 합필될 수 없다(선례 제5-518호).

답 ②

003 토지의 합필등기에 관한 다음 설명 중 가장 옳은 것은?

① 합필하고자 하는 甲과 乙 토지 중 甲 토지에 환매특약의 등기가 있는 경우에는 합필등기를 신청할 수 있다.

② 甲 토지에 저당권설정등기를 한 후 동일한 채권에 대하여 乙 토지에 추가로 저당권설정등기를 한 경우에는 합필등기를 신청할 수 있다.

③ 甲과 乙 토지에 등기원인 및 그 연월일과 접수번호가 동일한 가압류등기 또는 가처분등기가 있는 경우에는 특별한 사정이 없는 한 합필등기를 신청할 수 없다.

④ 甲과 乙 토지가 대장상 합병이 된 후에 甲 토지에 대하여 소유권이전등기가 마쳐진 경우에는 이해관계인의 승낙과 상관없이 합필등기를 신청할 수 없다.

⑤ 甲과 乙 토지가 대장상 합병이 된 후에 甲 토지에 대하여 가압류가 마쳐진 경우에는 이해관계인의 승낙과 상관없이 합필등기를 신청할 수 없다.

(해설)

③ 甲과 乙 토지에 등기원인 및 그 연월일과 접수번호가 동일한 가압류등기 또는 가처분등기가 있는 경우에는 특별한 사정이 없는 한 합필등기를 신청할 수 없다(선례 제5-518호).

(선지분석)

① 합필등기는 토지 일부에 성립할 수 없기 때문에 합필하고자 하는 甲과 乙 토지 중 甲 토지에 환매특약의 등기가 있는 경우에는 합필등기를 신청할 수 없다(법원실무제요).

② 甲 토지에 저당권설정등기를 한 후 동일한 채권에 대하여 乙 토지에 추가로 저당권설정등기를 한 경우에는 합필등기를 신청할 수 없다(선례 제3-654호).

④ 甲과 乙 토지가 대장상 합병이 된 후에 甲 토지에 대하여 소유권이전등기가 마쳐진 경우에는 이해관계인의 승낙이 있으면 합필등기를 신청할 수 있다(법 제38조 제1항).

⑤ 甲과 乙 토지가 대장상 합병이 된 후에 甲 토지에 대하여 가압류가 마쳐진 경우에는 이해관계인의 승낙하면 합필등기를 신청할 수 있다(법 제38조 제2항).

답 ③

004 토지분필·합필등기에 관한 다음 설명 중 가장 옳지 않은 것은?

19 사무관

① 법률에 따른 분할절차를 거치지 아니하고 분필등기가 실행되었다면 분필의 효과가 발생할 수 없으므로 이러한 분필등기는 1부동산 1등기용지의 원칙에 반하는 등기로서 무효이다.

② 합필되는 모든 토지에 대하여 등기원인 및 연월일과 접수번호가 동일한 저당권에 관한 등기가 있는 경우에는 합필등기가 가능하다.

③ 「공간정보의 구축 및 관리 등에 관한 법률」에 따른 토지합병절차를 마친 후 합필등기를 하기 전에 합병된 토지 중 어느 토지에 관하여 소유권이전등기가 된 경우에는 이해관계인의 승낙이 있어도 해당 토지의 소유권의 등기명의인들은 합필 후의 토지를 공유로 하는 합필등기를 신청할 수 없다.

④ 1필지의 토지 중 특정 일부에 대한 소유권이전등기를 명한 판결을 받은 경우에 등기를 신청하기 위하여서는 그 특정부분에 대한 분필등기가 선행되어야 하며, 지분으로 표시하여 소유권이전등기를 신청할 수 없다.

해설

③ 「공간정보의 구축 및 관리 등에 관한 법률」에 따른 토지합병절차를 마친 후 합필등기를 하기 전에 합병된 토지 중 어느 토지에 관하여 소유권이전등기가 된 경우에는 이해관계인의 승낙이 있으면 해당 토지의 소유권의 등기명의인들은 합필 후의 토지를 공유로 하는 합필등기를 신청할 수 있다(법 제38조 제1항).

선지분석

① 법률에 따른 분할절차를 거치지 아니하고 분필등기가 실행되었다면 분필의 효과가 발생할 수 없으므로 이러한 분필등기는 1부동산 1등기용지의 원칙에 반하는 등기로서 무효이다(선례 제6-397호).

② 합필되는 모든 토지에 대하여 등기원인 및 연월일과 접수번호가 동일한 저당권에 관한 등기가 있는 경우에는 합필등기가 가능하다(법 제37조 제1항).

④ 1필지의 토지 중 특정 일부에 대한 소유권이전등기를 명한 판결을 받은 경우에 등기를 신청하기 위하여서는 그 특정부분에 대한 분필등기가 선행되어야 하며, 지분으로 표시하여 소유권이전등기를 신청할 수 없다(선례 제5-382호).

답 ③

2023 해커스법원직 김미영 부동산등기법 기출문제집

005 토지의 합필등기에 관한 다음 설명 중 가장 옳지 않은 것은?

① 「건축법」 제11조에 따른 건축허가를 받아 건설하는 건축물로서 「건축물의 분양에 관한 법률」에 따라 공급하는 경우에는 그 건설 대지에 신탁등기가 마쳐진 경우라도 신탁목적이 동일하고 다른 합필제한사유가 없다면 그 토지에 대한 합필등기를 신청할 수 있다.

② 토지 등기기록에 요역지지역권의 등기가 있다면 그 토지에 대한 합필의 등기를 신청할 수 없는바, 이는 요역지지역권의 등기가 모든 토지의 등기기록에 있고 그 등기사항이 모두 동일하더라도 마찬가지이다.

③ 소유권의 등기명의인이 동일한 甲 토지와 乙 토지의 등기기록 모두에 소유권의 등기 외에 등기원인 및 그 연월일과 접수번호가 동일한 저당권에 관한 등기만 있는 경우라도 甲 토지의 저당권은 토지 전부를 목적으로 하고 있으나, 乙 토지의 저당권은 소유권의 일부 지분만을 목적으로 하고 있다면 甲 토지를 乙 토지에 합병하는 합필등기를 신청할 수 없다.

④ 甲 토지에 저당권설정등기가 마쳐지고 후에 동일한 채권에 대하여 乙 토지에 추가로 저당권설정등기가 마쳐져 있을 뿐 甲 토지와 乙 토지 모두에 소유권등기 외의 다른 권리에 관한 등기가 없다면 甲 토지를 乙 토지에 합병하는 합필등기를 신청할 수 있다.

해설

④ 甲 토지에 근저당권설정등기를 한 후 동일한 채권에 대하여 乙 토지에 추가로 근저당권설정등기를 한 경우에도 위 두 근저당권설정등기는 법 제37조 제1항에 규정된 등기원인 및 그 연월일과 접수번호가 동일한 경우가 아니어서 위 두 토지를 합필할 수 없으며, 다만 위 두 토지가 1992. 2. 1. 현재 이미 토지 대장상 합병되어 있는 경우라면 합필등기가 가능하다(선례 제4-523호).

선지분석

① 「건축법」 제11조에 따른 건축허가를 받아 건설하는 건축물로서 「건축물의 분양에 관한 법률」에 따라 공급하는 경우에는 그 건설 대지에 신탁등기가 마쳐진 경우라도 신탁목적이 동일하고 다른 합필제한사유가 없다면 그 토지에 대한 합필등기를 신청할 수 있다(선례 제201908-1호).

② 토지 등기기록에 요역지지역권의 등기가 있다면 그 토지에 대한 합필의 등기를 신청할 수 없는바, 이는 요역지지역권의 등기가 모든 토지의 등기기록에 있고 그 등기사항이 모두 동일하더라도 마찬가지이다(선례 제201907-4호).

③ 소유권의 등기명의인이 동일한 甲 토지와 乙 토지의 등기기록 모두에 소유권의 등기 외에 등기원인 및 그 연월일과 접수번호가 동일한 저당권에 관한 등기만 있는 경우라도 甲 토지의 저당권은 토지 전부를 목적으로 하고 있으나, 乙 토지의 저당권은 소유권의 일부 지분만을 목적으로 하고 있다면 甲 토지를 乙 토지에 합병하는 합필등기를 신청할 수 없다(선례 제201904-1호).

답 ④

006 토지개발사업(「도시개발법」에 의한 도시개발사업, 「택지개발촉진법」에 의한 택지개발사업 등)으로 인하여 지적공부가 정리된 경우의 그 등기업무처리절차에 대한 다음 설명 중 옳지 않은 것은?

13 주사보

① 토지개발사업이 완료됨에 따라 지적확정측량에 의하여 종전 지적공부가 전부 폐쇄되고 새로이 지적공부가 작성되어 있어야 한다.

② 토지개발사업지역내 모든 토지의 소유명의인이 동일하지 않더라도 위 절차에 따라 소유권보존등기를 하는데 있어 지장이 없다.

③ 종전 토지에 관한 등기의 말소등기를 신청하는 때에는 사업지역 내의 모든 토지에 대하여 동일한 신청서로 하여야 한다.

④ 새로이 조성된 토지에 관한 소유권보존등기를 신청하는 때에는 사업지역 내의 모든 토지에 대하여 동일한 신청서로 하여야 한다.

해설

「부동산등기규칙」 제85조 【토지개발사업에 따른 등기】 <2018.12.4. 삭제>

「토지개발 등기규칙」 제1조 【목적】 이 규칙은 「도시개발법」에 따른 도시개발사업, 「농어촌정비법」에 따른 농어촌정비사업, 「주택법」에 따른 주택건설사업 등 「공간정보의 구축 및 관리 등에 관한 법률」 제86조의 규정이 적용되는 토지개발사업의 시행지역에서 환지를 수반하지 아니하는 토지의 이동으로 인하여 지적공부가 정리된 경우의 부동산등기에 관한 특례를 정함을 목적으로 한다. <2018.12.4. 제정, 시행>

제2조 【신청요건】 ① 이 규칙에 따른 등기를 신청하기 위해서는 다음 각 호의 요건을 갖추어야 한다.
1. 토지개발사업의 완료에 따른 지적확정측량에 의하여 종전 토지의 지적공부가 전부 폐쇄되고 새로 조성된 토지에 대하여 지적공부가 작성될 것(①)
2. 종전 토지의 소유권의 등기명의인이 모두 같을 것(②)
3. 종전 토지의 등기기록에 소유권등기 외의 권리에 관한 등기가 없을 것
② 제1항 제3호에도 불구하고 다음 각 호의 어느 하나에 해당하는 경우에는 이 규칙에 따른 등기를 신청할 수 있다.
1. 종전 모든 토지의 등기기록에 「부동산등기법」 제81조 제1항 각 호의 등기사항이 같은 신탁등기가 있는 경우
2. 종전 모든 토지의 등기기록에 「주택법」 제61조 제3항의 금지사항 부기등기가 있는 경우
3. 종전 토지의 등기기록에 지상권, 전세권, 임차권 또는 승역지(승역지: 편익제공지)에 하는 지역권의 등기가 있는 경우
4. 종전 모든 토지의 등기기록에 등기원인 및 그 연월일과 접수번호가 같은 저당권 또는 근저당권의 등기가 있는 경우

제3조 【신청하여야 할 등기】 ① 토지개발사업의 완료에 따른 지적확정측량에 의하여 지적공부가 정리되고 이에 대한 확정시행 공고가 있는 경우 해당 토지의 소유명의인은 다음 각 호의 등기를 동시에 신청하여야 한다.
1. 종전 토지에 관한 말소등기
2. 새로 조성된 토지에 관한 소유권보존등기
② 종전 토지의 등기기록에 제2조 제2항 각 호의 어느 하나에 해당하는 등기가 있는 경우에는 제1항에 따른 등기의 신청과 동시에 그 등기를 신청하여야 한다.
③ 제2항의 경우에 제2조 제2항 제1호 또는 제2호에 해당하는 등기는 토지의 소유명의인이 단독으로 신청하고, 같은 항 제3호 또는 제4호에 해당하는 등기는 토지의 소유명의인과 해당 권리의 등기명의인이 공동으로 신청한다.

제4조 【신청정보의 내용과 제공방법】 ① 종전 토지에 관한 말소등기는 모든 토지에 대하여 1건의 신청정보로 일괄하여 신청하여야 하고, 토지개발사업의 시행으로 인하여 등기를 신청한다는 뜻을 신청정보의 내용으로 등기소에 제공하여야 한다.(③)
② 제1항의 규정은 새로 조성된 토지에 관한 소유권보존등기에 준용한다.(④)
③ 제2조 제2항 제1호 또는 제2호에 해당하는 등기는 제2항의 등기와 함께 1건의 신청정보로 일괄하여 신청하여야 한다.
④ 제2조 제2항 제3호 또는 제4호에 해당하는 등기는 제2항의 등기신청 다음에 별개의 신청정보로 신청하여야 하며, 그 등기가 여러 개 존재하는 경우에는 각각 별개의 신청정보로 종전 토지의 등기기록에 등기된 순서에 따라 신청하여야 한다. 이 경우 등기의무자의 등기필정보는 신청정보의 내용으로 등기소에 제공할 필요가 없다.
⑤ 새로 조성된 토지의 일부에 대하여 지상권, 전세권, 임차권이나 승역지에 하는 지역권의 등기가 존속하는 경우에는 해당 권리가 존속할 부분에 관한 정보를 신청정보의 내용으로 등기소에 제공하여야 한다.

제5조【첨부정보】① 종전 토지에 관한 말소등기 및 새로 조성된 토지에 관한 소유권보존등기를 신청하는 경우 다음 각 호의 정보를 첨부정보로서 등기소에 제공하여야 한다.

1. 종전 토지의 폐쇄된 토지대장 정보
2. 새로 조성된 토지의 토지대장 정보
3. 종전 토지 및 확정 토지의 각 지번별 조서 정보
4. 지적공부 확정시행 공고를 증명하는 정보

② 제2조 제2항 제1호에 해당하는 등기를 신청하는 경우에는 「부동산등기법」 제81조 제1항 각 호의 사항을 첨부정보로서 등기소에 제공하여야 한다.

③ 제2조 제2항 각 호의 어느 하나에 해당하는 등기를 신청하는 경우에는 등기원인을 증명하는 정보를 제공할 필요가 없다.

④ 제4조 제5항의 경우에는 그 권리가 존속하는 부분을 표시한 지적도를 첨부정보로서 등기소에 제공하여야 한다.

제6조【등기방법】① 등기관이 종전 토지에 관한 말소등기를 하는 경우 표제부에 토지개발사업의 시행으로 인하여 등기를 하였다는 뜻을 기록하고 표제부의 등기를 말소하는 표시를 한 후 그 등기기록을 폐쇄하여야 한다.

② 등기관이 새로 조성된 토지에 관한 소유권보존등기를 하는 경우 표제부에 토지개발사업의 시행으로 인하여 등기를 하였다는 뜻을 기록하여야 한다.

③ 등기관이 새로 조성된 토지의 등기기록에 제2조 제2항 제3호 또는 제4호에 해당하는 등기를 하는 경우 그 등기가 여러 개 있을 때에는 종전 토지의 등기기록에 등기된 순서에 따라 기록하여야 한다.

제7조【등기필정보】등기관이 제4조 제2항에 따른 소유권보존등기 및 제4조 제4항 전단에 따른 등기를 마쳤을 때에는 등기필정보를 작성하여 등기명의인이 된 신청인에게 각각 통지하여야 한다.

제8조【대법원예규에의 위임】토지개발사업으로 인하여 지적공부가 정리된 경우의 부동산등기에 관한 특례와 관련하여 필요한 사항 중 이 규칙에서 정하고 있지 아니한 사항은 대법원예규로 정한다.

📖 등기예규　토지개발등기에 관한 업무처리지침(예규 제1658호)

1. 목적

이 예규는 「토지개발 등기규칙」(이하 '규칙'이라 함)에 따른 등기신청절차에서 필요한 사항과 그 등기의 기록방법을 정함을 목적으로 한다.

2. 등기의 기록방법

가. 종전 토지에 관한 말소등기를 하는 경우

종전 토지에 관한 말소등기를 할 때에는 종전 토지의 등기기록 중 표제부에 접수연월일과 토지개발사업시행으로 인하여 말소한다는 뜻을 기록하고, 종전의 표시에 관한 등기를 말소하는 표시를 한 후 그 등기기록을 폐쇄하여야 한다.

나. 새로 조성된 토지에 관한 소유권보존등기를 하는 경우

(1) 새로 조성된 토지에 관한 소유권보존등기를 할 때에는 새로 조성된 토지에 관하여 등기기록을 새로 개설하고, 그 등기기록 중 표제부에 표시번호, 접수연월일, 소재지번, 지목, 면적 및 토지개발사업 시행으로 인하여 등기한다는 뜻을 기록한다.

(2) 종전 토지의 등기기록에 지상권, 전세권, 임차권, 승역지에 하는 지역권, 저당권 또는 근저당권의 등기가 있어 소유권보존등기와 함께 그 등기를 신청한 경우 등기원인 및 그 연월일은 종전 토지의 등기기록에 기록된 등기원인 및 연월일을 기록한다.

3. 등기신청수수료

등기신청인은 신청하는 등기의 목적에 따라 「등기사항증명서 등 수수료규칙」 제5조의2에서 정하고 있는 소정의 수수료액을 납부하여야 하며, 수개의 부동산에 관한 등기신청을 하나의 신청정보로 일괄하여 신청하는 경우에는 신청 대상이 되는 부동산 개수를 곱한 금액을 등기신청수수료로 납부하여야 한다.

⑩ 종전의 20필의 토지에 대한 말소등기와 새로 조성되는 5필의 토지에 대한 소유권보존등기, 신탁등기 및 그중 2필의 토지에 대하여 지상권설정등기를 신청하는 경우: (종전 토지에 관한 말소등기 3천 원 × 20) + (새로 조성된 토지에 관한 소유권보존등기 1만 5천 원 × 5) + (지상권 설정등기 1만 5천 원 × 2) = 16만 5천 원

※ 신탁등기는 「등기사항증명서 등 수수료규칙」 제5조의2 제2항 제9호에 따라 신청수수료를 납부하지 아니함

4. **등록면허세**

규칙 제3조에 따른 등기를 신청할 때에는 「지방세법」이 정하는 바에 따라 등록면허세를 납부하여야 한다. 다만, 소유권보존등기 및 소유권 외의 물권이나 임차권의 설정등기를 신청하는 경우에도 「지방세법」 제28조 제1항 제1호 가목 및 다목이 아닌 같은 호 마목(그 밖의 등기)에 따른 세율을 적용한 등록면허세(건당 6천 원)를 납부한다.

> 예 종전의 20필의 토지에 대한 말소등기와 새로 조성되는 5필의 토지에 대한 소유권보존등기, 신탁등기, 근저당권설정등기를 신청하는 경우: (종전 토지에 관한 말소등기 6천 원 × 20) + (새로 조성된 토지에 관한 소유권보존등기 6천 원 × 5) + (신탁등기 6천 원 × 5) + (근저당권설정등기 6천 원 × 5) = 21만원

5. **국민주택채권 매입**

규칙 제3조에 따라 소유권보존등기, 저당권설정등기 또는 근저당권설정등기를 신청할 때에는 「주택도시기금법」 제8조에 따른 국민주택채권을 매입할 필요가 없다.

답 ②

---

007 토지개발사업 완료에 따른 종전 토지에 관한 등기의 말소등기와 새로운 토지에 관한 소유권보존등기의 신청절차에 관한 다음 설명 중 가장 옳지 않은 것은?

15 서기보

① 종전 토지에 관한 등기의 말소등기와 새로운 토지에 관한 소유권보존등기는 동시에 신청하여야 한다.

② 종전 토지에 관한 등기의 말소등기와 새로운 토지에 관한 소유권보존등기는 소유권의 등기명의인이 신청하여야 한다.

③ 등기원인 및 그 연월일과 접수번호가 동일한 저당권에 관한 등기가 모든 토지의 등기기록에 있는 경우에도 종전 토지에 관한 등기의 말소등기와 새로운 토지에 관한 소유권보존등기를 신청할 수 없다.

④ 모든 토지의 등기기록에 「주택법」 제40조 제3항(현행 「주택법」 제61조 제3항)의 금지사항 부기등기가 있는 경우에는 새로운 토지에 관한 소유권보존등기와 함께 그 금지사항 부기등기를 1건의 신청정보로 일괄하여 신청하여야 한다.

해설

「**토지개발 등기규칙**」 제2조【신청요건】② 제1항 제3호에도 불구하고 다음 각 호의 어느 하나에 해당하는 경우에는 제1항의 등기를 신청할 수 있다.

1. 종전 모든 토지의 등기기록에 「부동산등기법」 제81조 제1항 각 호의 등기사항이 같은 신탁등기가 있는 경우

2. 종전 모든 토지의 등기기록에 「주택법」 제61조 제3항의 금지사항 부기등기가 있는 경우(④)

3. 종전 토지의 등기기록에 지상권, 전세권, 임차권 또는 승역지(승역지: 편익제공지)에 하는 지역권의 등기가 있는 경우

4. 종전 모든 토지의 등기기록에 등기원인 및 그 연월일과 접수번호가 같은 저당권 또는 근저당권의 등기가 있는 경우(③)

답 ③

008 토지개발사업이 완료됨에 따라 종전 지적공부가 전부 폐쇄되고 새로 지적공부가 작성된 경우의 등기 신청절차에 관한 다음 설명 중 가장 옳지 않은 것은? 15 주사보

① 해당 토지의 소유명의인은 새로 지적공부가 작성된 후 이에 대한 확정시행공고가 있으면 종전 토지에 관한 말소등기와 새로 조성된 토지에 관한 소유권보존등기를 동시에 신청하여야 한다.

② 종전 토지의 등기기록에 지상권, 전세권, 임차권 및 승역지에 관하여 하는 지역권의 등기가 있는 경우에도 위 제①항의 등기를 신청할 수 없다.

③ 종전 토지에 관한 등기의 말소등기를 신청할 때에는 사업지역 내의 모든 토지에 대하여 1건의 신청정보로 일괄하여 하여야 한다.

④ 종전 토지의 등기기록에 「주택법」 제40조 제3항(현행 「주택법」 제61조 제3항)의 금지사항 부기등기가 있는 경우에 새로운 토지에 관한 소유권보존등기를 신청할 때에 그 금지사항 부기등기도 동시에 신청하여야 한다.

해설

「토지개발 등기규칙」 제2조【신청요건】② 제1항 제3호에도 불구하고 다음 각 호의 어느 하나에 해당하는 경우에는 제1항의 등기를 신청할 수 있다.
1. 종전 모든 토지의 등기기록에 「부동산등기법」 제81조 제1항 각 호의 등기사항이 같은 신탁등기가 있는 경우
2. 종전 모든 토지의 등기기록에 「주택법」 제61조 제3항의 금지사항 부기등기가 있는 경우(④)
3. 종전 토지의 등기기록에 지상권, 전세권, 임차권 또는 승역지(승역지: 편익제공지)에 하는 지역권의 등기가 있는 경우(②)
4. 종전 모든 토지의 등기기록에 등기원인 및 그 연월일과 접수번호가 같은 저당권 또는 근저당권의 등기가 있는 경우

답 ②

---

009 토지개발사업에 따른 등기에 관한 다음 설명 중 가장 옳지 않은 것은? 16 주사보

① 토지개발사업은 수개의 필지를 정리하여 1개 또는 수개의 필지로 구획정리를 하면서, 종전 대장을 모두 폐쇄하고 새로운 대장을 개설하는 방법으로 한다.

② 모든 토지의 소유권의 등기명의인이 동일하지 않은 경우에도 토지개발사업에 따른 등기를 할 수 있다.

③ 토지개발사업에 따른 등기를 하기 위해서는 원칙적으로 모든 토지의 등기기록에 소유권보존(이전)등기 외의 다른 등기가 없어야 한다.

④ 지적공부 확정시행 공고가 있을 때에 해당 토지의 소유명의인은 종전 토지에 관한 등기의 말소등기와 새로운 토지에 관한 소유권보존등기를 동시에 신청하여야 한다.

해설

② 등기를 신청하기 위해서는 다음 각 호의 요건을 모두 갖추어야 한다. ㉠ 모든 토지의 소유권의 등기명의인이 동일할 것, ㉡ 모든 토지의 등기기록에 소유권보존등기 또는 소유권이전등기 외의 다른 등기가 없을 것(「토지개발등기규칙」 제2조 제1항)

답 ②

010 토지의 표시변경등기에 관한 다음 설명 중 가장 옳지 않은 것은? 17 주사보

① 토지의 표시사항이 변경된 경우 소유권의 등기명의인은 그 사실이 있는 때부터 1개월 이내에 토지 표시의 변경등기를 신청하여야 한다.

② 행정구역 등의 변경이 있는 경우 등기관은 직권으로 변경등기를 하여야 한다.

③ 등기기록에 기록된 토지의 표시가 지적공부와 일치하지 아니하여 지적소관청으로부터 그 사실의 통지를 받은 등기관은 소유권의 등기명의인으로부터 1개월 이내에 등기신청이 없을 때에는 직권으로 통지서의 기재내용에 따라 변경등기를 한다.

④ 토지 표시에 관한 사항을 변경하는 등기는 부기등기로 하고, 종전의 표시에 관한 등기를 말소하는 표시를 한다.

해설

④ 토지 표시에 관한 사항을 변경하는 등기를 할 때에는 주등기로 하고(법 제52조), 종전의 표시에 관한 등기를 말소하는 표시를 한다(규칙 제73조).

선지분석

① 토지의 표시사항이 변경된 경우 소유권의 등기명의인은 그 사실이 있는 때부터 1개월 이내에 토지 표시의 변경등기를 신청하여야 한다(법 제35조).

② 행정구역 또는 그 명칭이 변경된 경우에 등기관은 직권으로 부동산의 표시변경등기 또는 등기명의인의 주소변경등기를 하여야 한다(규칙 제54조).

③ 등기기록에 기록된 토지의 표시가 지적공부와 일치하지 아니하여 지적소관청으로부터 그 사실의 통지를 받은 등기관은 소유권의 등기명의인으로부터 1개월 이내에 등기신청이 없을 때에는 직권으로 통지서의 기재내용에 따라 변경등기를 한다(법 제36조).

답 ④

011 토지의 표시에 관한 등기에 관한 다음 설명 중 가장 옳지 않은 것은?

① 토지의 분할, 합병이 있는 경우에는 그 토지 소유권의 등기명의인은 그 사실이 있는 때부터 1개월 이내에 그 등기를 신청하여야 한다.

② 1필의 토지의 일부에 지상권·전세권·임차권의 등기가 있는 경우에 분필등기를 신청할 때에는 권리가 존속할 토지의 표시에 관한 정보를 신청정보의 내용으로 등기소에 제공하고, 이에 관한 권리자의 확인이 있음을 증명하는 정보를 첨부정보로서 등기소에 제공하여야 한다.

③ 합필하려는 모든 토지에 있는 등기원인 및 그 연월일과 접수번호가 동일한 저당권에 관한 등기가 있는 경우에도 합필의 등기를 할 수 없다.

④ 토지의 분할, 합병 등 토지의 표시변경등기를 신청하는 경우에는 그 토지의 변경 전과 변경 후의 표시에 관한 정보를 신청정보의 내용으로 등기소에 제공하여야 한다.

(해설)

③ 합필하려는 모든 토지에 있는 등기원인 및 그 연월일과 접수번호가 동일한 저당권에 관한 등기가 있는 경우에도 합필의 등기를 할 수 있다(법 제37조 제1항 제2호).

(선지분석)

① 토지의 분할, 합병이 있는 경우에는 그 토지 소유권의 등기명의인은 그 사실이 있는 때부터 1개월 이내에 그 등기를 신청하여야 한다(법 제35조).

② 1필의 토지의 일부에 지상권·전세권·임차권의 등기가 있는 경우에 분필등기를 신청할 때에는 권리가 존속할 토지의 표시에 관한 정보를 신청정보의 내용으로 등기소에 제공하고, 이에 관한 권리자의 확인이 있음을 증명하는 정보를 첨부정보로서 등기소에 제공하여야 한다(규칙 제74조).

④ 토지의 분할, 합병 등 토지의 표시변경등기를 신청하는 경우에는 그 토지의 변경 전과 변경 후의 표시에 관한 정보를 신청정보의 내용으로 등기소에 제공하여야 한다(법원실무제요).

답 ③

012 건물의 멸실등기에 관한 다음 설명 중 가장 옳지 않은 것은? 17 서기보

① 건물이 멸실된 경우 그 소유권의 등기명의인이 1개월 이내에 멸실등기를 신청하지 아니하면 그 건물대지의 소유자가 건물 소유권의 등기명의인을 대위하여 그 등기를 신청할 수 있다.

② 등기관이 1동의 집합건물 중 일부 구분건물의 멸실등기를 신청할 때에는 표제부의 등기를 말소하는 표시를 한 후 그 등기기록을 폐쇄하여야 한다.

③ 소유권 외의 권리가 등기되어 있는 건물에 대한 멸실등기의 신청이 있는 경우 첨부정보로 제공된 건축물대장에 건물멸실의 뜻이 기록되어 있으면 그 권리의 등기명의인에게 멸실등기를 한다는 뜻을 알릴 필요가 없다.

④ 존재하지 아니하는 건물에 대한 등기가 있을 때에는 그 소유권의 등기명의인은 지체 없이 그 건물의 멸실등기를 신청하여야 한다.

해설

② 1동의 건물의 일부의 멸실이 있는 때에는 건물의 면적 또는 구조 등의 변경이 있는데 지나지 않으므로 멸실등기가 아닌 부동산표시의 변경등기를 하여야 한다. 따라서 멸실한 건물이 1동의 건물을 구분한 것인 경우에는 그 등기기록을 폐쇄하지 않는다(규칙 제103조 제1항).

선지분석

① 건물이 멸실된 경우 그 소유권의 등기명의인이 1개월 이내에 멸실등기를 신청하지 아니하면 그 건물대지의 소유자가 건물 소유권의 등기명의인을 대위하여 그 등기를 청할 수 있다(법 제42조 제2항).

③ 멸실된 건물이 근저당권 등 제3자의 권리의 목적이 된 경우라도 건축물대장에 건물멸실의 뜻이 기록되어 있다면 멸실등기를 신청할 때에 근저당권자 등의 승낙이 있음을 증명하는 정보를 제공할 필요가 없다(선례 제7-326호).

④ 존재하지 아니하는 건물에 대한 등기가 있을 때에는 그 소유권의 등기명의인은 지체 없이 그 건물의 멸실등기를 신청하여야 한다(법 제44조 제2항·제3항).

답 ②

2023 해커스법원직 김미영 부동산등기법 기출문제집

013 건물의 멸실등기에 관한 다음 설명 중 가장 옳지 않은 것은? 17 주사보

① 등기관이 구분건물이 아닌 건물의 멸실등기를 할 때에는 등기기록 중 표제부에 멸실의 뜻과 그 원인 또는 부존재의 뜻을 기록하고 표제부의 등기를 말소하는 표시를 한 후 그 등기기록을 폐쇄하여야 한다.

② 멸실된 건물이 근저당권 등 제3자의 권리의 목적이 된 경우에는 건축물대장에 건물멸실의 뜻이 기록되어 있더라도 그 멸실등기신청서에 제3자의 승낙서를 첨부하여야 한다.

③ 건물이 멸실된 경우 그 소유권의 등기명의인이 1개월 이내에 멸실등기를 신청하지 아니하면 그 건물대지의 소유자가 건물 소유권의 등기명의인을 대위하여 그 등기를 신청할 수 있다.

④ 건물의 멸실등기를 신청하는 경우에는 그 멸실이나 부존재를 증명하는 건축물대장 정보나 그 밖의 정보를 첨부정보로서 등기소에 제공하여야 한다.

(해설)

② 멸실된 건물이 근저당권 등 제3자의 권리의 목적이 된 경우라도 건축물대장에 건물멸실의 뜻이 기록되어 있다면 멸실등기를 신청할 때에 근저당권자 등의 승낙이 있음을 증명하는 정보를 제공할 필요가 없다(선례 제7-326호).

(선지분석)

① 등기관이 구분건물이 아닌 건물의 멸실등기를 할 때에는 등기기록 중 표제부에 멸실의 뜻과 그 원인 또는 부존재의 뜻을 기록하고 표제부의 등기를 말소하는 표시를 한 후 그 등기기록을 폐쇄하여야 한다(규칙 제103조 제1항).

③ 건물이 멸실된 경우 그 소유권의 등기명의인이 1개월 이내에 멸실등기를 신청하지 아니하면 그 건물대지의 소유자가 건물 소유권의 등기명의인을 대위하여 그 등기를 청할 수 있다(법 제42조 제2항).

④ 건물의 멸실등기를 신청하는 경우에는 그 멸실이나 부존재를 증명하는 건축물대장 정보나 그 밖의 정보를 첨부정보로서 등기소에 제공하여야 한다(규칙 제102조).

답 ②

014 건물의 표시변경등기에 관한 다음 설명 중 가장 옳지 않은 것은?

18 주사보

① 건물의 행정구역·지번·면적단위의 변경이 아니라, 분할, 구분, 합병이 있어 표시변경등기를 신청하는 경우에는 등록면허세와 등기신청수수료를 납부하여야 한다.

② 건물의 분할, 구분, 합병 등 표시사항이 변경된 경우에 그 건물의 소유권의 등기명의인은 그 사실이 있는 때부터 1개월 이내에 멸실등기를 신청하지 않으면 그 건물대지의 소유자가 건물 소유권의 등기명의인을 대위하여 그 등기를 신청할 수 있다.

③ 건물이 멸실된 경우에 그 건물 소유권의 등기명의인이 1개월 이내에 멸실등기를 신청하지 않으면 그 건물대지의 소유자가 건물의 소유권의 등기명의인을 대위하여 그 등기를 신청할 수 있다.

④ 건물이 분할, 구분, 합병 및 멸실된 경우에 등기신청인이 1개월 이내에 그 등기신청을 하지 않았더라도 과태료 부과 통지를 하지 않는다.

해설

① 건물의 행정구역·지번·면적단위의 변경이 아니라, 분할, 구분, 합병이 있어 표시변경등기를 신청하는 경우에는 등록면허세는 등기신청수수료와 별개로 면제규정이 없는 한 납부를 하여야 하나, 등기신청수수료를 납부할 필요가 없다(예규 제1733호).

선지분석

② 건물의 분할, 구분, 합병 등 표시사항이 변경된 경우에 그 건물의 소유권의 등기명의인은 그 사실이 있는 때부터 1개월 이내에 멸실등기를 신청하지 않으면 그 건물대지의 소유자가 건물 소유권의 등기명의인을 대위하여 그 등기를 신청할 수 있다(법 제41조 제3항).

③ 건물이 멸실된 경우에 그 건물 소유권의 등기명의인이 1개월 이내에 멸실등기를 신청하지 않으면 그 건물대지의 소유자가 건물의 소유권의 등기명의인을 대위하여 그 등기를 신청할 수 있다(법 제43조 제2항).

④ 건물이 분할, 구분, 합병 및 멸실된 경우에 등기신청인이 1개월 이내에 그 등기신청을 하지 않았더라도 과태료 부과 통지를 하지 않는다(규칙 제164조). <2017. 11. 6. 삭제>

답 ①

015 건물표시변경등기에 관한 다음 설명 중 가장 옳지 않은 것은?

① 건물 소유권의 등기명의인은 건물의 표시가 변경된 경우에 그 사실이 있는 때부터 1개월 내에 건물표시변경등기를 신청하여야 하며, 이를 게을리하였을 때에는 50만 원 이하의 과태료를 부과한다.

② 건물표시변경등기를 신청할 때에는 등기신청수수료를 납부할 필요가 없다.

③ 등기관이 건물표시변경등기를 할 때에는 항상 주등기로 실행하고, 종전을 표시에 관한 등기를 말소하는 표시를 하여야 한다.

④ 특별자치시장·특별자치도지사 또는 시장·군수·구청장은 사용승인을 받은 건축물로서 사용승인 내용 중 건축물의 면적·구조·용도 및 층수가 변경된 경우에 관할등기소에 그 변경등기를 촉탁하여야 한다.

(해설)

① 건물 소유권의 등기명의인은 건물의 표시가 변경된 경우에 그 사실이 있는 때부터 1개월 내에 건물표시변경등기를 신청하여야 하나, 이를 게을리하였더라도 과태료 제재는 없다.

(선지분석)

② 건물표시변경등기를 신청할 때에는 등기신청수수료를 납부할 필요가 없다(예규 제1689호).

③ 등기관이 건물표시변경등기를 할 때에는 항상 주등기로 실행하고, 종전을 표시에 관한 등기를 말소하는 표시를 하여야 한다(규칙 제87조 제1항).

④ 특별자치시장·특별자치도지사 또는 시장·군수·구청장은 사용승인을 받은 건축물로서 사용승인 내용 중 건축물의 면적·구조·용도 및 층수가 변경된 경우에 관할등기소에 그 변경등기를 촉탁하여야 한다(「건축법」 제39조).

답 ①

① 등기관이 건물멸실등기를 할 때에는 등기기록 중 표제부에 멸실의 뜻과 그 원인 또는 부존재의 뜻을 기록하고 표제부의 등기를 말소하는 표시를 한 후 그 등기기록을 폐쇄하여야 하는바, 다만 멸실한 건물이 구분건물인 경우에는 그 등기기록을 폐쇄하지 아니한다.

② 멸실된 건물이 근저당권 등 제3자의 권리의 목적이 된 경우에는 멸실된 사실이 건축물대장에 기록되어 있더라도 멸실등기를 신청할 때에 근저당권자 등의 승낙이 있음을 증명하는 정보를 첨부정보로서 제공하여야 한다.

③ 건물이 멸실한 경우에 등기기록상 소유명의인의 채권자는 대위원인을 증명하는 정보와 건축물대장정보 등 멸실을 증명할 수 있는 정보를 첨부정보로서 제공하여 건물멸실등기를 대위신청할 수 있다.

④ 구분건물로서 그 건물이 속하는 1동 전부가 멸실된 경우에는 그 구분건물의 소유권의 등기명의인은 1동의 건물에 속하는 다른 구분건물의 소유권의 등기명의인을 대위하여 1동 전부에 대한 멸실등기를 신청할 수 있다.

⑤ 건물소유권의 등기명의인이 존재하지 아니하는 건물에 대하여 멸실등기를 신청하지 아니하면 건물대지의 소유자가 건물부존재증명서를 발급받아 건물소유권의 등기명의인을 대위하여 멸실등기를 신청할 수 있고, 이 경우에는 건물이 멸실된 경우와 달리 건물부존재증명서를 발급받은 지 1개월이 경과하지 않았더라도 건물대지의 소유자는 건물멸실등기를 대위신청할 수 있다.

해설

② 소유권 외의 권리가 등기되어 있는 건물에 대한 멸실등기의 신청이 있는 경우에 등기관은 그 권리의 등기명의인에게 1개월 이내의 기간을 정하여 그 기간까지 이의를 진술하지 아니하면 멸실등기를 한다는 뜻을 알려야 한다. 다만, 건축물대장에 건물멸실의 뜻이 기록되어 있거나 소유권 외의 권리의 등기명의인이 멸실등기에 동의한 경우에는 그러하지 아니하다(법 제45조). 따라서 멸실된 사실이 건축물대장에 기록된 경우에는 근저당권자 등의 승낙서를 첨부정보로 제공할 필요는 없다.

선지분석

① 등기관이 건물멸실등기를 할 때에는 등기기록 중 표제부에 멸실의 뜻과 그 원인 또는 부존재의 뜻을 기록하고 표제부의 등기를 말소하는 표시를 한 후 그 등기기록을 폐쇄하여야 하는바, 다만 멸실한 건물이 구분건물인 경우에는 그 등기기록을 폐쇄하지 아니한다(규칙 제103조).

③ 건물이 멸실한 경우에 등기부상 소유명의인의 채권자는 대위원인을 증명하는 서면과 건축물대장등본 기타 멸실을 증명할 수 있는 서면을 첨부하여 건물 멸실등기를 대위신청할 수 있다(선례 제8-34호).

④ 구분건물로서 그 건물이 속하는 1동 전부가 멸실된 경우에는 그 구분건물의 소유권의 등기명의인은 1동의 건물에 속하는 다른 구분건물의 소유권의 등기명의인을 대위하여 1동 전부에 대한 멸실등기를 신청할 수 있다(법 제43조 제3항).

⑤ 건물소유권의 등기명의인이 존재하지 아니하는 건물에 대하여 멸실등기를 신청하지 아니하면 건물대지의 소유자가 건물부존재증명서를 발급받아 건물소유권의 등기명의인을 대위하여 멸실등기를 신청할 수 있고, 이 경우에는 건물이 멸실된 경우와 달리 건물부존재증명서를 발급받은 지 1개월이 경과하지 않았더라도 건물의 대지소유자는 건물 멸실등기를 대위하여 신청할 수 있다(선례 제9-132호).

답 ②

제1절 | 변경등기

001 등기명의인표시 변경에 관한 다음 설명 중 가장 옳지 않은 것은?　　13 법무사

① 변경 전후에 등기명의인의 동일성이 인정되지 않으면 등기명의인표시변경등기를 할 수 없다.

② 등기명의인인 유한회사를 주식회사로 조직변경 한 경우, 양자는 법인격이 동일하지 않으므로 권리이전등기를 하여야 한다.

③ 등기의무자의 주소가 수차 변경된 경우 등기신청 당시의 주소로, 1회의 변경등기만 신청하면 된다.

④ 등기명의인이 행정구역 변경으로 인한 등기명의인표시 변경등기를 신청할 경우 등록면허세와 등기신청수수료가 면제된다.

⑤ 현재 효력 있는 소유권의 등기명의인의 주민등록번호가 등기기록에 기록되어 있지 않는 경우, 그 등기명의인은 주민등록번호를 추가로 기록하는 내용의 등기명의인표시변경등기를 신청할 수 있다.

해설

② 유한회사를 주식회사로 조직변경한 경우 조직변경을 등기원인으로 하여 소유권의 등기명의인표시 변경등기신청을 하여야 한다(예규 제612호).

선지분석

① 등기명의인표시의 변경등기는 변경 전후 등기명의인의 동일성이 인정되어야 할 수 있고, 동일성이 인정되지 않으면 권리이전등기를 해야 한다.

④ 행정구역 또는 그 명칭이 변경된 경우 등기관은 직권으로 등기명의인의 주소 변경등기를 할 수 있다(규칙 제54조). 또한 등기명의인이 그 변경등기를 신청할 수 있으며, 이때 등록면허세와 등기신청수수료가 면제된다(예규 제1672호).

⑤ 현재 효력 있는 권리에 관한 등기의 등기명의인의 주민등록번호 등이 등기기록에 기록되어 있지 않는 경우, 그 등기명의인은 주민등록번호 등을 추가로 기록하는 내용의 등기명의인표시 변경등기를 신청할 수 있다(예규 제1672호).

🔑핵심정리 등기명의인표시 변경등기

등기명의인표시 변경등기 ○	등기명의인표시 변경등기 ×
• 등기명의인의 주민등록번호 등의 추가(현재 효력 있는 권리의 등기명의인)	• 이미 말소된 등기명의인에 대한 표시변경
• 법인 아닌 사단이나 재단이 현재 효력 있는 권리의 등기명의인이나 대표자나 관리인의 성명·주소·주민등록번호가 기재되지 않은 경우 대표자나 관리인의 추가	• 사망자 명의의 등기명의인에 대한 표시변경
	• 대종중에서 소종중으로 변경(권리이전등기)
	• 근저당권에서 채무자의 주소를 변경하는 경우(근저당권변경등기)
• 종중 대표자의 변경, 종중대표자의 주소나 사무소 소재지 변경, 명칭이 변경	• 회사의 합병, 분할(권리이전등기)
• 근저당권자인 법인의 취급지점 변경	• 법인 아닌 사단을 법인으로(원칙적으로 권리이전등기)
• 회사의 조직변경(유한회사에서 주식회사로)	
• 재건축조합이 정비사업조합으로 된 경우(법인 아닌 사단을 법인으로 변경된 경우 예외적으로 등기명의인표시 변경)	
• 국유재산의 관리청이 변경된 경우	

답 ②

002 등기명의인표시 변경등기에 관한 다음 설명 중 가장 옳지 않은 것은? 17 주사보

① 국유재산의 관리청이 변경되었을 때에는 새로운 관리청이 변경등기를 촉탁하여야 한다.

② 비법인사단인 종중이 대표자가 등재되지 아니한 경우 대표자나 관리인임을 소명하는 자료를 첨부하여 대표자 등을 추가하는 등기명의인표시 변경등기를 신청할 수 있도록 예규가 개정되었다.

③ 현재 효력 있는 소유권의 등기명의인의 주민등록번호가 등기기록에 기록되어 있지 않은 경우 그 등기명의인은 주민등록번호를 추가로 기록하는 등기명의인표시 변경등기를 신청할 수 있다.

④ 유한회사를 주식회사로 조직변경한 경우에는 유한회사 명의의 부동산에 관하여는 주식회사 명의로 권리이전등기를 하여야 한다.

해설

④ 유한회사를 주식회사로 조직변경한 경우에는 유한회사 명의의 부동산에 관하여는 주식회사 명의로 등기명의인표시 변경등기를 신청하여야 한다(예규 제612호).

선지분석

② 법인 아닌 사단이나 재단이 현재 효력 있는 권리에 관한 등기의 등기명의인이나 그 대표자 또는 관리인의 성명, 주소 및 주민등록번호가 등기기록에 기록되어 있지 않은 경우, 그 대표자 또는 관리인은 대표자 또는 관리인의 성명, 주소 및 주민등록번호를 추가로 기록하는 내용의 등기명의인표시 변경등기를 신청할 수 있는 것으로 예규가 변경되었다(예규 제1621호).

③ 현재 효력 있는 권리에 관한 등기의 등기명의인의 주민등록번호 등이 등기기록에 기록되어 있지 않는 경우, 그 등기명의인은 주민등록번호 등을 추가로 기록하는 내용의 등기명의인표시 변경등기를 신청할 수 있다(예규 제1672호).

답 ④

003 국가 및 지방자치단체의 등기명의인표시에 관한 다음 설명 중 가장 옳지 않은 것은?

① 국가가 소유권자인 경우에 그 명의는 '국'으로 하고 관리청으로 소관 중앙관서의 명칭을 덧붙여 기록하며, 부동산등기용등록번호는 국토교통부장관이 지정·고시한 소관 중앙관서의 번호를 기록하되, 사무소 소재지는 기록하지 않는다.

② 광역지방자치단체가 소유권자인 경우에 교육비특별회계 소관의 부동산에 대하여는 그 명의를 해당 지방자치단체의 명칭으로 하고 소관청으로 '교육감'을 덧붙여 기록하며, 국토교통부장관이 지정·고시한 부동산등기용등록번호를 함께 기록하되, 사무소 소재지는 기록하지 않는다.

③ 특별시와 광역시의 관할구역 안의 자치구가 소유권자인 경우에 그 명의를 해당 지방자치단체의 명칭으로 하되, 그 명의를 기록할 때에 괄호 안에 해당 지방자치단체의 상급 지방자치단체의 명칭을 덧붙여 기록한다.

④ 지방자치단체조합이 등기권리자인 경우에는 그 명의를 해당 지방자치단체조합의 명칭으로 하고 부동산등기용등록번호를 함께 기록하되, 사무소 소재지는 기록하지 않는다.

(해설)

① 국가가 소유권자인 경우 등기권리자의 명의는 '국'으로 하고 관리청으로 소관 중앙관서의 명칭을 덧붙여 기록하되, 부동산등기용등록번호 및 사무소 소재지는 기록하지 않는다(예규 제1655호).

(선지분석)

② 광역지방자치단체가 소유권자인 경우에 교육비특별회계 소관의 부동산에 대하여는 그 명의를 해당 지방자치단체의 명칭으로 하고 소관청으로 '교육감'을 덧붙여 기록하며, 국토교통부장관이 지정·고시한 부동산등기용등록번호를 함께 기록하되, 사무소 소재지는 기록하지 않는다(예규 제1655호).

③ 특별시와 광역시의 관할구역 안의 자치구가 소유권자인 경우에 그 명의를 해당 지방자치단체의 명칭으로 하되, 그 명의를 기록할 때에 괄호 안에 해당 지방자치단체의 상급 지방자치단체의 명칭을 덧붙여 기록한다(예규 제1655호).

④ 지방자치단체조합이 등기권리자인 경우에는 그 명의를 해당 지방자치단체조합의 명칭으로 하고 부동산등기용등록번호를 함께 기록하되, 사무소 소재지는 기록하지 않는다(예규 제1655호).

답 ①

004 다음 설명 중 가장 옳지 않은 것은?

① 권리능력 없는 사단이나 재단이 현재 소유권의 등기명의인으로 기록되어 있으나 그 대표자 또는 관리인의 성명, 주소 및 주민등록번호가 등기기록에 기록되어 있지 않은 경우에 대표자 또는 관리인의 성명, 주소 및 주민등록번호를 추가로 기록하는 내용의 등기명의인 표시변경등기를 신청할 수 있다.

② 법원의 촉탁에 의하여 가압류등기, 가처분등기 및 주택임차권등기가 마쳐진 후 등기명의인의 주소, 성명 및 주민등록번호가 변경된 경우에는 그 변경등기를 등기명의인이 직접 신청할 수는 없고, 법원의 촉탁으로 변경등기를 하여야 한다.

③ 법률에 의하여 법인의 포괄승계가 있고 해당 법률에 등기기록상 종전 법인의 명의를 승계 법인의 명의로 본다는 뜻의 간주규정이 있는 경우에는 승계 법인이 등기명의인표시변경등기를 하지 않고서도 다른 등기를 신청할 수 있다.

④ 행정구역 등의 변경으로 인하여 등기명의인의 주소의 표시에 변경이 있는 경우 등기관이 직권으로 변경등기를 할 수 있을 뿐만 아니라 등기명의인도 변경등기를 신청할 수 있는데, 이때에 등록면허세와 등기신청수수료는 면제된다.

해설

② 법원의 촉탁에 의하여 가압류등기, 가처분등기 및 주택임차권등기가 마쳐진 후 등기명의인의 주소, 성명 및 주민등록번호가 변경된 경우에는 그 변경등기를 등기명의인이 직접 신청하여야 하는 것이지, 법원의 촉탁으로 변경등기를 할 것은 아니다(예규 제1064호).

선지분석

① 권리능력 없는 사단이나 재단이 현재 소유권의 등기명의인으로 기록되어 있으나 그 대표자 또는 관리인의 성명, 주소 및 주민등록번호가 등기기록에 기록되어 있지 않은 경우에 대표자 또는 관리인의 성명, 주소 및 주민등록번호를 추가로 기록하는 내용의 등기명의인표시변경등기를 신청할 수 있다(예규 제1621호).

③ 법률에 의하여 법인의 포괄승계가 있고 해당 법률에 등기기록상 종전 법인의 명의를 승계 법인의 명의로 본다는 뜻의 간주규정이 있는 경우에는 승계 법인이 등기명의인표시변경등기를 하지 않고서도 다른 등기를 신청할 수 있다(선례 제200912-2호).

④ 행정구역 등의 변경으로 인하여 등기명의인의 주소의 표시에 변경이 있는 경우 등기관이 직권으로 변경등기를 할 수 있을 뿐만 아니라 등기명의인도 변경등기를 신청할 수 있는데, 이때에 등록면허세와 등기신청수수료는 면제된다 (선례 제5-877호).

답 ②

005 등기명의인표시변경등기에 관한 다음 설명 중 가장 옳지 않은 것은? 22 서기보

① 수차례의 법률개정으로 특수법인의 변경이 있었을 경우에 해당된 모든 법률에서 종전 법인의 명의는 이를 새로운 법인의 명의로 본다고 규정한 경우, 새로운 법인은 이러한 사실을 소명하여 등기명의인표시변경등기를 신청할 수 있다.

② 등기명의인표시변경등기는 해당 권리의 등기명의인이 단독으로 신청한다.

③ 현재 효력 있는 소유권의 등기명의인이 법인으로서 그 부동산등기용등록번호가 등기기록에 기록되어 있지 않는 경우 그 법인은 부동산등기용등록번호를 추가로 기록하는 내용의 등기명의인표시변경등기를 신청할 수 없다.

④ 등기관이 소유권의 등기명의인표시변경등기를 하였을 때에는 지체 없이 그 사실을 토지의 경우에는 지적소관청에, 건물의 경우에는 건축물대장 소관청에 각각 알려야 한다.

(해설)

③ 현재 효력 있는 권리(소유권에 한하지 않음)에 관한 등기의 등기명의인의 주민등록번호 등이 등기기록에 기록되어 있지 않는 경우, 그 등기명의인은 주민등록번호 등을 추가로 기록하는 내용의 등기명의인표시변경등기를 신청할 수 있다(예규 제1672호). 법인의 경우도 마찬가지이다.

(선지분석)

① 수차례의 법률개정으로 특수법인의 변경이 있었을 경우에 해당된 모든 법률에서 종전 법인의 명의는 이를 새로운 법인의 명의로 본다고 규정한 경우, 새로운 법인은 이러한 사실을 소명하여 등기명의인표시변경등기를 신청할 수 있다(선례 제6-234호).

② 등기명의인표시변경등기는 해당 권리의 등기명의인이 단독으로 신청한다(법 제23조 제6항).

④ 등기관이 다음 각 호의 등기를 하였을 때에는 지체 없이 그 사실을 토지의 경우에는 지적소관청에, 건물의 경우에는 건축물대장 소관청에 각각 알려야 한다(법 제62조).

> 1. 소유권의 보존 또는 이전
> 2. 소유권의 등기명의인표시의 변경 또는 경정
> 3. 소유권의 변경 또는 경정
> 4. 소유권의 말소 또는 말소회복

답 ③

006 등기명의인표시변경등기에 관한 다음 설명 중 가장 옳지 않은 것은?

① 근저당권자인 법인의 취급지점이 변경된 때에는 등기명의인표시변경(취급지점 변경)등기를 먼저 하여야만 채무자변경으로 인한 근저당권변경등기를 신청할 수 있다.

② 소유권이전등기를 신청하는 경우, 주소변경이 아닌 개명 등의 변경사유가 있는 때에는 등기관은 직권으로 변경등기를 할 수 없다.

③ 현재 효력이 있는 권리에 관한 등기기록상 등기명의인의 주민등록번호가 등기기록에 기록되어 있지 않은 경우, 그 등기명의인은 주민등록번호를 추가로 기록하는 내용의 등기명의인표시 변경등기를 신청할 수 있다.

④ 등기관이 소유권이전등기를 할 때에 등기명의인의 주소변경으로 신청정보상의 등기의무자의 표시가 등기기록과 일치하지 아니하는 경우라도 첨부정보로서 제공된 주소를 증명하는 정보에 등기의무자의 등기기록상의 주소가 신청정보상의 주소로 변경된 사실이 명백히 나타나면 직권으로 등기명의인표시의 변경등기를 하여야 하나, 이는 자연인의 경우에 해당되며 법인의 본점소재지가 변경된 경우에는 적용되지 않는다.

⑤ 등기명의인의 국적이 변경되어 국적을 변경하는 내용의 등기명의인표시변경등기를 신청하는 경우에는 시민권증서 등 국적변경을 증명하는 정보를 첨부정보로서 제공하고, 신청정보의 내용 중 등기원인은 "국적변경"으로, 그 연월일은 "새로운 국적을 취득한 날"로 제공하여야 한다.

해설

④ 등기관이 소유권이전등기를 할 때에 등기명의인의 주소변경으로 신청정보상의 등기의무자의 표시가 등기기록과 일치하지 아니하는 경우라도 첨부정보로서 제공된 주소를 증명하는 정보에 등기의무자의 등기기록상의 주소가 신청정보상의 주소로 변경된 사실이 명백히 나타나면 직권으로 등기명의인표시의 변경등기를 하여야 한다(규칙 제122조). 이는 등기의무자가 자연인인 경우에 한정한다는 규정이 없으므로, 법인에도 적용된다 할 것이다.

선지분석

① 근저당권자인 법인의 취급지점이 변경된 때에는 등기명의인표시변경(취급지점 변경)등기를 먼저 하여야만 채무자변경으로 인한 근저당권변경등기를 신청할 수 있다(선례 제4-468호).

② 등기관이 소유권이전등기를 할 때에 등기명의인의 주소변경으로 신청정보상의 등기의무자의 표시가 등기기록과 일치하지 아니하는 경우라도 첨부정보로서 제공된 주소를 증명하는 정보에 등기의무자의 등기기록상의 주소가 신청정보상의 주소로 변경된 사실이 명백히 나타나면 직권으로 등기명의인표시의 변경등기를 하여야 한다(규칙 제122조). 따라서 등기의무자의 성명이 개명된 경우 등기의무자는 기본증명서를 첨부하여 등기명의인표시변경등기를 신청하여야 한다(선례 제201203-5호).

③ 현재 효력 있는 권리에 관한 등기의 등기명의인의 주민등록번호 등이 등기기록에 기록되어 있지 않은 경우, 그 등기명의인은 주민등록번호 등을 추가로 기록하는 내용의 등기명의인표시변경등기를 신청할 수 있다(예규 제1672호).

⑤ 등기명의인의 국적이 변경되어 국적을 변경하는 내용의 등기명의인표시변경등기를 신청하는 경우에는 국적변경을 증명하는 정보(예 시민권증서, 귀화증서, 국적취득사실증명서, 폐쇄된 기본증명서 등)를 첨부정보로서 제공하고, 신청정보의 내용 중 등기원인은 "국적변경"으로, 그 연월일은 "새로운 국적을 취득한 날"로 제공하여야 한다(예규 제1686호).

답 ④

007 경정등기에 관한 기술이다. 가장 옳지 않은 것은?   14 서기보

① 폐쇄등기기록상의 등기명의인의 표시경정 또는 소유권이 이전된 후의 종전 소유권의 등기명의인의 표시경정은 허용되지 않는다.

② 등기완료 후 부동산표시나 권리관계에 변동이 있는 경우에는 경정등기를 할 수는 없다.

③ 등기관이 등기의 착오나 빠진 부분이 등기관의 잘못으로 인한 것임을 발견한 경우에는 지체 없이 그 등기를 직권으로 경정하여야 한다. 다만, 등기상 이해관계 있는 제3자가 있는 경우에는 직권으로 경정할 수 없다.

④ 당사자의 신청에 따라 행해진 등기에 착오가 발생한 경우에는 오직 신청에 의해서만 바로잡을 수 있고 직권으로 바로 잡을 수 없다.

(해설)

③ 등기관의 과오로 등기의 착오가 발생한 경우로서 등기상 이해관계 있는 제3자가 없는 경우, 그 착오를 발견한 등기관은 직권으로 경정등기를 하여야 한다. 다만, 등기상 이해관계 있는 제3자가 있는 경우에는 제3자의 승낙이 있어야 한다(법 제32조 제2항, 예규 제1564호).

(선지분석)

① 폐쇄된 등기용지의 등기명의인 성명을 경정하려면 바로 경정등기가 되는 것이 아니라, 폐쇄된 등기용지를 부활한 후에 등기명의인의 성명을 바로잡는 표시경정등기를 신청할 수 있다(선례 제7-348호). 등기기록상 권리를 이전하여 현재 등기명의인이 아닌 종전 등기명의인 또는 이미 사망한 등기명의인에 대한 등기명의인표시경정등기신청은 수리할 수 없다(예규 제1564호).

② 등기와 실체관계와의 불일치는 신청 당시부터 있어야 한다. 즉, 원시적 불일치가 있어야 한다. 등기완료 후 부동산표시나 권리관계에 변동이 있는 경우에는 변경등기를 하여야 하고 경정등기를 할 수 없다.

답 ③

008 다음 설명 중 가장 옳지 않은 것은?

① 등기관이 등기의 착오나 빠진 부분이 등기관의 잘못으로 인한 것임을 발견한 경우에는 등기상 이해관계 있는 제3자가 없는 때에만 그 등기를 직권으로 경정할 수 있다.

② 경정등기는 '현재 효력이 있는 등기사항'에 관하여만 할 수 있으므로 소유권이전등기 후의 종전 소유권의 등기명의인의 표시경정등기는 허용되지 아니한다.

③ 경정등기는 기존 등기의 일부에 등기 당시부터 착오 또는 빠진 부분이 있어 그 등기가 원시적으로 실체관계와 일치하지 아니하는 경우에 이를 시정하기 위하여 기존 등기의 해당 부분을 정정 또는 보충하여 실체관계에 맞도록 등기사항을 변경하는 등기를 말한다.

④ 등기원인을 경정하는 등기는 단독신청에 의한 등기의 경우에는 단독신청으로, 공동신청에 의한 등기의 경우에는 공동으로 신청하여야 한다.

(해설)

① 등기관의 과오로 등기의 착오가 발생한 경우로서 등기상 이해관계 있는 제3자가 없는 경우, 그 착오를 발견한 등기관은 직권으로 경정등기를 하여야 한다. 다만, 등기상 이해관계 있는 제3자가 있는 경우에는 제3자의 승낙이 있어야 한다(법 제32조 제2항, 예규 제1564호).

(선지분석)

② 등기기록상 권리를 이전하여 현재 등기명의인이 아닌 종전 등기명의인 또는 이미 사망한 등기명의인에 대한 등기명의인표시경정등기신청은 수리할 수 없다(예규 제1564호).

답 ①

009 권리의 변경·경정등기에 관한 설명이다. 가장 옳지 않은 것은?

① 권리의 변경이나 경정등기를 신청하는 경우에, 등기상 이해관계 있는 제3자의 승낙이 필요한 때에는 이를 증명하는 정보 또는 이에 대항할 수 있는 재판이 있음을 증명하는 정보를 첨부정보로서 등기소에 제공하여야 한다.

② 권리의 변경등기에 관하여 등기상 이해관계 있는 제3자가 있는 경우, 신청정보에 그 승낙서 등을 첨부하지 않았을 때에는 부기등기로 그 변경등기를 할 수 없다.

③ 근저당권부 채권에 질권이 설정된 경우, 질권자의 동의를 얻지 못한 때에는 근저당권의 채권최고액을 감액하는 근저당권변경등기를 주등기로 한다.

④ 등기의 착오나 빠진 부분이 등기관의 잘못으로 인한 경우라도 등기상 이해관계 있는 제3자의 승낙이 있으면 등기관이 직권으로 경정등기를 하여야 한다.

해설

③ 채권최고액을 감액하는 근저당권변경등기의 경우, 근저당권부채권에 관한 질권자 또는 가압류권자 등 등기상 이해관계 있는 제3자의 승낙 또는 이를 대항할 수 있는 재판의 등본을 첨부하지 않으면 주등기로도 변경등기를 할 수 없다(선례 제201105-1호).

선지분석

①, ② 권리의 변경이나 경정등기를 신청할 경우 등기상 이해관계인이 있는 경우 그 자의 승낙서 등을 첨부하면 부기등기로, 첨부하지 않는 경우에는 주등기로 이를 하여야 한다(법 제52조 제5호). 다만, 일부말소의미의 경정등기의 경우에는 등기상 이해관계 있는 제3자의 승낙서는 반드시 제공되어야만 부기등기로 등기가 실행된다(예규 제1366호).

④ 등기관의 과오로 등기의 착오가 발생한 경우로서 등기상 이해관계 있는 제3자가 없는 경우, 그 착오를 발견한 등기관은 직권으로 경정등기를 하여야 한다. 다만, 등기상 이해관계 있는 제3자가 있는 경우에는 제3자의 승낙이 있어야 한다(법 제32조 제2항, 예규 제1564호).

답 ③

010 경정등기와 관련된 다음 설명 중 가장 옳지 않은 것은?

① 당사자가 등기원인을 증명하는 서면과 같은 내용으로 등기신청을 하여 그와 같은 내용의 등기가 완료되었다면 등기 당시부터 착오나 빠진 부분이 있다고 할 수 없다.

② '2010. 6. 24. 증여'를 등기원인으로 기재한 등기신청서에 같은 내용의 증여계약서가 첨부되어 등기된 후 일자와 내용이 전혀 다른 '2010. 1. 20. 매매'로 등기원인의 경정을 신청한 경우, 경정등기의 요건을 갖추었다고 할 수 없기 때문에 수리할 수 없다.

③ 토지등기기록 표제부의 면적을 줄이는 경정등기는 해당 토지 근저당권자에게 중요한 이해관계가 있으므로 근저당권자의 승낙을 증명하는 정보가 제공되어야만 할 수 있다.

④ 경정등기의 형식으로 이루어지나 그 실질이 말소등기(일부말소 의미의)인 경우에는 등기상 이해관계 있는 제3자가 있는 때에 그의 승낙서 등을 첨부한 경우에는 부기등기로 하고, 이를 첨부하지 아니한 등기관은 그 등기신청을 수리하여서는 아니 된다.

해설

본 문제는 예규 제1564호에 관한 것이다.

③ 부동산표시에 관한 경정등기에 있어서는 등기상 이해관계 있는 제3자의 승낙유무는 문제 될 여지가 없으므로, 그 승낙증명정보도 제공할 필요가 없다.

선지분석

① 당사자가 <u>등기원인을 증명하는 서면과 같은 내용으로 등기신청을 하여 그와 같은 내용의 등기가 완료되었다면</u> 등기 당시부터 착오나 빠진 부분이 있다고 할 수 없다고 하였다(대판 2012다22167).

② '2010. 6. 24. 증여'를 등기원인으로 기재한 등기신청서에 동일자 증여계약서가 첨부되어 등기된 후 일자와 내용이 <u>전혀 다른 '2010. 1. 20. 매매'로 등기원인의 경정을 구하는 것은</u> 기존 등기원인에 <u>등기 당시부터 착오 또는 빠진 부분을 정정하려는 신청으로 볼 수 없어</u> 경정등기의 요건을 갖추었다고 할 수 없다고 하였다(대판 2012다118549).

④ 경정등기라는 명칭을 사용하고는 있으나 그 실질은 말소등기(일부말소 의미의)에 해당하므로 등기를 실행함에 있어 경정등기의 방식이 아닌 말소등기의 방식으로 등기를 하여야 한다. 따라서 그 등기를 함에 있어 등기상 이해관계 있는 제3자가 있는 때에는 신청서에 반드시 그 승낙서 또는 이에 대항할 수 있는 재판의 등본을 첨부하게 하여 부기등기의 방법으로 등기를 하여야 하고, 이해관계인의 승낙서 등이 첨부되어 있지 않은 경우 등기관은 그 등기신청을 수리하여서는 아니 된다(예규 제1366호).

답 ③

011 등기명의인표시의 경정등기에 관한 다음 설명 중 가장 옳지 않은 것은? 15 주사보

① 법인 아닌 사단을 법인으로 경정하는 등기명의인표시의 경정등기신청은 할 수 없다.

② 이미 사망한 등기명의인이라면 등기기록상 현재의 등기명의인이더라도 그 사망한 자에 대한 등기명의인표시의 경정등기를 신청할 수 없다.

③ 등기기록상 권리를 이전하여 현재 등기명의인이 아닌 종전 등기명의인에 대한 등기명의인 표시의 경정등기신청은 할 수 없다.

④ 동일성을 해하는 등기명의인표시 경정등기의 신청임에도 등기관이 이를 간과하여 그 등기가 완료된 경우에 종전 등기명의인으로의 회복등기 신청을 종전 등기명의인이 단독으로 할 수 있다.

해설

④ 동일성을 해하는 등기명의인표시경정등기의 신청임에도 등기관이 이를 간과하여 수리한 경우, 종전 등기명의인으로의 회복등기 신청은 현재의 등기명의인이 단독으로 하거나 종전 등기명의인과 공동으로 하여야 하고, 종전 등기명의인이 단독으로 한 등기신청은 수리할 수 없다(예규 제1564호).

선지분석

① 등기명의인표시경정등기는 경전 전후의 등기가 표창하고 있는 등기명의인이 인격의 동일성을 유지하는 경우에만 신청할 수 있다. 그러므로 법인 아닌 사단을 법인으로 경정하는 등기를 신청하는 등 동일성을 해하는 등기명의인표시 경정등기신청은 수리할 수 없다(예규 제1564호).

②, ③ 등기기록상 권리를 이전하여 현재 등기명의인이 아닌 종전 등기명의인 또는 이미 사망한 등기명의인에 대한 등기 명의인표시경정등기신청은 수리할 수 없다(예규 제1564호).

답 ④

012 경정등기에 관한 다음 설명 중 가장 옳지 않은 것은? 16 주사보

① 착오 또는 유루가 생긴 원인은 당사자의 과오에 의한 것이든 등기관의 과오에 의한 것이든 묻지 않는다.

② 경정등기는 현재 효력이 있는 등기사항에 관해서만 할 수 있다.

③ 당사자의 신청에 착오가 있는 경우 경정등기를 하려면 등기상 이해관계 있는 제3자의 승낙이 있으면 부기등기로, 이해관계 있는 제3자의 승낙이 없으면 주등기로 하여야 한다.

④ 착오가 등기관의 잘못으로 인한 것으로 등기관이 직권으로 경정하려고 할 때 등기상 이해관계 있는 제3자의 승낙이 없으면 주등기로 하여야 한다.

해설

④ 착오가 등기관의 잘못으로 인한 것으로 등기관이 직권으로 경정하려고 할 때 등기상 이해관계 있는 제3자가 있다면 반드시 제3자의 승낙이 있어야 한다. 등기상 이해관계 있는 제3자의 승낙이 없는 경우 직권에 의한 경정등기는 주등기로도 할 수 없다.

답 ④

013 경정등기에 관한 다음 설명 중 가장 옳지 않은 것은?

17 주사보

① 경정등기는 원칙적으로 기존 등기의 일부에 등기 당시부터 착오 또는 빠진 부분이 있어 그 등기가 원시적으로 실체관계와 일치하지 아니하는 경우에 이를 시정하기 위하여 하는 등기이다.

② 신청서에 기재된 사항이 등기원인을 증명하는 서면과 부합하지 아니함에도 등기관이 이를 간과하고 그 신청에 따른 등기를 마친 경우, 등기신청인은 등기의 착오를 증명하는 서면을 첨부하여 경정등기를 신청할 수 있다.

③ 일부말소의미의 경정등기가 신청된 경우 등기상 이해관계 있는 제3자의 승낙이 없는 때에는 등기관은 그 신청을 수리하여 주등기로 경정등기를 한다.

④ 등기관이 등기의 착오나 빠진 부분이 등기관의 잘못으로 인한 것임을 발견한 경우에는 지체 없이 그 등기를 직권으로 경정하여야 한다. 다만, 등기상 이해관계 있는 제3자가 있는 경우에는 제3자의 승낙이 있어야 한다.

해설

③ 일부말소 의미의 경정등기는 그 실질이 말소등기이므로 그 등기를 함에 있어서 등기상 이해관계 있는 제3자의 승낙이 없는 때에는 등기관은 경정등기 자체를 하지 못한다(예규 제1366호).

선지분석

② 신청서에 기재된 사항이 등기원인을 증명하는 서면과 부합하지 아니함에도 등기관이 이를 간과하고 그 신청에 따른 등기를 마친 경우, 등기신청인(단독신청에 의한 등기의 경정은 단독신청으로, 공동신청에 의한 등기의 경정은 공동신청으로 하여야 함)은 등기필증 등 등기의 착오를 증명하는 서면을 첨부하여 경정등기를 신청할 수 있다(예규 제1564호).

답 ③

014 다음은 등기관의 잘못으로 인한 경정등기의 설명이다. 가장 옳지 않은 것은?

① 등기관의 잘못으로 인해 등기의 착오가 발생한 경우 경정 전·후의 등기의 동일성 여부를 별도로 심사하여야 한다.

② 경정등기에 대하여 등기상 이해관계 있는 제3자가 있는 경우 등기관은 제3자의 승낙이나 이에 갈음할 수 있는 재판이 있어야 경정등기를 할 수 있다.

③ 등기관의 잘못으로 인한 등기의 착오 또는 유루에 대하여 경정등기를 신청하는 경우에는 그 신청수수료를 받지 아니한다.

④ 등기관이 직권으로 경정등기를 하였을 때에는 그 사실을 등기권리자, 등기의무자 또는 등기명의인에게 알려야 한다.

(해설)

① 등기관의 잘못으로 인해 등기의 착오가 발생한 경우 경정 전·후의 등기의 동일성 여부를 별도로 심사하지 아니한다 (예규 제1564호).

(선지분석)

② 경정등기에 대하여 등기상 이해관계 있는 제3자가 있는 경우 등기관은 제3자의 승낙이나 이에 갈음할 수 있는 재판이 있어야 경정등기를 할 수 있다(법 제32조 제2항 단서).

③ 등기관의 잘못으로 인한 등기의 착오 또는 유루에 대하여 경정등기를 신청하는 경우에는 그 신청수수료를 받지 아니한다(예규 제1629호).

④ 등기관이 직권으로 경정등기를 하였을 때에는 그 사실을 등기권리자, 등기의무자 또는 등기명의인에게 알려야 한다 (법 제32조 제3항).

답 ①

015 경정등기에 관한 다음 설명 중 가장 옳지 않은 것은?

19 주사보

① 등기권리자 또는 등기의무자 일방의 신청에 의하여 착오발견으로 인한 등기를 마친 경우 등기관은 그 경정등기의 취지를 상대방에게 통지하여야 한다.

② 법원이 가압류등기를 촉탁하면서 착오로 채권금액을 잘못 기재하여 그 등기가 완료된 경우 그 촉탁에 착오가 있음을 증명하는 서면을 첨부하여 그 기재의 경정을 촉탁할 수 있다.

③ 등기관의 과오로 등기의 착오가 발생한 경우에는 등기상 이해관계 있는 제3자의 유무와 상관없이 등기관이 직권으로 경정등기를 하여야 한다.

④ 채권자대위권에 의하여 마쳐진 등기에 착오가 있음을 등기관이 발견한 경우 직권으로 경정등기를 한 등기관은 그 사실을 채권자에게도 통지하여야 한다.

해설

③ 등기관이 등기의 착오나 빠진 부분이 등기관의 잘못으로 인한 것임을 발견한 경우에는 지체 없이 그 등기를 직권으로 경정하여야 한다. 다만, 등기상 이해관계 있는 제3자가 있는 경우에는 제3자의 승낙이 있어야 한다(법 제32조 제4항).

선지분석

① 등기권리자 또는 등기의무자 일방의 신청에 의하여 착오발견으로 인한 등기를 마친 경우 등기관은 그 경정등기의 취지를 상대방에게 통지하여야 한다(예규 제1564호).

② 법원이 가압류등기를 촉탁하면서 착오로 채권금액을 잘못 기재하여 그 등기가 완료된 경우 그 촉탁에 착오가 있음을 증명하는 서면을 첨부하여 그 기재의 경정을 촉탁할 수 있다(예규 제1564호).

④ 채권자대위권에 의하여 마쳐진 등기에 착오가 있음을 등기관이 발견한 경우 직권으로 경정등기를 한 등기관은 그 사실을 채권자에게도 통지하여야 한다(법 제32조 제4항).

답 ③

016 등기상 이해관계 있는 제3자 또는 등기상 이해관계인에 관한 다음 설명 중 가장 옳지 않은 것은?

21 서기보

① 등기관이 등기의 착오나 빠진 부분이 등기관의 잘못으로 인한 것임을 발견한 경우에는 등기상 이해관계 있는 제3자의 승낙이 없더라도 그 등기를 직권으로 경정하여야 한다.

② 등기관이 등기를 마친 후 그 등기가 「부동산등기법」 제29조 제1호 또는 제2호에 해당된 것임을 발견하였을 때에는 등기권리자, 등기의무자와 등기상 이해관계 있는 제3자에게 1개월 이내의 기간을 정하여 그 기간에 이의를 진술하지 아니하면 등기를 말소한다는 뜻을 통지하여야 한다.

③ 말소된 등기의 회복을 신청하는 경우에 등기상 이해관계 있는 제3자가 있을 때에는 그 제3자의 승낙이 있어야 한다.

④ 가등기의무자 또는 가등기에 관하여 등기상 이해관계 있는 자는 가등기명의인의 승낙을 받아 단독으로 가등기의 말소를 신청할 수 있다.

(해설)

① 등기관이 등기의 착오나 빠진 부분이 등기관의 잘못으로 인한 것임을 발견한 경우에는 등기상 이해관계 있는 제3자의 승낙이 있다면 그 등기를 직권으로 경정하여야 한다(법 제32조 제2항). 제3자의 승낙이 없다면 직권으로 경정할 수 없다.

(선지분석)

② 등기관이 등기를 마친 후 그 등기가 법 제29조 제1호 또는 제2호에 해당된 것임을 발견하였을 때에는 등기권리자, 등기의무자와 등기상 이해관계 있는 제3자에게 1개월 이내의 기간을 정하여 그 기간에 이의를 진술하지 아니하면 등기를 말소한다는 뜻을 통지하여야 한다(법 제58조 조1항).

③ 말소된 등기의 회복을 신청하는 경우에 등기상 이해관계 있는 제3자가 있을 때에는 그 제3자의 승낙이 있어야 한다 (법 제59조).

④ 가등기의무자 또는 가등기에 관하여 등기상 이해관계 있는 자는 가등기명의인의 승낙을 받아 단독으로 가등기의 말소를 신청할 수 있다(법 제93조 제2항).

답 ①

017 경정등기에 관한 다음 설명 중 가장 옳지 않은 것은?

22 사무관

① 등기관이 등기를 마친 후 그 등기에 착오나 빠진 부분이 있음을 발견하였을 때에는 지체 없이 그 사실을 등기권리자와 등기의무자에게 알려야 하고 등기권리자와 등기의무자가 없는 경우에는 등기명의인에게 알려야 하지만, 등기권리자, 등기의무자 또는 등기명의인이 각 2인 이상인 경우에는 그중 1인에게 통지하면 된다.

② 통상의 경정등기에 있어서는 등기상 이해관계 있는 제3자의 승낙이 없는 경우에는 주등기로 경정할 수 있지만, 경정등기 형식으로 이루어지나 실질이 말소등기에 해당하는 일부말소 의미의 경정등기에 있어서는 제3자의 승낙이 없으면 주등기가 아닌 부기등기 방법으로 하여야 한다.

③ 甲이 乙로 행세하며 자신이 매수한 부동산에 대해 乙 명의로 소유권이전등기를 한 경우 등기명의인 표시경정의 방법으로 바로잡을 수는 없고, 乙 명의의 소유권이전등기를 말소한 다음 甲 앞으로 다시 소유권이전등기를 하여야 한다.

④ 등기기록상 권리를 이전하여 현재 등기명의인이 아닌 종전 등기명의인 또는 이미 사망한 등기명의인에 대한 등기명의인 표시경정등기신청은 수리할 수 없다.

해설

② 통상의 경정등기에 있어서는 등기상 이해관계 있는 제3자의 승낙이 없는 경우에는 주등기로 경정할 수 있지만, 경정등기 형식으로 이루어지나 실질이 말소등기에 해당하는 일부말소 의미의 경정등기라 한다. 이러한 등기를 함에 있어서는 등기상 이해관계 있는 제3자가 있는 때에는 신청서에 반드시 그 승낙서 또는 이에 대항할 수 있는 재판의 등본을 첨부하게 하여 부기등기의 방법으로 등기를 하여야 하고, 이해관계인의 승낙서 등이 첨부되어 있지 않은 경우 등기관은 그 등기신청을 수리하여서는 아니 된다(예규 제1366호).

선지분석

① 등기관이 등기를 마친 후 그 등기에 착오나 빠진 부분이 있음을 발견하였을 때에는 지체 없이 그 사실을 등기권리자와 등기의무자에게 알려야 하고 등기권리자와 등기의무자가 없는 경우에는 등기명의인에게 알려야 하지만, 등기권리자, 등기의무자 또는 등기명의인이 각 2인 이상인 경우에는 그중 1인에게 통지하면 된다(법 제32조 제1항).

③ 등기명의인표시의 경정등기에 있어서 동일성은 경정 전후의 명의인의 "인격의 동일성"을 의미한다. 따라서 甲이 乙로 행세하며 자신이 매수한 부동산에 대해 乙 명의로 소유권이전등기를 한 경우 경정 전후의 명의인의 "인격의 동일성"을 인정할 수 없으므로, 등기명의인 표시경정의 방법으로 바로잡을 수는 없고, 乙 명의의 소유권이전등기를 말소한 다음 甲 앞으로 다시 소유권이전등기를 하여야 한다.

④ 등기기록상 권리를 이전하여 현재 등기명의인이 아닌 종전 등기명의인 또는 이미 사망한 등기명의인에 대한 등기명의인 표시경정등기신청은 수리할 수 없다(예규 제1564호).

답 ②

018 경정등기에 관한 다음 설명 중 가장 옳지 <u>않은</u> 것은?

① 甲과 乙의 공동소유에서 丙과 丁의 공동소유로 경정하는 소유권경정등기신청은 수리할 수 없다.

② 등기기록상 권리를 이전하여 현재 등기명의인이 아닌 종전 등기명의인 또는 이미 사망한 등기명의인에 대한 등기명의인표시경정등기신청은 수리할 수 없다.

③ 동일성을 해하는 등기명의인표시경정등기의 신청임에도 등기관이 이를 간과하여 수리한 경우, 종전 등기명의인으로의 회복등기 신청은 종전의 등기명의인이나 현재의 등기명의인이 단독으로 할 수 있다.

④ 법인 아닌 사단을 법인으로 경정하는 등기명의인표시경정등기신청은 인격의 동일성을 해하는 경우이므로 이를 수리할 수 없다.

⑤ 저당권설정등기를 전세권설정등기로 경정하는 경우와 같이 권리 자체를 경정하는 등기신청은 수리할 수 없다.

(해설)

③ 동일성을 해하는 등기명의인표시경정등기의 신청임에도 등기관이 이를 간과하여 수리한 경우, 종전 등기명의인으로의 회복등기 신청은 현재의 등기명의인이 단독으로 하거나 종전 등기명의인과 공동으로 하여야 하고, 종전등기명의인이 단독으로 한 등기신청은 수리할 수 없다(예규 제1564호).

(선지분석)

① 권리 자체를 경정(소유권이전등기를 저당권설정등기로 경정하거나 저당권설정등기를 전세권설정등기로 경정하는 경우 등)하거나 권리자 전체를 경정(권리자를 甲에서 乙로 경정하거나, 甲과 乙의 공동소유에서 丙과 丁의 공동소유로 경정하는 경우 등)하는 등기신청은 수리할 수 없다(예규 제1564호).

② 등기기록상 권리를 이전하여 현재 등기명의인이 아닌 종전 등기명의인 또는 이미 사망한 등기명의인에 대한 등기명의인표시경정등기신청은 수리할 수 없다(예규 제1564호).

④ 등기명의인표시경정등기는 경정 전후의 등기가 표창하고 있는 등기명의인이 인격의 동일성을 유지하는 경우에만 신청할 수 있다. 그러므로 법인 아닌 사단을 법인으로 경정하는 등기를 신청하는 등 동일성을 해하는 등기명의인표시경정등기신청은 수리할 수 없다(예규 제1564호).

⑤ 권리 자체를 경정(소유권이전등기를 저당권설정등기로 경정하거나 저당권설정등기를 전세권설정등기로 경정하는 경우 등)하는 등기신청은 수리할 수 없다(예규 제1564호).

답 ③

019 일부말소 의미의 경정등기와 관련된 다음 설명 중 가장 옳지 않은 것은? 15 주사보

① 일부말소 의미의 경정등기를 함에 있어 등기상 이해관계 있는 제3자가 있는 경우 그 제3자의 승낙이 없으면 주등기로 경정등기를 하여야 한다.

② 일부말소 의미의 경정등기는 경정등기라는 명칭을 사용하고는 있으나 그 실질은 말소등기(일부말소 의미의)에 해당한다.

③ 소유권의 전부이전을 일부이전으로 또는 일부이전을 전부이전으로 하는 경정등기는 일부말소 의미의 경정등기에 해당한다.

④ 지분의 일부말소를 명한 판결에 인한 말소등기는 경정등기로 하여야 한다.

해설

① 일부말소 의미의 경정등기는 제3자의 승낙은 그 등기의 요건이 된다. 따라서 제3자의 승낙이 없으면 경정등기 자체를 하지 못한다(예규 제1366호).

답 ①

020 일부말소 의미의 경정등기에 관한 다음 설명 중 가장 옳지 않은 것은? 17 서기보

① 甲·乙 공동소유인 부동산에 관하여 甲 단독소유로 소유권보존등기가 이루어진 경우, 甲 단독소유를 甲·乙 공동소유로 하는 경정등기를 신청할 수 있다.

② 甲으로부터 乙에게로 1/2 지분에 대하여 이전하여야 할 것을 착오로 신청서에 소유권전부이전을 기재하여 그에 따른 등기가 된 경우에는 소유권전부이전을 일부이전으로의 경정등기를 신청할 수 있다.

③ 일부말소 의미의 경정등기는 등기상 이해관계 있는 제3자가 있는 때에는 신청서에 그 승낙서 또는 이에 대항할 수 있는 재판이 있음을 증명하는 정보를 제공한 경우에는 부기등기로 한다.

④ 일부말소 의미의 경정등기는 등기상 이해관계 있는 제3자가 있는 때에는 신청서에 그 승낙서 또는 이에 대항할 수 있는 재판이 있음을 증명하는 정보를 제공하지 못한 경우에는 주등기로 한다.

해설

④ 등기를 함에 있어서 등기상 이해관계 있는 제3자가 있는 경우에는 신청서에 반드시 그 승낙서 등을 첨부하여 부기등기의 방식으로 하고, 승낙서 등이 첨부되지 않은 경우 등기관은 그 등기신청을 수리하여서는 아니 된다(예규 제1366호).

답 ④

제2편

2023 해커스법원직 김미영 부동산등기법 기출문제집

021 일부말소 의미의 경정등기에 관한 다음 설명 중 가장 옳지 않은 것은? 19 주사보

① 갑·을 공동소유인 부동산에 관하여 갑 단독소유로 소유권보존등기가 마쳐진 경우에 갑 단독소유를 갑·을 공동소유로 하는 경정등기를 신청할 수 있다.

② 갑으로부터 을에게로 소유권의 일부지분이 이전되어야 할 것이 착오로 신청서에 소유권 전부이전으로 기재하여 그에 따른 등기가 마쳐진 경우에는 소유권의 전부이전을 소유권의 일부이전으로 하는 경정등기를 신청할 수 있다.

③ 일부말소 의미의 경정등기를 실행함에 있어 등기상 이해관계 있는 제3자가 있는 때에 신청서에 그 승낙서 또는 이에 대항할 수 있는 재판이 있음을 증명하는 정보를 제공한 경우에는 부기등기로 한다.

④ 일부말소 의미의 경정등기를 실행함에 있어 등기상 이해관계 있는 제3자가 있는 때에 신청서에 그 승낙서 또는 이에 대항할 수 있는 재판이 있음을 증명하는 정보를 제공하지 못한 경우에는 주등기로 한다.

해설

④ 일부말소 의미의 경정등기를 실행함에 있어 등기상 이해관계 있는 제3자가 있는 때에 신청서에 그 승낙서 또는 이에 대항할 수 있는 재판이 있음을 증명하는 정보를 제공하지 못한 경우에는 주등기로도 할 수 없고, 등기관은 그 등기신청을 수리하여서는 아니 된다(예규 제1366호).

답 ④

022 일부말소 의미의 경정등기에 관한 다음 설명 중 가장 옳지 않은 것은? 21 서기보

① 단독소유를 공유로 또는 공유를 단독소유로 하는 경정등기는 경정등기라는 명칭을 사용하고는 있으나 그 실질은 말소등기(일부말소 의미의)에 해당한다.

② 공유지분만의 경정등기를 함에 있어 등기상 이해관계 있는 제3자의 승낙서 등이 첨부되지 않은 경우 등기관은 그 등기신청을 수리하여 주등기의 방법으로 경정등기를 하여야 한다.

③ 가압류, 가처분 등 법원의 촉탁에 의한 처분제한의 등기를 직권으로 경정(일부말소 의미의)하는 경우 등기관은 지체 없이 그 뜻을 법원에 통지하여야 한다.

④ 甲, 乙 공유부동산 중 乙 지분에 대해서만 처분제한 또는 담보물권의 등기가 되어 있는 상태에서 甲 단독소유로 하는 경정등기를 적법하게 하는 경우 등기관은 乙 지분에 대한 위 이해관계인의 등기를 직권으로 말소한다.

(해설)

② 공유지분만의 경정등기를 함에 있어 등기상 이해관계 있는 제3자의 승낙서 등이 첨부되지 않은 경우 등기관은 그 등기신청을 수리하여서는 안 된다(예규 제1366호).

(선지분석)

① 단독소유를 공유로 또는 공유를 단독소유로 하는 경정등기는 경정등기라는 명칭을 사용하고는 있으나 그 실질은 말소등기(일부말소 의미의)에 해당한다(예규 제1366호).

③ 가압류, 가처분 등 법원의 촉탁에 의한 처분제한의 등기를 직권으로 경정(일부말소 의미의)하는 경우 등기관은 지체 없이 그 뜻을 법원에 통지하여야 한다(예규 제1366호).

④ 甲, 乙 공유부동산 중 乙 지분에 대해서만 처분제한 또는 담보물권의 등기가 되어 있는 상태에서 甲 단독소유로 하는 경정등기를 적법하게 하는 경우(즉, 상실되는 지분만을 목적으로 한 처분제한 또는 담보물권의 등기가 되어 있는 경우) 등기관은 乙 지분에 대한 위 이해관계인의 등기를 직권으로 말소한다(예규 제1366호).

답 ②

023 말소에 관하여 등기상 이해관계 있는 제3자에 대한 설명이다. 가장 옳지 않은 것은? **13 서기보**

① 말소에 관하여 등기상 이해관계 있는 제3자란 말소등기를 함으로써 손해를 입을 우려가 있는 등기상의 권리자로서 그 손해를 입을 우려가 있다는 것이 등기부 기록에 의하여 형식적으로 인정되는 자이다.

② 甲, 乙 부동산을 공동담보로 하는 저당권이 설정되어 있는 경우에, 甲 부동산에 대하여 후순위 저당권을 가지고 있는 자는 乙 부동산에 대한 저당권의 말소에 있어 등기상 이해관계 있는 제3자에 해당한다.

③ 피담보채권이 소멸하여 실체법상 무효인 저당권등기라도 아직 말소되지 않았다면 그 명의인은 등기상 이해관계인으로 취급된다.

④ 증여를 원인으로 한 소유권이전등기와 체납처분에 의한 압류등기가 순차 마쳐진 후 위 증여계약의 해제를 원인으로 한 소유권이전등기의 말소등기를 하는 경우 체납처분권자는 등기상 이해관계 있는 제3자에 해당한다.

해설

② 乙 부동산에 설정된 근저당권과 甲 부동산에 설정된 근저당권은 각각 별개의 부동산에 설정된 권리로서 어느 한 쪽의 말소가 있다 하여도 서로 전혀 영향을 미치지 않을 뿐만 아니라 형식적 심사권한만 가지는 등기관도 판단할 수 없다 할 것이다.

선지분석

①, ③ 말소에 관하여 등기상 이해관계 있는 제3자인지 여부는 등기기록에 따라 형식적으로 판단하고 실질적인 손해 발생의 염려 유무는 불문한다. 예컨대, 피담보채권이 소멸하여 실체법상 무효인 저당권등기라도 아직 말소되지 않았다면 그 명의인은 등기상 이해관계 있는 제3자로 취급되고, 등기기록에 기록되지 않은 자는 실체법상 이해관계가 있어도 이에 해당하지 않는다.

④ 증여를 원인으로 한 소유권이전등기와 체납처분에 의한 압류등기가 순차 경료된 후 위 증여계약의 해제를 원인으로 한 위 소유권이전등기의 말소등기를 신청하는 경우에는 그 신청서에 체납처분권자의 승낙서 또는 이에 대항할 수 있는 재판의 등본을 첨부하여야 하지만, 위 증여계약의 해제를 원인으로 새로운 소유권이전등기를 신청할 경우에는 위 서면의 첨부는 필요하지 아니하다(선례 제2-411호).

답 ②

024 등기권리자가 단독으로 말소등기를 신청할 수 있는 경우이다. 가장 옳지 않은 것은? **14 서기보**

① 전세권자의 소재불명으로 인하여 공동으로 전세권등기의 말소를 신청할 수 없을 때에는 신청정보에 전세계약서와 전세금반환증서를 첨부하여 등기권리자가 단독으로 전세권등기의 말소를 신청할 수 있다.

② 지상권자가 생존하는 동안에만 지상권이 존속한다는 약정이 등기된 상태에서 지상권자가 사망하였다면, 소유자는 지상권자가 사망한 사실을 증명하여 단독으로 지상권설정등기의 말소등기를 신청할 수 있다.

③ 등기의무자의 소재불명으로 인하여 공동으로 등기의 말소를 신청할 수 없을 때에는 등기권리자가 「민사소송법」에 따른 제권판결을 받은 사실을 증명하여 단독으로 등기의 말소를 신청할 수 있다.

④ 가등기에 관하여 등기상 이해관계 있는 자는 가등기명의인의 승낙을 받아 단독으로 가등기의 말소를 신청할 수 있다.

(해설)

①, ③ 전세권자의 소재불명으로 인하여 공동으로 전세권등기의 말소를 신청할 수 없을 때에는 전세권설정자 등의 등기권리자는 제권판결을 받아 단독으로 전세권등기의 말소를 신청할 수 있다(법 제56조).

(선지분석)

② 등기명의인인 사람의 사망 또는 법인의 해산으로 권리가 소멸한다는 약정이 등기되어 있는 경우에 사람의 사망 또는 법인의 해산으로 그 권리가 소멸하였을 때에는, 등기권리자는 그 사실을 증명하여 단독으로 해당 등기의 말소를 신청할 수 있다(법 제55조).

④ 가등기의무자 또는 가등기에 관하여 등기상 이해관계 있는 자는 제23조 제1항에도 불구하고 가등기명의인의 승낙을 받아 단독으로 가등기의 말소를 신청할 수 있다(법 제93조 제2항).

답 ①

025 다음 중 말소등기를 함에 있어 승낙이 필요한 등기상 이해관계 있는 제3자가 아닌 경우는?

16 주사보

① 근저당권설정등기가 되어 있는 부동산에 대하여 甲 명의의 소유권이전등기와 근저당권변경등기(채무자를 甲으로 변경)가 마쳐진 후 甲 명의의 소유권이전등기를 말소하는 경우에 있어서의 근저당권자

② 甲이 乙에게 근저당권을 설정해 준 후 丙에게 소유권을 이전해 준 상태에서 乙이 경매를 신청하여 임의경매개시결정등기가 된 경우 丙 명의의 소유권이전등기를 말소함에 있어 경매신청채권자인 乙

③ 소유권이전등기의 말소등기를 신청하는 경우에 그 소유권이전등기에 관하여 말소청구권을 피보전권리로 하는 가처분권자

④ 전세권설정자가 전세권자를 상대로 하여 존속기간 만료를 원인으로 한 전세권설정등기의 말소등기절차이행을 명하는 확정판결을 받아 판결에 의한 말소등기를 신청하는 경우, 그 판결의 사실심 변론종결 전에 마쳐진 해당 전세권을 목적으로 하는 가압류등기의 가압류채권자

해설

① 근저당권설정등기가 되어 있는 부동산에 대하여 甲 명의로의 소유권이전등기와 근저당권변경등기(채무자를 甲으로 변경)가 마쳐진 후 甲 명의의 소유권이전등기를 말소하는 경우 해당 근저당권은 종전 소유권명의인의 등기에 터잡아 된 것이므로 근저당권자는 등기상 이해관계인에 해당하지 않는다(선례 제200611-3호).

선지분석

② 말소대상인 소유권이전등기 이전에 설정된 근저당권에 기한 임의경매개시결정등기가 마쳐진 경우, 신청채권자는 등기상 이해관계인에 해당하므로 그의 승낙서 정보를 첨부하여야 하고, 등기관은 소유권이전등기의 말소에 앞서 경매개시결정등기를 직권으로 말소한 후(근저당권은 말소하지 않음을 주의) 집행법원에 통지하여야 하며, 승낙서가 첨부되지 않으면 소유권이전등기도 말소할 수 없을 것이다(선례 제201208-4호).

③ 甲 명의에서 乙 명의로 소유권이전등기가 경료된 후 甲의 채권자 丙이 을 명의의 소유권이전등기에 대하여 사해행위로 인한 소유권이전등기 말소청구권을 피보전권리로 하는 처분금지가처분을 하였을 경우, 乙 명의의 소유권이전등기에 관하여 丙 외의 자가 말소신청을 하는 때에는 가처분등기의 가처분권리자는 등기상 이해관계인이므로 병의 승낙서 또는 그에 대항할 수 있는 재판의 등본을 첨부하여야 한다(선례 제6-57호).

④ 등기의 말소를 신청하는 경우에 그 말소에 대하여 등기상 이해관계 있는 제3자가 있는 때에는 신청서에 그 승낙서 또는 이에 대항할 수 있는 재판등본을 첨부하여야 하는바, 전세권설정자가 전세권자를 상대로 하여 존속기간 만료를 원인으로 한 전세권설정등기의 말소등기절차이행을 명하는 확정판결을 받아 판결에 의한 말소등기를 신청하는 경우, 그 판결의 사실심 변론종결 전에 당해 전세권을 목적으로 하는 가압류등기가 경료되었다면, 가압류등기가 경료된 시점이 판결에 나타난 전세권의 존속기간 만료 시점 후라 하더라도 그 신청서에는 가압류 채권자의 승낙서 또는 그에 대항할 수 있는 재판등본을 첨부하여야 한다(선례 제5-198호).

답 ①

① 등기의무자가 소재불명이고 말소할 권리가 전세권인 경우에는 제권판결에 의하지 않고 공시최고의 절차를 거친 후 전세금반환증서 등을 첨부하여 등기권리자가 단독으로 말소등기를 신청할 수 있다.

② 소유권보존등기의 말소를 명하는 확정판결이 있었다 하더라도 그 소송의 사실심 변론종결 전에 소유권이전등기가 된 경우에는 그 등기명의인을 상대로 소유권이전등기의 말소를 명하는 판결을 받아 그 말소신청을 하지 않는 한 보존등기의 말소신청은 할 수 없다.

③ 등기관이 직권말소의 대상이 되는 등기를 발견하였을 때에는 등기권리자와 등기의무자 및 이해관계인에게 1월 이내의 기간을 정하여 그 기간 내에 이의를 진술하지 아니하면 그 등기를 말소한다는 뜻을 통지하여야 한다.

④ 甲 - 乙 - 丙 순으로 소유권이전등기가 된 경우, 甲이 乙을 상대로 원인무효로 인한 소유권이전등기 말소등기절차이행의 승소판결을 받아 乙 명의의 소유권이전등기를 말소하고자 하는 때에 현재의 소유명의인 丙은 그 말소등기에 있어 등기상 이해관계 있는 제3자가 아니다.

해설

① 등기권리자가 등기의무자의 소재불명으로 인하여 공동으로 등기의 말소를 신청할 수 없을 때에는 「민사소송법」에 따라 공시최고를 신청할 수 있고, 그에 대한 제권판결이 있으면 등기권리자가 그 사실을 증명하여 단독으로 등기의 말소를 신청할 수 있다(법 제56조).

선지분석

② 소유권보존등기의 말소를 명하는 확정판결이 있었다 하더라도 그 소송의 사실심 변론종결 전에 소유권이전등기가 된 경우에는 그 등기명의인을 상대로 소유권이전등기가 된 경우에는 그 등기명의인을 상대로 소유권이전등기의 말소를 명하는 판결을 받아 그 말소신청을 하지 않는 한 보존등기의 말소신청은 할 수 없다(선례 제1-457호).

③ 등기관이 직권말소의 대상이 되는 등기를 발견하였을 때에는 등기권리자와 등기의무자 및 이해관계인에게 1월 이내의 기간을 정하여 그 기간 내에 이의를 진술하지 아니하면 그 등기를 말소한다는 뜻을 통지하여야 한다(법 제58조).

④ 甲 - 乙 - 丙 순으로 소유권이전등기가 된 경우, 甲이 乙을 상대로 원인무효로 인한 소유권이전등기 말소등기절차이행의 승소판결을 받아 乙 명의의 소유권이전등기를 말소하고자 하는 때에 현재의 소유명의인 丙은 그 말소등기에 있어 등기상 이해관계 있는 제3자가 아니며, 丙 명의의 등기를 말소하지 않는 한 乙 명의의 등기를 말소할 수가 없다.

답 ①

제2편 2023 해커스법원직 김미영 부동산등기법 기출문제집

027 말소등기에 관한 다음 설명 중 가장 옳은 것은?

① 등기사항 전부가 부적법한 경우라도 말소등기의 말소등기는 허용되지 않고 회복등기를 하여야 한다.

② 부기등기는 기존의 주등기에 종속되어 주등기와 일체를 이루는 것으로 주등기와 별개의 새로운 등기가 아니므로 부기등기만의 말소등기는 있을 수 없다.

③ 매매계약 해제로 인한 원상회복 방법으로 소유권이전등기의 말소등기신청이 아닌 계약해제를 원인으로 한 소유권이전등기를 신청하는 경우에는 이를 수리할 수 없다.

④ 등기관이 등기를 마친 후에 그 등기가 해당 등기소의 관할이 아닌 경우 또는 등기할 것이 아닌 경우에 해당된 것임을 발견하였을 때에는 지체 없이 그 등기를 말소하고, 말소한 사실을 등기당사자와 이해관계인에게 통지한다.

선지분석

② 근저당권의 이전원인만이 무효로 되거나 취소 또는 해제된 경우 즉, 근저당권의 주등기 자체는 유효한 것을 전제로 이와는 별도로 근저당권이전의 부기등기에 한하여 무효사유가 있다는 이유로 부기등기만의 효력을 다투는 경우에는 그 부기등기의 말소를 소구할 필요가 있으므로 예외적으로 소의 이익이 있다(대판 2002다15412, 15429).

③ 등기상 이해관계 있는 제3자가 있는 때에도 그의 승낙서 또는 그에게 대항할 수 있는 재판의 등본이 있는 경우에는 말소등기를 할 수 있고 또 이 경우에 그 이해관계인의 권리에 관한 등기가 말소되는 등기를 기초로 한 것인 때에는 등기관이 이를 직권말소하여야 한다. 또 매매계약 해제로 인한 원상회복 방법으로 당사자가 계약해제를 원인으로 한 소유권이전등기 신청을 하여도 등기관은 이를 수리하여야 한다(예규 제1343호).

④ 등기관이 등기를 마친 후 그 등기가 제29조 제1호(사건이 그 등기소의 관할의 아닌 경우) 또는 제2호(사건이 등기할 것이 아닌 경우)에 해당된 것임을 발견하였을 때에는 등기권리자, 등기의무자와 등기상 이해관계 있는 제3자에게 1개월 이내의 기간을 정하여 그 기간에 이의를 진술하지 아니하면 등기를 말소한다는 뜻을 통지하여야 한다(법 제58조).

답 ①

028 말소등기에 관한 다음 설명 중 가장 옳지 않은 것은?

① 폐쇄등기기록에 기록된 근저당권설정등기는 현 등기기록에 이기 되지 않는 한 말소할 수 없다.

② 근저당권이전의 부기등기가 된 경우 주등기인 근저당권설정등기를 말소하기 위해서는 근저당권이전의 부기등기에 대한 말소등기신청을 먼저 하여야 한다.

③ 등기의 말소를 신청하는 경우에 그 말소에 대하여 등기상 이해관계 있는 제3자가 있을 때에는 그 제3자의 승낙이 있어야 한다.

④ 소유권보존등기와 같이 성질상 단독신청에 의하여 이루어지는 등기의 말소는 그 등기명의인의 단독 신청에 의한다.

해설

② 근저당권이전의 부기등기가 된 상태에서 그 말소를 신청하는 경우 근저당권설정자와 근저당권의 양수인의 공동신청에 의하여 주등기인 근저당권설정등기에 대한 말소등기가 마쳐지면 근저당권이전의 부기등기는 직권으로 말소하게 된다(선례 제5-483호). 따라서 주등기인 근저당권설정등기를 말소하기 위해서는 근저당권이전의 부기등기에 대한 말소등기신청을 할 필요는 없다.

선지분석

① 폐쇄등기기록은 현재 효력이 있는 등기기록이 아니므로 폐쇄등기기록에 기록된 근저당권설정등기는 현 등기기록에 이기되지 않는 한 말소할 수 없다(선례 제2-13호).

③ 등기의 말소를 신청하는 경우에 그 말소에 대하여 등기상 이해관계 있는 제3자가 있을 때에는 그 제3자의 승낙이 있어야 한다(법 제57조).

④ 소유권보존등기와 같이 성질상 단독신청에 의하여 이루어지는 등기의 말소는 그 등기명의인의 단독 신청에 의한다(법 제23조 제2항).

답 ②

029 말소등기에 관한 다음 설명 중 가장 옳지 않은 것은?

① 등기의 말소를 신청하는 경우에 그 말소에 대하여 등기상 이해관계 있는 제3자가 있을 때에는 그 제3자의 승낙이 있어야 말소등기를 할 수 있다.

② 등기의 말소에 대하여 이해관계 있는 제3자가 그 말소에 대하여 승낙을 한 경우에는 말소대상의 등기와 이해관계 있는 제3자의 등기를 등기권리자와 등기의무자의 공동신청으로 말소한다.

③ 어떤 소유권이전등기의 말소등기를 신청하는 경우에 그에 앞서 그 소유권이전등기에 대하여 사해행위 취소를 원인으로 하는 소유권이전등기 말소청구권을 피보전권리로 하는 가처분등기를 한 채권자는 이해관계 있는 제3자에 해당한다.

④ 등기의무자의 소재불명으로 인하여 공동으로 말소등기를 신청할 수 없을 때에는 등기권리자가 「민사소송법」에 따라 공시최고를 신청하고, 제권판결이 있으면 그 사실을 증명하여 단독으로 말소등기를 신청할 수 있다.

해설

② 말소할 권리를 목적으로 하는 제3자의 권리에 관한 등기가 있을 때에는 등기기록 중 해당 구에 그 제3자의 권리의 표시를 하고 어느 권리의 등기를 말소함으로 인하여 말소한다는 뜻을 기록하여야 한다(규칙 제116조 제2항). 공동신청으로 말소할 것이 아니라, 직권으로 말소된다.

선지분석

③ 갑 명의에서 을 명의로 소유권이전등기가 경료된 후 갑의 채권자 병이 을 명의의 소유권이전등기에 대하여 사해행위로 인한 소유권이전등기 말소청구권을 피보전권리로 하는 처분금지가처분을 하였을 경우, 을 명의의 소유권이전등기에 관하여 병 이외의 자가 말소신청을 하는 때에는 병의 승낙서 또는 그에 대항할 수 있는 재판의 등본을 첨부하여야 한다(선례 제6-57호). 이는 가처분채권자는 이해관계 있는 제3자에 해당하기 때문이다.

④ 등기의무자의 소재불명으로 인하여 공동으로 말소등기를 신청할 수 없을 때에는 등기권리자가 「민사소송법」에 따라 공시최고를 신청하고, 제권판결이 있으면 그 사실을 증명하여 단독으로 말소등기를 신청할 수 있다(법 제56조).

답 ②

030 등기절차에서 등기권리자 및 등기의무자에 관한 다음 설명 중 가장 옳지 않은 것은? **22 사무관**

① 가등기 이후에 소유권을 이전받은 제3취득자가 있는 경우 제3취득자는 가등기말소에 대한 등기권리자가 될 수 없다.

② 甲 소유의 부동산이 乙 명의로 소유권보존등기가 되어 있는 경우 甲은 乙에 대해 실체법상 말소등기청구권을 갖고 있는 자이지만 등기절차상 등기권리자는 아니다.

③ 근저당권설정등기 후 소유권이 제3자에게 이전된 경우 근저당권설정등기의 말소등기 등기권리자는 근저당권설정자 또는 소유권을 이전받은 제3취득자이다.

④ 甲 → 乙 → 丙의 순서로 소유권이전등기가 이루어졌으나 甲 → 乙의 소유권이전등기가 원인무효인 경우 먼저 丙 명의의 소유권이전등기의 말소등기를 신청함에 있어 등기의무자는 丙이지만 등기권리자는 乙이 된다.

해설

① 가등기의무자나 가등기 후 소유권을 취득한 제3취득자는 가등기의 말소를 신청할 수 있다(예규 제1632호).

선지분석

② 소유권보존등기말소는 그 보존등기명의인이 단독신청으로 말소할 수 있다고 법 제23조 제2항에 규정되어 있다. 따라서 甲 소유의 부동산이 乙 명의로 소유권보존등기가 되어 있는 경우 甲은 乙에 대해 실체법상 말소등기청구권을 갖고 있는 자이지만 등기절차상 등기권리자는 아니다.

③ 근저당권설정등기 후 소유권이 제3자에게 이전된 경우 근저당권설정등기의 말소등기 등기권리자는 근저당권설정자 또는 소유권을 이전받은 제3취득자이다(대판 전합 93다16338, 예규 제1656호).

④ 甲 → 乙 → 丙의 순서로 소유권이전등기가 이루어졌으나 甲 → 乙의 소유권이전등기가 원인무효인 경우 (말소등기의 대상은 현재 효력 있는 소유권이전등기여야 하므로) 먼저 丙 명의의 소유권이전등기의 말소등기를 신청함에 있어 등기의무자는 丙이지만 丙 명의의 소유권이 말소되면 소유권이 회복되는 乙이 등기권리자가 된다.

답 ①

031 말소회복등기와 관련된 다음 설명 중 가장 옳지 않은 것은?   15 주사보

① 말소된 등기의 회복을 신청하는 경우에 등기상 이해관계 있는 제3자가 있을 때에는 그 제3자
　의 승낙이 있어야 한다.

② 말소된 등기에 대한 회복 신청을 받아 등기관이 등기를 회복할 때에는 회복의 등기를 한
　후 다시 말소된 등기와 같은 등기를 하여야 한다. 등기 전체가 아닌 일부 등기 사항만 말소
　된 것일 때에도 같다.

③ 등기관이 소유권의 말소회복의 등기를 하였을 때에는 지체 없이 그 사실을 토지의 경우에
　는 지적소관청에, 건물의 경우에는 건축물대장소관청에 각각 알려야 한다.

④ 국유재산의 사용에 대한 변상금 및 대부료 체납으로 체납자 소유재산에 대하여 압류등기
　를 마친 후, 관리청 변경을 사유로 변경 전 관리청이 압류등기를 자발적으로 말소한 경우
　그 압류등기에 대한 말소회복등기는 할 수 없다.

해설

② 법 제59조의 말소된 등기에 대한 회복 신청을 받아 등기관이 등기를 회복할 때에는 회복의 등기를 한 후 다시 말소된 등기와 같은 등기를 하여야 한다. 다만, 등기전체가 아닌 일부 등기사항만 말소된 것일 때에는 부기에 의하여 말소된 등기사항만 다시 등기한다(규칙 제118조).

선지분석

① 말소된 등기의 회복을 신청하는 경우에 등기상 이해관계 있는 제3자가 있을 때에는 그 제3자의 승낙이 있어야 한다(법 제59조).

③ 「부동산등기법」 제62조【소유권변경 사실의 통지】 등기관이 다음 각 호의 등기를 하였을 때에는 지체 없이 그 사실을 토지의 경우에는 지적소관청에, 건물의 경우에는 건축물대장 소관청에 각각 알려야 한다.
　1. 소유권의 보존 또는 이전
　2. 소유권의 등기명의인표시의 변경 또는 경정
　3. 소유권의 변경 또는 경정
　4. 소유권의 말소 또는 말소회복

④ 국유재산의 사용에 대한 변상금 및 대부료 체납으로 체납자 소유재산에 대하여 압류등기를 마친 후, 관리청 변경을 사유로 변경 전 관리청이 압류등기를 자발적으로 말소한 경우에는 그 압류등기에 대한 말소회복등기는 할 수 없다(선례 제201208-2호).

답 ②

032 말소회복등기에 관한 다음 설명 중 가장 옳지 않은 것은?

16 주사보

① 불법하게 말소된 것을 이유로 한 근저당권설정등기의 회복등기청구는 그 등기 말소 당시의 소유자를 상대로 하여야 한다.

② 가등기가 부적법하게 원인무효로 말소된 후 가처분등기나 소유권이전등기를 마친 제3자는 가등기 말소회복등기절차에서 이해관계 있는 제3자이지만 반드시 승낙의무가 있는 것은 아니다.

③ 등기를 회복함에는 독립등기에 의하여 회복등기를 한 후 말소된 등기와 동일한 등기를 하여야 한다.

④ 당사자가 자발적으로 말소등기를 한 경우에는 말소회복등기를 할 수 없다는 것이 판례의 태도이다.

해설

② 가등기가 가등기권리자의 의사에 의하지 아니하고 말소되어 그 말소등기가 원인무효인 경우에는 등기상 이해관계 있는 제3자는 그의 선의, 악의를 묻지 아니하고 가등기권리자의 회복등기절차에 필요한 승낙을 할 의무가 있으므로, 가등기가 부적법하게 말소된 후 가처분등기, 근저당권설정등기, 소유권이전등기를 마친 제3자는 가등기의 회복등기절차에서 등기상 이해관계 있는 제3자로서 승낙의무가 있다(대판 95다39526).

선지분석

① 불법하게 말소된 것을 이유로 한 근저당권설정등기의 회복등기청구는 말소당시의 소유자를 상대로 하여야 한다(예규 제137호). 따라서 제3자에게 소유권이 이전된 때에는 현재의 소유명의인은 등기의무자가 아니라 등기상 이해관계인에 불과하다(대판 68다1617).

③ 등기를 회복한 때에는 회복의 등기를 한 후 말소된 종전 등기와 동일한 등기를 하여야 하므로 순위번호도 종전 등기와 같은 번호를 기록한다.

④ 국유재산의 사용에 대한 변상금 및 대부료 체납으로 체납자 소유재산에 대하여 압류등기를 마친 후, 관리청 변경을 사유로 변경 전 관리청이 압류등기를 자발적으로 말소한 경우에는 그 압류등기에 대한 말소회복등기를 할 수 없다(선례 제201208-2호).

답 ②

2023 해커스법원직 김미영 부동산등기법 기출문제집

033 말소회복등기에 관한 다음 설명 중 가장 옳지 않은 것은? 18 주사보

① 지상권을 목적으로 하는 저당권설정등기의 회복등기는 저당권자가 등기권리자, 지상권자가 등기의무자로서 공동으로 신청하여야 한다.

② 국유재산의 사용에 대한 변상금 및 대부료 체납으로 체납자 소유재산에 대하여 압류등기를 마친 후, 관리청 변경을 사유로 변경 전 관리청이 압류등기를 자발적으로 말소한 경우에도 그 압류등기에 대한 말소회복등기를 할 수 있다.

③ 甲 소유 부동산에 대하여 마쳐진 乙 명의의 가처분등기가 집행법원의 촉탁착오로 인하여 말소된 후 甲의 상속인 丙 명의의 상속등기가 마쳐졌다면, 집행법원은 가처분권자 乙을 등기권리자로, 상속인 丙을 등기의무자로 하여 말소된 가처분등기의 회복등기를 촉탁하여야 하며, 이 경우 상속인 丙은 등기상 이해관계 있는 제3자에 해당하지 아니한다.

④ 소유권이전등기의 말소회복등기는 부동산의 취득에 따른 소유권이전등기에 해당되지 않으므로, 그 등기신청 시 국민주택채권을 매입할 필요가 없다.

해설

② 국유재산의 사용에 대한 변상금 및 대부료 체납으로 체납자 소유재산에 대하여 압류등기를 마친 후, 관리청 변경을 사유로 변경 전 관리청이 압류등기를 자발적으로 말소한 경우에는 그 압류등기에 대한 말소회복등기를 할 수 없다(선례 제201208-2호).

선지분석

① 지상권을 목적으로 하는 저당권설정등기의 회복등기는 저당권자가 등기권리자, 지상권자가 등기의무자로서 공동으로 신청하여야 한다(법 제23조 제1항).

③ 말소된 등기의 회복을 신청하는 경우에 등기상 이해관계가 있는 제3자가 있는 때에는 신청서에 그 승낙서 또는 이에 대항할 수 있는 재판의 등본을 첨부하여야 하는바, 갑 소유 부동산에 대하여 경료된 을 명의의 가처분등기가 집행법원의 촉탁착오로 인하여 말소된 후 갑의 상속인 병 명의의 상속등기가 경료되었다면, 집행법원은 가처분권자 을을 등기권리자로, 상속인 병을 등기의무자로 하여 말소된 가처분등기의 회복등기를 촉탁하여야 하며, 이 경우 상속인 병은 등기상 이해관계 있는 제3자에 해당되지 아니한다(선례 제7-64호).

④ 소유권이전등기의 말소회복등기는 부동산의 취득에 따른 소유권이전등기에 해당되지 않으므로, 그 등기신청 시 국민주택채권을 매입할 필요가 없다(선례 제5-892호).

답 ②

① 가등기가 가등기권리자의 의사에 의하지 않고 말소되어 그 말소등기가 원인무효인 경우 등기상 이해관계 있는 제3자는 선의·악의를 묻지 않고 가등기권리자의 회복등기절차에 승낙할 의무가 있는바, 가등기가 부적법하게 말소된 후 가처분, 저당권설정, 소유권이전 등의 등기를 마친 제3자는 가등기의 회복등기절차에서 등기상 이해관계 있는 제3자로서 승낙할 의무가 있다.

② 불법하게 말소된 것을 이유로 한 근저당권설정등기의 회복등기청구는 말소당시의 소유자를 상대로 하여야 한다. 따라서 제3자에게 소유권이 이전된 때에는 현재의 소유명의인은 등기의무자가 아니다.

③ 등기상 이해관계가 있는 제3자란 말소회복등기가 된다고 하면 손해를 입을 우려가 있는 사람으로서 그 손해를 입을 우려가 있다는 것이 기존의 등기부 기재에 의하여 형식적으로 인정되는 자를 의미하고, 여기서 말하는 손해를 받을 우려가 있는지 여부는 제3자의 권리취득등기 시(말소등기 시)가 아니라 회복등기 시를 기준하여 판별한다.

④ 회복등기를 신청하기 전에 말소된 근저당권설정등기보다 후순위로 마쳐진 근저당권설정등기가 회복할 근저당권설정등기의 말소 전에 마쳐진 것이라면 그 권리자의 승낙 또는 이에 대항할 수 있는 재판이 있음을 증명하는 정보를 제공할 필요는 없다.

(해설)

④ 회복등기를 신청하기 전에 말소된 근저당권설정등기보다 후순위의 근저당권설정등기가 경료되었다면 그 근저당권설정등기가 회복할 근저당권설정등기가 말소되기 이전에 경료된 것이라 하더라도 그 후순위 근저당권자의 승낙서 또는 이에 대항할 수 있는 재판의 등본을 첨부정보로 첨부하여야 한다(선례 제4-597호).

(선지분석)

① 가등기가 가등기권리자의 의사에 의하지 않고 말소되어 그 말소등기가 원인무효인 경우 등기상 이해관계 있는 제3자는 선의·악의를 묻지 않고 가등기권리자의 회복등기절차에 승낙할 의무가 있는바, 가등기가 부적법하게 말소된 후 가처분, 저당권설정, 소유권이전 등의 등기를 마친 제3자는 가등기의 회복등기절차에서 등기상 이해관계 있는 제3자로서 승낙할 의무가 있다(대판 95다39526).

② 불법하게 말소된 것을 이유로 한 근저당권설정등기의 회복등기청구는 말소당시의 소유자를 상대로 하여야 한다(예규 제137호). 따라서 제3자에게 소유권이 이전된 때에는 현재의 소유명의인은 등기의무자가 아니라 등기상 이해관계인에 불과하다(대판 68다1617).

③ 등기상 이해관계가 있는 제3자란 말소회복등기가 된다고 하면 손해를 입을 우려가 있는 사람으로서 그 손해를 입을 우려가 있다는 것이 기존의 등기부 기재에 의하여 형식적으로 인정되는 자를 의미하고, 여기서 말하는 손해를 받을 우려가 있는지 여부는 제3자의 권리취득등기 시(말소등기 시)가 아니라 회복등기 시를 기준하여 판별한다(예규 제705호).

답 ④

035 등기의 종류에 관한 다음 설명 중 가장 옳지 않은 것은?

① 경정등기는 이미 행하여진 등기의 일부에 착오 또는 누락이 있어서 원시적으로 등기와 실체관계 사이에 불일치가 생긴 경우에 한다.

② 말소회복등기는 기존등기의 전부가 부적법하게 말소된 경우에 그 말소된 기존등기의 효력을 회복시키기 위하여 행하여지는 등기로 기존등기의 일부가 말소된 경우에는 회복등기를 할 것이 아니다.

③ 부기등기는 독립한 순위번호를 갖지 않는 등기로서 그 부기등기가 어느 등기에 기초한 것인지 알 수 있도록 주등기 또는 부기등기의 순위번호에 가지번호를 붙여서 한다.

④ 멸실등기는 부동산이 전부 멸실된 경우에 행하여지는 등기이므로 토지나 건물의 일부가 멸실된 때에는 변경등기를 하여야 하고 멸실등기를 할 것이 아니다.

(해설)

② 말소회복등기는 <u>기존등기의 전부 또는 일부가 부적법하게 말소된 경우</u>에 그 말소된 기존등기의 효력을 회복시키기 위하여 행하여지는 등기이다.

(선지분석)

① 경정등기는 이미 행하여진 등기의 일부에 착오 또는 누락이 있어서 원시적으로 등기와 실체관계 사이에 불일치가 생긴 경우에 이를 바로잡기 위한 등기이다.

③ 부기등기는 독립한 순위번호를 갖지 않는 등기로서 그 부기등기가 어느 등기에 기초한 것인지 알 수 있도록 주등기 또는 부기등기의 순위번호에 가지번호를 붙여서 한다(규칙 제2조).

④ 멸실등기는 부동산이 전부 멸실된 경우에 행하여지는 등기이므로 토지나 건물의 일부가 멸실된 때에는 변경등기를 하여야 하고 멸실등기를 할 것이 아니다.

답 ②

036 말소회복등기에 관한 다음 설명 중 가장 옳지 않은 것은?

① 관공서가 자발적으로 압류등기를 말소한 경우에는 그 압류등기에 대한 말소회복등기를 할 수 없다.

② 불법하게 말소된 것을 이유로 한 근저당권설정등기에 대한 회복등기의 등기의무자는 말소 당시의 소유자이다.

③ 등기를 회복한 때에는 회복의 등기를 한 후 말소된 종전 등기와 동일한 등기를 하여야 하므로 순위번호도 종전 등기와 같은 번호를 기록한다.

④ 甲에서 乙에게로 마쳐진 소유권이전등기가 부적법 말소된 후 甲에서 丙으로 소유권이전등기가 마쳐진 경우 乙명의의 소유권이전등기를 말소회복함에 있어 丙은 등기상 이해관계 있는 제3자이다.

(해설)

④ 甲에서 乙에게로 마쳐진 소유권이전등기가 부적법 말소된 후 甲에서 丙으로 소유권이전등기가 마쳐진 경우 乙 명의의 소유권이전등기를 말소회복함에 있어 丙은 선말소 대상에 불과하다. 즉, 회복하고자 하는 소유권이전등기와 양립 불가한 丙 명의의 등기는 선말소되어야 乙 명의의 등기가 가능하다.

(선지분석)

① 국유재산의 사용에 대한 변상금 및 대부료 체납으로 체납자 소유재산에 대하여 압류등기를 마친 후, 관리청 변경을 사유로 변경 전 관리청이 압류등기를 자발적으로 말소한 경우에는 그 압류등기에 대한 말소회복등기는 할 수 없다(선례 제201208-2호).

② 불법하게 말소된 것을 이유로 한 근저당권설정등기에 대한 회복등기의 등기의무자는 말소 당시의 소유자이다(대판 68다1617).

③ 등기를 회복한 때에는 회복의 등기를 한 후 말소된 종전 등기와 동일한 등기를 하여야 하므로 순위번호도 종전 등기와 같은 번호를 기록한다.

답 ④

037 甲으로부터 乙 명의로 소유명의가 이전된 후 乙 명의의 소유권이전등기가 부적법하게 말소되었고 이어서 甲을 등기의무자로 하는 丙 명의의 근저당권설정등기와 丁 명의로의 소유권이전등기가 마쳐진 경우, 乙이 자신 명의의 소유권이전등기를 회복하려고 한다. 다음 설명 중 가장 옳지 않은 것은?

22 사무관

① 乙 명의의 소유권이전등기가 부적법 말소된 이유는 실체적 이유에 기한 것이든 절차적 하자에 기한 것이든 가리지 않는다.

② 丙은 乙 명의의 소유권이전등기 말소회복등기에 대해 등기상 이해관계 있는 제3자에 해당하므로 말소회복에 대한 丙의 승낙이 있음을 증명하는 정보가 첨부정보로 제공되지 않으면 등기관은 말소회복등기를 실행할 수 없다.

③ 등기관이 말소회복등기의 요건이 충족되어 乙 명의의 소유권이전등기의 회복등기를 실행할 때 丙 명의의 근저당권등기를 직권으로 말소해서는 안 된다.

④ 丁은 乙 명의의 소유권이전등기의 말소회복등기에 대한 등기상 이해관계 있는 제3자에 해당하지 않지만, 乙 명의의 소유권이전등기의 회복등기를 실행하기 위해서는 선행하여 말소되어야 한다.

(해설)

③ 甲에서 乙 명의로 소유권이전등기가 부적법하게 말소되고 丙 명의의 근저당권등기가 마쳐진 경우, 乙이 甲을 상대로 말소된 소유권이전등기의 회복등기절차의 이행을 명하는 확정판결과 함께 그 말소회복에 대하여 이해관계 있는 제3자인 丙의 승낙을 받은 경우, 등기관이 소유권이전등기의 회복등기를 할 때에는 위 근저당권을 직권으로 말소하여야 한다(선례 제201911-1호에 의해 선례 제7-387호의 내용 변경).

(선지분석)

① 말소회복등기는 그 부적법 말소된 이유가 실체적 이유에 기한 것이든 절차적 하자에 기한 것이든 가리지 않는다(대판 92다39877).

② 말소회복등기에 있어서 등기상 이해관계인이라 함은 회복등기시점을 기준으로 판단하는바(예규 제705호), 丙은 乙 명의의 소유권이전등기 말소회복등기에 대해 (乙 명의의 소유권이전등기와 양립이 가능) 등기상 이해관계 있는 제3자에 해당한다. 말소회복에 대한 丙의 승낙이 있음을 증명하는 정보가 첨부정보로 제공되지 않으면 등기관은 말소회복등기를 실행할 수 없다(법 제59조).

④ 어떤 등기가 말소되고 회복되기 전에 그 등기와 양립 불가능한 등기가 새로이 마쳐진 경우 그 등기는 회복의 전제로서 말소되어야 할 것이므로 그 등기의 명의인은 등기상 이해관계 있는 제3자가 아니다(대판 81다2329·2330 등). 현재 소유권등기명의인은 丁은 乙 명의의 소유권이전등기의 말소회복등기에 대한 등기상 이해관계 있는 제3자에 해당하지 않지만, 乙 명의의 소유권이전등기의 회복등기를 실행하기 위해서는 선행하여 말소되어야 한다.

답 ③

제3장 소유권에 관한 등기

제1절 | 소유권보존등기

제1관 토지소유권보존등기

001 토지의 소유권보존등기에 관한 다음 설명 중 옳지 않은 것은?

12 주사보

① 토지대장에 최초의 소유자로 등록되어 있는 자의 상속인이 아닌 자는 포괄승계인이라 하더라도 해당 토지에 대한 소유권보존등기를 신청할 수 없다.

② 판결에 의하여 소유권보존등기를 신청할 때에 그 판결이 반드시 확인판결이어야 할 필요는 없다.

③ 미등기 토지가 공유인 경우에는 각 공유자가 단독으로 공유자 전원을 위하여 소유권보존등기를 신청할 수 있다.

④ 미등기 토지가 대장상 분할된 경우에는 분할된 각 토지에 대하여 각각 소유권보존등기를 신청하여야 한다.

(해설)

① 토지대장에 최초의 소유자로 등록되어 있는 자의 상속인이 아닌 자가 포괄승계인이라면 해당 토지에 대한 소유권보존등기를 신청할 수 있다(법 제65조 제1호).

(선지분석)

② 법 제65조의 소유권을 증명하는 판결은 소유권확인판결에 한하는 것은 아니며, 형성판결이나 이행판결이라도 그 이유 중에서 보존등기신청인의 소유임을 확정하는 내용의 것이면 이에 해당한다(예규 제1483호).

④ 토지대장상 공유인 미등기토지에 대한 공유물분할의 판결의 경우에는 공유물분할의 판결에 따라 토지의 분필절차를 먼저 거친 후에 각각에 대하여 보존등기를 신청하여야 한다(예규 제1483호).

답 ①

002 다음은 토지의 소유권보존등기에 관한 설명이다. 가장 옳지 않은 것은?

① 등기부상 소유자를 상대로 소유권보존등기의 말소를 명한 판결을 받은 자는 자기 명의로 소유권보존등기를 할 수 있다.

② 미등기 토지의 임야대장에 '국'으로부터 소유권이전등록을 받은 것으로 기재된 경우에는 국 명의의 소유권보존등기를 한 후 소유권이전등기를 하여야 한다.

③ 대장에 최초의 소유자로 등록되어 있는 자에게서 포괄적 유증을 받은 자는 자기 명의로 소유권보존등기를 신청할 수 있다.

④ 토지대장상의 소유자 표시란이 공란으로 되어 있는 경우에는 국가를 상대로 소유권확인판결을 얻어야 한다.

⑤ 수용을 원인으로 미등기 토지의 소유권을 취득한 자는 자기명의로 소유권보존등기를 신청할 수 있다.

(해설)

② 직접 자기 명의로 소유권보존등기를 할 수 있다. 무주의 부동산은 국가의 소유이고, 대장을 관리하는 국가에서 소유권의 이전사실을 스스로 확인할 수 있기 때문에 절차의 번잡을 피하기 위하여 대장상 '국'으로부터 소유권이전등록을 받은 자는 소유권보존등기의 신청인에 해당된다(대결 89마389, 예규 제1483호).

(선지분석)

① 갑이 을을 상대로 한 부동산소유권보존등기말소의 승소판결의 이유에서 갑이 위 부동산 소유자의 상속인임이 인정되었다면 갑은 위 판결에 기하여 그 부동산에 관하여 갑 명의의 소유권보존등기를 신청할 수 있으며, 다만 이 경우에는 을 명의의 소유권보존등기를 먼저 말소하여야 한다(선례 제4-199호, 예규 제1483호).

③ 대장에 최초의 소유자로 등록되어 있는 자의 포괄승계인은 모두 보존등기를 신청할 수 있으므로, 미등기 부동산의 포괄수증자도 그 사실을 증명하여 보존등기를 신청할 수 있다(예규 제1512호).

④ 토지(임야)대장상 소유자를 특정할 수 없는 경우에는 국가를 상대로 한 소송에서 해당 부동산이 보존등기신청인의 소유임을 확정하는 내용의 것이어야 한다(예규 제1483호).

⑤ 「공익사업을 위한 토지 등의 취득 및 보상에 관한 법률」과 그 밖의 법률에 따른 수용으로 미등기 토지의 소유권을 원시취득한 자는 그의 소유권을 객관적으로 증명할 수 있기 때문에 스스로 소유권보존등기의 신청을 할 수 있다(법 제65조 제3호).

답 ②

003 토지의 소유권보존등기절차에 관한 다음 설명 중 가장 옳지 않은 것은? 19 주사보

① 미등기토지의 토지대장상 국(國)으로부터 소유권이전등록을 받은 자는 바로 자기 앞으로 소유권보존등기를 신청할 수 있다.

② 판결에 의하여 보존등기를 신청하는 경우 그 판결이 반드시 확인판결이어야 할 필요는 없고 형성판결, 이행판결도 가능하다.

③ 유증의 목적 부동산이 미등기인 경우에는 토지대장, 임야대장 또는 건축물대장에 최초의 소유자로 등록되어 있는 자의 포괄적 수증자가 단독으로 소유권보존등기를 신청할 수 없다.

④ 미등기토지가 공유인 경우에는 각 공유자가 단독으로 공유자 전원을 위하여 소유권보존등기를 신청할 수 있다.

(해설)

③ 유증의 목적 부동산이 미등기인 경우에는 토지대장, 임야대장 또는 건축물대장에 최초의 소유자로 등록되어 있는 자의 포괄적 수증자가 단독으로 소유권보존등기를 신청할 수 있다(예규 제1512호).

구분	보존등기명의인 등
포괄유증을 받은 자	포괄수증자 명의로 보존등기
특정유증을 받은 자	유언자의 상속인 명의로 보존등기 후 수증자 명의로 이전등기

(선지분석)

① 미등기토지의 토지대장상 국(國)으로부터 소유권이전등록을 받은 자는 바로 자기 앞으로 소유권보존등기를 신청할 수 있다(예규 제1483호).

② 소유권을 증명하는 판결은 보존등기신청인의 소유임을 확정하는 내용의 것이어야 한다. 그러나 그 판결은 소유권확인판결에 한하는 것은 아니며, 형성판결이나 이행판결이라도 그 이유 중에서 보존등기신청인의 소유임을 확정하는 내용의 것이면 이에 해당한다(예규 제1483호).

④ 부동산이 공유물인 경우 등기권리자인 공유자 전원이 공동으로 소유권보존등기를 신청하여야 하고 공유자중 1인이 자기 지분만의 보존등기를 신청할 수는 없으나, 「민법」 제265조 단서의 공유물 보존행위로서 공유자 전원을 위하여 보존등기를 신청하는 경우에는 공유자 중 1인이라도 단독으로 등기신청을 할 수 있는바, 이 경우에는 다른 공유자들의 동의나 위임없이 법무사에게 이러한 소유권보존등기신청을 위임할 수가 있다(선례 제4-288호).

답 ③

제2편 2023 해커스법원직 김미영 부동산등기법 기출문제집

---

004 건물 소유권보존등기에 관한 다음 기술 중 가장 옳은 것은? 13 서기보

① 미등기 건물의 양수인은 대장에 자기명의로 소유권이전등록이 되어 있는 경우에만 직접 소유권보존등기를 신청할 수 있다.

② 건축물대장에 지분표시가 되지 않은 채 여러 명의 공유로 등재된 경우에도 소유권보존등기를 할 수 있다.

③ 건축물대장의 소유자표시란이 공란인 경우 그 미등기건물에 관하여 국가를 상대로 소유권확인판결을 받은 자는 소유권보존등기를 신청할 수 있다.

④ 1필지 위에 둘 이상의 건축물이 존재하여 총괄표제부가 작성된 경우에는 복수의 건물을 묶어서 하나의 건물로 소유권보존등기를 할 수 있다.

(해설)

② 대장상 수인의 공유로 등록되어 있으나 각각의 지분비율이 기재되어 있지 않은 경우에는 지분비율이 균등한 것으로 추정되므로 신청서에는 균등한 것으로 기재하여야 하는데, 만약 실제 공유지분이 균등하지 아니하다면 공유자 전원 사이에 작성된 실제의 지분비율을 증명하는 서면과 실제의 지분이 균등하게 산정한 지분보다 적은 자의 인감증명을 첨부한다(예규 제724호).

(선지분석)

① 대장상 최초의 소유명의인 앞으로 소유권보존등기를 한 다음 이전등기를 하여야 한다.

③ 건축물대장의 소유자 표시란이 공란이거나 소유자표시에 일부 누락이 있어 대장상의 소유자를 확정할 수 없는 미등기 건물에 관하여는 국가를 상대방으로 하여 소유권확인의 판결을 받을 수 없고(대판 94다20464, 선례 제5-255호), 건축물대장의 비치·관리업무의 소관청인 지방자치단체를 상대로 하여 소유권확인을 구하여야 한다(선례 제6-122호).

④ 건축물대장은 건축물 1동을 단위로 하여 각 건축물마다 작성하여야 하고 하나의 대지 위에 2 이상의 건축물이 있는 경우에는 총괄표제부를 작성하여야 한다. 따라서 소유권보존등기가 마쳐져 있는 기존 건물 A와 동일한 지번 위에 별개의 동으로 증축된 동일인 소유의 미등기 건물 B에 대하여 별도의 건축대장이 작성된 후에 총괄표제부가 작성되었다면, 건물 B에 대하여 따로 소유권보존등기를 하여야 한다(예규 제1427호).

답 ②

005 건물의 소유권보존등기에 관한 다음 설명 중 가장 옳지 않은 것은? 16 서기보

① 건축물대장에 최초의 소유자로 등록되어 있는 자 또는 그 상속인, 그 밖의 포괄승계인은 건물의 소유권보존등기를 신청할 수 있다.

② 확정판결에 의하여 자기의 소유권을 증명하는 자는 소유권보존등기를 신청할 수 있는데, 형성판결이나 이행판결이라도 그 이유 중에서 보존등기신청인의 소유임을 확정하는 내용의 것이라면 이에 해당한다.

③ 건축물대장이 생성되어 있지 않은 건물에 대하여도 소유권확인판결을 받으면 그 판결을 근거로 소유권보존등기를 신청할 수 있다.

④ 건물의 소유권보존등기를 신청하는 경우 그 대지 위에 여러 개의 건물이 있을 때에도 건물의 표시를 증명하는 정보로서 건축물대장 정보를 등기소에 제공한 경우에는 그 대지 위에 있는 건물의 소재도를 제공할 필요가 없다.

해설

③ 건축물대장이 생성되어 있지 않은 건물에 대하여는 판결에 의해 소유권보존등기를 신청할 수 없다(대판 2009다 93428).

선지분석

④ 건물의 소유권보존등기를 신청하는 경우에 그 대지 위에 여러 개의 건물이 있을 때에는 그 대지 위에 있는 건물의 소재도를 첨부정보로서 등기소에 제공하여야 한다. 다만, 건물의 표시를 증명하는 정보로서 건축물대장 정보를 등기소에 제공한 경우에는 그러하지 아니하다(규칙 제121조 제3항).

답 ③

006 확정판결에 의하여 자기의 소유권을 증명하는 자는 미등기의 토지 또는 건물에 관한 소유권보존등기를 신청할 수 있다(「부동산등기법」 제65조 제2호). 이때의 판결에 관한 다음 설명 중 가장 옳지 않은 것은? 17 서기보

① 위 판결은 소유권확인판결에 한하는 것은 아니며, 형성판결이나 이행판결이라도 그 이유 중에서 보존등기신청인의 소유임을 확정하는 내용의 것이면 이에 해당한다.

② 해당 부동산이 보존등기 신청인의 소유임을 이유로 소유권보존등기의 말소를 명한 판결은 위 판결에 해당할 수 있다.

③ 건물에 대하여 건축허가명의인(또는 건축주)을 상대로 한 소유권확인판결은 위 판결에 해당하지 않는다.

④ 확정판결에 의하여 자기의 소유권을 증명하는 자는 건축물대장이 생성되어 있지 않은 건물에 대하여도 소유권보존등기를 신청할 수 있다.

해설

④ 건축물대장이 생성되어 있지 않은 건물에 대하여는 판결에 의해 소유권보존등기를 신청할 수 없다(대판 2009다 93428).

답 ④

007 건물 소유권보존등기에 관한 다음 설명 중 가장 옳지 않은 것은?

① 미등기 건물의 양수인은 최초의 소유자 명의로 소유권보존등기를 한 다음 자기 명의로 소유권이전등기를 하여야 한다.

② 건축물대장에 지분의 표시 없이 수인이 공유로 등재되어 있는 경우에는 실제의 지분비율을 증명하는 서면을 제공하여 실제 지분에 따라 소유권보존등기를 신청할 수 있다.

③ 시장·군수 등을 상대로 하여 소유권 확인판결을 받았더라도 건축물대장이 작성된 경우에만 소유권보존등기를 신청할 수 있다.

④ 건물 대지에 이미 제3자 명의의 지상권설정등기가 마쳐져 있는 경우에는 그 등기를 말소하거나 지상권자의 승낙을 받아야 소유권보존등기를 신청할 수 있다.

(해설)

④ 지상권이 설정되어 있는 토지 위에 지상권자 아닌 제3자가 건물을 신축한 후 동 건물에 대한 소유권보존등기를 신청함에 있어서, 사전에 그 지상권을 말소하여야 하거나 소유권보존등기신청서에 지상권자의 승낙서를 첨부할 필요는 없다(선례 제2-238호).

(선지분석)

① 미등기 건물의 양수인은 최초의 소유자 명의로 소유권보존등기를 한 다음 자기 명의로 소유권이전등기를 하여야 한다(대결 86마696).

② 건축물대장에 지분의 표시 없이 수인이 공유로 등재되어 있는 경우에는 실제의 지분비율을 증명하는 서면을 제공하여 실제 지분에 따라 소유권보존등기를 신청할 수 있다(예규 제724호).

③ 시장·군수 등을 상대로 하여 소유권 확인판결을 받았더라도 건축물대장이 작성된 경우에만 소유권보존등기를 신청할 수 있다(대판 2009다93428). 이 판례에 따르면 건축물대장이 작성되지 않은 건물에 대하여 시장 등을 상대로 하여 소유권의 확인을 구하는 것은 확인의 이익이 없다.

답 ④

008 건물의 소유권보존등기에 관한 다음 설명 중 가장 옳지 않은 것은? 21 서기보

① 등기관이 건물의 소유권보존등기를 할 때에는 등기원인과 그 연월일을 기록하지 아니한다.

② 특별자치도지사, 시장, 군수 또는 구청장(자치구의 구청장을 말한다)의 확인에 의하여 자기의 소유권을 증명하는 자는 건물의 소유권보존등기를 신청할 수 있다.

③ 건축주가 이미 사망하였음에도 그의 명의로 건물의 사용승인을 받아 건축물대장에 사망한 자가 최초의 소유명의인으로 등록이 되었다 하더라도 그의 상속인은 위 대장 등본과 상속을 증명하는 서면을 첨부하여 상속인 명의로 소유권보존등기신청을 할 수 있다.

④ 건축물대장이 생성되지 않은 건물에 대해서 소유권확인판결을 받은 경우 그 판결을 근거로 건물의 소유권보존등기를 마칠 수 있다.

해설

④ 미등기 건물에 대하여 법 제65조 제1호에 따라 건축물대장에 최초의 소유자로 등록되어 있는 자 또는 그 상속인, 그 밖의 포괄승계인이 소유권보존등기를 신청하는 경우뿐만 아니라 같은 조 제2호 또는 제4호에 따라 확정판결 또는 특별자치도지사·시장·군수·구청장(자치구의 구청장을 말함)의 확인에 의하여 자기의 소유권을 증명하는 자가 소유권보존등기를 신청하는 경우에도 해당 건물에 대한 건축물대장은 생성되어 있어야 한다(선례 제201904-2호).

선지분석

① 등기관이 건물의 소유권보존등기를 할 때에는 등기원인과 그 연월일을 기록하지 아니한다(법 제64조).

② 특별자치도지사, 시장, 군수 또는 구청장(자치구의 구청장을 말함)의 확인에 의하여 자기의 소유권을 증명하는 자는 건물의 소유권보존등기를 신청할 수 있다(법 제65조 제2호).

③ 건축주가 이미 사망하였음에도 그의 명의로 건물의 사용승인을 받아 건축물대장에 사망한 자가 최초의 소유명의인으로 등록이 되었다 하더라도 그의 상속인은 위 대장등본과 상속을 증명하는 서면을 첨부하여 상속인 명의로 소유권보존등기신청을 할 수 있다(선례 제200702-5호).

답 ④

009 미등기 건물의 직권보존등기에 관한 다음 설명 중 옳지 않은 것은?　　　　11 서기보

① 미등기 건물에 관하여 법원으로부터 처분제한의 등기촉탁이 있는 경우 등기관이 직권으로 소유권보존등기를 하여야 한다.

② 처분제한의 등기촉탁으로 건물에 관한 직권보존등기가 이루어진 후 그 처분제한의 등기를 말소할 경우 등기관은 직권으로 소유권보존등기를 말소하여야 한다.

③ 미등기 건물에 관하여 소유권 이외의 권리에 관한 처분제한의 등기촉탁을 한 경우 등기관은 그 촉탁을 각하하여야 한다.

④ 미등기 건물에 관하여 세무서장으로부터 압류등기촉탁이 있는 경우 등기관은 그 촉탁을 각하하여야 한다.

해설

② 법원의 소유권 제한의 등기촉탁에 의하여 경료 된 소유권보존등기는 소유권등기명의인의 자발적 말소신청이나 말소 등기의 이행을 명하는 판결에 의하여서만 말소할 수 있을 뿐 가처분법원의 말소촉탁에 의하여 말소될 수는 없는 것이다(예규 제1355호).

📝**핵심정리** | 직권보존등기의 요건

	해당	불해당
'법원'의 처분제한 등기촉탁이 있을 것(①)	• 경매개시결정등기 • 가압류등기 · 가처분등기 • 회생정리절차개시결정 · 파산 선고(보전처분 포함)의 기입등기 • 주택임차권등기	• 세무서의 체납처분에 의한 압류등기촉탁 (대위보존등기촉탁, ④) • 가등기가처분(가등기권리자가 대위등기신청) • 예고등기
처분제한의 대상이 되는 미등기부동산은 '등기능력'이 있을 것	• 건축허가 또는 건축신고를 마친 뒤 사용인만은 받지 못한 채 사실상 완공된 건물만이 대상이 됨 • 미완성된 건물은 독립한 건물로 볼 수 있는 경우라 하더라도 제외됨	
그 촉탁이 '소유권'에 관한 것일 것(③)	• 소유권의 일부에 대하여 처분제한의 등기촉탁이 있는 경우 직권 보존등기 할 수 없음 (공유인 미등기 부동산에 대하여 일부 지분에 관하여만 처분제한등기의 촉탁이 있는 경우 지분만에 관한 보존등기를 할 수 없으므로 결국 그 촉탁은 각하되어야 한다는 것이 선례임) • 해당하지 않는 경우: 소유권 이외의 권리에 대한 처분제한 등기	

답 ②

010 미등기 부동산에 관한 처분제한의 등기촉탁이 있는 경우의 직권보존등기에 관한 다음 설명 중 가장 옳지 않은 것은?

13 주사보

① 건축물대장이 작성되지 않은 건물도 직권보존의 대상이 될 수 있다.

② 토지대장이 작성되지 않은 토지에 대하여는 직권보존을 할 수 없으므로 그 촉탁을 각하하여야 한다.

③ 세무서장이 미등기 부동산에 관하여 압류등기를 촉탁한 경우 등기관은 직권보존등기를 하여야 한다.

④ 등기관이 직권으로 보존등기를 한 때에는 등기완료사실을 소유권보존등기의 명의인에게 통지하여야 한다.

해설

③ 미등기 부동산에 대하여 법원으로부터 소유권의 처분제한의 등기촉탁이 있는 경우에 등기관은 그 등기를 하기 위해 직권보존등기를 할 수 있는바, 세무서장이 미등기 부동산에 관해서 압류등기를 하고자 할 때에는 보존등기를 먼저 또는 동시에 촉탁하여야 한다.

선지분석

① 법 제66조 제2항 및 건물의 표시의 증명서면으로 건축물대장등본 외에 집행법원이 인정하는 서면이면 충분하다.

② 토지의 경우에는 대장이 작성되어 있지 않으면 지번이 존재하지 않으므로 보존등기를 할 수 없다.

④ 등기관이 직권으로 보존등기를 마친 때에는 보존등기의 명의인에게는 등기완료의 뜻을 통지하여야 한다(법 제30조, 규칙 제53조 제1항).

답 ③

011 직권 보존등기에 관한 다음 기술 중 가장 옳지 않은 것은?

14 서기보

① 세무서장이 미등기 부동산에 대하여 체납처분에 따른 압류등기를 촉탁한 경우 등기관은 그 촉탁을 각하하여야 한다.

②「건축법」상 사용승인을 받지 않은 건물도 직권보존등기의 대상이 될 수 있다.

③ 등기관이 직권으로 보존등기를 한 때에는 등기명의인에게 등기필정보 및 등기완료통지서를 발송하여야 한다.

④ 1동 건물의 일부 구분건물에 대하여 처분제한등기의 촉탁이 있는 경우 등기관은 직권으로 처분제한의 목적물인 구분건물의 소유권보존등기와 나머지 구분건물의 표시에 관한 등기를 하여야 한다.

해설

③ 직권보존등기는 등기필정보를 작성하지 않지만(규칙 제109조 제2항), 그 소유권등기명의인에 대해서는 등기완료통지를 하여야 한다(법 제30조, 규칙 제53조 제1항).

선지분석

④ 1동 건물의 일부 구분건물에 대하여 처분제한등기 촉탁이 있는 경우 등기관은 처분제한의 목적물인 구분건물의 소유권보존등기와 나머지 구분건물의 표시에 관한 등기를 하여야 한다(예규 제1469호).

답 ③

012 미등기 건물의 직권보존등기에 관한 설명이다. 가장 옳지 않은 것은? 14 사무관

① 미등기 건물에 대하여 법원으로부터 소유권의 처분제한등기 촉탁이 있는 경우, 등기관은 직권으로 소유권보존등기를 하고 처분제한에 의하여 소유권의 등기를 한다는 뜻을 기록하여야 한다.

② 위 ①의 처분제한등기 촉탁정보에 소유자의 주소 및 주민등록번호를 증명하는 정보와 부동산의 표시를 증명하는 정보로서 건축허가서를 첨부한 경우에는 그 등기촉탁을 수리하여야 한다.

③ 위 ①의 처분제한등기 촉탁이 있는 경우 건축물대장이 작성되지 않은 완성된 건물에 대하여도 직권보존등기가 가능하다.

④ 직권보존등기는 법원의 처분제한등기 촉탁이 있는 경우에만 가능한 것이므로 세무서장이 미등기 건물에 대한 압류등기 촉탁을 하는 경우에는 직권보존등기가 불가하다.

(해설)

② 미등기 건물에 대하여 법원으로부터 처분제한의 등기촉탁이 있는 경우 소유자의 주소 및 주민등록번호를 증명하는 정보와 부동산의 표시를 증명하는 정보를 제공하여야 한다. 건축허가서는 건물이 완성되기 전에 작성되는 것이므로 완성된 건물을 표시하기에는 부족하므로 부동산표시증명정보라 할 수 없다.

(선지분석)

① 미등기 건물에 대하여 법원으로부터 처분제한의 등기촉탁이 있는 경우 다음 각 호의 정보를 첨부정보로서 제공한 때 한하여 그 건물에 대한 소유권보존등기를 하고 처분제한에 의하여 소유권의 등기를 한다는 뜻을 기록한다(법 제66조 제1항, 예규 제1469호).

③ 미등기 부동산이 「건축법」상 사용승인을 받지 아니한 경우에도 직권으로 소유권보존등기가 가능하다. 다만, 그 건물이 「건축법」상 사용승인을 받아야 할 건물임에도 사용승인을 받지 아니하였다면 그 사실을 표제부에 기록하여야 한다(법 제66조 제2항, 예규 제1469호).

답 ②

013 미등기 부동산에 대하여 법원의 촉탁에 따라 소유권의 처분제한의 등기를 하는 경우에 관한 다음 설명 중 가장 옳지 않은 것은?

17 주사보

① 등기관이 미등기 부동산에 대하여 법원의 촉탁에 따라 소유권의 처분제한의 등기를 할 때에는 직권으로 소유권보존등기를 하여야 한다.

② 처분제한 등기의 촉탁 시 소유자의 주소 및 주민등록번호(부동산등기용등록번호)를 증명하는 정보가 첨부정보로서 제공되어야 한다.

③ 처분제한 등기의 촉탁 시 법원에서 인정한 건물의 소재와 지번·구조·면적을 증명하는 정보가 첨부정보로서 제공되어야 한다.

④ 등기관이 처분제한의 등기를 마쳤을 때에는 등기필정보를 작성하여 등기권리자에게 통지하여야 한다.

(해설)

④ 등기관이 처분제한의 등기를 마쳤을 때에는 등기필정보를 작성하지 않는다. 등기필정보는 법 제3조 그 밖의 법령에서 등기할 수 있는 권리로 규정하고 있는 권리를 보존, 설정, 이전하는 등기를 하는 경우에 작성하기 때문이다(예규 제1604호).

(선지분석)

① 등기관이 미등기 부동산에 대하여 법원의 촉탁에 따라 소유권의 처분제한의 등기를 할 때에는 직권으로 소유권보존등기를 하여야 한다(법 제66조).

② 처분제한 등기의 촉탁 시 촉탁정보에는 등기에 필요한 사항이 모두 표시되어 있어야 한다. 특히 채무자의 명의로 보존등기를 하기 때문에 채무자인 소유자의 주민등록번호(부동산등기용등록번호)를 증명하는 정보가 첨부정보로서 제공되어야 한다.

③ 처분제한 등기의 촉탁 시 집행법원에서 인정한 건물의 소재와 지번·구조·면적을 증명하는 정보가 첨부정보로서 제공되어야 한다.

답 ④

014 미등기건물의 직권보존등기에 관한 다음 설명 중 가장 옳지 않은 것은?

① 부속건물을 독립건물로 소유권보존등기를 신청하기 위해서는 주된 건물과 부속건물의 건축물대장이 별도로 작성되어 있어야 한다.

② 미등기건물의 직권보존등기의 원인이 된 처분제한의 신청이 취하되어 처분제한등기의 말소등기를 촉탁한 경우 등기관은 처분제한등기와 함께 보존등기도 말소하여야 한다.

③ 「건축법」상 사용승인을 받아야 함에도 사용승인을 받지 않은 건물에 대하여 직권보존등기를 할 때에는 사용승인을 받지 아니한 사실을 표제부에 기록한다.

④ 「건축법」상 건축사나 「공간정보의 구축 및 관리 등에 관한 법률」상 측량기술자가 작성한 서면은 신뢰성에 문제가 있기 때문에 「부동산등기규칙」 제121조 제2항에서 말하는 '건물의 표시를 증명하는 건축물대장정보나 그 밖의 정보'가 될 수 없다.

해설

② 처분제한등기를 말소하는 경우에도 보존등기는 그대로 두어야 한다. 직권보존등기로 완료되었다 하더라도 통상의 보존등기와 같다. 따라서 미등기 건물에 관하여 법원의 가처분등기촉탁에 의한 가처분등기를 함에 있어서 등기관이 「부동산등기법」 제66조의 규정에 의하여 <u>직권으로 한 소유권보존등기</u>는 보존등기 명의인의 말소신청 또는 그 말소등기의 이행을 명하는 확정판결에 의하여서만 말소될 수 있을 뿐 <u>가처분법원의 말소촉탁에 의하여 말소될 수는 없다</u>(예규 제1353호).

선지분석

① 주된 건물의 사용에 제공되는 부속건물은 주된 건물의 건축물대장에 부속건물로 등재하여 1개의 건물로 소유권보존등기를 함이 원칙이나, 소유자가 주된 건물과 분리하여 별도의 독립건물로 소유권보존등기를 신청할 수도 있다. 다만, <u>부속건물을 독립건물로 소유권보존등기를 신청하기 위해서는 주된 건물과 부속건물의 건축물대장이 각각 별도로 작성되어 있어야 한다</u>(예규 제902호).

③ 「건축법」상 사용승인을 받아야 함에도 사용승인을 받지 않은 건물에 대하여 직권보존등기를 할 때에는 사용승인을 받지 아니한 사실을 표제부에 기록한다(법 제22조 제2항·제3항).

④ 「건축법」상 건축사나 「공간정보의 구축 및 관리 등에 관한 법률」상 측량기술자가 작성한 서면은 신뢰성에 문제가 있기 때문에 「부동산등기규칙」 제121조 제2항에서 말하는 '건물의 표시를 증명하는 건축물대장정보나 그 밖의 정보'가 될 수 없다(선례 제201210-3호).

답 ②

제1관   특정승계로 인한 소유권이전등기

---

015 소유권이전등기에 관한 다음 설명 중 가장 옳지 않은 것은?   16 서기보

① 매매계약 해제로 인한 원상회복 방법으로 당사자가 계약해제를 원인으로 한 소유권이전등기신청을 한 경우 등기관은 이를 수리하여서는 아니 된다.

② 재산분할의 판결에 의하여 이혼 당사자 중 일방이 그의 지분에 대한 농지의 소유권이전등기를 신청할 경우 농지취득자격증명을 첨부할 필요가 없다.

③ 증여·교환 등 매매 이외의 원인으로 인한 소유권이전등기신청의 경우에는 부동산매도용 인감증명서를 첨부할 필요가 없다.

④ 망인이 생전에 특정 부동산을 상속인 중 특정인에게 증여하기로 하는 사인증여계약서를 작성한 후 사망한 경우 상속인들은 망인 명의의 부동산을 직접 수증인 명의로 이전등기를 할 수 있다.

해설

① 법률행위를 원인으로 한 소유권이전등기로는 매매·증여·사인증여·재산분할·양도담보·법률행위(계약)의 해제·현물출자·대물변제 등을 들 수 있다.

선지분석

② 「민법」 제839조의2의 규정에 의한 재산분할의 판결에 의하여 이혼당사자 중 일방이 그의 지분에 대한 농지의 소유권이전등기를 신청할 경우 그 절차는 판결에 의한 소유권이전등기신청절차와 동일하며 「부동산등기 특별조치법」 소정의 검인을 받아야 하나 농지매매증명, 토지거래허가서 등은 첨부할 필요가 없다(선례 제4-261호).

③ 매매를 원인으로 한 소유권이전등기신청의 경우 반드시 부동산매도용 인감증명서를 첨부하여야 한다(예규 제1308호).

④ 사인증여를 원인으로 소유권이전등기를 신청하는 경우에는 증여자의 상속인과 수증자가 공동으로 직접 수증자의 명의로 이전등기를 신청할 수 있다(선례 제3-497호).

답 ①

016 매매 등 법률행위를 원인으로 하는 소유권이전등기에 관한 다음 설명 중 가장 옳지 않은 것은?

16 주사보

① 소유권이전등기의 원인이 되는 법률행위로는 매매, 증여, 사인증여, 재산분할, 교환 등이 포함된다.

② 매매를 원인으로 하는 소유권이전등기는 등기권리자와 등기의무자가 공동으로 신청한다.

③ 현물출자를 원인으로 하는 소유권이전등기를 신청하는 경우 그 원인일자는 '주식회사의 설립등기일 또는 신주의 납입기일 다음 날'이 된다.

④ 등기관은 양도담보를 원인으로 하는 소유권이전등기 신청이 있는 경우 「부동산 실권리자명의 등기에 관한 법률」에 규정된 채무자, 채권금액 및 채무변제를 위한 담보라는 뜻을 기재된 서면의 제출 여부를 확인하여야 한다. 다만, 위 사항이 전부 기재된 원인증서 부본으로 위 서면을 갈음할 수 있다.

(해설)

③ 현물출자를 원인으로 한 소유권이전등기를 신청하는 경우에 등기원인을 증명하는 정보를 적은 서면은 '현물출자계약서'이며, 원인일자는 '그 계약의 성립일'이 된다(선례 제201211-5호).

(선지분석)

④ 등기관은 양도담보를 원인으로 하는 부동산에 관한 소유권 기타 물권의 이전등기신청이 있는 경우 「부동산 실권리자명의 등기에 관한 법률」 제3조 제2항에 규정된 채무자, 채권금액 및 채무변제를 위한 담보라는 뜻이 기재된 서면의 제출 여부를 확인하여야 한다. 다만, 위 사항이 전부 기재된 원인증서 부본으로 위 서면을 갈음할 수 있다(예규 제824호).

답 ③

017 소유권이전등기에 관한 다음 설명 중 가장 옳지 않은 것은?

① 사인증여를 원인으로 소유권이전등기를 신청하는 경우에는 증여자의 상속인과 수증자가 공동으로 직접 수증자의 명의로 이전등기를 신청할 수 있다.

② 이혼에 따른 재산분할을 원인으로 소유권이전등기를 신청하는 경우에 분할의 대상이 농지이면 「부동산등기 특별조치법」상의 검인을 받아야 하나, 농지취득자격증명 및 토지거래계약허가증은 첨부할 필요가 없다.

③ 최초의 수분양자가 해당 주택에 대한 계약당사자의 지위를 제3자에게 매도한 그 매매계약일이 반대급부의 이행이 완료되기 이전인 때에는 분양자로부터 매매계약의 양수인 앞으로 직접 소유권이전등기를 신청할 수 있다.

④ 매매를 원인으로 소유권이전등기가 마쳐진 후에 그 매매계약을 해제한 경우에는 원상회복의 방법으로 소유권이전등기의 말소등기를 신청하여야 하며, 계약해제를 원인으로 한 소유권이전등기를 신청할 수 없다.

해설

④ 매매계약 해제로 인한 원상회복 방법으로 당사자가 계약해제를 원인으로 한 소유권이전등기 신청을 하여도 등기관은 이를 수리하여야 한다(예규 제412호, 선례 제5-367호).

선지분석

① 사인증여를 원인으로 소유권이전등기를 신청하는 경우에는 증여자의 상속인과 수증자가 공동으로 직접 수증자의 명의로 이전등기를 신청할 수 있다(선례 제3-497호).

② 이혼에 따른 재산분할을 원인으로 소유권이전등기를 신청하는 경우에 분할의 대상이 농지이면 「부동산등기 특별조치법」상의 검인을 받아야 하나, 농지취득자격증명 및 토지거래계약허가증은 첨부할 필요가 없다(선례 제4-261호).

③ 최초의 수분양자가 해당 주택에 대한 계약당사자의 지위를 제3자에게 매도한 그 매매계약일이 반대급부의 이행이 완료되기 이전인 때에는 분양자로부터 매매계약의 양수인 앞으로 직접 소유권이전등기를 신청할 수 있다(「부동산등기 특별조치법」 제2조 제3항).

답 ④

018 소유권이전등기에 대한 다음 설명 중 가장 옳지 않은 것은?

① 이혼에 따른 재산분할판결의 경우, 분할의 대상 부동산이 농지인 경우에는 검인을 받아야 하나 농지취득자격증명, 토지거래허가서 등은 첨부할 필요가 없다.

② 등기원인이 사인증여인 경우에는 증여자의 상속인이 등기의무자로서 등기신청을 한다. 이 경우 증여자의 사망사실을 증명하는 서면과 등기의무자가 상속인임을 증명하는 서면을 첨부하여야 하고, 이는 수증자가 상속인 중의 1인인 경우에도 동일하다.

③ 토지의 특정 일부를 매수한 후 당사자 사이의 합의로 소유권 지분이전등기를 하는 경우, 상호명의신탁에 의한 구분소유적 공유관계가 성립하므로 이를 해소하기 위해서는 공유물분할 판결을 얻어야 한다.

④ 양도담보계약에 의하여 소유권이전등기신청을 할 때에도 「부동산등기특별조치법」상의 검인을 받아야 한다.

(해설)

③ 형식상 수인의 공유로 등기되어 있으나 사실상 특정된 구분소유관계에 있는 경우에는 각자 특정 매수한 부분에 관하여 상호명의신탁관계에 있다고 보아야 하며(선례 제3-544호), 상호명의신탁관계가 성립한 경우에는 공유자임을 전제로 공유물분할청구를 할 수 없다(대판 91다44216).

(선지분석)

① 이혼에 따른 재산분할을 원인으로 소유권이전등기를 신청하는 경우에 분할의 대상이 농지이면 「부동산등기 특별조치법」상의 검인을 받아야 하나, 농지취득자격증명 및 토지거래계약허가증은 첨부할 필요가 없다(선례 제4-261호).

② 사인증여를 원인으로 소유권이전등기를 신청할 때에는 등기의무자인 증여자가 사망한 상태이므로 법 제27조에 따라 증여자의 상속인이 등기의무자로서 등기권리자인 수증자와 공동으로 그 등기를 신청하게 된다(선례 제3-497호). 따라서 이 경우에는 증여자의 사망사실을 증명하는 정보와 등기의무자로서 등기신청을 하는 자가 증여자의 상속인임을 증명하는 정보를 첨부정보로서 등기소에 제공하여야 한다. 수증자가 상속인 중 1인인 경우에도 동일하다.

④ 양도담보계약에 의하여 소유권이전등기신청을 할 때에도 「부동산등기특별조치법」상의 검인을 받아야 하며, 해당 부동산이 토지거래허가구역 내의 허가 대상 토지인 경우에는 토지거래허가를 받아야 한다(선례 제4-399호).

답 ③

019 진정명의의 회복을 위한 소유권이전등기절차에 관한 다음 설명 중 옳지 않은 것은? 12 서기보

① 진정명의의 회복을 위한 소유권이전등기신청은 판결을 얻은 경우에만 할 수 있다.

② 농지에 대한 진정명의의 회복을 위한 소유권이전등기신청을 할 경우 농지취득자격증명은 등기소에 제공할 필요가 없다.

③ 진정명의의 회복을 위한 소유권이전등기신청을 할 때 등기원인일자를 신청정보의 내용으로 할 필요가 없다.

④ 등기기록에 소유명의인으로 등기되었던 자가 아닌 경우에도 진정명의의 회복을 위한 소유권이전등기를 등기권리자로서 신청할 수 있다.

(해설)

① 이미 자기 앞으로 소유권을 표상하는 등기가 되어 있었던 자 또는 지적 공부상 소유자로 등록되어 있던 자로서 소유권보존등기를 신청할 수 있는 자(등기권리자)가 현재의 등기명의인(등기의무자)과 공동으로 신청할 수 있다(예규 제1631호).

(선지분석)

② 진정명의회복을 원인으로 인한 소유권이전등기신청의 경우 토지거래허가, 검인, 농지취득자격증명, 주무관청 허가는 필요하지 않다(예규 제1631호).

③ 등기원인은 '진정명의회복'이라고 기재하나, 그 등기원인일자는 기록하지 않는다(예규 제1631호).

④ 법률 규정에 의해 소유권을 취득한 자도 등기권리자가 될 수 있다(예규 제1631호).

답 ①

2023 해커스법원직 김미영 부동산등기법 기출문제집

020 진정명의회복을 등기원인으로 한 소유권이전등기절차에 관한 다음 설명 중 옳은 것은? 13 주사보

① 농지에 대하여 진정명의회복을 등기원인으로 한 소유권이전등기신청을 할 경우 농지취득 자격증명을 첨부하여야 한다.

② 진정명의회복을 등기원인으로 한 소유권이전등기를 신청할 경우 등기원인일자는 등기를 신청한 날로 하여야 한다.

③ 진정명의회복을 등기원인으로 한 소유권이전등기를 신청할 경우 취득세는 납부할 필요가 없고 국민주택채권 또한 매입할 필요가 없다.

④ 진정명의회복을 등기원인으로 한 소유권이전등기는 등기권리자가 판결을 얻어서 단독으로 신청할 수도 있고 현재의 등기명의인과 공동으로 신청할 수도 있다.

해설

④ 이미 자기 앞으로 소유권을 표상하는 등기가 되어 있었거나 법률의 규정에 의하여 소유권을 취득한 자가 현재의 등기 명의인을 상대로 '진정명의회복'을 등기원인으로 한 소유권이전등기절차의 이행을 명하는 판결을 받아 소유권이전등 기신청을 한 경우 그 등기신청은 수리하여야 한다(대판 전합 89다카12398, 예규 제1631호).

선지분석

③ 진정명의회복을 원인으로 소유권이전 등기를 신청하는 경우 「지방세법」 제11조 제1항에 따른 취득세 또는 같은 법 제28조 제1항 제1호 나목에 따른 등록면허세를 납부하여야 하며, 「주택도시기금법」 제8조 및 같은 법 시행령 제8조 에 따라 국민주택채권을 매입하여야 한다(예규 제1631호).

답 ④

021 진정명의회복을 위한 소유권이전등기에 관한 다음 설명 중 가장 옳지 않은 것은? 14 주사보

① 진정명의회복을 원인으로 한 소유권이전등기는 등기권리자가 이행판결을 얻은 경우에만 신청할 수 있고, 판결을 얻지 않고 공동신청으로 할 수 없다.

② 등기원인일자는 기재하지 않는다.

③ 토지거래허가구역 내의 토지에 대하여도 「국토의 계획 및 이용에 관한 법률」 제118조(현행 「부동산거래 신고 등에 관한 법률」 제11조)의 규정에 의한 토지거래허가증을 첨부할 필요가 없다.

④ 취득세의 납부 및 국민주택채권의 매입의무는 면제되지 않는다.

해설

① 이미 자기 앞으로 소유권을 표상하는 등기가 되어 있었거나 법률의 규정에 의하여 소유권을 취득한 자가 현재의 등기명의인을 상대로 '진정명의회복'을 등기원인으로 한 소유권이전등기절차의 이행을 명하는 판결을 받아 소유권이전등기신청을 한 경우 그 등기신청은 수리하여야 한다(대판 전합 89다카12398, 예규 제1631호).

답 ①

022 진정명의회복을 등기원인으로 하는 소유권이전등기에 관한 다음 설명 중 가장 옳지 않은 것은? 16 주사보

① 이미 자기 앞으로 소유권을 표상하는 등기가 되어 있었던 자라도 판결에 의하지 않고 현재의 등기명의인과 공동으로 진정명의회복을 원인으로 하는 소유권이전등기를 신청할 수는 없다.

② 진정명의회복을 등기원인으로 하여 소유권이전등기를 신청하는 경우 신청서에 등기원인일자를 기재할 필요는 없다.

③ 진정명의회복을 등기원인으로 하여 소유권이전등기를 신청하는 경우 토지거래계약허가증이나 농지취득자격증명을 제출할 필요가 없다.

④ 진정명의회복을 등기원인으로 하는 소유권이전등기를 신청하는 경우 「주택도시기금법」과 같은 법 시행령 등에 따라 국민주택채권을 매입하여야 한다.

해설

① 이미 자기 앞으로 소유권을 표상하는 등기가 되어 있었거나 법률의 규정에 의하여 소유권을 취득한 자가 현재의 등기명의인을 상대로 '진정명의회복'을 등기원인으로 한 소유권이전등기절차의 이행을 명하는 판결을 받아 소유권이전등기신청을 한 경우 그 등기신청은 수리하여야 한다(대판 전합 89다카12398, 예규 제1631호).

답 ①

1. 상속을 원인으로 한 소유권이전 및 그 경정등기

023 상속재산의 협의분할 및 그로 인한 상속등기에 관한 설명이다. 가장 옳지 않은 것은? **13** 서기보

① 협의분할계약서의 작성은 상속인 전원이 참석해야 하나 반드시 한자리에서 이루어질 필요는 없고 순차적으로 이루어질 수도 있다.

② 공동상속인인 친권자와 미성년인 여러 명의 자 사이에 상속재산 협의분할을 하는 경우에는 미성년자 각자마다 특별대리인을 선임하여야 한다.

③ 협의분할에 의한 상속등기를 신청하는 경우 등기명의인이 아닌 상속인이라 하더라도 상속인 전원의 인감증명 및 주소증명서면을 첨부정보로 제공하여야 한다.

④ 상속재산 전체를 일괄하여 분할할 필요는 없고 상속재산 중 일부만 먼저 분할하고 나머지를 다시 협의하여 분할하여도 무방하다.

(해설)

③ 협의분할에 의한 상속등기를 신청하는 때에는 상속재산분할협의서에 날인한 상속인 전원의 인감증명을 제출하여야 하지만, 재산상속을 받지 않는 나머지 상속인들의 주소증명서면은 제출할 필요가 없다(선례 제7-76호).

(선지분석)

② 공동상속인인 친권자와 미성년인 여러 명의 자 사이에 상속재산 협의분할을 하는 경우에는 미성년자 각자마다 특별대리인을 선임하여야 한다(예규 제1088호).

답 ③

024 상속, 법인의 합병 등 포괄승계에 따른 등기와 관련된 다음 설명 중 가장 옳지 않은 것은?

16 서기보

① 합병으로 인하여 소멸된 회사의 명의로 등기되어 있는 부동산에 대하여 합병 후 존속한 회사 또는 합병으로 인하여 설립된 회사의 명의로 등기하기 위해서는 소유권이전등기절차를 거쳐야 한다.

② 공동상속의 경우 상속인 중 1인이 법정상속분에 의하여 나머지 상속인들의 상속등기를 신청할 수 있다.

③ 공동상속인 중 일부가 상속을 포기한 경우에는 그 포기자가 다른 상속인을 위하여 상속등기를 신청할 수는 없다.

④ 주식회사 분할의 경우 분할 전 주식회사가 소멸하지 않는 때에도 분할에 의해 신설된 주식회사는 분할에 따른 소유권이전등기를 단독으로 신청한다.

해설

④ 주식회사 분할의 경우 분할 전 주식회사가 소멸하지 않은 경우(즉, 존속분할) 신설되는 회사와 분할 전 회사가 공동으로 분할에 따른 소유권이전등기를 신청하여야 한다.

선지분석

② 상속인 중 1인은 자기 지분만에 대하여 상속등기를 신청할 수 없으나, 공유물보존행위에 준하여 전원을 위한 상속등기는 신청할 수 있다.

③ 상속포기자는 다른 상속인을 위하여 상속등기를 신청할 수 없다.

답 ④

025 상속으로 인한 등기신청과 관련한 다음 설명 중 가장 옳지 않은 것은?

① 1960년 1월 1일 전에 상속의 원인이 있는 경우 그 상속순위와 상속분은 관습에 의한다.

② 남편 사망 후 재혼한 처는 전남편의 순위에 갈음하는 대습상속인으로 될 수 없다.

③ 수인의 공동상속인 중 일부가 상속을 포기한 경우에 그 상속분은 포기한 상속인의 상속인에게 상속된다.

④ 공동상속인 중 외국 국적을 취득하여 우리나라 국적을 상실한 자가 행방불명되어 소재를 알 수 없어 부동산등기용등록번호를 부여받을 수 없는 사정이 있는 때에는 이를 소명하여 부동산등기용등록번호를 병기하지 않고 상속등기를 신청할 수 있다.

해설

③ 단독상속인 또는 <u>공동상속인 전원이 상속을 포기한 경우에는</u> 상속인 전원이 소급하여 상속권을 상실하기 때문에 <u>차순위상속인에게 상속</u>되는데, 이 경우 차순위상속인의 상속은 대습상속이 아니고 본위상속에 해당한다. 차순위상속인도 다시 상속을 포기할 수 있는데, 전원이 상속을 포기한 경우에는 차차순위상속인에게 순차적으로 상속된다고 할 것이다. 상속인이 수인인 경우에 <u>어느 상속인이 상속을 포기한 때에는</u> 그 상속분은 <u>다른 공동상속인의 상속분의 비율로 그 상속인에게 귀속한다(</u>「민법」 제1043조). 따라서 수인의 공동상속인 중 일부가 상속을 포기한 경우에 포기한 상속인의 직계비속 또는 형제자매가 그 상속재산을 대습상속 하는 것이 아니다(선례 제201211-4호).

선지분석

① 「민법」 시행(1960. 1. 1.) 전에 개시된 상속에 관하여는 관습에 의한다(「민법」 부칙 제25조 제1항 및 「조선민사령」 제11조).

② 대습상속인인 「민법」 제1003조 제2항의 상속개시 전에 사망 또는 결격된 자는 남편의 사망 후에도 계속 혼가와의 인척관계가 유지되는 처를 의미하므로, <u>남편의 사망 후 재혼한 처는 전남편의 순위에 갈음하는 대습상속인이 될 수 없다</u>(예규 제694호).

④ 공동상속인 중 외국 국적을 취득하여 우리나라 국적을 상실한 자에 대하여 부동산등기용등록번호를 부여받을 수 없는 사정이 있는 때에는 이를 소명하여 부동산등기용등록번호를 병기하지 않고 상속등기를 신청할 수 있다(선례 제7-78호).

답 ③

026 협의분할에 의한 상속등기에 관한 다음 설명 중 가장 옳지 않은 것은? 17 주사보

① 친권자가 상속포기를 하지 아니하였다면 상속재산을 전혀 취득하지 아니한다 하여도 친권자와 미성년자가 공동상속인이라면 미성년자를 위한 특별대리인을 선임하여야 한다.

② 상속등기를 하지 아니한 상태에서 공동상속인 중 1인이 사망한 경우에는 나머지 상속인들과 사망한 공동상속인의 상속인들이 협의분할을 할 수 있다.

③ 법정상속등기가 마쳐진 후에도 협의분할이 가능하며, 이때에는 소유권경정등기를 신청하여야 한다.

④ 일단 협의분할에 따른 상속등기를 한 후에는 재협의를 통하여 소유권을 경정하는 것은 가능하지 않다.

해설

④ 상속재산 협의분할에 따라 상속등기를 마친 후에 공동상속인들이 그 협의를 전원의 합의에 의하여 해제한 후 다시 새로운 협의분할을 하고 이를 원인으로 상속인 일부 교체로 인하여 상속등기의 경정등기를 신청할 때에는 등기원인을 '재협의분할'로, 그 연월일을 재협의가 성립한 날로 한다(예규 제1675호).

선지분석

① 친권자가 상속포기를 하지 아니하였다면 상속재산을 전혀 취득하지 아니한다 하여도 친권자와 미성년자가 공동상속인이라면 미성년자를 위한 특별대리인을 선임하여야 한다(선례 제4-350호).

② 상속등기를 하지 아니한 상태에서 공동상속인 중 1인이 사망한 경우에는 나머지 상속인들과 사망한 공동상속인의 상속인들이 협의분할을 할 수 있다(선례 제7-178호).

③ 법정상속분에 따라 여러 명의 공동상속인들을 등기명의인으로 하는 상속등기를 마친 후에 그 공동상속인들 중 일부에게 해당 부동산을 상속하게 하는 등의 상속재산 협의분할이 있어 이를 원인으로 상속등기의 경정등기를 신청할 때에는 등기원인을 '협의분할', 그 연월일을 각각 협의가 성립한 날로 한다(예규 제1675호).

핵심정리 상속등기와 그 경정등기에 관한 업무처리지침(예규 제1675호)

구분	협의분할에 의한 상속등기 후 협의를 해제하고 재협의한 경우	
	상속인 일부 교체	상속인 전원 교체
등기원인	재협의분할	• 말소등기: 재협의분할 • 상속등기: 협의분할에 의한 상속등기
원인일자	재협의가 성립한 날	• 말소등기: 재협의가 성립한 날 • 상속등기: 피상속인이 사망한 날
등기목적	소유권경정	소유권이전등기말소(공동신청)
		소유권이전등기(단독신청)

답 ④

027 상속을 원인으로 한 소유권이전등기에 관한 다음 설명 중 가장 옳지 않은 것은? 18 주사보

① 상속으로 인한 소유권이전등기를 신청할 때에는 첨부정보로 피상속인과 상속인 모두의 주소를 증명하는 정보를 제공하여야 한다.

② 공동상속의 경우 상속인 중 1인이 법정상속분에 의하여 나머지 상속인들의 상속등기까지 신청할 수 있고 이러한 경우 등기신청서에는 상속인 전원을 표시하여야 한다.

③ 수인의 공동상속인 중 일부가 상속을 포기한 경우에 그 상속분은 다른 공동상속인에게 상속분의 비율대로 귀속하는데, 첨부정보로 상속포기심판서정본을 제공하여야 한다.

④ 상속개시 후 그 상속등기를 하기 전에 상속인 중 한 사람이 사망하여 또다시 상속이 개시된 경우에는 상속개시일자를 순차로 모두 신청정보로 하여 1건으로 상속등기를 신청할 수 있다.

해설

① 상속으로 인한 소유권이전등기를 신청할 때에는 새로 등기명의인이 되는 상속인의 주소를 증명하는 정보를 제공하여야 한다(규칙 제46조 제1항). 피상속인의 주소를 증명하는 정보는 등기명의인이 피상속인임을 증명하기 위한 경우(동일인임을 증명하기 위해 제공하는 경우) 외에는 제공할 필요가 없다(선례 제3-672호).

선지분석

② 공동상속의 경우 상속인 중 1인이 법정상속분에 의하여 나머지 상속인들의 상속등기까지 신청할 수 있고 이러한 경우 등기신청서에는 상속인 전원을 표시하여야 한다(선례 제5-276호).

③ 수인의 공동상속인 중 일부가 상속을 포기한 경우에 그 상속분은 다른 공동상속인에게 상속분의 비율대로 귀속하는데, 첨부정보로 상속포기심판서정본을 제공하여야 한다(선례 제4-369호).

④ 상속개시 후 그 상속등기를 하기 전에 상속인 중 한 사람이 사망하여 또다시 상속이 개시된 경우에는 상속개시일자를 순차로 모두 신청정보로 하여 1건으로 상속등기를 신청할 수 있다(예규 제57호).

답 ①

028 상속등기에 관한 다음 설명 중 가장 옳지 않은 것은?

① 협의분할에 의한 상속등기를 신청하는 경우에 제공하는 첨부정보인 상속재산분할협의서가 여러 장일 때에는 공동상속인 전원이 간인을 하여야 한다.

② 피상속인의 사망으로 그 공동상속인들이 협의에 의하여 상속재산을 분할하는 경우에 공동상속인 중 1인이 외국에 거주하고 있어 직접 분할협의에 참가할 수 없다면 이러한 분할협의를 대리인에게 위임하여 할 수 있는바, 다만 그 공동상속인 중 한 사람을 위 분할협의에 관한 대리인으로 선임할 수는 없다.

③ 공동상속인 중에 피상속인으로부터 자기의 상속분을 초과하여 증여를 받은 특별수익자가 있는 경우, 그 특별수익자에게는 상속분이 없음을 증명하는 정보를 첨부정보로 제공하여 그 특별수익자를 제외한 나머지 공동상속인들이 그들 명의로 상속등기를 신청할 수 있다.

④ 공동상속인 중 1인이 공유물의 보존행위로서 공동상속인 전원 명의의 상속등기를 신청할 때에 재외국민인 다른 공동상속인들이 상속등기에 협력하지 아니하여 그들의 현 주소를 알 수 없는 경우에는 그들이 주민등록을 한 사실이 없다면 가족관계등록부상의 등록기준지를 주소로 제공할 수 있다.

해설

② 피상속인의 사망으로 그 공동상속인들이 협의에 의하여 상속재산을 분할하는 경우에 공동상속인 중 1인이 외국에 거주하고 있어 직접 분할협의에 참가할 수 없다면 이러한 분할협의를 대리인에게 위임하여 할 수 있는바, 다만 그 공동상속인 중 한 사람을 위 분할협의에 관한 대리인으로 선임하여도 무방하다(선례 제201805-9호).

선지분석

① 협의분할에 의한 상속등기를 신청하는 경우에 제공하는 첨부정보인 상속재산분할협의서가 여러 장일 때에는 공동상속인 전원이 간인을 하여야 한다(선례 제201807-1호).

③ 공동상속인 중에 피상속인으로부터 자기의 상속분을 초과하여 증여를 받은 특별수익자가 있는 경우, 그 특별수익자에게는 상속분이 없음을 증명하는 정보(판결 또는 위 특별수익자가 작성하고 그의 인감증명서를 첨부한 확인서)를 첨부정보로 제공하여 그 특별수익자를 제외한 나머지 공동상속인들이 그들 명의로 상속등기를 신청할 수 있는바, 위 판결의 이유 중에 망인으로부터 피고들이 생전증여로 받은 특별수익으로 인해 상속개시 시에 피고들에게는 상속분이 없음이 명시되어 있는 경우라면 이러한 판결은 피고들에게 상속분이 없음을 증명하는 정보가 될 수 있다(선례 제201803-4호).

④ 다른 공동상속인 A 및 B가 재외국민이었다가 외국 국적을 취득하여 현재는 외국인인 경우로서 이들 역시 상속등기에 협력하지 아니하여 그들의 현 주소를 알 수 없는 경우에는 그들이 주민등록을 한 사실이 있다면 말소된 주민등록표상의 최후 주소를 주소로 제공하고, 이를 증명하는 정보로서 말소된 주민등록표의 등본을 첨부정보로서 제공할 수 있으며, 그들이 주민등록을 한 사실이 없다면 제적부(또는 가족관계등록부)상의 본적지(또는 등록기준지)를 주소로 제공하고, 이를 증명하는 정보로서 제적등본(또는 기본증명서)을 첨부정보로서 제공할 수 있다. 그리고 A 및 B에 대한 법 제49조 제1항 제4호에 따른 부동산등기용등록번호를 부여받을 수 없는 경우에는 이를 소명하여 그들의 부동산등기용등록번호를 제공하지 않고서도 상속등기를 신청할 수 있다(선례 제201809-4호).

답 ②

029 상속등기신청과 관련한 첨부정보에 관한 다음 설명 중 가장 옳지 않은 것은?

① 피상속인의 직계비속이 상속인인 경우 피상속인의 친양자입양관계증명서와 입양관계증명서를 첨부하여야 한다.

② 공동상속인 중 일부 상속인이 상속포기하는 경우에는 상속포기신고를 수리하는 뜻의 심판서 정본을 첨부하여야 한다.

③ 공동상속인 중 일부가 행방불명되어 주민등록이 말소된 경우에는 그 말소된 주민등록표 등·초본을 첨부하여 상속등기를 신청할 수 있다.

④ 피상속인의 주소를 증명하는 정보는 피상속인과 등기기록상의 등기명의인이 동일인인지 여부를 확인하기 위하여 제출하여야 하는 경우가 있다.

(해설)

① 2순위 이하의 상속인이 등기권리자가 되어 상속등기를 신청할 때에는 2순위 상속인(직계존속 중 친생부모 + 양부모)을 확인하기 위하여 추가로 피상속인의 입양관계증명서를 첨부하여야 한다(선례 제201006-4호). 따라서 피상속인의 직계비속이 상속인인 경우 피상속인의 입양관계증명서를 첨부할 필요가 없다.

(선지분석)

② 상속포기의 경우에는 상속포기신고를 수리하는 뜻의 심판서 정본(「가사소송규칙」 제75조 제3항 참조)을 제출하여야 한다.

③ 공동상속인 중 일부가 행방불명되어 주민등록이 말소된 경우에는 그 말소된 주민등록표 등·초본을 첨부하여 상속등기를 신청할 수 있다.

④ 상속으로 인한 소유권이전등기를 신청함에 있어 피상속인의 주소를 증명하는 서면은 등기명의인이 피상속인임을 증명하기 위하여 요구되는 경우(즉, 동일인임을 증명할 필요가 있는 경우) 외에는 첨부할 필요가 없다(선례 제3-672호).

답 ①

030 협의분할(심판분할)에 의한 상속등기에 관한 다음 설명 중 가장 옳지 않은 것은? 19 주사보

① 법원이 상속재산의 경매분할을 명한 경우에는 분할심판에 따른 경매신청을 하기 위해서는 법정상속등기를 먼저 해야 한다.

② 피상속인의 사망으로 상속이 개시된 후 상속등기를 마쳤는지 여부에 관계없이 공동상속인 중 1인이 사망한 경우에는 피상속인의 재산에 대한 협의분할을 할 수 없다.

③ 친권자가 상속포기를 하지 아니한 이상 상속재산을 전혀 취득하지 아니한 경우에도 친권자와 미성년자가 공동상속인인 경우에는 미성년자를 위한 특별대리인을 선임하여야 한다.

④ 상속재산 분할협의서를 작성함에 있어 공동상속인의 주소가 상이하여 동일한 분할협의서(복사본이나 프린트 출력물 등)를 수통 작성하여 각각 날인하였더라도 그 소유권이전등기 신청을 수리할 수 있다.

해설

② 피상속인의 사망으로 상속등기를 마친 후 공동상속인 중 1인이 사망한 경우에는 피상속인의 재산에 대한 협의분할을 할 수 없으나(선례 제8-197호), 상속등기를 마치기 전인 경우에는 공동상속인 중 1인이 사망한 경우에는 협의분할을 할 수 있다(선례 제7-178호).

선지분석

① 법원이 상속재산의 경매분할을 명한 경우에는 현물분할을 명한 것이 아니므로 분할심판에 따른 경매신청을 하기 위해서는 법정상속등기를 먼저 해야 한다(선례 제200612-4호).

③ 친권자가 상속포기를 하지 아니한 이상 상속재산을 전혀 취득하지 아니한 경우에도 친권자와 미성년자가 공동상속인인 경우에는 미성년자를 위한 특별대리인을 선임하여야 한다(예규 제1088호).

답 ②

031 협의분할에 의한 상속등기에 관한 다음 설명 중 가장 옳지 않은 것은?

① 협의분할을 위해서는 친권자가 상속포기를 하지 않는 한 상속재산을 전혀 취득하지 않는 경우에도 미성년자를 위한 특별대리인을 선임하여야 한다.

② 협의분할에 의한 상속등기를 신청하는 경우에도 상속을 증명하는 서면을 첨부하여야 함은 물론이나 등기의무자의 등기필정보는 제출할 필요가 없다.

③ 피상속인의 사망으로 상속이 개시된 후 상속등기를 하지 아니한 상태에서 공동상속인 중 1인이 사망한 경우, 나머지 상속인들과 사망한 공동상속인의 상속인들이 피상속인의 재산에 대한 협의분할을 할 수 있다.

④ 상속재산분할심판이 확정된 경우 법정상속분에 의한 상속등기를 한 후 심판에 의한 소유권이전등기를 하여야 한다.

(해설)

④ 상속재산분할심판이 확정된 경우 법정상속분에 의한 상속등기를 거치지 않고 심판에 의한 소유권이전등기를 하여야 한다(선례 제5-288호).

(선지분석)

① 협의분할을 위해서는 친권자가 상속포기를 하지 않는 한 상속재산을 전혀 취득하지 않는 경우에도 미성년자를 위한 특별대리인을 선임하여야 한다(선례 제4-350호, 예규 제1388호).

② 협의분할에 의한 상속등기를 신청하는 경우에도 상속을 증명하는 서면을 첨부하여야 함은 물론이나 등기의무자의 등기필정보는 제출할 필요가 없다. 원칙적으로 등기의무자의 등기필정보는 공동신청의 경우에 제공하므로, 단독신청인 상속등기 신청의 경우에는 제공할 필요가 없다.

③ 피상속인의 사망으로 상속이 개시된 후 상속등기를 하지 아니한 상태에서 공동상속인 중 1인이 사망한 경우, 나머지 상속인들과 사망한 공동상속인의 상속인들이 피상속인의 재산에 대한 협의분할을 할 수 있다(선례 제7-178호).

답 ④

032 협의분할에 의한 상속등기에 관한 다음 설명 중 가장 옳지 않은 것은? **20 서기보**

① 공동상속인인 친권자와 미성년인 수인의 자 사이에 상속재산분할협의를 하는 경우에는 미성년자 각자마다 특별대리인을 선임하여야 한다.

② 피상속인의 사망으로 상속인들이 협의분할에 의한 상속등기를 신청할 경우에는 등기원인은 '협의분할에 의한 상속'이고, 등기원인일자는 '피상속인이 사망한 날'이다.

③ 상속이 개시된 후 상속등기를 하지 아니한 상태에서 공동상속인 중 1인이 사망한 경우에는 나머지 상속인들과 사망한 공동상속인의 상속인들이 피상속인의 재산에 대하여 협의분할을 할 수 있다.

④ 협의분할에 따른 상속등기가 마쳐진 후에는 협의해제를 원인으로 하여 다시 법정상속분대로의 소유권경정등기를 할 수 없다.

해설

④ 협의분할에 따른 상속등기가 마쳐진 후에는 협의해제를 원인으로 하여 다시 법정상속분대로의 소유권경정등기를 할 수 있다(예규 제1675호).

선지분석

① 공동상속인인 친권자와 미성년인 수인의 자 사이에 상속재산분할협의를 하는 경우에는 미성년자 각자마다 특별대리인을 선임하여야 한다(예규 제1088호).

② 피상속인의 사망으로 상속인들이 협의분할에 의한 상속등기를 신청할 경우에는 등기원인은 '협의분할에 의한 상속'이고, 등기원인일자는 '피상속인이 사망한 날'이다(예규 제1675호).

③ 상속이 개시된 후 상속등기를 하지 아니한 상태에서 공동상속인 중 1인이 사망한 경우에는 나머지 상속인들과 사망한 공동상속인의 상속인들이 피상속인의 재산에 대하여 협의분할을 할 수 있다(선례 제8-197호).

답 ④

033 상속에 따른 이전등기에 관한 다음 설명 중 가장 옳은 것은? 20 사무관

① 대습상속은 상속인이 될 직계비속 또는 형제자매가 상속개시 전에 사망하거나 결격자가 된 경우에 그 직계비속 또는 배우자가 있는 때에는 그 직계비속 또는 배우자가 사망하거나 결격된 자의 순위에 갈음하여 상속인이 된다.

② 이혼하여 상속권이 없는 피상속인의 전처가 자기가 낳은 미성년자 1인을 대리하여 상속재산분할협의를 하는 경우도 그 미성년자를 위한 특별대리인을 선임하여야 한다.

③ 수인의 공동상속인 중 일부가 상속을 포기한 경우에 포기한 상속인의 직계비속 또는 형제자매가 있는 경우에는 이들이 그 상속재산을 대습상속 한다.

④ 피상속인의 배우자는 피상속인의 직계비속이 있으면 그들과 동순위로 공동상속인이 되고, 피상속인의 직계비속이 없고 직계존속이 있는 경우에는 직계존속보다 우선하여 상속인이 된다.

(해설)

① 대습상속은 상속인이 될 직계비속 또는 형제자매가 상속개시 전에 사망하거나 결격자가 된 경우에 그 직계비속 또는 배우자가 있는 때에는 그 직계비속 또는 배우자가 사망하거나 결격된 자의 순위에 갈음하여 상속인이 된다(「민법」 제1001조, 제1003조 제2항).

(선지분석)

② 이혼하여 상속권이 없는 피상속인의 전처가 자기가 낳은 미성년자 1인을 대리하여 상속재산분할협의를 하는 경우에는 그 미성년자를 위한 특별대리인을 선임할 필요 없다(예규 제1088호).

③ 상속인이 수인인 경우에 어느 상속인이 상속을 포기한 때에는 그 상속분은 다른 공동상속의 상속분의 비율로 그 상속인에게 귀속한다(「민법」 제1043조). 따라서 수인의 공동상속인 중 일부가 상속을 포기한 경우에 포기한 상속인의 직계비속 또는 형제자매가 있는 경우에는 이들이 그 상속재산을 대습상속하는 것은 아니다(선례 제201211-4호).

④ 피상속인의 배우자는 피상속인의 직계비속이 있으면 그들과 동순위로 공동상속인이 되고, 피상속인의 직계비속이 없고 직계존속이 있는 경우에는 직계존속과 동순위로 공동상속인이 된다. 직계비속이나 직계존속이 모두 없을 때는 단독상속인이 되는 것으로 하였다(「민법」 제1003조 제1항).

답 ①

034 상속등기에 관한 다음 설명 중 가장 옳지 않은 것은?

① 법정상속분에 따라 여러 명의 공동상속인들을 등기명의인으로 하고 상속을 원인으로 한 소유권이전등기를 마친 후에 그 공동상속인들 중 일부에게 해당 부동산을 상속하게 하는 상속재산 협의분할이 있어 이를 원인으로 상속등기의 경정등기를 신청할 때에는 등기원인을 '협의분할'로, 그 연월일은 '피상속인이 사망한 날'로 한다.

② 피상속인의 사망으로 상속이 개시된 후 상속등기를 하지 아니한 상태에서 공동상속인 중 1인이 사망한 경우에는 나머지 상속인들과 사망한 공동상속인의 상속인들이 피상속인의 재산에 대한 협의분할을 할 수 있다.

③ 상속재산 협의분할에 따라 甲과 乙을 등기명의인으로 하는 상속등기가 마쳐진 후에 공동상속인들이 그 협의를 전원의 합의에 의하여 해제하고 丙을 상속인으로 하는 새로운 협의분할을 한 경우에는 甲·乙과 丙은 기존 상속등기의 말소등기를 공동으로 신청하고 재협의분할을 원인으로 새로운 상속등기를 丙 단독으로 신청한다.

④ 상속재산 조정분할 또는 상속재산 심판분할에 따라 상속등기를 신청할 때에는 등기원인을 각각 '조정분할에 의한 상속' 또는 '심판분할에 의한 상속'으로, 그 연월일을 '피상속인이 사망한 날'로 한다.

(해설)

① 법정상속분에 따라 여러 명의 공동상속인들을 등기명의인으로 하는 상속등기를 마친 후에 그 공동상속인들 중 일부에게 해당 부동산을 상속하게 하는 등의 상속재산 협의분할, 상속재산 조정분할 또는 상속재산 심판분할이 있어 이를 원인으로 상속등기의 경정등기를 신청할 때에는 등기원인을 각각 '협의분할', '조정분할' 또는 '심판분할'로, 그 연월일을 각각 '협의가 성립한 날', '조정조서 기재일' 또는 '심판의 확정일'로 한다(예규 제1675호). 즉, 그 연월일은 피상속인이 사망한 날은 아니다.

(선지분석)

② 피상속인의 사망으로 상속이 개시된 후 상속등기를 하지 아니한 상태에서 공동상속 중 1인이 사망한 경우에는 나머지 상속인들과 사망한 공동상속인의 상속인들이 피상속인의 재산에 대한 협의분할을 할 수 있다(선례 제7-178호).

③ 상속재산 협의분할에 따라 甲과 乙을 등기명의인으로 하는 상속등기가 마쳐진 후에 공동상속인들이 그 협의를 전원의 합의에 의하여 해제하고 丙을 상속인으로 하는 새로운 협의분할을 한 경우와 같이 재협의분할로 인하여 상속인 전부가 교체될 때에는 상속등기의 경정등기를 신청할 수 없다. 기존 상속등기의 명의인을 등기의무자(甲과 乙)로, 재협의분할에 따라 해당 부동산을 취득한 상속인(丙)을 등기권리자로 하여 기존 상속등기의 말소등기를 공동으로 신청하고, 재협의분할에 따라 해당 부동산을 취득한 상속인(丙)이 상속등기를 단독으로 신청한다(예규 제1675호).

④ 상속재산 조정분할 또는 상속재산 심판분할에 따라 상속등기를 신청할 때에는 등기원인을 각각 '조정분할에 의한 상속' 또는 '심판분할에 의한 상속'으로, 그 연월일을 '피상속인이 사망한 날'로 한다(예규 제1675호).

답 ①

035 협의분할에 의한 상속등기에 관한 다음 설명 중 가장 옳지 않은 것은? 22 법무사

① 공동상속인(甲, 乙, 丙, 丁, 戊)의 명의로 법정상속등기가 마쳐진 이후 경매절차에 의하여 공동상속인 중 1인(甲)의 지분이 나머지 공동상속인 중 1인(乙)에게 이전되었더라도 종전 공동상속인 전원은 이 재산에 대한 협의분할을 하고 이를 등기원인으로 하여 소유권경정 등기를 신청할 수 있다.

② 한정승인을 하였다 하더라도 그 한정승인 전에 이미 이루어진 특정 부동산에 대한 상속인 들의 협의분할 및 이를 원인으로 한 상속등기의 효력이 상실되는 것이 아니므로 한정승인 을 원인으로 이 상속등기를 말소 또는 경정할 수 없다.

③ 피상속인의 사망으로 상속이 개시된 후 상속등기를 하지 아니한 상태에서 공동상속인 중 1인이 사망한 경우, 나머지 상속인들과 사망한 공동상속인의 상속인들이 피상속인의 재산 에 대한 협의분할을 할 수 있다.

④ 협의분할에 의한 상속을 원인으로 소유권이전등기를 신청할 때에 공동상속인 중 상속을 포기한 자가 있는 경우, 그 자의 인감증명을 첨부정보로서 제공할 필요는 없지만 그가 법원 으로부터 교부받은 상속포기신고를 수리하는 뜻의 심판정본을 대신 제공하여야 한다.

⑤ 상속재산 협의분할에 따라 상속등기를 마친 후에 공동상속인들이 그 협의를 전원의 합의 에 의하여 해제한 후 다시 새로운 협의분할을 하고 이를 원인으로 상속등기의 경정등기를 신청할 때에는 등기원인을 '재협의분할'로, 그 연월일을 '재협의가 성립한 날'로 한다.

해설

① 공동상속인(甲, 乙, 丙, 丁, 戊)의 명의로 법정상속등기가 마쳐진 이후 경매절차에 의하여 공동상속인 중 1인(甲)의 지분이 나머지 공동상속인 중 1인(乙)에게 이전되었다면, 종전 공동상속인 전원(또는 甲을 제외한 상속인들 전원)이 협의분할을 등기원인으로 하여 소유권경정등기를 신청하더라도 등기관은 이를 수리할 수 없다(선례 제202108-2호).

선지분석

② 한정승인은 상속으로 인하여 취득할 재산의 한도에서 피상속인의 채무를 변제할 것을 조건으로 상속을 승인하는 제도로서 한정승인을 하였다 하더라도 그 한정승인 전에 이미 이루어진 특정 부동산에 대한 상속인들의 협의분할 및 이를 원인으로 한 상속등기의 효력이 상실되는 것이 아니므로 한정승인을 원인으로 위 상속등기를 말소 또는 경정할 수 없다(선례 제200901-3호).

③ 피상속인의 사망으로 상속이 개시된 후 상속등기를 하지 아니한 상태에서 공동상속인 중 1인이 사망한 경우, 나머지 상속인들과 사망한 공동상속인의 상속인들이 피상속인의 재산에 대한 협의분할을 할 수 있다(선례 제6-202호).

④ 협의분할에 의한 상속을 등기원인으로 하여 소유권이전등기를 신청할 때에는 상속을 증명하는 정보 외에 그 협의가 성립하였음을 증명하는 정보로서 상속재산 협의분할서 및 협의분할서에 날인한 상속인 전원의 인감증명을 제출하여 야 하는바(규칙 제60조 제1항 제6호), 공동상속인 중 상속을 포기한 자가 있는 경우 그러한 자는 상속포기의 소급효 로 처음부터 상속인이 아니었던 것으로 되므로 상속을 포기한 자까지 참여한 상속재산분할협의서 및 상속을 포기한 자의 인감증명을 첨부정보로서 등기소에 제공할 필요는 없으나, 상속을 포기한 자에 대하여는 법원으로부터 교부받은 상속포기신고를 수리하는 뜻의 심판정본을 제출하여야 한다(선례 제202006-1호).

⑤ 상속재산 협의분할에 따라 상속등기를 마친 후에 공동상속인들이 그 협의를 전원의 합의에 의하여 해제한 후 다시 새로운 협의분할을 하고 이를 원인으로 상속등기의 경정등기를 신청할 때에는 등기원인을 '재협의분할'로, 그 연월일 을 '재협의가 성립한 날'로 한다(예규 제1675호).

답 ①

036 유증으로 인한 소유권이전등기와 관련한 설명이다. 가장 옳은 것은?   **12 주사보**

① 유언집행자가 수인인 경우에는 반드시 전원이 공동으로 신청하여야 한다.

② 유증으로 인한 소유권이전등기 전에 상속등기가 이미 마쳐진 경우에는 상속등기를 말소함이 없이 상속인으로부터 유증으로 인한 소유권이전등기를 신청할 수 있다.

③ 유언증서에 가정법원의 검인이 되어 있다면 등기관은 그 유언증서가 적법한 요건을 갖추었는지 판단할 필요 없이 그 등기신청을 수리하여야 한다.

④ 유증으로 인한 소유권이전등기청구권보전의 가등기는 유언자의 사망 전·후를 불문하고 언제든지 신청할 수 있다.

(해설)

② 유증을 원인으로 한 소유권이전등기는 포괄유증이든 특정유증이든 모두 상속등기를 거치지 않고 유증자로부터 직접 수증자 명의로 등기를 신청하여야 한다. 그러나 유증을 원인으로 한 소유권이전등기 전에 상속등기가 이미 마쳐진 경우에는 상속등기를 말소하지 않고 상속인으로부터 수증자에게로 유증을 원인으로 한 소유권이전등기를 신청할 수 있다(예규 제1512호).

(선지분석)

① 유언집행자가 수인인 경우 그 과반수 이상의 유언집행자들이 수증자 명의의 소유권이전등기절차에 동의하면 그 등기를 신청할 수 있다(예규 제1512호).

③ 유언증서에 가정법원의 검인이 되어 있는 경우에도 등기관은 그 유언증서가 적법한 요건을 갖추지 아니한 경우에는 그 등기신청을 수리하여서는 아니 된다(예규 제1512호).

④ 유증을 원인으로 한 소유권이전등기청구권보전의 가등기는 유언자가 사망한 후인 경우에는 이를 수리하되, 유언자가 생존 중인 경우에는 이를 수리하여서는 아니 된다(예규 제1512호).

답 ②

037 유증과 관련한 등기신청에 관한 설명이다. 가장 옳은 것은?

① 등기원인은 'O년 O월 O일 유증'으로 기재하고, 그 연월일은 유언의 성립일을 기재한다.

② 유증으로 인한 소유권이전등기청구보전의 가등기는 유언자가 생존 중인 경우에도 할 수 있다.

③ 1필의 토지 중 특정 일부만을 유증한다는 취지의 유언은 무효이다.

④ 유증으로 인한 소유권이전등기신청이 상속인의 유류분을 침해하는 내용이라 하더라도 등기관은 이를 수리하여야 한다.

해설

④ 유증으로 인한 소유권이전등기신청이 상속인의 유류분을 침해하는 내용이라 하더라도 등기관은 이를 수리하여야 한다(예규 제1512호). 등기관에게는 그에 대한 심사권한이 없기 때문이다.

선지분석

① 등기원인은 'O년 O월 O일 유증'으로 기재하되, 그 연월일은 유증자가 사망한 날을 기재한다. 다만, 유증에 조건 또는 기한이 붙은 경우에는 그 조건이 성취한 날 또는 그 기한이 도래한 날을 신청정보의 내용으로 제공한다(예규 제1512호).

② 유증을 원인으로 한 소유권이전등기청구권보전의 가등기는 유언자가 사망한 후인 경우에는 이를 수리하되, 유언자가 생존 중인 경우에는 이를 수리하여서는 아니 된다(예규 제1512호).

③ 1필의 토지의 특정 일부만을 유증한다는 취지의 유언이 있는 경우, 그 유언은 무효가 아니므로, 유언집행자는 유증할 부분을 특정하여 분할등기를 한 다음 수증자 명의로 소유권이전등기를 하여야 한다.

답 ④

038 유증을 원인으로 한 소유권이전등기에 관한 다음 설명 중 가장 옳은 것은? 　　　　15 주사보

① 포괄유증의 경우에는 등기권리자인 수증자가 단독으로 신청할 수 있으나, 특정유증의 경우에는 수증자를 등기권리자, 유언집행자 또는 상속인을 등기의무자로 하여 공동으로 신청하여야 한다.

② 포괄유증의 경우에는 상속등기를 거치지 아니하고 유증자로부터 직접 수증자 명의로 등기를 신청하여야 하지만, 특정유증의 경우에는 반드시 상속등기를 거친 후에 상속인으로부터 수증자 명의로 등기를 신청하여야 한다.

③ 포괄유증의 경우 그 등기 전에 상속등기가 이미 마쳐져 있다면 먼저 상속등기를 말소하고 유증을 원인으로 한 소유권이전등기를 신청하여야 한다.

④ 특정유증의 경우 그 등기 전에 상속등기가 이미 마쳐져 있더라도 상속등기를 말소함이 없이 상속인으로부터 유증으로 인한 소유권이전등기를 신청할 수 있다.

선지분석

① 유증을 원인으로 한 소유권이전등기는 포괄유증이나 특정유증을 불문하고 수증자를 등기권리자, 유언집행자 또는 상속인을 등기의무자로 하여 공동으로 신청하여야 한다(예규 제1512호).

②, ③ 유증을 원인으로 한 소유권이전등기는 포괄유증이든 특정유증이든 모두 상속등기를 거치지 않고 유증자로부터 직접 수증자 명의로 등기를 신청하여야 한다. 그러나 유증을 원인으로 한 소유권이전등기 전에 상속등기가 이미 마쳐진 경우에는 상속등기를 말소하지 않고 상속인으로부터 수증자에게로 유증을 원인으로 한 소유권이전등기를 신청할 수 있다(예규 제1512호).

답 ④

039 유증에 의한 소유권보존 또는 이전등기에 관한 다음 설명 중 가장 옳지 않은 것은? 18 서기보

① 미등기 부동산의 토지대장에 최초의 소유자로 등록되어 있는 자로부터 특정유증을 받은 자는 단독으로 소유권보존등기를 신청할 수 있다.

② 유증을 원인으로 한 소유권이전등기는 포괄유증이나 특정유증을 불문하고 수증자를 등기 권리자, 유언집행자 또는 상속인을 등기의무자로 하여 공동으로 신청하여야 한다.

③ 수증자가 여럿인 포괄유증의 경우에는 수증자 전원이 공동으로 신청하거나 각자 자기 지분만에 대하여 소유권이전등기를 신청할 수 있다.

④ 유증을 원인으로 한 소유권이전등기청구권보전의 가등기는 유언자가 생존 중인 경우에는 이를 수리할 수 없다.

(해설)

① 유증의 목적 부동산이 미등기인 경우라도 특정유증을 받은 자는 소유권보존등기를 신청할 수 없고, 유언집행자가 상속인 명의로 소유권보존등기를 마친 후에 유증을 원인으로 한 소유권이전등기를 신청하여야 한다(예규 제1512호).

(선지분석)

② 유증을 원인으로 한 소유권이전등기는 포괄유증이나 특정유증을 불문하고 수증자를 등기권리자, 유언집행자 또는 상속인을 등기의무자로 하여 공동으로 신청하여야 한다(예규 제1512호).

③ 수증자가 여럿인 포괄유증의 경우에는 수증자 전원이 공동으로 신청하거나 각자 자기 지분만에 대하여 소유권이전등기를 신청할 수 있다(예규 제1512호).

답 ①

040 이미 등기되어 있는 부동산에 대한 유증을 원인으로 하는 소유권이전등기에 관한 다음 설명 중 가장 옳지 않은 것은?

18 주사보

① 포괄유증이나 특정유증을 불문하고 유증으로 인한 소유권이전등기는 수증자를 등기권리자, 유언집행자 또는 상속인을 등기의무자로 하여 공동으로 신청하여야 한다.

② 조건 또는 기한이 붙은 유증을 원인으로 소유권이전등기를 신청할 때에 등기원인은 유증자가 사망한 날이 아니라 그 조건이 성취한 날 또는 그 기한이 도래한 날로 하여야 한다.

③ 특정유증의 경우에는 반드시 상속등기를 거친 후에 상속인으로부터 수증자 명의로 소유권이전등기를 신청하여야 한다.

④ 수증자가 여럿인 포괄유증의 경우에는 수증자 전원이 공동으로 신청하거나 각자가 자기 지분만에 대하여 소유권이전등기를 신청할 수 있다.

(해설)

③ 유증을 원인으로 한 소유권이전등기는 포괄유증이든 특정유증이든 모두 상속등기를 거치지 않고 유증자로부터 직접 수증자 명의로 등기를 신청하여야 한다. 그러나 유증을 원인으로 한 소유권이전등기 전에 상속등기가 이미 마쳐진 경우에는 상속등기를 말소하지 않고 상속인으로부터 수증자에게로 유증을 원인으로 한 소유권이전등기를 신청할 수 있다(예규 제1512호).

(선지분석)

② 조건 또는 기한이 붙은 유증을 원인으로 소유권이전등기를 신청할 때에 등기원인은 유증자가 사망한 날이 아니라 그 조건이 성취한 날 또는 그 기한이 도래한 날로 하여야 한다(예규 제1512호).

④ 수증자가 여럿인 포괄유증의 경우에는 수증자 전원이 공동으로 신청하거나 각자가 자기 지분만에 대하여 소유권이전등기를 신청할 수 있다(예규 제1512호).

답 ③

041 유증을 원인으로 한 소유권이전등기 등에 관한 다음 설명 중 가장 옳지 않은 것은? 20 서기보

① 유증의 목적 부동산이 미등기인 경우라도 특정유증을 받은 자는 소유권보존등기를 신청할 수 없고, 상속인 명의로 소유권보존등기를 마친 후에 유증을 원인으로 한 소유권이전등기를 신청하여야 한다.

② 유증으로 인한 소유권이전등기신청이 상속인의 유류분을 침해하는 내용이라 하더라도 등기관은 이를 수리하여야 한다.

③ 유증을 원인으로 소유권이전등기를 유언집행자와 수증자가 공동으로 신청할 때에 유언집행자에게는 등기필정보가 없으므로 등기의무자의 등기필정보는 제공할 필요가 없다.

④ 유증을 원인으로 한 소유권이전등기청구권보전의 가등기는 유언자가 사망한 후인 경우에는 이를 수리하되, 유언자가 생존 중인 경우에는 이를 수리하여서는 아니 된다.

해설

③ 유증을 원인으로 소유권이전등기를 유언집행자와 수증자가 공동으로 신청하므로, 유언집행자는 유증자의 등기필정보를 제공하여야 한다(예규 제1512호).

선지분석

① 유증의 목적 부동산이 미등기인 경우라도 특정유증을 받은 자는 소유권보존등기를 신청할 수 없고, 상속인 명의로 소유권보존등기를 마친 후에 유증을 원인으로 한 소유권이전등기를 신청하여야 한다(예규 제1512호).

② 유증으로 인한 소유권이전등기신청이 상속인의 유류분을 침해하는 내용이라 하더라도 등기관은 이를 수리하여야 한다(예규 제1512호).

④ 유증을 원인으로 한 소유권이전등기청구권보전의 가등기는 유언자가 사망한 후인 경우에는 이를 수리하되, 유언자가 생존 중인 경우에는 이를 수리하여서는 아니 된다(예규 제1512호).

답 ③

342 해커스공무원 학원·인강 **gosi.Hackers.com**

042 토지수용으로 인한 소유권이전등기와 관련한 설명이다. 가장 옳은 것은?   12 주사보

① 토지수용으로 인하여 사업시행자 명의로의 소유권이전등기를 하는 경우 수용개시일 이후에 경료된 모든 등기는 직권으로 말소한다.

② 협의가 성립된 경우에는 협의서와 보상금수령증 원본을 첨부하면 족하고 토지수용위원회로부터 협의성립확인서를 받아 제출할 필요는 없다.

③ 사업인정고시 후 재결 전에 소유권이 변동되었더라도 사업인정 당시의 소유자를 피수용자로 하여 재결하고 보상금을 지급(공탁)한 서면을 첨부한 소유권이전등기신청은 수리하여야 한다.

④ 수용개시일까지 보상금을 지급하지 않아 재결이 실효된 경우 이미 실행된 소유권이전등기는 등기권리자와 등기의무자의 공동신청에 의하여 말소한다.

(해설)

④ 토지수용의 재결의 실효를 원인으로 하는 토지수용으로 인한 소유권이전등기의 말소신청은 등기의무자와 등기권리자가 공동으로 신청하여야 하며, 이에 의하여 토지수용으로 인한 소유권이전등기를 말소한 때에는 등기관은 토지수용으로 말소한 등기를 직권으로 회복하여야 한다(예규 제1388호).

(선지분석)

①	직권말소 대상인 등기	직권말소 대상이 아닌 등기
	• 수용개시일 이후에 경료된 소유권이전등기 • 소유권 이외의 권리 • 가등기, 가압류, 처분금지가처분, 압류, 예고등기	• 수용개시일 이전에 경료된 소유권이전등기 • 수용개시일 이전의 상속을 원인으로 한 상속등기 • 수용되는 부동산을 위하여 존재하는 지역권등기 • 재결로써 존속이 인정된 권리

② 협의가 성립된 경우에는 등기원인증명서면으로 협의성립확인서 또는 협의성립의 공정증서와 그 수리증명서를 제출해야 하며, 협의서만 첨부한 경우에는 협의성립확인서를 첨부하도록 보정을 명하고, 이를 제출하지 않는 경우에는 등기신청을 수리하여서는 아니 된다(예규 제1388호).

③ 사업인정고시 후 재결 전에 소유권의 변동이 있었음에도 사업인정 당시의 소유자를 피수용자로 하여 재결하고 그에게 보상금을 지급한 후 소유권이전등기를 신청한 경우에는 재결 당시의 소유자로 경정재결하지 않는 한 등기신청을 수리하여서는 아니 된다(예규 제1388호).

답 ④

043 「공익사업을 위한 토지 등의 취득 및 보상에 관한 법률」에 따른 등기절차에 관한 기술이다. 가장 옳지 않은 것은?

① 미등기 토지의 대장상 소유명의인과 협의가 성립된 경우에는 먼저 그 대장상 소유명의인 앞으로 소유권보존등기를 한 후 사업시행자 명의로 소유권이전등기를 한다.

② 토지수용을 원인으로 한 소유권이전등기신청은 사업시행자인 등기권리자가 단독으로 이를 신청할 수 있지만, 등기의무자의 등기필정보를 제공하여야 한다.

③ 토지수용으로 인한 소유권이전등기신청서에 협의서만 첨부한 경우에는 협의성립확인서를 첨부하도록 보정을 명하고, 이를 제출하지 않는 경우에는 등기신청을 수리하여서는 아니 된다.

④ 사업인정고시 후 재결 전에 소유권의 변동이 있었음에도 사업인정 당시의 소유자를 피수용자로 하여 재결을 한 경우에는 그 재결에 의하여 소유권이전등기를 신청할 수 없다.

해설

② 토지수용을 원인으로 한 소유권이전등기신청은 단독신청이므로, 등기의무자의 등기필정보를 제공할 필요가 없다(예규 제1388호).

선지분석

③

구분	협의성립의 경우	재결한 경우
등기원인증명서면	• 협의성립확인서 • 협의성립의 공정증서와 그 수리증명서 • 협의서만 첨부한 경우에는 협의성립확인서를 첨부하도록 보정을 명하고, 이를 제출하지 않는 경우에는 등기신청을 수리하여서는 안 됨	재결서등본
보상금수령증	○ (보상금수령인의 인감증명 ×)	
등기원인에 대한 제3자의 허가서 등	농지취득자격증명 ×, 토지거래허가서 ×, 주무관청의 허가서 ×	

④ 사업인정고시 후 재결 전에 소유권의 변동이 있었음에도 사업인정 당시의 소유자를 피수용자로 하여 재결하고 그에게 보상금을 지급(공탁)한 후 소유권이전등기를 신청한 경우에는 재결 당시의 소유자로 경정재결하지 않는 한 등기신청을 수리하여서는 아니 된다(예규 제1388호).

답 ②

044 수용으로 인한 소유권이전등기에 관한 다음 설명 중 가장 옳지 않은 것은? 15 주사보

① 토지수용으로 인한 소유권이전등기를 신청할 때에 등기원인은 토지수용으로, 원인일자는 수용의 개시일로 한다.

② 토지수용으로 인한 소유권이전등기를 신청할 때에 등기의무자의 등기필정보는 제공할 필요가 없다.

③ 사업인정고시 후 재결 전에 소유권의 변동이 있었음에도 사업인정 당시의 소유자를 피수용자로 하여 재결하고 그에게 보상금을 지급(공탁)한 후 소유권이전등기를 신청한 경우에는 원칙적으로 그 등기신청을 수리하여서는 아니 된다.

④ 재결 전에 등기기록상 소유자가 사망한 경우라도 상속인을 피수용자로 하여 재결하고 상속인에게 보상금을 지급(공탁)하였다면 상속등기를 하지 아니한 채 수용을 원인으로 소유권이전등기를 신청할 수 있다.

(해설)

④ 상속인 또는 피상속인을 피수용자로 하여 재결하고 상속인에게 보상금을 지급하였으나 피상속인의 소유명의로 등기가 되어 있는 경우에는 <u>대위에 의한 상속등기를 먼저 한 후</u> 소유권이전등기를 신청하여야 하므로 상속등기를 하지 아니한 채 소유권이전등기신청을 한 경우에는 이를 수리하여서는 아니 된다(예규 제1388호).

(선지분석)

③ <u>사업인정고시 후 재결 전에 소유권의 변동</u>이 있었음에도 사업인정 당시의 소유자를 피수용자로 하여 재결하고 그에게 보상금을 지급(공탁)한 후 소유권이전등기를 신청한 경우에는 <u>재결 당시의 소유자로 경정재결하지 않는 한</u> 등기신청을 수리하여서는 아니 된다(예규 제1388호).

답 ④

045 甲 소유 명의의 토지에 「공익사업을 위한 토지 등의 취득 및 보상에 관한 법률」에 따른 수용절차가 진행 중이다. 다음 설명 중 가장 옳지 않은 것은? **16 주사보**

① 사업인정 고시 후 재결 전에 甲이 사망하였으나 상속등기가 경료되지 않은 경우에는 사업 시행자는 대위에 의한 상속등기를 먼저 거친 후 소유권이전등기를 신청하여야 한다.

② 甲 소유의 토지가 농지인 경우에도 사업시행자가 수용으로 인한 등기신청 시 농지취득자 격증명을 첨부할 필요가 없다.

③ 수용재결로 소유권이전등기를 할 때 수용개시일 이전에 甲이 사망하여 그 상속을 원인으 로 한 소유권이전등기가 이루어져 있다면 그 등기는 등기관이 직권으로 말소할 등기가 아 니다.

④ 수용재결로 소유권이전등기가 된 후 그 재결이 실효된 경우에는 사업시행자가 단독으로 그 소유권이전등기의 말소등기를 신청하여야 한다.

(해설)

④ 토지수용의 재결의 실효를 원인으로 하는 토지수용으로 인한 소유권이전등기의 말소신청은 등기의무자와 등기권리자 가 공동으로 신청하여야 한다(예규 제1388호).

(선지분석)

① 상속인 또는 피상속인을 피수용자로 하여 재결하고 상속인에게 보상금을 지급하였으나 피상속인의 소유명의로 등기 가 되어 있는 경우에는 대위에 의한 상속등기를 먼저 한 후 소유권이전등기를 신청하여야 하므로 상속등기를 하지 아니한 채 소유권이전등기신청을 한 경우에는 이를 수리하여서는 아니 된다(예규 제1388호).

③ 수용으로 인한 소유권이전등기를 할 때에 수용의 개시일 이전의 상속을 원인으로 하여 마쳐진 소유권이전등기는 등기 관이 직권으로 말소하지 않는다(예규 제1388호).

답 ④

046 수용으로 인한 등기에 관한 다음 설명 중 가장 옳지 않은 것은?　　　

① 토지수용위원회의 수용재결이 있은 후 사업시행자가 변경되어 새로운 사업시행자가 수용의 개시일까지 보상금을 공탁소에 공탁하거나 소유자에게 직접 지급하였다면 그 사업시행자는 수용을 원인으로 한 소유권이전등기를 단독으로 신청할 수 있다.

② 재단법인 소유명의의 부동산에 관하여 수용으로 인한 소유권이전등기를 촉탁할 때에는 주무관청의 허가를 증명하는 정보를 첨부정보로서 제공할 필요가 없다.

③ 토지수용을 원인으로 한 소유권이전등기를 마친 부동산에 대하여 사업의 시행에 불필요한 토지임을 이유로 사업시행계획이 변경되었다면, 위 토지수용의 재결이 실효되지 않았더라도 그 소유권이전등기의 말소등기를 신청할 수 있다.

④ 수용으로 인한 소유권이전등기를 할 때에 수용의 개시일 이전의 상속을 원인으로 하여 마쳐진 소유권이전등기는 등기관이 직권으로 말소하지 않는다.

해설

③ 토지수용을 원인으로 한 소유권이전등기를 마친 부동산에 대하여 <u>사업의 시행에 불필요한 토지임을 이유로 사업시행계획이 변경되었다고 하더라도</u>, 위 토지수용의 <u>재결이 실효되지 않는 한</u> 그 소유권이전등기의 말소등기를 신청할 수 없다(선례 제8-174호).

선지분석

① 토지수용위원회의 수용재결이 있은 후 사업시행자가 변경되어 새로운 사업시행자가 수용의 개시일까지 보상금을 공탁소에 공탁하거나 소유자에게 직접 지급하였다면 그 사업시행자는 수용을 원인으로 한 소유권이전등기를 단독으로 신청할 수 있다(예규 제1388호).

② 재단법인 소유명의의 부동산에 관하여 수용으로 인한 소유권이전등기를 촉탁할 때에는 주무관청의 허가를 증명하는 정보를 첨부정보로서 제공할 필요가 없다(선례 제7-57호).

④ 수용으로 인한 소유권이전등기를 할 때에 수용의 개시일 이전의 상속을 원인으로 하여 마쳐진 소유권이전등기는 등기관이 직권으로 말소하지 않는다(예규 제1388호).

답 ③

047 수용으로 인한 등기에 관한 다음 설명 중 가장 옳지 않은 것은?

① 수용으로 인한 토지소유권이전등기를 신청할 때에 등기원인은 '토지수용'으로, 등기원인일자는 '수용의 개시일'로 하여야 한다.

② 토지수용위원회의 수용재결이 있은 후 사업시행자가 변경되어 새로운 사업시행자가 수용의 개시일까지 보상금을 공탁소에 공탁하거나 소유자에게 직접 지급하였다면 그 사업시행자는 수용을 원인으로 한 소유권이전등기를 단독으로 신청할 수 있는바, 수용재결 후 사업시행자의 변경은 재결의 경정사유에 해당하므로 경정된 재결서 등본을 첨부정보로서 제공하여야 한다.

③ 토지수용을 원인으로 한 소유권이전등기를 마친 부동산에 대하여 사업의 시행에 불필요한 토지임을 이유로 사업시행계획이 변경되었더라도 위 토지수용의 재결이 실효되지 않는 한 그 소유권이전등기의 말소등기를 신청할 수 없다.

④ 수용으로 인한 소유권이전등기를 할 때에 수용의 개시일 이전의 상속을 원인으로 하여 마쳐진 소유권이전등기는 등기관이 직권으로 말소하지 않는다.

해설

② 토지수용위원회의 <u>수용재결이 있은 후</u> 사업시행자가 변경되어 <u>새로운 사업시행자가 수용의 개시일까지 보상금을 공탁소에 공탁하거나 소유자에게 직접 지급하였다면</u> 그 사업시행자는 수용을 원인으로 한 소유권이전등기를 단독으로 신청할 수 있으며, <u>사업시행자는 재결서를 경정할 필요 없이</u> 그 재결서 등본과 보상금지급증명서(공탁서 원본)를 첨부하여야 한다(선례 제5-434호, 제5-151호).

선지분석

① 수용으로 인한 토지소유권이전등기를 신청할 때에 등기원인은 '토지수용'으로, 등기원인일자는 '수용의 개시일'로 하여야 한다(예규 제1388호).

③ 토지수용을 원인으로 한 소유권이전등기를 마친 부동산에 대하여 <u>사업의 시행에 불필요한 토지임을 이유로 사업시행계획이 변경되었다고 하더라도</u>, 위 토지수용의 <u>재결이 실효되지 않는 한</u> 그 소유권이전등기의 말소등기를 신청할 수 없다(선례 제8-174호).

답 ②

048 공익사업을 위한 토지 등의 취득으로 인한 소유권이전등기에 관한 다음 설명 중 가장 옳지 않은 것은?

19 사무관

① 등기기록상 소유자가 사망한 사실을 간과하고 사망자를 피수용자로 해서 재결한 후에 상속인에게 보상금을 지급한 경우에는 피상속인의 소유명의에서 직접 사업시행자 명의로의 소유권이전등기를 신청할 수 있다.

② 등기기록상 소유명의인인 甲을 피수용자로 하여 수용재결을 한 후 피수용자인 甲에게 보상금을 지급하였으나 수용의 개시일 전에 甲에서 乙로 소유권이전등기가 마쳐진 경우에는 乙을 등기의무자로 표시하여 재결서등본 및 甲에게 보상금을 지급하였음을 증명하는 서면을 제공하여 이전등기를 신청할 수 있다.

③ 수용으로 인한 소유권이전등기를 신청하는 경우에는 보상금지급을 증명하는 정보로 보상금수령증 원본이나 공탁서 원본을 제공하여야 하는데, 이때에 수령인의 인감증명을 제출할 필요가 없다.

④ 토지수용 재결이 실효되었을 때에는 토지수용으로 인한 소유권이전등기는 등기권리자와 등기의무자의 공동신청으로 말소하여야 하며, 이를 말소한 때에는 등기관이 토지수용으로 말소한 등기를 직권으로 회복하여야 한다.

해설

① 등기기록상 소유자가 사망한 사실을 간과하고 사망자를 피수용자로 해서 재결한 후에 상속인에게 보상금을 지급한 경우에는 대위 상속등기를 한 후에 상속인의 소유명의에서 직접 사업시행자 명의로의 소유권이전등기를 신청하여야 한다(선례 제2-366호, 예규 제1388호).

선지분석

② 등기기록상 소유명의인인 <u>甲을 피수용자로 하여 수용재결을 한</u> 후 피수용자인 甲에게 보상금을 지급하였으나 <u>수용의 개시일 전에 甲에서 乙로 소유권이전등기가 마쳐진 경우에는</u> 乙을 등기의무자로 표시하여 재결서등본 및 甲에게 보상금을 지급하였음을 증명하는 서면을 제공하여 이전등기를 신청할 수 있다(선례 제5-151호, 제7-225호).

③ 수용으로 인한 소유권이전등기를 신청하는 경우에는 보상금지급을 증명하는 정보로 보상금수령증 원본이나 공탁서 원본을 제공하여야 하는데, 이때에 수령인의 인감증명을 제출할 필요가 없다(선례 제1-133호).

④ 토지수용 재결이 실효되었을 때에는 토지수용으로 인한 소유권이전등기는 등기권리자와 등기의무자의 공동신청으로 말소하여야 하며, 이를 말소한 때에는 수용으로 인하여 직권말소된 등기는 등기관이 직권으로 회복하여야 한다(예규 제1388호).

답 ①

049 시효취득으로 인한 소유권이전등기에 관한 다음 설명 중 틀린 것은?

① 시효취득으로 인한 소유권이전등기는 등기부상 소유자를 등기의무자로 하고 시효취득한 자를 등기권리자로 하여 공동으로 신청하는 것이 원칙이다.

② 시효취득은 원시취득이므로 그 대상이 농지인 경우에도 등기신청서에 농지취득자격증명을 첨부할 필요가 없다.

③ 시효취득의 경우 시효완성일자를 등기원인일자로 신청서에 기재하여야 한다.

④ 시효취득을 증명하는 서면은 판결정본에 한정되지 않는다.

⑤ 대장상 소유자미복구인 미등기토지에 대하여 국가를 상대로 시효취득을 원인으로 소유권이전등기판결을 얻은 경우 원고는 직접 자기 명의로 소유권보존등기를 신청할 수 있다.

(해설)

③ 등기원인은 '시효취득', 원인일자는 '점유개시일'을 기재한다.

(선지분석)

① 법률의 규정이 없는 한 공동신청에 의하여야 하므로, 현재 등기부상 소유자를 등기의무자로 하고 시효취득한 자를 등기권리자로 하여 공동으로 신청하여야 한다.

② 시효취득은 원시취득이므로 농지취득자격증명, 토지거래허가, 「민법」상 재단법인의 기본재산 처분에 대한 주무관청의 허가서 등은 첨부할 필요가 없다.

④ 통상적으로 시효취득을 증명하는 서면이 존재하지 않으므로 판결정본에 한정되지 않는다.

⑤ 대장상 소유자미복구인 미등기토지에 대하여 국가를 상대로 한 소송에서 시효취득을 원인으로 한 소유권이전등기절차 이행의 판결이 확정된 경우 원고는 위 판결에 의하여 국가를 대위할 필요없이 직접 자기명의로 소유권보존등기를 신청할 수 있다(선례 제4-220호).

답 ③

050 소유권 또는 부동산의 일부이전에 따른 등기와 관련한 다음 설명 중 가장 틀린 것은?   **10 사무관**

① 지분의 일부에 대하여 저당권등기가 있는 경우 지분의 일부이전등기를 신청할 때에는 이전하고자 하는 부분이 저당권의 부담이 있는 부분인가 여부를 신청서에 기재하여 등기하여야 한다.

② 동일한 건축물대장에 등재된 수동의 축사와 주택에 대하여 1개의 등기부에 수인의 공유로 하는 건물 소유권보존등기가 되어 있는 경우 공유물분할판결에 따른 건물의 소유권이전등기는 건물의 분할등기를 경료한 후에 신청하여야 한다.

③ 1필의 토지의 특정 일부에 대하여 소유권이전등기절차의 이행을 명하면서 따로 토지의 분할을 명하는 주문의 기재가 없다면 그 판결은 집행불능의 판결에 해당한다.

④ 토지의 특정 일부를 매수하고도 소유권의 지분이전등기를 한 경우에 등기기록상 각 공유자는 분필등기를 한 후 각자의 권리부분에 대한 상호명의신탁해지를 원인으로 한 지분소유권이전등기를 경료할 수 있다.

(해설)

③ 1필지의 토지의 특정된 일부에 대하여 소유권이전등기의 말소를 명하는 판결을 받은 등기권리자는 <u>그 판결에 따로 토지의 분할을 명하는 주문기재가 없더라도</u> 그 판결에 기하여 등기의무자를 <u>대위하여 그 특정된 일부에 대한 분필등기절차를 마친 후</u> 소유권이전등기를 말소할 수 있으므로 토지의 분할을 명함이 없이 1필지의 토지의 일부에 관하여 소유권이전등기의 말소를 명한 판결을 집행불능의 판결이라 할 수 없다(예규 제639호).

(선지분석)

① 이전하는 지분이 소유권 이외의 권리가 설정된 지분인 경우 지분의 일부이전등기를 신청할 때에는 이전하고자 하는 부분이 그 권리의 부담이 있는 부분인지 구분하여 특정하여 신청서를 기재하여야 등기하여야 한다(예규 제1356호, 제1313호).

② 동일한 건축물대장에 수동의 축사와 주택이 함께 등재되어 있고, 그에 따라 그 수동의 축사와 주택에 대하여 1개의 등기부에 수인의 공유로 하는 건물소유권보존등기가 되어 있는 경우에, 공유물분할판결에 따른 건물의 소유권이전등기는 먼저 건축물대장을 분할한 다음 그 대장등본을 첨부하여 건물의 분할등기를 경료한 후에 신청하여야 한다. 따라서 건축법 기타 법령의 규정에 부합하지 아니한다는 사유 등으로 건축물대장을 분할할 수 없다면 위 공유물분할판결에 따른 등기는 할 수 없다(선례 제7-239호).

④ 형식상 수인의 공유로 등기되어 있으나 사실상 특정된 구분소유관계에 있는 경우에는 각자 특정매수한 부분에 관하여 <u>상호명의신탁관계에 있다고 보아야</u> 하므로, 그 특정 매수된 부분대로 각자의 단독 소유로 하기 위하여는 대장을 특정부분 대로 분할하여 <u>분필등기를 한 다음 공유자 상호간에 명의신탁해지를 원인으로 한 지분소유권이전등기를 공동</u>(판결을 받은 경우에는 단독)으로 신청하여야 한다(선례 제3-544호).

답 ③

051 1필지의 토지의 특정 일부에 대한 등기신청에 관한 다음 설명 중 가장 옳은 것은? 14 주사보

① 1필지의 토지의 특정 일부에 대하여 소유권이전등기의 말소를 명한 판결은 집행불능의 판결이다.

② 토지의 특정 일부를 매수한 후 당사자 사이의 합의로 소유권의 지분이전등기를 한 경우 구분소유적 공유관계가 성립하므로, 이를 해소하기 위해서는 공유물분할판결을 얻어야 한다.

③ 부동산의 특정 일부에 대하여 이전등기를 명하는 이행판결을 받았으나 지적관계법상 토지분할이 불가능할 경우 분필절차를 거치지 않고 전체 면적에 대하여 특정부분의 면적비율에 따라 지분이전등기를 할 수 있다.

④ 1필지의 토지 중 특정 일부에 대한 소유권이전등기절차를 이행하기로 한 화해가 성립하였더라도 지적분할이 불가능하다면 그에 따라 등기를 실행할 수 없다.

(해설)

④ 1필지의 토지 중 특정 일부에 대한 소유권이전등기절차를 이행하기로 한 화해가 성립하였더라도 「공간정보의 구축 및 관리 등에 관한 법률」에 따른 분할절차를 거치지 않고는 분필등기를 할 수 없으므로, 그에 따른 소유권이전등기절차를 이해할 수 없다.

(선지분석)

① 1필지의 토지의 특정된 일부에 대하여 소유권이전등기의 말소를 명하는 판결을 받은 등기권리자는 그 판결에 따로 토지의 분할을 명하는 주문기재가 없더라도 그 판결에 기하여 등기의무자를 대위하여 그 특정된 일부에 대한 분필등기절차를 마친 후 소유권이전등기를 말소할 수 있으므로 토지의 분할을 명함이 없이 1필지의 토지의 일부에 관하여 소유권이전등기의 말소를 명한 판결을 집행불능의 판결이라 할 수 없다(예규 제639호).

② 구분소유적 공유관계를 해소하기 위해서는 상호명의신탁해지를 원인으로 한 소유권이전등기는 가능하나, 공유물분할판결을 얻을 것은 아니다.

③ 1필지의 토지 중 그 일부를 특정하여 소유권이전등기를 명한 판결이 확정되어 그 판결에 따른 소유권이전등기를 신청하기 위하여는 먼저 그 부분을 토지대장상 분할하여 분필등기를 해야 하고, 「지적법」상 지적분할이 불가능하다고 하여 전체면적에 대한 특정부분의 면적비율에 상응하는 공유지분의 이전등기를 신청할 수 없다(선례 제5-382호).

답 ④

052 소유권 또는 부동산의 일부 이전에 관한 다음 설명 중 가장 옳지 않은 것은? 19 주사보

① 어느 공유자의 지분 일부에 저당권설정등기가 있는 경우에 그 공유자의 지분 일부에 대하여 소유권이전등기를 신청할 때에 그 등기의 목적이 저당권의 부담이 있는 부분인지 아닌지를 신청정보의 내용으로 제공하여야 한다.

② 1필지 토지의 특정된 일부에 대하여 소유권이전등기절차 또는 소유권이전등기의 말소등기절차의 이행을 명하는 판결로는 그 판결에 따로 분필을 명하는 주문기재가 없으면 이전등기 또는 말소등기를 신청할 수 없다.

③ 수인의 공유자가 수인에게 지분의 전부 또는 일부를 이전하려고 하는 경우의 등기신청은 등기권리자별로 하거나 등기의무자별로 신청서를 작성하여야 한다.

④ 공유자의 지분 일부를 이전하는 경우에는 '공유자 지분 ○분의 ○ 중 일부(○분의 ○)이전'으로 기록하되, 괄호 안의 지분은 부동산 전체에 대한 지분을 기록한다.

해설

② 1필지의 토지의 특정된 일부에 대하여 소유권이전등기의 말소를 명하는 판결을 받은 등기권리자는 그 판결에 따로 토지의 분할을 명하는 주문기재가 없더라도 그 판결에 기하여 등기의무자를 대위하여 그 특정된 일부에 대한 분필등기절차를 마친 후 소유권이전등기를 말소할 수 있으므로 토지의 분할을 명함이 없이 1필지의 토지의 일부에 관하여 소유권이전등기의 말소를 명한 판결을 집행불능의 판결이라 할 수 없다(예규 제639호).

선지분석

① 어느 공유자의 지분 일부에 저당권설정등기가 있는 경우에 그 공유자의 지분 일부에 대하여 소유권이전등기를 신청할 때에 그 등기의 목적이 저당권의 부담이 있는 부분인지 아닌지를 신청정보의 내용으로 제공하여야 한다(예규 제1356호).

③ 수인의 공유자가 수인에게 지분의 전부 또는 일부를 이전하려고 하는 경우 신청서는 등기권리자별로 작성하여 제출하거나 등기의무자별로 작성하여 제출하여야 한다. 한 장의 신청서에 함께 기재한 경우 등기관은 이를 수리해서는 아니 된다(예규 제1363호).

④ 공유자의 지분 일부를 이전하는 경우에는 '공유자 지분 ○분의 ○ 중 일부(○분의 ○)이전'으로 기록하되, 괄호 안의 지분은 부동산 전체에 대한 지분을 기록한다(예규 제1313호).

답 ②

053 공유물분할판결에 따른 등기신청절차에 관한 다음 설명 중 가장 옳은 것은? 13 서기보

① 공유물분할판결은 이행판결이 아니므로 등기권리자가 단독으로 그 판결에 따른 소유권(지분)이전등기를 신청할 수 없다.

② 공유물분할판결이 확정되면 원고는 그 확정판결을 첨부하여 공유물분할을 원인으로 하는 소유권(지분)이전등기를 신청할 수 있으나 피고는 그 판결을 가지고 단독으로 소유권(지분)이전등기를 신청할 수 없다.

③ 공유물분할판결의 변론종결 후 그 판결에 따른 등기신청 전에 일부 공유자의 지분이 제3자에게 이전된 경우, 다른 공유자가 공유물분할판결에 따른 등기신청을 하기 위해서는 그 제3자에 대한 승계집행문을 부여받아야 한다.

④ 공유물분할판결에 따른 등기를 할 경우 등기원인일자는 판결선고일이다.

해설

③ 공유물분할판결의 <u>변론종결 후</u> 그 판결에 따른 등기신청 전에 일부 공유자의 지분이 제3자에게 이전된 경우로서 제3자가 「민사소송법」 제218조 제1항의 변론을 종결한 뒤의 승계인에 해당하여 위 판결의 기판력이 그에게 미친다는 이유로 다른 공유자가 자신이 취득한 분할부분에 관하여 위 제3자에 대한 승계집행문을 부여받은 경우에는, 그 공유자는 제3자 명의의 지분에 대하여 그 제3자를 등기의무자로 하여 곧바로 판결에 따른 이전등기를 단독으로 신청할 수 있다(예규 제1692호).

선지분석

①, ② 공유물분할판결이 확정되면 그 소송 당사자는 원·피고인지 여부에 관계없이 그 확정판결을 첨부하여 등기권리자 또는 등기의무자가 단독으로 공유물분할을 원인으로 한 지분이전등기를 신청할 수 있다(예규 제1692호).

④ 공유물분할판결의 경우 등기원인은 '공유물분할'로, 그 연월일은 '판결확정일'을 기재한다(예규 제1692호).

답 ③

054 공유물분할을 원인으로 하는 소유권이전등기에 관한 다음 설명 중 가장 옳지 않은 것은? 18 서기보

① 공유물분할을 원인으로 한 소유권이전등기는 각 분필 등기된 부동산별로 각각 독립하여 등기권리자와 등기의무자가 공동으로 신청할 수 있다.

② 공유물분할소송에서 강제조정이 확정된 경우에는 그 소송의 당사자는 원·피고에 관계없이 등기권리자가 단독으로 공유물분할을 원인으로 한 지분이전등기를 신청할 수 있다.

③ 공유물분할의 소송절차에서 공유토지의 분할에 대하여 조정이 성립된 경우에는 분할된 부분에 대하여 소유권이전등기를 마쳐야만 소유권을 취득한다.

④ 공유물분할 대상 부동산이 농지인 경우에는 취득하는 면적이 공유지분비율에 의한 면적 이상이면 농지취득자격증명을 첨부하여야 한다.

(해설)

④ 공유물분할 대상 부동산이 농지인 경우에는 취득하는 면적이 공유지분비율에 의한 면적과 같은지에 관계없이 농지취득자격증명을 첨부할 필요가 없다(선례 제6-562호).

(선지분석)

① 공유물분할을 원인으로 한 소유권이전등기는 각 분필 등기된 부동산별로 각각 독립하여 등기권리자와 등기의무자가 공동으로 신청할 수 있다(법 제23조 제1항).

② 공유물분할소송에서 강제조정이 확정된 경우에 그 소송의 당사자는 원·피고에 관계없이 등기권리자 단독으로 공유물분할을 원인으로 한 지분이전등기를 신청할 수 있다(선례 제7-234호).

③ 공유물분할의 소송절차에서 공유토지의 분할에 대하여 조정이 성립된 경우에는 분할된 부분에 대하여 소유권이전등기를 마쳐야만 소유권을 취득한다(대판 전합 2011두1917).

답 ④

055 공유물분할을 원인으로 하는 소유권이전등기에 관한 다음 설명 중 가장 옳지 않은 것은? 18 법무사

① 공유물분할의 판결이 확정되면 등기하지 않아도 분할된 부분에 대하여 공유자는 단독 소유권을 취득한다.

② 공유물분할의 소송절차에서 공유토지의 분할에 대하여 조정이 성립된 경우에는 분할된 부분에 대하여 등기를 마쳐야만 공유자는 단독 소유권을 취득한다.

③ 공유물분할을 원인으로 한 소유권이전등기는 각 분필 등기된 부동산 전부에 대하여 동시에 신청하여야 한다.

④ 공유물분할소송에서 강제조정이 확정된 경우에 그 소송의 당사자는 원·피고에 관계없이 등기권리자 단독으로 공유물분할을 원인으로 한 지분이전등기를 신청할 수 있다.

⑤ 공유물분할 대상 부동산이 농지인 경우에 취득하는 면적이 공유지분 비율에 의한 면적과 같은지 여부에 관계없이 농지취득자격증명을 첨부할 필요가 없다.

해설

③ 공유물분할을 원인으로 한 소유권이전등기는 동시에 하지 않고 각 분필등기된 부동산별로 각각 독립하여 신청할 수 있다(예규 제514호).

선지분석

① 공유물분할의 판결이 확정되면 등기하지 않아도 분할된 부분에 대하여 공유자는 단독 소유권을 취득한다(「민법」 제187조).

② 공유물분할의 소송절차에서 공유토지의 분할에 대하여 조정이 성립된 경우에는 분할된 부분에 대하여 소유권이전등기를 마쳐야만 소유권을 취득한다(대판 전합 2011두1917).

④ 공유물분할소송에서 강제조정이 확정된 경우에 그 소송의 당사자는 원·피고에 관계없이 등기권리자 또는 등기의무자가 단독으로 공유물분할을 원인으로 한 지분이전등기를 신청할 수 있다(선례 제7-234호).

⑤ 공유물분할 대상 부동산이 농지인 경우에 취득하는 면적이 공유지분 비율에 의한 면적과 같은지 여부에 관계없이 농지취득자격증명을 첨부할 필요가 없다(선례 제6-562호).

답 ③

056 합유등기에 관한 다음 기술 중 가장 옳지 않은 것은?

① 부동산에 합유등기가 마쳐진 경우에 각 합유자의 지분에 대한 소유권이전청구권가등기를 신청할 수 없다.

② 합유물인 부동산에 관하여 근저당권설정등기를 신청하기 위해서는 합유자 전원이 등기의무자로서 신청하여야 한다.

③ 조합의 사업으로 발생한 지방세의 체납처분이 있는 경우 세무서장은 합유재산에 대하여 압류등기촉탁을 할 수 있다.

④ 합유자 중 일부가 다른 합유자들 전원의 동의를 얻어 그 합유지분을 다른 사람에게 처분한 경우에는 지분양수인과 공동으로 합유지분이전등기를 신청할 수 있다.

(해설)

④ 합유자 중 일부가 다른 합유자들 전원의 동의를 얻어 그 합유지분을 다른 사람에게 처분한 경우에는 지분양수인과 공동으로 합유명의인변경등기를 신청할 수 있다(예규 제911호).

(선지분석)

① 부동산에 합유등기가 경료된 경우에 각 합유자의 지분에 대한 소유권이전청구권가등기는 신청할 수 없다(선례 제6-436호).

③ 지방자치단체의 장은 합유나 총유로 등기된 부동산에 관하여 합유자 중의 1인이나 종중원 개인에 대한 지방세 체납처분에 의하여는 합유자 중 1인의 지분이나 종중명의로 총유등기가 경료된 부동산에 대하여 압류등기촉탁을 할 수 없으나, 조합이나 종중의 사업으로 발생한 지방세의 체납처분에 의하여는 합유재산이나 총유재산에 대하여 압류등기촉탁을 할 수 있다(선례 제7-441호).

④ 권리자가 2인 이상인 경우에는 권리자별 지분을 기록하여야 하고 등기할 권리가 합유인 때에는 그 뜻을 기록하여야 한다(법 제48조 제4항).

답 ④

057 합유등기에 관한 다음 설명 중 가장 옳지 않은 것은?

① 합유물인 부동산에 관하여 근저당권설정등기를 신청하기 위해서는 합유자 전원이 등기의 무자가 되어야 한다.

② 단독소유를 수인의 합유로 이전하는 경우, 단독 소유자와 합유자들의 공동신청으로 소유권 이전등기신청을 하여야 한다.

③ 부동산에 합유등기가 경료된 경우에 합유자 중 1인에 대한 가압류등기촉탁을 할 수 없다.

④ 공유를 합유관계로 바꾸기 위해서는 공유자 전원이 합의하여야 하고 공유자 중 일부만이 소유관계를 합유로 하는 것은 허용되지 않는다.

(해설)

④ 공유자 전부 또는 일부가 그 소유관계를 합유로 변경하는 경우, 합유로 변경하려고 하는 공유자들의 'O년 O월 O일 변경계약'을 원인으로 한 합유로의 변경등기신청을 하여야 한다(예규 제911호).

(선지분석)

② 단독소유를 수인의 합유로 이전하는 경우, 단독소유자와 합유자들의 공동신청으로 소유권이전등기신청을 하여야 한다 (예규 제991호).

③ 합유자의 지분의 이전등기를 초래하는 소유권이전청구권가등기신청, 저당권설정등기신청, 가압류·경매개시결정기입 등기·압류등기의 촉탁 또는 공매처분에 따른 지분이전등기촉탁도 할 수 없다. 이는 다른 합유자의 동의를 얻은 경우 에도 마찬가지이다.

답 ④

058 합유등기에 관한 다음 설명 중 가장 옳지 않은 것은?

① 합유자가 2인인 경우 그중 1인이 사망한 때에는 특별한 약정이 없다면 잔존 합유자는 자기의 단독소유로 하는 합유명의인 변경등기를 신청할 수 있다.

② 3인 이상의 합유자 중 1인이 사망한 때에는 잔존 합유자는 해당 부동산에 대해서 사망한 합유자의 사망사실을 증명하는 서면을 첨부하여 해당 부동산을 잔존 합유자의 합유로 하는 합유명의인 변경등기신청을 할 수 있다.

③ 수인의 합유자 명의로 등기되어 있는 부동산도 합유자 전원의 합의에 의하여 수인의 공유지분의 소유형태로 소유권변경등기를 할 수 있다.

④ 사망한 합유자의 상속인들 중 일부가 다른 상속인을 상대로 상속지분이전등기절차의 이행을 명하는 판결을 받은 경우에 이 판결에 의해 소유권이전등기를 신청할 수 있다.

해설

④ 사망한 합유자의 상속인들 중 일부가 다른 상속인을 상대로 상속지분이전등기절차의 이행을 명하는 판결을 받은 경우에 이 판결에 의해 소유권이전등기를 신청할 수 없다(선례 제6-295호).

선지분석

① 합유자가 2인인 경우에 그중 1인이 사망한 때에는 해당 부동산은 잔존 합유자의 단독소유로 귀속되는 것이므로, 잔존 합유자는 사망한 합유자의 사망사실을 증명하는 서면을 첨부하여 해당 부동산을 잔존 합유자의 단독소유로 하는 합유명의인 변경등기신청을 할 수 있다(예규 제911호).

② 3인 이상의 합유자 중 1인이 사망한 때에는 잔존 합유자는 해당 부동산에 대해서 사망한 합유자의 사망사실을 증명하는 서면을 첨부하여 해당 부동산을 잔존 합유자의 합유로 하는 합유명의인 변경등기신청을 할 수 있다(예규 제911호).

③ 수인의 합유자 명의로 등기되어 있는 부동산도 합유자 전원의 합의에 의하여 수인의 공유지분의 소유형태로 소유권변경등기를 할 수 있다(예규 제911호).

답 ④

059 합유등기에 관한 다음 설명 중 가장 옳지 않은 것은? 19 주사보

① 합유자 중 일부가 탈퇴하여 잔존 합유자가 1인만 남은 경우에는 탈퇴한 합유자와 잔존 합유자의 공동신청으로 잔존 합유자의 단독소유로 하는 변경등기를 하여야 한다.

② 각 합유자의 지분에 대한 소유권이전청구권가등기를 신청할 수 없으며, 합유자 중 1인에 대한 가압류등기촉탁도 할 수 없다.

③ 수인의 합유자 명의로 등기되어 있는 부동산에 관해서는 합유자 전원의 합의에 의하여 수인의 공유로 소유권이전등기를 할 수 있다.

④ 합유등기에 있어서는 등기기록상 각 합유자의 지분을 표시하지 않는다.

(해설)

③ 수인의 합유자 명의로 등기되어 있는 부동산에 관해서는 합유자 전원의 합의에 의하여 수인의 공유로 소유권변경등기를 할 수 있다(선례 제3-562호).

(선지분석)

① 합유자 중 일부가 탈퇴하여 잔존 합유자가 1인만 남은 경우에는 탈퇴한 합유자와 잔존 합유자의 공동신청으로 잔존 합유자의 단독소유로 하는 변경등기를 하여야 한다(예규 제911호).

② 각 합유자의 지분에 대한 소유권이전청구권가등기를 신청할 수 없으며, 합유자 중 1인에 대한 가압류등기촉탁도 할 수 없다. 이는 다른 합유자의 동의가 있더라도 어느 합유자의 지분에 대한 강제집행을 신청할 수 없다(선례 제6-436호, 제6-497호, 제7-243호).

④ 합유등기에 있어서는 등기기록상 각 합유자의 지분을 표시하지 않고, 합유라는 뜻을 기록한다(법 제48조 제4항).

핵심정리 합유자의 변경

사유		신청인	인감증명	등기원인	기타
일부 교체		처분한 합유자와 취득한 합유자 및 잔존 합유자	처분한 합유자	합유자 변경	합유명의인변경등기
일부 탈퇴	잔존 합유자 수인	탈퇴한 합유자와 잔존 합유자	탈퇴한 합유자	합유자 OOO 탈퇴	잔존 합유자의 합유로 하는 합유명의인변경등기
	잔존 합유자 1인				잔존 합유자의 단독소유로 하는 합유명의인변경등기
추가		기존 합유자와 새로 가입하는 합유자	기존 합유자	합유자 OOO 가입	합유명의인변경등기

핵심정리 합유자 중 일부가 사망한 경우

사유	신청인	등기원인	기타
① 합유자 3인 중 1인 사망	잔존 합유자	합유자 OOO 사망	잔존 합유자의 합유로 하는 합유명의인변경등기
①을 하지 않고 있는 사이 다시 잔존 합유자 중 일부가 사망	현재 잔존 합유자	합유자 OOO 사망 합유자 △△△ 사망	현재 잔존 합유자로 변경하는 합유명의인변경등기 (잔존 합유자가 1인이면 단독소유로 하는 등기)
② 합유자 2인 중 1인 사망	잔존 합유자	합유자 OOO 사망	잔존 합유자의 단독소유로 하는 합유명의인변경등기
②를 하지 않고 있는 사이 다시 잔존 합유자가 사망	그 잔존 합유자의 상속인	합유자 OOO 사망 합유자 △△△ 사망	바로 상속인 앞으로 하는 상속등기

답 ③

060 공동소유 형태 변경에 관한 다음 기술 중 틀린 것은?

13 주사보

① 수인의 합유자 명의로 등기된 부동산을 합유자 전원이 공유하는 것으로 할 경우 소유권변경등기를 신청한다.

② 단독소유를 수인의 합유로 하는 경우, 단독소유자와 합유자들의 공동신청으로 소유권변경등기를 신청한다.

③ 수인이 공유하는 부동산을 공유자 전원이 합유자로 되는 합유로 하기 위해서는 소유권변경등기를 신청하여야 한다.

④ 비법인사단이 소유하는 부동산을 그 구성원 전원의 합유로 하기 위해서는 소유권이전등기를 신청하여야 한다.

(해설)

② 단독소유를 수인의 합유로 하는 경우, 단독소유자와 합유자들의 공동신청으로 소유권변경이 아닌 소유권이전등기를 신청하여야 한다(예규 제911호).

공유 → 합유, 합유 → 공유	소유권변경등기 cf 만일 甲, 乙 합유에서 甲, 丙의 공유로 하는 경우라면 소유권이전등기를 하여야 함
단독소유 → 합유	소유권이전등기
총유(비법인사단) → 공유, 합유	소유권이전
합유 → 총유(비법인사단)	소유권이전

답 ②

061 공동소유 등기에 관한 아래 설명 중 옳은 것은 모두 몇 개인가?

> ㄱ. 합유자 중 일부가 다른 합유자의 동의를 얻어 그의 합유지분을 다른 사람에게 처분하여
>   합유자 중 일부가 교체되는 경우에는 합유지분이전등기를 하여야 한다.
> ㄴ. 공유자 중 일부의 지분에 가압류등기가 되어 있고 그 가압류권자의 동의가 없는 경우 공유
>   에서 합유로의 변경등기는 주등기로 하여야 한다.
> ㄷ. 합유자 중 일부가 탈퇴하고 잔존 합유자가 1인만 남는 경우 이에 따른 등기는 소유권이전등
>   기의 형식으로 하여야 한다.
> ㄹ. 갑이 단독소유하고 있는 부동산의 소유권을 갑과 을의 합유로 하기로 한 경우 이에 따른
>   등기는 소유권이전등기의 방식으로 한다.
> ㅁ. 조합의 구성원과 법인 아닌 사단의 구성원이 동일한 경우에는 합유에서 법인 아닌 사단
>   소유로 등기명의인표시변경등기를 할 수 있다.

① 1개   ② 2개
③ 3개   ④ 4개
⑤ 5개

해설

옳은 것은 ㄹ. 1개이다.

선지분석

ㄱ. 합유지분이전등기가 아닌 합유명의인변경등기를 하여야 한다.

ㄴ. 등기상 이해관계인의 승낙서 등을 첨부한 경우에 한하여 변경등기를 허용하고, 승낙서 등을 첨부하지 아니한 경우
   합유로의 변경등기는 허용할 수 없다.

ㄷ. 합유자 중 일부가 탈퇴하고 잔존 합유자가 1인만 남은 경우에는 탈퇴한 합유자와 잔존 합유자의 공동신청으로 'ㅇ년
   ㅇ월 ㅇ일 합유자 ㅇㅇㅇ탈퇴'를 원인으로 한 잔존 합유자의 '단독소유'로 하는 합유명의인변경등기신청을 하여야 하
   고, 이 경우 탈퇴한 합유자의 인감증명을 첨부하여야 한다.

ㅁ. 합유자 공동명의로 된 것을 법인 아닌 사단 명의로 변경하기 위하여서는 소유권이전등기의 방식에 의하여야 한다(선
   례 제2-351호).

답 ①

062 공동소유의 등기에 관한 다음 설명 중 가장 옳지 않은 것은? 22 서기보

① 어느 공유자의 지분 일부에 저당권설정등기가 있는 경우에 그 공유자의 지분 일부에 대하여 소유권이전등기를 신청할 때에 그 등기의 목적이 저당권의 부담이 있는 부분인지 아닌지를 신청정보의 내용으로 제공하여야 한다.

② 등기할 권리가 합유일 때에는 합유의 뜻을 기록할 뿐 각 합유자의 지분은 등기사항이 아니다.

③ 수인의 공유자가 수인에게 지분의 전부 또는 일부를 이전하려고 하는 경우의 등기신청은 등기권리자별로 하거나 등기의무자별로 신청서를 작성하여야 한다.

④ 합유자 중 일부가 교체되는 경우 합유지분을 처분할 합유자와 합유지분을 취득한 합유자의 공동신청으로 합유명의인변경등기를 신청하여야 한다.

해설

④ 합유자 중 일부가 나머지 합유자들 전원의 동의를 얻어 그의 합유지분을 타에 매도 기타 처분하여 종전의 합유자 중 일부가 교체되는 경우에는 합유지분을 처분한 합유자와 합유지분을 취득한 합유자 및 잔존 합유자의 공동신청으로 「○년 ○월 ○일 합유자 변경」을 원인으로 한 잔존 합유자 및 합유지분을 취득한 합유자의 합유로 하는 합유명의인변경등기신청을 하여야 하고, 이 경우 합유지분을 처분한 합유자의 인감증명을 첨부하여야 한다(예규 제911호).

선지분석

① 어느 공유자의 지분 일부에 대하여 저당권(근저당권을 포함한다. 이하 같다)의 등기를 한 후 그 공유자의 지분 일부에 대하여 권리이전의 등기를 하거나 다시 저당권의 등기를 하는 경우에는, 그 등기의 목적이 이미(선순위) 저당권이 설정된 부분인가 아닌가를 명백히 하기 위하여 등기신청서와 등기부의 '등기의 목적'을 기재하여야 한다(예규 제1356호).

② 등기할 권리가 합유일 때에는 합유의 뜻을 기록할 뿐 각 합유자의 지분은 등기사항이 아니다(법 제48조 제4항).

③ 수인의 공유자가 수인에게 지분의 전부 또는 일부를 이전하려고 하는 경우의 등기신청은 등기권리자별로 하거나 등기의무자별로 신청서를 작성하여야 한다(예규 제1363호).

답 ④

제1관 환매에 관한 등기

063 다음 중 환매권자가 단독으로 환매특약등기의 말소등기를 신청할 수 있는 경우는?   16 주사보

① 환매권의 실행에 따라 환매권자 명의로 이전등기를 마친 경우

② 환매특약의 등기를 한 후에 환매기간이 경과된 경우

③ 환매권자가 환매권을 포기한 경우

④ 환매기간 내에 환매권자가 다른 원인으로 해당 부동산의 소유권을 획득함으로써 환매권이 혼동으로 소멸한 경우

(해설)

④ 환매등기를 경료한 후 등기된 환매기간이 경과하기 전에 환매권자가 다른 원인으로 당해 부동산에 대한 소유권을 취득함으로써 위 환매권이 혼동으로 소멸한 경우에는 <u>환매권자가 단독으로 혼동을 원인으로 하는 말소등기를 신청할 수 있다</u>(선례 제5-397호).

(선지분석)

① 환매권의 실행에 따라 환매권자 명의로 이전등기를 마쳤으면 환매특약의 등기는 존속할 필요가 없으므로 등기관이 직권으로 말소하여야 한다(예규 제1359호).

②, ③ 환매특약등기를 한 후 환매기간의 경과 또는 그 경과 전에 당사자 간에 환매권 소멸에 관한 특약을 체결하거나, 환매권을 포기한 경우에는 환매권자와 현재의 등기상 소유명의인이 공동으로 환매권등기의 말소등기를 신청할 수 있다.

답 ④

064 환매특약의 등기에 관한 다음 설명 중 가장 옳지 않은 것은? 17 주사보

① 환매특약의 등기신청은 매매로 인한 권리이전등기와는 별개로 신청하나 반드시 동시에 신청하여야 한다.

② 환매권자는 매도인에 국한되므로 제3자를 환매권자로 하는 환매특약등기는 할 수 없다.

③ 환매권은 독립된 권리로 볼 수 없으므로 권리이전등기에 부기로 등기하고 압류의 대상도 되지 않는다.

④ 1필지 전부를 매도하면서 그 일부 지분에 대해서만 환매권을 보류하는 환매특약등기신청은 할 수 없다는 것이 등기실무이다.

해설

③ 환매권은 일종의 권리취득권이라고 할 수 있는 독립한 권리이므로 권리이전등기에 부기로 등기하고(법 제52조), 압류·가압류의 대상이 될 수 있다.

선지분석

① 환매특약의 등기신청은 매매로 인한 권리이전등기와는 별개로 신청하나 반드시 동시에 신청하여야 하고, 동일한 접수번호로 접수된다(「민법」 제592조, 규칙 제65조 제2항).

② 환매권자는 매도인에 국한되므로 제3자를 환매권자로 하는 환매특약등기는 할 수 없다(선례 제3-566호).

④ 1필지 전부를 매도하면서 그 일부 지분에 대해서만 환매권을 보류하는 환매특약등기신청은 할 수 없다는 것이 등기실무이다(선례 제201111-3호).

답 ③

065 환매특약의 등기에 관한 다음 설명 중 가장 옳지 않은 것은? 17 사무관

① 환매의 특약은 등기한 때부터 제3자에게 대항할 수 있으며, 환매권은 일종의 권리취득권이라고 할 수 있는 독립한 권리이므로 거래나 압류·가압류의 대상이 된다.

② 환매특약등기는 매매로 인한 권리이전등기와는 별개로 신청하나 반드시 동시에 하여야 하고, 동일 접수번호로 접수된다.

③ 환매권을 행사한 경우에는 환매특약부 매매로 인한 종전의 소유권이전등기를 말소하는 것이 아니고 매도인 명의로 소유권이전등기를 한다.

④ 환매특약의 등기 후 환매권 행사 전에 마쳐진 제3자 명의의 소유권 외의 권리에 관한 등기는 '환매권 행사로 인한 실효'를 원인으로 환매권자가 단독으로 말소등기를 신청한다.

해설

④ 환매특약의 등기 이후 환매권 행사 전에 경료된 제3자 명의의 소유권 이외의 권리에 관한 등기의 말소등기는 일반원칙에 따라 공동신청에 의하고, 그 말소등기의 원인은 '환매권행사로 인한 실효'로 기록한다(예규 제1359호).

선지분석

① 환매특약은 등기할 수 있으며 등기한 때부터 제3자에게 대항할 수 있다(「민법」 제592조). 매도인이 가지는 이러한 환매권은 일종의 권리취득권이라고 할 수 있는 독립한 권리이므로 거래의 대상이 될 수 있고 압류나 가압류의 대상이 된다.

③ 환매권 행사로 인한 등기는 환매특약부 매매로 인한 종전의 소유권이전등기를 말소할 것이 아니고 매도인 또는 양수인명의로 소유권이전등기를 한다(대판 90다카16914).

답 ④

066 환매권 행사에 따른 소유권이전등기에 관한 다음 설명 중 가장 옳지 않은 것은? 18 서기보

① 환매권부매매의 매도인이 등기권리자, 환매권부매매의 매수인이 등기의무자가 되어 환매권 행사로 인한 소유권이전등기를 공동으로 신청한다.

② 환매권 행사로 인한 소유권이전등기의 등기원인은 '환매'로 하고, 환매의 의사표시가 상대방에게 도달한 날을 등기원인일자로 한다.

③ 등기관은 환매권의 행사로 인한 소유권이전등기를 할 때에는 직권으로 환매특약의 등기를 말소하여야 한다.

④ 환매특약의 등기 이후 환매권 행사 전에 마쳐진 제3자 명의의 소유권 이외의 권리에 관한 등기의 말소는 등기관이 직권으로 한다.

(해설)

④ 환매특약의 등기 이후 환매권 행사 전에 마쳐진 <u>제3자 명의의 소유권 이외의 권리에 관한 등기의 말소</u>는 공동으로 신청하여야 한다(예규 제1359호).

(선지분석)

① 환매권부매매의 매도인이 등기권리자, 환매권부매매의 매수인이 등기의무자가 되어 환매권 행사로 인한 소유권이전등기를 공동으로 신청한다(예규 제1359호).

② 환매권 행사로 인한 소유권이전등기의 등기원인은 '환매'로 하고, 환매의 의사표시가 상대방에게 도달한 날을 등기원인일자로 한다(예규 제1359호).

③ 등기관은 환매권의 행사로 인한 소유권이전등기를 할 때에는 직권으로 환매특약의 등기를 말소하여야 한다(규칙 제114조 제1항).

답 ④

067 환매권 실행의 등기에 관한 다음 설명 중 가장 옳지 않은 것은?   18 주사보

① 환매권부매매의 매도인으로부터 환매권을 양수한 자가 있는 경우에는 그 양수인이 등기권리자가 되고, 환매권부매매의 목적부동산이 환매특약의 등기 후 양도된 경우에는 그 전득자 즉, 현재 등기기록상 소유명의인이 등기의무자가 된다.

② 소유권이전등기의 등기원인은 '환매'로 하고 환매의 의사표시가 상대방에게 도달한 날을 등기원인 일자로 한다.

③ 환매권의 행사로 인한 소유권이전등기를 할 때에는 직권으로 환매특약의 등기를 말소하여야 한다.

④ 환매특약의 등기 이후 환매권 행사 전에 경료된 제3자 명의의 소유권 이외의 권리에 관한 등기는 등기관이 직권으로 말소하는데, 등기원인을 '환매권행사로 인한 실효'로 기록한다.

(해설)

④ 환매특약의 등기 이후 환매권 행사 전에 경료된 제3자 명의의 소유권 이외의 권리에 관한 등기의 말소등기는 일반원칙에 따라 공동신청에 의하고, 그 말소등기의 원인은 '환매권행사로 인한 실효'로 기록한다(예규 제1359호).

(선지분석)

① 환매권부매매의 매도인으로부터 환매권을 양수한 자가 있는 경우에는 그 양수인이 등기권리자가 되고, 환매권부매매의 목적부동산이 환매특약의 등기 후 양도된 경우에는 그 전득자 즉, 현재 등기기록상 소유명의인이 등기의무자가 된다(예규 제1359호).

② 소유권이전등기의 등기원인은 '환매'로 하고 환매의 의사표시가 상대방에게 도달한 날을 등기원인일자로 한다(예규 제1359호).

③ 환매권의 행사로 인한 소유권이전등기를 할 때에는 직권으로 환매특약의 등기를 말소하여야 한다(예규 제1359호).

답 ④

068 환매특약의 등기에 관한 다음 설명 중 가장 옳지 않은 것은?

19 주사보

① 환매의 특약은 등기한 때부터 제3자에게 대항할 수 있으며, 환매권은 일종의 권리취득권이라고 할 수 있는 독립한 권리이므로 거래나 압류·가압류의 대상이 된다.

② 환매특약등기는 매매로 인한 권리이전등기와는 별개로 신청하여야 하는 것이므로 그 권리이전등기와 동시에 신청할 필요는 없다.

③ 환매권을 행사한 경우에는 환매특약부 매매로 인한 종전의 소유권이전등기를 말소하는 것이 아니고 환매권부매매의 매도인 명의로 소유권이전등기를 한다.

④ 환매특약의 등기 후 환매권 행사 전에 마쳐진 제3자 명의의 소유권 외의 권리에 관한 등기에 대하여는 환매권자와 소멸될 권리의 등기명의인이 공동으로 말소등기를 신청한다.

해설

② 환매특약등기는 매매로 인한 권리이전등기와는 별개로 신청하나 반드시 동시에 하여야 하고, 동일 접수번호로 접수된다(「민법」 제592조, 법 제53조 등).

선지분석

① 환매의 특약은 등기한 때부터 제3자에게 대항할 수 있으며, 환매권은 일종의 권리취득권이라고 할 수 있는 독립한 권리이므로 거래나 압류·가압류의 대상이 된다.

③ 환매권을 행사한 경우에는 환매특약부 매매로 인한 종전의 소유권이전등기를 말소하는 것이 아니고 환매권부매매의 매도인 명의로 소유권이전등기를 한다(예규 제1359호).

④ 환매특약의 등기 후 환매권 행사 전에 마쳐진 제3자 명의의 소유권 외의 권리에 관한 등기에 대하여는 환매권자와 소멸될 권리의 등기명의인이 공동으로 말소등기를 신청한다(예규 제1359호). 그 말소등기의 원인은 '환매권 행사로 인한 실효'로 기록한다.

답 ②

069 환매특약의 등기에 관한 다음 설명 중 가장 옳지 않은 것은?

① 환매권행사로 인한 소유권이전등기를 한 경우, 환매특약의 등기 이후 환매권 행사 전에 마쳐진 제3자 명의의 저당권설정등기에 관한 말소등기는 등기관이 직권으로 할 수 없고, 일반원칙에 따라 공동신청에 의하여야 한다.

② 환매특약의 등기를 할 때에는 매수인이 지급한 대금, 매매비용 및 환매기간을 반드시 기록하여야 한다.

③ 환매특약의 등기신청은 매매로 인한 권리이전등기신청과는 별개로 하여야 하지만, 반드시 매매로 인한 권리이전등기신청과 동시에 하여야 한다.

④ 환매특약의 등기를 신청할 때에는 등기의무자의 등기필정보를 제공할 필요가 없다.

해설

② 환매특약의 등기를 할 때에는 매수인이 지급한 대금, 매매비용은 필수적 기재사항이지만 환매기간은 등기원인에 사항이 기재된 경우만 기록하는 임의적 기재사항에 불과하다(법 제53조).

선지분석

① 환매권행사로 인한 소유권이전등기를 한 경우, 환매특약의 등기 이후 환매권 행사 전에 마쳐진 제3자 명의의 저당권설정등기에 관한 말소등기는 등기관이 직권으로 할 수 없고, 일반원칙에 따라 공동신청에 의하여야 한다(예규 제1359호).

③ 환매특약의 등기신청은 매매로 인한 권리이전등기신청과는 별개로 하여야 하지만, 반드시 매매로 인한 권리이전등기신청과 동시에 하여야 한다(「민법」 제592조).

④ 환매특약의 등기를 신청할 때에는 등기의무자의 등기필정보를 제공할 필요가 없다(예규 제1647호).

답 ②

070 권리소멸약정의 등기에 관한 다음 설명 중 가장 옳지 않은 것은? 15 주사보

① 권리소멸의 약정이란 등기의 원인이 법률행위에 해제조건 또는 종기 등을 붙인 것을 말하므로, 이는 등기원인행위와 동일한 계약에서 부가되어야 하고 별개의 계약에 의한 권리소멸의 약정은 여기서의 대상이 아니다.

② 소유권이전등기신청서에 권리소멸의 약정사항을 기재하여 권리소멸의 약정등기를 신청하는 경우에도 이와 동시에 별개의 신청서에 의해 환매특약의 등기를 신청할 수도 있다.

③ 등기관이 권리소멸의 약정등기를 할 때에는 권리취득의 등기에 부기로 하여야 한다.

④ 권리소멸의 약정이 등기되어 있는 경우에 그 약정에 따라 해당 권리가 소멸하였을 때에는 그 권리의 등기에 대한 말소등기는 모두 등기권리자가 단독으로 신청할 수 있다.

(해설)

④ 등기명의인의 사망으로 권리가 소멸한다는 약정이 등기되어 있는 경우에 그 등기명의인의 사망으로 그 권리가 소멸하였을 때에는 등기권리자가 그 사실을 증명하여 단독으로 해당 등기의 말소를 신청할 수 있다(법 제55조). 권리소멸약정의 등기는 권리취득등기에 이를 부기하며(법 제52조 제7호), 그 부기등기는 그 권리취득등기를 말소할 때에 직권으로 말소한다(규칙 제114조 제2항). 즉, 해당 지문에서 그 권리의 등기에 대한 말소등기 중 해당 권리취득등기는 등기권리자가 단독신청하나, 부기등기로 경료한 권리소멸약정등기는 직권으로 말소하여야 한다.

(선지분석)

①, ② 등기의 목적인 권리의 소멸에 관한 약정이란 등기원인인 법률행위에 해제조건 또는 종기를 붙인 경우 등을 의미하고, 법 제54조는 '등기원인에 권리의 소멸에 관한 약정이 있을 경우 신청인은 그 약정에 관한 등기를 신청할 수 있다'고 규정하고 있으므로 등기원인인 법률행위에 권리소멸의 약정(등기원인행위와 동일한 계약서에 부기되어야 함)이 있는 때에는 그 약정사항을 기재하여 권리취득의 등기와 함께 권리소멸약정의 등기를 신청할 수 있다. 또한 소유권이전등기신청서에 권리소멸의 약정사항을 기재하여 권리소멸의 약정등기를 신청하는 경우에도 이와 동시에 별개의 신청서에 의해 환매특약의 등기를 신청할 수도 있다(선례 제201412-1호).

③ 등기관이 권리소멸의 약정등기를 할 때에는 권리취득의 등기에 부기로 하여야 한다(법 제52조).

답 ④

2023 해커스법원직 김미영 부동산등기법 기출문제집

071 권리소멸약정의 등기에 관한 다음 설명 중 가장 옳지 않은 것은? 18 주사보

① 권리소멸의 약정은 등기원인행위와 동일한 계약서에 나타나 있어야 하며, 별개로 체결한 약정에 의해서는 등기를 신청할 수 없다.

② 등기원인증서에 등기의 목적인 권리에 대한 소멸의 약정이 있으면 이를 반드시 신청서에 기재하여 등기를 신청하여야 한다.

③ 권리소멸약정의 등기는 권리취득등기에 부기등기로 한다.

④ 권리소멸약정의 등기는 권리취득등기를 말소하였을 때에 직권으로 말소한다.

해설

② 법은 등기원인에 권리의 소멸에 관한 약정이 있을 경우 신청인은 그 약정에 관한 등기를 신청할 수 있다고 규정하므로 (법 제54조), 그러한 약정이 있다고 해서 반드시 등기를 해야 하는 것은 아니다.

선지분석

① 등기의 목적인 권리의 소멸에 관한 약정이란 등기원인인 법률행위(매매 등을 원인으로 한 소유권이전)에 해제조건 또는 종기를 붙인 경우 등을 의미하고, 법 제54조는 '등기원인에 권리의 소멸에 관한 약정이 있을 경우 신청인은 그 약정에 관한 등기를 신청할 수 있다'고 규정하고 있으므로 등기원인인 법률행위에 권리소멸의 약정(등기원인행위와 동일한 계약서에 부기되어야 함)이 있는 때에는 그 약정사항을 기재하여 권리취득의 등기와 함께 권리소멸약정의 등기를 신청할 수 있다(선례 제201412-1호).

③ 권리소멸약정의 등기는 권리취득등기에 부기등기로 한다(법 제52조 제7호).

④ 권리소멸약정의 등기는 권리취득등기를 말소하였을 때에 직권으로 말소한다(규칙 제114조 제2항).

답 ②

072 「주택법」제40조 제3항(현행 「주택법」제61조 제3항)에 따른 금지사항 등기에 관한 다음 설명 중 가장 옳지 않은 것은?

15 주사보

① 사업주체가 국가나 지방자치단체인 경우에는 해당 대지에 대한 금지사항 부기등기를 할 수 없다.

② 금지사항 부기등기를 신청하면서 일부 주택에 관하여 입주예정자가 없음을 이유로 부기등기를 신청하지 않을 경우에는 그 주택의 대지 지분에 금지사항을 말소하는 의미로서 변경하는 등기를 하여야 한다.

③ 주상복합건축물의 경우 주택에 대하여만 신청하여야 하고 주택 외의 시설에 대해서는 금지사항 부기등기를 신청할 수 없다.

④ 금지사항 부기등기를 신청할 때 등록면허세 및 등기신청수수료는 납부하지 않는다.

해설

④ 「주택법」제40조 제3항(현행 「주택법」제61조 제3항)의 금지사항 부기등기는 등기관의 직권이 아닌 주택의 소유권보존등기와 동시 또는 소유권보존등기 이후 당사자의 신청에 의하여 이루어지는 등기이며 별도의 비과세나 면제규정이 없으므로 위 등기를 신청하는 경우 신청서에 등록세영수필확인서를 첨부하고 등기신청수수료를 납부하여야 한다 (선례 제200809-1호).

선지분석

① **등기예규** 「주택법」제40조 제3항(현행 「주택법」제61조 제3항)의 금지사항 부기등기에 관한 업무처리지침 (예규 제1616호)

4의4. 금지사항 부기등기를 할 수 없는 경우
금지사항 부기등기를 신청한 부동산이 사업주체의 소유명의가 아니거나 다음의 어느 하나에 해당하는 경우에는 금지사항 부기등기를 할 수 없다.

가. 대지의 경우
(1) 사업주체가 국가·지방자치단체·한국토지주택공사 또는 지방공사인 경우
(2) 조합원이 주택조합에 대지를 신탁하여 신탁등기를 한 경우
(3) 대지에 저당권, 가등기담보권, 전세권, 지상권 및 등기되는 부동산임차권이 설정된 경우. 다만, 사업주체가 「주택법 시행령」제71조 제1호 또는 제2호에 따른 융자를 받기 위해 해당 금융기관에 대하여 저당권 등을 설정한 경우임을 증명하는 정보를 제공한 경우에는 그러하지 아니하다.

나. 주택의 경우
해당 주택의 입주자로 선정된 지위를 취득한 자가 없는 경우. 다만, 소유권보존등기 후 입주자모집공고의 승인을 신청하는 경우를 제외한다.

② 「주택법」제40조 제3항(현행 「주택법」제61조 제3항)의 금지사항 부기등기는 아래와 같이 말소된다.

부기등기 말소	신청	• 사업계획의 취소 • 입주예정자에게 입주가능일을 통보한 경우 • 입주예정자가 없는 경우
	직권	• 주택건설대지를 대한주택보증주식회사에 신탁한 경우 • 사업주체의 변경 • 입주예정자 앞으로 소유권이전등기신청
	촉탁	당해 부동산이 매각된 경우

③ **등기예규** 「주택법」 제40조 제3항(현행 「주택법」 제61조 제3항)의 금지사항 부기등기에 관한 업무처리지침
(예규 제1616호)

4의2. 주상복합건축물의 경우에 대한 특칙

가. 대지에 대한 신청

(1) 주상복합건축물 건설사업이 사업계획승인 대상인 경우
위 1. 가. 의 예에 따른다(「주택법」 규정에 의한 사업주체가 주택건설대지에 관하여 「주택법」 제61조 제3항에 따른 금지사항 부기등기(이하 '금지사항 부기등기'라 한다)를 신청하기 위해서는 신청서에 주택건설사업계획승인서 및 입주자모집공고승인신청을 하였다는 관할 관청의 확인서를 첨부하여야 한다).

(2) 주상복합건축물의 건축이 건축허가 대상인 경우

(가) 그 대지 위에 건축될 예정인 주상복합건축물에 <u>주택이 30세대</u>(「주택법 시행령」 제27조 제1항 제2호 각 목 어느 하나에 해당하는 경우에는 50세대) 이상인 경우에 한하여 금지사항 부기등기를 신청할 수 있다.

(나) <u>첨부서면</u>
ⅰ) 건축허가서
ⅱ) 입주자모집공고승인신청을 하였다는 관할 관청의 확인서
ⅲ) 위 (가)의 주택 세대수 이상임을 증명하는 서면(위 ⅰ), ⅱ)의 서면에 의하여 증명되지 않는 경우에 한한다)

(3) 금지사항 부기등기의 방법
주상복합건축물의 대지에 대한 금지사항 부기등기는 사업주체의 소유권이나 그 지분 전부에 대하여 한다.

나. 주상복합건축물에 대한 금지사항 부기등기

주상복합건축물에 대한 금지사항 부기등기 및 그 변경등기는 위 1. 나. 의 규정에 따르는 외에 다음과 같은 방법으로 한다.

(1) 금지사항 부기등기의 대상 및 신청 방법

(가) 금지사항 부기등기는 전유부분 중 주택에 대하여만 신청하고, 주택 외의 시설을 대상으로 신청하여서는 아니 된다.

(나) 등기관은 금지사항 부기등기를 주택의 소유권보존등기에만 부기하고, 주택 외의 시설의 소유권보존등기에는 부기하지 않도록 주의하여야 한다.

답 ④

073 특별법에 의한 특약사항, 금지사항 등의 등기 또는 「민법」상의 환매특약의 등기 등에 관한 다음 설명 중 가장 옳지 않은 것은?

16 주사보

① 특별법에 의한 특약사항, 금지사항 등은 그러한 사항을 등기할 수 있다는 법령상의 근거가 없더라도 관공서가 필요하다고 인정하여 촉탁한 경우에는 등기할 수 있다.

② 조합원이 주택조합에 대지를 신탁하여 신탁등기를 한 경우에는 「주택법」 제40조 제3항(현행 「주택법」 제61조 제3항)의 규정에 따른 금지사항의 부기등기를 할 수 없다.

③ 「주차장법」에 따른 시설물의 부기등기와 부설주차장의 부기등기는 다른 특별법에 의한 특약사항 등의 등기와는 달리 처분제한의 등기가 아니다.

④ 환매권부 매매의 목적 부동산이 환매특약의 등기 후 양도된 경우에는 그 전득자(현재 등기기록상 소유명의인)가 등기의무자가 된다.

해설

① 특별법에 의한 특약사항, 금지사항 등은 <u>그러한 사항을 등기할 수 있다는 법령상의 근거가 있어야만</u> 이를 등기할 수 있다(예규 제1617호).

선지분석

② 금지사항 부기등기를 신청한 부동산이 사업주체의 소유명의가 아니거나 조합원이 주택조합에 대지를 신탁하여 신탁등기를 한 경우 할 수 없다(예규 제1616호).

③ 「주차장법」에 따른 시설물의 부기등기와 부설주차장의 부기등기는 다른 특별법에 의한 특약사항 등의 등기와는 달리 처분제한의 등기가 아니므로, 그 부기등기가 마쳐진 부동산에 대하여 양도, 담보제공 등 다른 등기신청이 있는 경우에도 그 신청을 수리할 수 있다(예규 제1617호).

④ 환매권부매매의 매도인이 등기권리자, 환매권부매매의 매수인이 등기의무자가 되어 환매권 행사로 인한 소유권이전등기를 공동으로 신청한다. 다만, 환매권부매매의 매도인으로부터 환매권을 양수받은 자가 있는 경우에는 그 양수인이 등기권리자가 되고, 환매권부매매의 목적 부동산이 환매특약의 등기 후 양도된 경우에는 그 전득자(현재 등기기록상 소유명의인)가 등기의무자가 된다(예규 제1359호).

답 ①

2023 해커스법원직 김미영 부동산등기법 기출문제집

074 「주택법」제61조 제3항에 따른 금지사항 등기에 관한 다음 설명 중 가장 옳지 않은 것은?

17 주사보

① 사업주체가 국가나 지방자치단체인 경우에는 해당 대지에 대한 금지사항 부기등기를 할 수 없다.

② 금지사항 부기등기를 신청하면서 일부 주택에 관하여 입주예정자가 없음을 이유로 부기등기를 신청하지 않을 경우에는 그 주택의 대지 지분에 대한 금지사항을 말소하는 의미로서 주택건설대지에 관한 금지사항 부기등기를 변경하는 등기를 하여야 한다.

③ 주상복합건축물의 경우 전유부분 중 주택에 대하여만 신청하여야 하고 주택 외의 시설에 대해서는 금지사항 부기등기를 신청할 수 없다.

④ 금지사항 부기등기를 신청할 때 등록면허세 및 등기신청수수료는 납부하지 않는다.

해설

본 문제는 예규 제1616호와 관련된 것으로 구 주택법 제40조 제3항이 현 「주택법」 제61조 제3항으로 변경되었을 뿐이다.

④ 금지사항 부기등기는 당사자의 신청에 이루어지는 등기이므로 등록면허세 및 등기신청수수료는 납부하여야 한다.

답 ④

075 「주택법」에 따른 금지사항 등기 등에 관한 다음 설명 중 가장 옳지 않은 것은?

① 「주택법」에 의하면, 사업주체는 주택건설사업에 의하여 건설된 주택 및 대지에 대하여는 일정 기간 동안 입주예정자의 동의 없이 저당권·전세권·지상권 등을 설정하거나 매매 또는 증여 등의 방법으로 처분하는 행위를 하여서는 안 된다. 사업주체는 이러한 금지사항을 해당 주택 또는 대지의 소유권등기에 부기하여야 한다.

② 건설 준공 전에 입주자를 모집한 결과 입주예정자가 있어 소유권보존등기와 동시에 금지사항 부기등기를 했어야 했는데 누락된 경우에는, 보존등기 이후에라도 관할관청이 사업주체의 입주자모집공고안을 승인하였다는 확인서와 입주예정자가 있음을 소명하는 정보를 제공하여 금지사항 부기등기를 신청할 수 있다. 다만, 이미 금지되는 등기가 되어 있다면 금지사항 등기를 하지 못한다.

③ 금지사항 부기등기는 신청에 의한 등기이므로 등록면허세 및 등기신청수수료를 납부하여야 한다. 다만, 입주예정자 앞으로 소유권이전등기를 할 때에는 금지사항 부기등기를 등기관이 직권 말소하므로 등록면허세 등을 납부할 필요가 없다.

④ 사업주체가 입주예정자에 통보한 입주가능일부터 60일이 경과한 후에 그 통보를 증명하는 정보(예 사업주체의 확인서나 내용증명서 등)를 제공하여 금지사항 부기등기의 말소를 신청한 경우 등기관은 수리한다. 여기에서의 입주가능일이란 입주 가능한 첫날을 의미한다.

해설

② 건설 준공 전에 입주자를 모집한 결과 입주예정자가 있어 <u>소유권보존등기와 동시에 금지사항 부기등기를 했어야 했는데 누락된 경우에는</u>, 보존등기 이후에라도 관할관청이 사업주체의 입주자모집공고안을 승인하였다는 확인서와 입주예정자가 있음을 소명하는 정보를 제공하여 <u>금지사항 부기등기를 신청할 수 있다</u>. 다만, <u>금지사항 등기 전에 이미 금지되는 등기가 되어 있다면</u> 그 경우에는 금지사항 등기를 부기등기로 하지 못하고 <u>주등기로 하여야 한다</u>(선례 201002-3호).

답 ②

076 「주택법」 제61조 제3항의 금지사항 부기등기의 말소절차에 관한 다음 설명 중 가장 옳지 않은 것은?

18 주사보

① 금지사항 부기등기 후 해당 부동산이 매각되고 집행법원이 그 매각에 따른 소유권이전등기를 촉탁한 경우, 금지사항 부기등기는 등기관이 직권으로 말소하여야 한다.

② 사업주체는 입주예정자에게 통보한 입주가능일로부터 60일이 경과한 후에 그 통보를 증명하는 정보를 첨부정보로서 제공하여 금지사항 부기등기의 말소등기를 신청할 수 있다.

③ 사업주체가 해당 주택건설대지를 주택도시보증공사에 신탁하고 그에 따른 소유권이전등기 및 신탁등기를 신청한 경우, 금지사항 부기등기는 등기관이 직권으로 말소하여야 한다.

④ 입주자모집공고에 따른 분양계약의 체결로 입주예정자가 발생하였으나, 나중에 분양계약의 무효 또는 취소 등으로 인하여 해당 주택에 입주예정자가 없는 경우, 사업주체는 그 사실을 증명하는 정보를 첨부정보로서 제공하여 해당 주택에 관한 금지사항 부기등기의 말소등기를 신청할 수 있다.

해설

① 금지사항 부기등기 후 당해 부동산이 매각되고 집행법원이 그 매각에 따른 소유권이전등기를 촉탁하면서 금지사항 부기등기의 말소도 촉탁한 경우(등기관이 직권으로 말소하는 것이 아님), 촉탁에 의하여 등기관은 그 부기등기를 말소하여야 한다(예규 제1616호).

선지분석

② 사업주체는 입주예정자에게 통보한 입주가능일로부터 60일이 경과한 후에 그 통보를 증명하는 정보를 첨부정보로서 제공하여 금지사항 부기등기의 말소등기를 신청할 수 있다(예규 제1616호).

③ 사업주체가 해당 주택건설대지를 주택도시보증공사에 신탁하고 그에 따른 소유권이전등기 및 신탁등기를 신청한 경우, 금지사항 부기등기는 등기관이 직권으로 말소하여야 한다(예규 제1616호).

④ 입주자모집공고에 따른 분양계약의 체결로 입주예정자가 발생하였으나, 나중에 분양계약의 무효 또는 취소 등으로 인하여 해당 주택에 입주예정자가 없는 경우, 사업주체는 그 사실을 증명하는 정보를 첨부정보로서 제공하여 해당 주택에 관한 금지사항 부기등기의 말소등기를 신청할 수 있다(예규 제1616호).

핵심정리 「주택법」 제161조 제3항의 금지사항 부기등기에 관한 업무처리지침(예규 제1616호)

부기등기 말소	신청	• 사업계획의 취소 • 입주예정자에게 입주가능일을 통보한 경우 • 입주예정자가 없는 경우
	직권	• 주택건설대지를 대한주택보증주식회사에 신탁한 경우 • 사업주체의 변경 • 입주예정자 앞으로 소유권이전등기신청
	촉탁	당해 부동산이 매각된 경우

답 ①

제4장 용익권에 관한 등기

제1절 | 지상권에 관한 등기

제1관 보통의 지상권등기

001 지상권등기에 관한 다음 설명 중 가장 옳지 않은 것은? **15 주사보**

① 지상권의 존속기간, 지료와 지급시기는 지상권설정의 필수적 요소이므로 신청정보로서 반드시 제공하여야 한다.

② 지상권의 존속기간을 불확정기간(예 철탑존속기간으로 한다)으로 정할 수도 있다.

③ 지상권설정등기가 되어 있는 상태에서 기존 지상권설정등기의 말소를 조건으로 하는 정지조건부 지상권설정등기청구권을 보존하기 위한 조건부 지상권설정청구권가등기를 신청할 수 있다.

④ 토지 위에 등기된 건물이 있더라도 그 토지의 등기기록상 지상권과 양립할 수 없는 용익물권이 존재하지 않는다면, 그 토지에 대하여 지상권설정등기를 신청할 수 있다.

해설

① 지상권설정의 등기를 신청하는 경우에는 법 제69조 제1호부터 제5호까지의 등기사항을 신청정보의 내용으로 등기소에 제공하여야 한다(규칙 제126조 제1항).

> **「부동산등기법」 제69조 【지상권의 등기사항】** 등기관이 지상권설정의 등기를 할 때에는 제48조에서 규정한 사항 외에 다음 각 호의 사항을 기록하여야 한다. 다만, 제3호부터 제5호까지 등기원인에 그 약정이 있는 경우에만 기록한다.
> 1. 지상권설정의 목적
> 2. 범위
> 3. 존속기간
> 4. 지료와 지급시기
> 5. 「민법」 제289조의2 제1항 후단의 약정
> 6. 지상권설정의 범위가 토지의 일부인 경우에는 그 부분을 표시한 도면의 번호

선지분석

② 지상권의 존속기간을 「민법」 제280조 제1항 각 호의 기간보다 긴 기간으로 하는 약정은 유효하므로, 그 기간을 위 기간보다 장기로 하거나 불확정기간(예 철탑존속기간으로 함)으로 정할 수도 있다(예규 제1425호).

③ 지상권은 타인의 토지를 배타적으로 사용하는 용익물권이므로 동일한 토지에 대한 이중의 지상권설정등기는 허용되지 않지만, 이미 지상권설정등기가 경료되어 있는 상태에서 기존 지상권설정등기의 말소를 조건으로 하는 정지조건부 지상권설정등기청구권을 보존하기 위한 조건부 지상권설정청구권 가등기는 신청할 수 있다(선례 제6-439호).

④ 토지 위에 등기된 건물이 있다 하더라도, 당해 토지의 등기부상 지상권과 양립할 수 없는 용익물권이 존재하지 않는다면, 그 토지에 대하여 지상권설정등기를 신청할 수 있다(선례 제6-311호).

답 ①

002 지상권등기와 관련된 다음 설명 중 가장 옳은 것은?

① 구분지상권이 설정되어 있는 토지에 대하여도 기존 구분지상권자의 승낙을 증명하는 정보(인감증명 포함)를 첨부정보로써 제공하여 통상의 지상권설정등기를 신청할 수 있다.

② 「국토의 계획 및 이용에 관한 법률」 제118조 제1항(현행 「부동산 거래신고 등에 관한 법률」 제11조)의 규정에 의한 허가 대상 토지에 관한 지료의 약정이 있는 지상권을 설정하는 경우에도 소유권이전계약에 따른 것은 아니므로 그 등기신청서에 토지거래계약허가증을 첨부할 필요가 없다.

③ 채권자는 동일 채권의 담보로 甲부동산에 관한 소유권과 乙부동산에 관한 지상권에 대하여 공동근저당권설정등기를 신청할 수는 있으나, 이때 甲부동산의 소유자와 乙부동산의 지상권자는 동일해야 한다.

④ 지상권의 존속기간을 불확정기간(예 철탑존속기간으로 한다)으로 정할 수는 없고, 반드시 확정기간으로 특정하여야 한다.

해설

① 구분지상권이 설정되어 있는 토지에 대하여도 기존 구분지상권자의 승낙을 증명하는 정보(인감증명 포함)를 첨부정보로서 제공하여 통상의 지상권설정등기를 신청할 수 있다(선례 제201407-2호).

선지분석

② 허가대상이 되는 토지거래계약은 허가구역 내에 있는 토지에 대하여 <u>대가를 받고</u>, 즉 유상으로 소유권, 지상권을 이전 또는 설정하는 계약 또는 예약이다. 따라서 허가 대상 토지에 관하여 지료의 약정이 있는 지상권을 설정하는 경우 토지거래허가서를 첨부하여야 한다.

③ 채권자는 동일한 채권의 담보로 甲 부동산에 관한 소유권과 乙 부동산의 지상권에 대하여 공동근저당권설정등기를 신청할 수 있으며, 이때 甲 부동산의 소유자와 乙 부동산의 지상권자가 반드시 동일할 필요는 없다(선례 제201009-4호).

④ 지상권의 존속기간을 「민법」 제280조 제1항 각호의 기간보다 긴 기간으로 하는 약정은 유효하므로, 그 기간을 위 기간보다 장기로 하거나 불확정기간(예 철탑존속기간으로 함)으로 정할 수도 있다(예규 제1425호).

답 ①

003 지상권에 관한 등기와 관련한 다음 설명 중 가장 옳지 않은 것은?   17 사무관

① 지상권설정의 등기를 신청하는 경우에는 지상권설정의 범위를 신청정보의 내용으로 등기소에 제공하여야 하고, 그 범위가 부동산의 일부인 경우에는 그 부분을 표시한 지적도를 첨부정보로서 등기소에 제공하여야 한다.

② 건물 또는 공작물 등을 소유하기 위하여 타인 소유 토지의 일정 범위의 지하 또는 지상의 공간을 사용하는 권리로서의 지상권, 이른바 구분지상권은 그 권리가 미치는 지하 또는 지상의 공간 상하의 범위를 정하여 등기할 수 있다.

③ 지상권의 존속기간을 불확정기간(예 철탑존속기간으로 한다)으로 정하여 등기할 수는 없다.

④ 존속기간, 지료와 지급시기는 등기원인에 그 약정이 있는 경우에만 기록한다.

해설

③ 지상권의 존속기간은 불확정기간으로 정하여 등기할 수도 있다(예규 제1425호).

선지분석

① 지상권설정의 등기를 신청하는 경우에는 지상권설정의 범위를 신청정보의 내용으로 등기소에 제공하여야 하고(규칙 제126조 제1항, 법 제69조), 지상권의 설정의 범위가 부동산의 일부인 경우에는 그 부분을 표시한 지적도를 첨부정보로 등기소에 제공하여야 한다(규칙 제126조 제2항).

② 구분지상권이란 건물 그 밖의 공작물을 소유하기 위하여 지하 또는 지상의 공간을 상하의 범위를 정하여 사용하는 지상권을 말하며(「민법」 제289조의2), 지하 또는 지상의 공간에 대한 상하의 범위는 정하여 등기할 수 있다.

답 ③

004 지상권등기에 관한 다음 설명 중 가장 옳지 않은 것은?

① 지상권설정등기를 신청할 때에는 지상권설정의 목적과 범위를 신청정보의 내용으로 반드시 제공하여야 한다.

② 토지 위에 등기된 건물이 있다 하더라도 해당 토지의 등기기록상 지상권과 양립할 수 없는 용익물권이 존재하지 않는다면 그 토지에 대하여 지상권설정등기를 신청할 수 있다.

③ 지상권설정의 목적을 수목의 소유로 하고, 존속기간을 10년으로 하여 지상권설정등기를 신청한 경우라도 등기관은 그 신청을 수리하여야 한다.

④ 토지의 일부에 지역권이 설정되어 있다면 후순위로 토지 전부에 대하여 철근콘크리트조 건물의 소유를 위한 지상권설정등기를 신청할 수 없다.

(해설)

④ 지역권은 토지 소유자의 토지에 대한 사용·수익 권능을 전면적으로 배제하는 것은 아니어서 그 소유자는 지역권과 저촉되지 않는 한도에서 승역지를 직접 점유하면서 지역권자와 공동으로 그 토지를 사용·수익할 수 있으므로(「민법」 제291조 참조), 토지의 일부에 지역권이 설정되어 있는 경우라도 토지 소유명의인은 지상권자와 함께 후순위로 토지 전부에 대하여 철근콘크리트조 건물의 소유를 위한 지상권설정등기를 신청할 수 있다(선례 제201810-2호).

(선지분석)

① 지상권설정등기를 신청할 때에는 지상권설정의 목적과 범위를 신청정보의 내용으로 반드시 제공하여야 한다(법 제69조).

② 토지 위에 등기된 건물이 있다 하더라도 해당 토지의 등기기록상 지상권과 양립할 수 없는 용익물권이 존재하지 않는다면 그 토지에 대하여 지상권설정등기를 신청할 수 있다(선례 제6-311호).

③ 지상권설정의 목적을 수목의 소유로 하고, 존속기간을 10년으로 하여 지상권설정등기를 신청한 경우라도 등기관은 그 신청을 수리하여야 한다.

답 ④

005 지상권등기에 관한 다음 설명 중 가장 옳지 않은 것은?

18 주사보

① 기존 지상권설정등기의 말소를 조건으로 하는 정지조건부 지상권설정등기청구권 보전의 가등기는 신청할 수 있고 그 가등기에 기한 지상권설정의 본등기는 기존의 지상권설정등기가 말소되기 전에는 신청할 수 없다.

② 타인의 농지에도 건물 그 밖의 공작물이나 수목을 소유하기 위하여 지상권설정등기를 할 수 있다.

③ 지상권의 존속기간은 불확정기간으로 정할 수 없고 반드시 확정기간으로 특정하여야 한다.

④ 토지 위에 등기된 건물이 있더라도 그 토지의 등기기록상 지상권과 양립할 수 없는 용익물권이 존재하지 않는다면 지상권설정등기를 할 수 있다.

해설

③ 지상권의 존속기간은 불확정기간으로 정할 수 있으며, 반드시 확정기간으로 특정할 필요는 없다(예규 제1425호).

선지분석

① 기존 지상권설정등기의 말소를 조건으로 하는 정지조건부 지상권설정등기청구권 보전의 가등기는 신청할 수 있고 그 가등기에 기한 지상권설정의 본등기는 기존의 지상권설정등기가 말소되기 전에는 신청할 수 없다(선례 제6-439호).

② 타인의 농지에도 건물 그 밖의 공작물이나 수목을 소유하기 위하여 지상권설정등기를 할 수 있다(「민법」 제279조).

④ 토지 위에 등기된 건물이 있더라도 그 토지의 등기기록상 지상권과 양립할 수 없는 용익물권이 존재하지 않는다면 지상권설정등기를 할 수 있다(선례 제6-439호).

답 ③

006 구분지상권의 등기에 관한 다음 설명 중 가장 옳지 않은 것은? 17 주사보

① 수목의 소유를 목적으로 하는 구분지상권설정등기는 할 수 없다.

② 1동의 건물을 횡단적으로 구분한 경우에 상층의 건물을 소유하기 위하여 구분지상권의 설정등기를 할 수 있다.

③ 통상의 지상권을 구분지상권으로 변경하는 등기는 등기상 이해관계인이 없으면 부기등기에 의하여 할 수 있다.

④ 「도시철도법」의 도시철도건설자가 수용의 재결에 의해 취득한 구분지상권설정등기는 그보다 먼저 등기된 강제경매에 기하여 매각으로 인한 소유권이전등기의 촉탁이 있는 경우에도 이를 말소하여서는 안 된다.

(해설)

② 1동의 건물을 횡단적으로 구분한 경우에 상층의 건물을 소유하기 위하여 구분지상권의 설정등기를 할 수 없다(예규 제1040호).

(선지분석)

① 수목의 소유를 목적으로 하는 구분지상권설정등기는 할 수 없다(「민법」 제289의2 제1항).

③ 통상의 지상권을 구분지상권으로 변경하는 등기 또는 구분지상권을 통상의 지상권으로 변경하는 등기는 등기상 이해관계인이 없거나, 이해관계인이 있더라도 그의 승낙서 또는 이에 대항할 수 있는 재판의 등본을 제출한 때에 한하여 부기등기에 의하여 할 수 있다.

④ 「도시철도법 등에 의한 구분지상권 등기규칙」 제4조【강제집행 등과의 관계】제2조에 따라 마친 구분지상권설정등기 또는 제3조의 수용의 대상이 된 구분지상권설정등기(이하 '구분지상권설정등기'라 한다)는 다음 각 호의 경우에도 말소할 수 없다.
 1. 구분지상권설정등기보다 먼저 마친 강제경매개시결정의 등기, 근저당권 등 담보물권의 설정등기, 압류등기 또는 가압류등기 등에 기하여 경매 또는 공매로 인한 소유권이전등기를 촉탁한 경우
 2. 구분지상권설정등기보다 먼저 가처분등기를 마친 가처분채권자가 가처분채무자를 등기의무자로 하여 소유권이전등기, 소유권이전등기말소등기, 소유권보존등기말소등기 또는 지상권·전세권·임차권설정등기를 신청한 경우
 3. 구분지상권설정등기보다 먼저 마친 가등기에 의하여 소유권 이전의 본등기 또는 지상권·전세권·임차권설정의 본등기를 신청한 경우

답 ②

007 구분지상권 등기에 관한 다음 설명 중 가장 옳지 않은 것은? 19 서기보

① 각각의 구분지상권의 효력이 미치는 범위가 다르다면 동일토지의 등기기록에 각각 따로 구분지상권 설정등기를 할 수 있다.

② 구분지상권이 설정되어 있는 토지에 대하여도 기존 구분지상권자의 승낙을 증명하는 정보를 첨부정보로서 제공하여 통상의 지상권설정등기를 신청할 수 있다.

③ 타인의 토지위에 2층은 주택, 1층은 점포인 1동의 건물을 층별로 구분소유하는 경우에 2층만의 구분소유를 목적으로 하는 구분지상권을 설정할 수 있다.

④ 수목의 소유를 목적으로 하는 구분지상권설정등기는 할 수 없다.

(해설)

③ 타인의 토지위에 2층은 주택, 1층은 점포인 1동의 건물을 층별로 구분소유하는 경우에 2층만의 구분소유를 목적으로 하는 구분지상권을 설정할 수 없다. 즉, 계층적 구분건물의 특정계층의 구분소유를 목적으로 하는 구분지상권의 설정등기는 할 수 없다(예규 제1040호).

(선지분석)

① 각각의 구분지상권의 효력이 미치는 범위가 다르다면 동일토지의 등기기록에 각각 따로 구분지상권 설정등기를 할 수 있다(예규 제1040호).

② 구분지상권이 설정되어 있는 토지에 대하여도 기존 구분지상권자의 승낙을 증명하는 정보를 첨부정보로서 제공하여 통상의 지상권설정등기를 신청할 수 있다(예규 제201407-2호).

④ 수목의 소유를 목적으로 하는 구분지상권설정등기는 할 수 없다(「민법」 제289조의2).

답 ③

008 구분지상권 등기에 관한 다음 설명 중 가장 옳지 않은 것은?

① 동일한 토지에 관하여 지상권이 미치는 범위가 각각 다른 2개 이상의 구분지상권은 그 토지의 등기기록에 각기 따로 등기할 수 있다.

② 지하 또는 공간의 상하의 범위는 평균 해면 또는 지상권을 설정하는 토지의 특정지점을 포함한 수평면을 기준으로 하여 이를 명백히 하고, 그 도면을 등기신청서에 첨부하여야 한다.

③ 계층적 구분건물의 특정계층의 구분지상권의 설정등기는 할 수 없다.

④ 통상의 지상권을 구분지상권으로 변경하는 변경등기는 등기상 이해관계 있는 제3자가 없거나, 있더라도 그의 승낙서 또는 이에 대항할 수 있는 재판의 등본을 제공한 때에 한하여 부기등기로 할 수 있다.

(해설)

② 지하 또는 공간의 상하의 범위는 평균 해면 또는 지상권을 설정하는 토지의 특정지점을 포함한 수평면을 기준으로 하여 이를 명백히 하여야 한다. 예컨대, '범위, 평균 해면 위 100미터로부터 150미터 사이' 또는 '범위, 토지의 동남쪽 끝 지점을 포함한 수평면을 기준으로 하여 지하 20미터로부터 50미터 사이' 등으로 기재하여야 한다. 그러나 도면을 등기신청서에 첨부할 필요는 없다(예규 제1040호). 그러나 토지의 일부의 위나 아래인 경우에는 설정 범위를 표시한 도면을 제공하여야 한다.

(선지분석)

① 동일한 토지에 관하여 지상권이 미치는 <u>범위가 각각 다른</u> 2개 이상의 구분지상권은 그 토지의 등기기록에 각기 따로 등기할 수 있다(예규 제1040호).

③ 계층적 구분건물의 특정계층의 구분지상권의 설정등기는 할 수 없다(예규 제1040호). 1동의 건물을 횡단적으로 구분한 경우 상층 건물은 하층 건물에 의하여 물리적으로 지지되어 있으므로 상층 건물을 소유하기 위하여 구분지상권을 설정하더라도 그 목적을 달성하지 못한다.

④ 통상의 지상권을 구분지상권으로 변경하는 변경등기는 등기상 이해관계 있는 제3자가 없거나, 있더라도 그의 승낙서 또는 이에 대항할 수 있는 재판의 등본을 제공한 때에 한하여 부기등기로 할 수 있다(예규 제1040호).

답 ②

009 구분지상권등기에 관한 다음 설명 중 가장 옳지 않은 것은? 　　　　16 서기보

① 수목의 소유를 목적으로 하는 구분지상권설정등기는 할 수 없다.

② 1동의 건물을 횡단적으로 구분한 경우에 상층의 건물의 소유하기 위하여 구분지상권의 설정등기는 할 수 없다.

③ 통상의 지상권을 구분지상권으로 변경하는 등기는 등기상의 이해관계인이 없으면 부기등기에 의하여 할 수 있다.

④ 「전기사업법」 제2조 제2호의 전기사업자가 수용·사용의 재결을 받아 구분지상권설정등기를 하고자 하는 토지의 등기기록에 그 토지를 사용·수익하는 권리에 관한 등기 또는 그 권리를 목적으로 하는 권리에 관한 등기가 있는 경우에는 그 권리자의 승낙을 받거나 그에 대항할 수 있는 판결서 등의 서면을 첨부하여야 한다.

해설

④ 수용 또는 재결절차에 의하여 구분지상권설정등기를 신청하는 경우 토지의 등기기록에 그 토지를 사용 수익하는 권리에 관한 등기 또는 그 권리를 목적으로 하는 권리에 관한 등기가 있는 경우에도 그 권리자들의 승낙을 받지 아니하고 구분지상권설정등기를 신청할 수 있다(「도시철도법 등에 의한 구분지상권 등기규칙」 제2조 제2항).

선지분석

① 건물 그 밖의 공작물이 아닌 수목을 소유하기 위한 구분지상권은 허용되지 않으므로 수목을 소유하기 위하여는 통상의 지상권을 설정하여야 한다.

② 1동의 건물을 횡단적으로 구분한 경우에 상층의 건물은 하층의 건물에 의하여 물리적으로 지지되어 있으므로 상층의 구분건물을 소유하기 위하여 구분지상권을 설정한다 하더라도 그 목적을 달성하지 못한다.

③ 통상의 지상권등기를 구분지상권 등기로 변경하거나, 구분지상권 등기를 통상의 지상권 등기로 변경하는 등기신청이 있는 경우에는 등기상의 이해관계인이 없거나, 이해관계인이 있더라도 그의 승낙서 또는 이에 대항할 수 있는 재판의 등본을 제출한 때에 한하여 부기등기에 의하여 그 변경등기를 할 수 있다(예규 제1040호).

답 ④

010 (구분)지상권에 관한 등기에 대한 다음 설명 중 가장 옳지 않은 것은? 22 사무관

① 전기사업법 제2조 제2호의 전기사업자가 토지의 사용에 관한 지상권의 설정을 내용으로 하는 사용재결을 받은 경우에는 단독으로 지상권설정등기를 신청할 수 없다.

② 지상권의 존속기간이 "철탑존속기간"과 같이 불확정기간인 경우에도 등기할 수 있다.

③ 구분지상권설정을 목적으로 하는 토지의 등기기록에 이미 전세권등기가 마쳐져 있는 경우에는 전세권자의 승낙이 있음을 증명하는 정보를 첨부정보로 제공하여야 한다.

④ 「도시철도법」 제2조 제7호의 도시철도건설자가 토지사용의 재결을 받아 구분지상권설정등기를 마쳤으나 위 등기보다 먼저 마친 가등기에 의하여 소유권 이전의 본등기를 실행하는 경우에는 등기관은 구분지상권설정등기를 직권으로 말소하여야 한다.

(해설)

④ 매매예약에 의한 소유권이전등기청구권보전의 가등기가 경료된 토지에 「도시철도법」상의 도시철도건설자인 지하철공사가 「공익사업을 위한 토지 등의 취득 및 보상에 관한 법률」에 의한 사용재결에 따라 구분지상권설정등기를 경료한 후에는 가등기에 기한 소유권이전의 본등기를 경료하는 경우에도 사용재결에 의한 구분지상권설정등기는 말소되지 아니한다(선례 제7-305호, 「도시철도법 등에 의한 구분지상권 등기규칙」 제4조 제3호).

(선지분석)

① 전기사업자가 토지의 지상 또는 지하 공간의 사용에 관한 구분지상권의 설정을 내용으로 하는 사용재결을 받은 경우 「전기사업법」 제89조의2 제2항에 따라 단독으로 토지사용을 원인으로 한 구분지상권설정등기를 신청할 수 있으나, 전기사업자가 토지의 사용에 관한 지상권의 설정을 내용으로 하는 사용재결을 받은 경우에는 이에 관한 법령상의 근거규정이 없으므로, 토지사용을 원인으로 한 지상권설정등기를 단독으로는 물론 소유명의인(등기의무자)과 공동으로도 신청할 수 없다. 다만, 전기사업자와 소유명의인(등기의무자)은 지상권설정계약서를 등기원인을 증명하는 정보로서 제공하여 공동으로 지상권설정등기를 신청할 수 있다(선례 제202104-3호).

② 지상권의 존속기간을 「민법」 제280조 제1항 각호의 기간보다 긴 기간으로 하는 약정은 유효하므로, 그 기간을 위 기간보다 장기로 하거나 불확정기간(예 철탑존속기간으로 한다)으로 정할 수도 있다(예규 제1425호).

③ 구분지상권 등기를 하고자 하는 토지의 등기용지에 그 토지를 사용하는 권리에 관한 등기와 그 권리를 목적으로 하는 권리에 관한 등기가 있는 때(예 통상의 지상권, 전세권, 임차권 등의 등기와 이를 목적으로 하는 저당권 또는 처분제한의 등기 등)에는 신청서에 이들의 승낙서를 첨부케 하여야 한다(예규 제1040호). 따라서 구분지상권설정을 목적으로 하는 토지의 등기기록에 이미 전세권등기가 마쳐져 있는 경우에는 전세권자의 승낙이 있음을 증명하는 정보를 첨부정보로 제공하여야 한다.

답 ④

011 지역권설정등기에 관한 다음 설명 중 가장 옳지 않은 것은?　　　16 서기보

① 지상권자는 그 권리의 범위 내에서 그 목적인 토지를 위하여 또는 그 토지 위에 지역권설 정을 할 수 있다.

② 지역권설정등기를 할 때에는 지역권자는 등기사항이 아니다.

③ 요역지와 승역지를 관할하는 등기소가 다른 경우에는 요역지를 관할하는 등기소에 지역권 설정등기를 신청하여야 한다.

④ 등기관이 승역지의 등기기록에 지역권설정의 등기를 할 때에는 지역권설정의 목적, 범위 및 요역지를 반드시 기록하여야 한다.

해설

③ 지역권에 관한 등기는 승역지를 관할하는 등기소에 신청하여야 하고, 요역지에 관한 등기는 등기관이 직권으로 한다 (법 제138조 제1항).

선지분석

② 등기관이 승역지의 등기기록에 지역권설정의 등기를 할 때에는 지역권자를 기록하지 않는다(법 제70조).

④ 지역권설정의 등기를 신청하는 경우에는 법 제70조 제1호부터 제4호까지의 등기사항을 신청정보의 내용으로 등기소 에 제공하여야 한다(규칙 제127조 제1항).

「**부동산등기법**」 제70조【**지역권의 등기사항**】 등기관이 승역지의 등기기록에 지역권설정의 등기를 할 때에는 제48조 제1항 제1호부터 제4호까지에서 규정한 사항 외에 다음 각 호의 사항을 기록하여야 한다. 다만, 제4호는 등기원인에 그 약정이 있는 경우에만 기록한다.
1. 지역권설정의 목적
2. 범위
3. 요역지
4. 「민법」 제292조 제1항 단서, 제297조 제1항 단서 또는 제298조의 약정
5. 승역지의 일부에 지역권설정의 등기를 할 때에는 그 부분을 표시한 도면의 번호

답 ③

2023 해커스법원직 김미영 부동산등기법 기출문제집

012 지역권의 등기에 관한 다음 설명 중 가장 옳지 않은 것은?

① 지역권에 관한 등기는 승역지를 관할하는 등기소에 신청하여야 하고, 요역지에 대한 등기는 등기관이 직권으로 한다.

② 지역권설정등기를 하는 경우에 승역지의 시가표준액이 과세표준액이 된다.

③ 지역권자는 등기사항이 아니다.

④ 원고에게 통행권이 있음을 확인하는 확정판결에 의하여서는 지역권설정등기를 할 수 없다.

해설

② 지역권설정등기를 하는 경우에 요역지의 시가표준액이 과세표준액이 된다.

선지분석

③ 등기관이 승역지의 등기기록에 지역권설정의 등기를 할 때에는 지역권자를 기록하지 않는다(법 제70조).

④ 원고에게 통행권이 있음을 확인하는 확정판결에 의하여서는 지역권설정등기를 할 수 없는바, 등기관의 착오로 위 판결에 의하여 지역권 설정등기가 경료된 경우 이는 법 제29조 제1호 또는 제2호에 해당하지 아니하기 때문에 등기관이 직권으로 말소할 수 없고, 당사자의 공동 신청에 의하여 말소하여야 하나 등기의무자의 협력을 받을 수 없는 경우에는 지역권설정등기말소절차의 이행을 명하는 확정판결을 첨부하여 단독으로 말소 신청할 수 있다(선례 제7-322호).

답 ②

---

013 지역권에 관한 등기와 관련된 다음 설명 중 가장 옳지 않은 것은?

① 지역권은 일정한 목적을 위하여 타인의 토지를 자기 토지의 편익에 이용하는 권리이다.

② 등기관이 승역지의 등기기록에 지역권설정의 등기를 할 때에는 지역권자를 기록하여야 한다.

③ 승역지와 요역지가 같은 등기소의 관할에 속하는 경우 등기관이 승역지에 지역권설정의 등기를 하였을 때에는 직권으로 요역지의 등기기록에 일정한 사항을 기록하여야 한다.

④ 지역권 설정의 범위가 승역지의 일부인 경우에는 그 부분을 표시한 지적도를 첨부정보로서 등기소에 제공하여야 한다.

해설

② 등기관이 승역지의 등기기록에 지역권설정의 등기를 할 때에는 지역권자를 기록하지 않는다(법 제70조).

선지분석

① 지역권은 일정한 목적을 위하여 타인의 토지를 자기 토지의 편익에 이용하는 권리이다(「민법」 제291조).

③ 승역지와 요역지가 같은 등기소의 관할에 속하는 경우 등기관이 승역지에 지역권설정의 등기를 하였을 때에는 직권으로 요역지의 등기기록에 일정한 사항을 기록하여야 한다(법 제71조).

④ 지역권 설정의 범위가 승역지의 일부인 경우에는 그 부분을 표시한 지적도를 첨부정보로서 등기소에 제공하여야 한다 (규칙 제127조 제2항).

답 ②

014 지역권등기에 관한 다음 설명 중 가장 옳지 않은 것은?

18 주사보

① 지역권도 권리에 관한 등기이므로 다른 권리에 관한 등기와 마찬가지로 권리자를 기록하여야 한다.

② 지역권설정등기를 신청할 때에는 지역권설정의 목적, 범위 및 요역지를 반드시 신청정보의 내용으로 제공하여야 한다.

③ A토지의 공유자 중 일부가 B토지를 소유하는 경우에는 토지를 B토지의 편익에 이용하기 위하여 지역권을 설정하는 등기를 신청할 수 없다.

④ 승역지와 요역지를 관할하는 등기소가 다른 경우에는 승역지를 관할하는 등기소에 지역권설정등기를 신청하여야 한다.

해설

① 지역권도 권리에 관한 등기이지만, 다른 권리에 관한 등기와 달리 권리자를 기록하지 않는다(법 제70조, 법 제48조 제1항 제5호가 생략되어 있음).

선지분석

② 지역권설정등기를 신청할 때에는 지역권설정의 목적, 범위 및 요역지를 반드시 신청정보의 내용으로 제공하여야 한다 (규칙 제127조).

③ 지역권은 타물권으로서 자신의 소유물에 성립할 수 없는데, A토지의 공유자 중 일부가 B토지를 소유하는 경우에 B토지의 소유자들은 A토지의 공유자들로서 이미 A토지의 전부를 지분의 비율로 사용, 수익할 수 있는 지위에 있으므로, A토지를 B토지의 편익에 이용하기 위하여 지역권을 설정하는 등기를 신청할 수 없다(선례 제201803-6호).

④ 승역지와 요역지를 관할하는 등기소가 다른 경우에는 승역지를 관할하는 등기소에 지역권설정등기를 신청하여야 한다.

답 ①

2023 해커스법원직 김미영 부동산등기법 기출문제집

015 지역권등기에 관한 다음 설명 중 가장 옳지 않은 것은?

19 주사보

① 요역지의 소유자뿐만 아니라 요역지의 지상권자, 전세권자 또는 임차권자도 지역권설정등기의 등기권리자가 될 수 있다.

② 당사자 사이에 다른 약정이 없으면 지역권은 요역지 소유권이 이전되면 당연히 이전되므로 지역권의 이전등기는 할 필요가 없다.

③ 1개의 토지를 요역지로 하고 소유자를 달리하는 여러 개의 토지를 승역지로 할 경우에 그 여러 개의 토지를 일괄하여 지역권설정등기를 신청할 수 있다.

④ 원고에게 통행권이 있음(주위토지통행권)을 확인하는 확정판결을 받았다고 하더라도 이 판결에 의해서는 지역권설정등기를 신청할 수 없다.

(해설)

③ 1개의 토지를 요역지로 하고 <u>소유자를 달리하는 여러 개의 토지를 승역지로 할 경우</u>의 지역권설정등기는 각 소유자별로 신청하여야 한다(예규 제192호).

(선지분석)

① 요역지의 소유자뿐만 아니라 요역지의 지상권자, 전세권자 또는 임차권자도 지역권설정등기의 등기권리자가 될 수 있다.

④ 원고에게 통행권이 있음(주위토지통행권)을 확인하는 확정판결을 받았다고 하더라도 이 판결에 의해서는 지역권설정등기를 신청할 수 없다.

답 ③

---

016 지역권등기에 관한 다음 설명 중 가장 옳지 않은 것은?

20 서기보

① 지역권설정자는 승역지의 소유자는 물론 지상권자, 전세권자 또는 등기한 임차권자도 될 수 있다.

② A토지의 공유자 중 일부가 B토지를 소유하는 경우에 B토지의 소유자들은 A토지를 B토지의 편익에 이용하기 위하여 지역권을 설정하는 등기를 신청할 수 없다.

③ 요역지와 승역지를 관할하는 등기소가 다른 경우에 지역권설정등기의 신청은 요역지를 관할하는 등기소에 하여야 한다.

④ 지역권설정등기를 할 때에는 다른 권리의 등기와 달리 권리자를 기록하지 않는다.

(해설)

③ 요역지와 승역지를 관할하는 등기소가 다른 경우에 지역권설정등기의 신청은 승역지를 관할하는 등기소에 하여야 한다.

(선지분석)

① 지역권설정자는 승역지의 소유자는 물론 지상권자, 전세권자 또는 등기한 임차권자도 될 수 있다.

② 지역권은 타물권으로서 자신의 소유물에 성립할 수 없는데, A토지의 공유자 중 일부가 B토지를 소유하는 경우에 B토지의 소유자들은 A토지의 공유자들로서 이미 A토지의 전부를 지분의 비율로 사용, 수익할 수 있는 지위에 있으므로, A토지를 B토지의 편익에 이용하기 위하여 지역권을 설정하는 등기를 신청할 수 없다(선례 제201803-6호).

④ 지역권설정등기를 할 때에는 다른 권리의 등기와 달리 권리자를 기록하지 않는다(법 제70조).

답 ③

017 전세금반환채권의 일부양도에 따른 전세권 일부이전등기에 관한 다음 설명 중 가장 옳지 않은 것은?

13 주사보

① 전세권 일부이전등기는 전세권의 양도인이 등기의무자가 되고 양수인이 등기권리자가 되어 공동으로 신청하여야 한다.

② 등기의 목적으로는 '전세권 일부이전', 등기원인은 '전세금반환채권 일부양도'로 표시한다.

③ 등기관이 전세금반환채권의 일부양도를 등기원인으로 하여 전세권 일부이전등기를 할 때에는 양도액을 기록하여야 한다.

④ 전세금반환채권의 일부양도를 원인으로 한 전세권 일부이전등기의 신청은 전세권이 소멸한 경우에는 할 수 없다.

해설

④ 전세권 일부이전등기를 신청할 때에는 규칙 제46조에서 정한 일반적인 첨부정보 외에 법 제73조 제2항 단서에 따라 전세권의 존속기간 만료 전에 등기를 신청하는 경우에는 전세권이 소멸하였음을 증명하는 정보(전세권의 소멸청구나 소멸통고 등)를 첨부정보로서 등기소에 제공하여야 한다(예규 제1406호).

선지분석

① 전세권 일부이전등기는 전세권의 양도인이 등기의무자가 되고 양수인이 등기권리자가 되어 공동으로 신청하여야 한다(예규 제1406호).

② 등기의 목적으로는 '전세권 일부이전', 등기원인은 '전세금반환채권 일부양도'로 표시한다(예규 제1406호).

③ 전세권 일부이전등기를 신청할 때에는 규칙 제43조에서 정한 일반적인 신청정보 외에 이전할 전세권의 접수연월일과 접수번호, 양도액을 신청정보의 내용으로 등기소에 제공하여야 한다(예규 제1406호).

답 ④

018 전세권등기에 관한 다음 설명 중 옳지 않은 것은?

① 집합건물의 전유부분과 공유지분인 대지권을 동일한 전세권의 목적으로 하는 전세권설정등기의 신청이 있는 경우 등기관은 그 신청을 각하하여야 한다.

② 전세금반환채권의 일부양도 또는 전세권의 일부 지분을 양도하고 전세권 일부이전등기를 신청할 때에는 양도액을 신청정보의 내용으로 등기소에 제공하여야 한다.

③ 건물 전세권의 등기기록상 존속기간이 만료된 후 전세금 증액을 위한 전세권변경등기를 하기 위해서는 존속기간 변경등기를 먼저 하여야 한다.

④ 여러 사람이 공유하고 있는 부동산에 관하여 전세권이 설정된 후 일부 공유자의 지분에 대해서만 전세권설정등기를 말소하라는 취지의 판결을 얻어 일부 공유자 지분에 대한 전세권말소등기를 신청한 경우 등기관은 그 신청을 수리할 수 없다.

해설

② 등기관이 전세금반환채권의 일부 양도를 원인으로 한 전세권 일부이전등기를 할 때에는 양도액을 기록한다(법 제73조 제1항). 따라서 전세권의 <u>일부 지분의 양도</u>에 따른 등기는 양도액이 아닌 <u>이전할 지분</u>을 기록하여야 한다.

선지분석

① 전세권은 1부동산의 일부에는 설정이 가능하나 이용권으로서의 성질상 지분에는 설정을 할 수 없으므로 집합건물에 있어서 특정 전유부분의 대지권에 대하여는 전세권설정등기를 할 수가 없고 따라서 집합건물의 전유부분과 <u>대지권을 동일한 전세권의 목적으로 하는 전세권설정등기 신청도 수리될 수 없다</u>(선례 제4-449호).

③ 건물전세권은 존속기간이 만료되더라도 법정갱신으로 등기하지 않아도 전세권자는 전세권설정자 및 제3자에게 그 권리를 주장할 수 있지만, 위 등기의 처분 또는 내용을 변경하는 등기를 신청하기 위해서는 존속기간의 변경등기의 신청을 선행 또는 동시에 하여야 한다(선례 제8-247호).

④ 건물의 특정부분이 아닌 공유지분에 대하여는 전세권이 설정될 수 없으므로 수인의 공유자들이 전세권설정등기를 한 후 그 일부 공유자의 지분에 대하여만 전세권말소등기를 신청할 수는 없으며, 이는 판결을 받는다고 하더라도 마찬가지이다(선례 제6-315호).

답 ②

019 전세권의 등기에 관한 설명이다. 다음 중 가장 옳은 것은?   14 사무관

① 4층 근린생활시설 건물 중 1층 전부 및 2층 일부에 대하여 甲 명의의 전세권설정등기가 마쳐지고, 이어 4층 전부에 대하여 乙 명의의 전세권설정등기가 마쳐진 상태에서, 甲 명의의 전세권설정등기의 존속기간 연장을 위한 변경등기를 할 경우 乙은 등기상 이해관계 있는 제3자이다.

② 건물의 일부(17층 북쪽 201.37㎡)를 목적으로 하는 전세권설정등기가 마쳐진 후 당사자 사이에 전세권의 범위를 건물의 3층 동쪽 484.58㎡로 변경하는 계약이 체결된 경우 등기기록상 이해관계인이 없다면 전세권변경등기를 신청할 수 있다.

③ 등기관이 전세권설정등기를 할 때에는 전세금, 존속기간, 전세권설정의 목적과 그 범위를 반드시 기록하여야 한다.

④ 등기기록상 존속기간이 만료되었으나 법정갱신 된 건물전세권에 대하여 저당권설정의 목적으로 하고자 할 때에 그 존속기간을 연장하는 변경등기를 할 필요는 없다.

해설

① 4층 근린생활시설 건물 중 1층 전부 및 2층 일부에 대하여 甲 명의의 전세권설정등기가 경료되고, 이어 4층 전부에 대하여 乙 명의의 전세권설정등기가 경료된 상태에서, 甲 명의의 전세권설정등기의 존속기간 연장을 위한 변경등기를 할 경우 乙은 등기상 이해관계 있는 제3자라 할 것이다(선례 제7-264호).

선지분석

② 건물의 일부(17층 북쪽 100㎡)로 설정된 것을 건물의 3층 동쪽 100㎡로 전세권의 범위를 변경하는 것은 변경등기가 아니라 별개의 전세권설정등기를 하여야 한다(선례 제6-321호).

③ 존속기간·위약금이나 배상금·전세권 양도나 담보제공 금지, 전전세나 임대금지 등의 약정은 그러한 약정이 있는 경우에만 신청정보로 제공한다(법 제72조, 규칙 제128조).

④ 건물전세권은 존속기간이 만료되더라도 법정갱신으로 등기하지 않아도 전세권자는 전세권설정자 및 제3자에게 그 권리를 주장할 수 있지만, 위 등기의 처분 또는 내용을 변경하는 등기를 신청하기 위해서는 존속기간의 변경등기의 신청을 선행 또는 동시에 하여야 한다(선례 제8-247호).

핵심정리 전세권변경등기를 신청함에 있어서 등기상 이해관계인인지 여부

원인	여부
전세금의 증액을 원인으로 하는 전세권변경등기시 후순위저당권자	○
전세금의 감액을 원인으로 하는 전세권변경등기시 후순위 가압류채권자(예 전세권가압류)	×
존속기간 연장과 전세금 감액을 원인으로 하는 전세권변경등기시 후순위저당권자	○
4층 근린생활시설 건물 중 1층 전부 및 2층 일부에 대하여 갑(甲) 명의의 전세권설정등기가 경료되고, 이어 4층 전부에 대하여 을(乙) 명의의 전세권설정등기가 경료된 상태에서, 갑(甲) 명의의 전세권설정등기의 존속기간연장을 위한 변경등기 시 을(乙)	○

답 ①

020 용익물권의 등기와 관련된 다음 설명 중 가장 옳은 것은?

① 대법원 판례에 따르면 지상권의 존속기간을 영구로 약정하는 것은 소유권에 대한 지나친 제약으로서 허용되지 않으므로, 등기관은 그 존속기간을 영구로 한 지상권설정등기신청을 각하하여야 한다.

② 지역권등기는 승역지와 요역지에 대하여 각 별개로 신청정보를 제공함으로써 하여야 한다.

③ 4층 근린생활시설 건물 중 1층 전부 및 2층 일부에 대하여 甲 명의의 전세권설정등기가 마쳐지고 이어 4층 전부에 대하여 乙 명의의 전세권설정등기가 마쳐진 상태에서, 甲 명의의 전세권설정등기의 존속기간 연장을 위한 변경등기를 할 경우 乙은 등기상 이해관계 있는 제3자이다.

④ 「민법」 제312조 제4항에 따라 법정갱신된 건물전세권에 대하여 전세권이전등기나 전세권에 대한 저당권을 설정하기 위해서는 존속기간을 연장하는 변경등기의 신청을 선행하거나 동시에 할 필요가 없다. 건물전세권의 법정갱신된 법률의 규정에 의한 물권변동이기 때문이다.

(해설)

③ 4층 근린생활시설 건물 중 1층 전부 및 2층 일부에 대하여 甲 명의의 전세권설정등기가 경료되고, 이어 4층 전부에 대하여 乙 명의의 전세권설정등기가 경료된 상태에서, 甲 명의의 전세권설정등기의 존속기간 연장을 위한 변경등기를 할 경우 乙은 등기상 이해관계 있는 제3자라 할 것이다(선례 제7-264호).

(선지분석)

① 「민법」상 지상권의 존속기간은 최단기만이 규정되어 있을 뿐 최장기에 관하여는 아무런 제한이 없으므로, 지상권의 존속기간을 영구로 약정하는 것도 허용된다(대판 99다66410).

② 승역지 관할 등기소에 신청정보를 제공하면 요역지 등기는 등기관이 직권으로 한다.

④ 건물전세권은 존속기간이 만료되더라도 법정갱신으로 등기하지 않아도 전세권자는 전세권설정자 및 제3자에게 그 권리를 주장할 수 있지만, 위 등기의 처분 또는 내용을 변경하는 등기를 신청하기 위해서는 존속기간의 변경등기의 신청을 선행 또는 동시에 하여야 한다(선례 제8-247호).

답 ③

021 전세권에 관한 등기와 관련한 다음 설명 중 가장 옳지 않은 것은? 17 주사보

① 전세권은 전세금을 지급하고 타인의 부동산을 점유하여 그 부동산의 용도에 좇아 사용·수익하며, 그 부동산 전부에 대하여 후순위권리자나 그 밖의 채권자보다 전세금의 우선변제를 받을 권리이다.

② 건물의 특정 부분이 아닌 공유지분에 대한 전세권은 등기할 수 없다.

③ 전세권의 존속기간이 만료되고 전세금의 반환시기가 경과된 전세권의 경우에는 설정행위로 금지하지 않았더라도 전세권의 이전등기를 할 수 없다.

④ 전세금반환채권의 일부양도를 원인으로 한 전세권의 일부이전등기를 신청하는 경우에는 양도액을 신청정보의 내용으로 등기소에 제공하여야 한다.

해설

③ 전세금의 반환과 전세권설정등기의 말소 및 전세권목적물의 인도와는 동시이행의 관계에 있으므로 전세권이 존속기간의 만료로 인하여 소멸된 경우에도 해당 전세권설정등기는 전세금반환채권을 담보하는 범위 내에서는 유효한 것이라 할 것이어서, 전세권의 존속기간이 만료되고 전세금의 반환시기가 경과된 전세권의 경우에도 설정행위로 금지하지 않는 한 전세권의 이전등기는 가능하다(선례 제7-263호).

선지분석

② 건물의 특정 부분이 아닌 공유지분에 대한 전세권은 등기할 수 없다(예규 제1351호).

④ 전세금반환채권의 일부양도를 원인으로 한 전세권의 일부이전등기를 신청하는 경우에는 양도액을 신청정보의 내용으로 등기소에 제공하여야 한다(규칙 제129조 제1항).

답 ③

022 전세권에 관한 등기와 관련한 다음 설명 중 가장 옳지 않은 것은? 17 사무관

① 집합건물의 전유부분과 대지권을 동일한 전세권의 목적으로 하는 등기신청은 각하한다.

② 존속기간이 만료되고 전세금의 반환시기가 지난 전세권의 이전등기도 설정행위로 금지하지 않는 한 가능하다.

③ 등기기록상 존속기간이 만료되었으나 법정갱신된 건물 전세권에 대한 이전등기는 존속기간 연장등기 없이도 가능하다.

④ 이미 전세권설정등기가 마쳐진 주택에 대하여 전세권자와 같은 사람을 권리자로 하는 주택임차권등기의 촉탁은 수리할 수 있다.

(해설)

③ 등기기록상 존속기간이 만료되었으나 법정갱신된 전세권에 대하여 용익권으로서 이전등기를 하거나 저당권설정의 목적으로 하고자 할 때에는 존속기간 연장등기를 선행하거나 동시에 하여야 한다(선례 제201302-1호).

(선지분석)

① 집합건물의 전유부분과 대지권을 동일한 전세권의 목적으로 하는 전세권설정등기의 신청이 있는 경우 등기관은 그 등기신청을 각하하여야 한다(선례 제4-449호).

② 전세권의 존속기간이 만료되고 전세금의 반환시기가 경과된 전세권의 경우에도 설정행위로 금지하지 않는 한 전세권의 이전등기는 가능하다(선례 제7-263호).

④ 이미 전세권설정등기가 경료된 주택에 대하여 동일인을 권리자로 하는 법원의 주택임차권등기명령에 따른 촉탁등기는 이를 수리할 수 있을 것이다(선례 제201510-1호).

답 ③

023 전세권등기에 관한 다음 설명 중 가장 옳지 않은 것은?

17 사무관

① 집합건물의 전유부분과 대지권을 동일한 전세권의 목적으로 하는 등기신청은 각하한다.

② 건물 전부에 대한 전세권설정등기가 마쳐진 경우에도 그 대지에 대하여 별도로 전세권설정등기를 신청할 수 있다.

③ 등기기록상 존속기간이 만료되었으나 법정갱신된 전세권에 대하여 전세권이전등기나 전세권에 대한 저당권설정등기를 하기 위해서는 먼저 존속기간을 연장하는 전세권변경등기를 하여야 한다.

④ 변경계약에 따라 전세금의 변경등기를 신청하는 경우에 등기상 이해관계 있는 제3자의 승낙서 또는 이에 대항할 수 있는 재판의 등본을 제공하지 않았을 때에는 그 등기신청을 수리할 수 없다.

해설

④ 권리변경등기에 관하여 등기상 이해관계 있는 제3자가 있는 경우에 신청서에 그 승낙서 또는 이에 대항할 수 있는 재판의 등본을 첨부한 때에는 부기에 의하여, 그 등기를 하고 그 승낙서 등을 첨부하지 않았을 때는 주등기(독립등기)에 의하여 그 변경등기를 할 수 있고 전세금이 상향조정되었다면 전세금 변경계약에 인한 전세권 변경등기를 하여야 하고 그 등기를 신청하는 때에는 신청서에 이해관계인인 후순위 저당권자의 승낙서 또는 이에 대항할 수 있는 재판의 등본을 첨부한 때에 한하여 부기등기로 할 수 있고 그렇지 아니한 때에는 독립등기로 할 수 있다(예규 제551호).

선지분석

① 전세권은 용익물권이므로 공유지분에 대하여는 전세권설정등기를 하지 못한다. 따라서 구분건물의 대지권에 대하여는 전세권설정등기를 할 수 없다. 집합건물의 전유부분과 대지권을 동일한 전세권의 목적으로 하는 등기신청은 각하한다(선례 제4-449호).

② 토지와 건물은 별개의 부동산이므로 건물 전부에 대한 전세권설정등기가 마쳐진 경우에도 그 대지에 대하여 별도로 전세권설정등기를 신청할 수 있다.

③ 등기기록상 존속기간이 만료되었으나 법정갱신된 전세권에 대하여 전세권이전등기나 전세권에 대한 저당권설정등기를 하기 위해서는 먼저 존속기간을 연장하는 전세권변경등기를 하여야 한다(선례 제201302-1호).

답 ④

024 전세권등기에 관한 다음 설명 중 가장 옳지 않은 것은?

① 건축물대장에 등재된 건축물에 대하여 건물로서 등기능력이 인정되어 소유권보존등기를 마친 경우라면 그 건물의 일부인 옥상에 대하여 그 전부 또는 일부를 사용하기 위한 전세권설정등기를 신청할 수 있다.

② 전세권을 여러 명이 준공유하는 경우에는 전세권자별 지분을 기록하여야 하는데 착오로 이를 누락하였다면 공동전세권자들은 자신들의 각 지분을 추가 기록하는 경정등기를 신청할 수 있는바, 다만 그 전세권의 존속기간이 만료된 경우에는 이 경정등기를 신청할 수 없다.

③ 전세권이 법정갱신되면 그 존속기간은 정함이 없는 것이므로, 등기관이 법정갱신을 원인으로 전세권변경등기를 할 때에는 존속기간을 기록하지 않고 종전의 존속기간을 말소하는 표시만을 하면 된다.

④ 건물의 일부(17층 북쪽 201.37㎡)를 목적으로 하는 전세권설정등기가 마쳐진 이후, 당사자 사이에 전세권의 범위를 건물의 3층 동쪽 484.58㎡로 변경하는 계약이 체결된 경우에 이를 원인으로 전세권변경등기를 신청할 수는 없다.

해설

② 전세권을 여러 명이 준공유하는 경우에는 전세권자별 지분을 기록하여야 하는데 착오로 이를 누락하였다면 공동전세권자들은 자신들의 각 지분을 추가 기록하는 경정등기를 신청할 수 있는바, 다만 그 전세권의 존속기간이 만료된 경우에는 이 경정등기를 신청할 수 있다(선례 제201807-3호).

선지분석

① 건축물대장에 등재된 건축물에 대하여 건물로서 등기능력이 인정되어 소유권보존등기를 마친 경우라면 그 건물의 일부인 옥상에 대하여 그 전부 또는 일부를 사용하기 위한 전세권설정등기를 신청할 수 있다(선례 제201812-8호).

③ 전세권이 법정갱신되면 그 존속기간은 정함이 없는 것이므로, 등기관이 법정갱신을 원인으로 전세권변경등기를 할 때에는 존속기간을 기록하지 않고 종전의 존속기간을 말소하는 표시만을 하면 된다(선례 제201805-6호).

④ 건물의 일부(17층 북쪽 201.37㎡)를 목적으로 하는 전세권설정등기가 마쳐진 이후, 당사자 사이에 전세권의 범위를 건물의 3층 동쪽 484.58㎡로 변경하는 계약이 체결된 경우에 이를 원인으로 전세권변경등기를 신청할 수는 없다(선례 제6-321호).

답 ②

025 전세권에 관한 등기에 대한 다음 설명 중 가장 옳지 않은 것은?

① 토지의 일부에 이미 전세권이 설정된 경우에도 그 토지부분과 중복되지 않는 다른 토지부분에 대하여 전세권설정등기를 할 수 있다.

② 전세권설정등기 후 그 전세권을 목적으로 하는 근저당권설정등기가 있는 상태에서 전세금을 감액하는 변경등기를 하는 때에 그 근저당권자의 승낙이 있으면 그 변경등기를 전세권설정등기에 부기로 하고, 그의 승낙이 없으면 주등기로 이를 실행한다.

③ 전세권설정등기(순위번호 1번) 및 근저당권설정등기(순위번호 2번)가 차례로 마쳐지고 이어서 전세금 증액을 원인으로 한 전세권변경등기가 2번 근저당권자의 승낙을 얻지 못하여 주등기(순위번호 3번)로 이루어진 상태에서 위 전세권을 목적으로 하는 근저당권설정등기 신청이 있는 경우에 등기관은 순위번호 1번의 전세권등기에 부기등기로 전세권근저당권설정등기를 실행해야 한다.

④ 전세금반환채권의 일부 양도를 원인으로 한 전세권 일부이전등기의 신청은 전세권의 존속기간의 만료 전에는 할 수 없는 것이나 존속기간 만료 전이라도 해당 전세권이 소멸하였음을 증명하는 경우에는 신청할 수 있다.

(해설)

② 전세권설정등기 후 그 전세권을 목적으로 하는 근저당권설정등기 또는 그 전세권에 대한 가압류등기 등이 있는 상태에서 전세금을 감액하는 변경등기를 하는 때에 그 근저당권자 또는 가압류권자 등은 등기상 이해관계 있는 제3자에 해당하므로 그의 승낙이 있으면 그 변경등기를 전세권설정등기에 부기로 하고, 그의 승낙이 없으면 그 변경등기를 할 수 없다(예규 제1671호).

(선지분석)

③ 전세권설정등기(순위번호 1번) 및 근저당권설정등기(순위번호 2번)가 차례로 마쳐지고 이어서 전세금 증액을 원인으로 한 전세권변경등기가 2번 근저당권자의 승낙을 얻지 못하여 주등기(순위번호 3번)로 이루어진 상태에서 위 전세권을 목적으로 하는 근저당권설정등기신청이 있는 경우에 등기관은 순위번호 1번의 전세권등기에 부기등기로 전세권근저당권설정등기를 실행해야 한다(예규 제1671호).

④ 전세금반환채권의 일부 양도를 원인으로 한 전세권 일부이전등기의 신청은 전세권의 존속기간의 만료 전에는 할 수 없는 것이나 존속기간 만료 전이라도 해당 전세권이 소멸하였음을 증명하는 경우에는 신청할 수 있다(법 제73조, 규칙 제129조).

답 ②

026 전세권에 관한 등기에 관한 다음 설명 중 가장 옳지 않은 것은?

① 토지의 일부에 이미 전세권이 설정된 경우에도 그 토지부분과 중복되지 않는 다른 토지부분에 대하여 전세권설정등기를 할 수 있다.

② 전세권설정등기 후 그 전세권을 목적으로 하는 근저당권설정등기가 있는 상태에서 전세금을 감액하는 변경등기를 하는 때에 근저당권자의 승낙이 있으면 그 변경등기를 전세권설정등기에 부기로 하고, 그의 승낙이 없으면 주등기로 이를 실행한다.

③ 여러 개의 부동산에 관한 권리를 목적으로 하는 전세권설정의 등기를 하는 경우에는 각 부동산의 등기기록에 그 부동산에 관한 권리가 다른 부동산에 관한 권리와 함께 전세권의 목적으로 제공된 뜻을 기록하여야 한다.

④ 전세금반환채권의 일부 양도를 원인으로 한 전세권 일부이전등기의 신청은 전세권의 존속기간의 만료 전에는 할 수 없는 것이나 존속기간 만료 전이라도 해당 전세권이 소멸하였음을 증명하는 경우에는 신청할 수 있다.

(해설)

② 전세권설정등기 후 그 전세권을 목적으로 하는 근저당권설정등기가 있는 상태에서 전세금을 감액하는 변경등기를 하는 때에 근저당권자의 승낙이 있으면 그 변경등기를 전세권설정등기에 부기로 하고, 그의 승낙이 없으면 주등기로도 할 수 없다(예규 제1671호).

(선지분석)

① 토지의 일부에 이미 전세권이 설정된 경우에도 그 토지부분과 중복되지 않는 다른 토지부분에 대하여 전세권설정등기를 할 수 있다. 동일 범위가 아닌 이상 토지 일부에 대해 전세권설정등기는 할 수 있다.

③ 여러 개의 부동산에 관한 권리를 목적으로 하는 전세권설정의 등기를 하는 경우에는 각 부동산의 등기기록에 그 부동산에 관한 권리가 다른 부동산에 관한 권리와 함께 전세권의 목적으로 제공된 뜻을 기록하여야 한다(법 제72조 제2항, 제78조 준용).

④ 전세금반환채권의 일부 양도를 원인으로 한 전세권 일부이전등기의 신청은 전세권의 존속기간의 만료 전에는 할 수 없는 것이나 존속기간 만료 전이라도 해당 전세권이 소멸하였음을 증명하는 경우에는 신청할 수 있다(법 제73조 등).

답 ②

027 등기관의 등기실행방법에 관한 다음 설명 중 가장 옳지 않은 것은?

21 사무관

① 전세권설정등기 후 그 전세권에 대한 가압류등기가 있는 상태에서 전세금을 감액하는 변경등기를 하는 때에 가압류권자의 승낙이 있으면 그 변경등기를 전세권설정등기에 부기로 하고, 그의 승낙이 없으면 그 변경등기를 주등기로 실행한다.

② 등기전체가 아닌 일부 등기사항만 말소된 것에 대한 회복등기를 할 때에는 부기에 의하여 말소된 등기사항만 다시 등기한다.

③ 가등기를 한 후 본등기의 신청이 있을 때에는 가등기의 순위번호를 사용하여 본등기를 하여야 한다.

④ 근저당권부 채권에 질권이 설정된 경우 질권자의 동의서가 첨부되지 않은 경우에는 근저당권의 채권최고액을 감액하는 근저당권변경등기를 할 수 없다.

해설

① 전세권설정등기 후 그 전세권에 대한 가압류등기가 있는 상태에서 전세금을 감액하는 변경등기를 하는 때에 가압류권자의 승낙이 있으면 그 변경등기를 전세권설정등기에 부기로 하고, 그의 승낙이 없으면 그 변경등기는 각하하여야 한다(예규 제1671호).

선지분석

② 등기전체가 아닌 일부 등기사항만 말소된 것에 대한 회복등기를 할 때에는 부기에 의하여 말소된 등기사항만 다시 등기한다(규칙 제118조).

③ 가등기를 한 후 본등기의 신청이 있을 때에는 가등기의 순위번호를 사용하여 본등기를 하여야 한다(법 제91조).

④ 근저당권부 채권에 질권이 설정된 경우 질권자의 동의 없이는 근저당권의 채권최고액을 감액하는 근저당권변경등기를 할 수 없다(선례 제201105-1호).

답 ①

028 용익권등기에 관한 다음 설명 중 가장 옳지 않은 것은? 22 서기보

① 존속기간, 지료와 지급시기는 지상권의 필수적 요소가 아니므로 등기원인에 약정이 있는 경우에만 등기한다.

② 전세권설정등기 후 목적부동산의 소유권이 제3자에게 이전된 경우, 그 소유권을 이전받은 제3취득자는 전세권설정자의 지위까지 승계하였다고 할 것이므로, 그 존속기간을 단축하거나 연장하기 위한 전세권변경등기신청은 전세권자와 제3취득자가 공동으로 신청하여야 한다.

③ 존속기간이 만료된 건물전세권에 존속기간 연장을 위한 변경등기 없이 건물전세권을 목적으로 한 저당권설정등기를 신청할 수 있다.

④ 지역권에 관한 등기는 승역지를 관할하는 등기소에 신청하며, 요역지에 대한 등기는 등기관이 직권으로 한다.

(해설)

③ 건물전세권의 법정갱신은 법률의 규정에 의한 물권변동이므로 전세권자는 전세권갱신에 관한 등기 없이도 전세권설정자나 그 건물을 취득한 제3자에 대하여 권리를 주장할 수 있으나, 그 처분을 위하여는 존속기간을 연장하는 변경등기를 하여야 한다. 따라서 「민법」 제312조 제4항에 따라 법정갱신된 건물전세권에 대하여 전세권이전등기나 전세권에 대한 저당권을 설정하기 위해서는 존속기간을 연장하는 변경등기의 신청을 선행 또는 동시에 하여야 한다(선례 제201302-1호).

(선지분석)

① 존속기간, 지료와 지급시기는 지상권의 필수적 요소가 아니므로 등기원인에 약정이 있는 경우에만 등기한다(법 제69조).

② 전세권설정등기 후 목적부동산의 소유권이 제3자에게 이전된 경우, 그 소유권을 이전받은 제3취득자는 전세권설정자의 지위까지 승계하였다고 할 것이므로, 그 존속기간을 단축하거나 연장하기 위한 전세권변경등기신청은 전세권자와 제3취득자(소유자)가 공동으로 신청하여야 한다(선례 제5-413호).

④ 지역권에 관한 등기는 승역지를 관할하는 등기소에 신청하며, 등기관이 승역지에 지역권설정의 등기를 하였을 때에는 직권으로 요역지의 등기기록에 기록하여야 한다(법 제71조 제1항).

답 ③

029 임차권등기명령에 의한 주택임차권등기에 관한 다음 설명 중 옳지 않은 것은? 　13 주사보

① 등기목적은 '주택임차권설정'으로 기록한다.

② 임차주택을 점유하기 시작한 날, 주민등록을 마친 날, 확정일자를 받은 날은 모두 등기사항에 해당한다.

③ 주택임차권등기명령의 결정 후 주택의 소유권이 이전된 경우, 등기촉탁서에 전소유자를 등기의무자로 기재하였다면 등기관은 그 촉탁을 각하하여야 한다.

④ 미등기 주택에 대하여도 임차권등기명령에 의한 등기촉탁을 할 수 있다.

(해설)

① 임차권등기명령에 의한 주택임차권등기를 하는 경우에는 등기의 목적을 '주택임차권'이라고 하여야 한다(예규 제1382호).

(선지분석)

② 임차권등기명령에 의한 주택임차권등기를 하는 경우에는 임대차계약을 체결한 날 및 임차보증금액, 임차주택을 점유하기 시작한 날, 주민등록을 마친 날, 임대차계약증서상의 확정일자를 받은 날을 등기기록에 기록한다(예규 제1382호).

③ 주택임차권등기명령의 결정 후 주택의 소유권이 이전된 경우, 등기촉탁서에 전소유자를 등기의무자로 기재하여 임차권등기의 기입을 촉탁한 때에는 촉탁서에 기재된 등기의무자의 표시가 등기부와 부합하지 아니하므로 등기관은 그 등기촉탁을 각하하여야 한다(선례 제7-285호).

④ 미등기 주택에 대한 임차권등기명령의 촉탁이 있는 경우에는 등기관은 직권보존등기를 한 후 주택임차권등기를 하여야 한다.

답 ①

030 임차권등기에 관한 다음 설명 중 가장 옳지 않은 것은?

① 「주택임대차보호법」상 주거용 건물에 대한 대항력은 일반적으로 자연인에게 해당되지만 예외적으로 법인에게도 인정되는 경우가 있다.

② 송전선 선하부지의 공중공간에 상하의 범위를 정하여 송전선을 소유하기 위하여 구분임차권등기를 신청하는 것은 허용되지 않는다.

③ 주택임차권등기명령의 결정 후 주택의 소유권이 이전된 경우, 전소유자를 등기의무자로 표시하여 임차권등기의 기입을 촉탁한 때에는 등기관은 등기의무자표시의 불일치로 이를 각하하여야 한다.

④ 임차권등기명령의 촉탁서에 주민등록을 마친 날이나 확정일자를 받은 날이 기재되어 있지 않으면 등기관은 그 촉탁을 각하하여야 한다.

해설

④ 임차인이 신청 당시에 이미 대항력 및 우선변제권을 취득한 경우에는 주민등록을 마친 날이나 확정일자를 받은 날을 기재한다. 다만, 임차주택의 점유를 이미 상실하였거나 전입신고 또는 확정일자 미비 등의 사유가 있어 촉탁서에 주택을 점유하기 시작한 날, 주민등록을 마친 날, 임대차계약서상의 확정일자를 받은 날의 전부 또는 일부가 기재되지 않은 경우에는 이러한 사항을 기록하지 않고 주택임차권등기를 한다. 임차권등기명령의 요건은 임대차가 종료된 후 보증금을 돌려받지 못하였다는 사실뿐이고 다른 사실들은 대항력 또는 우선변제권의 유지 요건일 뿐이기 때문에 이러한 사항이 없더라도 주택임차권등기를 하는 데 지장은 없다.

선지분석

② 송전선 선하부지의 공중 공간에 상하의 범위를 정하여 송전선을 소유하기 위하거나 토지의 지하 공간에 상하의 범위를 정하여 송수관을 매설하기 위한 구분임차권등기는 할 수 없다(선례 제7-283, 284호).

③ 주택임차권등기명령의 결정 후 주택의 소유권이 이전된 경우, 등기촉탁서에 전소유자를 등기의무자로 기재하여 임차권등기의 기입을 촉탁한 때에는 촉탁서에 기재된 등기의무자의 표시가 등기부와 부합하지 아니하므로 등기관은 그 등기촉탁을 각하하여야 한다(선례 제7-285호).

답 ④

031 임차권의 등기에 관한 다음 설명 중 가장 옳지 않은 것은?

18 서기보

① 차임을 정하지 아니하고 보증금의 지급만을 내용으로 하는 임대차 즉, 채권적 전세의 경우에는 차임 대신 임차보증금을 기재한다.

② 임차권등기명령에 따른 등기는 임대차 종료 후 보증금을 반환받지 못한 임차인의 단독신청에 따라 법원사무관 등의 촉탁에 의해서만 가능하다.

③ 미등기 주택에 대한 임차권등기명령의 촉탁이 있는 경우에는 등기관은 직권보존등기를 한 후 주택임차권등기를 하여야 한다.

④ 임차권등기명령이 결정으로 고지되어 효력이 발생하면 주택의 소유권이 이전되었다 하더라도 전 소유자를 등기의무자로 하여 임차권등기의 기입을 촉탁할 수 있고 등기관은 그 등기촉탁을 수리하여야 한다.

해설

④ 임차권등기명령이 결정으로 고지되어 효력이 발생한 후 <u>주택의 소유권이 이전된 경우 전 소유자를 등기의무자로</u> 하여 임차권등기의 기입을 촉탁한 때에는 촉탁서상 등기의무자의 표시가 등기기록과 일치하지 아니하므로 등기관은 그 등기촉탁을 각하하여야 한다(선례 제7-285호).

선지분석

① 차임을 정하지 아니하고 보증금의 지급만을 내용으로 하는 임대차 즉, 채권적 전세의 경우에는 차임 대신 임차보증금을 기재한다(예규 제1382호).

② 임차권등기명령에 따른 등기는 임대차 종료 후 보증금을 반환받지 못한 임차인의 단독신청에 따라 법원사무관 등의 촉탁에 의해서만 가능하다(「주택임대차보호법」 제6조, 동 규칙 제5조).

③ 미등기 주택에 대한 임차권등기명령의 촉탁이 있는 경우에는 등기관은 직권보존등기를 한 후 주택임차권등기를 하여야 한다.

답 ④

032 임차권등기에 관한 다음 설명 중 가장 옳지 않은 것은? 19 주사보

① 건물의 일부에 대해서 임차권설정등기를 할 수 있는 것이므로, 건물의 일부에 해당하는 지붕이나 옥상에 대하여도 임차권설정등기를 신청할 수 있다.

② 이미 전세권설정등기가 마쳐진 주택에 대하여 동일인을 권리자로 하는 법원의 주택임차권등기명령에 따른 촉탁등기는 이를 수리할 수 있다.

③ 차임에 대하여 임차인의 연매출의 일정비율과 같이 가변적인 비율로 하는 임차권설정등기도 신청할 수 있다.

④ 토지의 지하공간에 상하의 범위를 정하여 송수관을 매설하기 위한 구분임차권등기도 신청할 수 있다.

(해설)

④ 구분지상권과 달리 구분임차권을 인정하는 규정은 없으므로, 송전선 선하부지의 공중공간에 상하의 범위를 정하여 송전선을 소유하기 위하거나 토지의 지하 공간에 상하의 범위를 정하여 송수관을 매설하기 위한 구분임차권등기는 할 수 없다(선례 제7-283호, 제7-284호).

(선지분석)

① 건물의 일부에 대해서 임차권설정등기를 할 수 있는 것이므로, 건물의 일부에 해당하는 지붕이나 옥상에 대하여도 임차권설정등기를 신청할 수 있다. 건물의 지붕이나 옥상의 일부에 대해서만 임차권설정등기를 신청할 때에는 그 부분을 표시한 도면을 첨부정보로서 제공하여야 한다(선례 제201812-8호).

② 이미 전세권설정등기가 마쳐진 주택에 대하여 동일인을 권리자로 하는 법원의 주택임차권등기명령에 따른 촉탁등기는 이를 수리할 수 있다(선례 제201510-1호).

③ 차임에 대하여 임차인의 연매출의 일정비율과 같이 가변적인 비율로 하는 임차권설정등기도 신청할 수 있다(선례 제201008-4호).

답 ④

033 임차권등기명령에 의한 주택임차권등기에 관한 다음 설명 중 가장 옳지 않은 것은? 19 주사보

① 임차권등기명령에 따른 등기는 임대차 종료 후 보증금을 반환받지 못한 임차인의 임차권등기명령의 신청에 따라 임차권등기명령의 효력이 발생하면 법원사무관 등의 촉탁에 의해서 등기하여야 한다.

② 미등기주택에 대한 임차권등기명령의 촉탁이 있는 경우에는 등기권이 직권으로 소유권보존등기를 한 후에 주택임차권등기를 하여야 한다.

③ 주택임차권등기를 하는 경우에는 임대차계약을 체결한 날 및 임차보증금액, 임차주택을 점유하기 시작한 날, 주민등록을 마친 날, 임대차계약증서상의 확정일자를 받은 날을 등기기록에 기록하여야 한다.

④ 임차권등기명령에 의한 주택임차권등기가 마쳐진 경우에도 그 등기에 기초한 임차권이전등기나 임차물전대등기를 할 수 있다.

해설

④ 임차권등기명령에 의한 주택임차권등기가 마쳐진 경우에도 그 등기에 기초한 임차권이전등기나 임차물전대등기를 할 수 없다(예규 제1382호).

선지분석

① 임차권등기명령에 따른 등기는 임대차 종료 후 보증금을 반환받지 못한 임차인의 임차권등기명령의 신청에 따라 임차권등기명령의 효력이 발생하면 법원사무관 등의 촉탁에 의해서 등기하여야 한다(「임차권등기명령 절차에 관한 규칙」).

② 미등기주택에 대한 임차권등기명령의 촉탁이 있는 경우에는 등기권이 직권으로 소유권보존등기를 한 후에 주택임차권등기를 하여야 한다(예규 제1469호).

③ 주택임차권등기를 하는 경우에는 임대차계약을 체결한 날 및 임차보증금액, 임차주택을 점유하기 시작한 날, 주민등록을 마친 날, 임대차계약증서상의 확정일자를 받은 날을 등기기록에 기록하여야 한다(「임차권등기명령 절차에 관한 규칙」 제6조).

답 ④

034 임차권등기에 관한 다음 설명 중 가장 옳지 않은 것은?

① 건물의 일부에 대해서 임차권설정등기를 할 수 있으므로, 건물의 일부에 해당하는 지붕이나 옥상에 대하여도 임차권설정등기를 신청할 수 있다.

② 이미 전세권설정등기가 마쳐진 주택에 대하여 동일인을 권리자로 하는 법원의 주택임차권등기명령에 따른 촉탁등기는 이를 수리할 수 있다.

③ 임대차의 존속기간이 만료된 경우에도 그 등기에 기초한 임차권이전등기를 할 수 있다.

④ 부동산의 일부에 대한 임차권설정등기를 신청할 때에는 그 도면을 첨부정보로서 제공하여야 하는바, 다만 임차권의 목적인 범위가 건물의 일부로서 특정층 전부인 때에는 그 도면을 제공할 필요가 없다.

(해설)

③ 임대차의 존속기간이 만료된 경우와 주택임차권등기 및 상가건물임차권등기가 경료된 경우에는, 그 등기에 기초한 임차권이전등기나 임차물전대등기를 할 수 없다(예규 제1382호).

(선지분석)

① 건물의 일부에 대해서 임차권설정등기를 할 수 있으므로, 건물의 일부에 해당하는 지붕이나 옥상에 대하여도 임차권설정등기를 신청할 수 있다(선례 제201812-8호).

② 이미 전세권설정등기가 마쳐진 주택에 대하여 동일인을 권리자로 하는 법원의 주택임차권등기명령에 따른 촉탁등기는 이를 수리할 수 있다(선례 제201510-1호).

④ 부동산의 일부에 대한 임차권설정등기를 신청할 때에는 그 도면을 첨부정보로서 제공하여야 하는바, 다만 임차권의 목적인 범위가 건물의 일부로서 특정층 전부인 때에는 그 도면을 제공할 필요가 없다(선례 제100707-4호).

답 ③

035 임차권에 관한 등기에 대한 다음 설명 중 가장 옳지 않은 것은? 22 법무사

① 임대차의 존속기간이 만료된 경우와 주택임차권등기 및 상가건물임차권등기가 경료된 경우에는, 그 등기에 기초한 임차권이전등기나 임차물전대등기를 할 수 없다.

② 건물의 일부에 대해서 임차권설정등기를 할 수 있는 것이므로, 건물의 일부에 해당하는 지붕이나 옥상에 대하여도 임차권설정등기를 신청할 수 있고 이 경우 지붕이나 옥상의 일부에 대해서만 임차권설정등기를 신청할 때에는 그 부분을 표시한 도면을 첨부정보로서 제공하여야 한다.

③ 이미 전세권설정등기가 경료된 주택에 대하여 동일인을 권리자로 하는 법원의 주택임차권등기명령에 따른 촉탁등기는 이를 수리할 수 없다.

④ 불확정기간을 존속기간으로 하는 임대차계약도 허용되므로 송전선이 통과하는 선하부지에 대한 임대차의 존속기간을 "송전선이 존속하는 기간"으로 하는 임차권설정등기도 가능하다.

⑤ 학교법인이 그 소유 명의의 부동산에 관하여 임차권설정등기를 신청하는 경우에는 관할청의 허가를 증명하는 서면을 첨부정보로 제공하여야 한다.

해설

③ 이미 전세권설정등기가 경료된 주택에 대하여 동일인을 권리자로 하는 법원의 주택임차권등기명령에 따른 촉탁등기는 이를 수리할 수 있을 것이다(선례 제9-300호).

선지분석

① 임대차의 존속기간이 만료된 경우와 주택임차권등기 및 상가건물임차권등기가 경료된 경우에는, 그 등기에 기초한 임차권이전등기나 임차물전대등기를 할 수 없다(예규 제1688호).

② 건물의 일부에 대해서 임차권설정등기를 할 수 있는 것이므로(법 제74 제6호), 건물의 일부에 해당하는 지붕이나 옥상에 대하여도 임차권설정등기를 신청할 수 있다. 이 경우 지붕이나 옥상의 일부에 대해서만 임차권설정등기를 신청할 때에는 그 부분을 표시한 도면을 첨부정보로서 제공하여야 한다(선례 제201812-8호).

④ 불확정기간을 존속기간으로 하는 임대차계약도 허용된다 할 것인바, 송전선이 통과하는 선하부지에 대한 임대차의 존속기간을 "송전선이 존속하는 기간"으로 정함은 「민법」 제651조 제1항에 해당하는 "20년을 최장기간으로 하는 불확정기간"이라고 생각되므로, 위 불확정기간을 존속기간으로 하는 임차권설정등기도 가능할 것이다(선례 제5-457호).

⑤ 학교법인이 그 소유 명의의 부동산에 관하여 매매, 증여, 교환, 그밖의 처분행위를 원인으로 한 소유권이전등기를 신청하거나 근저당권 등의 제한물권 또는 임차권의 설정등기를 신청하는 경우에는 그 등기신청서에 관할청의 허가를 증명하는 서면을 첨부하여야 한다(예규 제1255호).

답 ③

제5장 담보권에 관한 등기

제1관 근저당권설정등기

---

001 근저당권설정등기에 관한 다음 설명 중 가장 옳지 않은 것은? **18 서기보**

① 같은 채권의 담보를 위하여 소유자가 다른 여러 개의 부동산에 대한 근저당권설정등기는 1건의 신청정보로 일괄하여 신청할 수 있다.

② 채권자는 동일한 채권의 담보로 갑 부동산에 관한 소유권과 을 부동산에 관한 지상권에 대하여 공동근저당권설정등기를 신청할 수 있으며, 이때 갑 부동산의 소유자와 을 부동산의 지상권자가 반드시 동일할 필요는 없다.

③ 추가근저당권설정등기신청을 하는 경우 신청서에 기재된 채무자의 주소와 종전의 근저당권설정등기에 기록되어 있는 채무자의 주소가 다른 경우에는 먼저 종전 근저당권설정등기의 채무자 주소를 변경하는 근저당권변경등기를 선행하여야 한다.

④ 추가근저당권설정등기신청을 하는 경우에는 종전 부동산의 등기필정보가 아니라 종전 부동산에 설정된 근저당권설정등기에 관한 등기필정보를 제공하여야 한다.

(해설)

④ 추가근저당권설정등기신청을 하는 경우에는 추가되는 부동산의 소유권에 관한 것에 관한 것이어야지, 전에 등기한 저당권의 등기필정보를 제공할 필요는 없다(선례 제3-585호).

(선지분석)

① 같은 채권의 담보를 위하여 <u>소유자가 다른</u> 여러 개의 부동산에 대한 근저당권설정등기는 1건의 신청정보로 일괄하여 신청할 수 있다(규칙 제47조).

② 채권자는 <u>동일한 채권의 담보로</u> 갑 부동산에 관한 소유권과 을 부동산에 관한 지상권에 대하여 공동근저당권설정등기를 신청할 수 있으며, 이때 <u>갑 부동산의 소유자와 을 부동산의 지상권자가 반드시 동일할 필요는 없다</u>(선례 제201009-4호).

③ 공동근저당이 성립하기 위해서는 설정행위에서 정한 기본계약이 동일하여야 하므로 추가근저당권설정등기신청을 하는 경우 신청서에 기재된 채무자의 주소와 종전의 근저당권설정등기에 기록되어 있는 채무자의 주소가 다른 경우에는 <u>먼저 종전 근저당권설정등기의 채무자 주소를 변경하는 근저당권변경등기를 선행하여야 한다</u>(선례 제201201-1호).

필요적 신청 정보	채권최고액	• 일정한 금액을 목적으로 하지 않는 채권을 담보하기 위한 경우에는 그 채권의 평가액을 제공하여야 함(규칙 제131조 제3항) • 외화채권의 경우 외화표시금액을 기재하고 환산한 금액을 신청서에 병기하여야 함 • 채권최고액은 반드시 단일하게 기재하여야 한다. 각 채권자 또는 채무자별로 채권최고액을 구분하여 기재할 수 없음 • 1개의 근저당권설정계약상의 채권최고액을 여러 개로 분할하여 여러 개의 근저당권을 설정할 수는 없음
	채무자의 성명과 주소	• 근저당권설정자와 채무자가 동일한 경우에도 채무자의 표시는 생략할 수 없음 • 수인의 채무자가 연대채무자라 하더라도 '채무자'로만 제공하여야 함 • 연대보증인은 채무자가 아니므로 기재할 필요 없음
	권리의 표시	• 소유권 외 권리를 목적으로 하는 경우 제공하여야 함(규칙 제131조 제2항) • 여러 개의 부동산에 관한 권리를 목적으로 하는 근저당권설정의 등기를 신청하는 경우에는 각 부동산에 관한 권리의 표시를 제공하여야 함(규칙 제133조 제1항)
	등기권리자	설정계약서의 근저당권자가 여러 명인 경우에도 각 근저당권자별로 채권최고액을 기재하거나 지분을 기재할 수 없음
임의적 신청 정보		• 부합물·종물에 근저당권의 효력이 미치지 아니한다는 특약(「민법」 제358조 단서) • 존속기간: 존속기간에 대한 약정이 있는 경우
기타		• 등기원인: 설정계약 • 등기의 목적: 근저당권설정 • 국민주택채권매입번호: 채권최고액이 2,000만 원 이상인 경우 • 등기의무자의 등기필정보

답 ④

002 근저당권에 관한 등기와 관련한 다음 설명 중 가장 옳지 않은 것은?

① 동일한 전세권을 목적으로 하는 수개의 근저당권설정등기의 채권최고액을 합한 금액이 대상 전세권의 전세금을 초과하는 등기도 가능하다.

② 같은 부동산에 대하여 甲과 乙을 공동채권자로 하는 하나의 근저당권설정계약을 체결한 경우에 甲과 乙을 각각 근저당권자로 하는 2개의 동순위의 근저당권설정등기를 신청할 수 있다.

③ 등기원인을 증명하는 정보로서 첨부하는 근저당권설정계약서에는 채권최고액과 채무자의 표시 등은 기재되어 있어야 하지만, 채무자의 인영이 날인되어 있어야만 하는 것은 아니다.

④ 근저당권의 채무자가 사망하고 그 공동상속인 중 1인만이 채무자가 되려는 경우에 근저당권자와 근저당권설정자 또는 소유자는 '계약인수' 또는 '확정채무의 면책적 인수'를 등기원인으로 하는 근저당권변경등기를 공동으로 신청할 수 있다.

해설

② 같은 부동산에 대하여 甲과 乙을 공동채권자로 하는 하나의 근저당권설정계약을 체결한 경우에 甲과 乙을 각각 근저당권자로 하는 2개의 동순위의 근저당권설정등기를 신청할 수 없다(선례 제7-274호).

선지분석

① 동일한 전세권을 목적으로 하는 수개의 근저당권설정등기의 채권최고액을 합한 금액이 대상 전세권의 전세금을 초과하는 등기도 가능하다(선례 제5-435호).

③ 등기원인을 증명하는 정보로서 첨부하는 근저당권설정계약서에는 채권최고액과 채무자의 표시 등은 기재되어 있어야 하지만, 채무자의 인영이 날인되어 있어야만 하는 것은 아니다(선례 제6-32호).

④ 근저당권의 채무자가 사망하고 그 공동상속인 중 1인만이 채무자가 되려는 경우에 근저당권자와 근저당권설정자 또는 소유자는 '계약인수' 또는 '확정채무의 면책적 인수'를 등기원인으로 하는 근저당권변경등기를 공동으로 신청할 수 있다(예규 제1656호).

답 ②

003 근저당권의 피담보채권이 확정되기 전 또는 확정된 후에 근저당권이전등기를 신청할 수 있는 등기원인을 예시한 것이다. 가장 옳지 않은 것은?

14 서기보

① 근저당권의 피담보채권이 확정된 후 – 확정채권 양도, 확정채권 대위변제

② 근저당권의 피담보채권이 확정되기 전 – 계약양도, 계약의 일부양도, 계약가입

③ 근저당권의 피담보채권이 확정되기 전 – 피담보채권 일부양도, 피담보채권 일부 대위변제

④ 근저당권의 피담보채권이 확정되기 전 – 상속, 회사합병

해설

③ 근저당권이전등기의 등기원인은 아래와 같다(예규 제1656호).

포괄승계		근저당권자의 상속, 합병 등
특정승계	확정 전	계약의 양도 등
	확정 후	확정채권의 양도 또는 대위변제

답 ③

004 저당권·근저당권의 이전등기 또는 변경등기에 관한 다음 설명 중 가장 옳지 않은 것은? **16 사무관**

① 채권 일부의 양도나 대위변제로 인한 저당권의 이전등기를 신청하는 경우에는 양도나 대위변제의 목적인 채권액을 신청정보의 내용으로 등기소에 제공하여야 한다.

② 근저당권의 피담보채권이 확정되기 전에 근저당권의 기초가 되는 기본계약상의 채권자 지위가 제3자에게 양도된 경우 그 양도인 및 양수인은 '계약양도', '계약의 일부 양도' 또는 '계약가입'을 등기원인으로 하여 근저당권이전등기를 신청할 수 있다.

③ 근저당권의 피담보채권이 확정된 후에 제3자가 그 피담보채무를 면책적 또는 중첩적으로 인수하고 근저당권변경등기를 신청하는 경우 등기원인은 '확정채무의 면책적 인수' 또는 '확정채무의 중첩적 인수'등으로 기록한다.

④ 을구에 근저당권설정등기, 갑구에 체납처분에 의한 압류등기가 순차로 경료된 후에 근저당권의 채권최고액을 증액하는 경우 갑구의 체납처분에 의한 압류등기의 권리자(처분청)는 을구의 근저당권변경등기에 대하여 등기상 이해관계 있는 제3자로 볼 수 없다.

해설

④ 을구에 근저당권설정등기, 갑구에 체납처분에 의한 압류등기가 순차로 경료된 후에 근저당권의 채권최고액을 증액하는 경우, 그 변경등기를 부기등기로 실행하게 되면 을구의 근저당권변경등기가 갑구의 체납처분에 의한 압류등기보다 권리의 순위에 있어 우선하게 되므로, 갑구의 체납처분에 의한 압류등기의 권리자(처분청)는 을구의 근저당권변경등기에 대하여 등기상 이해관계 있는 제3자에 해당한다(선례 제201408-2호).

선지분석

① 채권일부의 양도나 대위변제로 인한 저당권의 이전등기를 신청하는 경우에는 양도나 대위변제의 목적인 채권액을 신청정보의 내용으로 등기소에 제공하여야 한다(법 제79조, 규칙 제137조 제2항).

답 ④

005 근저당권이전등기에 관한 다음 설명 중 가장 옳지 않은 것은?

19 주사보

① 채권최고액은 단일하게 기록하여야 하고, 각 채권자 또는 채무자별로 채권최고액을 구분하여 기록할 수 없다.

② 근저당권이전등기를 신청하는 경우에 근저당권설정자가 물상보증인인 경우에는 그의 승낙을 증명하는 정보를 등기소에 제공하여야 한다.

③ 근저당권의 피담보채권이 확정되기 전에는 그 피담보채권의 양도나 대위변제를 원인으로 하는 근저당권이전등기는 신청할 수 없다.

④ 근저당권이 설정된 후에 소유권이 제3자에게 이전된 경우에는 근저당권설정자 또는 제3취득자가 근저당권자와 공동으로 그 말소등기를 신청할 수 있다.

(해설)

② 근저당권이전등기를 신청하는 경우에 근저당권설정자가 물상보증인인 경우에도 그의 승낙을 증명하는 정보를 등기소에 제공할 필요가 없다(예규 제1656호).

(선지분석)

① 근저당설정등기를 함에 있어 그 근저당권의 채권자 또는 채무자가 수인일지라도 단일한 채권최고액만을 기록하여야 하고, 각 채권자 또는 채무자별로 채권최고액을 구분하여 기록할 수 없다(예규 제1656호).

③ 근저당권의 피담보채권이 확정되기 전에는 그 피담보채권의 양도나 대위변제를 원인으로 하는 근저당권이전등기는 신청할 수 없다(예규 제1656호).

④ 근저당권이 설정된 후에 소유권이 제3자에게 이전된 경우에는 근저당권설정자 또는 제3취득자가 근저당권자와 공동으로 그 말소등기를 신청할 수 있다(예규 제1656호).

답 ②

006 근저당권에 관한 등기와 다음 설명 중 가장 옳지 않은 것은?

① 乙회사가 甲회사를 흡수합병하기 전에 甲회사 명의의 근저당권에 대한 설정계약이 해지된 경우 乙회사가 甲회사 명의의 근저당권등기의 말소신청을 하기 위해서는 합병을 원인으로 한 근저당권이전등기를 선행하여야 한다.

② 乙회사가 甲회사를 흡수합병한 후 丙회사가 乙회사를 다시 흡수합병한 경우에는 甲회사 명의의 근저당권등기는 甲회사로부터 丙회사 앞으로 바로 근저당권이전등기를 할 수 있다.

③ 乙회사가 甲회사를 흡수합병하고 다시 丙회사가 乙회사를 흡수합병한 다음 丙회사가 그 일부를 분할하여 丁회사를 설립하고 이어 丁회사가 다시 그 일부를 분할하여 戊회사를 설립한 경우 甲회사 명의의 근저당권이 순차로 작성된 분할계획서에 丁회사를 거쳐 다시 戊회사에 이전될 재산으로 기재되어 있다면, 戊회사는 甲회사 명의의 근저당권에 대하여 자신 명의로의 이전등기를 곧바로 신청할 수 있다.

④ 근저당권의 피담보채권이 확정된 후에 그 피담보채권이 양도 또는 대위변제된 경우에는 근저당권자 및 그 채권양수인 또는 대위변제자는 채권양도에 의한 저당권이전등기에 준하여 근저당권이전등기를 신청할 수 있다.

해설

① 흡수합병 후 존속하는 회사는 흡수합병으로 인하여 소멸된 회사가 흡수합병 전에 그 회사명의로 설정받은 근저당권에 대해서 흡수합병으로 인한 근저당권자 변경등기가 아닌 근저당권이전등기를 신청할 수 있으나, 흡수합병 후 존속하는 회사는 흡수합병으로 인하여 소멸된 회사의 권리의무를 포괄승계하므로, 흡수합병으로 인한 근저당권이전등기를 거치지 아니하고서도 그 권리행사를 할 수 있다. 다만, 흡수합병 후 그 근저당권에 대해 말소원인이 발생하거나 처분하는 경우 등에는 먼저 흡수합병으로 인한 근저당권이전등기를 거치지 않고서는 그에 따른 등기를 신청할 수 없다(선례 제4-465호). 따라서 乙회사가 甲회사를 흡수합병하기 전에 甲회사 명의의 근저당권에 대한 설정계약이 해지된 경우 乙회사가 甲회사 명의 근저당권등기의 말소신청을 하기 위해서는 합병을 원인으로 한 근저당권이전등기를 선행할 필요가 없다.

선지분석

② 합병으로 인하여 소멸한 회사 명의의 근저당권등기는 존속하거나 신설된 회사에 포괄승계되므로, 乙회사가 甲회사를 흡수합병한 후 丙회사가 乙회사를 다시 흡수합병한 경우에는 甲회사 명의의 근저당권등기는 甲회사로부터 존속하고 있는 丙회사 앞으로 바로 근저당권이전등기를 할 수 있다.

③ 乙회사가 甲회사를 흡수합병하고 다시 丙회사가 乙회사를 흡수합병한 다음 丙회사가 그 일부를 분할하여 丁회사를 설립하고 이어 丁회사가 다시 그 일부를 분할하여 戊회사를 설립한 경우 甲회사 명의의 근저당권이 순차로 작성된 분할계획서에 丁회사를 거쳐 다시 戊회사에 이전될 재산으로 기재되어 있다면, 戊회사는 甲회사 명의의 근저당권에 대하여 자신 명의로의 이전등기를 곧바로 신청할 수 있다(선례 제201910-3호).

④ 근저당권의 피담보채권이 확정된 후에 그 피담보채권이 양도 또는 대위변제된 경우에는 근저당권자 및 그 채권양수인 또는 대위변제자는 채권양도에 의한 저당권이전등기에 준하여 근저당권이전등기를 신청할 수 있다. 이 경우 등기원인은 "확정채권 양도" 또는 "확정채권 대위변제" 등으로 기록한다(예규 제1656호).

답 ①

007 저당권이전등기 또는 저당권변경등기에 관한 다음 설명 중 가장 옳은 것은? **13 서기보**

① 저당권이전등기는 저당권설정자와 저당권의 양수인이 공동으로 신청한다.

② 저당권전부이전등기의 경우 종전의 저당권자를 말소하는 표시를 하여야 할 필요는 없다.

③ 저당권이 설정되어 있는 건물이 증축되어 건물표시변경등기를 한 경우, 이미 설정된 저당권의 효력이 증축된 부분까지 미치게 하기 위해서는 저당권변경등기를 하여야 한다.

④ 채무자변경으로 인한 저당권변경등기의 신청을 할 경우 등기의무자는 저당권설정자가 되고 등기권리자는 저당권자가 된다.

(해설)

④ 채무자변경으로 인한 근저당권변경등기신청은 근저당권자가 등기권리자, 근저당권설정자가 등기의무자로서 공동으로 신청하여야 한다(선례 제2-61호).

(선지분석)

① 저당권이전등기는 저당권 양도인과 양수인이 공동으로 신청한다(예규 제616호).

② 등기관이 소유권 외의 권리의 이전등기를 할 때에는 종전 권리자의 표시에 관한 사항을 말소하는 표시를 하여야 한다. 다만, 이전되는 지분이 일부일 때에는 그러하지 아니하다(규칙 제112조 제3항).

③ 건물의 구조나 이용상 기존 건물과 별개의 독립 건물을 신축한 경우에는 그 부분이 기존 건물에 부합되지 않는 것이므로 1부동산 1등기기록의 원칙상 그 건물에 대하여 별도의 소유권보존등기를 신청하여야 하는 것이며 기존 건물의 증축등기를 신청할 수 없을 것이다. 더욱이 이와 같은 증축등기를 한 후 기존 건물에 경료된 저당권의 효력을 위 별개의 건물에 미치게 하는 취지의 변경등기를 신청할 수는 없다(선례 제4-513호).

답 ④

008 등기상 이해관계 있는 제3자에 관한 다음 설명 중 가장 옳지 않은 것은? 17 서기보

① 채권최고액을 증액하는 근저당권변경등기를 신청하는 경우 동일인 명의의 후순위 근저당권자는 등기상 이해관계 있는 제3자에 해당한다.

② 소유권이전등기 말소청구권을 피보전권리로 하는 선행 가처분등기가 마쳐져 있을 때 등기상 이해관계 있는 제3자가 다른 권원에 의하여 위 소유권이전등기 말소를 신청할 경우 선행 가처분권리자의 승낙이나 이에 대항할 수 있는 재판이 있음을 증명하는 정보를 제공하여야 한다.

③ 을구에 근저당권설정등기, 갑구에 체납처분에 의한 압류등기가 순차로 마쳐진 후에 근저당권의 채권최고액을 증액하는 경우 압류등기의 권리자(처분청)는 등기상 이해관계 있는 제3자에 해당한다.

④ 단독소유를 공유로 또는 공유를 단독소유로 하는 경정등기를 함에 있어 등기상 이해관계 있는 제3자가 있는 때에는 그 승낙이나 이에 대항할 수 있는 재판이 있음을 증명하는 정보가 제공되어 있지 않으면 등기관은 그 등기신청을 수리하여서는 아니 된다.

해설

① 채권최고액을 <u>증액하는</u> 근저당권변경등기를 신청하는 경우 <u>동일인 명의의 후순위 근저당권자는 등기상 이해관계 있는 제3자가 아니므로</u>, 다른 이해관계인이 없다면 위 후순위 근저당권자의 승낙이 있음을 증명하는 정보 또는 이에 대항할 수 있는 재판이 있음을 증명하는 정보를 제공하지 않더라도 근저당권변경등기를 부기등기로 할 수 있다(선례 제201508-4호).

선지분석

② 갑 명의에서 을 명의로 소유권이전등기가 경료된 후 갑의 채권자 병이 을 명의의 소유권이전등기에 대하여 <u>사해행위로 인한 소유권이전등기 말소청구권을 피보전권리로 하는 처분금지가처분</u>을 하였을 경우, 을 명의의 소유권이전등기에 관하여 병 이외의 자가 말소신청을 하는 때에는 병의 승낙서 또는 그에 대항할 수 있는 재판의 등본을 첨부하여야 한다(선례 제6-57호).

③ 을구에 근저당권설정등기, 갑구에 체납처분에 의한 압류등기가 순차로 경료된 후에 <u>근저당권의 채권최고액을 증액하는 경우</u>, 그 변경등기를 부기등기로 실행하게 되면 을구의 근저당권변경등기가 갑구의 체납처분에 의한 압류등기보다 권리의 순위에 있어 우선하게 되므로, 갑구의 체납처분에 의한 압류등기의 권리자(처분청)는 을구의 근저당권변경등기에 대하여 등기상 이해관계 있는 제3자에 해당한다(선례 제201408-2호).

④ 단독소유를 공유로 또는 공유를 단독소유로 하는 경정등기라 함은 일부말소 의미의 경정등기를 말한다. 따라서 <u>일부말소 의미의 경정등기</u>는 등기상 이해관계 있는 제3자의 승낙 또는 이에 대항할 수 있는 재판이 있음을 증명하는 정보가 제공된 경우에만 부기등기의 방식으로 등기할 수 있고, 제공하지 못한 경우에는 신청을 각하하여야 한다.

답 ①

009 근저당권변경등기에 관한 다음 설명 중 가장 옳지 않은 것은?

① 근저당권변경등기에 등기상 이해관계인이 존재하는데도 그의 승낙을 증명하는 정보 또는 그에 대항할 수 있는 재판이 있음을 증명하는 정보를 첨부하지 못한 경우에는 주등기로 변경등기를 한다.

② 채권최고액을 감액하는 근저당권변경등기는 근저당권설정자가 등기의무자가 되고 근저당권자가 등기권리자가 되어 공동으로 신청하여야 한다.

③ 채무자의 표시변경을 원인으로 근저당권변경등기를 신청하는 경우에는 등기의무자의 인감증명이나 등기필증(등기필정보)을 첨부할 필요가 없다.

④ 채무자를 변경하는 근저당권변경등기의 경우에는 후순위 근저당권자의 동의 없이 변경등기를 신청할 수 있다.

해설

② 채권최고액을 감액하는 근저당권변경등기는 근저당권자가 등기의무자가 되고 근저당권설정자가 등기권리자가 되어 공동으로 신청하여야 한다.

선지분석

① 근저당권변경등기에 등기상 이해관계인이 존재하는데도 그의 승낙을 증명하는 정보 또는 그에 대항할 수 있는 재판이 있음을 증명하는 정보를 첨부하지 못한 경우에는 주등기로 변경등기를 한다(법 제52조 제5호).

③ 채무자의 표시변경을 원인으로 근저당권변경등기를 신청하는 경우에는 등기의무자의 인감증명이나 등기필증(등기필정보)을 첨부할 필요가 없다(선례 제201110-1호).

④ 채무자를 변경하는 근저당권변경등기의 경우에는 후순위 근저당권자 등은 등기상 이해관계인이 아니므로 후순위 근저당권자의 동의 없이 근저당권의 채무자 변경등기를 신청할 수 있다(선례 제1-437호).

답 ②

010 저당권등기에 관한 다음 설명 중 가장 옳지 않은 것은?

① 채무자 변경으로 인한 저당권변경등기신청은 저당권자가 등기권리자, 저당권설정자가 등기의무자로서 공동으로 신청하여야 한다는 것이 선례의 태도이다.

② 저당권설정등기의 말소등기를 함에 있어 저당권 설정 후 소유권이 제3자에게 이전된 경우에는 저당권설정자 또는 제3취득자가 저당권자와 공동으로 그 말소등기를 신청할 수 있다.

③ 저당권설정등기의 말소등기를 신청하는 경우에 그 등기명의인의 표시에 변경 또는 경정의 사유가 있는 때라도 신청서에 그 변경 또는 경정을 증명하는 서면을 첨부함으로써 등기명의인표시의 변경 또는 경정의 등기를 생략할 수 있다.

④ 합병 후 존속하는 회사가 합병으로 인하여 소멸한 회사 명의로 있는 저당권등기의 말소신청을 하는 경우에 그 등기원인이 합병등기 전에 발생한 것인 때라도 그 전제로서 회사합병으로 인한 근저당권이전등기를 하여야 한다.

해설

④ 근저당권등기의 말소신청을 함에 있어, 그 등기원인이 합병등기 전에 이미 발생한 것인 때에는 합병으로 인한 근저당권이전등기를 거칠 필요 없이 곧바로 합병을 증명하는 서면을 첨부하여 말소등기신청을 하면 될 것이나, 그 등기원인이 합병등기 후에 발생한 것인 때에는 먼저 합병으로 인한 근저당권이전등기를 거친 후 말소등기신청을 하여야 한다(선례 제8-261호).

선지분석

① 채무자변경으로 인한 근저당권변경등기신청은 근저당권자가 등기권리자, 근저당권설정자가 등기의무자로서 공동신청하여야 하고, 이 경우 등기의무자의 권리에 관한 등기필증으로는 등기의무자가 소유권취득당시 등기소로부터 교부받은 등기필증을 첨부하면 족하다(선례 제2-61호).

> **cf** 채무자표시변경을 원인으로 근저당권변경등기를 신청하는 경우 그 실질은 등기명의인이 단독으로 등기명의인표시변경등기를 신청하는 경우와 다를 바가 없기 때문에 등기의무자의 인감증명을 첨부할 필요가 없고, 또한 권리에 관한 등기가 아닌 표시변경등기에 불과하므로 등기필증(등기필정보)도 첨부할 필요가 없다(선례 제201110-1호).

② 근저당권설정 후 소유권이 제3자에게 이전된 경우에는 그 제3취득자가 근저당권자와 공동으로 그 말소등기를 신청할 수 있을 뿐만 아니라 근저당권설정자도 신청할 수 있다(예규 제1656호).

답 ④

011 저당권의 말소등기에 관한 다음 설명 중 가장 옳지 않은 것은?

① 저당권설정등기 이후에 소유권이 제3자에게 이전된 경우에는 그 등기권리자는 소유권의 등기명의인인 제3취득자 또는 저당권설정자이다.

② 저당권이전등기가 된 경우 저당권의 피담보채권 소멸 등으로 인한 말소신청의 등기의무자는 현재의 저당권자 또는 종전의 저당권자이다.

③ 한국농어촌공사가 종전의 농어촌진흥공사의 명의로 된 근저당권에 관하여 말소등기를 신청하려고 하는 경우에는 근저당권이전등기를 거치지 않고도 한국농어촌공사가 직접 자신의 명의로 위 근저당권의 말소등기를 신청할 수 있다.

④ 甲 법인과 乙 법인을 합병하여 丙 법인을 신설한 경우, 소멸한 甲 법인 명의로 마쳐져 있는 근저당권설정등기를 말소하려 할 때 그 말소원인이 합병등기 후에 발생한 것인 때에는 먼저 합병으로 인한 근저당권이전등기를 거친 후 말소등기신청을 하여야 한다.

해설

② 근저당권이 이전된 후 근저당권설정등기의 말소등기를 신청하는 경우에는 근저당권의 양수인이 근저당권설정자와 공동으로 그 말소등기를 신청할 수 있다.

선지분석

① 근저당권설정 후 소유권이 제3자에게 이전된 경우에는 그 제3취득자가 근저당권자와 공동으로 그 말소등기를 신청할 수 있을 뿐만 아니라 근저당권설정자는 신청할 수 있다(예규 제1656호).

③ 「농업기반공사 및 농지관리기금법」 부칙 제9조 제2항은 "등기부 기타 공부에 표시된 농어촌진흥공사, 농지개량조합 및 농지개량조합연합회의 명의는 농업기반공사의 명의로 본다."라고 규정하고 있으므로, 농업기반공사가 종전의 농어촌진흥공사, 농지개량조합 및 농지개량조합연합회(아래에서는 '농어촌진흥공사 등'이라고 줄임)의 명의로 등기된 근저당권에 관하여 말소등기를 신청하려고 하는 경우에는, '농어촌진흥공사 등' 명의의 근저당권을 농업기반공사로 이전하는 근저당권이전등기절차를 거치지 않고도 농업기반공사가 직접 자신의 명의로 위 근저당권의 말소등기를 신청할 수 있다(선례 제6-375호).

④ 근저당권등기의 말소신청을 함에 있어, 그 등기원인이 합병등기 전에 이미 발생한 것인 때에는 합병으로 인한 근저당권이전등기를 거칠 필요 없이 곧바로 합병을 증명하는 서면을 첨부하여 말소등기신청을 하면 될 것이나, 그 등기원인이 합병등기 후에 발생한 것인 때에는 먼저 합병으로 인한 근저당권이전등기를 거친 후 말소등기신청을 하여야 한다(선례 제8-261호).

답 ②

012 근저당권말소등기에 관한 다음 설명 중 가장 옳지 않은 것은?

① 근저당권설정 후 소유권이 제3자에게 이전된 경우에는 근저당권설정자 또는 제3취득자가 근저당권자와 공동으로 그 말소등기를 신청할 수 있다.

② 근저당권은 피담보채권의 소멸에 의하여 당연히 소멸하므로 근저당권설정계약의 기초가 되는 기본적인 법률관계가 아직 존속하더라도 근저당채무가 소멸하였음을 이유로 근저당권설정등기의 말소등기를 신청할 수 있다.

③ 근저당권의 말소를 신청하는 경우에 그 말소에 대하여 등기상 이해관계 있는 제3자가 있을 때에는 제3자의 승낙이 있어야 한다.

④ 근저당권이 이전된 후 근저당권설정등기의 말소등기를 신청하는 경우에는 근저당권의 양수인이 등기의무자로서 등기권리자와 공동으로 그 말소등기를 신청할 수 있다.

(해설)

② 근저당권은 보통저당권과는 달리 피담보채권의 소멸만으로는 소멸하지 않고 근저당권 설정의 기초가 되는 기본계약이 해지 등의 사유로 종료되어야만 이를 원인으로 말소등기를 신청할 수 있다.

(선지분석)

① 근저당권설정 후 소유권이 제3자에게 이전된 경우에는 그 제3취득자가 근저당권자와 공동으로 그 말소등기를 신청할 수 있을 뿐만 아니라 근저당권설정자는 신청할 수 있다(예규 제1656호).

③ 등기의 말소를 신청하는 경우에 그 말소에 대하여 등기상 이해관계 있는 제3자가 있을 때에는 제3자의 승낙이 있어야 한다(법 제57조 제1항).

④ 근저당권이전등기가 된 근저당권의 피담보채권이 소멸하여 그 등기를 말소하는 경우에 말소등기신청의 등기의무자는 근저당권의 현재 명의인인 근저당권의 양수인이다(대판 67다987).

답 ②

013 (근)저당권에 관한 등기에 대한 다음 설명 중 가장 옳지 않은 것은?

① "어음할인, 대부, 보증 기타의 원인에 의하여 부담되는 일체의 채무"를 피담보채무로 하는 내용의 근저당권설정계약을 원인으로 한 근저당권설정등기도 신청할 수 있다.

② 하나의 근저당권을 여럿이 준공유하는 경우에 근저당권자 중 1인이 확정채권의 전부 또는 일부 양도를 원인으로 근저당권이전등기를 하는 경우에는 근저당권의 피담보채권이 확정되었음을 증명하는 서면 또는 나머지 근저당권자 전원의 동의가 있음을 증명하는 서면(동의서와 인감증명서)을 첨부하여야 한다.

③ 근저당권의 확정 후에 피담보채권과 함께 복수의 양수인에게 근저당권을 이전하는 경우에는 각 양수인별로 양도액을 특정하여 신청하여야 한다.

④ 채권최고액을 감액하는 경우에는 근저당권설정자가 등기권리자가 되고 근저당권자가 등기의무자가 되어 공동으로 근저당권변경등기를 신청하여야 한다.

⑤ 동일 부동산에 대한 소유권이전청구권 보전의 가등기상의 권리자와 근저당권자가 동일인이었다가 그 가등기에 기한 소유권이전의 본등기가 경료됨으로써 소유권과 근저당권이 동일인에게 귀속된 경우와 같이 근저당권이 혼동으로 소멸한 경우에는 그 근저당권설정등기가 말소되지 아니한 채 제3자 앞으로 다시 소유권이전등기가 경료된 경우라도 현 소유자가 단독으로 말소등기를 신청할 수 있다.

해설

⑤ 동일 부동산에 대한 소유권이전청구권 보전의 가등기상의 권리자와 근저당권자가 동일인이었다가 그 가등기에 기한 소유권이전의 본등기가 경료됨으로써 소유권과 근저당권이 동일인에게 귀속된 경우와 같이 혼동으로 근저당권이 소멸(그 근저당권이 제3자의 권리의 목적이 된 경우 제외)하는 경우에는 등기명의인이 근저당권말소등기를 단독으로 신청한다. 다만, 그 근저당권설정등기가 말소되지 아니한 채 제3자 앞으로 다시 소유권이전등기가 경료된 경우에는 현 소유자와 근저당권자가 공동으로 말소등기를 신청하여야 한다(예규 제1656호).

선지분석

① '어음할인, 대부, 보증 기타의 원인에 의하여 부담되는 일체의 채무'를 피담보채무로 하는 내용의 근저당권설정계약을 원인으로 한 근저당권설정등기도 신청할 수 있다(예규 제1656호).

② 하나의 근저당권을 여럿이 준공유하는 경우에 근저당권자 중 1인이 확정채권의 전부 또는 일부 양도를 원인으로 근저당권이전등기를 하는 경우에는 근저당권의 피담보채권이 확정되었음을 증명하는 서면 또는 나머지 근저당권자 전원의 동의가 있음을 증명하는 서면(동의서와 인감증명서)을 첨부하여야 한다(선례 제201211-3호).

③ 근저당권의 확정 후에 피담보채권과 함께 복수의 양수인에게 이전하는 경우에는 각 양수인별로 양도액을 특정하여 신청하여야 한다(선례 제201211-3호).

④ 근저당권자와 근저당권설정자가 채권최고액을 감액하는 근저당권변경계약을 하고 이에 따라 채권최고액을 감액하는 근저당권변경등기를 하는 경우에는 근저당권설정자의 인감증명서를 첨부할 필요는 없다(선례 제5-126호). 근저당권자가 등기의무자이므로, 등기권리자인 근저당권설정자의 인감증명서는 제공할 필요가 없다.

답 ⑤

014 추가적 공동저당에 관한 설명이다. 가장 옳지 않은 것은?

14 사무관

① 대지에 관하여 이미 저당권이 설정되어 있는 상태에서 대지권의 등기를 하고, 그 후에 구분건물에 관하여 동일 채권의 담보를 위한 저당권을 추가설정하려는 경우에는, 구분건물과 대지권을 일체로 하여 그에 관한 추가저당권설정등기를 신청할 수 있다.

② 위 ①의 추가저당권설정등기는 구분건물의 등기기록 중 乙구에 이를 기록하고, 대지권의 목적인 토지에 관하여 설정된 종전의 저당권등기에 저당권담보추가의 부기등기를 한다.

③ 추가저당권설정등기를 신청하는 경우 신청정보에 기재된 채무자의 주소와 종전의 저당권등기에 기록되어 있는 채무자의 주소가 다른 경우에는, 먼저 종전 저당권등기의 채무자 주소를 변경하는 저당권변경등기를 선행하여야 한다.

④ 추가저당권설정등기를 신청하는 경우 등기소에 제공해야 할 등기필정보는 추가되는 부동산의 소유권에 관한 등기필정보이고, 전에 등기한 저당권의 등기필정보를 등기소에 제공할 필요는 없다.

해설

② 대지권의 목적인 토지에 관하여 설정된 종전의 저당권등기에 저당권담보추가의 부기등기를 할 필요는 없다(예규 제1656호).

선지분석

① 대지에 관하여 이미 저당권이 설정되어 있는 상태에서 대지권의 등기를 하고, 그와 아울러 또는 그 후에 구분건물에 관하여 동일채권의 담보를 위한 저당권을 추가설정하려는 경우에는, 구분건물과 대지권을 일체로 하여 그에 관한 추가저당권설정등기의 신청을 할 수 있다(예규 제1656호).

③ 공동근저당이 성립하기 위해서는 설정행위에서 정한 기본계약이 동일하여야 하므로 추가근저당권설정등기신청을 하는 경우 신청서에 기재된 채무자의 주소와 종전의 근저당권설정등기에 기록되어 있는 채무자의 주소가 다른 경우에는 먼저 종전 근저당권설정등기의 채무자 주소를 변경하는 근저당권변경등기를 선행하여야 한다. 다만, 추가되는 부동산과 종전 부동산의 근저당권설정자(소유자)는 동일할 필요가 없으므로, 설령 추가되는 부동산과 종전 부동산의 근저당권설정자의 주소가 다르다고 하더라도 종전 부동산의 근저당권설정자의 등기명의인표시변경등기를 선행하여야 하는 것은 아니다(선례 제201201-1호).

④ 추가저당권설정등기를 신청하는 경우에는 종전 부동산에 설정된 저당권등기에 관한 등기필정보나 종전 부동산의 등기필정보를 제공할 필요는 없다. 예컨대 토지에 대하여 근저당권설정등기가 경료되고 동일채권의 담보를 위하여 건물에 대한 추가근저당권설정등기를 신청할 경우 건물소유권에 관한 등기필정보만 제공하면 된다(선례 제3-585호).

답 ②

015 공동저당권 등기에 관한 다음 설명 중 가장 옳지 않은 것은?

17 주사보

① 공동담보목록을 작성하는 경우에는 각 부동산의 등기기록에 공동담보목록번호를 기록한다.

② 추가저당권설정등기를 신청할 때에는 추가되는 부동산의 소유권에 관한 등기필정보와 전에 등기한 저당권의 등기필정보를 함께 제공하여야 한다.

③ 추가설정하는 부동산과 전에 등기한 부동산이 합하여 5개 이상일 때에는 창설적 공동저당과 마찬가지로 등기관은 공동담보목록을 작성한다.

④ 구분건물과 그 대지권의 어느 일방에만 설정되어 있는 저당권의 추가담보로써 다른 일방을 제공하려는 경우에는 구분건물과 대지권을 일체로 하여 추가저당권설정등기를 신청할수 있다.

해설

② 추가저당권설정등기를 신청할 경우 등기소에 제공하여야 하는 등기필정보는 추가되는 부동산의 소유권에 관한 등기필정보이다. 따라서 전에 등기한 저당권의 등기필정를 제공할 필요는 없다(선례 제3-585호).

선지분석

④ 대지에 관하여 이미 저당권이 설정되어 있는 상태에서 대지권의 등기를 하고, 그와 아울러 또는 그 후에 구분건물에 관하여 동일채권의 담보를 위한 저당권을 추가설정하려는 경우에는, 구분건물과 대지권을 일체로 하여 그에 관한 추가저당권설정등기의 신청을 할 수 있다(예규 제1656호).

답 ②

016 공동저당에 관한 다음 설명 중 가장 옳지 않은 것은?

① 등기관이 동일한 채권에 관하여 5개 이상의 부동산에 관한 권리를 목적으로 하는 저당권설정의 등기를 할 때에는 공동담보목록을 작성하여야 한다.

② 등기관이 1개 또는 여러 개의 부동산에 관한 권리를 목적으로 하는 저당권설정의 등기를 한 후 동일한 채권에 대하여 다른 1개 또는 여러 개의 부동산에 관한 권리를 목적으로 하는 저당권설정의 등기를 할 때에는 그 등기와 종전의 등기에 각 부동산에 관한 권리가 함께 저당권의 목적으로 제공된 뜻을 기록하여야 한다.

③ 관할이 서로 다른 수개의 부동산에 관하여 공동근저당권등기가 마쳐진 후에 공동담보인 부동산에 변경사항이 있으면 그 변경등기신청을 접수하여 처리한 등기소에 타 관할등기소에 그 내용을 통지하여야 하며, 통지받은 등기소는 이에 따라 변경등기를 실행한다.

④ 5개의 구분건물을 공동담보로 하여 채권최고액 5억 원으로 설정된 근저당권을 각 건물별로 채권최고액 1억 원으로 하는 근저당권변경등기를 신청할 수 있다.

해설

④ 동일한 피담보채권을 담보하기 위하여 수 개의 부동산에 공동근저당권을 설정한 경우에 <u>공동근저당권의 채권최고액을 각 부동산별로 분할하여 각 별개의 근저당권등기가 되도록 함으로써 각 부동산 사이의 공동담보관계를 해소하는 내용의 근저당권변경등기는 현행 등기법제상 인정되지 아니하는바</u>, 구분건물 10세대를 공동담보로 하여 설정된 근저당권의 채권최고액 5억 원을 각 구분건물별로 5천만 원으로 분할하여 별개의 근저당권등기가 되도록 하는 내용의 근저당권변경등기를 신청할 수는 없다(선례 제200412-2호).

선지분석

① 등기관이 동일한 채권에 관하여 5개 이상의 부동산에 관한 권리를 목적으로 하는 저당권설정의 등기를 할 때에는 공동담보목록을 작성하여야 한다(법 제78조 제2항).

② 등기관이 1개 또는 여러 개의 부동산에 관한 권리를 목적으로 하는 저당권설정의 등기를 한 후 동일한 채권에 대하여 다른 1개 또는 여러 개의 부동산에 관한 권리를 목적으로 하는 저당권설정의 등기를 할 때에는 그 등기와 종전의 등기에 각 부동산에 관한 권리가 함께 저당권의 목적으로 제공된 뜻을 기록하여야 한다(법 제78조 제4항).

③ 관할이 서로 다른 수개의 부동산에 관하여 공동근저당권등기가 마쳐진 후에 공동담보인 부동산에 변경사항이 있으면 그 변경등기신청을 접수하여 처리한 등기소에 타 관할등기소에 그 내용을 통지하여야 하며, 통지받은 등기소는 이에 따라 변경등기를 실행한다(법 제78조 제5항).

답 ④

017 공동저당의 대위등기에 관한 다음 설명 중 가장 옳지 않은 것은? 　　16 주사보

① 선순위저당권자가 등기의무자가 되고, 차순위저당권자가 등기권리자가 되어 공동으로 신청하여야 한다.

② 선순위저당권자가 채권일부를 변제받은 경우에도 해당한다.

③ 공동저당 대위등기를 신청할 때에는 일반적인 첨부정보 외에 배당표 정보를 첨부정보로서 등기소에 제공하여야 한다.

④ 공동저당 대위등기는 부기등기의 방법은 하고 일반적인 등기사항 외에 선순위저당권자가 변제받은 금액, 매각부동산, 매각대금을 기재한다.

해설

② 「민법」제368조 제2항에 따르면 공동저당이 설정되어 있는 경우에 채권자가 그중 일부 부동산에 관해서만 저당권을 실행하여 <u>채권전부를 변제받은 경우</u>, 차순위저당권자는 공동담보로 제공되어 있는 다른 부동산에 대하여 선순위자를 대위하여 저당권을 행사할 수 있다.

선지분석

③ 공동저당 대위등기를 신청할 때에는 일반적인 첨부정보 외에 배당표 정보를 첨부정보로서 등기소에 제공하여야 한다 (예규 제1656호, 규칙 제138조).

④ 공동저당 대위등기는 법 제48조에서 규정한 사항 외에 매각부동산, 매각대금, 선순위저당권자가 변제받은 금액을 기록하여야 한다(법 제80조 제1항). 소유권 이외 권리를 목적으로 하는 등기이므로 부기등기에 의한다(법 제52조).

답 ②

018 공동저당 또는 공동근저당의 등기에 관한 다음 설명 중 가장 옳지 않은 것은? 17 서기보

① 공동저당의 등기는 동일한 채권에 관하여 여러 개의 부동산에 관한 권리를 목적으로 하는 저당권설정의 등기를 말한다.

② 임차권이 대지권인 경우 건물소유권과 대지권(토지 임차권)을 공동저당의 목적으로 할 수 없다.

③ 공동근저당이 성립하기 위해서는 설정행위에서 정한 기본계약이 동일하여야 한다.

④ 공동저당의 대위등기를 신청하는 경우 등기관의 형식적 심사권한상 배당표 정보는 첨부정보로서 제공할 필요가 없다.

해설

④ 공동저당 대위등기를 신청할 때에는 일반적인 첨부정보 외에 배당표 정보를 첨부정보로서 등기소에 제공하여야 한다 (예규 제1656호, 규칙 제138조).

선지분석

② 임차권이 대지권인 경우에 임차권은 저당권의 목적으로 할 수 없는 권리이므로 건물소유권과 대지권(토지임차권)을 공동저당의 목적으로 할 수 없고, 대지권을 제외한 건물만에 관하여 저당권이 설정되어야 하며, 이 경우 건물만의 취지의 부기등기를 하여야 한다(선례 제201604-1호).

답 ④

019 공장저당의 등기에 관한 다음 설명 중 가장 옳지 않은 것은?

16 서기보

① 토지 또는 건물과 기계·기구의 소유자가 동일하지 않은 경우에 「공장 및 광업재단 저당법」에 따른 공장저당의 목적으로 하기 위해서는 그 목적물인 그 기계·기구의 소유자의 동의서를 첨부하여야 한다.

② 기계·기구의 목록은 등기기록의 일부로 보고 그 기록은 등기로 본다.

③ 공장저당의 등기를 신청할 때에는 토지 또는 건물이 「공장 및 광업재단 저당법」의 공장에 속하는 것임을 증명하는 정보(공장증명서)를 첨부정보로 제공하여야 한다.

④ 공장저당권의 목적으로 제공된 기계·기구를 전부 새로운 기계·기구로 교체하는 경우에는 공장저당권을 보통저당권으로 변경하는 절차를 거쳐야 한다.

해설

① 공장저당은 ㉠ 토지 또는 건물이 공장에 속할 것, ㉡ 토지 또는 건물이 속하는 공장이 「공장 및 광업재단 저당법」에서 말하는 공장일 것, ㉢ 목적물인 토지 또는 건물과 기계·기구는 동일한 소유자에 속할 것을 그 성립요건으로 한다.

선지분석

② 기계·기구의 목록은 등기기록의 일부로 보고 그 기록은 등기로 본다(「공장 및 광업재단 저당법」 제6조 제2항, 제36조).

③ 공장저당권 설정등기를 신청하기 위해서는 토지 또는 건물이 공장에 속하는 것임을 증명하는 정보(공장증명서)를 제공하여야 한다. 공장증명서는 채권자(저당권자) 명의로 작성한다(예규 제1475호).

④ 「공장저당법」 제6조에 따른 목록의 변경등기를 함에 있어서는 목록을 전부 폐지하고 일반 저당권으로 변경등기를 신청할 수 있다(예규 제1475호).

답 ①

2023 해커스법원직 김미영 부동산등기법 기출문제집

020 공장저당의 등기에 관한 다음 설명 중 가장 옳지 않은 것은?

① 토지 또는 건물과 기계·기구의 소유자가 동일하지 않은 경우에 「공장 및 광업재단 저당법」에 따른 공장저당의 목적으로 하기 위해서는 그 목적물인 그 기계·기구의 소유자의 동의서를 첨부하여야 한다.

② 기계·기구의 목록은 등기기록의 일부로 보고 그 기록은 등기로 본다.

③ 공장저당의 등기를 신청할 때에는 토지 또는 건물이 「공장 및 광업재단 저당법」의 공장에 속하는 것임을 증명하는 정보를 첨부정보로 제공하여야 한다.

④ 기계·기구의 추가로 인한 목록기록의 변경신청은 소유자가 단독으로 신청한다.

해설

① 「공장 및 광업재단 저당법」에 의하여 공장에 속하는 토지나 건물에 대한 저당권설정등기를 할 경우 그 토지나 건물에 설치한 기계·기구 기타의 공장 공용물의 소유자는 그것이 설치된 토지 또는 건물의 소유자와 동일하여야 한다(선례 제2-376호). 즉, 공장저당권 설정등기를 신청하기 위해서는 토지 또는 건물이 공장에 속하는 것임을 증명하는 정보 (공장증명서)를 제공하여야지, 소유자의 동의서를 제공할 것은 아니다.

선지분석

② 기계·기구의 목록은 등기기록의 일부로 보고 그 기록은 등기로 본다(「공장 및 광업재단 저당법」 제6조 제2항, 제36조).

④ 공장재단 목록에 기록한 사항이 변경되면 소유자는 지체 없이 공장재단 목록의 변경등기를 신청하여야 한다(「공장 및 광업재단 저당법」 제42조).

답 ①

021 공장저당권의 등기에 관한 다음 설명 중 가장 옳지 않은 것은? 18 주사보

① 기계·기구의 소유자와 토지 또는 건물의 소유자가 다르다면 공장저당권의 설정등기를 신청할 수 없다.

② 공장저당권의 설정등기를 신청할 때에는 토지 또는 건물이 공장에 속하는 것임을 증명하는 정보로서 채권자가 작성한 공장증명서를 첨부정보로서 제공하여야 한다.

③ 일반 저당권을 공장저당권으로 변경하고자 할 때에는 변경계약서와 목록을 제공하여 저당권자가 단독으로 변경등기를 신청할 수 있다.

④ 주유기·석유저장탱크 등의 기계설비가 되어 있는 주유소에 속하는 부동산(토지·건물)에 동 시설상의 기계·기구 등의 목록을 제출하여 공장저당권을 설정할 수 있다.

해설

③ 일반 저당권을 공장저당권으로 변경하고자 할 때에는 변경계약서와 목록을 제공하여 저당권자와 저당권설정자가 공동으로 변경등기를 신청하여야 한다.

선지분석

① 기계·기구의 소유자와 토지 또는 건물의 소유자가 다르다면 공장저당권의 설정등기를 신청할 수 없다(선례 제8-269호).

② 공장저당권의 설정등기를 신청할 때에는 토지 또는 건물이 공장에 속하는 것임을 증명하는 정보로서 채권자가 작성한 공장증명서를 첨부정보로서 제공하여야 한다(예규 제1475호).

④ 주유기·석유저장탱크 등의 기계설비가 되어 있는 주유소에 속하는 부동산(토지·건물)에 동 시설상의 기계·기구 등의 목록을 제출하여 공장저당권을 설정할 수 있다(선례 제3-6호).

답 ③

2023 해커스법원직 김미영 부동산등기법 기출문제집

022 공장저당권의 등기에 관한 다음 설명 중 가장 옳지 않은 것은?

① 공장 토지(건물)에 대하여 등기된 일반 저당권을 「공장 및 광업재단 저당법」 제6조에 의한 목록을 제출하여 공장저당권으로 변경하는 등기를 등기권리자(저당권자)와 등기의무자(저당권설정자)가 공동으로 신청할 때에는 등기의무자(저당권설정자)가 소유자로서 통지받은 등기필정보를 제공하여야 한다.

② 기업들로부터 인터넷서비스 업무를 위탁받아 서버와 네트워크를 제공하고 콘텐츠를 대신 관리해 주는 사업을 하기 위하여 건물에 서버컴퓨터 및 관련시설을 설치하였다면 이를 그 건물과 함께 「공장 및 광업재단 저당법」 제6조의 근저당권의 목적으로 할 수 있다.

③ 공장저당의 목적으로 하기 위해서는 그 목적물인 토지 또는 건물과 기계·기구 그 밖의 공장의 공용물은 동일한 소유자에 속하는 것이어야 한다.

④ 「공장 및 광업재단 저당법」 제6조 목록에 기록된 물건의 일부 멸실 또는 분리에 의한 목록기록의 변경등기신청은 저당권자가 등기의무자가 되고 소유자가 등기권리자가 되어 공동으로 신청하여야 한다.

(해설)

④ 「공장 및 광업재단 저당법」 제6조 목록에 기록된 물건의 일부 멸실 또는 분리에 의한 목록기록의 변경등기신청은 소유자가 단독으로 신청하여야 한다(같은 법 제6조 제2항).

(선지분석)

① 공장 토지(건물)에 대하여 등기된 일반 저당권을 「공장 및 광업재단 저당법」 제6조에 의한 목록을 제출하여 공장저당권으로 변경하는 등기를 등기권리자와 등기의무자가 공동으로 신청할 때에는 등기의무자가 소유자로서 통지받은 등기필정보를 제공하여야 한다(선례 제201804-4호).

② 기업들로부터 인터넷서비스 업무를 위탁받아 서버와 네트워크를 제공하고 콘텐츠를 대신 관리해 주는 사업을 하기 위하여 건물에 서버컴퓨터 및 관련시설을 설치하였다면 이를 그 건물과 함께 「공장 및 광업재단 저당법」 제6조의 근저당권의 목적으로 할 수 있다(선례 제201111-1호).

③ 공장저당의 목적으로 하기 위해서는 그 목적물인 토지 또는 건물과 기계·기구 그 밖의 공장의 공용물은 동일한 소유자에 속하는 것이어야 한다(법원실무제요).

답 ④

023 다음은 근저당권부 채권에 대한 질권의 부기등기의 설명이다. 가장 옳지 않은 것은? **17 서기보**

① 채권액 또는 채권최고액은 위 질권의 부기등기의 등기사항이다.

② 위 질권의 부기등기에 대하여는 등록면허세를 납부하여야 하지만, 국민주택채권 매입의무는 없다.

③ 근저당권부 채권의 질권자가 해당 질권을 제3자에게 전질한 경우 등기사항 법정주의상 질권의 이전등기를 할 수는 없다.

④ 위 질권의 부기등기는 근저당권자가 등기의무자가 되고 질권자가 등기권리자가 되어 공동으로 신청한다.

(해설)

③ 근저당권부 채권의 질권자가 해당 질권을 제3자에게 전질한 경우 법 제2조(현행 법 제3조)에 의하여 질권의 이전등기를 할 수 있다(선례 제201105-1호).

(선지분석)

① 질권의 등기는 근저당권등기에 부기등기로 한다(법 제52조 제3호).

② 국민주택채권은 부동산등기 중 소유권보존 및 이전, 근저당권의 설정 및 이전의 경우에만 매입하도록 규정하고 있으므로 저당권부채권에 대하여 질권 및 채권담보권을 설정하는 경우에는 국민주택채권을 매입하지 않아도 된다.

④ 근저당권부채권의 질권자가 해당 질권을 제3자에게 전질한 경우 질권의 이전등기를 할 수 있다(선례 제201105-1호).

답 ③

024 근저당권부채권에 대한 질권의 등기에 관한 다음 설명 중 가장 옳지 않은 것은? 17 주사보

① 근저당권으로 담보한 채권을 질권의 목적으로 한 때에는 그 근저당권등기에 질권의 등기를 하여야 그 효력이 근저당권에 미친다.

② 등기관이 근저당권부채권에 대한 질권의 등기를 할 때에는 채권최고액을 등기할 수 없다.

③ 근저당권부채권에 대한 질권의 등기는 근저당권등기에 부기로 하여야 한다.

④ 근저당권부채권의 질권자가 해당 질권을 제3자에게 전질한 경우 질권의 이전등기를 할 수 있다.

(해설)

② 등기관이 근저당권부채권에 대한 질권의 등기를 할 때에는 채권최고액을 등기할 수 있다(법 제76조).

(선지분석)

① 근저당권으로 담보한 채권을 질권의 목적으로 한 때에는 그 근저당권등기에 질권의 등기를 하여야 그 효력이 근저당권에 미친다(「민법」 제348조).

③ 근저당권부채권에 대한 질권의 등기는 근저당권등기에 부기로 하여야 한다(선례 제6-348호).

④ 근저당권부채권의 질권자가 해당 질권을 제3자에게 전질한 경우 질권의 이전등기를 할 수 있다(선례 제201105-1호).

답 ②

025 질권등기에 관한 다음 설명 중 가장 옳지 않은 것은?

19 주사보

① 근저당권에 의하여 담보되는 채권을 질권의 목적으로 하는 경우에 근저당권부질권의 부기등기를 신청할 수 있는바, 이는 그 근저당권이 확정되기 전에도 마찬가지이다.

② 「부동산등기법」에 근저당권에 의하여 담보되는 채권에 대하여 근질권설정등기를 신청할 수 있다는 명문의 규정이 없으므로, 근저당권부채권에 대한 근질권설정등기는 신청할 수 없다.

③ 근저당권부채권에 질권이 설정된 경우, 질권자의 동의 없이는 근저당권의 채권최고액을 감액하는 근저당권변경등기를 할 수 없다.

④ 근저당권부질권의 부기등기를 신청하는 경우에는 국민주택채권매입의무가 없다.

해설

② 근저당권부채권에 대한 질권의 등기사항으로서 채권최고액을 규정하고 있으므로 근저당권부채권에 대하여 근질권도 등기할 수 있다(법 제76조 제1항 제1호).

선지분석

① 근저당권에 의하여 담보되는 채권을 질권의 목적으로 하는 경우에 근저당권부질권의 부기등기를 신청할 수 있는바, 이는 그 근저당권이 확정되기 전에도 마찬가지이다(예규 제1462호, 선례 제7-278호).

③ 근저당권부채권에 질권이 설정된 경우, 질권자의 동의 없이는 근저당권의 채권최고액을 감액하는 근저당권변경등기를 할 수 없다(선례 제201105-1호).

④ 근저당권부질권의 부기등기를 신청하는 경우에는 국민주택채권매입의무가 없다(선례 제6-348호).

답 ②

026 다음 설명 중 가장 옳지 않은 것은?

① 등기관이 저당권부채권에 대한 질권의 등기를 할 때에는 채권액 또는 채권최고액, 채무자의 성명 또는 명칭과 주소 또는 사무소 소재지 등을 기록하여야 한다.

② 근저당권부채권에 대한 질권의 부기등기를 신청하는 경우 국민주택채권을 매입하여야 한다.

③ 근저당권부채권의 질권자가 해당 질권을 제3자에게 전질한 경우 질권의 이전등기를 할 수 있다.

④ 근저당권부채권에 질권이 설정된 경우 질권자의 동의 없이는 근저당권의 채권최고액을 감액하는 근저당권변경등기를 할 수 없다.

(해설)

② 국민주택채권은 부동산등기 중 소유권의 보존 및 이전·저당권의 설정 및 이전의 경우에만 매입하도록 규정하고 있으므로, 근저당권부질권의 부기등기를 신청하는 경우에는 국민주택채권매입의무가 없다(선례 제6-348호).

(선지분석)

① 등기관이 저당권부채권에 대한 질권의 등기를 할 때에는 채권액 또는 채권최고액, 채무자의 성명 또는 명칭과 주소 또는 사무소 소재지 등을 기록하여야 한다(법 제76조 제1항).

③ 근저당권부채권의 질권자가 해당 질권을 제3자에게 전질한 경우 질권의 이전등기를 할 수 있다(선례 제201105-1호).

④ 근저당권부채권에 질권이 설정된 경우 질권자의 동의 없이는 근저당권의 채권최고액을 감액하는 근저당권변경등기를 할 수 없다(선례 제201105-1호).

답 ②

제6장 신탁에 관한 등기

001 「신탁법」에 따른 신탁등기절차에 관한 다음 기술 중 가장 옳지 않은 것은? 13 서기보

① 위탁자의 지위이전이 있는 경우에는 수탁자가 신탁원부 기록의 변경등기를 신청하여야 한다.

② 위탁자의 선언에 의한 신탁등기를 하는 경우, 원칙적으로 신탁설정에 관한 공정증서를 첨부정보로서 등기소에 제공하여야 한다.

③ 신탁의 합병·분할에 따른 신탁등기는 수탁자가 다른 경우에도 수익자의 동의가 있으면 할 수 있다.

④ 위탁자가 자기 또는 제3자 소유의 부동산에 채권자가 아닌 수탁자를 저당권자로 하여 설정한 저당권을 신탁재산으로 하고 채권자를 수익자로 지정한 담보권신탁등기를 신청할 수 있다.

해설

③ 신탁의 합병·분할(분할합병을 포함)에 따른 신탁등기는 수탁자가 같은 경우에만 신청할 수 있으며, 수탁자는 해당 신탁재산에 속하는 부동산에 관한 권리변경등기를 단독으로 신청한다(예규 제1726호).

선지분석

① 위탁자 지위의 이전이 있는 경우에는 수탁자는 신탁원부 기록의 변경등기를 신청하여야 한다(예규 제1726호).

② 신탁의 목적, 신탁재산, 수익자 등을 특정하고 자신을 수탁자로 정한 위탁자의 선언에 의한 신탁등기를 신청하는 경우에는 「공익신탁법」에 따른 공익신탁을 제외하고는 신탁설정에 관한 공정증서를 첨부정보로서 제공하여야 한다(예규 제1726호).

④ 수탁자는 위탁자가 자기 또는 제3자 소유의 부동산에 채권자가 아닌 수탁자를 (근)저당권자로 하여 설정한 (근)저당권을 신탁재산으로 하고 채권자를 수익자로 지정한 담보권신탁등기를 신청할 수 있다(예규 제1726호).

답 ③

002 신탁등기에 관한 다음 기술 중 틀린 것은? 13 주사보

① 위탁자가 수인이라 하더라도 수탁자와 신탁재산인 부동산 및 신탁목적이 동일한 경우에는 하나의 신청서에 의하여 신탁의 등기를 신청할 수 있다.

② 신탁등기 전에 등기가 마쳐진 가압류에 기한 강제경매개시결정등기의 촉탁을 할 때 위탁자를 등기의무자로 표시하였다면, 등기관은 이를 각하하여야 한다.

③ 여러 개의 부동산에 관하여 하나의 신청서에 의하여 신탁등기를 신청하는 경우에는 매 부동산마다 별개의 신탁원부 작성을 위한 정보를 제공하여야 한다.

④ 신탁등기가 경료된 토지에 대하여는 합필등기를 할 수 없으나 예외가 있다.

(해설)

② 신탁등기 전에 가압류등기가 되어 있고 그 가압류채권자가 강제경매를 신청하여 집행법원에서 위탁자를 등기의무자로 한 강제경매개시결정등기를 촉탁한 경우 등기관은 그 촉탁을 수리하여야 한다(예규 제1726호).

(선지분석)

① 위탁자가 여러 명이라 하더라도 수탁자와 신탁재산인 부동산 및 신탁목적이 동일한 경우에는 1건의 신청정보로 일괄하여 신탁등기를 신청할 수 있다(예규 제1726호).

③ 신탁등기를 신청하는 경우에는 법 제81조 제1항 각 호의 사항을 신탁원부 작성을 위한 정보로서 제공하여야 한다. 여러 개의 부동산에 관하여 1건의 신청정보로 일괄하여 신탁등기를 신청하는 경우에는 각 부동산별로 신탁원부 작성을 위한 정보를 제공하여야 한다(예규 제1726호).

④ 신탁등기가 경료된 토지에 대하여는 합필등기를 할 수 없다. 다만, 일정한 경우 신탁목적이 동일한 경우에는 신탁토지 상호 간의 합필등기를 할 수 있다(예규 제1726호).

답 ②

003 신탁등기와 관련한 다음 설명 중 옳지 않은 것은? 13 사무관

① 위탁자의 지위이전이 있는 경우에는 수탁자가 신탁원부 기록의 변경등기를 신청하여야 한다.

② 위탁자의 선언에 의한 신탁등기를 신청할 경우에는 신탁설정에 관한 공정증서를 첨부정보로서 등기소에 제공하여야 한다. 단 공익신탁인 경우에는 공정증서를 등기소에 제공할 필요가 없다.

③ 신탁의 합병에 따른 신탁등기는 수탁자가 같은 경우에만 신청할 수 있다.

④ 재신탁을 원인으로 소유권이전 및 신탁등기를 신청할 경우에는 기존 신탁등기의 말소도 함께 신청하여야 한다.

(해설)

④ 재신탁을 원인으로 권리이전등기 및 신탁등기를 할 때에는 <u>원신탁의 신탁등기를 말소하는 표시를 하지 않는다</u>(예규 제1726호).

(선지분석)

① 위탁자 지위의 이전이 있는 경우에는 수탁자는 신탁원부 기록의 변경등기를 신청하여야 한다(예규 제1726호).

② 신탁의 목적, 신탁재산, 수익자 등을 특정하고 자신을 수탁자로 정한 위탁자의 선언에 의한 신탁등기를 신청하는 경우에는 「공익신탁법」에 따른 공익신탁을 제외하고는 신탁설정에 관한 공정증서를 첨부정보로서 제공하여야 한다(예규 제1726호).

③ 신탁의 합병·분할(분할합병 포함)에 따른 신탁등기는 <u>수탁자가 같은 경우에만</u> 신청할 수 있으며(「신탁법」 제90조), 수탁자는 해당 신탁재산에 속하는 부동산에 관한 권리변경등기를 단독으로 신청한다(예규 제1726호).

답 ④

제2편 2023 해커스법원직 김미영 부동산등기법 기출문제집

004 다음은 신탁등기에 관한 설명이다. 가장 옳지 않은 것은?

① 수탁자가 인수한 신탁재산을 스스로 위탁자가 되어 다른 수탁자에게 신탁하여 새로운 신탁을 설정하는 것은 허용되지 않는다.

② 신탁등기의 신청은 원칙적으로 해당 신탁으로 인한 권리의 이전 또는 보존이나 설정등기의 신청과 함께 1건의 신청정보로 일괄하여 하여야 한다.

③ 공익을 목적으로 하는 신탁의 등기를 신청하는 경우에는 법무부장관의 승인이 있음을 증명하는 정보를 첨부정보로서 등기소에 제공하여야 한다.

④ 등기관이 권리의 이전 또는 보존이나 설정등기와 함께 신탁등기를 할 때에는 하나의 순위번호를 사용하여야 한다.

해설

① 수탁자가 인수한 신탁재산을 스스로 위탁자가 되어 다른 수탁자에게 신탁함으로써 새로운 신탁을 설정하는 것을 재신탁이라고 하며, 「신탁법」 제3조 제5항에 따라 타인에게 신탁재산에 대하여 설정하는 신탁(재신탁)에 의한 신탁등기는 재신탁을 원인으로 하는 소유권이전등기와 함께 1건의 신청정보로 일괄하여 신청하여야 한다(예규 제1726호).

선지분석

② 신탁등기의 신청은 해당 신탁으로 인한 권리의 이전 또는 보존이나 설정등기의 신청과 함께 1건의 신청정보로 일괄하여 하여야 한다(규칙 제139조 제1항).

③ 「공익신탁법」에 따른 공익신탁에 대하여 신탁등기를 신청하는 경우에는 법무부장관의 인가를 증명하는 정보를 첨부정보로서 제공하여야 한다(예규 제1726호).

④ 등기관이 권리의 이전 또는 보존이나 설정등기와 함께 신탁등기를 할 때에는 하나의 순위번호를 사용하여야 한다(규칙 제139조 제7항).

답 ①

005 신탁등기와 다른 등기의 관계 등과 관련된 다음 설명 중 가장 옳지 않은 것은? 15 주사보

① 등기할 수 있는 재산권에 관하여는 신탁의 등기를 함으로써 그 재산이 신탁재산에 속한 것임을 제3자에게 대항할 수 있다.

② 신탁등기가 경료된 부동산에 대하여 수탁자를 등기의무자로 하는 등기의 신청이 있을 경우 등기관은 그 등기신청이 신탁목적에 반하지 아니하는가를 심사할 권한이 없다.

③ 등기관은 수탁자를 등기의무자로 하는 처분제한의 등기, 강제경매등기, 임의경매등기 등의 촉탁이 있는 경우에는 이를 수리한다.

④ 등기관은 위탁자를 등기의무자로 하여, 신탁 전에 설정된 담보물권에 기한 임의경매등기 또는 신탁 전의 가압류등기에 기한 강제경매등기의 촉탁이 있는 경우 이를 수리하여야 한다.

(해설)

② 신탁등기가 경료된 부동산에 대하여 수탁자를 등기의무자로 하는 등기의 신청이 있을 경우에는 <u>등기관은 그 등기신청이 신탁목적에 반하지 아니하는가를 심사하여</u> 신탁목적에 반하는 등기신청은 이를 수리하여서는 아니 된다(예규 제1726호).

(선지분석)

③, ④ 등기관은 수탁자를 등기의무자로 하는 처분제한의 등기, 강제경매등기, 임의경매등기 등의 촉탁이 있는 경우에는 이를 수리하고, <u>위탁자를 등기의무자로 하는</u> 위 등기의 촉탁이 있는 경우에는 이를 수리하여서는 아니 된다. 다만, 신탁 전에 설정된 담보물권에 기한 임의경매등기 또는 신탁 전의 가압류등기에 기한 강제경매등기의 촉탁이 있는 경우에는 위탁자를 등기의무자로 한 경우에도 이를 수리하여야 한다(예규 제1726호).

답 ②

006 신탁등기에 관한 다음 설명 중 가장 옳은 것은?

① 수탁자가 신탁행위로 정한 특정한 자격을 상실하여 수탁자의 임무가 종료되고 새로운 수탁자가 선임된 경우에는 새로운 수탁자가 단독으로 권리이전등기를 신청할 수 있다.

② 신탁등기를 권리의 설정, 보존 또는 이전등기와 함께 동시에 할 때에는 권리의 설정, 보존 또는 이전등기에 부기등기로 하여야 한다.

③ 「신탁법」 제27조에 따라 신탁재산에 속하게 되는 부동산에 대하여 소유권이전등기와 함께 동시에 신탁등기를 할 때에는 소유권이전등기의 등기명의인은 '소유자 또는 공유자'로 표시하고, 공유자인 경우에는 그 공유지분도 기록한다.

④ 신탁을 원인으로 지상권이전등기 및 신탁등기를 신청하는 경우에는 지방세 체납액이 없음을 증명하는 납세증명서를 첨부정보로서 등기소에 제공하여야 한다.

(해설)

③ 「신탁법」 제27조에 따라 신탁재산에 속하게 되는 부동산에 대하여 소유권이전등기와 함께 동시에 신탁등기를 할 때에는 소유권이전등기의 등기명의인은 '소유자 또는 공유자'로 표시하고, 공유자인 경우에는 그 공유지분도 기록한다(예규 제1726호).

(선지분석)

① 신탁행위로 정한 바에 의하여 수탁자의 임무가 종료하고 새로운 수탁자가 취임한 경우 및 수탁자가 사임, 자격상실로 임무가 종료되고 새로운 수탁자가 선임된 경우에는 새로운 수탁자와 종전 수탁자가 공동으로 권리이전등기를 신청한다(예규 제1726호).

② 권리의 이전 또는 보존이나 설정, 변경등기와 함께 동시에 신탁등기를 하는 경우 하나의 순위번호를 사용한다(규칙 제139조 제7항).

④ 「신탁법」 제3조 제1항 제1호 및 제2호에 따라 신탁을 원인으로 소유권이전등기 및 신탁등기를 신청하는 경우와 재신탁을 원인으로 소유권이전등기 및 신탁등기를 신청하는 경우에는 지방세 체납액이 없음을 증명하는 납세증명서를 첨부정보로서 등기소에 제공하여야 한다(예규 제1726호).

답 ③

007 신탁등기에 관한 다음 설명 중 가장 옳지 않은 것은?

① 신탁행위에 의하여 소유권을 이전하는 경우에 신탁등기의 신청은 신탁을 원인으로 하는 소유권이전등기의 신청과 함께 1건의 신청정보로 일괄하여 하여야 한다.

② 「공익신탁법」에 따른 공익신탁에 대하여 신탁등기를 신청하는 경우에는 법무부장관의 인가를 증명하는 정보를 첨부정보로서 제공하여야 한다.

③ 신탁을 원인으로 지상권이전등기 및 신탁등기를 신청하는 경우에는 지방세 체납액이 없음을 증명하는 납세증명서를 첨부정보로서 등기소에 제공하여야 한다.

④ 권리의 이전 또는 보존이나 설정등기와 함께 동시에 신탁등기를 할 때에는 하나의 순위번호를 사용하여야 한다.

해설

③ 「신탁법」 제3조 제1항 제1호 및 제2호에 따라 신탁을 원인으로 소유권이전등기 및 신탁등기를 신청하는 경우와 재신탁을 원인으로 소유권이전등기 및 신탁등기를 신청하는 경우에는 지방세 체납액이 없음을 증명하는 납세증명서를 첨부정보로서 등기소에 제공하여야 한다(예규 제1726호).

선지분석

② 「공익신탁법」에 따른 공익신탁에 대하여 신탁등기를 신청하는 경우에는 법무부장관의 인가를 증명하는 정보를 첨부정보로서 제공하여야 한다(예규 제1726호).

④ 권리의 이전 또는 보존이나 설정, 변경등기와 함께 동시에 신탁등기를 하는 경우 하나의 순위번호를 사용한다(규칙 제139조 제7항).

답 ③

---

008 수탁자의 임무가 종료되는 다음 사유 중 새로운 수탁자가 단독으로 권리이전등기를 신청할 수 없는 경우는?

① 수탁자가 신탁행위로 정한 특정한 자격을 상실한 경우

② 수탁자가 파산선고를 받은 경우

③ 법원이 수탁자를 해임한 경우

④ 수탁자가 사망한 경우

해설

① 신탁행위로 정한 수탁자의 임무 종료 사유가 발생하거나 수탁자가 신탁행위로 정한 특정한 자격을 상실한 경우 수탁자가 사임한 경우에 수탁자의 임무는 종료된다. 이와 같은 사유로 새로운 수탁자가 선임된 경우에는 새로운 수탁자와 종전의 수탁자가 공동으로 권리이전등기를 신청한다(예규 제1726호).

선지분석

②, ③, ④ 수탁자가 사망한 경우, 수탁자가 파산선고를 받은 경우, 수탁자가 법원에 의하여 해임된 경우에는 새로운 수탁자가 단독으로 신청하여야 한다(예규 제1726호).

답 ①

009 신탁원부 기록의 변경등기에 관한 다음 설명 중 가장 옳지 않은 것은? 17 서기보

① 등기관이 신탁재산에 속하는 부동산에 관한 권리에 대하여 수탁자의 변경으로 인한 이전등기를 할 경우 직권으로 그 부동산에 관한 신탁원부 기록의 변경등기를 하여야 한다.

② 위탁자의 지위가 신탁행위로 정한 방법에 따라 제3자에게 이전된 경우 수탁자는 신탁원부 기록의 변경등기를 신청하여야 한다.

③ 법원은 신탁 변경의 재판을 한 경우 지체 없이 신탁원부 기록의 변경등기를 등기소에 촉탁하여야 한다.

④ 등기관이 법원 또는 주무관청의 촉탁에 의하여 등기기록에 수탁자 해임의 등기를 하였을 때에는 신탁원부에 직권으로 그 뜻을 기록하여야 한다.

해설

④ 등기관이 법 제85조 제1항 제1호 및 제2항 제1호에 따라 법원 또는 주무관청의 촉탁에 의하여 수탁자 해임에 관한 신탁원부 기록의 변경등기를 하였을 때에는 직권으로 등기기록에 수탁자 해임의 뜻을 부기하여야 한다(법 제85조 제3항).

선지분석

① 「부동산등기법」 제85조의2【직권에 의한 신탁변경등기】 등기관이 신탁재산에 속하는 부동산에 관한 권리에 대하여 다음 각 호의 어느 하나에 해당하는 등기를 할 경우 직권으로 그 부동산에 관한 신탁원부 기록의 변경등기를 하여야 한다.
1. 수탁자의 변경으로 인한 이전등기
2. 여러 명의 수탁자 중 1인의 임무 종료로 인한 변경등기
3. 수탁자인 등기명의인의 성명 및 주소(법인인 경우에는 그 명칭 및 사무소 소재지를 말한다)에 관한 변경등기 또는 경정등기

② 위탁자 지위의 이전이 있는 경우에는 수탁자는 신탁원부 기록의 변경등기를 신청하여야 한다. 이 경우 등기원인은 '위탁자 지위의 이전'으로 하여 신청정보의 내용으로 제공한다(예규 제1726호).

③ 「부동산등기법」 제85조【촉탁에 의한 신탁변경등기】 ① 법원은 다음 각 호의 어느 하나에 해당하는 재판을 한 경우 지체 없이 신탁원부 기록의 변경등기를 등기소에 촉탁하여야 한다.
1. 수탁자 해임의 재판
2. 신탁관리인의 선임 또는 해임의 재판
3. 신탁 변경의 재판
② 법무부장관은 다음 각 호의 어느 하나에 해당하는 경우 지체 없이 신탁원부 기록의 변경등기를 등기소에 촉탁하여야 한다.
1. 수탁자를 직권으로 해임한 경우
2. 신탁관리인을 직권으로 선임하거나 해임한 경우
3. 신탁내용의 변경을 명한 경우
③ 등기관이 제1항 제1호 및 제2항 제1호에 따라 법원 또는 주무관청의 촉탁에 의하여 수탁자 해임에 관한 신탁원부 기록의 변경등기를 하였을 때에는 직권으로 등기기록에 수탁자 해임의 뜻을 부기하여야 한다.

답 ④

010 다음 중 신탁등기를 말소할 경우가 아닌 것은?

17 주사보

① 신탁재산을 제3자에게 처분한 경우
② 신탁이 종료되어 신탁재산이 귀속한 경우
③ 신탁재산을 재신탁하는 경우
④ 신탁재산이 수탁자의 고유재산으로 된 경우

해설

③ 재신탁을 원인으로 권리이전등기 및 신탁등기를 할 때에는 원신탁의 신탁등기를 말소하지 않고, 재신탁의 수탁자가 신탁재산을 제3자에게 처분한 경우에는 처분에 따른 권리이전등기와 함께 재신탁의 신탁등기의 말소등기뿐만 아니라 원신탁의 신탁등기의 말소등기도 한다(예규 제1726호).

답 ③

---

011 신탁등기에 관한 다음 설명 중 가장 옳지 않은 것은?

18 주사보

① 신탁업 인가를 받지 아니한 영리회사를 수탁자로 하는 신탁등기의 신청은 수리할 수 없다.
② 신탁등기는 수익자나 위탁자나 수탁자를 대위하여 신청할 수 있는데, 이 경우에는 권리의 이전등기 등의 신청과 동시에 하여야 하는 것은 아니다.
③ 법인은 그 목적 범위 내에서 수탁자가 될 수 있고, 권리능력 없는 사단이나 재단도 단체의 실체를 갖추어 등기당사자능력이 인정되는 경우에는 수탁자가 될 수 있다.
④ 동일한 위탁자 및 수탁자가 수개의 부동산에 대하여 같은 신탁목적으로 신탁계약을 체결한 경우 한 개의 신청정보로써 신탁등기를 신청할 수 있는데, 이 경우 신탁원부가 될 서면은 한 개만 첨부하면 되고 매 부동산마다 별개로 등기소에 제공할 필요는 없다.

해설

④ 신탁등기를 신청하는 경우에는 법 제81조 제1항 각 호의 사항을 신탁원부 작성을 위한 정보로서 제공하여야 한다. 여러 개의 부동산에 관하여 1건의 신청정보로 일괄하여 신탁등기를 신청하는 경우에는 각 부동산별로 신탁원부 작성을 위한 정보를 제공하여야 한다(예규 제1726호).

선지분석

① 신탁업 인가를 받지 아니한 영리회사를 수탁자로 하는 신탁등기의 신청은 수리할 수 없다(예규 제1694호, 선례 제5-614호).

② 신탁등기는 수익자나 위탁자나 수탁자를 대위하여 신청할 수 있는데, 이 경우에는 권리의 이전등기 등의 신청과 동시에 하여야 하는 것은 아니다(법 제82조 제2항).

③ 법인은 그 목적 범위 내에서 수탁자가 될 수 있고, 권리능력 없는 사단이나 재단도 단체의 실체를 갖추어 등기당사자능력이 인정되는 경우에는 수탁자가 될 수 있다(선례 제2-586호, 제4-607호).

답 ④

012 신탁등기에 관한 다음 설명 중 가장 옳지 않은 것은?

① 부동산의 신탁등기는 위탁자와 수탁자가 공동으로 신청하되, 해당 부동산에 관한 권리의 설정등기, 보존등기, 이전등기 또는 변경등기의 신청과 일괄하여 1건의 신청정보로 하여야 한다.

② 신탁재산의 관리·처분 등으로 수탁자가 새로이 부동산의 소유권을 취득하였다면 그 부동산도 신탁재산에 속하게 되는데, 이에 따른 등기신청의 목적은 '소유권이전 및 신탁재산처분에 의한 신탁'이다.

③ 토지거래계약허가구역 내의 토지에 대해 신탁종료로 인하여 소유권이전 및 신탁등기의 말소등기를 신청하는 경우 등기권리자가 위탁자 외의 수익자나 제3자이고 신탁재산 귀속이 대가에 의한 것이면 토지거래계약허가증을 제공하여야 한다.

④ 신탁등기가 마쳐진 부동산에 대하여 수탁자를 등기의무자로 하는 등기의 신청이 있는 경우 등기관은 그 등기목적이 신탁목적에 반하지 아니하는가를 심사하여 신탁목적에 반하는 등기신청은 수리하여서는 안 되며, 위탁자의 동의가 있더라도 마찬가지이다.

해설

① 부동산의 신탁등기는 위탁자와 수탁자가 공동으로 신청하는 것이 아니라 수탁자가 단독으로 신청하는 것이며, 해당 부동산에 관한 권리의 설정등기, 보존등기, 이전등기 또는 변경등기의 신청과 일괄하여 1건의 신청정보로 하여야 한다(법 제82조, 규칙 제139조, 예규 제1726호).

선지분석

② 신탁재산의 관리·처분 등으로 수탁자가 새로이 부동산의 소유권을 취득하였다면 그 부동산도 신탁재산에 속하게 되는데, 이에 따른 등기신청의 목적은 '소유권이전 및 신탁재산처분에 의한 신탁'이다(예규 제1726호).

③ 토지거래계약허가구역 내의 토지에 대해 신탁종료로 인하여 소유권이전 및 신탁등기의 말소등기를 신청하는 경우 등기권리자가 위탁자 외의 수익자나 제3자이고 신탁재산 귀속이 대가에 의한 것이면 토지거래계약허가증을 제공하여야 한다(선례 제201101-1호).

④ 신탁등기가 마쳐진 부동산에 대하여 수탁자를 등기의무자로 하는 등기의 신청이 있는 경우 등기관은 그 등기목적이 신탁목적에 반하지 아니하는가를 심사하여 신탁목적에 반하는 등기신청은 수리하여서는 안 되며(예규 제1726호), 위탁자의 동의가 있더라도 마찬가지이다(선례 제7-279호).

답 ①

신탁등기에 관한 다음 설명 중 가장 옳지 않은 것은?

① "위탁자와 수탁자가 신탁계약을 중도해지할 경우에는 우선수익자의 서면동의가 있어야 한다."라는 내용이 신탁원부에 기록되어 있다면 신탁해지를 원인으로 소유권이전등기 및 신탁등기의 말소등기를 신청할 때에는 신탁계약의 중도해지에 대한 우선수익자의 동의서와 인감증명을 첨부정보로서 제공하여야 한다.

② 위탁자의 사망 이후에 수탁자만이 단독 사후수익자가 되는 신탁은 「신탁법」 제36조를 위반하게 되는 것이어서 생전수익자를 위탁자와 동일인으로 하고, 사후수익자를 수탁자와 동일인으로 하는 신탁등기는 신청할 수 없다.

③ 신탁부동산에 대하여 전 소유명의인 乙이 수탁자 甲을 상대로 제기한 소송에서, "피고(甲)는 원고(乙)에게 소유권이전등기의 말소등기절차를 이행하라."라는 판결이 확정된 경우, 乙이 이 판결에 의하여 단독으로 소유권이전등기의 말소등기를 신청할 때에 이와 함께 1건의 신청정보로 일괄하여 신청하여야 하는 신탁등기의 말소등기는 乙이 甲을 대위하여 신청할 수 있다.

④ 부동산에 관하여 신탁을 원인으로 소유권이전등기를 신청할 때에는 지방세납세증명서를 제공하여야 하므로, 수탁자가 판결 등 집행권원에 의하여 단독으로 신청하는 경우에도 이를 제공하여야 한다.

해설

④ 「신탁법」 제3조 제1항 제1호(위탁자와 수탁자 간의 계약) 및 제2호(위탁자의 유언)에 따라 신탁을 원인으로 소유권이전등기 및 신탁등기를 신청하는 경우와 「신탁법」 제3조 제5항(수탁자가 타인에게 신탁재산에 대하여 설정하는 신탁)에 따라 재신탁을 원인으로 소유권이전등기 및 신탁등기를 신청하는 경우에는 「지방세징수법」 제5조 제1항 제4호에 따라 지방세납세증명서를 첨부정보로서 제공하여야 한다. 다만, 등기원인을 증명하는 정보로서 확정판결, 그 밖에 이에 준하는 집행권원을 제공하는 경우에는 지방세납세증명서를 제공할 필요가 없다(예규 제1726호).

선지분석

① 등기관은 등기기록과 신청정보 및 첨부정보만에 의하여 등기신청의 수리 여부를 결정하여야 하는바, 신탁원부는 등기기록의 일부로 보게 되므로 "위탁자와 수탁자가 신탁계약을 중도 해지할 경우에는 우선수익자의 서면동의가 있어야 한다."라는 내용이 신탁원부에 기록되어 있다면 신탁해지를 원인으로 소유권이전등기 및 신탁등기의 말소등기를 신청할 때에는 일반적인 첨부정보 외에 신탁계약의 중도해지에 대한 우선수익자의 동의가 있었음을 증명하는 정보(동의서)와 그의 인감증명을 첨부정보로서 제공하여야 한다(선례 제201805-3호).

② 유언대용신탁에서 생전수익자와 사후수익자가 별도로 존재하는 경우라도 위탁자의 사망을 기준으로 생전수익자와 사후수익자가 시간적으로 분리되는 결과 생전수익자와 사후수익자가 동시에 공동수익자로서 권리행사를 할 수는 없으므로(「신탁법」 제59조), 위탁자의 사망 이후에 수탁자만이 단독 사후수익자가 되는 신탁은 「신탁법」 제36조를 위반하게 되는 것이어서 생전수익자를 위탁자와 동일인으로 하고, 사후수익자를 수탁자와 동일인으로 하는 신탁등기는 신청할 수 없다(선례 제201808-4호).

③ 수탁자 갑 소유명의의 부동산에 대하여 전 소유명의인 을이 갑을 상대로 제기한 소송에서, "피고(甲)는 원고(乙)에게 ○○지방법원 등기국 2017. ○○. ○○. 접수 제○○○○호로 마친 소유권이전등기의 말소등기절차를 이행하라."라는 판결이 확정된 경우, 乙이 이 판결에 의하여 단독으로 소유권이전등기의 말소등기를 신청할 때에 이와 함께 1건의 신청정보로 일괄하여 신청하여야 하는 신탁등기의 말소등기는 乙이 甲을 대위하여 신청할 수 있다(선례 제201806-2호).

답 ④

014 신탁등기에 관한 다음 설명 중 가장 옳지 않은 것은? 19 주사보

① 신탁종료에 따른 신탁재산의 귀속권리자가 수익자인 경우로서 법원의 수익권 양도명령에 따라 수익자가 변경되었다면 신탁종료를 원인으로 신탁부동산에 대하여 새로운 수익자 앞으로 소유권이전등기를 신청하기 위해서는 먼저 신탁원부상의 종전 수익자를 새로운 수익자로 변경하는 신탁원부 기록의 변경등기를 신청하여야 한다.

② 생전수익자를 위탁자와 동일인으로 하고, 사후수익자를 수탁자와 동일인으로 하는 신탁등기는 신청할 수 없다.

③ 신탁을 원인으로 갑 명의의 소유권이전등기 및 신탁등기가 마쳐지고 다시 재신탁을 원인으로 을 명의의 소유권이전등기 및 신탁등기가 마쳐진 상태에서 원신탁의 신탁원부에 기록된 사항이 변경된 경우라도 원신탁의 수탁자인 갑은 현재 유효한 소유명의인이 아니므로 원신탁의 신탁원부 기록에 대한 변경등기를 신청할 수 없다.

④ 신탁을 원인으로 소유권이전등기를 신청하는 경우에는 지방세 납세증명서를 제공하여야 하는바, 다만 수탁자가 판결 등 집행권원에 의하여 단독으로 신청하는 경우에는 이를 제공할 필요가 없다.

해설

③ A부동산에 대하여 신탁을 원인으로 갑 명의의 소유권이전등기 및 신탁등기가 마쳐지고 다시 재신탁을 원인으로 을 명의의 소유권이전등기 및 신탁등기가 마쳐진 상태에서 원신탁의 신탁원부에 기록된 사항이 변경된 경우에 원신탁의 수탁자인 갑은 신탁원부 기록의 변경등기를 신청할 수 있다(선례 제201901-1호).

선지분석

① 신탁종료에 따른 신탁재산의 귀속권리자가 수익자인 경우로서 법원의 수익권 양도명령에 따라 수익자가 변경되었다면 신탁종료를 원인으로 신탁부동산에 대해 새로운 수익자 앞으로 소유권이전등기를 신청하기 위해서는 먼저 신탁원부상의 종전 수익자를 새로운 수익자로 변경하는 신탁원부 기록의 변경등기를 신청하여야 한다(선례 제201811-5호).

② 생전수익자를 위탁자와 동일인으로 하고, 사후수익자를 수탁자와 동일인으로 하는 신탁등기는 신청할 수 없다(선례 제201808-4호).

답 ③

015 신탁에 관한 등기에 관한 다음 설명 중 가장 옳은 것은?

① 법인은 그 목적 범위 내에서 수탁자가 될 수 있지만, 권리능력 없는 사단이나 재단은 단체의 실체를 갖추어 등기당사자능력이 인정되는 경우에도 수탁자가 될 수 없다.

② 甲이 乙에게 신탁한 부동산에 대하여 丙이 乙을 상대로 취득시효 완성을 원인으로 한 소유권이전등기절차의 이행을 명하는 확정판결을 받은 경우에는 丙은 이 확정판결을 첨부하여 단독으로 소유권이전등기와 신탁등기의 말소를 동일한 신청으로 일괄하여 할 수 있다.

③ 위탁자가 채권자가 아닌 수탁자를 저당권자로 하여 설정한 저당권을 신탁재산으로 하고 채권자를 수익자로 지정한 신탁의 경우 그 저당권에 의하여 담보되는 피담보채권이 이전되는 때에는 수탁자는 그 저당권의 이전등기를 신청하여야 한다.

④ 위탁자가 여러 명인 경우 수탁자와 신탁재산인 부동산 및 신탁목적이 동일한 경우라도 1건의 신청정보로 일괄하여 신탁등기를 신청할 수 없다.

(해설)

② 甲이 乙에게 신탁한 부동산에 대하여 <u>丙이 乙을 상대로 취득시효 완성을 원인으로 한 소유권이전등기절차의 이행을 명하는 확정판결을 받은 경우에는</u> <u>丙은 이 확정판결을 첨부하여 단독으로 소유권이전등기와 신탁등기의 말소를 동일한 신청으로 일괄하여</u> 할 수 있다(선례 제7-408호).

(선지분석)

① 법인은 그 목적 범위 내에서 수탁자가 될 수 있고, 권리능력 없는 사단이나 재단은 단체의 실체를 갖추어 등기당사자능력이 인정되는 경우에도 수탁자가 될 수 있다(선례 제2-586호, 제4-607호).

③ 위탁자가 채권자가 아닌 수탁자를 저당권자로 하여 설정한 저당권을 신탁재산으로 하고 채권자를 수익자로 지정한 신탁의 경우 그 저당권에 의하여 담보되는 피담보채권이 이전되는 때에는 수탁자는 신탁원부 기록의 변경등기를 신청하여야 한다(예규 제1726호).

④ 위탁자가 여러 명인 경우 수탁자와 신탁재산인 부동산 및 신탁목적이 동일한 경우라면 1건의 신청정보로 일괄하여 신탁등기를 신청할 수 있다(예규 제1726호).

답 ②

016 등기관의 등기실행방법에 관한 다음 설명 중 가장 옳지 않은 것은?

① 매매로 인한 소유권이전등기와 환매특약등기가 동시에 신청된 경우 환매특약등기를 소유권이전등기에 부기로 기록한다.

② 권리의 이전등기와 함께 신탁등기를 할 때에는 하나의 순위번호를 사용하여야 하므로 신탁으로 인한 권리이전등기를 한 다음 권리자 및 기타사항란에 횡선을 그어 횡선 아래에 신탁등기의 등기목적과 신탁원부번호를 기록한다.

③ 가처분의 피보전권리가 소유권 이외의 권리설정등기청구권으로서 소유명의인을 가처분채무자로 하는 경우에는 그 가처분등기를 등기기록 중 갑구에 한다.

④ 지목변경을 원인으로 토지표시변경등기의 신청이 있는 경우 종전의 표시에 관한 등기를 말소하고 변경사항을 반영하여 토지의 표시에 관한 사항을 주등기로 기록한다.

해설

② 권리의 이전등기와 함께 신탁등기를 할 때에는 하나의 순위번호를 사용하며, 신탁으로 인한 권리이전등기를 한 다음 순위번호란을 제외한 나머지란(접수란, 등기목적란, 등기원인란, 권리자 및 기타사항란)에 횡선을 그어 횡선 아래에 신탁등기의 등기목적과 신탁원부번호 등을 기록한다(예규 제1726호).

선지분석

① 매매로 인한 소유권이전등기와 환매특약등기가 동시에 신청된 경우 환매특약등기를 소유권이전등기에 부기로 기록한다(법 제52조).

③ 가처분의 피보전권리가 소유권 이외의 권리설정등기청구권으로서 소유명의인을 가처분채무자로 하는 경우에는 그 가처분등기를 등기기록 중 갑구에 한다(규칙 제151조 제2항).

④ 지목변경을 원인으로 토지표시변경등기의 신청이 있는 경우 종전의 표시에 관한 등기를 말소하고 변경사항을 반영하여 토지의 표시에 관한 사항을 주등기로 기록한다(규칙 제73조, 법 제52조의 반대해석).

답 ②

017 신탁등기에 관한 다음 설명 중 가장 옳지 않은 것은?

① 수익자나 위탁자는 수탁자를 대위하여 신탁등기를 신청할 수 있다.

② 수탁자가 여러 명인 경우 등기관은 신탁재산이 공유인 뜻을 기록하여야 한다.

③ 등기관이 신탁등기를 할 때 작성한 신탁원부는 등기기록의 일부로 본다.

④ 등기관은 수탁자를 등기의무자로 하는 처분제한의 등기 촉탁이 있는 경우에는 이를 수리하고, 위탁자를 등기의무자로 하는 위 등기의 촉탁이 있는 경우에는 이를 수리하여서는 아니된다. 다만, 신탁 전에 설정된 담보물권에 기한 임의경매등기 촉탁이 있는 경우에는 위탁자를 등기의무자로 한 경우에도 이를 수리하여야 한다.

(해설)

② 수탁자가 여러 명인 경우 등기관은 신탁재산이 합유인 뜻을 기록하여야 한다(법 제84조 제1항).

(선지분석)

① 수익자나 위탁자는 수탁자를 대위하여 신탁등기를 신청할 수 있다(법 제82조 제2항).

③ 등기관이 신탁등기를 할 때 작성한 신탁원부는 등기기록의 일부로 본다(법 제81조 제3항).

④ 등기관은 수탁자를 등기의무자로 하는 처분제한의 등기 촉탁이 있는 경우에는 이를 수리하고, 위탁자를 등기의무자로 하는 위 등기의 촉탁이 있는 경우에는 이를 수리하여서는 아니 된다. 다만, 신탁 전에 설정된 담보물권에 기한 임의경매등기 촉탁이 있는 경우에는 위탁자를 등기의무자로 한 경우에도 이를 수리하여야 한다(예규 제1726호).

답 ②

018 등기관의 등기실행방법에 관한 다음 설명 중 가장 옳지 않은 것은?

① 매매로 인한 소유권이전등기와 환매특약등기가 동시에 신청된 경우 환매특약등기를 소유권이전등기에 부기로 기록한다.

② 지목변경을 원인으로 토지표시변경등기의 신청이 있는 경우 종전의 표시에 관한 등기를 말소하고 변경사항을 반영하여 토지의 표시에 관한 사항을 주등기로 기록한다.

③ 근저당권설정등기청구권을 피보전권리로 하는 가처분등기의 촉탁이 있는 경우 그 가처분등기는 갑구에 기록한다.

④ 권리의 이전등기와 함께 신탁등기를 할 때에는 하나의 순위번호를 사용하여야 하므로 신탁으로 인한 권리이전등기를 한 다음 '권리자 및 기타사항란'에 횡선을 그어 횡선 아래에 신탁등기의 등기목적과 신탁원부번호를 기록한다.

해설

④ 권리의 이전등기와 함께 신탁등기를 할 때에는 하나의 순위번호를 사용하여야 하므로 신탁으로 인한 권리이전등기를 한 다음 '등기목적란'에 횡선을 그어 횡선 아래에 신탁등기의 등기목적을 기재하고 '권리자 및 기타사항란'에 신탁원부번호를 기록한다(예규 제1726호).

선지분석

① 매매로 인한 소유권이전등기와 환매특약등기가 동시에 신청된 경우 환매특약등기를 소유권이전등기에 부기로 기록한다(「민법」 제592조, 법 제52조).

② 지목변경을 원인으로 토지표시변경등기의 신청이 있는 경우 종전의 표시에 관한 등기를 말소하고 변경사항을 반영하여 토지의 표시에 관한 사항을 주등기로 기록한다(법 제52조).

③ 가처분의 피보전권리가 소유권 이외의 권리설정등기청구권으로서 소유명의인을 가처분채무자로 하는 경우에는 그 가처분등기를 등기기록 중 갑구에 한다(규칙 제151조 제2항). 따라서 근저당권설정등기청구권을 피보전권리로 하는 가처분등기의 촉탁이 있는 경우 그 가처분등기는 갑구에 기록한다.

답 ④

019 신탁등기에 관한 다음 설명 중 가장 옳지 않은 것은?

① 수탁자는 신탁행위로 달리 정한 바가 없으면 신탁 목적의 달성을 위하여 필요한 경우에는 수익자의 동의를 받아 타인에게 신탁재산에 대하여 신탁을 설정할 수가 있다.

② A부동산에 대하여 신탁을 원인으로 갑 명의의 소유권이전등기 및 신탁등기(원신탁)가 마쳐지고 다시 재신탁을 원인으로 을 명의의 소유권이전등기 및 신탁등기가 마쳐진 경우, 원신탁의 신탁원부에 기록된 사항이 변경된 경우에도 원신탁의 수탁자인 갑은 신탁원부 기록의 변경등기를 신청할 수 있다.

③ 위탁자가 신탁 대상인 재산을 취득함으로써 발생한 조세채권인 경우에는 신탁법상 신탁이 이루어지기 전에 압류를 하지 않더라도 그 조세채권이 「신탁법」 제22조 제1항 소정의 '신탁 전의 원인으로 발생한 권리'에 해당된다고 볼 수 있으므로, 양수인이 수탁자 명의로 소유권이전등기를 마친 후에는 양수인에 대한 조세채권에 의하여 압류등기를 촉탁할 수는 있다.

④ 위탁자와 수탁자가 신탁계약을 중도 해지한 경우에는 수익자의 서면동의가 있어야 한다는 내용이 신탁원부에 기록되어 있다면 신탁해지를 원인으로 소유권이전등기 및 신탁등기의 말소등기를 신청하는 때에는 일반적인 첨부정보 외에 신탁계약의 중도해지에 대한 수익자의 동의가 있음을 증명하는 정보와 그의 인감증명을 제공하여야 한다.

해설

③ 위탁자가 신탁대상인 재산을 취득함으로써 발생한 조세(취득세)채권이라고 하더라도 신탁법상의 신탁이 이루어지기 전에 압류를 하지 않은 이상, 그 조세채권이 「신탁법」 제21조 제1항 소정의 '신탁 전의 원인으로 발생한 권리'에 해당된다고 볼 수 없으므로, 부동산의 양수인이 수탁자 명의로 신탁을 등기원인으로 한 소유권이전등기를 마친 후에는 양수인에 대한 조세채권(취득세)에 기하여 수탁자 명의로 신탁등기가 경료된 부동산에 대한 압류등기를 촉탁할 수는 없을 것이다(선례 제5-684호).

선지분석

① 수탁자는 신탁행위로 달리 정한 바가 없으면 신탁 목적의 달성을 위하여 필요한 경우에는 수익자의 동의를 받아 타인에게 신탁재산에 대하여 신탁을 설정할 수가 있다. 이 경우 수탁자가 「신탁법」 제3조 제5항에 따라 타인에게 신탁재산에 대하여 신탁을 설정하는 경우에는 해당 신탁재산에 속하는 부동산의 신탁등기는 새로운 신탁의 수탁자가 단독으로 신청한다(예규 제1726호).

② A부동산에 대하여 신탁을 원인으로 갑 명의의 소유권이전등기 및 신탁등기가 마쳐지고 다시 재신탁을 원인으로 을 명의의 소유권이전등기 및 신탁등기가 마쳐진 상태에서 원신탁의 신탁원부에 기록된 사항이 변경된 경우에 원신탁의 수탁자인 갑은 신탁원부 기록의 변경등기를 신청할 수 있다(선례 제201901-1호).

④ 등기관은 등기기록과 신청정보 및 첨부정보만에 의하여 등기신청의 수리 여부를 결정하여야 하는바, 신탁원부는 등기기록의 일부로 보게 되므로 '위탁자와 수탁자가 신탁계약을 중도 해지할 경우에는 우선수익자의 서면동의가 있어야 한다'는 내용이 신탁원부에 기록되어 있다면 신탁해지를 원인으로 소유권이전등기 및 신탁등기의 말소등기를 신청할 때에는 일반적인 첨부정보 외에 신탁계약의 중도해지에 대한 우선수익자의 동의가 있었음을 증명하는 정보(동의서)와 그의 인감증명을 첨부정보로서 제공하여야 한다(선례 제201805-3호).

답 ③

020 신탁원부 기록의 변경등기에 관한 다음 설명 중 가장 옳지 않은 것은? 22 서기보

① 등기관이 신탁재산에 속하는 부동산에 관한 권리에 대하여 수탁자의 변경으로 인한 이전 등기를 할 경우 직권으로 그 부동산에 관한 신탁원부 기록의 변경등기를 하여야 한다.

② 수익자 또는 신탁관리인이 변경된 경우나 위탁자, 수익자 및 신탁관리인의 성명(명칭), 주소(사무소 소재지)가 변경된 경우에는 수탁자는 지체 없이 신탁원부 기록의 변경등기를 신청하여야 한다.

③ 수탁자를 해임한 법원 또는 법무부장관의 촉탁에 의하여 신탁원부 기록을 변경한 경우 등기관은 직권으로 등기기록에 그 뜻을 기록하여서는 아니 된다.

④ 「신탁법」에 따라 위탁자 지위의 이전이 있는 경우에는 수탁자는 신탁원부 기록의 변경등기를 신청하여야 하는바, 이 경우 등기원인은 "위탁자 지위의 이전"으로 하여 신청정보의 내용으로 제공한다.

해설

③ 수탁자를 해임한 법원 또는 법무부장관의 촉탁에 의하여 신탁원부 기록을 변경한 경우에는 등기관은 직권으로 등기기록에 그 뜻을 기록하여야 한다(법 제85조 제3항, 예규 제1726호).

선지분석

① 수탁자의 경질로 인한 권리이전등기 또는 여러 명의 수탁자 중 1인의 임무종료로 인한 합유명의인 변경등기를 한 경우에는 등기관은 직권으로 신탁원부 기록을 변경하여야 한다(예규 제1726호).

② 수익자 또는 신탁관리인이 변경된 경우나 위탁자, 수익자 및 신탁관리인의 성명(명칭), 주소(사무소 소재지)가 변경된 경우에는 수탁자는 지체 없이 신탁원부 기록의 변경등기를 신청하여야 한다(예규 제1726호).

④ 「신탁법」에 따라 위탁자 지위의 이전이 있는 경우에는 수탁자는 신탁원부 기록의 변경등기를 신청하여야 하는바, 이 경우 등기원인은 "위탁자 지위의 이전"으로 하여 신청정보의 내용으로 제공한다(예규 제1726호).

답 ③

021 신탁등기에 관한 다음 설명 중 가장 옳지 않은 것은?

① 신탁가등기는 소유권이전청구권보전을 위한 가등기와 동일한 방식으로 신청하되, 신탁원부 작성을 위한 정보도 첨부정보로서 제공하여야 한다.

② 여러 명의 수탁자 중 1인이 신탁행위로 정한 임무종료사유, 사임, 자격상실의 사유로 임무가 종료된 경우에는 나머지 수탁자가 합유명의인 변경등기를 신청하는바, 나머지 수탁자가 1인이면 단독으로, 나머지 수탁자가 여러 명이면 그 전원이 공동으로 합유명의인 변경등기를 신청한다.

③ 위탁자가 여러 명이라 하더라도 수탁자와 신탁재산인 부동산 및 신탁목적이 동일한 경우에는 1건의 신청정보로 일괄하여 신탁등기를 신청할 수 있다.

④ 신탁원부상 신탁조항에 수익자변경권이 위탁자 및 수탁자에게 유보되어 있다는 취지가 기록되어 있다면 수탁자가 수익자의 변경으로 신탁원부 기록의 변경등기를 신청하는 경우, 수익자변경을 증명하는 정보 이외에 종전 수익자의 승낙을 증명하는 정보를 첨부할 필요는 없다.

⑤ 「공익신탁법」에 따른 공익신탁의 경우 수탁자가 변경된 경우에는 법무부장관의 인가를 증명하는 정보를 첨부정보로 제공하여야 한다.

(해설)

② 여러 명의 수탁자 중 1인이 사망, 금치산, 한정치산, 파산, 해산의 사유로 임무가 종료된 경우에는 나머지 수탁자가 단독으로 합유명의인 변경등기를 신청한다. 이 경우 나머지 수탁자가 여러 명이면 그 전원이 공동으로 신청하여야 한다(예규 제1726호). 여러 명의 수탁자 중 1인이 신탁행위로 정한 임무종료사유, 사임, 자격상실의 사유로 임무가 종료된 경우에는 나머지 수탁자와 임무가 종료된 수탁자가 공동으로 합유명의인 변경등기를 신청한다.

(선지분석)

① 신탁가등기는 소유권이전청구권보전을 위한 가등기와 동일한 방식으로 신청하되, 신탁원부 작성을 위한 정보도 첨부정보로서 제공하여야 한다(예규 제1726호).

③ 위탁자가 여러 명이라 하더라도 수탁자와 신탁재산인 부동산 및 신탁목적이 동일한 경우에는 1건의 신청정보로 일괄하여 신탁등기를 신청할 수 있다(예규 제1726호).

④ 신탁원부상 신탁조항에 수익자변경권이 위탁자 및 수탁자에게 유보되어 있다는 취지가 기재되어 있다면 수탁자가 수익자의 변경으로 신탁원부기재변경등기를 신청하는 경우 수익자변경을 증명하는 서면 이외에 종전 수익자의 승낙서를 첨부할 필요는 없다(선례 제7-401호).

⑤ 「공익신탁법」에 따른 공익신탁에 대하여 신탁등기를 신청하는 경우에는 법무부장관의 인가를 증명하는 정보를 첨부정보로서 제공하여야 한다(예규 제1726호).

답 ②

제1관 가등기절차

---

001 가등기에 관한 다음 설명 중 가장 옳지 않은 것은? 15 서기보

① 물권적청구권을 보전하기 위한 가등기나 소유권보존등기의 가등기는 할 수 없다.

② 가등기가처분명령에 의하여 가등기권리자가 단독으로 가등기신청을 할 경우에는 등기의무자의 등기필정보를 신청정보의 내용으로 등기소에 제공할 필요가 없다.

③ 농지에 대한 소유권이전청구권가등기의 신청서에는 농지취득자격증명을 첨부할 필요가 없다.

④ 가등기명의인이 사망한 후에 그 상속인이 가등기의 말소를 신청하는 경우에는 그 전제로서 먼저 상속인 앞으로 상속등기를 하여야 한다.

해설

④ 가등기권리자가 사망한 경우에는 상속등기를 거치지 않고 상속인이 본등기를 신청할 수 있으며, 이는 가등기권리가 협의분할에 의하여 상속인 중 1인에게 승계된 경우도 마찬가지이다(선례 제5-577호).

선지분석

①, ③ 가등기 가능 여부는 아래와 같다.

가등기 ○	가등기 ×
• 채권적청구권 보전을 위한 가등기 • 매매계약 해제시 소유권이전등기청구권 보전을 위한 가등기 • 증여를 원인으로 한 소유권이전청구권가등기 • 유언자 사망 후 신청한 유증을 원인으로 한 소유권이전청구권가등기 • 농지에 대한 종중 명의의 소유권이전청구권 가등기	• 물권적청구권 보전을 위한 가등기 • 매매계약해제시 소유권말소등기청구권 보전을 위한 가등기 • 원인무효로 인한 소유권말소등기청구권을 보전하기 위한 가등기 • 소유권보존등기의 가등기 • 유언자 생존 중 신청한 유증을 원인으로 한 소유권이전청구권가등기 • 대지권등기 후 건물만 또는 토지만에 대한 소유권이전등기청구권 가등기 • 합유지분에 대한 가등기

② 법 제89조의 가등기가처분에 관해서는 「민사집행법」의 가처분에 관한 규정은 준용되지 않는다. 따라서 가등기가처분명령을 등기원인으로 하여 법원이 가등기촉탁을 하는 때에는 이를 각하한다(예규 제1632호). 가등기가처분에 의한 가등기는 가등기권리자가 단독으로 신청할 수 있다(법 제89조).

답 ④

002 가등기 말소에 관한 다음 설명 중 가장 옳지 않은 것은? 18 서기보

① 가등기 후 소유권을 취득한 제3취득자는 등기권리자로서 가등기의 말소를 신청할 수 있다.

② 가등기가처분명령에 의하여 이루어진 가등기는 「민사집행법」에서 정한 가처분 이의의 방법으로 가등기의 말소를 구할 수 있다.

③ 가등기명의인의 상속인이 가등기의 말소를 신청하는 경우에 상속등기를 거칠 필요 없이 신청서에 상속인임을 증명하는 서면과 인감증명서를 첨부하여 가등기의 말소를 신청할 수 있다.

④ 가등기권자가 가등기에 의하지 않고 다른 원인으로 소유권이전등기를 하였을 경우 그 부동산의 소유권이 제3자에게 이전되기 전에는 가등기권자의 단독신청으로 혼동을 등기원인으로 한 가등기의 말소를 신청할 수 있다.

해설

② 가등기가처분명령에 의하여 이루어진 가등기는 「민사집행법」에서 정한 가처분 이의의 방법으로 가등기의 말소를 구할 수 없고(예규 제1632호), 통상의 말소등기방식으로 하면 된다.

선지분석

① 가등기 후 소유권을 취득한 제3취득자는 등기권리자로서 가등기의 말소를 신청할 수 있다(예규 제1632호).

③ 가등기명의인의 상속인이 가등기의 말소를 신청하는 경우에 상속등기를 거칠 필요 없이 신청서에 상속인임을 증명하는 서면과 인감증명서를 첨부하여 가등기의 말소를 신청할 수 있다(예규 제1632호).

④ 가등기권자가 가등기에 의하지 않고 다른 원인으로 소유권이전등기를 하였을 경우 그 부동산의 소유권이 제3자에게 이전되기 전에는 가등기권자의 단독신청으로 혼동을 등기원인으로 하여 가등기를 말소할 수 있으나, 그 부동산의 소유권이 제3자에게 이전된 후에는 통상의 가등기 말소절차에 따라 가등기를 말소한다(예규 제1632호).

답 ②

003 가등기의 말소절차에 관한 다음 설명 중 가장 옳지 않은 것은?

① 가등기에 의한 본등기가 마쳐진 상태에서는 가등기의 말소등기절차를 이행할 것을 명하는 판결을 받아 그 가등기만의 말소등기를 신청할 수 없다.

② 소유권에 관한 가등기명의인이 단독으로 가등기의 말소를 신청할 수 있는데, 이 경우 가등기의 말소등기를 신청할 때에는 가등기명의인의 인감증명과 등기필정보를 제공하여야 한다.

③ 가등기가처분명령에 의하여 이루어진 가등기는 「민사집행법」에서 정한 가처분이의의 방법으로 가등기말소를 하여야 한다.

④ 가등기의 말소를 신청하는 경우에는 가등기명의인의 표시에 변경 또는 경정 사유가 있는 때라도 변경 또는 경정을 증명하는 정보를 제공한 경우에는 가등기명의인 표시의 변경등기 또는 경정등기를 생략할 수 있다.

(해설)

③ 가등기가처분명령에 의하여 이루어진 가등기는 「민사집행법」에서 정한 가처분이의의 방법으로 가등기를 말소할 수 없고, 통상의 가등기말소 절차에 의하여야 한다(예규 제1632호).

(선지분석)

① 가등기에 의한 본등기가 마쳐진 상태에서는 가등기의 말소등기절차를 이행할 것을 명하는 판결을 받아 그 가등기만의 말소등기를 신청할 수 없다(선례 제4-586호).

② 소유권에 관한 가등기명의인이 단독으로 가등기의 말소를 신청할 수 있는데, 이 경우 가등기의 말소등기를 신청할 때에는 가등기명의인의 인감증명과 등기필정보를 제공하여야 한다(규칙 제60조 제1항 제2호, 예규 제1632호).

④ 가등기의 말소를 신청하는 경우에는 가등기명의인의 표시에 변경 또는 경정의 사유가 있는 때라도 신청서에 그 변경 또는 경정을 증명하는 서면을 첨부함으로써 가등기명의인표시의 변경등기 또는 경정등기를 생략할 수 있다. 또한 가등기명의인이 사망한 후에 상속인이 가등기의 말소를 신청하는 경우에도 상속등기를 거칠 필요 없이 신청서에 상속인임을 증명하는 서면과 인감증명서를 첨부하여 가등기의 말소를 신청할 수 있다(예규 제1632호).

답 ③

004 가등기된 권리의 이전등기에 관한 다음 설명 중 가장 옳지 않은 것은? 19 사무관

① 가등기된 권리를 제3자에게 양도한 경우에 양도인과 양수인은 공동신청으로 그 가등기된 권리의 이전등기를 신청할 수 있으며, 그 등기는 가등기에 대한 부기등기의 형식으로 한다.

② 하나의 가등기에 대하여 그 권리를 수인이 가지고 있는 경우에 그 권리자 중 1인의 지분만에 대한 이전등기는 신청할 수 있으나, 가등기의 권리를 단독으로 가지고 있는 경우에는 그 권리의 일부 지분만에 대하여는 이전등기를 신청할 수 없다.

③ 수인의 가등기권자의 지분이 기록되지 아니한 경우에 일부의 가등기권자가 균등하게 산정한 지분과 다른 지분을 주장하여 그 가등기에 대한 이전등기를 신청하고자 할 경우에는 먼저 가등기 지분을 기록하는 의미의 경정등기를 신청하여야 하는데, 그 경정등기 신청은 가등기권자 전원이 공동으로 하여야 한다.

④ 매매로 인한 소유권이전등기청구권가등기에 대한 이전등기를 신청하는 경우에는 특별한 사정이 없는 이상 매도인인 소유명의인의 승낙이 있음을 증명하는 정보와 인감증명을 첨부정보로서 제공하여야 한다.

(해설)

② 하나의 가등기에 대하여 그 권리를 수인이 가지고 있는 경우에 그 권리자 중 1인의 지분만에 대한 이전등기도 신청할 수 있고, 가등기의 권리를 단독으로 가지고 있는 경우에는 그 권리의 일부 지분만에 대하여는 이전등기를 신청할 수 있다(예규 제1632호).

(선지분석)

③ 공동가등기권자의 지분이 기록되어 있지 아니한 때에는 그 지분은 균등한 것으로 보아 본등기를 허용하고, 일부의 가등기권자가 균등하게 산정한 지분과 다른 가등기지분을 주장하여 그 가등기에 의한 본등기를 신청하고자 할 경우에는 먼저 가등기지분을 기록하는 의미의 경정등기를 신청하여야 한다. 이 경우 그 경정등기신청은 가등기권자 전원이 공동으로 하여야 하고 등기신청서에는 가등기권자 전원 사이에 작성된 실제의 지분비율을 증명하는 서면과, 실제의 지분이 균등하게 산정한 지분보다 적은 가등기권자의 인감증명을 첨부하여야 한다(예규 제1632호).

④ 매매로 인한 소유권이전등기청구권은 특별한 사정이 없는 이상 그 권리의 성질상 양도가 제한되고 그 양도에 매도인의 승낙이나 동의를 요한다고 할 것이므로(대판 2001. 10. 9. 선고 2000다51216 참조), 위 가등기의 이전등기를 신청하는 경우에는 매도인인 소유명의인의 승낙이 있음을 증명하는 정보와 인감증명을 첨부정보로서 등기소에 제공하여야 한다(선례 제201803-1호).

답 ②

005 가등기된 권리의 이전등기에 관한 다음 설명 중 가장 옳지 않은 것은? 20 서기보

① 가등기된 권리를 제3자에게 양도한 경우에 양도인과 양수인의 공동신청으로 가등기의 이전등기를 신청할 수 있으며, 그 등기는 가등기에 대한 부기등기로 한다.

② 매매로 인한 소유권이전등기청구권 가등기에 대한 이전등기는 특별한 사정이 없는 이상 매도인인 소유명의인의 승낙이 있음을 증명하는 정보와 인감증명을 첨부정보로서 제공하여야 한다.

③ 하나의 가등기에 대하여 수인의 가등기권리자가 있는 경우에 그 권리자 중 1인의 지분만에 대한 이전등기는 신청할 수 있으나, 가등기의 권리를 단독으로 가지고 있는 경우에는 그 권리의 일부 지분만에 대하여는 이전등기를 신청할 수 없다.

④ 수인의 가등기권자의 지분이 기록되지 아니한 경우에 일부 가등기권자가 균등하게 산정한 지분과 다른 지분으로 그 가등기에 대한 이전등기를 신청하고자 할 경우에는 먼저 가등기지분을 기록하는 의미의 경정등기신청을 가등기권자 전원이 공동으로 하여야 한다.

해설

③ 하나의 가등기에 대하여 수인의 가등기권리자가 있는 경우에 그 권리자 중 1인의 지분만에 대한 이전등기는 신청할 수 있으며, 가등기의 권리를 단독으로 가지고 있는 경우에는 그 권리의 일부 지분만에 대하여는 이전등기를 신청할 수 있다(예규 제1632호).

선지분석

① 가등기된 권리를 제3자에게 양도한 경우에 양도인과 양수인의 공동신청으로 가등기의 이전등기를 신청할 수 있으며, 그 등기는 가등기에 대한 부기등기로 한다(예규 제1632호).

② 매매로 인한 소유권이전등기청구권은 특별한 사정이 없는 이상 그 권리의 성질상 양도가 제한되고 그 양도에 매도인의 승낙이나 동의를 요한다고 할 것이므로(대판 2000다51216 참조), 위 가등기의 이전등기를 신청하는 경우에는 매도인인 소유명의인의 승낙이 있음을 증명하는 정보와 인감증명을 첨부정보로서 등기소에 제공하여야 한다(선례 제201803-1호).

④ 공동가등기권자의 지분이 기록되어 있지 아니한 때에는 그 지분은 균등한 것으로 보아 본등기를 허용하고, 일부의 가등기권자가 균등하게 산정한 지분과 다른 가등기지분을 주장하여 그 가등기에 의한 본등기를 신청하고자 할 경우에는 먼저 가등기지분을 기록하는 의미의 경정등기를 신청하여야 한다. 이 경우 그 경정등기신청은 가등기권자 전원이 공동으로 하여야 하고 등기신청서에는 가등기권자 전원 사이에 작성된 실제의 지분비율을 증명하는 서면과, 실제의 지분이 균등하게 산정한 지분보다 적은 가등기권자의 인감증명을 첨부하여야 한다(예규 제1632호).

답 ③

006 가등기와 관련된 다음 설명 중 가장 옳지 않은 것은?

① 가등기에 의한 본등기를 한 경우 본등기의 순위는 가등기의 순위에 따른다.
② 가등기에 의한 본등기를 신청할 때에는 가등기의 등기필정보가 아닌 등기의무자의 권리에 관한 등기필정보를 신청정보의 내용으로 등기소에 제공하여야 한다.
③ 가등기에 의한 본등기 신청은 가등기된 권리 중 일부지분만에 대하여는 할 수 없다.
④ 가등기에 의한 본등기 시 대법원규칙으로 정하는 바에 따라 가등기 이후에 된 등기로서 가등기에 의하여 보전되는 권리를 침해하는 등기를 직권으로 말소하여야 한다.

(해설)

③ 가등기에 의한 본등기 신청은 가등기된 권리 중 일부지분에 관해서도 할 수 있다. 이 경우 등기신청서에는 본등기될 지분을 기재하여야 하고 등기기록에도 그 지분을 기록하여야 한다(예규 제1632호).

(선지분석)

① 가등기에 의한 본등기를 한 경우 본등기의 순위는 가등기의 순위에 따른다(법 제91조).

② 가등기에 의한 본등기를 신청할 때에는 가등기의 등기필정보가 아닌 등기의무자의 권리에 관한 등기필정보를 신청정보의 내용으로 등기소에 제공하여야 한다(예규 제1632호).

④ 가등기에 의한 본등기 시 대법원규칙으로 정하는 바에 따라 가등기 이후에 된 등기로서 가등기에 의하여 보전되는 권리를 침해하는 등기를 직권으로 말소하여야 한다(법 제92조 제1항).

답 ③

007 가등기에 의한 본등기절차에 관한 설명이다. 틀린 것은?   12 서기보

① 가등기에 의한 본등기 신청의 등기의무자는 가등기를 할 때의 소유자이며, 가등기 후에 제 3자에게 소유권이 이전된 경우에도 가등기의무자는 변동되지 않는다.

② 가등기에 의한 본등기를 신청할 때에는 가등기의 등기필정보와 등기의무자의 권리에 관한 등기필정보를 신청정보의 내용으로 등기소에 제공하여야 한다.

③ 판결의 주문에 피고에게 소유권이전청구권가등기에 의한 본등기 절차의 이행을 명하지 않고 매매로 인한 소유권이전등기절차의 이행을 명한 경우라도, 판결이유에 의하여 피고의 소유권이전등기 절차의 이행이 가등기에 의한 본등기 절차의 이행임이 명백한 때에는, 그 판결을 원인증서로 하여 가등기에 의한 본등기를 신청할 수 있다.

④ 소유권이전청구권가등기권자가 가등기에 의한 본등기를 하지 않고 다른 원인에 의한 소유권이전등기를 한 후에는 다시 그 가등기에 의한 본등기를 할 수 없다. 다만, 가등기 후 위 소유권이전등기 전에 제3자 앞으로 처분제한의 등기가 되어 있거나 중간처분의 등기가 된 경우에는 그러하지 아니하다.

해설

② 가등기에 의한 본등기를 신청할 때에는 가등기의 등기필정보가 아닌 등기의무자의 권리에 관한 등기필정보를 신청정보의 내용으로 등기소에 제공하여야 한다(예규 제1632호).

선지분석

① 가등기에 의한 본등기 신청의 등기의무자는 가등기를 할 때의 소유자이며, 가등기 후에 제3자에게 소유권이 이전된 경우에도 가등기의무자는 변동되지 않는다(예규 제1632호).

③ 판결의 주문에 피고에게 소유권이전청구권가등기에 의한 본등기 절차의 이행을 명하지 않고 매매로 인한 소유권이전등기 절차의 이행을 명한 경우라도, 판결이유에 의하여 피고의 소유권이전등기 절차의 이행이 가등기에 의한 본등기 절차의 이행임이 명백한 때에는, 그 판결을 원인증서로 하여 가등기에 의한 본등기를 신청할 수 있다(예규 제1632호).

④ 소유권이전청구권가등기권자가 가등기에 의한 본등기를 하지 않고 다른 원인에 의한 소유권이전등기를 한 후에는 다시 그 가등기에 의한 본등기를 할 수 없다. 다만, 가등기 후 위 소유권이전등기 전에 제3자 앞으로 처분제한의 등기가 되어 있거나 중간처분의 등기가 된 경우에는 그러하지 아니하다(예규 제1632호).

답 ②

008 가등기에 의한 본등기에 관한 다음 설명 중 옳지 않은 것은? 12 사무관

① 등기기록상 가등기원인일자와 본등기를 명한 판결주문의 가등기 원인일자가 서로 다른 경우에는 판결이유에 의하여 매매의 동일성이 인정된다 하더라도 그 판결에 의하여 가등기에 의한 본등기를 할 수 없다.

② 가등기에 의한 본등기의 신청은 가등기된 권리 중 일부지분에 관해서도 할 수 있다.

③ 가등기에 의한 본등기를 할 때에 가등기 이후 본등기 전에 마쳐진 등기가 체납처분으로 인한 압류등기인 경우에는 본등기를 함과 동시에 바로 직권으로 말소할 수 없고 직권말소 대상통지를 한 후 이의신청절차를 거쳐 직권말소 여부를 결정하여야 한다.

④ 등기관이 가등기 후 본등기 전에 마쳐진 등기를 직권으로 말소할 때에는 가등기에 의한 본등기로 인하여 그 등기를 말소한다는 뜻을 기록하여야 한다.

해설

① 등기기록상 가등기원인일자와 본등기를 명한 판결주문의 가등기원인일자가 서로 다른 경우에는 <u>판결이유에 의하여 매매의 동일성이 인정된다면</u> 그 판결에 의하여 가등기에 의한 본등기를 할 수 있다(예규 제1632호).

선지분석

② 가등기에 의한 본등기 신청은 가등기된 권리 중 일부지분에 관해서도 할 수 있다. 이 경우 등기신청서에는 본등기 될 지분을 기재하여야 하고 등기기록에도 그 지분을 기록하여야 한다(예규 제1632호).

③ 소유권이전등기청구권보전의 가등기에 기한 소유권이전의 본등기를 신청한 경우 등기관은 등기기록의 기록사항만으로는 위 가등기가 담보가등기인지 여부를 알 수 없을 뿐 아니라, 담보가등기라 하더라도 체납처분에 의한 압류등기가 말소의 대상인지 여부를 알 수 없으므로 일단 직권말소대상통지를 한 후, 이의 신청이 있는 경우 제출된 소명자료에 의하여 말소 또는 인용여부를 결정한다(예규 제1632호).

④ 가등기에 의한 본등기를 한 다음 가등기 후 본등기 전에 마쳐진 등기를 등기관이 직권으로 말소할 때에는 가등기에 의한 본등기로 인하여 그 등기를 말소한다는 뜻을 기록하여야 한다(규칙 제149조).

답 ①

제 2편

2023 해커스법원직 김미영 부동산등기법 기출문제집

009 가등기에 의한 본등기에 관한 다음 설명 중 옳지 않은 것은?　　　　13 주사보

① 가등기에 의한 본등기를 신청할 경우에는 가등기를 할 당시 가등기권자가 통지받은 등기필정보를 등기소에 제공하여야 한다.

② 가등기된 권리 중 일부지분에 대한 본등기 신청도 허용된다.

③ 소유권이전등기청구권보전 가등기에 기하여 소유권이전의 본등기를 한 경우 해당 가등기상 권리를 목적으로 하는 가압류등기는 등기관이 직권으로 말소할 수 없다.

④ 등기기록상 가등기 원인일자와 본등기를 명한 판결주문의 가등기 원인일자가 서로 다르다 하더라도 판결이유에 의하여 매매의 동일성이 인정된다면 그 판결에 의하여 가등기에 의한 본등기를 신청할 수 있다.

해설

① 가등기에 의한 본등기를 신청할 때에는 가등기의 등기필정보가 아닌 등기의무자의 권리에 관한 등기필정보를 신청정보의 내용으로 등기소에 제공하여야 한다(예규 제1632호).

선지분석

② 하나의 가등기에 관하여 여러 사람의 가등기권자가 있는 경우에, 가등기권자 모두가 공동의 이름으로 본등기를 신청하거나, 그중 일부의 가등기권자가 <u>자기의 가등기지분에 관하여 본등기를 신청할 수 있지만</u>, 일부의 가등기권자가 <u>공유물보존행위에 준하여 가등기 전부에 관한 본등기를 신청할 수는 없다</u>(예규 제1632호).

④ 등기기록상 가등기원인일자와 본등기를 명한 판결주문의 가등기원인일자가 서로 다른 경우에는 <u>판결이유에 의하여 매매의 동일성이 인정된다면</u> 그 판결에 의하여 가등기에 의한 본등기를 할 수 있다(예규 제1632호).

답 ①

010 가등기에 의한 본등기에 관한 설명이다. 다음 중 가장 옳은 것은? 　　　　14 사무관

① 하나의 가등기에 관하여 여러 사람의 가등기권자가 있는 경우에 일부의 가등기권자가 공유물보존행위에 준하여 가등기 전부에 관한 본등기를 신청할 수 있다.

② 소유권이전청구권 가등기 후 그 본등기 전에 제3자에게 소유권이 이전된 경우 본등기신청의 등기의무자는 현재의 소유자이다.

③ 등기기록상의 가등기 원인일자와 본등기를 명한 판결주문의 가등기 원인일자가 서로 다르다 하더라도 판결이유에 의하여 매매의 동일성이 인정된다면 그 판결에 의하여 가등기에 의한 본등기를 신청할 수 있다.

④ 가등기를 마친 후에 가등기권자가 사망한 경우에 그 상속인이 본등기를 신청하기 위해서는 먼저 상속등기를 마쳐야 한다.

(해설)

③ 판결주문에 가등기에 의한 본등기라는 취지의 기재가 없는 경우판결의 주문에 피고에게 소유권이전청구권가등기에 의한 본등기 절차의 이행을 명하지 않고 매매로 인한 소유권이전등기 절차의 이행을 명한 경우라도, 판결이유에 의하여 피고의 소유권이전등기 절차의 이행이 가등기에 의한 본등기 절차의 이행임이 명백한 때에는, 그 판결을 원인증서로 하여 가등기에 의한 본등기를 신청할 수 있다(예규 제1632호).

(선지분석)

① 일부의 가등기권리자가 공유물보존행위에 준하여 가등기 전부에 관한 본등기를 신청할 수 없다(예규 제1632호).

② 가등기에 의한 본등기 신청의 등기의무자는 가등기를 할 때의 소유자이며, 가등기 후에 제3자에게 소유권이 이전된 경우에도 가등기의무자는 변동되지 않는다(예규 제1632호).

④ 가등기를 마친 후에 가등기권자가 사망한 경우, 가등기권자의 상속인은 상속등기를 할 필요 없이 상속을 증명하는 서면과 인감증명 등을 첨부하여 가등기의무자와 공동으로 본등기를 신청 할 수 있다(예규 제1632호).

답 ③

011 가등기에 의한 본등기에 관한 다음 설명 중 가장 옳지 않은 것은? 17 주사보

① 하나의 가등기에 관하여 여럿의 가등기권자가 있는 경우에 그중 일부의 가등기권자가 공유물 보존행위에 준하여 가등기 전부에 관한 본등기에 신청할 수 있다.

② 가등기를 마친 후 가등기당사자가 사망한 경우에는 사망한 사람이 가등기상의 권리자이든 의무자이든 관계없이 그 상속인은 상속등기를 거치지 않고 본등기를 신청할 수 있다.

③ 소유권이전청구권 보전 가등기 후 본등기 전에 제3자에게 소유권이 이전된 경우 본등기신청의 등기의무자는 가등기를 할 때의 소유자이다.

④ 가등기 후 본등기 전에 마쳐진 등기가 체납처분으로 인한 압류등기인 경우에는 직권말소 대상통지를 한 후 이의신청이 있으면 이유 있는지 여부를 검토한 후 말소여부를 결정한다.

(해설)

① 하나의 가등기에 관하여 여러 사람의 가등기권자가 있는 경우에, 가등기권자 모두가 공동의 이름으로 본등기를 신청하거나, 그중 일부의 가등기권자가 자기의 가등기지분에 관하여 본등기를 신청할 수 있지만, 일부의 가등기권자가 공유물보존행위에 준하여 가등기 전부에 관한 본등기를 신청할 수는 없다(예규 제1632호).

(선지분석)

② 가등기를 마친 후 가등기당사자가 사망한 경우에는 사망한 사람이 가등기상의 권리자이든 의무자이든 관계없이 그 상속인은 상속등기를 거치지 않고 본등기를 신청할 수 있다(예규 제1632호).

③ 가등기 후 제3자에게 소유권이 이전된 경우가등기에 의한 본등기 신청의 등기의무자는 가등기를 할 때의 소유자이며, 가등기 후에 제3자에게 소유권이 이전된 경우에도 가등기의무자는 변동되지 않는다(예규 제1632호).

④ 소유권이전등기청구권보전의 가등기에 기한 소유권이전의 본등기를 신청한 경우 등기관은 등기기록의 기록사항만으로는 위 가등기가 담보가등기인지 여부를 알 수 없을 뿐 아니라, 담보가등기라 하더라도 체납처분에 의한 압류등기가 말소의 대상인지 여부를 알 수 없으므로 일단 직권말소대상통지를 한 후, 이의 신청이 있는 경우 제출된 소명자료에 의하여 말소 또는 인용여부를 결정한다(예규 제1632호, 규칙 제147조).

답 ①

012 가등기에 의한 본등기와 관련한 다음 설명 중 가장 옳지 않은 것은? 18 사무관

① 소유권이전청구권보전가등기 후 본등기 전에 제3자에게 소유권이 이전되는 경우 본등기신청의 등기의무자는 가등기를 할 때의 소유자이다.

② 하나의 가등기에 관하여 여러 사람의 가등기권자가 있는 경우에는 가등기권자 모두가 공동의 이름으로 본등기를 신청하거나, 그중 일부의 가등기권자가 자기의 가등기 지분에 관하여 본등기를 신청할 수 있다.

③ 매매예약을 원인으로 한 가등기에 의한 본등기를 신청할 때에는 본등기의 원인일자는 매매예약완결의 의사표시를 한 날을 기재하며, 등기원인을 증명하는 서면으로 매매계약서와 가등기할 때 통지받은 가등기의 등기필정보를 제공하여야 한다.

④ 저당권설정등기청구권 보전을 위한 가등기에 기하여 저당권설정의 본등기를 한 경우에는 가등기 후에 마쳐진 제3자 명의의 등기를 직권으로 말소할 수 없다.

해설

③ 매매예약을 원인으로 한 가등기에 의한 본등기를 신청할 때에는 <u>본등기의 원인일자는 매매예약완결의 의사표시를 한 날을 기재하며</u>, 등기원인을 증명하는 서면으로 매매계약서와 <u>가등기의 등기필정보가 아닌</u> 등기의무자의 권리에 관한 등기필정보를 신청정보의 내용으로 제공하여야 한다(예규 제1632호).

선지분석

④ 저당권설정등기청구권 보전을 위한 가등기에 기하여 저당권설정의 본등기를 한 경우에는 가등기 후에 마쳐진 제3자 명의의 등기를 직권으로 말소할 수 없다(규칙 제148조 제3항).

답 ③

013 가등기에 의한 본등기에 관한 다음 설명 중 가장 옳지 않은 것은? 19 서기보

① 소유권이전청구권가등기 후에 제3자에게 소유권이 이전되었다 하더라도 그 가등기에 의한 본등기의 등기의무자는 가등기를 할 때의 소유권의 등기명의인이다.

② 소유권이전청구권가등기에 의하여 소유권이전의 본등기를 한 경우라도 그 가등기 후에 마쳐진 해당 가등기상 권리를 목적으로 하는 가압류 또는 가처분 등기는 직권으로 말소할 수 없다.

③ 전세권설정등기청구권가등기에 의하여 전세권설정의 본등기를 한 경우에는 그 가등기 후에 동일한 범위에 마쳐진 임차권설정등기를 직권으로 말소하여야 한다.

④ 근저당권설정등기청구권가등기에 의하여 근저당권설정의 본등기를 한 경우에는 그 가등기 후에 마쳐진 저당권설정등기를 직권으로 말소하여야 한다.

해설

④ 근저당권설정등기청구권가등기에 의하여 근저당권설정의 본등기를 한 경우에는 그 가등기 후에 마쳐진 저당권설정등기를 직권으로 말소할 수 없다(규칙 제148조 제3항).

선지분석

① 가등기에 의한 본등기 신청의 등기의무자는 가등기를 할 때의 소유자이며, 가등기 후에 제3자에게 소유권이 이전된 경우에도 가등기의무자는 변동되지 않는다(예규 제1632호).

② 소유권이전청구권가등기에 의하여 소유권이전의 본등기를 한 경우라도 그 가등기 후에 마쳐진 해당 가등기상 권리를 목적으로 하는 가압류 또는 가처분 등기는 직권으로 말소할 수 없다(규칙 제147조 제1항 제1호).

③ 전세권설정등기청구권가등기에 의하여 전세권설정의 본등기를 한 경우에는 <u>그 가등기 후에 동일한 범위에 마쳐진</u> 임차권설정등기를 직권으로 말소하여야 한다(규칙 제148조 제1항 제4호).

「**부동산등기규칙**」 제148조 【본등기와 직권말소】 ① 등기관이 지상권, 전세권 또는 임차권의 설정등기청구권보전 가등기에 의하여 지상권, 전세권 또는 임차권의 설정의 본등기를 한 경우 가등기 후 본등기 전에 마쳐진 다음 각 호의 등기 (동일한 부분에 마쳐진 등기로 한정한다)는 법 제92조 제1항에 따라 직권으로 말소한다.
 1. 지상권설정등기
 2. 지역권설정등기
 3. 전세권설정등기
 4. 임차권설정등기 (③)
 5. 주택임차권등기등. 다만, 가등기권자에게 대항할 수 있는 임차인 명의의 등기는 그러하지 아니하다. 이 경우 가등기에 의한 본등기의 신청을 하려면 먼저 대항력 있는 주택임차권등기등을 말소하여야 한다.
 ② 지상권, 전세권 또는 임차권의 설정등기청구권보전 가등기에 의하여 지상권, 전세권 또는 임차권의 설정의 본등기를 한 경우 가등기 후 본등기 전에 마쳐진 다음 각 호의 등기는 직권말소의 대상이 되지 아니한다.
 1. 소유권이전등기 및 소유권이전등기청구권보전 가등기
 2. 가압류 및 가처분 등 처분제한의 등기
 3. 체납처분으로 인한 압류등기
 4. 저당권설정등기
 5. 가등기가 되어 있지 않은 부분에 대한 지상권, 지역권, 전세권 또는 임차권의 설정등기와 주택임차권등기등
 ③ 저당권설정등기청구권보전 가등기에 의하여 저당권설정의 본등기를 한 경우 가등기 후 본등기 전에 마쳐진 등기는 직권말소의 대상이 되지 아니한다. (④)

답 ④

014 가등기에 의하여 보전되는 권리를 침해하는 가등기 이후 등기의 직권말소에 관한 다음 설명 중 가장 옳지 않은 것은?

17 주사보

① 등기관이 소유권이전등기청구권 보전 가등기에 의하여 소유권이전의 본등기를 한 경우 가등기 전에 마쳐진 근저당권에 의한 임의경매개시결정등기는 말소하지 않는다.

② 등기관이 소유권이전등기청구권 보전 가등기에 의하여 소유권이전의 본등기를 한 경우 가등기 전에 마쳐진 가압류에 의한 강제경매개시결정등기는 직권으로 말소한다.

③ 저당권설정등기청구권 보전 가등기에 의하여 저당권 설정의 본등기를 한 경우 가등기 후 본등기 전에 마쳐진 등기는 직권말소의 대상이 되지 아니한다.

④ 등기관이 가등기 이후의 등기를 말소하였을 때에는 지체 없이 그 사실을 말소된 권리의 등기명의인에게 통지하여야 한다.

해설

② 등기관이 소유권이전등기청구권 보전 가등기에 의하여 소유권이전의 본등기를 한 경우 가등기 전에 마쳐진 가압류에 의한 강제경매개시결정등기는 직권으로 말소하지 않는다(규칙 제147조 제1항 제2호).

선지분석

① 등기관이 소유권이전등기청구권 보전 가등기에 의하여 소유권이전의 본등기를 한 경우 가등기 전에 마쳐진 근저당권에 의한 임의경매개시결정등기는 말소하지 않는다(규칙 제147조 제1항 제3호).

> 「부동산등기규칙」제147조【본등기와 직권말소】① 등기관이 소유권이전등기청구권보전 가등기에 의하여 소유권이전의 본등기를 한 경우에는 법 제92조제1항에 따라 가등기 후 본등기 전에 마쳐진 등기 중 다음 각 호의 등기를 제외하고는 모두 직권으로 말소한다.
> 1. 해당 가등기상 권리를 목적으로 하는 가압류등기나 가처분등기
> 2. 가등기 전에 마쳐진 가압류에 의한 강제경매개시결정등기 (②)
> 3. 가등기 전에 마쳐진 담보가등기, 전세권 및 저당권에 의한 임의경매개시결정등기 (①)
> 4. 가등기권자에게 대항할 수 있는 주택임차권등기, 주택임차권설정등기, 상가건물임차권등기, 상가건물임차권설정등기(이하 "주택임차권등기등"이라 한다)
> ② 등기관이 제1항과 같은 본등기를 한 경우 그 가등기 후 본등기 전에 마쳐진 체납처분으로 인한 압류등기에 대하여는 직권말소대상통지를 한 후 이의신청이 있으면 대법원예규로 정하는 바에 따라 직권말소 여부를 결정한다.

③ 저당권설정등기청구권 보전 가등기에 의하여 저당권 설정의 본등기를 한 경우 가등기 후 본등기 전에 마쳐진 등기는 직권말소의 대상이 되지 아니한다(규칙 제148조 제3항).

④ 등기관이 가등기 이후의 등기를 말소하였을 때에는 지체 없이 그 사실을 말소된 권리의 등기명의인에게 통지하여야 한다(법 제92조 제2항).

답 ②

2023 해커스법원직 김미영 부동산등기법 기출문제집

제8장 관공서의 촉탁에 의한 등기

제1절 | 권리관계의 당사자로서 촉탁하는 등기

001 관공서의 촉탁에 의한 등기에 관한 다음 설명 중 가장 옳지 않은 것은? 16 주사보, 17 서기보

① 지방자치단체의 조례에 의해 설립된 지방공사는 그 사업과 관련된 등기를 촉탁으로 할 수 있다.

② 교육비특별회계소관의 공유재산에 관하여 조례에 의하여 그 재산의 취득·처분의 권한이 소관청이 교육감으로부터 해당 교육장에 위임되었다면 해당 교육장은 그 권한위임의 근거규정을 명시하여 부동산의 소유권변동에 관한 등기촉탁을 할 수 있다.

③ 관공서가 서면으로 등기촉탁을 할 때에 그 촉탁서의 제출을 위임받았음을 증명하는 서면을 첨부하여야 한다.

④ 관공서가 등기촉탁을 할 때에는 등기기록과 대장상 부동산의 표시가 부합하지 않더라도 등기관은 이를 이유로 촉탁을 각하할 수 없다.

(해설)

① 관공서의 촉탁에 의한 등기를 할 수 있는 관공서라 함은 원칙적으로 국가 및 지방자치단체이며, 그 외 공사의 경우에는 등기촉탁에 관한 특별규정이 있는 경우에 한하여 할 수 있다. 따라서 지방자치단체의 조례에 의해 설립된 지방공사는 등기촉탁에 관한 특별규정이 없으므로, 그 사업과 관련된 등기를 촉탁으로 할 수 없다(선례 제5-146호).

(선지분석)

② 지방자치단체의 소유에 속하는 부동산에 관한 등기의 촉탁은 당해 지방자치단체의 장이 행하도록 규정하고 있지만, 한편 「지방재정법」 제76조 제2항 및 「지방교육자치에 관한 법률」 부칙 제12조의 규정에 의하면 교육비특별회계소관의 공유재산에 관하여는 교육감이 소관청이 되므로 위 촉탁관서 지정의 규정에 불구하고 그 등기촉탁은 소관청인 교육감이 할 것이다. 나아가 <u>조례의 규정에 의하여 위 재산의 취득·처분의 권한이 소관청으로부터 해당교육장에게 위임되었다면 그 위임된 권한에는 등기촉탁의 권한도 포함되었다고 보아야 할 것이므로</u>, 위와 같은 권한위임 사실을 소명하는 서면을 제출하고 그 권한위임의 근거규정을 명시하여 해당교육장이 부동산의 소유권변동에 관한 등기촉탁을 할 수 있다(선례 제4-18호).

③ 관공서가 촉탁정보 및 첨부정보를 적은 서면을 제출하는 방법으로 등기촉탁을 하는 경우에는 우편으로 그 촉탁서를 제출할 수 있다(규칙 제155조 제1항).

④ <u>법 제29조 제11호는 그 등기명의인이 등기신청을 하는 경우에 적용되는 규정이므로</u>, 관공서가 등기촉탁을 하는 경우에는 등기기록과 대장상의 부동산의 표시가 부합하지 아니하더라도 그 등기촉탁을 수리하여야 한다(예규 제1625호).

답 ①

002 촉탁에 의한 등기와 관련한 다음 설명 중 가장 옳지 않은 것은?   17 주사보

① 관공서가 등기를 촉탁하는 경우에는 우편에 의한 등기촉탁도 가능하다.

② 국가 또는 지방자치단체가 등기권리자가 된 때에는 등기의무자의 승낙을 얻어 해당 등기를 등기소에 촉탁하여야 한다.

③ 국가 또는 지방자치단체가 등기권리자 또는 등기의무자로서 등기를 촉탁하는 경우에는 등기의무자의 등기필정보를 제공할 필요가 없다.

④ 지방자치단체의 관할구역이 변경되어 승계되는 재산에 대해서는 승계하는 지방자치단체가 관리청변경등기를 촉탁하여야 한다.

해설

④ 「지방자치법」 제5조에 의하여 관할구역이 변경되어 승계되는 재산에 대하여는 '승계'를 등기원인으로 하여 <u>승계되는 지방자치단체 명의로 소유권이전등기를 경료하여야 하는바</u>, 만약 관리청변경등기촉탁이 있는 경우 등기관은 현행 법 제29조 제2호에 의하여 각하하여야 할 것이나 이를 간과하여 관리청변경등기가 경료되었을 경우는 그 등기를 「부동산등기법」 제175조 내지 제177조(현행 법 제58조)에 의하여 직권으로 말소하여야 할 것이다(선례 제7-445호).

선지분석

① 관공서가 등기를 촉탁하는 경우에는 우편에 의한 등기촉탁도 가능하다(규칙 제155조).

② 국가 또는 지방자치단체가 등기권리자가 된 때에는 등기의무자의 승낙을 얻어 해당 등기를 등기소에 촉탁하여야 한다(법 제98조 제1항).

③ 국가 또는 지방자치단체가 등기권리자 또는 등기의무자로서 등기를 촉탁하는 경우에는 등기의무자의 등기필정보를 제공할 필요가 없다(예규 제1625호).

답 ④

003 관공서의 촉탁등기에 관한 다음 설명 중 가장 옳지 않은 것은?

① 국가 또는 지방자치단체가 아닌 공사 등은 등기촉탁에 관한 특별규정이 있는 경우에 한하여 등기촉탁을 할 수 있는데, 「지방공기업법」의 규정에 따른 지방자치단체의 조례에 의해 설립된 지방공사는 그 사업과 관련된 등기를 촉탁할 수 없다.

② 관공서의 소속 공무원이 등기소에 출석하여 촉탁서를 제출할 때에는 소속 공무원임을 확인할 수 있는 신분증명서를 제시하면 되지만, 관공서가 촉탁서의 제출을 법무사에게 위임한 때에는 그 위임을 증명하는 정보를 제공하여야 한다.

③ 관공서가 등기를 촉탁하는 경우에도 등기기록과 대장상의 부동산의 표시가 일치하지 아니하면 그 등기촉탁을 각하하여야 한다.

④ 관공서가 등기의무자로서 등기권리자의 청구에 의하여 등기를 촉탁하거나 부동산에 관한 권리를 취득하여 등기권리자로서 그 등기를 촉탁하는 경우에는 등기의무자의 등기필정보를 제공할 필요가 없는데, 이는 관공서가 자격자대리인에게 위임하여 등기를 신청하는 경우에도 마찬가지다.

해설

③ 관공서가 등기를 촉탁하는 경우에도 등기기록과 대장상의 부동산의 표시가 일치하지 아니하더라도 그 등기촉탁을 수리하여야 한다. 법 제29조 제11호는 당사자의 등기신청에 대해 적용되는 규정이기 때문이다(예규 제1625호).

선지분석

① 국가 또는 지방자치단체가 아닌 공사 등은 등기촉탁에 관한 특별규정이 있는 경우에 한하여 등기촉탁을 할 수 있는데, 「지방공기업법」의 규정에 따른 지방자치단체의 조례에 의해 설립된 지방공사는 그 사업과 관련된 등기를 촉탁할 수 없다(예규 제1625호).

② 관공서의 소속 공무원이 등기소에 출석하여 촉탁서를 제출할 때에는 소속 공무원임을 확인할 수 있는 신분증명서를 제시하면 되지만, 관공서가 촉탁서의 제출을 법무사에게 위임한 때에는 그 위임을 증명하는 정보를 제공하여야 한다(규칙 제155조 제2항).

④ 관공서가 등기의무자로서 등기권리자의 청구에 의하여 등기를 촉탁하거나 부동산에 관한 권리를 취득하여 등기권리자로서 그 등기를 촉탁하는 경우에는 등기의무자의 등기필정보를 제공할 필요가 없는데, 이는 관공서가 자격자대리인에게 위임하여 등기를 신청하는 경우에도 마찬가지다(예규 제1625호).

답 ③

004 관공서의 촉탁에 의한 등기에 관한 다음 설명 중 가장 옳지 않은 것은? 20 서기보

① 관공서가 등기촉탁을 하는 경우로서 소속 공무원이 직접 등기소에 출석하여 촉탁서를 제출할 때에는 그 소속 공무원임을 확인할 수 있는 신분증명서를 제시하여야 한다.

② 관공서가 촉탁정보 및 첨부정보를 적은 서면을 제출하는 방법으로 등기촉탁을 하는 경우에는 우편으로 그 촉탁서를 제출할 수 있다.

③ 법원의 촉탁에 의하여 가압류등기가 마쳐진 후 등기명의인의 주소, 성명 및 주민등록번호가 변경된 경우 등기명의인은 등기명의인표시변경등기를 등기소에 직접 신청할 수 없다.

④ 매각 또는 공매처분 등을 원인으로 관공서가 소유권이전등기를 촉탁하는 경우에는 등기의무자의 주소를 증명하는 정보를 제공할 필요가 없다.

해설

③ 법원의 촉탁에 의하여 가압류등기가 마쳐진 후 등기명의인의 주소, 성명 및 주민등록번호가 변경된 경우 등기명의인은 등기명의인표시변경등기를 등기소에 직접 신청할 수 있다(선례 제7-338호).

선지분석

① 관공서가 등기촉탁을 하는 경우로서 소속 공무원이 직접 등기소에 출석하여 촉탁서를 제출할 때에는 그 소속 공무원임을 확인할 수 있는 신분증명서를 제시하여야 한다(규칙 제155조 제2항).

② 관공서가 촉탁정보 및 첨부정보를 적은 서면을 제출하는 방법으로 등기촉탁을 하는 경우에는 우편으로 그 촉탁서를 제출할 수 있다(예규 제1625호).

④ 매각 또는 공매처분 등을 원인으로 관공서가 소유권이전등기를 촉탁하는 경우에는 등기의무자의 주소를 증명하는 정보를 제공할 필요가 없다(예규 제1625호).

답 ③

제1관 체납처분에 관한 등기

---

005 공매공고등기에 관한 다음 설명 중 가장 옳지 않은 것은? 15 주사보

① 한국자산관리공사가 「국세징수법」 제61조에 따라 세무서장을 대행한 경우에 공매공고등기를 촉탁할 수 있다.

② 공매공고등기를 촉탁할 때에 등기원인은 압류부동산인 경우에는 공매공고로, 납세담보로 제공된 부동산인 경우에는 납세담보물의 공매공고로, 그 연월일은 공매공고일로 한다.

③ 공매공고등기는 공매를 집행하는 압류등기에 부기등기로 하고, 납세담보로 제공된 부동산에 대한 공매공고 등기는 甲구에 주등기로 실행한다.

④ 공매공고등기를 촉탁할 때에는 등록면허세를 납부하지 아니하나, 공매공고등기의 말소등기를 촉탁할 때에는 등록면허세를 납부하여야 한다.

해설

④ 공매공고의 등기 또는 그 등기의 말소에 관하여는 등록면허세를 면제한다(예규 제1500호).

선지분석

① 공매공고 등기 또는 공매공고 등기의 말소등기는 세무서장이 촉탁한다. 다만, 한국자산관리공사는 「국세징수법」 제61조의 규정에 의하여 세무서장을 대행한 경우에 등기를 촉탁할 수 있다(예규 제1500호).

③ 공매공고등기는 공매를 집행하는 압류등기에 부기등기로 하고, 납세담보로 제공된 부동산에 대한 공매공고 등기는 甲구에 주등기로 실행한다(예규 제1500호).

답 ④

---

005 공매공고등기에 관한 다음 설명 중 가장 옳지 않은 것은? 16 서기보

① 공매공고등기를 촉탁할 때에는 공매공고를 증명하는 정보를 첨부정보로서 등기소에 제공하여야 한다.

② 등기관이 등기기록에 공매공고등기를 할 때에 압류부동산인 경우에는 공매를 집행하는 압류등기에 부기등기로 하고, 납세담보로 제공된 부동산인 경우에는 그 저당권등기에 부기등기로 한다.

③ 공매공고등기를 촉탁할 때에 등기원인은 압류부동산인 경우에는 '공매공고'로, 납세담보로 제공된 부동산인 경우에는 '납세담보물의 공매공고'로, 그 연월일은 '공매공고일'로 표시한다.

④ 공매공고등기를 촉탁할 때에는 등록면허세를 납부하지 아니한다.

해설

② 공매공고등기는 공매를 집행하는 압류등기에 부기등기로 하고, 납세담보로 제공된 부동산에 대한 공매공고 등기는 甲구에 주등기로 실행한다(예규 제1500호).

답 ②

007 가압류에 관한 등기와 관련한 다음 설명 중 가장 옳은 것은? 17 주사보

① 이전등기청구권에 대한 가압류등기는 그 청구권이 가등기된 때에 한하여 부기등기방법으로 할 수 있다.

② 가압류등기에는 가압류 청구금액과 그 이자를 기록한다.

③ 가압류채권자가 다수인 경우에는 채권자 1인과 그 외 채권자의 수를 기록할 수 있다.

④ 가압류가 본압류로 이행되어 강제경매절차가 진행 중이라도 집행법원의 그 가압류등기만에 대한 말소촉탁은 이를 수리하여야 한다.

(해설)

① 이전등기청구권에 대한 가압류등기는 그 청구권이 가등기된 때에 한하여 부기등기방법으로 할 수 있다(예규 제1344호).

(선지분석)

② 가압류 집행법원의 가압류기입등기촉탁으로 그 등기를 하는 경우에는 가압류 청구금액을 기재한다. 가압류 촉탁서에 청구금액과 관련한 이자 또는 다른 조건 등이 있다 하더라도 이는 기재하지 아니한다(예규 제1023호).

③ 등기관은 촉탁에 의하여 위 가압류등기 등을 하는 경우 다수의 채권자 전부를 등기기록에 채권자로 기록하여야 하며, 채권자 ○○○ 외 ○○인과 같이 채권자 일부만을 기록하여서는 아니 된다(예규 제1358호).

④ 부동산에 대한 가압류가 본압류로 이행되어 강제경매개시결정등기가 마쳐지고 강제집행절차가 진행 중이라면 그 본집행의 효력이 유효하게 존속하는 한 가압류등기만을 말소할 수 없는 것이므로, 그 가압류등기에 대한 집행법원의 말소촉탁은 그 취지 자체로 보아 법률상 허용될 수 없음이 명백한 경우에 해당하여 등기관은 법 제29조 제2호에 의하여 촉탁을 각하하여야 한다(선례 제201210-5호).

답 ①

008 가압류등기에 관한 다음 설명 중 가장 옳지 않은 것은?

① 가압류채권자가 다수인 경우에는 그 다수의 채권자 전부를 등기기록에 채권자로 기재하여야 하며, 채권자가 선정당사자인 경우에도 채권자 전부를 기록하여야 한다.

② 가압류가 본압류로 이행되어 강제경매절차가 유효하게 진행 중이라면 집행법원의 그 가압류등기만의 말소촉탁은 수리하여서는 안 된다.

③ 이전등기청구권에 대한 가압류등기는 그 청구권이 가등기된 때에 한하여 부기등기의 방법으로 할 수 있다.

④ 가압류 청구금액을 잘못 기재하여 이를 경정하는 경우 가압류 후 다른 등기권리자가 있다면 그 권리자의 승낙서 또는 이에 대항할 수 있는 재판이 있음을 증명하는 정보를 첨부하여야 한다.

해설

④ 가압류의 청구금액은 민원인 편의와 관련 업무의 신속한 처리를 위하여 참고적으로 기재한 사항으로서 등기실행과정의 착오로 청구금액을 잘못 기재하여 이를 경정하는 경우 가압류 후 다른 등기권리자가 있더라도 승낙서 또는 이에 대항할 수 있는 재판의 등본을 첨부할 필요는 없으며, 위 등기의 경정은 언제나 부기등기방법에 의한다(예규 제1023호).

선지분석

① 등기관은 촉탁에 의하여 위 가압류등기 등을 하는 경우 다수의 채권자 전부를 등기기록에 채권자로 기록하여야 하며, 채권자 ○○○ 외 ○○인과 같이 채권자 일부만을 기록하여서는 아니 된다. 채권자가 선정당사자인 경우에도 선정자목록에 의하여 채권자 전부를 등기기록에 채권자로 기록하여야 한다(예규 제1358호).

② 부동산에 대한 가압류가 본압류로 이행되어 강제경매개시결정등기가 마쳐지고 강제집행절차가 진행 중이라면 그 본집행의 효력이 유효하게 존속하는 한 가압류등기만을 말소할 수 없는 것이므로, 그 가압류등기에 대한 집행법원의 말소촉탁은 그 취지 자체로 보아 법률상 허용될 수 없음이 명백한 경우에 해당하여 등기관은 법 제29조 제2호에 의하여 촉탁을 각하하여야 한다(대결 2012마180).

③ 이전등기청구권에 대한 가압류등기는 그 청구권이 가등기된 때에 한하여 부기등기의 방법으로 할 수 있다(예규 제1344호).

답 ④

009 가압류에 관한 등기에 대한 다음 설명 중 가장 옳지 않은 것은?

20 사무관

① 가압류가 본압류로 이행되어 강제경매절차가 진행 중인 상태에서 가압류등기만에 관하여 말소촉탁이 있는 경우 등기관은 법 제29조 제2호에 의해 그 촉탁을 각하하여야 한다.

② 근저당권설정등기에 부기등기의 방법으로 피담보채권의 가압류등기가 집행된 경우 담보물권의 수반성에 의해 종된 권리인 근저당권에도 가압류의 효력이 미친다.

③ 가압류의 본집행인 강제경매개시결정등기가 마쳐진 후 가압류등기에만 말소등기가 실행된 이후 말소된 가압류등기 이후의 매수인이 인수하지 않은 부담에 관한 등기에 대하여 매각을 원인으로 한 말소등기의 촉탁이 있는 경우, 위 촉탁에 따른 등기를 실행하기 위해 등기관은 가압류등기를 직권으로 회복하는 절차를 선행하여야 한다.

④ 채권자가 다수인 경우 다수의 채권자 전부를 등기기록에 채권자로 기록하여야 하며, 채권자 ○○○ 외 ○인과 같이 채권자 일부만 기록하여서는 안 되고, 채권자가 선정당사자인 경우에도 선정자 목록에 의하여 채권자 전부를 등기기록에 채권자로 기록하여야 한다.

해설

①, ③ 부동산에 대한 가압류가 본압류로 이행되어 강제경매개시결정등기가 마쳐지고 강제집행절차가 진행 중이라면 그 본집행의 효력이 유효하게 존속하는 한 가압류등기만을 말소할 수 없는 것이므로, 그 가압류등기에 대한 집행법원의 말소촉탁은 그 취지 자체로 보아 법률상 허용될 수 없음이 명백한 경우에 해당하여 등기관은 법 제29조 제2호에 의하여 촉탁을 각하하여야 한다(대결 2012마180). 이 경우 등기관이 각하사유를 간과하고 집행법원의 촉탁에 의하여 그 가압류등기를 말소하였더라도 본집행이 취소·실효되지 않는 이상, 본집행에 아무런 영향을 미치지 아니하므로 말소된 해당 가압류 이후의 가처분, 가압류, 소유권이전등기에 대하여 매각을 원인으로 한 말소등기의 촉탁이 있을 경우 등기관은 이를 수리할 수 있다(선례 제201210-5호). 즉, 선행적으로 가압류를 말소회복할 필요가 없다.

선지분석

② 근저당권이 있는 채권이 가압류되는 경우, 근저당권설정등기에 부기등기의 방법으로 그 피담보채권의 가압류사실을 기입등기하는 목적은 근저당권의 피담보채권이 가압류되면 담보물권의 수반성에 의하여 종된 권리인 근저당권에도 가압류의 효력이 미치게 되어 피담보채권의 가압류를 공시하기 위한 것이므로, 만일 근저당권의 피담보채권이 존재하지 않는다면 그 가압류명령은 무효라고 할 것이고, 근저당권을 말소하는 경우에 가압류권자는 등기상 이해관계 있는 제3자로서 근저당권의 말소에 대한 승낙의 의사표시를 하여야 할 의무가 있다(대판 2003다70041).

④ 채권자가 다수인 경우 다수의 채권자 전부를 등기기록에 채권자로 기록하여야 하며, 채권자 ○○○ 외 ○인과 같이 채권자 일부만 기록하여서는 안 되고, 채권자가 선정당사자인 경우에도 선정자 목록에 의하여 채권자 전부를 등기기록에 채권자로 기록하여야 한다(예규 제1358호).

답 ③

010 처분제한 등기 촉탁 등에 관한 다음 설명 중 가장 옳지 않은 것은?

① 가압류 촉탁서에 청구금액과 관련한 이자 또는 다른 조건 등이 있다하더라도 이는 기재하지 아니한다.

② 상속등기를 하지 아니한 부동산에 대하여 가압류결정이 있을 때 가압류채권자는 그 기입등기촉탁 이전에 먼저 대위에 의한 상속등기를 하여 등기의무자의 표시가 등기기록과 부합하도록 하여야 한다.

③ 가압류등기 등을 하는 경우에 채권자가 다수인 경우 채권자 전부를 등기기록에 채권자로 기록하여야 하며, 다만 채권자가 선정당사자인 경우에는 선정당사자만을 등기기록에 채권자로 기록한다.

④ 가압류등기 후 소유권이전등기가 된 경우 강제경매개시결정등기의 촉탁정보에 등기의무자를 가압류 당시의 소유명의인으로 표시하여도 그 촉탁을 수리하여야 한다.

(해설)

③ 가압류등기 등을 하는 경우에 채권자가 다수인 경우 채권자 전부를 등기기록에 채권자로 기록하여야 하며, 채권자가 선정당사자인 경우에도 선정자 목록에 의하여 채권자 전부를 등기기록에 채권자로 기록하여야 한다(예규 제1358호).

(선지분석)

① 가압류 촉탁서에 청구금액과 관련한 이자 또는 다른 조건 등이 있다하더라도 이는 기재하지 아니한다(예규 제1023호).

② 상속등기를 하지 아니한 부동산에 대하여 가압류결정이 있을 때 가압류채권자는 그 기입등기촉탁 이전에 먼저 대위에 의한 상속등기를 하여 등기의무자의 표시가 등기기록과 부합하도록 하여야 한다(예규 제1432호).

④ 가압류등기 후 소유권이전등기가 된 경우 강제경매개시결정등기의 촉탁정보에 등기의무자를 가압류 당시의 소유명의인으로 표시하여도 그 촉탁을 수리하여야 한다(예규 제1352호).

답 ③

011 가처분에 관한 등기의 설명이다. 가장 옳지 않은 것은?

13 서기보

① 등기관이 가처분등기를 할 때에는 가처분의 피보전권리와 금지사항을 기록하여야 한다.

② 가처분의 피보전권리가 근저당권설정등기청구권인 경우에는 그 가처분등기를 등기기록 중 을구에 한다.

③ 가등기에 의한 본등기를 금지하는 가처분등기는 수리하여서는 아니 된다.

④ 상속등기를 하지 아니한 부동산에 대하여 상속인을 상대로 한 가처분 결정이 있을 때에는, 가처분채권자는 그 기입등기의 촉탁 이전에 먼저 대위에 의하여 상속등기를 마쳐야 한다.

(해설)

② 가처분의 피보전권리가 소유권 이외의 권리설정등기청구권으로서 소유명의인을 가처분채무자로 하는 경우에는 그 가처분등기를 등기기록 중 갑구에 한다(규칙 제151조 제1항).

(선지분석)

① 등기관이 가처분등기를 할 때에는 가처분의 피보전권리와 금지사항을 기록하여야 한다(규칙 제151조 제1항).

③, ④ 가처분의 목적물이 될 수 있는지 여부는 다음과 같다.

미등기 부동산	○	직권보존등기 후에 가능
상속등기를 하지 않는 부동산	×	상속인을 상대로 한 가처분결정이 있을 때에는 가처분채권자는 대위상속등기를 한 후
	○	가처분권리자가 피상속인과의 원인행위에 의한 권리의 이전·설정의 등기청구권을 보전하기 위하여 상속인들을 상대로 처분금지가처분신청을 하여 집행법원이 이를 인용하고, 피상속인 소유 명의의 부동산에 관하여 상속관계를 표시하여 가처분기입등기를 촉탁한 경우에는 상속등기를 거침이 없이 가능
공유지분	○	–
1필지 내의 특정 일부	×	1필지 토지의 특정 일부분에 관한 소유권이전등기청구권을 보전하기 위하여는 바로 분할등기가 될 수 있다는 특별한 사정이 없으면 1필지 토지 전부에 대한 처분금지가처분결정에 기한 등기촉탁에 의하여 그 1필지 토지 전부에 대한 처분금지가처분기입등기를 할 수 밖에 없음(판례)
대지권등기가 경료된 구분건물	○	건물 또는 토지 만에 대하여 대지권등기 말소 없이 가처분등기 가능
가등기된 청구권	○	부기등기로 경료됨
가등기에 기한 본등기를 금지	×	–
허무인 명의의 등기가 마쳐진 경우	○	• 등기기록상 진실한 소유자의 소유권에 방해가 되는 부실등기가 존재하는 경우 그 등기명의인이 허무인 또는 실체가 없는 단체인 때에는 소유자는 실제 등기신청을 한 사람에 대하여 그 명의 등기의 말소를 구할 수 있음 • 이 경우 소유자는 말소청구권을 보전하기 위하여 실제 등기신청을 한 사람을 상대로 처분금지가처분을 할 수도 있는데, 이때에는 가처분결정의 채무자와 등기기록상의 등기의무자가 불일치하더라도 등기관은 그 가처분등기 촉탁을 수리하여야 함(대결 2008마615)

답 ②

012 소유권이전등기청구권을 보전하기 위한 가처분등기가 마쳐진 후 그 가처분채권자가 가처분채무자를 등기의무자로 하여 소유권이전등기를 신청하는 경우에, 가처분등기 이후에 마쳐진 제3자 명의의 등기의 말소를 단독으로 신청할 수 있는 것은?   **13 사무관**

① 가처분등기 전에 마쳐진 가압류에 의한 강제경매개시결정등기

② 가처분등기 전에 마쳐진 담보가등기, 전세권 및 저당권에 의한 임의경매개시결정등기

③ 가처분채권자에게 대항할 수 있는 주택임차권등기

④ 국세체납에 의한 압류등기

해설

④ 「부동산등기규칙」 제152조【가처분등기 이후의 등기의 말소】① 소유권이전등기청구권 또는 소유권이전등기말소등기 (소유권보존등기말소등기를 포함한다. 이하 이 조에서 같다)청구권을 보전하기 위한 가처분등기가 마쳐진 후 그 가처분채권자가 가처분채무자를 등기의무자로 하여 소유권이전등기 또는 소유권말소등기를 신청하는 경우에는, 법 제94조 제1항에 따라 가처분등기 이후에 마쳐진 제3자 명의의 등기의 말소를 단독으로 신청할 수 있다. 다만, 다음 각 호의 등기는 그러하지 아니하다.

1. 가처분등기 전에 마쳐진 가압류에 의한 강제경매개시결정등기
2. 가처분등기 전에 마쳐진 담보가등기, 전세권 및 저당권에 의한 임의경매개시결정등기
3. 가처분채권자에게 대항할 수 있는 주택임차권등기 등

답 ④

013 가처분등기에 관한 설명이다. 다음 중 가장 옳은 것은?

14 사무관

① 피상속인 명의의 부동산에 대하여 피상속인과의 원인행위에 의한 권리의 이전등기청구권을 보전하기 위하여 처분금지가처분의 기입등기를 할 때에는 먼저 상속인 앞으로 상속등기를 마쳐야 한다.

② 법원의 촉탁에 의하여 가처분등기가 마쳐진 후 등기명의인의 주소가 변경된 경우에 등기명의인 표시변경등기는 등기명의인이 직접 등기소에 신청할 수 없고 법원이 그 등기를 촉탁하여야 한다.

③ 가처분의 피보전권리가 소유권 외의 권리설정등기청구권으로서 소유명의인을 가처분채무자로 하는 경우에는 그 가처분등기를 등기기록 중 乙구에 주등기로 하여야 한다.

④ "피고가 원고를 상대로 한 가처분집행은 해제키로 한다."라는 내용의 조정이 성립된 경우에도 가처분채무자가 그 조정조서에 의하여 직접 등기소에 가처분등기의 말소등기를 신청할 수는 없고, 집행법원의 촉탁에 의하여 가처분등기를 말소하여야 한다.

해설

④ "피고가 원고를 상대로 한 가처분집행은 해제키로 한다."라는 내용의 조정이 성립되었으나 가처분채권자인 피고가 가처분집행을 해제하지 않는 경우에, 가처분채무자인 원고가 그 조정조서에 의하여 가처분등기 말소신청을 할 수는 없고, 집행법원에 가처분집행의 취소를 구하는 신청을 하여 집행법원의 촉탁에 의하여 가처분등기를 말소할 수 있을 것이다(선례 제6-491호).

선지분석

① 가처분권리자가 피상속인과의 원인행위에 의한 권리의 이전·설정의 등기청구권을 보전하기 위하여 상속인들을 상대로 처분금지가처분신청을 하여 집행법원이 이를 인용하고, 피상속인 소유명의의 부동산에 관하여 상속관계를 표시하여 가처분기입등기를 촉탁한 경우에는 상속등기를 거침없이 가처분기입등기를 할 수 있다(예규 제881호).

② 법원의 촉탁에 의하여 가처분등기가 이루어진 후 등기명의인의 주소, 성명 및 주민등록번호의 변경으로 인한 등기명의인표시 변경등기는 등기명의인이 직접 신청할 수 있다(예규 제1064호).

③ 가처분의 피보전권리가 소유권 이외의 권리설정등기청구권으로서 소유명의인을 가처분채무자로 하는 경우에는 그 가처분등기를 등기기록 중 갑구에 한다(규칙 제151조 제2항).

답 ④

2023 해커스법원직 김미영 부동산등기법 기출문제집

014 가처분등기에 관한 다음 설명 중 가장 옳지 않은 것은? 15 서기보

① 등기관이 가처분등기를 할 때에는 가처분의 피보전권리를 기록하여야 하는바, 피보전권리가 등기청구권인 경우에 그 등기청구권의 원인은 기록하지 아니한다.

② 가처분권리자가 피상속인과의 원인행위에 의한 권리의 이전등기청구권을 보전하기 위하여 상속인들을 상대로 처분금지가처분신청을 하여 집행법원이 이를 인용한 경우, 상속등기를 거침이 없이 가처분기입등기를 할 수 있다.

③ 가등기에 기한 본등기를 금지하는 내용의 가처분은 가등기상의 권리 자체의 처분의 제한에 해당하지 아니하므로 그러한 본등기를 금지하는 내용의 가처분등기는 할 수 없다.

④ 가처분의 피보전권리가 지상권설정등기청구권인 경우에는 그 가처분등기를 등기기록 중 乙구에 한다.

해설

④ 가처분의 피보전권리가 소유권 이외의 권리설정등기청구권으로서 소유명의인을 가처분채무자로 하는 경우 그 가처분등기는 등기기록 중 甲구에 한다(규칙 제151조 제2항).

답 ④

015 처분제한 등기에 관한 다음 설명 중 가장 옳지 않은 것은?　　　　　16 주사보

① 허무인명의의 등기가 마쳐진 경우 진정한 소유자는 실제 등기행위를 한 자를 상대로 처분금지가처분을 할 수 있지만 이때에는 가처분결정의 채무자와 등기기록상의 등기의무자가 형식적으로 일치하지 않으므로 등기관은 그 가처분등기의 촉탁을 수리할 수 없다.

② 처분제한의 등기를 촉탁하면서 상속등기를 대위로 촉탁하는 것은 법령상 근거가 없으므로 허용되지 않는다.

③ 가처분채권자가 본안소송에서 승소하여 그 승소판결에 따른 소유권이전등기를 신청하는 경우 그 가처분등기 이후에 된 국세체납에 의한 압류등기의 말소는 가처분채권자가 단독으로 신청할 수 있다.

④ 가압류 청구금액을 잘못 기재하여 이를 경정하는 경우에는 가압류 후 다른 등기권리자가 있더라도 그의 승낙 또는 이에 대항할 수 있는 재판이 있음을 증명하는 정보를 제공할 필요가 없으므로, 언제나 부기등기의 방법으로 할 수 있다.

해설

① 등기부상 진실한 소유자의 소유권에 방해가 되는 불실등기가 존재하는 경우에 그 등기명의인이 허무인 또는 실체가 없는 단체인 때에는 소유자는 그와 같은 허무인 또는 실체가 없는 단체 명의로 실제 등기행위를 한 사람에 대하여 소유권에 기한 방해배제로서 등기행위자를 표상하는 허무인 또는 실체가 없는 단체 명의 등기의 말소를 구할 수 있다. 또한, 소유자는 이와 같은 말소청구권을 보전하기 위하여 실제 등기행위를 한 사람을 상대로 처분금지가처분을 할 수도 있다(대결 2008마615). 이 경우 소유자는 말소청구권을 보전하기 위하여 실제 등기행위를 한 사람을 상대로 처분금지가처분을 할 수도 있는데, 이때에는 가처분결정의 채무자와 등기기록상의 등기의무자가 형식적으로 불일치하더라도 등기관은 그 가처분등기의 촉탁을 수리하여야 할 것이다.

답 ①

016 가처분등기에 관한 다음 설명 중 가장 옳지 않은 것은?

① 토지거래허가절차이행청구권을 피보전권리로 하는 가처분등기가 마쳐지고, 가처분채권자가 승소확정판결을 받아 소유권이전등기를 신청하는 경우 그 가처분에 저촉되는 등기의 말소를 단독으로 신청할 수 있다.

② 사해행위취소로 인한 원상회복청구권을 피보전권리로 한 처분금지가처분등기가 된 후 가처분채권자가 본안사건에서 소유권이전등기의 말소를 명하는 판결이 아닌 가액배상을 명하는 판결을 받았다면 가처분등기 이후에 마쳐진 근저당권설정등기의 말소를 단독으로 신청할 수 없다.

③ 가처분권리자가 승소판결에 의하지 아니하고 가처분채무자와 공동으로 가처분에 기한 소유권이전등기를 신청할 때에는 그 등기가 해당 가처분결정에 기한 것임을 확인하는 내용의 가처분채무자가 작성한 서면을 첨부정보로서 제공하였다면 가처분에 저촉되는 등기의 말소도 함께 신청할 수 있다.

④ 甲(매도인)과 매매계약을 체결한 乙(매수인)이 甲 소유의 부동산에 가처분을 한 후 그 지위를 반대급부의 이행 전에 丙에게 이전하고, 나중에 丙이 甲을 상대로 한 소유권이전등기소송에서 승소하였다면, 丙은 판결에 따른 소유권이전등기를 신청할 때에 가처분에 저촉되는 등기의 말소를 동시에 신청할 수 있다.

해설

③ 가처분권리자가 승소판결에 의하지 아니하고 가처분채무자와 공동으로 가처분에 기한 소유권이전등기를 신청하는 경우, 그 소유권이전등기가 가처분에 기한 것이라는 소명자료를 첨부하여 그 가처분등기 이후에 경료된 제3자 명의의 등기의 말소등기를 신청할 수 있는바, 위 '가처분에 기한 것이라는 소명자료'란 그 소유권이전등기가 당해 가처분의 피보전권리를 실현하는 내용의 소유권이전등기임을 소명하는 자료를 의미하는 것으로서 예컨대 그러한 사실이 나타나는 가처분신청서 사본 등이 있을 수 있으나, <u>채무자가 당해 가처분결정에 기한 소유권이전등기임을 확인하는 내용의 서면은 위 '가처분에 기한 것이라는 소명자료'에 해당하지 않는다</u>(선례 제6-489호).

선지분석

② 사해행위취소로 인한 원상회복청구권을 피보전권리로 하여 처분금지가처분등기가 되고 그 후 근저당권설정등기가 경료된 상태에서 가처분채권자가 본안사건에서 소유권이전등기나 소유권이전등기의 말소를 명하는 판결이 아닌 <u>가액배상을 명하는 판결을 받았다면 그 판결로는 소유권이전등기나 소유권이전등기의 말소를 신청할 수 없으므로</u> 가처분등기 이후에 경료된 근저당권설정등기의 말소도 신청할 수 없다(선례 제201112-1호).

④ 가처분등기 완료 후 <u>가처분의 피보전권리를 양수한 양수인은 가처분 효력을 원용할 수 있다</u>(선례 제200912-3호).

답 ③

017 가처분에 저촉되는 등기의 말소에 관한 다음 설명 중 가장 옳지 않은 것은? 18 주사보

① 부동산의 가처분채권자가 본안사건에서 승소하여 그 확정판결을 첨부하여 소유권이전등기를 신청하는 경우에는 반드시 그 가처분등기 이후에 등기된 제3자 명의의 소유권이전등기를 말소하고 가처분채권자의 소유권이전등기를 하여야 한다.

② 가처분채권자가 가처분에 의하여 소유권등기의 말소를 신청하는 경우에 그 소유권등기에 기초하여 가처분등기 전에 가처분채권자에게 대항할 수 있는 주택임차권등기가 있으면 그 임차권자의 승낙이나 이에 대항할 수 있는 재판의 정보를 제공하여야 한다.

③ 가처분채권자가 가처분에 기한 것이라는 소명자료를 첨부하여 가처분채무자와 공동으로 소유권이전등기를 신청하는 경우에 그 가처분등기 이후에 마쳐진 제3자의 소유권등기의 말소는 가처분채권자가 단독으로 신청한다.

④ 근저당권설정등기청구권을 보전하기 위한 가처분등기가 마쳐진 후 가처분에 따른 근저당권설정등기를 신청하는 경우에 가처분등기 이후에 마쳐진 제3자의 근저당권설정등기의 말소를 가처분채권자가 단독으로 신청한다.

(해설)

④ 근저당권설정등기청구권을 보전하기 위한 가처분등기가 마쳐진 후 그 가처분채권자가 가처분채무자를 등기의무자로 하여 근저당권설정등기를 신청하는 경우에는 그 가처분등기 이후에 마쳐진 제3자 명의의 등기라 하더라도 그 말소를 신청할 수 없다(규칙 제153조 제2항).

(선지분석)

① 부동산의 처분금지가처분채권자가 본안사건에서 승소하여 그 확정판결의 정본을 첨부하여 소유권이전등기를 신청하는 경우, 그 가처분등기 이후에 제3자 명의의 소유권이전등기가 경료되어 있을 때에는 반드시 위 소유권이전등기신청과 함께 단독으로 그 가처분등기 이후에 경료된 제3자 명의의 소유권이전등기의 말소신청도 동시에 하여 그 가처분등기 이후의 소유권이전등기를 말소하고 가처분채권자의 소유권이전등기를 하여야 한다(예규 제1412호).

② 가처분채권자가 가처분에 의하여 소유권등기의 말소를 신청하는 경우에 가처분등기 전에 마쳐진 가압류에 의한 강제경매개시결정등기와 가처분등기 전에 마쳐진 담보가등기, 전세권 및 저당권에 의한 임의경매개시결정등기 및 가처분채권자에 대항할 수 있는 임차인 명의의 주택임차권등기, 주택임차권설정등기, 상가건물임차권등기 및 상가건물임차권설정등기 등이 가처분등기 이후에 경료된 때에는 그 등기의 말소신청을 할 수 없다. 이 경우 가처분채권자가 가처분채무자의 소유권이전등기의 말소등기를 신청하기 위해서는 위 권리자의 승낙이나 이에 대항할 수 있는 재판이 있음을 증명하는 정보를 제공하여야 한다(예규 제1412호).

③ 가처분채권자가 가처분에 기한 것이라는 소명자료를 첨부하여 가처분채무자와 공동으로 소유권이전등기를 신청하는 경우에 그 가처분등기 이후에 마쳐진 제3자의 소유권등기의 말소는 가처분채권자가 단독으로 신청한다(예규 제1412호).

답 ④

018 가처분등기에 관한 다음 설명 중 가장 옳지 않은 것은?

① 부동산의 특정 일부에 대한 가처분결정이 있는 경우에는 채권자가 가처분결정을 대위원인으로 하여 분할등기를 한 후 가처분등기를 할 수 있다.

② 부동산의 처분금지가처분등기를 하는 경우에는 가처분의 피보전권리를 기록하여야 하지만, 등기청구권의 원인은 기록하지 않아도 된다.

③ 가처분권리자가 피상속인과 원인행위에 의한 권리의 이전등기청구권을 보전하기 위하여 상속인들을 상대로 가처분결정을 받았다면 채권자는 등기의 촉탁 전에 먼저 대위로 상속등기를 마침으로써 등기의무자의 표시를 등기기록과 일치하도록 하여야 한다.

④ 가등기된 권리 자체의 처분을 금지하는 가처분은 등기할 수 있으나, 가등기에 기한 본등기를 금지하는 내용의 가처분 등기촉탁은 수리할 수 없다.

해설

③ 가처분권리자가 <u>피상속인과의 원인행위에 의한 권리의 이전·설정의 등기청구권을 보전하기 위하여 상속인들을 상대로 처분금지가처분신청</u>을 하여 집행법원이 이를 인용하고, 피상속인 소유 명의의 부동산에 관하여 상속관계를 표시하여(등기의무자를 '망 ○○○의 상속인 ○○○' 등으로 표시함) 가처분기입등기를 촉탁한 경우에는 상속등기를 거침이 없이 가처분기입등기를 할 수 있다(대판 94다23999, 예규 제881호).

선지분석

① 1필지의 토지의 특정된 일부에 대하여 소유권이전등기의 말소를 명하는 판결을 받은 등기권리자는 <u>그 판결에 따라 토지의 분할을 명하는 주문기재가 없더라도 그 판결에 기하여 등기의무자를 대위하여 그 특정된 일부에 대한 분필등기절차를 마친 후 소유권이전등기를 말소할 수 있으므로</u> 토지의 분할을 명함이 없이 1필지의 토지의 일부에 관하여 소유권이전등기의 말소를 명한 판결을 집행불능의 판결이라 할 수 없다(대판 87다카1093).

② 부동산의 처분금지가처분등기를 하는 경우에는 가처분의 피보전권리를 기록하여야 하지만, 등기청구권의 원인은 기록하지 않아도 된다(예규 제881호).

④ 가등기상의 권리 자체의 처분을 금지하는 가처분은 등기사항이라고 할 것이나, 가등기에 기한 본등기를 금지하는 내용의 가처분은 가등기상의 권리 자체의 처분의 제한에 해당하지 아니하므로 그러한 본등기를 금지하는 내용의 가처분등기는 수리하여서는 아니 된다(대결 78마282, 예규 제881호).

답 ③

019 가압류·가처분 등기에 관한 다음 설명 중 가장 옳지 않은 것은?

① 등기이전청구권에 대한 가압류등기는 그 청구권이 가등기된 때에 한하여 부기등기의 방법으로 할 수 있다.

② 가처분의 피보전권리가 소유권 이외의 권리설정등기청구권으로서 소유명의인을 가처분채무자로 하는 경우에는 그 가처분등기를 등기기록 중 갑구에 한다.

③ 저당권설정등기청구권을 보전하기 위한 가처분등기가 마쳐진 후 가처분채권자가 가처분채무자를 등기의무자로 하여 저당권설정등기를 신청하는 경우에는 가처분등기 이후에 마쳐진 제3자 명의의 저당권설정등기의 말소를 신청할 수 있다.

④ 등기관이 가처분채권자의 신청으로 가처분등기 이후의 등기를 말소할 때에는 직권으로 해당 가처분등기를 말소한다.

(해설)

③ 저당권설정등기청구권을 보전하기 위한 가처분등기가 마쳐진 후 가처분채권자가 가처분채무자를 등기의무자로 하여 저당권설정등기를 신청하는 경우에는 가처분등기 이후에 마쳐진 제3자 명의의 저당권설정등기의 말소는 신청할 수 없다(규칙 제153조 제2항).

(선지분석)

① 등기이전청구권에 대한 가압류등기는 그 청구권이 가등기된 때에 한하여 부기등기의 방법으로 할 수 있다(예규 제1344호).

② 가처분의 피보전권리가 소유권 이외의 권리설정등기청구권으로서 소유명의인을 가처분채무자로 하는 경우에는 그 가처분등기를 등기기록 중 갑구에 한다(규칙 제151조 제2항).

④ 등기관이 가처분채권자의 신청으로 가처분등기 이후의 등기를 말소할 때는 직권으로 해당 가처분등기를 말소한다(법 제94조 제2항).

답 ③

020 가처분등기에 관한 다음 설명 중 가장 옳지 않은 것은?

① 가처분권리자가 피상속인과의 원인행위에 의한 권리의 이전·설정의 등기청구권을 보전하기 위하여 상속인들을 상대로 처분금지가처분신청을 하여 법원이 이를 인용하고, 피상속인 소유 명의의 부동산에 관하여 상속관계를 표시하여(등기의무자를 '망 ○○○의 상속인 ○○○' 등으로 표시함) 가처분기입등기를 촉탁한 경우에는 상속등기를 거침이 없이 가처분기입등기를 할 수 있다.

② 가등기에 기한 본등기를 금지하는 내용의 가처분은 가등기상의 권리 자체의 처분의 제한에 해당하지 아니하므로 그러한 본등기를 금지하는 내용의 가처분등기는 수리하여서는 아니 된다.

③ 부동산의 처분금지가처분채권자가 본안사건에서 승소하여 그 확정판결의 정본을 첨부해 소유권이전등기를 신청하는 경우, 그 가처분등기 이후에 제3자 명의의 소유권이전등기가 마쳐져 있을 때에는 반드시 위 소유권이전등기신청과 함께 단독으로 그 가처분등기 이후에 마쳐진 제3자 명의의 소유권이전등기의 말소신청도 동시에 하여야 한다.

④ 처분금지가처분에 기하여 지상권, 전세권 또는 임차권의 설정등기를 신청하는 경우, 그 가처분등기 이후에 근저당권설정등기가 마쳐져 있는 때에는 그 근저당권설정등기의 말소신청도 동시에 하여 근저당권설정등기를 말소하고 가처분채권자의 등기를 하여야 한다.

해설

④ 처분금지가처분에 기하여 지상권, 전세권 또는 임차권의 설정등기를 신청하는 경우, 그 가처분등기 이후에 근저당권설정등기가 마쳐져 있는 때에는 그 근저당권설정등기는 지상권, 전세권 또는 임차권의 설정등기와 양립이 가능하므로 근저당권설정등기를 말소하지 않고, 가처분채권자의 등기를 하면 된다(예규 제1691호, 규칙 제153조 제1항).

선지분석

① 가처분권리자가 피상속인과의 원인행위에 의한 권리의 이전·설정의 등기청구권을 보전하기 위하여 상속인들을 상대로 처분금지가처분신청을 하여 법원이 이를 인용하고, 피상속인 소유 명의의 부동산에 관하여 상속관계를 표시하여(등기의무자를 '망 ○○○의 상속인 ○○○' 등으로 표시함) 가처분기입등기를 촉탁한 경우에는 상속등기를 거침이 없이 가처분기입등기를 할 수 있다(예규 제881호).

② 가등기에 기한 본등기를 금지하는 내용의 가처분은 가등기상의 권리 자체의 처분의 제한에 해당하지 아니하므로 그러한 본등기를 금지하는 내용의 가처분등기는 수리하여서는 아니 된다(대결 1978.10.14. 78마285 참조, 예규 제881호).

③ 부동산의 처분금지가처분채권자가 본안사건에서 승소하여 그 확정판결의 정본을 첨부해 소유권이전등기를 신청하는 경우, 그 가처분등기 이후에 제3자 명의의 소유권이전등기가 마쳐져 있을 때에는 반드시 위 소유권이전등기신청과 함께 단독으로 그 가처분등기 이후에 마쳐진 제3자 명의의 소유권이전등기의 말소신청도 동시에 하여야 한다(예규 제1690호).

답 ④

021 가처분등기에 관한 다음 설명 중 가장 옳지 않은 것은?

22 서기보

① 가처분의 피보전권리가 소유권 이외의 권리설정등기청구권으로서 소유명의인을 가처분채무자로 하는 경우에는 그 가처분등기를 등기기록 중 을구에 한다.

② 처분제한 등기를 촉탁하면서 상속등기를 대위로 촉탁하는 것은 근거가 없으므로 허용되지 않으며, 이때에는 처분제한등기의 촉탁 전에 채권자가 먼저 대위에 의해 상속등기를 하여야 한다.

③ 처분금지가처분등기를 촉탁하는 때에는 "피보전권리 소유권이전등기청구권" 등과 같이 피보전권리를 기재하여야 하며 등기청구권의 원인으로 기록하지 않는다.

④ 가처분채권자가 본안에서 승소하여 그 확정판결의 정본을 첨부하여 소유권이전등기말소등기를 신청하는 경우에는 그 가처분등기 이후에 마쳐진 제3자 명의의 소유권이전등기의 말소도 동시에 신청하여 그 가처분등기 이후의 소유권이전등기를 말소하고 위 가처분에 기한 소유권이전등기말소등기를 하여야 한다.

해설

① 가처분의 피보전권리가 소유권 이외의 권리설정등기청구권으로서 소유명의인을 가처분채무자로 하는 경우에는 그 가처분등기를 등기기록 중 갑구에 한다(규칙 제151조 제2항).

선지분석

② 처분제한 등기를 촉탁하면서 상속등기를 대위로 촉탁하는 것은 근거가 없으므로 허용되지 않는다. 따라서 상속등기를 하지 아니한 부동산에 대하여 가압류결정이 있을 때 가압류채권자는 그 기입등기촉탁 이전에 먼저 대위에 의하여 상속등기를 함으로써 등기의무자의 표시가 등기기록과 부합하도록 하여야 한다(예규 제1432호).

③ 처분금지가처분등기를 촉탁하는 때에는 "피보전권리 소유권이전등기청구권" 등과 같이 피보전권리를 기재하여야 하며 등기청구권의 원인으로 기록하지 않는다.

④ 가처분채권자가 본안사건에서 승소하여 그 확정판결의 정본을 첨부하여 소유권이전등기말소등기를 신청하는 경우, 그 가처분등기 이후에 제3자 명의의 소유권이전등기가 경료되어 있을 때에는 위 소유권이전등기 말소등기신청과 동시에 그 가처분등기 이후에 경료된 제3자 명의의 소유권이전등기의 말소도 단독으로 신청하여 그 가처분등기 이후의 소유권이전등기를 말소하고 위 가처분에 기한 소유권이전등기 말소등기를 하여야 한다(예규 제1690호).

답 ①

제2편 2023 해커스법원직 김미영 부동산등기법 기출문제집

022 가처분에 관한 등기에 대한 다음 설명 중 가장 옳지 않은 것은?

① 등기부상 1필지 토지의 특정된 일부분에 대한 처분금지가처분등기는 할 수 없으므로, 1필지 토지의 특정 일부분에 관한 소유권이전등기청구권을 보전하기 위하여는 바로 분할등기가 될 수 있다는 등 특별한 사정이 없으면 그 1필지 토지 전부에 대한 처분금지가처분결정에 기한 등기촉탁에 의하여 그 1필지 토지 전부에 대한 처분금지가처분등기를 할 수 밖에 없다.

② 가등기상 권리 자체의 처분을 금지하는 가처분은 등기할 수 있으나, 가등기에 의한 본등기를 금지하는 가처분은 가등기상 권리 자체의 처분 제한에 해당되지 아니하므로 등기할 수 없다.

③ 가처분채권자가 가처분에 의하여 소유권등기의 말소를 신청할 때 가처분등기 전에 마쳐진 가압류에 의한 강제경매개시결정등기가 있는 경우에는 그 권리자의 승낙이나 이에 대항할 수 있는 재판 증명 정보를 제공하여야 하며 그러한 정보를 제공하지 않고는 소유권등기의 말소를 신청할 수 없다.

④ 등기관이 가처분채권자의 신청으로 가처분등기 이후의 등기를 말소할 때에는 직권으로 해당 가처분등기를 말소하지만, 가처분등기 이후의 등기가 없는 경우로서 가처분채무자를 등기의무자로 하는 소유권이전등기 또는 소유권이전(보존)등기말소등기만을 신청하는 경우에는 그러하지 아니하다.

해설

④ 등기관이 가처분채권자의 신청으로 가처분등기 이후의 등기를 말소할 때에는 직권으로 해당 가처분등기를 말소하지만, 가처분등기 이후의 등기가 없는 경우로서 가처분채무자를 등기의무자로 하는 이전, 말소, 또는 설정의 등기만을 할 때에도 또한 같다(법 제93조 제3항).

선지분석

① 등기부상 1필지 토지의 특정된 일부분에 대한 처분금지가처분등기는 할 수 없으므로, 1필지 토지의 특정 일부분에 관한 소유권이전등기청구권을 보전하기 위하여는 바로 분할등기가 될 수 있다는 등 특별한 사정이 없으면 그 1필지 토지 전부에 대한 처분금지가처분결정에 기한 등기촉탁에 의하여 그 1필지 토지 전부에 대한 처분금지가처분등기를 할 수 밖에 없다(대판 75다190 참조, 예규 제881호).

② 가등기상의 권리 자체의 처분을 금지하는 가처분은 등기사항이라고 할 것이나, 가등기에 기한 본등기를 금지하는 내용의 가처분은 가등기상의 권리 자체의 처분의 제한에 해당하지 아니하므로 그러한 본등기를 금지하는 내용의 가처분등기는 수리하여서는 아니 된다(대결 78마282 참조, 예규 제881호).

③ 가처분채권자가 가처분에 의하여 소유권등기의 말소를 신청할 때 가처분등기 전에 마쳐진 가압류에 의한 강제경매개시결정등기가 있는 경우에는 그 권리자의 승낙이나 이에 대항할 수 있는 재판 증명 정보를 제공하여야 하며 그러한 정보를 제공하지 않고는 소유권등기의 말소를 신청할 수 없다(규칙 제152조 제2항).

답 ④

023 경매에 관한 등기와 관련한 설명이다. 가장 잘못된 것은?　　　　　　　　**12 주사보**

① 담보권 실행을 위한 경매의 경우 경매개시결정에 기록된 소유자로부터 제3자에게로 소유권이전 되었더라도 경매개시결정의 등기를 기입하여야 한다.

② 부담기입의 말소등기 촉탁이 누락된 채 매수인 명의로의 소유권이전등기의 촉탁이 있더라도 수리한다.

③ 경매개시결정등기 전에 소유권이전등기를 받은 제3취득자가 매수인이 된 경우에는, 경매개시결정등기의 말소촉탁 및 매수인이 인수하지 않는 부담기입의 말소촉탁만 하고 소유권이전등기촉탁은 하지 않는다.

④ 저당권의 일부이전등기와 같이 매수인이 인수하지 아니하는 부담의 기입이 부기등기로 되어 있으면 집행법원은 주등기와 부기등기 모두에 대하여 말소촉탁을 하여야 한다.

해설

④ 매각으로 인한 소유권이전등기촉탁을 할 때, ㉠ 매수인이 인수하지 아니한 부담의 기입이 부기등기로 되어 있는 경우, ㉡ 저당권, 전세권 등 소유권 이외의 권리의 전부 또는 일부이전으로 인한 부기등기가 마쳐진 경우, ㉢ 저당권부채권가압류등기, 전세권저당권설정등기 등과 같이 매수인이 인수하지 아니하는 등기의 말소에 관하여 이해관계 있는 제3자 명의의 부기등기가 마쳐진 경우에, 집행법원은 주등기의 말소만 촉탁하면 되고 부기등기에 관하여는 별도로 말소촉탁을 할 필요가 없으며 등록세는 주등기의 말소에 대한 것만 납부하면 된다(선례 제7-436호).

선지분석

② 부동산 임의경매 사건에 있어 법원으로부터 경매개시결정 등기촉탁이 있는 경우, 등기기록에 위 개시결정에 기재된 소유자로부터 제3자에게 소유권이전등기의 변동사항이 발생한 경우라 하더라도 등기관은 그 촉탁에 따른 경매개시결정등기를 하고, 이러한 경우는 등기사항증명서발급일(촉탁서에 기재된 등기사항증명서발급 연월일) 이후의 변동사항이 있는 것에 해당되므로(「민사집행법」 제95조 참조) 법원에 등기사항증명서를 송부하여야 한다(예규 제1625호).

③ 경매개시결정등기 전에 소유권이전등기를 받은 제3취득자가 매수인이 된 경우에는, 경매개시결정등기의 말소촉탁 및 매수인이 인수하지 않는 부담기입의 말소촉탁 외에 소유권이전등기촉탁은 하지 않는다(예규 제1378호).

답 ④

024 구분건물의 전유부분에만 설정된 근저당권의 실행으로 매각된 경우에 관한 다음 설명 중 가장 옳지 않은 것은?

14 주사보

① 매각허가결정에 대지에 대한 표시가 있는 경우, 대지권등기가 마쳐지지 아니한 상태에서는 등기의무자가 토지등기기록의 소유자와 동일하더라도 토지에 대하여 경매개시결정등기가 마쳐지지 않았다면 토지부분에 대한 소유권이전등기촉탁은 각하한다.

② 매각허가결정에 대지에 대한 표시가 있는 경우, 경매절차 진행 중 또는 대금납부 후에 대지권등기가 마쳐졌다면 대지권까지 포함한 소유권이전등기촉탁은 수리한다.

③ 매각허가결정에 대지에 대한 표시가 없는 경우, 전유부분에 대한 소유권이전등기촉탁은 수리하고, 토지부분에 대한 소유권이전등기 촉탁은 각하한다.

④ 매각허가결정에 대지에 대한 표시가 없는 경우, 대지권등기가 마쳐진 후에는 매수인 앞으로의 소유권이전등기촉탁은 전부 각하한다.

해설

① 매각허가결정에 대지에 대한 표시가 있는 경우, 대지권등기가 마쳐지지 아니한 상태에서는 등기의무자가 토지등기기록의 소유자와 동일하더라도 토지에 대하여 경매개시결정등기가 마쳐지지 않았다면 토지부분에 대한 소유권이전등기촉탁은 이를 수리하여야 한다(예규 제1367호).

등기예규 구분건물의 전유부분에 설정된 근저당권의 실행으로 매각된 경우 건물 대지에 대한 소유권이전등기등에 대한 사무처리지침(예규 제1367호)

1. 매각허가 결정(경정결정포함)에 대지에 대한 표시가 있는 경우

가. 대지권 등기가 경료 되지 않은 경우

(1) 전유부분에 대한 등기

전유부분 만에 대하여 매각을 원인으로 한 소유권이전등기 촉탁이 있는 경우에는 통상의 절차 따른다.

(2) 대지부분에 대한 등기

(가) 전유부분 소유자와 토지의 소유자가 일치한 경우

등기촉탁서 및 매각허가결정의 토지의 표시가 등기부와 동일하고, 등기의무자가 토지등기부의 소유자와 동일한 경우에는 토지에 대하여 경매기입등기가 경료 되지 않았다 하더라도 토지 부분에 대한 소유권이전등기촉탁은 이를 수리한다.(①)

(나) 전유부분 소유자와 토지의 소유자가 다른 경우

전유부분과 토지부분에 대하여 동시에 소유권이전등기를 촉탁하였으나 등기촉탁서의 등기의무자와 토지등기부의 소유자가 다를 경우에는 전유부분에 대하여는 등기하고 토지부분에 대한 촉탁은 이를 각하한다.

토지부분에 대하여는 순차이전등기를 통하여 등기의무자가 일치된 후, 법원사무관등의 소유권이전등기 촉탁이 있으면 이를 수리한다.

나. 대지권등기가 경료 된 경우

경매절차 진행 중 또는 대금납부 후에 대지권 등기가 경료 된 경우, 법원사무관 등으로부터 대지권까지 포함한 소유권이전등기촉탁이 있으면 이를 수리한다.(②)

등기촉탁서와 매각허가결정(경정결정)의 부동산 표시는 등기기록과 일치하여야 한다. 단, 토지의 이전할 지분이 대지권 비율과 같으면 이는 동일한 것으로 본다.

등기실행과 관련하여 등기원인은 '○○년 ○○월 ○○일 매각(대지권 포함)'으로 기록한다.

토지 부분에 경료된 부담기입등기에 대한 경매법원의 말소등기 촉탁은 이를 수리한다.

2. 매각허가 결정에 대지에 대한 표시가 없는 경우

가. 대지권등기가 경료되지 않은 경우

매각허가 결정에 전유부분만 기재된 경우 형식적심사권 밖에 없는 등기관은 토지까지 매각되었는지 여부를 판단할 수 없으므로 전유부분에 대하여는 통상의 절차에 의하여 이를 수리하고 토지부분에 대한 등기 촉탁은 각하한다.(③)

나. 대지권 등기가 경료된 경우

대지권등기가 경료 된 후에 전유부분만에 대한 소유권이전등기 촉탁은 불가하므로 <u>전유부분 만에 대하여 매수인 앞으로</u> <u>소유권이전등기를 실행하기 위해어는 대지권변경등기(대지권말소)등기 절차를 선행하여야 한다.</u>

따라서 위 절차가 선행되지 않은 상태에서 매수인 앞으로 소유권이전등기 촉탁이 있는 경우에는 이를 <u>전부 각하한다.(④)</u>

구분		매각허가결정에 대지에 대한 표시가 있는 경우		매각허가결정에 대지에 대한 표시가 없는 경우	
		대지권등기×	대지권등기○	대지권등기×	대지권등기○
전유부분에 대한 등기		○		○	
대지부분에 대한 등기	전유부분 소유자 = 토지 소유자	○	○	×	×
	전유부분 소유자 ≠ 토지 소유자	×		×	

답 ①

---

025 경매절차에 따라 매각된 경우의 등기와 관련된 다음 설명 중 가장 옳지 않은 것은? **15 사무관**

① 매각대금이 지급되면 법원사무관 등은 매수인 앞으로의 소유권이전등기, 매수인이 인수하지 아니한 부동산의 부담에 관한 등기의 말소등기, 경매개시결정등기의 말소등기를 1건의 신청정보로 일괄하여 촉탁할 수 있다.

② 경매개시결정등기 전에 소유권이전등기를 받은 제3취득자가 매수인이 된 경우에도 등기관은 촉탁에 따라 매수인 앞으로의 소유권이전등기, 매수인이 인수하지 아니한 부동산의 부담에 관한 등기의 말소등기, 경매개시결정등기의 말소등기를 하여야 한다.

③ 매각을 원인으로 하여 법원사무관 등이 소유권이전등기 등의 촉탁을 하는 경우에는 등기기록과 대장상의 부동산의 표시가 부합하지 아니하더라도 그 등기촉탁을 수리하여야 한다.

④ 농지에 대하여 매각을 원인으로 하여 소유권이전등기 등을 촉탁함에 있어서는 농지취득자격증명을 첨부할 필요가 없다.

해설

② <u>경매개시결정등기 전에 소유권이전등기를 받은 제3취득자가 매수인이 된 경우에는,</u> 경매개시결정등기의 말소촉탁 및 매수인이 인수하지 않는 부담기입의 말소촉탁 외에 소유권이전등기촉탁은 하지 않는다(예규 제1378호).

선지분석

① 매각대금이 지급되면 법원사무관 등은 매수인 앞으로의 소유권이전등기, 매수인이 인수하지 아니한 부동산의 부담에 관한 등기의 말소등기, 경매개시결정등기의 말소등기를 1건의 신청정보로 일괄하여 촉탁할 수 있다(규칙 제47조 제1항 제1호).

③ <u>법 제29조 제11호는 등기명의인이 등기신청을 하는 경우에 적용되는 규정이므로</u> 국가기관이 등기촉탁을 하는 경우에는 그 적용이 없다. 따라서 법원이 등기촉탁을 하는 경우에는, 등기기록상의 건물의 표시가 건축물대장의 표시와 부합하지 아니한다 할지라도 등기관은 이를 수리하여야 한다(예규 제556호).

④ 「민사집행법」에 의한 경매절차에서 농지에 대하여는 농지취득자격증명에 관한 사항을 집행법원이 매각허부 재판시에 직권으로 조사하므로 농지에 대하여 매각으로 인한 소유권이전등기를 촉탁할 때에는 농지취득자격증명을 첨부할 필요가 없다(선례 제3-895호).

답 ②

026 경매에 관한 등기에 관련된 다음 설명 중 가장 옳지 않은 것은?

① 가압류등기 후에 소유권이전등기가 된 경우 강제경매개시결정 등기촉탁정보에 등기의무자를 가압류 당시의 소유명의인으로 표시하여도 그 등기를 수리하여야 한다.

② 매각으로 인한 소유권이전등기를 촉탁하는 경우, 경매 진행 중에 토지가 분할된 후 분필등기를 하지 않아 매각으로 인한 등기기록상의 토지표시가 토지대장상의 표시와 일치하지 않으면 등기관은 그 등기촉탁을 수리해서는 안 된다.

③ 경매개시결정등기 후에 소유권이전등기를 받은 제3취득자가 매수인이 된 경우에는, 경매개시결정등기와 제3취득자 명의의 소유권이전등기의 말소촉탁과 동시에 매각을 원인으로 한 소유권이전등기 촉탁을 하여야 한다.

④ 가압류등기 후 가압류부동산의 소유권이 제3자에게 이전된 경우, 제3취득자의 채권자가 신청한 경매절차에서 전 소유자에 대한 가압류등기는 말소촉탁의 대상이 된다.

(해설)

② 매각으로 인한 소유권이전등기를 촉탁하는 경우, 경매 진행 중에 토지가 분할된 후 분필등기를 하지 않아 매각으로 인한 등기기록상의 토지표시가 토지대장상의 표시와 일치하지 않더라도 등기관은 그 등기촉탁을 수리하여야 한다. 법 제29조 제11호는 등기가 신청에 의한 경우에 적용된다.

(선지분석)

① 갑 명의의 부동산을 채권자 을이 가압류한 후 소유권이 병에게 이전된 경우에 을이 채무명의을 받아 강제경매를 신청한 경우에는 강제경매개시결정등기 촉탁서상의 등기의무자를 갑(즉, 가압류 당시의 소유자)으로 표시하여도 그 등기를 수리하여야 한다(예규 제1352호).

④ 가압류등기 후 가압류부동산의 소유권이 제3자에게 이전된 경우, 제3취득자의 채권자가 신청한 경매절차에서 전 소유자에 대한 가압류채권자는 배당에 가입할 수 있으므로, 그 가압류등기는 말소촉탁의 대상이 될 것이다(선례 제8-299호).

답 ②

027 매각으로 인한 소유권이전등기의 촉탁절차에 관한 다음 설명 중 가장 옳지 않은 것은? **16 주사보**

① 구분건물의 전유부분에만 설정된 근저당권의 실행으로 매각된 경우로서 매각허가 결정에 대지에 대한 표시가 없더라도 대지권등기가 마쳐진 후에는 경매법원으로부터 대지권까지 포함한 소유권이전등기촉탁이 있으면 그 촉탁을 수리한다.

② 경매개시결정등기 전에 소유권이전등기를 받은 제3취득자가 매수인이 된 경우에는 경매개시결정등기의 말소촉탁 및 매수인이 인수하지 않는 부담기입의 말소촉탁만 하고 소유권이전등기촉탁은 하지 않는다.

③ 매수인이 인수하지 아니하는 부담의 기입이 부기등기로 되어 있는 경우, 집행법원은 주등기의 말소만 촉탁하면 되고 부기등기에 대하여는 별도로 말소촉탁을 할 필요가 없다.

④ 공유부동산에 대한 경매개시결정등기가 마쳐지고, 경매절차에서 일부 공유자가 매수인이 된 경우에는, 경매개시결정등기의 말소촉탁 및 매수인이 인수하지 않는 부담기입의 말소촉탁을 하되 소유권이전등기촉탁은 위 매수인의 지분을 제외한 나머지 지분에 대한 공유지분이전등기 촉탁을 한다.

해설

① 매각허가결정에 대지에 대한 표시가 없는 경우, 대지권등기가 마쳐진 후에는 매수인 앞으로의 소유권이전등기촉탁은 전부 각하한다(예규 제1367호).

선지분석

② 경매개시결정등기 전에 소유권이전등기를 받은 제3취득자가 매수인이 된 경우에는, 경매개시결정등기의 말소촉탁 및 매수인이 인수하지 않는 부담기입의 말소촉탁 외에 소유권이전등기촉탁은 하지 않는다(예규 제1378호).

③ 근저당권에 권리의 전부 또는 일부 이전으로 인한 부기등기가 마쳐진 경우, 또는 근저당권부 채권가압류등기와 같이 매수인이 인수하지 아니하는 등기의 말소에 관하여 이해관계 있는 제3자 명의의 부기등기가 마쳐진 경우에, 부기등기는 주등기인 근저당권설정등기에 종속되어 주등기와 일체를 이루는 것이므로 집행법원은 주등기의 말소만 촉탁하면 되고 부기등기는 직권으로 말소된다(선례 제7-436호).

④ 공유부동산에 대한 경매개시결정기입등기가 경료되고, 경매절차에서 일부 공유자가 매각 받은 경우, 경매개시결정기입등기의 말소촉탁 및 매수인이 인수하지 않는 부담기입의 말소촉탁을 하되 소유권이전등기촉탁은 위 매수인의 지분을 제외한 나머지 경매대상 지분에 대한 공유지분이전등기 촉탁을 한다(예규 제1378호).

답 ①

028 경매개시결정의 등기에 관한 다음 설명 중 가장 옳지 않은 것은?

① 甲 명의의 부동산을 채권자 乙이 가압류한 후 소유권이 丙에게 이전된 경우 乙이 집행권원을 받아 강제경매를 신청한 때에는 강제경매개시결정 등기촉탁서상의 등기의무자를 甲으로 표시하여도 그 촉탁을 수리하여야 한다.

② 임의경매개시결정 등기촉탁이 있는 경우 등기기록에 위 개시결정에 기재된 소유자로부터 제3자로의 소유권이전등기가 이미 마쳐져 있다면 등기관은 그 촉탁에 따른 임의경매개시결정등기를 할 수 없다.

③ 법원이 경매개시결정을 하면 법원사무관 등은 즉시 그 사유를 등기기록에 기록하도록 등기관에게 촉탁하여야 한다.

④ 경매개시결정의 등기가 마쳐져 있는 부동산에 대하여도 다시 경매개시결정의 등기를 할 수 있다.

해설

② 부동산 임의경매사건에 있어 법원으로부터 경매개시결정 등기촉탁이 있는 경우, 등기기록에 위 개시결정에 기재된 소유자로부터 제3자에게 소유권이전등기의 변동사항이 발생한 경우라 하더라도 등기관은 그 촉탁에 따른 경매개시결정등기를 하고, 이러한 경우는 등기사항증명서 발급일(촉탁서에 기재된 등기사항증명서 발급연월일) 이후의 변동사항이 있는 것에 해당되므로(「민사집행법」 제95조 참조) 법원에 등기사항증명서를 송부하여야 한다(예규 제1342호).

답 ②

029 경매의 등기에 관한 다음 설명 중 가장 옳지 않은 것은? 17 서기보

① 임의경매는 경매개시결정 후 그 등기 전에 소유권이 이전되어 현재 소유명의인과 촉탁서 상의 등기의무자가 일치하지 않는 경우에도 촉탁을 수리한다.

② 강제경매개시결정의 등기촉탁서에는 등기권리자가 가압류의 피보전채권자임이 표시된 경우에는 등기기록의 등기의 목적 아래에 '○번 가압류의 본압류로의 이행'이라고 기재한다.

③ 강제경매의 매각으로 인한 소유권이전등기의 등기원인은 '강제경매로 인한 매각'이고 등기원인 연월일은 '매각허가결정일'을 기재한다.

④ 가압류등기 후 가압류부동산의 소유권이 제3자에게 이전된 경우, 제3취득자의 채권자가 신청한 경매절차에서 전 소유자에 대한 가압류등기는 말소촉탁의 대상이 된다.

해설

③ 촉탁정보에 등기원인은 '강제경매로 인한 매각'으로, 등기원인일자는 '매각대금 완납일'로 표시한다.

선지분석

① 부동산 임의경매사건에 있어 법원으로부터 경매개시결정 등기촉탁이 있는 경우, 등기기록에 위 개시결정에 기재된 소유자로부터 제3자에게 소유권이전등기의 변동사항이 발생한 경우라 하더라도 등기관은 그 촉탁에 따른 경매개시결정등기를 수리한다(예규 제1342호).

② 강제경매개시결정의 등기촉탁서 등기목적란에 그 등기권리자가 가압류의 피보전채권자라는 취지의 기재(○번 가압류의 본압류로의 이행)가 있는 때에는, 그 등기의 목적 아래에 '○번 가압류의 본압류로의 이행'이라고 기재하여, 당해 경매개시결정의 등기가 가압류채권자의 경매신청에 의한 그 기입등기의 촉탁에 따른 것임을 표시하여야 한다(예규 제1160호).

답 ③

030 경매에 관한 등기와 관련한 다음 설명 중 가장 옳지 않은 것은?

① 담보권 실행을 위한 경매의 개시결정등기는 결정 당시의 소유자로부터 제3자에게로 이전 등기가 이루어져 변동사항이 생겼더라도 할 수 있다.

② 매각대금이 완납된 경우, 매각을 원인으로 한 소유권이전등기를 하지 않고서는 매각을 원인으로 경매개시결정등기만을 말소할 수는 없다.

③ 경매개시결정등기 전에 소유권을 취득한 자가 매수인이 된 경우에는 매수인 명의의 소유권이전등기 촉탁은 하지 않는다.

④ 주택임차권은 보증금이 전액 변제되지 아니한 대항력 있는 임차권이라도 그 주택에 대하여 「민사집행법」상의 경매가 행하여진 경우 말소의 대상이 된다.

해설

④ 주택임차권은 보증금이 전액 변제되지 아니한 대항력 있는 임차권이라도 그 주택에 대하여 「민사집행법」상의 경매가 행하여진 경우 말소의 대상이 되지 아니한다(「주택임대차보호법」 제3조의5 단서).

선지분석

① 담보권 실행을 위한 경매의 개시결정등기는 결정 당시의 소유자로부터 제3자에게로 이전등기가 이루어져 변동사항이 생겼더라도 할 수 있다(예규 제1342호).

② 경매절차에서 경락대금이 완납된 경우 경매신청기입등기의 말소등기는 집행법원의 촉탁에 의하여 경락을 원인으로 하는 소유권이전등기와 함께 이루어져야 하는 것이므로, 임의경매절차에서 경락대금이 납부된 후 경료된 소유권이전등기를 말소함과 동시에 경락이전등기를 하지 아니하고서는 임의경매신청기입등기만을 말소할 방법은 없다(선례 제3-637호).

③ 경매개시결정등기 전에 소유권을 취득한 자가 매수인이 된 경우에는 경매개시결정등기의 말소촉탁 및 매수인이 인수하지 않는 부담기입의 말소촉탁만 하고 매수인 명의의 소유권이전등기 촉탁은 하지 않는다. 이는 매수인이 취득세 등을 이중 부담하는 불이익을 방지하기 위한 것이다.

답 ④

031 매각을 원인으로 한 등기에 관한 다음 설명 중 가장 옳지 않은 것은?　　18 주사보

① 매각을 원인으로 한 등기는 등기목적이 다르더라도 1개의 촉탁으로 일괄하여 할 수 있으나, 촉탁수수료 및 등록면허세 등을 산정할 때에는 등기의 목적에 따라 건수를 계산한다.

② 경매절차 진행 중에 토지가 분할된 후 분필등기를 하지 않아 등기부상의 토지의 표시와 토지대장상의 표시가 일치하지 않더라도 소유권이전등기촉탁을 수리하여야 한다.

③ 매각대금이 지급된 경우에는 매각 부동산 위의 모든 저당권 및 담보가등기는 선후를 불문하고 소멸되므로 이에 대한 말소촉탁은 수리하여야 한다.

④ 전유부분에만 설정된 근저당권의 실행으로 매각된 경우에 촉탁서에 제공된 매각허가결정에는 대지에 대한 표시가 없으나 이미 대지권등기가 마쳐졌다면 근저당권의 효력은 대지사용권에 미치므로 그 건물과 대지에 대한 이전촉탁은 수리하여야 한다.

(해설)

④ 전유부분에만 설정된 근저당권의 실행으로 매각된 경우에 촉탁서에 제공된 <u>매각허가결정에는 대지에 대한 표시가 없으면</u> 대지권등기가 경료된 후에는 전유부분만에 대한 소유권이전등기 촉탁은 불가하므로 전유부분만에 대하여 매수인 앞으로 소유권이전등기를 실행하기 위하여는 대지권변경(대지권말소)등기 절차를 선행하여야 한다. 따라서 그 절차가 선행되지 않은 상태에서 매수인 앞으로 소유권이전등기 촉탁이 있는 경우에는 이를 전부 각하한다(법 제29조 제2호, 제61조 제3항, 예규 제1367호).

(선지분석)

② 매각으로 인한 소유권이전등기를 촉탁하는 경우, 경매 진행 중에 토지가 분할된 후 분필등기를 하지 않아 매각으로 인한 등기기록상의 토지표시가 토지대장상의 표시와 일치하지 않더라도 등기관은 그 등기촉탁을 수리하여야 한다. 법 제29조 제11호는 등기가 신청에 의한 경우에 적용된다.

③ 저당권, 가등기담보권은 압류채권자보다 선순위라도 매각에 의하여 소멸되므로(「민사집행법」 제91조 제2항, 「가등기담보 등에 관한 법률」 제15조), 이들은 경매개시결정등기의 전·후에 이루어졌는지 묻지 않고 부동산이 매각된 경우 모두 말소촉탁의 대상이 된다.

답 ④

032 경매에 관한 등기에 관한 다음 설명 중 가장 옳지 않은 것은?

① 임의경매개시결정등기의 촉탁은 경매개시결정에 기재된 소유자로부터 제3자에게로 소유권이전등기가 이루어져 변동사항이 생겼더라도 이를 수리하여야 한다.

② 경매개시결정등기 전에 소유권을 취득한 자가 매수인이 된 경우에는 경매개시결정등기의 말소촉탁 및 매수인이 인수하지 않는 부담기입의 말소촉탁 외에 매각을 원인으로 하는 소유권이전등기촉탁은 하지 않는다.

③ 주택임차권은 그 주택에 대하여 「민사집행법」에 따를 경매가 행하여진 경우에는 매각에 의하여 소멸하므로 원칙적으로 말소대상이 되나, 보증금이 전액 변제되지 아니한 대항력 있는 임차권은 말소대상이 되지 않는다.

④ 근저당권설정등기 후 강제경매개시결정등기 전에 등기된 소유권이전청구권가등기는 매각으로 인한 말소대상 등기가 아니다.

해설

④ 근저당권설정등기 후 강제경매개시결정등기 전에 등기된 소유권이전청구권가등기는 매각으로 말소되는 근저당권설정등기 이후이므로 매각으로 인한 말소대상 등기가 해당한다.

선지분석

① 임의경매개시결정등기의 촉탁은 경매개시결정에 기재된 소유자로부터 제3자에게로 소유권이전등기가 이루어져 변동사항이 생겼더라도 이를 수리하여야 한다(예규 제1342호).

② 경매개시결정등기 전에 소유권이전등기를 받은 자가 매수인이 된 경우에는 경매개시결정등기와 매수인이 인수하지 않은 부담기입의 말소촉탁 외에 매각을 원인으로 한 소유권이전등기를 하지 않는다(예규 제1378호).

③ 주택임차권은 그 주택에 대하여 「민사집행법」에 따른 경매가 행하여진 경우에는 매각에 의하여 소멸하므로 원칙적으로 말소대상이 되나, 보증금이 전액 변제되지 아니한 대항력 있는 임차권은 말소대상이 되지 않는다(「주택임대차보호법」 제3조의5 단서).

답 ④

033 경매 절차와 관련된 등기의 설명 중 가장 옳지 않은 것은?

① 법원이 경매개시결정을 하면 법원사무관 등은 즉시 그 사유를 등기부에 기입하도록 등기관에게 촉탁하여야 한다.

② 부동산 임의경매 사건에 있어 법원으로부터 경매개시결정 등기촉탁이 있는 경우, 등기기록에 위 개시결정에 기재된 소유자로부터 제3자에게 소유권이전등기가 되어있다면 등기관은 그 촉탁에 따른 임의경매개시결정등기를 할 수 없다.

③ 매각대금이 지급되면 법원사무관 등은 매각을 원인으로 하여 매수인 앞으로 소유권을 이전하는 등기를 등기관에게 촉탁하여야 한다.

④ 이미 경매개시결정 등기가 이루어진 부동산에 대하여 다른 채권자의 경매신청이 있을 때에도 법원은 경매개시결정 및 그 등기를 촉탁한다.

(해설)

② 부동산 임의경매 사건에 있어 법원으로부터 경매개시결정 등기촉탁이 있는 경우, 등기기록에 위 개시결정에 기재된 소유자로부터 제3자에게 소유권이전등기의 변동 사항이 발생한 경우라 하더라도 등기관은 그 촉탁에 따른 경매개시결정등기를 하고, 이러한 경우는 등기사항증명서 발급일(촉탁서에 기재된 등기사항증명서 발급연월일) 이후의 변동사항이 있는 것에 해당되므로(「민사집행법」 제95조 참조) 법원에 등기사항증명서를 송부하여야 한다(예규 제1342호).

(선지분석)

① 법원이 경매개시결정을 하면 법원사무관 등은 즉시 그 사유를 등기부에 기입하도록 등기관에게 촉탁하여야 한다(「민사집행법」 제94조 제1항).

③ 매각대금이 지급되면 법원사무관 등은 매각을 원인으로 하여 매수인 앞으로 소유권을 이전하는 등기를 등기관에게 촉탁하여야 한다(「민사집행법」 제144조 제1항).

④ 이미 경매개시결정 등기가 이루어진 부동산에 대하여 다른 채권자의 경매신청이 있을 때에도 법원은 경매개시결정 및 그 등기를 촉탁한다(법원실무제요).

답 ②

034 경매촉탁등기에 관한 다음 설명 중 가장 옳지 않은 것은?

① 경매개시결정등기 전에 소유권이전등기를 받은 제3취득자가 매수인이 된 경우에는 경매개시결정등기의 말소촉탁 및 매수인이 인수하지 않는 부담기입의 말소촉탁 외에 소유권이전등기촉탁은 하지 않는다.

② 경매개시결정등기 후에 소유권이전등기를 받은 제3취득자가 매수인이 된 경우에는, 경매개시결정등기와 제3취득자 명의의 소유권이전등기의 말소촉탁과 동시에 매각을 원인으로 한 소유권이전등기촉탁을 하여야 한다.

③ 매각허가결정에 대지에 대한 표시가 있고 전유부분 소유자와 토지의 소유자가 일치하나 대지권등기가 경료되지 않은 경우, 등기의무자가 토지등기기록의 소유자와 동일하더라도 토지에 대하여 경매개시결정등기가 경료되지 않았다면 토지부분에 대한 소유권이전등기촉탁은 이를 각하한다.

④ 매각허가결정에 대지에 대한 표시가 없고 전유부분만 기재되어 있으며 대지권등기가 경료되지 않은 경우, 형식적 심사권한 밖에 없는 등기관은 토지까지 매각되었는지 여부를 판단할 수 없으므로 전유부분에 대하여는 통상의 절차에 의하여 이를 수리하고 토지부분에 대한 등기촉탁은 각하한다.

(해설)

③ 매각허가결정에 대지에 대한 표시가 있고 전유부분 소유자와 토지의 소유자가 일치하나 대지권등기가 경료되지 않은 경우, 등기촉탁서 및 매각허가결정의 토지의 표시가 등기기록과 동일하고, 등기의무자가 토지등기기록의 소유자와 동일한 경우에는 토지에 대하여 경매개시결정등기가 경료되지 않았다 하더라도 토지 부분에 대한 소유권이전등기촉탁은 이를 수리한다(예규 제1367호).

(선지분석)

① 경매개시결정등기 전에 소유권이전등기를 받은 제3취득자가 매수인이 된 경우에는 경매개시결정등기의 말소촉탁 및 매수인이 인수하지 않는 부담기입의 말소촉탁 외에 소유권이전등기촉탁은 하지 않는다(예규 제1378호).

② 경매개시결정등기 후에 소유권이전등기를 받은 제3취득자가 매수인이 된 경우에는, 경매개시결정등기와 제3취득자 명의의 소유권이전등기의 말소촉탁과 동시에 매각을 원인으로 한 소유권이전등기촉탁을 하여야 한다(예규 제1378호).

④ 매각허가결정에 대지에 대한 표시가 없고 전유부분만 기재되어 있으며 대지권등기가 경료되지 않은 경우, 형식적 심사권한 밖에 없는 등기관은 토지까지 매각되었는지 여부를 판단할 수 없으므로 전유부분에 대하여는 통상의 절차에 의하여 이를 수리하고 토지부분에 대한 등기촉탁은 각하(법 제29조 제8호)한다(예규 제1367호).

답 ③

035 채무자 회생 및 파산에 관한 등기에 관한 등기에 대한 설명 중 가장 옳지 않은 것은? 15 주사보

① 법인인 채무자 명의의 부동산에 대하여 회생절차개시결정의 등기촉탁이 있는 경우 등기관은 이를 각하하여야 한다.

② 채무자의 부동산에 관한 권리에 대한 보전처분의 기입등기는 회생법원의 촉탁으로 한다.

③ 담보권실행을 위한 경매절차에 의한 등기촉탁이 있는 경우에는 파산선고 여부와 관계없이 등기관은 이를 수리하여야 한다.

④ 개인회생절차에서 채무자 명의의 부동산에 대해 개인회생개시결정은 등기할 사항이 아니다.

(해설)

② 채무자 또는 채무자의 발기인·이사·감사·검사인 또는 청산인의 부동산 등의 권리(부동산, 선박, 입목, 공장재단, 광업재단 등에 대한 소유권과 담보물권, 용익물권, 임차권 등 소유권 이외의 권리 및 가등기상의 권리와 환매권을 포함)에 관한 보전처분의 등기는 법원사무관 등의 촉탁으로 한다(예규 제1516호).

(선지분석)

① 보전처분 및 부인의 등기는 모든 채무자의 개별 부동산에 대하여 하지만, 나머지 절차의 등기는 채무자가 법인인 경우에는 개별 부동산에 대하여 하지 않는다(예규 제1516호).

③ 담보권 실행을 위한 경매절차에 의한 등기촉탁이 있는 경우에는 파산선고 여부와 관계없이 등기관은 수리한다. 파산선고 이후에도 담보권 실행을 위한 경매를 할 수 있다. 담보권자는 파산절차의 구속을 받지 않고 그 권리를 실행하여 우선변제를 받을 수 있는 권리(별제권)가 있기 때문이다.

④ 개인회생절차에서는 보전처분, 부인의 등기는 가능하나, 개인회생절차개시결정, 변제계획인가결정 등의 절차에 따른 등기는 하지 않는다(예규 제1516호).

답 ②

036 채무자 회생 및 파산에 관한 등기에 대한 다음 설명 중 가장 옳지 않은 것은? 16 주사보

① 채무자의 부동산에 관한 권리에 대한 보전처분의 기입등기는 법원사무관 등의 촉탁으로 한다.

② 회생절차개시결정의 등기가 되어 있지 아니한 부동산에 관하여 회생계획인가의 등기촉탁이 있는 경우 등기관은 이를 각하하여야 한다.

③ 부인등기가 마쳐진 이후에 부인된 등기의 명의인을 등기의무자로 하는 등기신청이 있는 경우 등기관은 이를 각하하여야 한다.

④ 부인의 등기와 부인등기의 말소는 관리인이 단독으로 신청한다.

해설

④ 부인등기는 관리인이 단독으로 신청하지만 부인등기의 말소는 회생법원의 촉탁에 의한다(예규 제1516호).

선지분석

② 회생절차개시 및 회생계획인가의 각 등기가 되어 있지 아니한 부동산 등의 권리에 대한 회생절차종결등기의 촉탁은, 부인의 등기가 된 경우를 제외하고는 등기관은 이를 각하하여야 한다(예규 제1516호). 선행절차가 등기되어 있지 않은 상태에서 그 다음 절차단계에 해당하는 등기의 촉탁이 있으면 법 제29조 제6호로 각하하여야 한다.

③ 부인등기가 마쳐진 이후에는 당해 부동산 또는 당해 부동산 위의 권리는 채무자의 재산, 개인회생재단 또는 파산재단에 속하고, 등기부상 명의인이 그 부동산 또는 그 부동산 위의 권리를 관리, 처분할 수 있는 권리를 상실하였다는 사실이 공시되었으므로, 부인된 등기의 명의인을 등기의무자로 하는 등기신청이 있는 경우, 등기관은 이를 각하하여야 한다(예규 제1516호).

답 ④

037 「채무자 회생 및 파산에 관한 법률」에 따른 등기에 관한 다음 설명 중 가장 옳지 않은 것은?

① 채무자의 부동산에 관한 보전처분의 등기는 법원사무관 등의 촉탁으로 한다.
② 보전처분등기가 마쳐진 채무자의 부동산에 대하여 강제집행 또는 담보권실행을 위한 경매의 촉탁이 있는 경우에는 이를 각하하여야 한다.
③ 등기의 원인인 행위가 부인되거나 등기가 부인된 때에는 관리인, 파산관재인 또는 개인회생절차에서의 부인권자는 단독으로 부인의 등기를 신청하여야 한다.
④ 부인등기가 마쳐진 부인된 등기의 명의인을 등기의무자로 하는 등기신청은 이를 각하하여야 한다.

해설

② 보전처분은 채무자 등에 대하여 일정한 행위의 제한을 가하는 것이고 제3자의 권리행사를 금지하는 것은 아니므로, 보전처분등기가 경료된 채무자의 부동산 등에 대하여 가압류, 가처분 등 보전처분, 강제집행 또는 담보권실행을 위한 경매, 체납처분에 의한 압류 등의 등기촉탁이 있는 경우에도 이를 수리하여야 한다(예규 제1516호).

선지분석

③ 등기의 원인인 행위가 부인되거나 등기가 부인된 때에는 관리인, 파산관재인 또는 개인회생절차에서의 부인권자는 단독으로 부인의 등기를 신청하여야 한다(예규 제1516호).

④ 부인등기가 마쳐진 이후에는 당해 부동산 또는 당해 부동산 위의 권리는 채무자의 재산, 개인회생재단 또는 파산재단에 속하고, 등기부상 명의인이 그 부동산 또는 그 부동산 위의 권리를 관리, 처분할 수 있는 권리를 상실하였다는 사실이 공시되었으므로, 부인된 등기의 명의인을 등기의무자로 하는 등기신청이 있는 경우, 등기관은 이를 각하하여야 한다(예규 제1516호).

답 ②

038 채무자 회생 및 파산 등기에 관한 다음 설명 중 가장 옳지 않은 것은?

① 채무자가 법인인 경우에는 법인의 부동산에 관한 권리에 대하여 회생절차의 개시 · 폐지 · 인가 · 종결의 등기를 하지 않는다.

② 보전처분 및 부인의 등기는 법인 또는 법인이 아닌 채무자의 부동산의 권리에 대하여 한다.

③ 회생 및 파산 절차의 각 진행 경과에 따른 등기는 원칙적으로 회생법원의 법원사무관 등이 촉탁하지만, 부인등기의 말소와 같이 예외적으로 회생법원이 촉탁하는 경우도 있다.

④ 개인회생절차에서는 절차의 간이화를 위하여 보전처분, 부인의 등기, 개인회생절차개시결정, 변제계획인가결정 등의 절차에 따른 등기는 하지 않는다.

(해설)

④ 개인회생절차에서는 보전처분, 부인의 등기는 가능하나, 개인회생절차개시결정, 변제계획인가결정 등의 절차에 따른 등기는 하지 않는다(예규 제1516호).

(선지분석)

① 채무자가 법인인 경우에는 법인의 부동산에 관한 권리에 대하여 회생절차의 개시 · 폐지 · 인가 · 종결의 등기를 하지 않는다(예규 제1516호).

③ 회생 및 파산 절차의 각 진행 경과에 따른 등기는 원칙적으로 회생법원의 법원사무관 등이 촉탁하지만, 부인등기의 말소와 같이 예외적으로 회생법원이 촉탁하는 경우도 있다(예규 제1516호).

답 ④

039 「채무자 회생 및 파산에 관한 법률」에 따른 부인등기에 관한 설명 중 가장 옳지 않은 것은? **19 주사보**

① 부인판결에 의한 등기를 신청할 경우 등기원인일자는 판결확정일로 한다.

② 부인등기가 마쳐진 경우라 하더라도 부인된 등기의 명의인을 등기의무자로 한 등기신청은 각하할 수 없다.

③ 회생절차상 부인등기는 관리인이 단독으로 신청한다.

④ 관리인이 부인의 등기가 된 재산을 임의매각하고 제3자에게 이전등기를 한 경우 회생법원은 부인등기의 말소를 촉탁하여야 한다.

해설

② 부인등기가 마쳐진 이후에는 등기부상 명의인이 그 부동산 또는 그 부동산 위의 권리를 관리, 처분할 수 있는 권리를 상실하였다는 사실이 공시되었으므로, 부인된 등기의 명의인을 등기의무자로 하는 등기신청이 있는 경우, 등기관은 이를 각하하여야 한다(예규 제1516호).

선지분석

① 등기의 부인등기는, 등기목적을 'ㅇ번 등기의 채무자 회생 및 파산에 관한 법률에 의한 부인'으로, 등기원인을 'ㅇ년 ㅇ월 ㅇ일 판결(또는 결정)'으로 각 기록하되, 그 일자는 판결 또는 결정의 확정일로 한다(예규 제1516호).

③ 회생절차상 부인등기는 관리인이 단독으로 신청한다(예규 제1516호).

④ 부인등기의 말소는 회생법원의 촉탁에 의한다(예규 제1516호).

답 ②

040 「채무자 회생 및 파산에 관한 법률」에 따른 부동산등기절차에 관한 다음 설명 중 가장 옳지 않은 것은?

21 사무관

① 개인회생절차에서는 회생절차개시결정, 변제계획인가결정은 등기할 사항이 아니나 보전처분등기 및 부인등기는 할 수 있다.

② 파산관재인이 채무자 명의의 부동산을 임의매각하고 그에 따른 소유권이전등기를 상대방과 공동신청하는 경우 등기의무자의 등기필정보는 제출할 필요가 없으나 파산관재인의 인감증명은 제공하여야 한다.

③ 회생절차개시결정의 등기가 된 채무자의 부동산의 권리에 관하여 파산선고의 등기의 촉탁이 있는 경우 등기관은 이를 수리하여야 한다.

④ 부인등기가 마쳐진 이후에는 부인된 등기의 명의인을 등기의무자로 하는 등기신청이 있는 경우, 등기관은 이를 각하하여야 한다.

(해설)

③ 회생절차개시결정의 등기가 된 채무자의 부동산 등의 권리에 관하여 파산선고의 등기, 회생절차개시의 등기의 촉탁이 있는 경우 등기관은 이를 각하하여야 한다(예규 제1516호).

(선지분석)

① 개인회생절차에서는 회생절차개시결정, 변제계획인가결정은 등기할 사항이 아니나 보전처분등기 및 부인등기는 할 수 있다(예규 제1516호).

② 파산관재인이 채무자 명의의 부동산을 임의매각하고 그에 따른 소유권이전등기를 상대방과 공동신청하는 경우 등기신청의 진정성은 담보되므로 등기의무자의 등기필정보는 제출할 필요가 없으나 파산관재인의 인감증명은 제공하여야 한다(예규 제1516호).

④ 부인등기가 마쳐진 이후에는 부인된 등기의 명의인을 등기의무자로 하는 등기신청이 있는 경우, 등기관은 이를 각하하여야 한다(예규 제1516호).

답 ③

041 「채무자 회생 및 파산에 관한 법률」에 따른 부동산등기절차에 관한 다음 설명 중 가장 옳지 않은 것은?

22 법무사

① 개인회생절차에서는 회생절차개시결정, 변제계획인가결정은 등기할 사항이 아니나 보전처분등기와 부인등기는 할 수 있다.

② 파산선고를 받은 채무자가 법인이 아닌 개인인 경우 파산관재인이 파산재단에 속한 부동산을 임의매각하여 매수인과 공동으로 소유권이전등기신청을 하는 경우에 파산법원으로부터 발급받은 파산관재인의 사용인감으로 「인감증명법」에 따른 인감증명을 대신할 수는 없다.

③ 회생절차개시결정의 등기가 된 채무자의 부동산 등의 권리에 관하여 파산선고의 등기촉탁이 있는 경우 등기관은 이를 수리하여야 한다.

④ 회생절차개시결정의 등기는 그 등기 이전에 가압류, 가처분, 강제집행 또는 담보권 실행을 위한 경매, 체납처분에 의한 압류등기, 가등기, 파산선고의 등기 등이 되어 있는 경우에도 할 수 있다.

⑤ 회생절차개시결정의 등기가 된 채무자의 부동산 등의 권리에 관하여 강제집행, 가압류, 가처분 또는 담보권 실행을 위한 경매에 관한 등기촉탁이 있는 경우에 등기관은 이를 수리하여야 한다.

(해설)

③ 회생절차개시결정의 등기가 된 채무자의 부동산 등의 권리에 관하여 파산선고의 등기, 회생절차개시의 등기의 촉탁이 있는 경우 등기관은 이를 각하하여야 한다(예규 제1516호).

(선지분석)

① 개인회생절차에서 개인회생절차개시결정, 변제계획의 인가결정, 개인회생절차폐지결정 등은 등기할 사항이 아니므로, 법원사무관 등으로부터 이러한 등기촉탁이 있는 경우, 등기관은 법 제29조 제2호에 의하여 이를 각하하여야 한다. 보전처분등기는 법원사무관의 촉탁에 의하고, 부인등기는 부인권자가 단독으로 신청한다(예규 제1516호).

② 파산관재인이 파산재단에 속한 부동산을 제3자에게 임의매각하고 이를 원인으로 파산관재인과 매수인이 공동으로 소유권이전등기를 신청할 때에 파산선고를 받은 채무자가 법인인 경우에는 등기소로부터 발급받은 파산관재인의 인감증명을 제공하여야 하고, 파산선고를 받은 채무자가 개인인 경우에는 「인감증명법」에 따라 발급받은 파산관재인 개인의 인감증명을 제공하여야 하는바, 파산법원으로부터 발급받은 파산관재인의 사용인감에 대한 인감증명으로 이를 대신할 수는 없다. 이 경우 등기원인이 "매매"이므로 파산관재인의 인감증명은 매도용 인감증명이어야 한다(선례 제201812-6호).

④ 회생절차개시결정의 등기가 된 채무자의 부동산 등의 권리에 관하여 파산선고의 등기, 회생절차개시의 등기의 촉탁이 있는 경우 등기관은 이를 각하하여야 한다(예규 제1516호).

⑤ 회생절차개시결정의 등기가 된 채무자의 부동산 등의 권리에 관하여 강제집행, 가압류, 가처분 또는 담보권 실행을 위한 경매에 관한 등기촉탁이 있는 경우에 등기관은 이를 수리하여야 한다(예규 제1516호).

답 ③

제9장 구분건물에 관한 등기

제1절 | 구분건물에 관한 등기절차에 특유한 제도

001 집합건물의 대지, 대지사용권 및 대지권에 관한 기술이다. 가장 옳지 않은 것은?   14 서기보

① 법정대지란 전유부분이 속하는 1동의 건물이 소재하는 토지, 즉 건물이 실제로 서 있는 토지를 말한다.

② 규약상 대지란 전유부분이 속하는 1동의 건물이 서 있는 토지 외의 토지로서, 1동의 건물 및 건물이 소재하는 토지와 일체적으로 관리 또는 사용하기 위하여 규약으로써 건물의 대지로 삼은 토지를 말한다.

③ 대지사용권이란 구분건물 소유자가 그 전유부분을 소유하기 위하여 건물의 대지에 대하여 가지는 권리를 말한다.

④ 대지권이란 대지사용권으로서 전유부분과 분리처분을 할 수 없는 것을 말하며 등기된 때에 성립한다.

해설

④ 대지권은 전유부분과 처분의 일체성이 인정되는 대지사용권을 뜻하므로 대지권등기가 경료되기 전이라도 대지권은 성립될 수 있다. 즉, 대지권등기는 대지권의 성립요건이 아니다.

답 ④

002 대지권에 관한 다음 설명 중 가장 옳지 않은 것은?

① 토지 또는 전유부분만의 귀속에 관하여 분쟁이 있는 경우 그 일방만을 목적으로 하는 처분금지가처분등기의 촉탁이 있는 경우 등기관은 대지권등기를 말소한 후 토지나 전유부분에 가처분등기를 하여야 한다.

② 대지권등기가 되어 있더라도 토지만을 목적으로 하는 지상권설정등기의 신청이 있으면 등기관은 이를 등기할 수 있다.

③ 구분건물의 소유권의 등기명의인은 같은 동에 속하는 다른 구분건물의 소유권의 등기명의인을 대위하여 대지권의 변경에 관한 등기를 신청할 수 있다.

④ 구분건물을 신축하여 분양한 자가 대지사용권을 가지고 있지만 지적정리의 미완결 등의 사유로 대지권등기를 하지 못한 채 전유부분에 대해서만 수분양자 앞으로 이전등기를 하고 전전양도된 경우 최후의 구분건물의 소유명의인은 분양자와 공동으로 대지사용권에 관한 이전등기를 신청할 수 있다.

(해설)

① 토지 또는 전유부분만의 귀속에 관하여 분쟁이 있는 경우 그 일방만을 목적으로 하는 처분금지가처분등기도 대지권등기를 말소하지 않고 할 수 있다. 또한 대지권등기가 된 토지에 가처분등기를 한 경우에는 집합건물의 전유부분 표제부에 별도등기 있음을 등기관이 직권으로 표시하게 된다(선례 제8-317호).

(선지분석)

② 대지권등기에 의하여 금지되는 것은 대지사용권과 건물소유권의 귀속주체가 달라지는 등기이므로 그러한 우려가 없는 등기는 대지권등기가 있어도 할 수 있다. 예컨대, 대지권이 소유권인 경우 토지만을 목적으로 하는 지상권·지역권·임차권(선례 제7-280호)의 설정등기는 대지권등기를 둔 채로 할 수 있다.

③ 구분건물로서 그 대지권의 변경이나 소멸이 있는 경우에는 구분건물의 소유권의 등기명의인은 1동의 건물에 속하는 다른 구분건물의 소유권의 등기명의인을 대위하여 그 등기를 신청할 수 있다(법 제41조 제3항).

④ 구분건물을 신축한 자가 「집합건물의 소유 및 관리에 관한 법률」 제2조 제6호의 대지사용권을 가지고 있는 경우에 대지권에 관한 등기를 하지 아니하고 구분건물에 관하여만 소유권이전등기를 마쳤을 때에는 현재의 구분건물의 소유명의인과 공동으로 대지사용권에 관한 이전등기를 신청할 수 있다(법 제60조).

답 ①

003 대지권등기에 관한 다음 설명 중 가장 옳지 않은 것은? 17 주사보

① 토지 또는 전유부분만의 귀속에 관하여 분쟁이 있어 그 일방만을 목적으로 하는 처분금지 가처분등기의 촉탁이 있는 경우 등기관은 대지권등기를 말소한 후 토지나 전유부분에 가처분등기를 하여야 한다.

② 대지권등기가 되어 있더라도 토지만을 목적으로 하는 지상권설정등기의 신청이 있으면 등기관은 대지권등기를 말소하지 않고 이를 등기할 수 있다.

③ 구분건물의 소유권의 등기명의인은 같은 동에 속하는 다른 구분건물의 소유권의 등기명의인을 대위하여 대지권의 변경에 관한 등기를 신청할 수 있다.

④ 구분건물을 신축하여 분양한 자가 대지사용권을 가지고 있지만 지적정리의 미완결 등의 사유로 대지권등기를 하지 못한 채 전유부분에 대해서만 수분양자 앞으로 이전등기를 하고 전전양도된 경우 최후의 구분건물의 소유명의인은 분양자와 공동으로 대지사용권에 관한 이전등기를 신청할 수 있다.

해설

① 토지 또는 전유부분만의 귀속에 관하여 분쟁이 있어 그 일방만을 목적으로 하는 처분금지가처분등기의 촉탁이 있는 경우 등기관은 대지권등기를 말소하지 않고 할 수 있다.

선지분석

② 대지권등기에 의하여 금지되는 것은 대지사용권과 구분건물의 귀속주체가 달라지는 등기이므로 그러한 우려가 없는 등기는 대지권등기가 있어도 할 수 있는바, 대지권등기가 되어 있더라도 토지만을 목적으로 하는 지상권설정등기의 신청이 있으면 등기관은 대지권등기를 말소하지 않고 이를 등기할 수 있다.

③ 구분건물의 소유권의 등기명의인은 같은 동에 속하는 다른 구분건물의 소유권의 등기명의인을 대위하여 대지권의 변경에 관한 등기를 신청할 수 있다(법 제41조 제2항·제3항).

④ 구분건물을 신축하여 분양한 자가 대지사용권을 가지고 있지만 지적정리의 미완결 등의 사유로 대지권등기를 하지 못한 채 전유부분에 대해서만 수분양자 앞으로 이전등기를 하고 전전양도된 경우 최후의 구분건물의 소유명의인은 분양자와 공동으로 대지사용권에 관한 이전등기를 신청할 수 있다(법 제60조 제1항).

답 ①

004 대지권에 관한 등기와 관련한 다음 설명 중 가장 옳지 않은 것은?   17 사무관

① 대지사용권은 규약이나 공정증서로써 분리 처분할 수 있다고 별도로 정한 경우를 제외하고는 전유부분과 분리하여 처분할 수 없는데, 대지사용권으로서 이와 같이 전유부분과 분리하여 처분할 수 없는 것을 대지권이라고 한다.

② 구분소유자가 2개 이상의 전유부분을 소유한 때에 각 전유부분의 대지권 비율은 그 전유부분의 면적 비율에 의하나, 규약 또는 공정증서로써 달리 정할 수 있다.

③ 대지권 변경등기는 구분건물 소유권의 등기명의인이 신청하는 것이 원칙인데, 구분건물의 표시등기만 있고 보존등기가 되어 있지 않은 건물에 관해서는 보존등기를 신청할 수 있는 자가 신청한다.

④ 토지의 등기기록에 대지권이라는 뜻의 등기를 한 경우로서 그 토지 등기기록에 소유권보존등기 또는 소유권이전등기 외의 소유권에 관한 등기가 있을 때에는 등기관은 그 건물의 등기기록 중 1동 건물의 표제부에 토지 등기기록에 별도의 등기가 있다는 뜻을 기록하여야 한다.

해설

④ 규칙 제89조에 따라 대지권의 목적인 토지의 등기기록에 대지권이라는 뜻의 등기를 한 경우로서 그 토지 등기기록에 소유권보존등기나 소유권이전등기 외의 소유권에 관한 등기 또는 소유권 외의 권리에 관한 등기가 있을 때에는 등기관은 그 건물의 등기기록 중 전유부분 표제부에 토지 등기기록에 별도의 등기가 있다는 뜻을 기록하여야 한다(규칙 제90조).

선지분석

① 구분건물에 「집합건물의 소유 및 관리에 관한 법률」 제2조 제6호의 대지사용권으로서 건물과 분리하여 처분할 수 없는 것(이하 '대지권'이라 함)이 있는 경우에는 등기관은 제2항에 따라 기록하여야 할 사항 외에 1동 건물의 등기기록의 표제부에 대지권의 목적인 토지의 표시에 관한 사항을 기록하고 전유부분의 등기기록의 표제부에는 대지권의 표시에 관한 사항을 기록하여야 한다(법 제40조 제3항).

② 구분소유자가 2개 이상의 전유부분을 소유한 때에 각 전유부분의 대지권 비율은 그 전유부분의 면적 비율에 의하나, 규약 또는 공정증서로써 달리 정할 수 있다(「집합건물의 소유 및 관리에 관한 법률」 제21조 제1항).

③ 대지권 변경등기는 구분건물 소유권의 등기명의인이 신청하는 것이 원칙인데, 구분건물의 표시등기만 있고 보존등기가 되어 있지 않은 건물에 관해서는 보존등기를 신청할 수 있는 자가 신청한다(법 제41조 제2항).

답 ④

005 대지권등기의 효과에 관한 다음 설명 중 가장 옳지 않은 것은?

① 토지의 소유권이 대지권인 경우 그 등기기록에 대지권이라는 뜻의 등기를 한 후에는 소유권이전등기는 하지 못하고, 대지권을 등기한 구분건물 등기기록에는 그 건물만에 관한 소유권이전등기는 할 수 없다.

② 대지권등기가 된 건물에 대하여 전유부분만에 대한 이행판결을 받은 경우에는 분리처분가능규약 또는 공정증서를 첨부하여 대지권등기를 말소하지 않는 한 그 판결에 따른 이전등기를 할 수 없다.

③ 대지권등기가 되어 있는 경우에 토지만을 목적으로 하는 지상권 설정등기를 할 수 없다.

④ 대지권을 등기한 후에 한 건물의 권리에 관한 등기는 건물만에 관한 것이라는 뜻의 부기가 없는 한 대지권에 대하여 동일한 등기로서 효력이 있다.

해설

③ 대지권등기가 되어 있는 경우에 토지만을 목적으로 하는 지상권설정등기를 할 수 있으며, 토지등기부에 지상권설정등기를 기재하고, 건물의 전유부분 표제부에는 '토지등기부에 별도등기가 있다는 취지'를 기재하게 된다(선례 제7-280호 참조).

선지분석

① 토지의 소유권이 대지권인 경우 그 등기기록에 대지권이라는 뜻의 등기를 한 후에는 소유권이전등기는 하지 못하고, 대지권을 등기한 구분건물 등기기록에는 그 건물만에 관한 소유권이전등기는 할 수 없다(법 제61조 제3항·제4항).

② 대지권등기가 된 건물에 대하여 전유부분만에 대한 이행판결을 받은 경우에는 분리처분가능규약 또는 공정증서를 첨부하여 대지권등기를 말소하지 않는 한 그 판결에 따른 이전등기를 할 수 없다(선례 제4-835호).

④ 대지권을 등기한 후에 한 건물의 권리에 관한 등기는 대지권에 대하여 동일한 등기로서 효력이 있다. 다만, 그 등기에 건물만에 관한 것이라는 뜻의 부기가 되어 있을 때에는 그러하지 아니하다(법 제61조 제1항).

답 ③

006 대지권의 표시등기절차에 관한 다음 설명 중 가장 옳지 않은 것은? 18 주사보

① 1동 건물의 등기기록 표제부에 대지권의 목적인 토지의 표시에 관한 사항을 기록하고 전유부분의 표제부에는 대지권의 표시에 관한 사항을 기록한다.

② 건물등기기록에 대지권등기를 한 경우 등기관은 직권으로 대지권의 목적인 토지의 등기기록에 소유권, 지상권, 전세권 또는 임차권이 대지권이라는 뜻을 기록한다.

③ 토지등기기록에 대지권의 뜻을 등기한 경우로서 그 토지에 소유권보존·이전등기 외의 소유권에 관한 등기 또는 소유권 외의 권리에 관한 등기가 있을 때에는 그 건물의 전유부분 표제부에 토지등기기록에 별도의 등기가 있다는 뜻을 기록하여야 한다.

④ 토지등기기록에 대지권의 뜻을 등기한 후 그 토지등기기록에 관하여만 새로운 등기를 한 경우에는 그 건물의 표제부에 별도의 등기가 있다는 뜻을 기록하지 않는다.

해설

④ 토지등기기록에 대지권의 뜻을 등기한 후 그 토지 등기기록에 관하여만 새로운 등기를 한 경우에는 등기관은 그 건물의 등기기록 중 전유부분 표제부에 토지 등기기록에 별도의 등기가 있다는 뜻을 기록하여야 한다(규칙 제90조 제2항).

선지분석

① 1동 건물의 등기기록 표제부에 대지권의 목적인 토지의 표시에 관한 사항을 기록하고 전유부분의 표제부에는 대지권의 표시에 관한 사항을 기록한다(법 제40조 제3항).

② 건물등기기록에 대지권등기를 한 경우 등기관은 직권으로 대지권의 목적인 토지의 등기기록에 소유권, 지상권, 전세권 또는 임차권이 대지권이라는 뜻을 기록한다(법 제40조 제4항).

③ 토지등기기록에 대지권이라는 뜻의 등기를 한 후에 그 토지등기기록에 관하여만 새로운 등기를 한 경우에는 건물등기기록 중 전유부분 표제부에 토지등기기록에 별도의 등기가 있다는 뜻을 기록하여야 한다(규칙 제90조 제1항).

답 ④

007 대지권등기와 관련한 다음 설명 중 가장 옳지 않은 것은? <inline type="source">19 서기보</inline>

① 구분건물에 대지권이 있는 경우에는 등기관은 1동 건물의 등기기록의 표제부에 대지권의 목적인 토지의 표시에 관한 사항을 기록하고 전유부분의 등기기록의 표제부에는 대지권의 표시에 관한 사항을 기록하여야 한다.

② 등기관이 대지권등기를 하였을 때에는 직권으로 대지권의 목적인 토지의 등기기록에 소유권, 지상권, 전세권 또는 임차권이 대지권이라는 뜻을 기록하여야 한다.

③ 대지권의 목적인 토지의 등기기록에 대지권이라는 뜻의 등기를 한 경우로서 그 토지 등기기록에 소유권보존등기나 소유권이전등기 외의 소유권에 관한 등기 또는 소유권 외의 권리에 관한 등기가 있을 때에는 등기관은 그 건물의 등기기록 중 전유부분 표제부에 토지 등기기록에 별도의 등기가 있다는 뜻을 기록하여야 한다.

④ 대지권등기를 하는 경우에 이미 건물에 관하여 소유권보존등기와 소유권이전등기 외의 소유권에 관한 등기 또는 소유권 외의 권리에 관한 등기가 있을 때에는 등기관은 그 건물의 등기기록 중 전유부분 표제부에 건물만에 관한 등기가 있다는 뜻을 기록하여야 한다.

해설

④ 대지권등기를 하는 경우에 건물에 관하여 소유권보존등기와 소유권이전등기 외의 소유권에 관한 등기 또는 소유권 외의 권리에 관한 등기가 있을 때에는 등기관은 그 등기에 건물만에 관한 것이라는 뜻을 기록하여야 한다(규칙 제92조 제1항).

선지분석

① 구분건물에 대지권이 있는 경우에는 등기관은 1동 건물의 등기기록의 표제부에 대지권의 목적인 토지의 표시에 관한 사항을 기록하고 전유부분의 등기기록의 표제부에는 대지권의 표시에 관한 사항을 기록하여야 한다(법 제40조 제3항).

② 등기관이 대지권등기를 하였을 때에는 직권으로 대지권의 목적인 토지의 등기기록에 소유권, 지상권, 전세권 또는 임차권이 대지권이라는 뜻을 기록하여야 한다(법 제40조 제4항).

③ 대지권의 목적인 토지의 등기기록에 대지권이라는 뜻의 등기를 한 경우로서 그 토지 등기기록에 소유권보존등기나 소유권이전등기 외의 소유권에 관한 등기 또는 소유권 외의 권리에 관한 등기가 있을 때에는 등기관은 그 건물의 등기기록 중 전유부분 표제부에 토지 등기기록에 별도의 등기가 있다는 뜻을 기록하여야 한다(규칙 제90조 제1항).

답 ④

008 대지권에 관한 등기에 대한 다음 설명 중 가장 옳지 않은 것은? 19 주사보

① 건물의 표제부에 있는 토지등기기록에 별도 등기가 있다는 뜻의 기록을 말소하기 위해서는 그 별도등기기록의 전제가 된 등기의 말소등기신청과 동시에 그 기록의 말소를 신청하여야 한다.

② 구분소유자가 둘 이상의 전유부분을 소유한 경우에는 규약으로 달리 정하지 않는 한 각 전유부분의 처분에 따르는 대지사용권의 비율은 그가 가지는 전유부분의 면적비율에 따른다.

③ 분양자가 대지사용권을 나중에 취득하여 이전하기로 약정을 하고 우선 전유부분에 대해서만 수분양자 앞으로 이전등기를 한 후 그 구분건물이 전전 양도된 경우에도 최후의 구분건물 소유명의인은 분양자와 공동으로 대지사용권에 관한 이전등기를 신청할 수 있다.

④ 대지사용권은 통상 소유권이나 전세권, 임차권도 대지사용권이 될 수 있다.

（해설）

① '토지 등기기록에 별도의 등기가 있다는 뜻의 기록의 전제가 된 등기가 (신청에 의해) 말소되었을 때' 등기관은 그 뜻(구분건물 전유부분 표제부에 있는 토지등기기록에 별도 등기가 있다는 뜻)의 기록도 말소하여야 한다(규칙 제90조 제3항). 건물의 표제부에 있는 토지등기기록에 별도 등기가 있다는 뜻의 기록을 말소하기 위해서는 그 별도등기기록의 전제가 된 등기만 말소등기신청을 하면 된다.

（선지분석）

② 구분소유자가 2개 이상의 전유부분을 소유한 때에는 각 전유부분의 대지권의 비율은 규약으로 달리 정하지 않는 한 그 소유자가 가지는 전유부분의 면적의 비율에 의한다(「집합건물의 소유 및 관리에 관한 법률」 제21조, 선례 제7-516호).

③ 분양자가 대지사용권을 나중에 취득하여 이전하기로 약정을 하고 우선 전유부분에 대해서만 수분양자 앞으로 이전등기를 한 후 그 구분건물이 전전 양도된 경우에도 최후의 구분건물 소유명의인은 분양자와 공동으로 대지사용권에 관한 이전등기를 신청할 수 있다(법 제60조 제1항).

④ 대지사용권이란 구분소유자가 전유부분을 소유하기 위하여 건물의 대지에 대하여 가지는 권리를 말한다. 소유권 외에 건물의 소유를 목적으로 하는 지상권, 전세권 또는 임차권 등도 대지사용권이 될 수 있다. 대지사용권은 유효한 권리이어야 하므로 존속기간이 만료된 임차권이나 지상권은 대지사용권이 될 수 없다.

답 ①

009 구분건물에 대한 대지권등기를 신청할 때에 규약 또는 공정증서를 첨부정보로 제공하지 않아도 되는 경우로 가장 옳은 것은?

21 사무관

① 구분건물이 속하는 1동의 건물이 있는 토지와 함께 그 1동의 건물 및 그 건물이 있는 토지와 하나로 관리되거나 사용되는 토지를 대지권의 목적인 토지로 하여 등기를 신청하는 경우

② 2개 이상의 구분건물을 소유하는 자가 그 구분건물의 대지권의 비율을 전유부분의 면적 비율과 다르게 하여 등기를 신청하는 경우

③ 구분건물이 속하는 1동의 건물이 있는 토지에 대하여 가지는 대지사용권이 대지권이 아닌 것으로 하여 등기를 신청하는 경우

④ 단수처리의 결과로 인하여 1동 건물의 구분소유자가 가지는 대지사용권의 비율을 전유부분의 면적 비율과 다소 다르게 정하여 등기를 신청하는 경우

해설

④ 구분소유자가 갖는 대지사용권의 비율이 전유부분의 면적의 비율과 다소 다르다고 하더라도 그것이 단수처리에 의한 결과임이 명백한 경우에는 그 비율을 정하는 내용의 공정증서의 제출이 없어도 무방하다(예규 제1470호).

선지분석

① 구분건물이 속하는 1동의 건물이 있는 토지와 함께 그 1동의 건물 및 그 건물이 있는 토지와 하나로 관리되거나 사용되는 토지, 즉 규약상 대지를 대지권의 목적인 토지로 하여 등기를 신청하는 경우 규약이나 공정증서를 제공하여야 한다.

② 구분소유자가 2개 이상의 전유부분을 소유한 때에는 각 전유부분의 대지권 비율은 전유부분의 면적 비율에 의하나, 규약으로 이를 달리 정할 수 있다. 이러한 등기를 신청하는 경우 규약을 제공하여야 한다.

③ 구분건물이 속하는 1동의 건물이 있는 토지에 대하여 가지는 대지사용권이 대지권이 아닌 것으로 하여 등기를 신청하는 경우 당해 구분소유자 전원이 신청하거나 일부가 다른 구분소유자를 대위하여 일괄 신청하여야 하고, 이 경우 규약이나 공정증서를 제공하여야 한다(예규 제1470호).

답 ④

010 구분건물의 등기기록에 대지권등기가 되어 있는 경우에 관한 다음 설명 중 가장 옳지 않은 것은?

22 서기보

① 대지권을 등기한 후에 한 건물의 권리에 관한 등기는 대지권에 대하여 동일한 등기로서 효력이 있다.

② 대지권에 대한 등기로서의 효력이 있는 등기와 대지권의 목적인 토지의 등기기록 중 해당 구에 한 등기의 순서는 접수번호에 따른다.

③ 대지권이 등기된 구분건물의 등기기록에는 건물만에 관한 전세권설정등기를 할 수 없다.

④ 토지의 소유권이 대지권인 경우에 대지권이라는 뜻의 등기가 되어 있는 토지의 등기기록에는 저당권설정등기를 할 수 없다.

(해설)

③ 대지권이 등기된 구분건물의 등기기록에는 건물만에 관한 소유권이전등기 또는 저당권설정등기, 그 밖에 이와 관련이 있는 등기를 할 수 없다(법 제61조 제4항). 대지권의 등기가 경료된 구분건물에 있어서는 건물만에 대하여 전세권설정등기를 할 수 있다(선례 제1-424호). 다만, 전세권에 부기등기로 건물만에 관한 뜻을 등기관이 직권으로 기록하여야 한다.

(선지분석)

① 대지권을 등기한 후에 한 건물의 권리에 관한 등기는 대지권에 대하여 동일한 등기로서 효력이 있다. 다만, 그 등기에 건물만에 관한 것이라는 뜻의 부기가 되어 있을 때에는 그러하지 아니하다(법 제61조 제1항).

② 대지권에 대한 등기로서의 효력이 있는 등기와 대지권의 목적인 토지의 등기기록 중 해당 구에 한 등기의 순서는 접수번호에 따른다(법 제61조 제2항).

④ 토지의 소유권이 대지권인 경우에 대지권이라는 뜻의 등기가 되어 있는 토지의 등기기록에는 소유권이전등기, 저당권설정등기, 그 밖에 이와 관련이 있는 등기를 할 수 없다(법 제61조 제3항).

답 ③

011 대지권등기에 관한 다음 설명 중 가장 옳지 않은 것은? 22 법무사

① 등기관이 대지권등기를 하였을 때에는 직권으로 대지권의 목적인 토지의 등기기록에 소유권, 지상권, 전세권 또는 임차권이 대지권이라는 뜻을 기록하여야 한다.

② 구분건물로서 그 대지권의 변경이나 소멸이 있는 경우에는 구분건물의 소유권의 등기명의인은 1동의 건물에 속하는 다른 구분건물의 소유권의 등기명의인을 대위하여 그 등기를 신청할 수 있다.

③ 대지권의 목적인 토지의 등기기록에 대지권이라는 뜻의 등기를 한 경우로서 그 토지 등기기록에 소유권보존등기나 소유권이전등기 외의 소유권에 관한 등기 또는 소유권 외의 권리에 관한 등기가 있을 때에는 등기관은 그 건물의 등기기록 중 전유부분 표제부에 토지 등기기록에 별도의 등기가 있다는 뜻을 기록하여야 한다.

④ 구분건물 소유권의 등기명의인이 「부동산등기법」 제60조에 의하여 대지사용권에 관한 이전등기를 신청할 때에는 대지권에 관한 등기와 동시에 신청하여야 한다.

⑤ 등기기록에 대지권이라는 뜻의 등기를 할 때에 대지권의 목적인 토지의 관할이 다른 등기소에 속할 경우에도 대지권등기를 접수한 등기소의 등기관이 대지권이라는 뜻의 등기를 함께 실행할 수 있다.

해설

⑤ 대지권의 목적인 토지가 다른 등기소의 관할에 속하는 경우에는 그 등기소에 지체 없이 규칙 제89조 제1항(대지권의 목적인 토지의 등기기록에 대지권이라는 뜻의 등기를 할 때에는 해당 구에 어느 권리가 대지권이라는 뜻과 그 대지권을 등기한 1동의 건물을 표시할 수 있는 사항 및 그 등기연월일을 기록하여야 한다)에 따라 등기할 사항을 통지하여야 한다(규칙 제89조 제2항).

선지분석

① 등기관이 대지권등기를 하였을 때에는 직권으로 대지권의 목적인 토지의 등기기록에 소유권, 지상권, 전세권 또는 임차권이 대지권이라는 뜻을 기록하여야 한다(법 제40조 제4항).

② 구분건물로서 그 대지권의 변경이나 소멸이 있는 경우에는 구분건물의 소유권의 등기명의인은 1동의 건물에 속하는 다른 구분건물의 소유권의 등기명의인을 대위하여 그 등기를 신청할 수 있다(법 제41조 제3항).

③ 규칙 제89조에 따라 대지권의 목적인 토지의 등기기록에 대지권이라는 뜻의 등기를 한 경우로서 그 토지 등기기록에 소유권보존등기나 소유권이전등기 외의 소유권에 관한 등기 또는 소유권 외의 권리에 관한 등기가 있을 때에는 등기관은 그 건물의 등기기록 중 전유부분 표제부에 토지 등기기록에 별도의 등기가 있다는 뜻을 기록하여야 한다(규칙 제90조 제1항).

④ 구분건물 소유권의 등기명의인이 법 제60조에 의하여 대지사용권에 관한 이전등기를 신청할 때에는 대지권에 관한 등기와 동시에 신청하여야 한다(법 제60조 제3항).

답 ⑤

012 집합건물 등기기록의 1동의 건물의 표제부 중 대지권의 목적인 토지의 표시란에 기재하는 사항이 아닌 것은?

11 서기보

① 대지권의 목적인 토지의 일련번호

② 대지권의 목적인 토지의 지목과 면적

③ 대지권의 비율

④ 등기연월일

해설

③ 건물의 등기기록에 대지권의 등기를 할 때에는 1동의 건물의 표제부 중 대지권의 목적인 토지의 표시란에 표시번호, 대지권의 목적인 토지의 일련번호·소재지번·지목·면적과 등기연월일을, 전유부분의 표제부 중 대지권의 표시란에 표시번호, 대지권의 목적인 토지의 일련번호, 대지권의 종류, 대지권의 비율, 등기원인 및 그 연월일과 등기연월일을 각각 기록하여야 한다(규칙 제88조 제1항 본문).

답 ③

013 대지권등기에 관한 다음 설명 중 옳지 않은 것은?

12 서기보

① 구분건물을 신축한 자가 대지사용권을 가지고 있으면서도 대지권등기를 하지 아니하고 구분건물의 전유부분에 대해서만 매수인(수분양자)에게 소유권이전등기를 마쳐준 후 그 전유부분이 순차로 양도된 경우에는, 구분건물을 신축한 자와 현재의 전유부분의 소유명의인이 공동으로 대지사용권에 관한 이전등기를 신청할 수 있다.

② 대지권이 등기된 구분건물의 등기기록에는 건물만에 관한 소유권이전등기나 저당권설정등기 또는 전세권설정등기를 할 수 없다.

③ 지상권이나 전세권도 대지사용권이 될 수 있다.

④ 구분건물로서 그 대지권의 변경이 있는 경우에는 구분건물의 소유권의 등기명의인은 1동의 건물에 속하는 다른 구분건물의 소유권의 등기명의인을 대위하여 대지권의 변경등기를 신청할 수 있다.

해설

② 대지권이 등기된 구분건물의 등기기록에는 건물만에 관한 소유권이전등기 또는 저당권설정등기, 그 밖에 이와 관련이 있는 등기를 할 수 없다(법 제61조 제3항). 그러나 전세권설정등기는 가능하다.

선지분석

③ 대지사용권은 구분소유자가 전유부분을 소유하기 위하여 대지에 대하여 가지는 권리이다. 통상 소유권이나, 지상권·전세권·임차권 등도 대지사용권이 될 수 있다.

답 ②

014 구분건물의 소유권보존등기에 관한 다음 설명 중 가장 옳지 않은 것은? 17 서기보

① 1동의 건물에 속하는 구분건물 중 일부만에 관하여 소유권보존등기를 신청하는 경우에는 나머지 구분건물의 표시에 관한 등기를 동시에 신청하여야 한다.

② 둘 이상의 전유부분을 소유한 구분소유자가 대지권의 비율을 전유부분의 면적 비율에 의하지 않을 때에는 규약 또는 공정증서를 첨부하여야 한다.

③ 토지 등기기록에 별도의 등기가 있다는 뜻의 기록은 건물의 등기기록 중 1동의 건물의 표제부에 한다.

④ 건물 표제부의 토지 등기기록에 별도의 등기가 있다는 뜻의 기록은 그 별도등기 기록의 전제가 된 등기가 말소되면 등기관이 직권으로 말소한다.

(해설)

③ 대지권의 목적인 토지의 등기기록에 대지권이라는 뜻의 등기를 한 경우로서 그 토지 등기기록에 소유권보존등기나 소유권이전등기 외의 소유권에 관한 등기 또는 소유권 외의 권리에 관한 등기가 있을 때에는 등기관은 그 건물의 등기기록 중 전유부분 표제부에 토지 등기기록에 별도의 등기가 있다는 뜻을 기록하여야 한다(규칙 제90조 제1항).

(선지분석)

① 1동의 건물에 속하는 구분건물 중 일부만에 관하여 소유권보존등기를 신청하는 경우에는 나머지 구분건물의 표시에 관한 등기를 동시에 신청하여야 한다(법 제46조 제2항).

② 구분소유자가 2개 이상의 전유부분을 소유한 때에는 각 전유부분의 대지권의 비율은 전유부분의 면적비율에 의하나, 규약으로써 이와 달리 정할 수 있으므로(「집합건물의 소유 및 관리에 관한 법률」 제21조), 둘 이상의 전유부분을 소유한 구분소유자는 규약 또는 공정증서를 첨부하여 등기를 신청하여야 한다.

④ 토지 등기기록에 별도의 등기가 있다는 뜻의 기록의 전제가 된 등기가 말소되었을 때에는 등기관은 그 뜻의 기록도 말소하여야 한다(규칙 제90조 제3항).

답 ③

015 구분건물의 소유권보존등기에 관한 다음 설명 중 가장 옳지 않은 것은? 17 주사보

① 1동의 건물에 속하는 구분건물 중의 일부만에 관하여 소유권보존등기를 신청할 경우에는 나머지 구분건물에 관하여는 표시에 관한 등기를 동시에 신청하여야 한다.

② 구분건물이 아닌 건물로 등기된 건물에 접속하여 구분건물을 신축한 경우에 그 신축건물의 소유권보존등기를 신청할 때에는 구분건물이 아닌 건물을 구분건물로 변경하는 건물의 표시변경등기를 동시에 신청하여야 한다.

③ 대지사용권을 전유부분과 분리처분할 수 있는 것으로 정한 때에는 규약 또는 공정증서를 첨부정보로서 등기소에 제공하여야 한다.

④ 구분소유자가 2개 이상의 전유부분을 소유한 때에는 각 전유부분의 대지권의 비율은 규약 또는 공정증서로 달리 정하지 않는 한 각 전유부분별로 균등한 것으로 본다.

(해설)

④ 구분소유자가 2개 이상의 전유부분을 소유한 때에는 각 전유부분의 대지권의 비율은 규약 또는 공정증서로 달리 정하지 않는 한 전유부분의 면적비율에 의한다(「집합건물의 소유 및 관리에 관한 법률」 제21조 제1항).

(선지분석)

① 1동의 건물에 속하는 구분건물 중의 일부만에 관하여 소유권보존등기를 신청할 경우에는 나머지 구분건물에 관하여는 표시에 관한 등기를 동시에 신청하여야 한다(법 제46조 제2항).

② 구분건물이 아닌 건물로 등기된 건물에 접속하여 구분건물을 신축한 경우에 그 신축건물의 소유권보존등기를 신청할 때에는 구분건물이 아닌 건물을 구분건물로 변경하는 건물의 표시변경등기를 동시에 신청하여야 한다(법 제46조 제3항).

③ 대지사용권을 전유부분과 분리처분할 수 있는 것으로 정한 때(즉, 대지권이 있을 때)에는 규약 또는 공정증서를 첨부정보로서 등기소에 제공하여야 한다(법 제40조 제3항, 규칙 제86조 제2항).

답 ④

016 구분건물의 소유권보존등기에 관한 다음 설명 중 가장 옳지 않은 것은?

① 1동의 건물에 속하는 구분건물 중 일부만에 관하여 보존등기를 신청하는 경우에는 나머지 구분건물의 표시에 관한 등기를 동시에 신청하여야 한다.

② 구분건물이 아닌 건물로 등기된 건물에 접속하여 구분건물의 신축한 경우 그 보존등기를 신청할 때에는 구분건물이 아닌 건물을 구분건물로 변경하는 건물의 표시변경등기를 동시에 신청하여야 한다.

③ 구분소유자가 2개 이상의 전유부분을 소유한 때에 그 각 전유부분의 처분에 따르는 대지사용권이 전유부분의 면적비율에 따르지 않을 경우에는 이에 관한 규약 또는 공정증서를 첨부하여야 한다.

④ 1동의 건물의 대지 중 일부 토지만이 대지권의 목적인 때에도 건물의 표시란에 대지권의 목적인 토지의 표시를 함에 있어서는 1동 건물의 대지 전부를 기록하여 대지권의 등기를 하여야 한다.

(해설)

④ 1동의 건물의 대지 중 일부 토지만이 대지권의 목적인 때에도 건물의 표시란에 대지권의 목적인 토지의 표시를 함에 있어서는 그 토지만을 기록하여 대지권의 등기를 하여야 한다. 이 경우 대지권의 목적이 아닌 토지는 1동의 건물의 표시를 함에 있어 소재지로서 기록하여야 한다(예규 제1470호).

(선지분석)

① 1동의 건물에 속하는 구분건물 중 일부만에 관하여 보존등기를 신청하는 경우에는 나머지 구분건물의 표시에 관한 등기를 동시에 신청하여야 한다(법 제46조 제1항).

② 구분건물이 아닌 건물로 등기된 건물에 접속하여 구분건물의 신축한 경우 그 보존등기를 신청할 때에는 구분건물이 아닌 건물을 구분건물로 변경하는 건물의 표시변경등기를 동시에 신청하여야 한다(법 제46조 제3항).

③ 구분소유자가 2개 이상의 전유부분을 구분하여 소유한 때에 각 전유부분의 대지권 비율은 그 전유부분의 면적비율에 의하나, 규약 또는 공정증서로써 달리 정할 수 있다(「집합건물의 소유 및 관리에 관한 법률」 제21조 제1항). 따라서 구분소유자가 2개 이상의 전유부분을 소유한 때에 그 각 전유부분의 처분에 따르는 대지사용권이 전유부분의 면적비율에 따르지 않을 경우에는 이에 관한 규약 또는 공정증서를 첨부하여야 한다.

답 ④

017 구분건물의 소유권보존등기에 관한 다음 설명 중 가장 옳지 않은 것은?　20 서기보

① 1동의 건물에 속하는 구분건물 중 일부만에 관하여 보존등기를 신청하는 경우에는 나머지 구분건물의 표시에 관한 등기를 동시에 신청하여야 한다.

② 구분건물이 아닌 건물로 등기된 건물에 접속하여 구분건물을 신축한 경우 그 보존등기를 신청할 때에는 구분건물이 아닌 건물을 구분건물로 변경하는 건물의 표시변경등기를 동시에 신청하여야 한다.

③ 구분소유자가 2개 이상의 전유부분을 소유한 때에 그 각 전유부분의 처분에 따르는 대지사용권이 전유부분의 면적 비율에 따르지 않을 경우에는 이에 관한 규약 또는 공정증서를 제공하여야 한다.

④ 1동의 건물의 대지 중 일부 토지만이 대지권의 목적인 때에도 1동 건물의 표제부에 대지권의 목적인 토지의 표시를 함에 있어서는 1동 건물의 대지 전부를 기록하여 대지권의 등기를 하여야 한다.

해설

④ 1동의 건물의 대지 중 일부 토지만이 대지권의 목적인 때에는 건물의 표시란에 대지권의 목적인 토지의 표시를 함에 있어서 그 토지만을 기록하여 대지권의 등기를 하여야 한다. 이 경우 대지권의 목적이 아닌 토지는 1동의 건물의 표시를 함에 있어 소재지로서 기록하여야 한다(예규 제1470호).

선지분석

① 1동의 건물에 속하는 구분건물 중 일부만에 관하여 보존등기를 신청하는 경우에는 나머지 구분건물의 표시에 관한 등기를 동시에 신청하여야 한다(법 제46조 제1항).

② 구분건물이 아닌 건물로 등기된 건물에 접속하여 구분건물을 신축한 경우 그 보존등기를 신청할 때에는 구분건물이 아닌 건물을 구분건물로 변경하는 건물의 표시변경등기를 동시에 신청하여야 한다(법 제46조 제3항).

③ 대지권표시등기를 신청하는 경우 전유부분을 2개 이상 소유하면서 각 전유부분의 대지권비율을 전유부분의 면적비율과 달리하는 경우가 아니라면 규약을 첨부정보로 제공할 필요가 없다(선례 제201212-4호).

답 ④

2023 해커스법원직 김미영 부동산등기법 기출문제집　제2편

018 甲 주식회사는 자기가 소유하는 대지 위에 아파트를 건축하였으나 대지에 대한 지적정리가 늦어져 대지권등기는 하지 않은 채 각 구분건물에 대하여 소유권보존등기를 한 후 수분양자에게 소유권이전등기를 마쳐주었다. 그 후 지적정리가 완료된 경우 각 구분건물에 대하여 대지권등기를 하는 방법에 관한 설명이다. 틀린 것은?   **10 서기보**

① 구분건물의 현 소유자는 분양자와 공동으로 대지사용권(토지공유지분)에 관한 이전등기를 신청할 수 있으며, 이 신청과 함께 구분건물 소유자가 단독으로 대지권표시등기를 신청하여야 한다.

② 위 ①과 같이 대지사용권에 관한 이전등기를 신청할 경우의 등기원인증서로는 최초 분양계약서와 그 이후의 구분건물의 매매계약서 전부를 첨부하여야 한다.

③ 위 ①과 같이 대지사용권에 관한 이전등기를 신청할 경우 등기권리자의 주소를 증명하는 서면을 첨부할 필요는 없다.

④ 현행 「부동산등기법」에 의하면 집합건물의 분양자인 甲주식회사는 대지권변경등기를 신청할 수 없다.

(해설)

②, ③ 법 제60조 제1항 및 제2항의 등기를 신청할 때에는 제1항 제1호(등기원인증명서면) 및 제6호(주소증명서면)를 적용하지 아니한다(규칙 제46조 제4항).

(선지분석)

①, ④

「부동산등기법」 제60조 【대지사용권의 취득】 ① 구분건물을 신축한 자가 「집합건물의 소유 및 관리에 관한 법률」 제2조 제6호의 대지사용권을 가지고 있는 경우에 대지권에 관한 등기를 하지 아니하고 구분건물에 관하여만 소유권이전등기를 마쳤을 때에는 현재의 구분건물의 소유명의인과 공동으로 대지사용권에 관한 이전등기를 신청할 수 있다.
② 구분건물을 신축하여 양도한 자가 그 건물의 대지사용권을 나중에 취득하여 이전하기로 약정한 경우에는 제1항을 준용한다.
③ 제1항 및 제2항에 따른 등기는 대지권에 관한 등기와 동시에 신청하여야 한다.

답 ②

019 대지권인 취지가 등기된 토지등기부에 할 수 없는 등기는? (단, 소유권대지권인 경우임) 10 주사보

① 임차권등기

② 저당권설정등기

③ 대지권의 발생 전에 토지등기부에 경료된 근저당권에 기한 경매개시결정등기

④ 지역권설정등기

해설

② 토지의 소유권이 대지권인 경우에는 대지권이라는 뜻의 등기가 되어 있는 토지의 등기기록에는 소유권이전등기, 저당권설정등기, 그 밖의 이와 관련된 등기를 할 수 없다(법 제61조 제4항).

답 ②

020 대지권등기에 관한 다음 설명 중 옳지 않은 것은? 12 서기보

① 구분건물을 신축한 자가 대지사용권을 가지고 있으면서도 대지권등기를 하지 아니하고 구분건물의 전유부분에 대해서만 매수인(수분양자)에게 소유권이전등기를 마쳐준 후 그 전유부분이 순차로 양도된 경우에는, 구분건물을 신축한 자와 현재의 전유부분의 소유명의인이 공동으로 대지사용권에 관한 이전등기를 신청할 수 있다.

② 대지권이 등기된 구분건물의 등기기록에는 건물만에 관한 소유권이전등기나 저당권설정등기 또는 전세권설정등기를 할 수 없다.

③ 지상권이나 전세권도 대지사용권이 될 수 있다.

④ 구분건물로서 그 대지권의 변경이 있는 경우에는 구분건물의 소유권의 등기명의인은 1동의 건물에 속하는 다른 구분건물의 소유권의 등기명의인을 대위하여 대지권의 변경등기를 신청할 수 있다.

해설

② 대지권이 등기된 구분건물의 등기기록에는 건물만에 관한 소유권이전등기 또는 저당권설정등기, 그 밖에 이와 관련이 있는 등기를 할 수 없다(법 제61조 제3항). 그러나 전세권설정등기는 가능하다.

선지분석

① 구분건물을 신축한 자가 대지사용권을 가지고 있는 경우에 대지권에 관한 등기를 하지 아니하고 구분건물에 관하여만 소유권이전등기를 마쳤을 때에는 현재의 구분건물의 소유명의인과 공동으로 대지사용권에 관한 이전등기를 신청할 수 있다(법 제60조 제1항).

답 ②

021 다음 중 소유권이 대지권이라는 뜻의 등기가 된 토지 등기기록에 기입할 수 있는 등기가 아닌 것은?

15 서기보

① 토지만을 목적으로 하는 소유권이전청구권을 보전하기 위한 가등기
② 토지의 특정 일부만을 목적으로 하는 임차권설정등기
③ 토지만의 소유권 귀속에 관하여 분쟁이 있는 경우 그 토지만을 목적으로 하는 처분금지가
   처분등기
④ 대지권이 발생하기 전에 토지에 설정된 저당권 실행을 위한 경매개시결정등기

해설

① 토지의 소유권이 대지권인 경우 그 등기기록에 대지권이라는 뜻의 등기를 한 후에는 소유권이전등기는 하지 못하고,
   대지권을 등기한 구분건물 등기기록에는 그 건물만에 관한 소유권이전등기는 할 수 없다(법 제61조 제3항·제4항).
   따라서 소유권이 대지권인 경우 소유권이전청구권 또는 저당권설정청구권을 보전하기 위한 가등기도 할 수 없다. 본
   등기를 할 수 없기 때문이다.

답 ①

022 「부동산등기법」 제60조의 규정에 의한 대지사용권의 취득 및 대지권변경등기에 관한 다음 설명 중 가장 옳지 않은 것은?

20 사무관

① 구분건물을 신축한 자가 대지사용권을 가지고 있는 경우에 대지권에 관한 등기를 하지 아니하고 구분건물에 관하여만 소유권이전등기를 마쳤을 때에는 현재의 구분건물의 소유명의인과 공동으로 대지사용권에 관한 이전등기를 신청할 수 있다.

② 대지사용권에 관한 이전등기신청 시 등기의무자의 등기필정보를 신청정보로 제공할 필요가 없으나 인감증명은 첨부정보로 제공하여야 한다.

③ 대지권의 표시등기는 구분건물의 현 소유자가 단독으로 신청하되 대지사용권의 이전등기와 동시에 신청하여야 한다.

④ 대지사용권에 관한 이전등기의 등기원인은 건물 ○동 ○호 전유부분 취득으로 기록하고, 등기연월일은 구분건물을 신축한 자가 대지사용권을 취득한 날을 기록한다.

(해설)

④ 대지사용권에 관한 이전등기의 등기원인은 '건물 ○동 ○호 전유부분 취득'으로 기록하고, 등기연월일은 '전유부분에 관한 소유권이전등기를 마친 날'을 기록한다.

(선지분석)

① 구분건물을 신축한 자가 대지사용권을 가지고 있는 경우에 대지권에 관한 등기를 하지 아니하고 구분건물에 관하여만 소유권이전등기를 마쳤을 때에는 현재의 구분건물의 소유명의인과 공동으로 대지사용권에 관한 이전등기를 신청할 수 있다(법 제60조 제1항).

② 구분건물을 신축하여 분양한 자가 대지권등기를 하지 아니한 상태에서 수분양자에게 구분건물에 대하여만 소유권이전등기를 마친 다음, 법 제60조 제1항 및 제2항에 따라 현재의 구분건물의 소유명의인과 공동으로 대지사용권에 관한 이전등기를 신청하는 경우에는 등기필정보를 제공하지 않아도 된다(예규 제1647호). 그러나 인감증명은 분양자의 인감증명이되, 매도용 인감증명이 아닌 일반 인감증명은 첨부정보로 제공하여도 된다.

③ 대지권의 표시등기는 구분건물의 현 소유자가 단독으로 신청하되 대지사용권의 이전등기와 동시에 신청하여야 한다(선례 제200807-3호).

답 ④

2023 해커스법원직 김미영 부동산등기법 기출문제집

023 다음은 구분건물 또는 구분건물의 대지권과 관련된 등기의 설명이다. 가장 옳지 않은 것은?

21 서기보

① 대지권의 목적이 된 토지의 일부를 분할하여 1동의 건물이 소재하는 토지가 아닌 그 분할된 부분을 수용하고 수용으로 인한 소유권이전등기를 신청하기 위하여는 그 분할된 토지에 관한 간주규약을 폐지하거나 분리처분가능규약을 작성하여야 한다.

② 대지권이 성립되기 전에 전유부분만에 대하여 가등기를 마친 자가 대지권등기가 마쳐진 후에 그 가등기에 기한 본등기를 하기 위하여는, 먼저 건물표시변경(대지권등기말소)등기신청을 함으로써 대지권 및 대지권이라는 뜻의 등기의 말소절차를 밟은 후에 건물만에 대하여 가등기에 기한 본등기를 신청하여야 한다.

③ 대지에 관하여 이미 저당권이 설정되어 있는 상태에서 대지권의 등기를 하고, 그와 아울러 또는 그 후에 구분건물에 관하여 동일 채권의 담보를 위한 저당권을 추가설정하려는 경우에는, 구분건물과 대지권을 일체로 하여 그에 관한 추가저당권설정등기의 신청을 할 수 있다.

④ 집합건물에 대하여 대지권등기가 경료된 경우, 특정의 전유부분과 그 대지권을 함께 전세권의 목적으로 하는 전세권설정등기를 마칠 수는 없다.

해설

① 대지권의 목적이 된 토지의 일부를 분할하여 1동의 건물이 소재하는 토지가 아닌 그 분할된 부분을 수용하고 수용으로 인한 소유권이전등기를 신청하기 위하여는, 우선 대지권이 대지권이 아닌 권리가 됨으로 인한 건물의 표시변경등기(대지권말소)를 신청하여야 하며, 수용에 의하여 소유권을 취득한 자는 소유권의 등기명의인을 대위하여 이러한 표시변경등기를 신청할 수 있다. 이 경우 그 분할된 토지에 관한 간주규약을 폐지하거나 분리처분가능규약을 작성할 필요는 없다(선례 제6-254호).

선지분석

② 대지권이 성립되기 전에 전유부분만에 대하여 가등기를 마친 자가 대지권 등기가 마쳐진 후에 그 가등기에 기한 본등기를 하기 위하여는, 먼저 건물표시변경(대지권등기말소)등기신청을 함으로써 대지권 및 대지권이라는 뜻의 등기의 말소절차를 밟은 후에 건물만에 대하여 가등기에 기한 본등기를 신청하여야 한다(선례 제6-443호).

③ 대지에 관하여 이미 저당권이 설정되어 있는 상태에서 대지권의 등기를 하고, 그와 아울러 또는 그 후에 구분건물에 관하여 동일 채권의 담보를 위한 저당권을 추가설정하려는 경우에는, 구분건물과 대지권을 일체로 하여 그에 관한 추가저당권설정등기의 신청을 할 수 있다(예규 제1470호).

④ 집합건물에 대하여 대지권등기가 경료된 경우, 특정의 전유부분과 그 대지권을 함께 전세권의 목적으로 하는 전세권설정등기를 경료받을 수는 없다(선례 제5-418호).

답 ①

024 다음은 부동산의 표시에 관한 등기의 설명이다. 가장 옳지 않은 것은?　　　17 서기보

① 등기관은 토지 등기기록의 표제부에 토지의 표시로서 소재와 지번, 지목, 면적을 기록하여야 한다.

② 토지의 표시에 관한 사항을 변경하는 등기를 할 때에는 종전의 표시에 관한 등기를 말소하는 표시를 하여야 한다.

③ 구분건물로서 표시등기만 있는 건물의 경우에는 그 등기기록 표제부의 등기사항에 변경이 있더라도 신청에 의하여서는 변경등기를 할 수 없다.

④ 등기관은 같은 지번 위에 1개의 건물만 있는 경우에는 건물번호는 기록하지 아니한다.

해설

③ 구분건물로서 표시등기만 있는 건물에 관하여는 제65조 각 호의 어느 하나에 해당하는 자(소유권보존등기신청인)가 등기기록 표제부의 등기사항에 변경이 있는 경우 표시변경등기를 신청하여야 한다(법 제41조 제2항).

선지분석

② 법 제34조의 토지표시에 관한 사항을 변경하는 등기를 할 때에는 종전의 표시에 관한 등기를 말소하는 표시를 하여야 한다(규칙 제73조).

④ 등기관은 같은 지번 위에 1개의 건물만 있는 경우에는 건물번호는 기록하지 아니한다(법 제40조 제1항 제3호 단서).

답 ③

025 다음 중 규약상 공용부분의 등기에 관한 설명으로 옳지 않은 것은?　　　　11 서기보

① 공용부분이라는 뜻의 등기(공용부분의 등기)는 신청서에 그 뜻을 정한 규약이나 공정증서를 붙여 소유권의 등기명의인이 신청하여야 한다.

② 미등기인 건물에 관해서는 소유권보존등기를 거치지 않고 바로 공용부분의 등기를 할 수 있다.

③ 공용부분의 등기의 대상이 되는 건물의 등기부에 소유권의 등기 외의 권리에 관한 등기가 있는 때에는 그 등기명의인의 승낙서 또는 이에 대항할 수 있는 재판의 등본을 첨부하여 공용부분의 등기를 신청하여야 한다.

④ 공용부분의 등기의 말소등기는 공용부분의 취득자가 신청하여야 한다.

해설

② 미등기인 건물에 대하여 곧바로 공용부분이라는 뜻의 등기를 할 수 없고, 먼저 소유권보존등기를 하여야 한다(선례 제2-657호).

선지분석

① 법 제47조 제1항에 따라 소유권의 등기명의인이 공용부분이라는 뜻의 등기를 신청하는 경우에는 그 뜻을 정한 규약이나 공정증서를 첨부정보로서 등기소에 제공하여야 한다(규칙 제104조 제1항).

③ 「집합건물의 소유 및 관리에 관한 법률」 제3조 제4항에 따른 공용부분이라는 뜻의 등기는 소유권의 등기명의인이 신청하여야 한다. 이 경우 공용부분인 건물에 소유권 외의 권리에 관한 등기가 있을 때에는 그 권리의 등기명의인의 승낙이 있어야 한다(법 제47조 제1항).

④ 공용부분이라는 뜻을 정한 규약을 폐지한 경우에 공용부분의 취득자는 지체 없이 소유권보존등기를 신청하여야 한다(법 제47조 제2항).

답 ②

026 규약상 공용부분에 관한 등기에 대한 다음 설명 중 가장 옳지 않은 것은? 16 서기보

① 규약상 공용부분이라는 뜻의 등기는 표제부에 한다.

② 규약상 공용부분으로 한 건물의 소유권의 등기명의인이 단독으로 신청한다.

③ 일반적으로 규약상 공용부분은 구분소유자 전원의 공유에 속함이 원칙이고 공유자의 이에 대한 지분은 그가 가지는 전유부분의 처분에 따른다.

④ 공용부분이라는 뜻을 정한 규약을 폐지한 경우에 공유자 전원과 공용부분의 취득자는 지체 없이 소유권이전등기를 신청하여야 한다.

해설

④ 공용부분이라는 뜻을 정한 규약을 폐지한 경우에 공용부분의 취득자는 치제 없이 소유권보존등기를 신청하여야 한다(법 제48조 제2항). 공용부분이라는 뜻을 정한 규약을 폐지함에 따라 소유권보존등기를 하는 경우 등기관은 공용부분이라는 뜻의 등기를 말소하는 표시를 하여야 한다(규칙 제104조 제5항).

선지분석

① 공용부분의 뜻의 등기신청이 있는 경우에 등기관이 그 등기를 할 때에는 그 등기기록 중 표제부에 공용부분이라는 뜻을 기록하고 각 구의 소유권과 그 밖의 권리에 관한 등기를 말소하는 표시를 하여야 한다(규칙 제104조 제3항).

답 ④

027 규약상 공용부분이라는 뜻의 등기에 관한 설명 중 가장 옳지 않은 것은? 19 주사보

① 규약상 공용부분이라는 뜻의 등기는 규약상 공용부분으로 한 건물의 소유권의 등기명의인이 단독으로 신청한다.

② 규약상 공용부분이라는 뜻의 등기신청이 있으면 표제부에 공용부분이라는 뜻을 기록하고 각 구의 소유권과 그 밖의 권리에 관한 등기를 말소하는 표시를 하여야 한다.

③ 규약상 공용부분으로 한 건물에 소유권의 등기 외의 권리에 관한 등기가 있을 때에는 그 명의인의 승낙이 있음을 증명하는 정보를 제공하여야 한다.

④ 공용부분이라는 뜻을 정한 규약을 폐지한 경우 공용부분 취득자는 기존의 구분소유자와 공동으로 소유권이전등기를 신청하여야 한다.

해설

④ 공용부분이라는 뜻을 정한 규약을 폐지한 경우 공용부분 취득자는 지체 없이 소유권보존등기를 신청하여야 한다(법 제47조 제2항).

선지분석

① 규약상 공용부분이라는 뜻의 등기는 규약상 공용부분으로 한 건물의 소유권의 등기명의인이 단독으로 신청한다(법 제47조).

② 규약상 공용부분이라는 뜻의 등기신청이 있으면 표제부에 공용부분이라는 뜻을 기록하고 각 구의 소유권과 그 밖의 권리에 관한 등기를 말소하는 표시를 하여야 한다(규칙 제104조 제3항).

③ 규약상 공용부분으로 한 건물에 소유권의 등기 외의 권리에 관한 등기가 있을 때에는 그 명의인의 승낙이 있음을 증명하는 정보를 제공하여야 한다(규칙 제104조 제1항).

답 ④

028 「집합건물의 소유 및 관리에 관한 법률」 제3조 제4항에 따른 규약상 공용부분이라는 뜻의 등기에 관한 다음 설명 중 가장 옳지 않은 것은?
22 서기보

① 규약상 공용부분이라는 뜻의 등기를 신청하는 경우 공용부분인 건물에 소유권 외의 권리에 관한 등기가 있을 때에는 그 권리의 등기명의인의 승낙이 있어야 한다.

② 규약상 공용부분이라는 뜻의 등기는 관리단을 대표하는 관리인이 신청하여야 한다.

③ 공용부분이라는 뜻의 등기를 신청하는 경우에는 그 뜻을 정한 규약이나 공정증서를 첨부정보로서 등기소에 제공하여야 한다.

④ 공용부분이라는 뜻을 정한 규약을 폐지한 경우에 공용부분의 취득자는 지체 없이 소유권보존등기를 신청하여야 한다.

(해설)

② 규약상 공용부분이라는 뜻의 등기는 소유권의 등기명의인이 신청하여야 한다(법 제47조 제1항).

(선지분석)

① 규약상 공용부분이라는 뜻의 등기를 신청하는 경우 공용부분인 건물에 소유권 외의 권리에 관한 등기가 있을 때에는 그 권리의 등기명의인의 승낙이 있어야 한다(법 제47조 제2항).

③ 공용부분이라는 뜻의 등기를 신청하는 경우에는 그 뜻을 정한 규약이나 공정증서를 첨부정보로서 등기소에 제공하여야 한다(규칙 제104조 제1항).

④ 공용부분이라는 뜻을 정한 규약을 폐지한 경우에 공용부분의 취득자는 지체 없이 소유권보존등기를 신청하여야 한다(법 제47조 제3항).

답 ②

001 다음 중 환지등기를 할 수 있는 것은?

14 주사보

① 甲 단독 소유인 3필지의 토지에 관하여 甲에게 2필지의 환지를 교부한 경우
② 甲과 乙이 공유하고 있는 1필지의 토지에 관하여 甲과 乙을 각 단독 소유로 하는 2필지의 환지를 교부한 경우
③ 종전 토지 중 일부를 다른 토지에 합쳐서 환지를 교부한 경우
④ 소유자가 동일한 수 필지의 토지에 관하여 1필지의 환지를 교부한 경우

해설

④ 소유자가 동일한 수 필지의 토지에 관하여 1필지의 환지를 교부하는 형태의 환지등기는 가능하며, 이를 합필환지라고 한다(예규 제1588호).

선지분석

①, ②, ③

> **등기예규** 환지등기절차 등에 관한 업무처리지침(예규 제1588호)
>
> 5. 환지등기를 할 수 없는 경우
> 가. 소유자가 동일 또는 중복되는 여러 필지의 종전 토지에 대하여 여러 필지의 환지를 교부한 경우
>   예 1. 갑 단독 소유인 3필지의 토지에 관하여 2필지의 환지를 교부한 경우(①)
>   예 2. 갑이 종전 토지 2필지 이상에 소유자로 등기되어 있는 경우
> 나. 공유토지에 관하여 각 단독소유로 환지를 교부한 경우
>   예 갑과 을이 공유하고 있는 1필지의 토지에 관하여 갑과 을을 각 단독소유로 하는 2필지의 환지를 교부한 경우(②)
> 다. 종전 토지 중 일부를 다른 토지에 합쳐서 환지를 교부한 경우
>   예 종전 토지 4개에 관하여 3개의 환지를 교부하면서 종전 토지를 분필하여 다른 토지에 합필하는 형태로 환지를 교부한 경우(③)

답 ④

002 환지등기절차에 관한 다음 설명 중 가장 옳은 것은?

① 환지등기 촉탁서에 토지 대장등본만을 첨부하여 환지등기촉탁을 한 경우, 등기관은 그 토지 대장등본에 환지 또는 구획정리 완료 등의 사실이 기재되어 있다 하더라도 그 등기촉탁을 수리하여서는 안 된다.

② 환지계획인가의 고시가 있은 후에는 종전 토지에 관하여 소유권이전등기, 근저당권설정등기, 가압류등기, 경매개시결정등기 등 권리에 관한 등기는 할 수 없으나, 표시에 관한 등기는 할 수 있다.

③ 甲 단독 소유인 3필지의 토지에 관하여 2필지의 환지를 교부한 경우에도 환지등기를 할 수 있다.

④ 종전 토지에 관하여 매매 등 계약을 체결하고 아직 그 계약에 따른 등기 전에 환지등기가 마쳐진 경우에는, 신청인이 환지에 대한 등기신청을 하면서 종전 토지에 관한 계약서를 등기원인증서로 신청서에 첨부하였다면 등기관은 그 등기신청을 각하하여야 한다.

해설

① 🔍 **등기예규** 환지등기절차 등에 관한 업무처리지침(예규 제1588호)

나. 환지등기 촉탁서의 첨부서면 등
(1) 첨부서면
(가) 환지계획서 및 환지계획서 인가서 등본
(나) 환지계획인가의 고시 등이 있었음을 증명하는 서면
(다) 농업기반등정비확정도
　주: 「도시개발법」에 의한 환지등기 촉탁의 경우에는 '농업기반등정비확정도' 대신 '도시개발정비도'를 첨부하여야 함
(2) 환지등기 촉탁서의 첨부서면이 아닌 토지대장만을 첨부하여 환지등기촉탁을 한 경우
　환지등기 촉탁서에 위 (1)의 서면이 아닌 토지대장만을 첨부하여 환지등기 촉탁을 한 경우, 등기관은 그 토지대장에 '환지' 또는 '구획정리 완료' 등의 사실이 기재되어 있다 하더라도 그 등기촉탁을 수리하여서는 안 된다.

선지분석

② 다른 등기가 정지되는 시점인 환지계획인가의 고시 등이 있은 후에는 종전 토지에 관한 등기를 할 수 없다. 소유권이전등기, 근저당권설정등기, 가압류등기, 경매개시결정등기(정지되는 시점 이전에 설정된 근저당권에 기한 경우도 마찬가지임) 등 권리에 관한 등기뿐만 아니라 표시에 관한 등기도 할 수 없다. 환지계획인가의 고시 등이 있었음에도 불구하고, 종전 토지에 관한 등기가 마쳐진 경우, 등기관은 그 등기를 법 제58조를 적용하여 직권으로 말소한다(예규 제1588호).

③ 갑 단독 소유인 3필지의 토지에 관하여 2필지의 환지를 교부한 경우 이에 대한 합필등기는 할 수 없다(예규 제1588호).

④ 종전 토지에 관하여 매매 등 계약을 체결하고 아직 그 계약에 따른 등기 전에 환지등기가 마쳐진 경우에는, 신청인이 환지에 관한 등기신청을 하면서 종전 토지에 관한 계약서를 등기원인증서로 신청서에 첨부하였더라도 등기관은 그 등기신청을 수리하여야 한다(예규 제1588호).

답 ①

003 환지 등기에 관한 다음 설명 가장 옳지 않은 것은? 17 주사보

① 「도시개발법」에 의한 도시개발사업은 환지계획의 작성 → 환지계획의 인가 → 공사의 완료 및 환지처분의 공고 → 환지처분에 관한 등기의 촉탁의 순서로 진행된다.

② 도시개발사업의 시행자는 환지처분의 공고 전이라도 종전 토지에 관하여 상속을 원인으로 한 소유권이전등기를 대위하여 촉탁할 수 있다.

③ 「도시개발법」에 의한 환지처분의 공고가 있으면 종전 토지에 대한 다른 등기를 할 수 없다. 다만, 다른 등기가 정지된 시점 이전에 설정된 근저당권에 기한 경매개시결정등기는 가능하다.

④ 환지 토지에 관한 등기촉탁이 누락된 경우, 사업시행자는 누락된 환지에 대하여 다시 환지 등기를 촉탁할 수 있다.

해설

③ 「도시개발법」에 의한 환지처분의 <u>공고가 있으면</u> 종전 토지에 대한 다른 등기를 할 수 없다. 따라서 소유권이전등기, 근저당권설정등기, 가압류등기, 경매개시결정등기(정지된 시점 이전에 설정된 근저당권에 기한 경우도 마찬가지임) 등 권리에 관한 등기뿐만 아니라 표시에 관한 등기도 할 수 없다(예규 제1588호).

선지분석

② 도시개발사업의 시행자는 <u>환지처분의 공고 전이라도</u> 종전 토지에 관하여 상속을 원인으로 한 소유권이전등기를 대위하여 촉탁할 수 있다(예규 제1588호).

④ 환지 토지에 관한 등기촉탁이 누락된 경우, 사업시행자는 누락된 환지에 대하여 다시 환지등기를 촉탁할 수 있다(예규 제1588호).

답 ③

004 환지등기절차에 관한 다음 설명 중 가장 옳지 않은 것은? 18 주사보

① 미등기 상태의 종전 토지에 대하여 환지를 교부하는 경우로서 환지계획서에 종전 토지대장에 최초의 소유자로 등록되어 있는 자로부터 이전등록을 받은 자가 환지의 소유자로 기재되어 있다면 사업시행자는 해당 환지에 대하여 소유권보존등기를 촉탁할 수 없다.

② 환지계획인가의 고시가 있은 후에는 종전 토지에 관하여 소유권이전등기, 근저당권설정등기, 가압류등기, 경매개시결정등기 등 권리에 관한 등기는 할 수 없으나, 표시에 관한 등기는 할 수 있다.

③ 환지를 교부받은 자가 나중에 등기의무자로서 권리에 관한 등기를 신청할 때에는 종전 토지에 관하여 소유자로서 통지받은 등기필정보를 제공하면 된다.

④ 종전 토지에 관하여 매매계약을 체결하고 아직 그 계약에 따른 등기 전에 환지등기가 마쳐진 경우에는 신청인이 환지에 관한 등기신청을 하면서 종전 토지에 관한 계약서를 등기원인을 증명하는 정보로서 제공하였더라도 등기관은 그 등기신청을 수리한다.

해설

② 환지계획인가의 고시가 있은 후에는 종전 토지에 관하여 소유권이전등기, 근저당권설정등기, 가압류등기, 경매개시결정등기 등 권리에 관한 등기뿐만 아니라, 표시에 관한 등기는 할 수 없다(예규 제1588호).

선지분석

① 미등기 상태의 종전 토지에 대하여 환지를 교부하는 경우에 환지를 받을 수 있는 자는 「부동산등기법」에 따라 소유권보존등기를 신청할 수 있는 자이므로 환지계획서에는 종전 토지대장에 최초의 소유자로 등록되어 있는 자가 환지의 소유자로 기재되어 있어야 하는데 이와 달리 최초의 소유자로부터 이전등록을 받은 자가 환지의 소유자로 기재되어 있다면 사업시행자는 해당 환지에 대하여 소유권보존등기를 촉탁할 수 없다. 이 경우에는 해당 환지에 대한 환지계획의 정정 절차에 따라 환지의 소유자를 종전 토지대장에 최초의 소유자로 등록되어 있는 자로 정정하여 사업시행자가 소유권보존등기를 촉탁하거나, 통상의 절차에 따라 종전 토지대장에 최초의 소유자로 등록되어 있는 자가 해당 환지에 대한 소유권보존등기를 신청한 다음 최초의 소유자로부터 이전등록을 받은 자와 공동으로 소유권이전등기를 순차로 신청하여야 할 것이다(선례 제201803-2호).

③ 환지를 교부받은 자가 나중에 등기의무자로서 권리에 관한 등기를 신청할 때에는 종전 토지에 관하여 소유자로서 통지받은 등기필정보를 제공하면 된다(예규 제1588호).

④ 종전 토지에 관하여 매매계약을 체결하고 아직 그 계약에 따른 등기 전에 환지등기가 마쳐진 경우에는 신청인이 환지에 관한 등기신청을 하면서 종전 토지에 관한 계약서를 등기원인을 증명하는 정보로서 제공하였더라도 등기관은 그 등기신청을 수리한다(예규 제1588호).

답 ②

005 「농어촌정비법」에 따른 환지등기에 관한 다음 설명 중 가장 옳지 않은 것은? 19 서기보

① 농업생산기반 정비사업 시행자는 사업시행인가 후에 사업시행을 위하여 환지계획인가의 고시 전이라도 종전 토지에 관한 상속을 원인으로 한 소유권이전등기를 상속인을 대위하여 촉탁할 수 있다.

② 농업생산기반 정비사업 시행자가 일정한 등기의 신청권자를 대위하여 등기를 촉탁하는 경우에는 등기원인 또는 등기의 목적이 동일하지 아니한 경우라도 하나의 촉탁서로 일괄하여 촉탁할 수 있다.

③ 환지계획인가의 고시가 있은 후에는 종전 토지에 대한 소유권이전등기, 근저당권등기 등 권리에 관한 등기의 신청은 정지되지만, 종전 토지의 표시에 관한 등기는 신청할 수 있다.

④ 환지등기를 촉탁하는 경우에는 환지계획서 및 환지계획서 인가서 등본, 환지계획인가의 고시가 있었음을 증명하는 서면, 농업기반등정비확정도를 첨부정보로 제공하여야 한다.

해설

③ 환지계획인가의 고시가 있은 후에는 등기소유권이전등기, 근저당권설정등기, 가압류등기, 경매개시결정등기(정지되는 시점 이전에 설정된 근저당권에 기한 경우도 마찬가지임) 등 권리에 관한 등기뿐만 아니라 표시에 관한 등기도 할 수 없다(예규 제1588호).

선지분석

① 농업생산기반 정비사업 시행자는 사업시행인가 후에 사업시행을 위하여 환지계획인가의 고시 전이라도 종전 토지에 관한 상속을 원인으로 한 소유권이전등기를 상속인을 대위하여 촉탁할 수 있다(예규 제1588호).

② 농업생산기반 정비사업 시행자가 일정한 등기의 신청권자를 대위하여 등기를 촉탁하는 경우에는 등기원인 또는 등기의 목적이 동일하지 아니한 경우라도 하나의 촉탁서로 일괄하여 촉탁할 수 있다(예규 제1588호).

④ 환지등기를 촉탁하는 경우에는 환지계획서 및 환지계획서 인가서 등본, 환지계획인가의 고시가 있었음을 증명하는 서면, 농업기반등정비확정도를 첨부정보로 제공하여야 한다(예규 제1588호).

답 ③

006 「도시개발법」에 따른 환지등기에 관한 다음 설명 중 가장 옳지 않은 것은? 19 주사보

① 사업시행자는 사업시행인가 후 사업시행을 위하여 환지 처분공고 전이라도 종전 토지에 관한 토지 및 등기명의인의 표시의 변경·경정 등기나 상속을 원인으로 한 소유권이전등기를 신청자를 대위하여 촉탁할 수 있다.

② 사업시행자가 신청권자를 대위하여 등기를 촉탁하는 경우에는 등기원인 또는 등기의 목적이 동일하지 아니한 경우라도 하나의 촉탁서로 일괄하여 촉탁할 수 있다.

③ 환지처분공고가 있은 후에는 권리에 관한 등기뿐만 아니라 표시에 관한 등기도 할 수 없지만, 등기가 정지되는 시점 이전에 등기된 가압류나 근저당권에 기한 경매개시결정등기의 촉탁은 수리하여야 한다.

④ 환지에 대하여 권리의 설정 또는 이전 등의 등기를 하여야 하는 때에 원칙적으로 환지등기 촉탁은 사업지역 내의 토지 전부에 관하여 동시에 하여야 하나, 사업지역을 수개의 구로 나눈 경우에는 각 구마다 등기촉탁을 할 수 있다.

해설

③ 환지처분공고가 있은 후에는 소유권이전등기, 근저당권설정등기, 가압류등기, 경매개시결정등기(정지되는 시점 이전에 설정된 근저당권에 기한 경우도 마찬가지임) 등 권리에 관한 등기뿐만 아니라 표시에 관한 등기도 할 수 없다(예규 제1588호).

선지분석

① 환지계획인가의 <u>고시가 있은 후에는</u> 종전 토지에 관하여 소유권이전등기, 근저당권설정등기, 가압류등기, 경매개시결정등기 등 권리에 관한 등기뿐만 아니라, 표시에 관한 등기는 할 수 없다(예규 제1588호).

④ 환지에 대하여 권리의 설정 또는 이전 등의 등기를 하여야 하는 때 기타 특별한 사유가 있는 때를 제외하고는 환지등기 촉탁은 사업지역 내의 토지 전부에 관하여 동시에 하여야 한다. 단, 사업지역을 수 개의 구로 나눈 경우에는 각 구마다 등기촉탁을 할 수 있다(예규 제1588호).

답 ③

007 다음은 「도시 및 주거환경정비법」에 의한 등기절차에 대한 설명이다. 가장 틀린 것은? **12 주사보**

① 등기관이 사업시행자로부터 이전고시의 통지를 받은 때에는 그 밖의 문서 접수장에 기재하고 통지서의 여백에 도달 연월일시 및 문서 접수번호를 기재하여야 한다.

② 등기관이 사업시행자로부터 이전고시의 사실을 통지받은 경우에는 종전 토지에 대한 소유권이전등기, 경매신청등기 등 권리에 관한 등기신청은 수리할 수 없으나, 표시에 관한 등기신청은 수리할 수 있다.

③ 등기관이 사업시행자로부터 이전고시의 사실을 통지받은 경우에는 지체 없이 해당 토지의 등기기록 표제부 상단에 '○○년 ○월 ○일 이전고시'라고 기록하여야 한다.

④ 이전고시에 따른 등기신청은 사업시행자나 시행자의 위임을 받은 대리인에 한하여 할 수 있다. 따라서 조합원 개인 등은 그 등기를 신청할 수 없다.

해설

② <u>이전고시가 있은 후에는 종전 토지에 관한 등기를 할 수 없다.</u> 소유권이전등기, 근저당권설정등기, 가압류등기, 경매개시결정등기(정지되는 시점 이전에 설정된 근저당권에 기한 경우도 마찬가지임) 등 권리에 관한 등기뿐만 아니라 표시에 관한 등기도 할 수 없다. 이전고시가 있었음에도 불구하고 종전 토지에 관한 등기가 마쳐진 경우, 등기관은 그 등기를 법 제58조를 적용하여 직권으로 말소한다(예규 제1590호).

선지분석

④ 이전고시에 따른 등기는 공권력의 주체로서 시행자 또는 시행자의 위임을 받은 대리인에 한하여 신청할 수 있으며, 조합원 개인이나 그 밖에 시행자가 아닌 다른 자로부터 위임을 받은 대리인 등은 그 등기를 신청할 수 없다(선례 제6-532호).

답 ②

008 「도시 및 주거환경정비법」에 따른 등기절차에 관한 다음 설명 중 틀린 것은? 13 주사보

① 「도시 및 주거환경정비법」에 의하면 이전고시에 의하여 취득하는 대지 또는 건축물은 환지로 본다.

② 조합원 개인이나 재건축 또는 재개발정비조합이 아닌 다른 자로부터 위임을 받은 대리인은 이전고시에 따른 등기를 신청할 수 없다.

③ 새로 조성된 대지와 건축시설에 대한 소유권보존 및 근저당권 등 소유권 이외의 권리에 관한 등기 신청의 경우, 등기관은 신청서에 기재된 등기권리자와 폐쇄된 종전 토지 및 건물의 등기기록상 명의인이 일치하는지 여부를 심사하여야 한다.

④ 이전고시가 있었음에도 불구하고 이를 간과하고 종전 토지에 관한 등기가 마쳐진 경우에는 그 등기는 직권말소의 대상이 된다.

해설

③ 새로 조성된 대지와 건축시설에 대한 소유권보존 및 근저당권 등 소유권 이외의 권리에 관한 등기 신청의 경우, <u>등기관은 신청서에 기재된 등기명의인과 관리처분계획 등에 나타난 권리자가 일치하는지 여부를 심사하면 충분하고, 폐쇄된 종전 토지 및 건물의 등기기록상 명의인과 일치하는지 여부는 등기관의 심사대상이 아니다</u>(선례 제201207-2호).

선지분석

② 이전고시에 따른 등기는 공권력의 주체로서 시행자 또는 시행자의 위임을 받은 대리인에 한하여 신청할 수 있으며, 조합원 개인이나 그 밖에 시행자가 아닌 다른 자로부터 위임을 받은 대리인 등은 그 등기를 신청할 수 없다(선례 제6-532호).

④ 이전고시가 있은 후에는 종전 토지에 관한 등기를 할 수 없다. 소유권이전등기, 근저당권설정등기, 가압류등기, 경매개시결정등기(정지되는 시점 이전에 설정된 근저당권에 기한 경우도 마찬가지임) 등 권리에 관한 등기뿐만 아니라 표시에 관한 등기도 할 수 없다. 이전고시가 있었음에도 불구하고 종전 토지에 관한 등기가 마쳐진 경우, 등기관은 그 등기를 법 제58조를 적용하여 직권으로 말소한다(예규 제1590호).

답 ③

009 「도시 및 주거환경정비법」상의 주택재개발사업 또는 주택재건축사업에 따른 등기와 관련된 다음 설명 중 가장 옳지 않은 것은?

16 서기보

① 이전고시에 따른 등기를 신청하는 경우 정비사업시행자는 관리처분계획을 증명하는 서면이나 이전고시를 증명하는 서면 중 어느 하나를 첨부하면 된다.

② 건축시설에 관한 소유권보존등기 및 담보권 등에 관한 권리의 등기의 신청을 하는 때에는 건축시설(구분건물인 경우에는 1동의 건물에 속하는 구분건물 전부)에 관하여 동일한 신청서로 하여야 한다.

③ 이전고시가 있은 후에는 종전 토지에 관하여 권리에 관한 등기뿐만 아니라 표시에 관한 등기도 할 수 없다.

④ 정비사업시행자는 그 사업시행을 위하여 필요한 때에는 부동산의 표시변경 및 경정등기, 등기명의인의 표시변경 및 경정등기, 상속에 의한 소유권이전등기 등을 각 해당등기의 신청권자를 대위하여 신청할 수 있다.

(해설)

① 이전고시에 따른 등기를 신청하기 위해서는 ⊙ 관리처분계획서 및 인가서, ⓒ 이전고시증명정보, ⓒ 신청인이 조합인 경우에는 대표자 자격을 증명하는 정보를 제공하여야 한다. 이와 같은 첨부정보가 이미 시행자로부터 등기소에 제출된 경우에는 이를 제공할 필요가 없다.

(선지분석)

② 이전고시에 따라 수분양자들이 새로운 건축물에 관하여 소유권을 취득하였고, 사업시행자는 이에 관하여 소유권보존등기 및 담보권 등에 관한 권리의 등기를 신청하여야 한다. 건축물(구분건물인 경우에는 건물에 속하는 구분건물 전부)에 관하여 1개의 신청으로 일괄하여 하여야 한다. 따라서 1동의 건물에 속하는 구분건물 중의 일부만에 관한 소유권보존등기는 허용되지 않는다(선례 제7-459호).

④ 사업시행자는 도시정비에 의한 사업시행인가 후에는 그 사업시행을 위하여 이전고시가 있기 전이라도 종전토지에 관한 부동산의 표시변경 및 경정등기, 등기명의인의 표시변경 및 경정등기, 소유권보존등기, 상속을 원인으로 한 소유권이전등기를 각 해당등기의 신청권자를 대위하여 신청할 수 있다. 위와 같은 대위등기를 신청하는 경우에는 등기신청정보와 함께 첨부정보로서 등기원인을 증명하는 정보, 사업시행인가가 있었음을 증명하는 정보를 등기소에 제공하여야 한다.

답 ①

010 도시 및 주거환경정비에 관한 등기에 대한 다음 설명 중 가장 옳지 않은 것은?

① 종전의 권리능력 없는 사단인 재건축조합이 「도시정비법(약칭)」에 따라 법인등기를 마친 후, 종전의 재건축조합 명의로 등기된 부동산에 대하여 소유권이전등기 및 신탁등기말소를 신청하는 경우에는 먼저 재건축조합 명의를 법인으로 변경하는 등기명의인 표시변경등기를 신청하여야 한다.

② 이전고시에 따른 등기는 공권력의 주체로서 시행자 또는 시행자의 위임을 받은 대리인에 한하여 신청할 수 있으며, 조합원 개인이나 그 밖에 시행자가 아닌 다른 자로부터 위임을 받은 대리인 등은 그 등기를 신청할 수 없다.

③ 토지 또는 건물을 분양받은 자는 이전고시가 있은 다음 날에 그 대지 또는 건축물에 대한 소유권을 취득한다.

④ 대지 또는 건축물을 분양받을 자에게 이전고시에 따른 소유권을 이전한 경우 종전의 토지 또는 건축물에 설정된 근저당권 등 등기된 권리는 소유권을 이전받은 대지 또는 건축시설에 설정된 것으로 보지만, 「주택임대차보호법」 제3조 제1항의 요건을 갖춘 임차권은 이에 해당하지 않는다.

해설

③, ④

> 「도시 및 주거환경정비법」 제86조 【이전고시 등】 ② 사업시행자는 제1항에 따라 대지 및 건축물의 소유권을 이전하려는 때에는 그 내용을 해당 지방자치단체의 공보에 고시한 후 시장·군수 등에게 보고하여야 한다. 이 경우 대지 또는 건축물을 분양받을 자는 <u>고시가 있은 날의 다음 날</u>에 그 대지 또는 건축물의 소유권을 취득한다.(③)
>
> 제87조 【대지 및 건축물에 대한 권리의 확정】 ① 대지 또는 건축물을 분양받을 자에게 제86조 제2항에 따라 소유권을 이전한 경우 종전의 토지 또는 건축물에 설정된 지상권·전세권·저당권·임차권·가등기담보권·가압류 등 등기된 권리 및 「주택임대차보호법」 제3조 제1항의 요건을 갖춘 임차권은 소유권을 이전받은 대지 또는 건축물에 설정된 것으로 본다.(④)

선지분석

① 주택건설촉진법에 의해서 설립된 재건축조합이 2003. 7. 1. 자로 시행된 「도시 및 주거환경정비법」 부칙 제10조의 규정에 따라 법인등기를 경료한 후, 종전의 재건축조합 명의로 등기된 부동산에 대하여 소유권이전등기 및 신탁등기 말소를 신청하는 경우, 먼저 'ㅇㅇㅇㅇ년 ㅇ월 ㅇ일 법인 설립'을 등기원인으로 하여 재건축조합 명의를 법인으로 변경하는 등기명의인 표시변경등기를 신청하여야 한다(선례 제7-336호).

② 도시재개발사업의 분양처분에 따른 등기는 공권력의 주체로서의 시행자 또는 시행자의 위임을 받은 대리인에 한하여 이를 신청할 수 있으며, 조합원 개인이나 기타 시행자가 아닌 다른 자로부터 위임을 받은 대리인 등은 그 등기를 신청할 수 없다(선례 제6-532호).

답 ④

011 「도시 및 주거환경정비법」 등기에 관한 다음 설명 중 가장 옳지 않은 것은?   **18 주사보**

① 정비사업시행자는 그 사업시행을 위하여 필요한 때에는 부동산 또는 등기명의인의 표시변경·경정등기, 소유권보존등기, 상속을 원인으로 한 소유권이전등기를 각 해당 등기의 신청권자를 대위하여 신청할 수 있다.

② 이전고시에 따른 등기는 정비사업시행자 또는 정비사업시행자의 위임을 받은 대리인에 한하여 이를 신청할 수 있으며, 조합원 개인이나 기타 시행자가 아닌 다른 자로부터 위임을 받은 대리인 등은 그 등기를 신청할 수 없다.

③ 새로 조성된 대지와 건축시설에 관한 등기를 할 때에 등기관은 신청서에 기재된 등기명의인과 관리처분계획 등에 나타난 권리자가 일치하는지 여부와 폐쇄된 종전 토지 및 건물의 등기기록상 명의인과 일치하는지 여부를 심사하여야 한다.

④ 이전고시에 따른 등기를 신청하는 경우에는 관리처분계획 및 그 인가를 증명하는 서면과 이전고시를 증명하는 서면을 제공하여야 한다.

해설

③ 새로 조성된 대지와 건축시설에 대한 소유권보존 및 근저당권 등 소유권 이외의 권리에 관한 등기 신청의 경우, 등기관은 신청서에 기재된 등기명의인과 관리처분계획 등에 나타난 권리자가 일치하는지 여부를 심사하면 충분하고, 폐쇄된 종전 토지 및 건물의 등기기록상 명의인과 일치하는지 여부는 등기관의 심사대상이 아니다(선례 제201207-2호).

선지분석

① 정비사업시행자는 그 사업시행을 위하여 필요한 때에는 부동산 또는 등기명의인의 표시변경·경정등기, 소유권보존등기, 상속을 원인으로 한 소유권이전등기를 각 해당 등기의 신청권자를 대위하여 신청할 수 있다(예규 제1590호).

② 이전고시에 따른 등기는 정비사업시행자 또는 정비사업시행자의 위임을 받은 대리인에 한하여 이를 신청할 수 있으며, 조합원 개인이나 기타 시행자가 아닌 다른 자로부터 위임을 받은 대리인 등은 그 등기를 신청할 수 없다(예규 제1590호).

④ 재건축정비조합은 「도시 및 주거환경정비법」 제54조 제2항의 규정에 의한 이전고시가 있은 후 종전 토지와 건물에 관한 말소 및 멸실등기와 새로 조성된 대지와 축조된 건축시설에 관한 소유권보존등기를 신청하여야 하는바, 이 때 신청서에는 관리처분계획서 및 인가서, 이전고시증명서면 등을 첨부하여야 한다(선례 제201207-2호).

답 ③

012 도시 및 주거환경정비 등기에 관한 다음 설명 중 가장 옳지 않은 것은? 19 주사보

① 이전고시가 있었음에도 불구하고 종전 토지에 관한 등기가 마쳐진 경우 등기관은 그 등기를 법 제58조에 따라 직권으로 말소한다.

② 새로이 축조된 건축물에 대하여 아직 등기가 이루어지지 아니한 상태에서 처분제한의 등기촉탁이 있는 경우 등기관은 이 처분제한의 등기를 하기 위하여 해당 건축물의 소유권보존등기를 직권으로 하여야 한다.

③ 근저당권이 새로운 건물과 토지에 존속하게 되는 때에는 사업시행자가 종전 건물과 토지에 대한 말소등기 및 새로운 대지와 건축물에 대한 소유권보존등기와 그 근저당권설정등기를 함께 신청하여야 하므로 시행자가 이를 신청하지 않은 경우에는 등기되지 않는다.

④ 건축물에 이전고시를 받은 자보다 선순위의 처분제한의 등기가 존속하는 때에는 신청서에 그 선순위의 처분제한의 목적이 된 처분제한의 등기, 이전고시를 받은 자 명의의 소유권이전등기의 순서로 등기사항을 기재하여야 한다.

해설

② 「도시 및 주거환경정비법」에 의하여 정비사업의 시행인가를 받아 축조된 건축물에 관한 등기는 사업시행자가 동법 제54조 제2항의 규정에 의한 이전의 고시가 있은 때에 동일한 신청서로 동시에 신청(촉탁)하여야 하므로, 위와 같이 축조된 건축물에 대하여 아직 등기가 이루어지지 아니한 상태에서 집행법원으로부터 처분제한의 등기촉탁이 있는 경우 등기관은 이 처분제한의 등기를 하기 위한 전제로써 당해 건축물에 관한 소유권보존등기를 직권으로 경료할 수 없다(선례 제8-291호).

선지분석

① 등기관은 이전고시에 따른 부전지 표시가 된 후에는 종전 토지에 대한 권리에 관한 등기신청뿐만 아니라 표시에 관한 등기신청도 수리할 수 없다(「도시정비법」 제86조 제3항). 종전 토지에 이러한 등기신청이 있으면 등기관은 법 제29조 2호에 따라 각하하여야 하며, 이미 그러한 등기가 마쳐진 경우에는 등기관은 그 등기를 법 제58조에 따라 직권으로 말소한다.

③ 근저당권이 새로운 건물과 토지에 존속하게 되는 때에는 사업시행자가 종전 건물과 토지에 대한 말소등기 및 새로운 대지와 건축물에 대한 소유권보존등기와 그 근저당권설정등기를 함께 신청하여야 하므로 시행자가 이를 신청하지 않은 경우에는 등기되지 않는다(선례 제6-527호).

④ 건축시설에 이전고시를 받은 자보다 선순위의 가등기 또는 처분제한의 등기가 존속하는 때에는 신청서에 그 선순위의 가등기 또는 처분제한의 목적이 된 소유권등기 명의인의 소유권보존등기, 그 선순위의 가등기 또는 처분제한의 등기, 이전고시를 받은 자 명의의 소유권이전등기의 순서로 등기사항을 기재하여야 한다(「도시 및 주거환경정비 등기규칙」 제10조 제4항).

답 ②

---

001 다음 중 명의신탁약정에서 제외되거나 명의신탁의 특례가 인정되어 명의신탁 해지로 인한 등기를 할 수 있는 경우에 해당하는 것이 아닌 것은?

12 주사보

① 상호명의신탁관계에 있는 경우
② 종중 부동산을 종원 명의로 등기한 경우
③ 배우자 상호간의 명의신탁의 경우
④ 농지를 명의신탁한 경우

해설

④ 명의신탁해지를 원인으로 하는 등기는 원칙적으로 인정되지 않는다. 다만, ㉠ 종중이 보유한 부동산에 관한 물권을 종중 외의 자의 명의로 등기한 경우로써 조세포탈 등의 부정한 목적이 없는 경우, ㉡ 배우자 명의로 부동산에 관한 물권을 등기한 경우로서 조세포탈 등의 부정한 목적이 없는 경우와 명의신탁이 인정되는 경우, ㉢ 양도담보와 가등기담보, ㉣ 상호명의신탁(구분소유적 공유관계)등의 경우에는 가능하다.

답 ④

002 부동산 실권리자명의의 등기와 관련된 다음 설명 중 가장 옳은 것은?

① 부동산의 위치와 면적을 특정하여 2인 이상이 구분소유하기로 하는 약정을 하고 그 구분소유자의 공유로 등기하는 경우도 「부동산 실권리자명의 등기에 관한 법률」에서 금지하는 명의신탁약정에 해당한다.

② 채무의 변제를 담보하기 위하여 채권자가 부동산에 관한 물권을 이전받거나 가등기하는 경우는 「부동산 실권리자명의 등기에 관한 법률」에서 금지하는 명의신탁약정에 해당하지 않으나, 채무의 변제를 담보하기 위하여 채권자가 부동산에 관한 물권을 이전받는 경우에는 채무자, 채권금액 및 채무변제를 위한 담보라는 뜻이 적힌 서면을 등기신청서와 함께 등기관에게 제출하여야 한다.

③ 배우자 명의로 명의신탁한 부동산에 대하여 명의신탁 해지 후의 소유권이전청구권을 보전하기 위한 가등기를 할 수 있으며, 이 경우 등기원인은 '명의신탁해지'가 된다. 그러나 명의신탁 계약의 해지 약정에 대한 예약을 하고 장차 명의신탁해지약정의 효력이 발생한 경우 생기는 소유권이전청구권을 보전하기 위한 가등기는 할 수 없다.

④ 판결에 의한 등기를 하는 경우 등기관은 판결주문만을 심사하여야 하므로, 명의신탁해지를 원인으로 소유권이전등기절차를 명한 판결의 경우 그 명의신탁이 「부동산실권리자명의 등기에 관한 법률」에서 예외적으로 유효하다고 보는 상호명의신탁, 배우자 또는 종중에 의한 명의신탁인지 여부를 가리기 위해 판결이유를 고려하여서는 아니 된다.

선지분석

① 부동산의 위치와 면적을 특정하여 2인 이상이 구분소유하기로 하는 약정을 하고 그 구분소유자의 공유로 등기하는 상호명의신탁은 「부동산 실권리자명의 등기에 관한 법률」에서 금지하는 명의신탁약정에 해당하지 않는다(선례 제7-410호).

③ 배우자 명의로 명의신탁한 부동산에 대하여 명의신탁 해지 후의 소유권이전청구권을 보전하기 위한 가등기를 할 수 있으며, 이 경우 등기원인은 '명의신탁해지'가 된다. 나아가 당사자는 명의신탁계약의 해지약정에 대한 예약을 하고 장차 명의신탁해지약정의 효력이 발생한 경우 생기는 소유권이전청구권을 보전하기 위한 가등기를 할 수도 있는데, 이 경우 등기원인은 '명의신탁해지약정 예약'이 될 것이다(선례 제201211-6호).

④ 명의신탁해지를 원인으로 소유권이전등기절차를 명한 판결의 경우 그 명의신탁이 「부동산 실권리자명의 등기에 관한 법률」에서 예외적으로 유효하다고 보는 상호명의신탁, 배우자 또는 종중에 의한 명의신탁인지 여부를 가리기 위해 등기관은 판결이유를 고려하여 신청에 대한 심사를 하여야 한다(예규 제1607호).

답 ②

003 다음은 「부동산 실권리자명의 등기에 관한 법률」과 관련된 등기와 그 절차 등의 설명이다. 가장 옳지 않은 것은?

16 주사보

① 배우자 명의로 부동산에 관한 물권을 등기한 경우로서 조세포탈, 강제집행의 면탈 또는 법령상 제한의 회피를 목적으로 하지 아니하는 경우에는 그 등기로 이루어진 부동산에 관한 물권변동은 무효로 되지 아니한다.

② 종중원의 공유로 명의신탁한 종중 부동산을 명의신탁 해지를 원인으로 종중 명의로의 소유권이전등기를 신청하는 경우 조세포탈, 강제집행의 면탈 또는 법령상 제한의 회피를 목적으로 하지 아니하는 경우에 해당함을 증명하는 서면을 제출할 필요는 없다.

③ 부동산의 위치와 면적을 특정하여 2인 이상이 구분소유하기로 하는 약정을 하고 그 구분소유자의 공유로 등기하는 것은 부동산실명법상의 명의신탁약정에 해당한다.

④ 등기관은 양도담보증서 편철장을 조제하여 5년간 보존한다.

(해설)

③ 상호명의신탁은 「부동산 실권리자명의 등기에 관한 법률」에서 금지하는 명의신탁약정에 해당하지 않는다(선례 제7-410호).

(선지분석)

② 종중원의 공유로 명의신탁한 종중 부동산을 명의신탁해지를 원인으로 종중 명의로의 소유권이전등기신청을 하는 경우에는 「부동산 실권리자명의 등기에 관한 법률」 제8조의 규정에 의한 '조세포탈, 강제집행의 면탈 또는 법령상 제한의 회피를 목적으로 하지 아니하는 경우'에 해당함을 증명하는 서면을 제출할 필요는 없다(선례 제5-637호).

④ 등기관은 양도담보증서편철장을 조제하여 5년간 보존한다(예규 제824호).

답 ③

004 명의신탁등기에 관한 다음 설명 중 가장 옳지 않은 것은?

① 배우자의 명의로 된 부동산에 관하여 명의신탁 해지를 원인으로 한 소유권이전등기를 하기 위해서는 조세포탈, 강제집행의 면탈 또는 법령상 제한의 회피를 목적으로 하지 아니하는 경우에 해당함을 증명하는 서면을 첨부정보로 제공하여야 한다.

② 배우자의 명의로 된 부동산에 관하여 명의신탁해지약정 예약을 등기원인으로 한 소유권이전청구권 가등기도 할 수 있다.

③ 채무의 변제를 담보하기 위하여 채권자가 부동산에 관한 물권을 이전받는 경우에는 채무자, 채권금액 및 채무변제를 위한 담보라는 것을 증명하는 정보를 등기관에게 제출하여야 한다.

④ 「부동산 실권리자명의 등기에 관한 법률」상 유예기간이 경과한 후 명의신탁약정의 해지를 원인으로 한 명의신탁자의 소유권이전등기신청은 특례에 해당하지 않는 한 「부동산등기법」 제29조 제2호의 '사건이 등기할 것이 아닌 때'에 해당하므로 등기관은 이를 각하하여야 한다.

(해설)

① 배우자의 명의로 된 부동산에 관하여 명의신탁해지를 원인으로 한 소유권이전등기를 하기 위해서는 조세포탈, 강제집행의 면탈 또는 법령상 제한의 회피를 목적으로 하지 아니하는 경우에 해당함을 증명하는 서면을 첨부정보로 제공할 필요는 없다(선례 제201211-6호).

(선지분석)

② 배우자 명의로 명의신탁한 부동산에 대하여 명의신탁해지 후의 소유권이전청구권을 보전하기 위한 가등기를 할 수 있으며, 이 경우 등기원인은 '명의신탁해지'가 된다. 나아가 당사자는 명의신탁계약의 해지약정에 대한 예약을 하고 장차 명의신탁해지약정의 효력이 발생한 경우 생기는 소유권이전청구권을 보전하기 위한 가등기를 할 수도 있는데, 이 경우 등기원인은 '명의신탁해지약정 예약'이 될 것이다(선례 제201211-6호).

③ 채무의 변제를 담보하기 위하여 채권자가 부동산에 관한 물권을 이전받는 경우에는 채무자, 채권금액 및 채무변제를 위한 담보라는 것을 증명하는 정보를 등기관에게 제출하여야 한다(「부동산 실권리자명의 등기에 관한 법률」 제3조 제2항).

④ 「부동산 실권리자명의 등기에 관한 법률」상 유예기간이 경과한 후 명의신탁약정의 해지를 원인으로 한 명의신탁자의 소유권이전등기신청은 특례에 해당하지 않는 한 법 제29조 제2호의 '사건이 등기할 것이 아닌 때'에 해당하므로 등기관은 이를 각하하여야 한다.

답 ①

2023 대비 최신개정판

해커스법원직

김미영
부동산등기법 기출문제집

개정 2판 1쇄 발행 2022년 11월 8일

지은이	김미영 편저
펴낸곳	해커스패스
펴낸이	해커스공무원 출판팀

주소	서울특별시 강남구 강남대로 428 해커스공무원
고객센터	1588-4055
교재 관련 문의	gosi@hackerspass.com
	해커스공무원 사이트(gosi.Hackers.com) 교재 Q&A 게시판
	카카오톡 플러스 친구 [해커스공무원 노량진캠퍼스]
학원 강의 및 동영상강의	gosi.Hackers.com

ISBN	979-11-6880-797-6 (13360)
Serial Number	02-01-01

최단기 합격 공무원학원 1위,
해커스공무원 gosi.Hackers.com

해커스공무원

· **해커스공무원 학원 및 인강**(교재 내 인강 할인쿠폰 수록)
· 해커스 스타강사의 **공무원 부동산등기법 무료 동영상강의**

헤럴드미디어 2018 대학생 선호 브랜드 대상 '대학생이 선정한 최단기 합격 공무원학원' 부문 1위